GUIDE PITTORESQUE

DU

VOYAGEUR EN FRANCE.

III.

Sommaire du Tome Troisième.

ROUTE DE BALE.

Pour la description des départements qui précèdent celui de l'Aube, voyez, T. I.
ROUTES DE PARIS A NANTES ET A GENÈVE.

AUBE.

HAUTE-MARNE.

HAUTE-SAÔNE.

HAUT-RHIN.

ROUTE DE STRASBOURG.

Pour la description des départements qui précèdent celui de la Marne, voyez T. I,
ROUTE DE GENÈVE, ET T. V, ROUTE DE DUNKERQUE.

MARNE.

MEUSE.

MOSELLE.

MEURTHE.

VOSGES.

BAS-RHIN.

ROUTE DE NICE.

Pour la description des départements qui précèdent celui des Hautes-Alpes, voyez
T. I, ROUTES DE NANTES ET DE GENÈVE, ET T. II, ROUTE DE CHAMBÉRY.

HAUTES-ALPES.

BASSES-ALPES.

VAR.

ILE DE CORSE.

TYPOGRAPHIE DE FIRMIN DIDOT FRÈRES,
RUE JACOB, 56.

GUIDE PITTORESQUE

DU

VOYAGEUR

EN FRANCE,

Contenant la Statistique et la Description complète
DES 86 DÉPARTEMENTS,

ORNÉ DE 740 VIGNETTES ET PORTRAITS GRAVÉS SUR ACIER,

De 86 Cartes de Départements,

ET D'UNE GRANDE CARTE ROUTIÈRE DE LA FRANCE;

PAR UNE SOCIÉTÉ DE GENS DE LETTRES, DE GÉOGRAPHES ET D'ARTISTES.

TOME TROISIÈME.

PARIS,
FIRMIN DIDOT FRÈRES, LIBRAIRES,
RUE JACOB, 56.

M DCCC XXXVIII.

Guide Pittoresque
DU
VOYAGEUR EN FRANCE.

ROUTE DE PARIS A BALE,
TRAVERSANT LES DÉPARTEMENTS
DE SEINE-ET-OISE, DE SEINE-ET-MARNE, DE L'AUBE, DE LA HAUTE-MARNE, DE LA HAUTE-SAÔNE ET DU HAUT-RHIN.

DÉPARTEMENT DE L'AUBE.

Itinéraire de Paris à Bâle,
PAR PROVINS, TROYES, CHAUMONT, VESOUL ET BÉFORT, 121 LIEUES.

	lieues.		lieues.
De Paris à Charenton	2	Chaumont	4
Grosbois	3	Vesaignes	4
Brie-Comte-Robert	2	Langres	4
Guignes	4	Griffonottes	3
Mormant	2	Fays-Billot	3
Nangis	3	Cintrey	3
La Maison-Rouge	3	Combeaufontaine	3
Provins	3	Port-sur-Saône	3
Nogent-sur-Seine	4	Vesoul	3
Pont-sur-Seine	2	Calmoutier	3
Les Granges	3	Lure	4
Les Grez	3 1/2	Champagney	4 1/2
Troyes	4 1/2	Béfort	4 1/2
Lusigny	3	Chavannes	4
Montiéramey	1 1/2	Altkirch	4
Vendeuvre	3	Loch-Würth	3 1/2
Bar-sur-Aube	5	Saint-Louis	4 1/2
Colombey-les-deux-Églises	3 1/2	Bâle	2
Suzennecourt	2		

ASPECT DU PAYS QUE PARCOURT LE VOYAGEUR
DE PARIS A VILLENEUVE-AUX-FRÊNES.

Nous avons décrit dans notre itinéraire de Paris à Genève (7ᵉ livraison), les deux routes qui de Paris conduisent à Charenton. En quittant ce relais, on laisse à droite la route de Melun, pour prendre à gauche la route de Troyes, qui traverse Créteil, Boissy-Saint-Léger, et longe à gauche l'immense parc de Grosbois, dont on aperçoit le château en face du relais de ce nom. On passe du département de Seine-et-Oise dans celui de Seine-et-Marne un peu avant d'arriver à Brie, petite ville dont on ne traverse que le faubourg; on y voyait naguère une tour fort élevée, seul reste de l'ancien château, aujourd'hui totalement détruit. Au delà de Brie on entre dans les fertiles et monotones plaines de la Brie, qui se prolongent jusqu'au delà de Provins. Guignes est un petit bourg situé à la jonction de la route de Melun; Mormant est un autre bourg, assez joli, traversé par la grande route, et à l'entrée duquel on aperçoit l'avenue du château de Bressoy. Nangis est une jolie petite ville bâtie dans un des plus frais et des plus riants bassins de la Brie. La Maison-Rouge est un hameau au delà duquel on voit, à gauche, une belle avenue qui conduit au château du Plessis. Au delà du village de Vulaines, on jouit d'une belle vue sur la ville de Provins, et l'on arrive par une côte en pente douce dans le délicieux vallon où cette ville est bâtie. On en sort par la porte de Troyes; et, après avoir côtoyé pendant quelque temps la Voulzie, une montée continuelle, mais très-douce, conduit dans la forêt de Sordun. Au sortir de cette forêt, on passe du département de Seine-et-Marne dans celui de l'Aube, et l'on jouit d'une vue fort étendue sur le riche bassin de la Seine. Une descente assez forte conduit au Mériot, où commence une vaste prairie entrecoupée de canaux, qui se prolonge jusqu'à Nogent, petite ville où l'on passe la Seine sur deux beaux ponts de pierre. Au delà de Nogent, on voit sur la droite le château de la Chapelle-Godefroy, que réfléchissent les eaux d'un étang traversé par l'Ardusson; un peu plus loin sont les restes de l'ancienne abbaye du Paraclet, fondée par Abailard. La route côtoie, à gauche, les murs du parc du château de Pont-sur-Seine, édifice moderne non encore achevé, bâti sur une élévation d'où l'on découvre la ville de Pont et une partie du cours de la Seine. C'est immédiatement après cette ville que commence la contrée vulgairement connue sous le nom de Champagne pouilleuse, vaste étendue de pays qui, des environs de Pont, s'étend jusqu'au delà de Châlons. En parcourant cette contrée monotone, où l'œil n'aperçoit ni arbres ni buissons, on laisse à gauche Romilly, qu'embellissent de belles plantations. Les Granges et les Grez sont deux hameaux qui ne méritent pas de fixer l'attention; au delà de ce dernier, le territoire devient plus fertile, surtout aux approches de Saint-Martin, joli faubourg qui forme l'avenue de Troyes, où l'on entre par la porte de Paris.

On sort de Troyes par le faubourg Saint-Jacques, en laissant à gauche la route de Châlons. On passe la Barse au pont de la Guillotière, où, en 1814, les Français arrêtèrent pendant deux jours les armées étrangères. Un peu plus loin est Lusigny, village auquel le congrès de son nom a donné une certaine célébrité. Montiéramey, où est établi le relais, est un assez joli village, et Vendeuvre, une fort vilaine petite ville, à l'extrémité de laquelle on voit un assez joli château. En la quittant, on gravit une petite côte, d'où l'on jouit de la vue d'un beau vallon. Après le village de Magny-Fouchard, une pente rapide conduit dans une belle plaine, à l'extrémité de laquelle on passe l'Aube au pont de Dolancourt. On laisse à gauche la route de Brienne, pour tourner à droite et entrer dans le vallon extrêmement pittoresque de l'Aube, dont le fond, tapissé de prairies, est bordé à droite et à gauche, à une distance plus ou moins éloignée, de beaux coteaux couverts de vignes, qui se prolongent jusqu'à Bar-sur-Aube. On sort de cette ville par la porte Saint-Michel, et l'on entre dans une belle et large plaine, à laquelle succède un pays extrêmement montueux, qui offre plusieurs beaux points de vue. Lignol est le dernier village du département de l'Aube que l'on rencontre avant de passer dans celui de la Haute-Marne, où l'on entre un peu au-dessus de Villeneuve-aux-Frênes.

DÉPARTEMENT DE L'AUBE.

APERÇU STATISTIQUE.

Le département de l'Aube est formé de la ci-devant basse Champagne, d'une partie du Vallage, de quelques enclaves du duché de Bourgogne, et de plusieurs démembrements de l'ancienne généralité de Paris. Il tire son nom de la rivière d'Aube, qui le traverse du sud-est au nord-ouest. — Ses limites sont : au nord, le département de la Marne; à l'est, celui de la Haute-Marne; au sud-est, celui de la Côte-d'Or; au sud et au sud-ouest, celui de l'Yonne; au nord-ouest, celui de Seine-et-Marne.

La surface du département de l'Aube, quoique généralement plane et unie, est coupée dans sa partie nord-ouest par de petites collines situées à de grandes distances les unes des autres, qui augmentent en hauteur et se rapprochent à mesure qu'on avance au sud et à l'est. Le territoire n'est pas également fertile partout : le sol de la région nord et nord-ouest est de mauvaise qualité; c'est un fond de craie recouvert d'une légère couche de terre végétale qui ne produit que de l'avoine, du sarrasin et du seigle assez bon, mais en si petite quantité qu'on en retire à peine les frais de culture, ce qui fait qu'une grande partie des terrains reste en friche. Cette région n'offre à la vue que des campagnes dépouillées d'arbres, et dont la nudité laisse les troupeaux exposés à l'ardeur du soleil; c'est

PETIT ATLAS NATIONAL DES DÉPARTEMENS DE LA FRANCE.

la *Champagne pouilleuse*. Toutefois, des plantations d'arbres verts, tentées avec succès dans ces dernières années, donnèrent l'espoir de grandes améliorations pour l'avenir. La stérilité de cette contrée est heureusement compensée par la fertilité de l'autre : le sol de la région sud-est est très-productif, quoiqu'il soit quelquefois si fort que quatre ou cinq bons chevaux suffisent à peine pour tirer la charrue. Cette partie produit abondamment toute sorte de grains, des fruits, des légumes, de la navette, du foin, du bois et beaucoup de chanvre : on y trouve des vignobles bien exposés, qui donnent d'excellents vins. La Seine et l'Aube arrosent dans le département de riches prairies qui nourrissent beaucoup de gros et de menu bétail, et produisent une grande quantité de foin pour l'approvisionnement de Paris.

Dans une partie du département de l'Aube, les fermes et dépendances forment des enclos plus ou moins vastes, suivant la quantité de terres à cultiver; ils contiennent ordinairement depuis deux jusqu'à huit et dix hectares. Chaque bâtiment est distinct et occupe un emplacement séparé; mais les corps de ferme, c'est-à-dire, les maisons, les granges, les pressoirs, les écuries, les étables et bergeries, réunis dans un enclos particulier, sont bâtis en bois, et couverts le plus souvent en chaume. L'étendue des terres attachées à chaque ferme est depuis 20 jusqu'à 150 hectares. On remarque avec peine que les habitations des petites fermes sont en général placées dans une situation malsaine : la cour se trouve quelquefois au-dessus du niveau de la maison, dont la porte est obstruée par des tas de fumier; les pièces de l'intérieur ne reçoivent le jour que par une petite croisée fixe, qui ne permet pas d'en renouveler l'air ni d'en dessécher le pavé, souvent trop humide.

Dans la plupart des villages, les habitations sont encore plus mal construites et plus malsaines. Notre honorable ami, le docteur Patin, dont les savantes recherches statistiques ont été publiées par le comité central de salubrité de l'Aube, a décrit avec une grande vérité les habitations d'un des villages du département, et sa description peut s'appliquer à une grande partie des habitations rurales des arrondissements de Troyes, de Nogent et d'Arcis. « Bien que généralement isolées les unes des autres, dit M. Patin, les maisons du village de R..... sont placées indifféremment à toutes les expositions, et ont leurs jours et leurs entrées à tous les aspects. Les rez-de-chaussée sont au niveau des terrains extérieurs, quelques-uns même au-dessous; leur sol, à de rares exceptions près, est un terris inégal et souvent humide. Ils ne sont surmontés d'aucun étage supérieur, et ont une hauteur moyenne de sept pieds; on en trouve même qui n'ont qu'une élévation de six pieds. L'étendue des pièces habitées n'est nullement proportionnée au nombre des personnes qui en font leur demeure, l'unique chambre à feu de chaque maison n'ayant, y compris l'espace qu'occupe le four, qu'une surface moyenne de 18 pieds sur 15. C'est dans l'espace restant que vivent et couchent deux, quatre et jusqu'à dix individus; c'est là que se préparent les aliments, là que sont déposés les vêtements souvent imprégnés de sueur ou d'humidité, là que sont suspendues les viandes salées qui servent à l'alimentation. Les lits sont des espèces de boites en planche, présentant en avant une étroite ouverture par laquelle on peut à peine s'introduire; ils sont tellement élevés, que sans le banc de bois qui en est l'accompagnement ordinaire, on éprouverait la plus grande peine à y parvenir.... Les bâtiments sont construits en bois et revêtus de mortier tant à l'intérieur qu'à l'extérieur; tous ont des couvertures en chaume, qui font généralement de fortes saillies en avant des pans de bois formant les parois extérieures des bâtiments, et ces saillies, en interceptant les rayons solaires, s'opposent à ce que ces rayons pénétrent dans l'intérieur des pièces habitées. La plupart des maisons ne prennent leur jour que par deux ou quatre carreaux étroits placés dans des châssis dormants; plusieurs même ne reçoivent la lumière que par la partie supérieure de la porte, qui est coupée en deux, et peut s'ouvrir indépendamment de l'inférieure. Il en résulte que les habitants pendant l'hiver doivent vivre à l'intérieur dans une complète obscurité, ou bien tenir constamment ouverte la partie supérieure de la porte.... Les bâtiments d'exploitation ne forment ordinairement qu'un corps avec l'habitation, et le plus souvent celle-ci est contiguë aux étables, dont elle n'est séparée que par une porte mal jointe. Les cours sont toutes en avant des habitations; leur surface est complètement recouverte de fumier, qui vient affleurer le seuil de la chambre habitée; les eaux des étables viennent y croupir, les eaux ménagères y sont jetées, et la plus grande partie des eaux pluviales y sont conservées. » — A cette peinture malheureusement très-exacte des habitations rurales de la plupart des villages de l'Aube, nous opposerons celle du village de Villemaure, qui forme un contraste frappant avec la description qui précède. « Le village de Villemaure, dit encore M. Patin, est bâti sur le penchant d'une colline qui domine, au nord, la vallée de la Vanne, et jouit de la bonne exposition du midi. La plupart des maisons sont couvertes en tuiles, les autres le sont en chaume, mais dans aucune on ne trouve ces saillies de la partie inférieure du toit, qui interceptent les rayons solaires. Des fenêtres larges à deux battants et bien jointes, des volets à l'extérieur, des portes d'une seule pièce, ne laissant aucun intervalle entre elles et les parties voisines, procurent une lumière vive et mettent à l'abri des courants d'air sans mettre obstacle au renouvellement de ce fluide. Quand on pénètre à l'intérieur des habitations, on est frappé de l'air d'aisance et de propreté qui règne dans presque toutes : les chambres sont blanchies à la chaux et généralement carrelées. Les pièces habitées ont une étendue suffisante pour qu'on y respire un air toujours pur ; les lits ne sont point enfermés dans des alcôves, mais seulement entourés de rideaux mobiles. Le plus souvent on a eu le bon esprit de placer les étables et les écuries loin des habitations ; et les cours à fumier ne forment pas des mares infectes comme à R..... »

Le département de l'Aube a pour chef-lieu Troyes. Il est divisé en 5 arrondissements et en 26 cantons, renfermant 447 communes. — Superficie, 330 lieues carrées. — Population, 265,384 habitants.

Minéralogie. Le département de l'Aube est assez mal partagé sous le rapport géologique : il l'est encore plus mal sous le rapport minéralogique. La craie et le terrain suprajurassique se partagent le sol. La craie occupe la partie nord-ouest, et les autres terrains celle du sud-ouest. La craie dans la partie de l'arrondissement de Nogent touchant au département de Seine-et-Marne, est surmontée de quelques-unes des formations tertiaires où l'on trouve du grès à Courtaoult et Montlepotier, qu'on emploie dans les constructions et pour le pavage des chemins. A Resson est un tufa d'origine toute récente, qui même se forme tous les jours. A divers étages de la série géologique sont des marnes et des argiles employées pour fabriquer des tuiles, des briques, de la poterie, et de la faïence. A Villy et Trode est une argile très-réfractaire exportée pour faire des creusets. Près de Courtenot, à Palis, on en trouve une qui sert d'argile à foulon. Il y a aussi dans l'arrondissement de Bar-sur-Aube du sable dont on fait usage dans la fabrication du verre. La craie en général est employée à faire le blanc de Troyes répandu par toute l'Europe sous le nom abusif de blanc d'Espagne : la meilleure pour cet usage vient de Villeloup ; on l'emploie encore comme pierre à bâtir ; mais on préfère, pour la construction, des calcaires secondaires. On tire beaucoup de pierres de taille des environs de Bar-sur-Aube et de Pargues. Le moellon le plus généralement employé à Troyes vient de Fouchères. Quelques-uns de ces calcaires secondaires sont susceptibles d'un assez beau poli. Dans les environs des Riceys, il est assez compacte et d'un grain assez fin pour donner de la pierre lithographique. — Le seul minéral qu'on puisse citer dans le département de l'Aube, est le fer, qui se présente généralement de trois manières, soit à l'état de pyrite, dans la craie et la marne argileuse ; soit à l'état pisiforme, comme dans quelques parties supérieures du terrain inférieur à la craie ; soit à l'état de petits grains ou oolithique. On en a tout récemment trouvé entre la Villeneuve et Thieffrain un gisement de cette nature, qu'on a regardé comme assez important pour qu'il pût faire un objet de spéculation. On pourrait encore citer du mica que son état brillant fait reconnaître dans du sable, notamment proche Thieffrain. — Sous le rapport paléontologique, le département de l'Aube est plus intéressant qu'on ne le croit communément : ses terrains secondaires inférieurs à la craie contiennent une multitude de fossiles, coquillages, polypiers, dont un grand nombre n'ont point été décrits. On voit, mais plus rarement, des portions de crustacés et de poissons. Dans le terrain d'alluvion ancienne, à Isle-Aumont surtout, on a rencontré de belles dents d'éléphant ; les tufs de Resson ont donné des dents de carnassiers, et les alluvions plus récentes de la Seine des ossements de cerf et de cheval. A Fouchères on a signalé un lignite pulvérulent. — L'exploitation de la tourbe, combustible si économique pour le chauffage de divers établissements industriels, est en activité sur plusieurs points, notamment aux environs de Troyes, à Saint-Pouanges, Saint-Germain, Villechétif, Fontvannes, etc.

Sources minérales à la Chapelle-Godefroy, à la Ville-aux-Bois-les-Soulaines, et dans quelques autres localités.

Productions. Céréales de toutes espèces en quantité plus que suffisante pour la consommation des habitants, avoine, sarrasin, navettes, légumes potagers, chanvre, noix, fruits. — 16,084 hectares de vignes, produisant annuellement 700,000 hectolitres de vins, dont moitié est consommée sur les lieux et le surplus livré à l'exportation.—76,161 hectares de forêts (arbres feuillus).—Nombreuses bêtes à cornes de taille médiocre; élève en grand des moutons indigènes, mérinos et métis; chevaux de petite taille et propres seulement au labour. Élève en grand de la volaille (poules, dindons, oies et canards), et des abeilles sur quelques points.—Grand et menu gibier. Bon poisson de rivière et d'étang.

INDUSTRIE. Manufactures importantes de bonneterie en coton, de toiles de coton, basins, coutils, calicots, percales, mouchoirs, draps demi-fins, ratines, couvertures de laine. Fabriques de lacets, rubans de fil, savon noir, cordes à boyau, cardes, blanc de Troyes, sabots. Nombreuses filatures de laine et de coton. Verreries. Tuileries. Poteries de terre commune. Amidonneries. Vermicellerie. Brasseries. Teintureries. Tanneries, corroieries et mégisseries. Belles blanchisseries de toiles et de bas. Blanchisseries de cire. Forges, etc.

COMMERCE de blé, seigle, orge, avoine, vins, eau-de-vie de marc, laines, chanvre, charcuterie renommée, bois de chauffage et charbon de bois pour Paris, blanc de Troyes, bonneterie, toiles, etc., etc., etc.

VILLES, BOURGS, VILLAGES, CHATEAUX ET MONUMENTS REMARQUABLES; CURIOSITÉS NATURELLES ET SITES PITTORESQUES.

ARRONDISSEMENT DE TROYES.

AIX EN OTHÉ. Bourg situé dans un vallon agréable, sur le ruisseau de Nosle et près de la forêt d'Othe, à 7 l. 1/2 de Troyes. Pop. 1,734 hab.

La forêt d'Othe, qui est encore très-considérable aujourd'hui, était autrefois beaucoup plus étendue. Elle occupait à peu près tout le terrain compris entre l'Yonne et la Vanne, depuis Villeneuve-le-Roi jusqu'à Troyes: elle faisait même partie de cette immense forêt de Der, qui se terminait à Joinville, et qui dut être consacrée aux mystères de la religion druidique. Elle est mentionnée dans des écrits du VIIIe et du IXe siècle. En 840, le roi Charles, sortant de Sens, fit route à travers la forêt d'Othe. Voyant que ses compagnons d'armes et leurs chevaux étaient harassés de fatigue, il s'y arrêta pour se livrer au repos. De là, il se rendit à Troyes, le lendemain de la fête de Pâques.

La terre d'Aix, que l'on croit avoir fait partie du domaine des druides, passa plus tard aux évêques de Troyes. Ces derniers y avaient un château fortifié, où ils allaient jouir des plaisirs de la campagne. La tradition rapporte que le bourg d'Aix fut longtemps fermé de murs, et qu'il possédait une place destinée à l'exercice de l'arbalète.

En 870, lors de l'invasion des Normands, l'abbé de Ferrière se retira avec ses religieux dans la terre d'Aix, qu'il appelle *prædium Aquense, Aquensem fundum.*

Sous le règne du roi Jean, en l'année 1358, 400 Anglais étaient en garnison à Aix en Othe: s'étant avancés jusqu'aux portes de Troyes, ils furent dispersés par les habitants de cette ville. Ceux qui échappèrent à cet échec, incendièrent Aix et l'abandonnèrent.

Le château fut reconstruit et fortifié par Henri de Poitiers, évêque de Troyes. Mais, plus tard, par suite d'un arrêt du conseil, M. de Barral le fit démolir presque entièrement, parce qu'il était d'un entretien trop dispendieux, et que d'ailleurs les évêques de Troyes avaient à leur porte, sur les bords de la Seine, le château de Saint-Lyé, qu'ils affectionnaient davantage.

L'église paroissiale d'Aix est un assez bel édifice, dont le chœur est d'une construction très-ancienne; la nef date de 1766. L'église Saint-Avit paraît être du XIIIe siècle; la charpente en est admirable. — Tannerie. Moulins à tan et à blé. — *Commerce* de grains et de bestiaux.

ANDRÉ (SAINT-). Village situé à 1 l. de Troyes. Pop. 784 hab.

Le territoire de Saint-André, entrecoupé de canaux dont les bords sont plantés de bouquets d'arbres, offre une multitude de jardins très-productifs, qui alimentent les marchés de Troyes, et fournissent la majeure partie des légumes nécessaires à la consommation des habitants de cette ville. L'église paroissiale, surmontée d'une flèche élevée, est un édifice spacieux, dont le portail, ouvrage de Gentil et de Dominique, désigne la profession des habitants, tous jardiniers ou vignerons; suivant deux inscriptions, il fut fait en 1549. On y voit la porte particulière par où les ladres d'une maladrerie voisine entraient autrefois dans l'église; on sait qu'il leur était défendu de se mêler aux habitants.—Culture en grand de l'ail et de l'échalote, du chanvre et du lin.

De Saint-André dépendaient autrefois les abbayes de Montier-la-Celle et de Notre-Dame des Prés. — L'ABBAYE DE MONTIER-LA-CELLE fut fondée par saint Frobert en 660, dans un marécage couvert de bois et de broussailles. Le premier bâtiment consistait seulement en un petit oratoire, et en autant de cellules qu'il y avait de religieux. Il fut appelé le monastère de l'Ile-Germaine. Le nombre des religieux s'étant, en peu de temps, considérablement augmenté, le saint abbé jugea à propos de faire un voyage à la cour. Clothaire III venait de succéder à son père Clovis II. Ce prince étant mineur, Frobert s'adressa à la reine Bathilde, qui lui fit donner la confirmation de la possession de l'Ile-Germaine. Après la mort de saint Frobert, le monastère changea de nom et fut appelé la Celle de saint Frobert. Bobin, évêque de Troyes, augmenta les bâtiments et les revenus, de sorte que cette abbaye changea de nom pour la troisième fois, et fut appelée la Celle de Bobin : *Cella Bobini*. Enfin, le dernier nom sous lequel le monastère était connu depuis plusieurs siècles, est celui de Montier-la-Celle. En 1348, les Anglais brûlèrent le monastère, qui avait échappé à la fureur des Normands plus de cinq cents ans auparavant. Quelques-uns attribuent ce désastre au peu de prévoyance de l'abbé Aymeric. Henri de Vienne, son successeur, répara ce désastre. L'église de cette abbaye était un chef-d'œuvre d'architecture, et les connaisseurs la regardaient comme une des plus belles de la province. Elle fut reconstruite par les soins de l'abbé régulier Antoine Girard, en 1517. Sa longueur était de 200 pieds, sa croisée de 100; les fenêtres, qui étaient hautes et larges, étaient au nombre de 38. Les vitres étaient peintes et représentaient plusieurs figures de l'Ancien Testament, des mystères du Nouveau, des images de saints et saintes dont le trésor possédait des reliques. Tout cet édifice était d'aussi bon goût qu'il était délicat, et particulièrement à la voûte du rond-point, où l'on voyait un cul-de-lampe de 60 pieds en rondeur, et 15 de projet hors de la voûte. Il était tout percé à jour, et semblait n'être porté que sur le dos d'une colombe volante, suspendue perpendiculairement sur le maître-autel. La chapelle dédiée aux anges, qui faisait le fond du bas côté droit, a été ornée, vers le milieu du XVIe siècle, de peintures à fresque et de sculptures. Il ne reste plus de ce monastère que des ruines.

L'ABBAYE NOTRE-DAME DES PRÉS doit son établissement à plusieurs filles, qui voulurent se séparer du monde et vivre dans la retraite. Elles choisirent une métairie nommée Chicherey, et s'y établirent vers 1230 ou 1231. Au mois de janvier 1235, la maison de Notre-Dame des Prés fut érigée en abbaye. Urbain IV envoya, en 1264, cinq mille florins pour aider à bâtir l'église. Au commencement du XVIIe siècle, le monastère commençait à menacer ruine; mais, vers 1630 il dut son rétablissement à l'abbesse Marie de la Chaussée, qui fit creuser les fossés et fermer l'enceinte de murailles. Les bâtiments de ce monastère sont aujourd'hui une propriété particulière.

AUXON. Bourg situé à 6 l. 3/4 de Troyes. Pop. 2,400 hab. — *Fabriques* de bonneterie, Filature de coton.

BARBERY-SAINT-SULPICE. Village situé à une lieue de Troyes, dans un territoire fertile en excellents pâturages. Pop. 224 hab. On y voit un joli château moderne. — *Fabrique* de fromages justement renommés, qui s'expédient au loin et sont l'objet d'un commerce assez considérable. Filature de coton.

BERCENAY EN OTHE. Village situé à 4 l. 1/2 de Troyes. Pop. 538 hab.

Ce village est bâti dans une vallée bornée à l'est et à l'ouest par des coteaux couronnés de très-beaux bois, et traversée par le ruisseau de Lancre. On y remarque une belle église construite en 1778, réparée à neuf en 1824, et fort bien entretenue; un beau presbytère; et un joli château de construction moderne.

BÉRULLES. Bourg situé à 8 l. de Troyes. Pop. 782 hab.

Bérulles était une petite ville, composée de deux paroisses, entourée de murs, flanquée de bastions, et en état de soutenir un siège. Elle fut prise d'assaut par les calvinistes, lesquels, après l'avoir pillée et y avoir mis tout à contribution, se saisirent du procureur fiscal, le déshabillèrent, et l'attachèrent à un poteau au milieu de la place publique, où ils lui firent souffrir les plus horribles tourments; après cette cruelle opération, ils le délièrent du poteau pour le conduire tout couvert de sang et près d'expirer par les rues de la ville, le descendirent ensuite dans un puits, d'où ils le retirèrent pour lui couper la tête, qu'ils exposèrent au haut de la porte appelée de Rigny.

ERVY.

Il est rapporté aussi dans un ancien manuscrit, où nous avons puisé ces renseignements, que les habitants de Saint-Prégis-lez-Sens, vinrent avec les habitants de Coulours au secours de ladite ville, et qu'ils en chassèrent les calvinistes. Bérulles n'est plus aujourd'hui qu'un bourg, dont la commune, fort étendue et très-considérable, comprend au moins trente hameaux.

L'église de ce bourg est une des plus belles et des plus hardies de toute la contrée. La nef a 35 pieds de large, sur 40 ou 50 de hauteur, et n'est soutenue sur aucun pilier; le chœur est un chef-d'œuvre d'architecture; deux seuls piliers, éloignés l'un de l'autre de 35 pieds, soutiennent une voûte élevée de 60 pieds. Les vitraux sont des morceaux achevés; enfin la tour est ce que les plus habiles architectes de ce temps ont pu faire de mieux pour éterniser leur mémoire.

On remarque encore à Bérulles une fontaine abondante, dont les eaux vont se perdre dans des gouffres à 100 pas de là. — *Fabriques* de poterie de terre. Tuileries.

BOUILLY. Village situé dans un territoire fertile en vins estimés, à 3 l. 1/4 de Troyes. Pop. 826 hab. Il est bâti au pied de la montagne de son nom, d'où l'on jouit d'une vue fort étendue sur le vaste et riche bassin au milieu duquel est bâtie la ville de Troyes. L'église paroissiale est un bel édifice de construction gothique, restauré à neuf il y a quelques années.

BOUY ou Bouy-Luxembourg. Village situé à 4 l. de Troyes. Pop. 325 hab. On remarque à peu de distance de ce village, sur un chemin appelé la route des Romains, un orme de plus de cinquante pieds de hauteur, dont le tronc a près de 40 pieds de circonférence.

CHAPELLE-SAINT-LUC (la). Village situé près de la rive gauche de la Seine, à 1 l. 1/2 de Troyes. Pop. 348 hab.

Vers 1270, Ysabeau, fille de saint Louis, femme de Thibault V, roi de Navarre et comte de Champagne, fonda sur son territoire un monastère de l'ordre de Sainte-Claire, où les religieuses nommées Urbanistes prirent le nom de Cordelières. En 1289, elles furent transférées à Paris, au faubourg Saint-Marcel, et ensuite rue de Grenelle, faubourg Saint-Germain.

On a trouvé à Renas, hameau dépendant de Clercy, dans un tertre exposé au midi, et assez semblable à un tumulus, des tombeaux en pierre, carrés, plus larges à la tête qu'au pied, recouverts par une pierre plate. Dans chacun d'eux était un squelette avec un grand sabre placé à côté, et un petit vase en terre. Les cercueils ont été enlevés; les os sont placés sous une butte au pied d'une croix plantée au sommet du tumulus.

ERVY. Jolie petite ville, située à 7 l. 3/4 de Troyes. ✉ Pop. 1,821 hab.

L'origine de cette ville est inconnue : on sait seulement à n'en pas douter qu'elle existait dès le IIIe siècle; plus tard elle appartint à de puissants maîtres, parmi lesquels on cite des comtes de Champagne, des ducs de Nivernois, des rois de France.

La ville d'Ervy fut affranchie en 1199, par Thibault III, comte palatin de Champagne (41 ans avant Troyes, qui ne le fut qu'en 1240). Elle était construite autour du château, dont la ville actuelle occupe l'emplacement [1], et devait être beaucoup plus considérable que de nos jours, puisque les décès et les naissances étaient annuellement de 120 à 160, tandis qu'aujourd'hui ils ne sont guère que de 50 à 60. En 1443, cette ville fut assiégée au nom du duc de Bourgogne, et prise par Philippe de Vauldré, gouverneur de l'Auxerrois et Tonnerrois, lequel s'empara l'hiver suivant de plusieurs autres petites places voisines d'Auxerre, qui avaient été prises par le parti de Charles VII.

Ervy est situé sur le sommet d'une colline qui domine presque à pic, à 120 pieds d'élévation, une magnifique prairie située au midi, large d'environ une demi-lieue, et s'étendant de l'est à l'ouest depuis Saint-Florentin jusqu'à Chaource. Des promenades qui aboutissent à cette prairie, et des maisons bâties sur le revers méridional de la colline, on jouit d'une vue enchanteresse, que les étrangers ne se lassent pas d'admirer. Au nord, la vue est moins étendue, mais peut-être plus pittoresque : on découvre de ce côté, où l'horizon est borné par la forêt d'Othe, une infinité de villages placés sur les sommets des tertres qui couvrent le canton. Il est peu de pays qui offrent des variétés de vues aussi agréables.

La ville se compose d'un pâté de maisons assez mal bâties, séparé, par une rue presque circulaire, d'un rang extérieur de maisons beaucoup mieux construites que celles du centre, et ayant leur plus belle façade sur les fossés, dont les douves, plantées de

---

[1]. La tradition place la position de la ville ancienne au hameau de Monticvault, qui en est éloigné d'un quart de lieue du côté de l'est.

deux rangées d'ormes, servent de promenades. L'Amance, rivière qui prend sa source à Chaource, arrose le pied de la colline sur laquelle est construite la ville.

Ervy possède un petit hôpital, une église gothique, qui n'a rien de bien remarquable. Une ancienne porte, précédée d'un pont jeté sur les fossés, sert aujourd'hui de prison. Au bas de la côte sur laquelle est bâtie la ville, entre le chemin de Davré et la rivière d'Amance, on voit deux tumulus d'égales dimensions, entourés de fossés : sur le premier, qui est resté intact, on a établi un calvaire; l'autre est presque détruit.

Les étrangers ne doivent pas manquer de visiter le cabinet d'histoire naturelle et de curiosités de M. Jourdain, ancien maire d'Ervy. La partie numismatique mérite surtout une attention particulière; après le médaillier de M. Chappé, d'Auxerre, celui de M. Jourdain, composé de 5 ou 6,000 pièces, et qui s'augmente tous les jours, est ce que l'on trouve de plus complet dans un rayon de plus de 40 lieues.

Ervy est le lieu de naissance de M. Baillot, ancien député de la constituante, auteur d'une traduction estimée de Juvénal, publiée en 1824, quelques mois avant la mort de l'auteur.

Fabriques de coutils, treillis, toiles communes, canevas, clous, poteries de terre. Tuileries. Tannerie.

ESTISSAC ou **Saint-Lyébault**, Bourg situé sur la Vannes, à 6 l. 1/2 de Troyes. ✉ ⚒ Pop. 1,537 hab.

Jacques Viguier acquit en 1620 la terre d'Estissac, et y fit bâtir un château, qui passa ensuite au chancelier Séguier, en faveur duquel Villemaur fut érigé en duché, dont dépendait Estissac. Quoique simple succursale, ce bourg paraît avoir été habité de préférence à Villemaur, par ses anciens possesseurs. En 1758, il fut érigé en duché en faveur de François de Roye de la Rochefoucauld : ce seigneur avait fait embellir à grands frais le château, qui a été détruit lors de la première révolution.—*Fabriques* de bonneterie. Papeteries.

GÉRODOT, autrefois Ailfol. Village situé à 4 l. de Troyes. Pop. 596 hab. Il y existait anciennement un château assez considérable, qui appartenait à la famille de Crussol. On voit dans l'église paroissiale des sculptures assez estimées, qui paraissent avoir été exécutées par des artistes allemands.

Au sud-est de Gérodot sont les restes de l'abbaye de l'Arivour, fondée par saint Bernard, en 1139. *Voyez* Lusigny.

Dans le voisinage de Gérodot il y a plusieurs localités qui rappellent des souvenirs du moyen âge, telles que la ferme de l'Hôpitau, celle de Bonlieu, qui étaient des hôpitaux pour les pèlerins allant en terre sainte. On voit encore les vitres des chapelles.

ISLE-AUMONT. Village situé au confluent de l'Hozain et de la Mogne, à 2 l. 3/4 de Troyes. Pop. 151 hab.

Ce village a des souvenirs fort anciens, et a eu sous le régime féodal beaucoup plus d'importance qu'aujourd'hui. La terre d'Aumont, érigée en duché en 1665, relevait du roi seul, à cause de la grosse tour de Troyes. Dès le IVe siècle, elle est mentionnée dans les anciennes légendes. Saint Urbain y établit alors un monastère, qui fut ruiné par les Normands dans le IXe siècle, et rétabli environ 200 ans après par saint Robert, natif de Troyes, fondateur des abbayes de Molesmes et de Cîteaux. Plus tard ce monastère fut de nouveau détruit. — Au commencement du XIIIe siècle, un autre couvent fut fondé à Isle, par des religieux connus sous le nom de Bons-hommes; il a aussi disparu. — A l'époque où le calvinisme pénétra à Troyes, les partisans de la nouvelle religion établirent à Isle un prêche, qui devint un objet de dissensions dans le pays.

On voit encore à Isle les traces d'un ancien château fort, bâti sur une hauteur formée de terres rapportées, et entouré de fossés. Aucun souvenir historique ne se rattache à cette construction, dont on ignore l'origine ainsi que l'époque de la destruction.

JEAN DE BONNEVAL (SAINT-). Village situé à 4 l. de Troyes, à l'est de l'ancienne voie romaine de Troyes à Auxerre, qui dans cette partie du département est fort bien conservée. Pop. 450 hab. L'église paroissiale, dont la construction remontait à une époque reculée, s'est écroulée subitement il y a quelques années; elle a été rebâtie dans un style élégant et moderne par M. l'architecte Gauthier.

JULIEN (SAINT-). Village situé à trois quarts de lieue de Troyes. Pop. 410 hab. Il est bâti dans une agréable position, sur la rive gauche de la Seine. Au-dessous de Saint-Julien, cette rivière se divise en plusieurs bras que l'on côtoie par des chemins ombragés, bordés de haies vives, de jolies maisons, de moulins et de manufactures, qui offrent une suite continuelle de promenades, agréablement diversifiées. La beauté des alentours et les agréments qu'offre le château des Cours, nouvellement restauré et qu'embellissent de beaux jardins, attirent chaque année à Saint-Julien, à l'époque de la fête patronale, une réunion brillante, où se font remarquer les plus séduisantes beautés de la ville de Troyes. Le château des Cours a été longtemps le rendez-vous de plusieurs hommes de lettres distingués, parmi lesquels on cite Bouhours, Tournemine, Fontenelle, Baluze, Sacy, etc. Sur les bords de la Seine et non loin des prairies ombragées où le peuple aime à se livrer au plaisir de la danse, on remarque un bel arbre de la liberté, dont la plantation remonte aux beaux jours de notre première révolution. Les curieux vont aussi visiter, dans le domaine d'un propriétaire de cette commune, une ypréau aux dimensions colossales, véritable géant de la végétation.

LAINES-AUX-BOIS. Village situé au pied d'un coteau de vignes, qui donnent des vins estimés, à 2 l. 3/4 de Troyes. Pop. 672 h.

On remarque près de ce village, sur un coteau isolé de toute part, les restes de l'ancien fort de Montaigu, qui, dans les temps où les signaux de feu étaient en usage, faisait signal au fort de Mont-Aymé, près de Vertus (Marne). Le fort ou château de Montaigu, l'un des plus anciens domaines royaux, avait été construit comme point fortifié entre la Bourgogne, la Champagne et le Gâtinais, et servait de refuge aux habitants de la contrée dans les guerres si fréquentes du XIVe siècle. Par ordonnance de Charles VI, datée de Troyes le 3 juin 1420, le château de Montaigu fut livré aux Anglais, qui le firent démolir. On voit encore très-distinctement la trace des trois fossés qui embrassaient la cime de la montagne sur laquelle ce fort était construit.

LIREY. Village situé à 4 l. 3/4 de Troyes. Pop. 258 hab.

Lirey était dans le XIVe et le XVe siècle une petite ville assez considérable, dont l'église avait un chapitre de chanoines, et possédait une relique célèbre, le *saint suaire*, qui fait aujourd'hui l'ornement de Turin, où pour la recevoir on a construit une église magnifique. Cette relique avait été donnée dans le milieu du XIVe siècle à l'église collégiale de Lirey par Geoffroy de Charny, seigneur du lieu, qui disait l'avoir prise sur les Sarrasins. Elle attira longtemps de nombreux pèlerins, et contribua à la prospérité de la ville; mais les guerres acharnées du XVe siècle ayant effrayé les chanoines, ils crurent devoir, vers 1418, mettre le saint suaire en dépôt chez un gentilhomme de Franche-Comté, marié à la petite-fille de Geoffroy de Charny. Ce gentilhomme mourut; et sa veuve, au lieu de rendre la relique à ses légitimes possesseurs, l'emporta à Chambéry en 1452, et en fit présent à la duchesse Anne de Savoie. Le saint suaire resta pendant un siècle dans la chapelle du château de Chambéry, ensuite il fut transporté à Turin. Son enlèvement causa la ruine de Lirey, qui vit sa prospérité s'arrêter, et qui n'est plus aujourd'hui qu'un petit village.

LUSIGNY. Bourg situé dans une plaine fertile, près d'une belle prairie arrosée par la Barse et bornée par la forêt de Larivour. A 3 l. 1/2 de Troyes. Pop. 1,068 hab.

Lusigny souffrit beaucoup dans le temps de la Ligue de la part des reîtres venus au secours de Henri IV. Ils incendièrent une partie du village, connu encore sous le nom de Maison brûlée.

C'est aussi une des communes qui ont le plus souffert de l'invasion des étrangers en 1814. Les Français y arrêtèrent pendant trois jours, au pont de la Guillotière, l'armée des coalisés, qui y éprouva des pertes considérables. Après la bataille de Montereau, il se tint à Lusigny des conférences qui avaient pour objet de traiter des conditions d'un armistice de quinze jours, pendant lequel on devrait s'occuper de poser les bases d'une paix définitive; mais comme les alliés ne voulaient que gagner du temps, ces conférences militaires n'eurent aucun résultat.

L'ARRIVOUR, ancienne abbaye d'hommes de l'ordre de Cîteaux, située sur la rive droite de la Barse, et dont il ne reste plus que des ruines, est une dépendance de la commune de Lusigny. Vers l'an 1135, Thibault II, comte de Champagne, saint Bernard, abbé de Clairvaux, et Hatton, évêque de Troyes, ayant mis la réforme dans l'abbaye de Saint-Loup, concurrent le dessein d'établir un monastère dans le terrain appelé Buxei ou Buxis, sur la paroisse de Lusigny. La fondation n'eut son entier accomplissement qu'en 1139. L'abbaye de l'Arrivour devint dans la suite une des plus célèbres de la Champagne; l'agriculture et les lettres y ont été florissantes; et dès le XVIe siècle il y avait une imprimerie dirigée par Nicole Pâris, qui donna en 1547 une édition de la traduction en français de l'Institution du prince par Buddé, faite par Jean de Luxembourg, alors abbé de l'Arrivour.

LYÉ (SAINT-). Village situé sur la rive gauche de la Seine, qui y arrose de belles prairies, à 2 l. 3/4 de Troyes. Pop. 908 hab.

Vers le milieu du VIe siècle, Saint-Lyé eut un monastère connu sous le nom d'abbaye de Montenay, bâti par saint Romain, natif de cette paroisse, en l'honneur des saints Gervais et Protais ; il ne reste aucun vestige de cette abbaye, sur les ruines de laquelle les rois de France, qui affectionnaient la situation de ce lieu, firent bâtir un château dont on fit dans la suite une forteresse considérable. Au XIIe siècle, Louis VII, dit le Jeune, donna à Mathieu, évêque de Troyes, le village et le château de Saint-Lyé, pour être uni à l'évêché comme bien patrimonial. Dans le siècle suivant, vers 1207, Philippe-Auguste confirma les donations de son père à Mathieu, en faveur de l'évêque Hervé. En 1315, Louis X, dit le Hutin, épousa en secondes noces dans ce château, Clémence, fille de Martel, roi de Hongrie, et sœur de Robert, roi de Sicile ; voici à quelle occasion. Peu de semaines après la mort de Philippe le Bel, Louis X avait fait partir pour Naples Hugues de Boville, chevalier et son chambellan, pour demander au roi Robert sa nièce en mariage. On nommait cette princesse napolitaine Clémence de Hongrie, parce qu'elle était fille de Charles-Martel, frère aîné de Robert, qui avait porté le titre de roi de Hongrie, sans avoir jamais vu ce pays. Pour accomplir ce mariage, il fallait que Marguerite de Bourgogne, première femme de Louis, accusée d'adultère, laissât la place vide. Louis X l'épargna tant que se prolongea la négociation ; quand il sut que Robert avait promis Clémence à ses ambassadeurs, il fit, au commencement d'avril 1315, étouffer Marguerite entre des linceuls, au château Gaillard, où elle était renfermée. Toutefois, jusqu'au mois de juillet, il ne vit point arriver sa nouvelle épouse. Clémence cependant s'était embarquée à Naples pour venir le joindre, mais son vaisseau, battu par la tempête, ayant fait naufrage, elle perdit ses joyaux, ses robes de prix, et l'argent de sa dot qu'elle apportait au roi. Cette dernière perte venait bien à contre-temps ; Louis X avait trouvé, à ce qu'on assure, le trésor de son père vide, et, faute d'argent, avait différé de se faire sacrer. Enfin, il s'était mis en route pour Reims, le 30 juillet, comptant sur l'argent de sa nouvelle épouse, lorsque Clémence le rejoignit en route, absolument dépouillée de tout. Louis, renonçant alors à des dépenses qui surpassaient ses moyens, célébra son mariage avec elle le 3 août, à Saint-Lyé, près de Troyes en Champagne; il se rendit ensuite à Reims, où le roi et la reine furent sacrés, avec peu de pompe, le 15 août 1315, par les mains de l'archevêque de cette ville, Robert de Courtenay.

La forteresse de Saint-Lyé est nommée dans les lettres de privilége que Charles VII accorda à la ville de Troyes, lorsqu'en 1429, à la sollicitation de l'évêque Jean Léguisé, les Troyens chassèrent les Anglais de leur ville pour en ouvrir les portes au roi, qui allait se faire sacrer à Reims.

MARDS (SAINT-). Bourg situé dans un pays montueux et boisé, près de la forêt d'Othe, à 6 l. de Troyes. Pop. 1,595 hab. C'était autrefois une ville murée.—*Fabriques* de bonneterie et de grosses étoffes de laine.

MARTIN-ÈS-VIGNES (SAINT-). Joli village situé près des plus belles promenades de la ville de Troyes, dont il forme un des faubourgs. Pop. 2,148 hab.

Jusqu'au XVIe siècle, l'église de Saint-Martin fut où l'on voit les restes de la chapelle Sainte-Jule ; mais en 1590, le comte de Saint-Paul, qui commandait à Troyes pour la Ligue, la démolit avec celle des Antonins et des Mathurins, pour en construire à Troyes le fort depuis appelé Fort Chevreuse. Dès la même année, on choisit pour bâtir une nouvelle église, le lieu où elle est aujourd'hui. Le portail, remarquable par le péristyle de la partie supérieure, d'ordre corinthien, ne fut commencé qu'en 1681, sur les dessins de M. Maillet, architecte et chanoine de la cathédrale. Les vitraux méritent une attention toute particulière, pour la vivacité des couleurs, la pureté du dessin et leur parfaite conservation.

La chapelle de Sainte-Jule fut bâtie depuis la destruction de Saint-Martin, en 1590, dans le même lieu où était l'église paroissiale, proche le puits où sainte Jule fut martyrisée. Ce puits, dont l'eau était en réputation pour ses soi-disant propriétés fébrifuges, a été démoli depuis trois ans, ainsi que la chapelle où l'on voyait de mauvaises peintures à fresque attribuées à l'enfance de Girardon.

MAURE (SAINTE-). Village situé sur la rive droite de la Seine, au milieu de riches prairies, à 6 l. de Troyes. Pop. 660 h.

Ce village a pris son nom d'une sainte vierge de Troyes, qui y mourut en 850, et fut inhumée dans l'église du lieu, regardée comme une des plus belles églises paroissiales du département, pour l'étendue du vaisseau, la légèreté des piliers, l'élévation, la forme et l'élégance des voûtes. On y voit plusieurs morceaux de sculpture fort remarquables. Le château, qu'embellissent de vastes jardins, est un édifice remarquable, commencé en 1696.

Sainte-Maure paraît être la patrie de Chrestien de Troyes, l'un de nos plus anciens et de nos plus féconds trouvères.

EGLISE DU PONT STE MARIE.

MONTIÉRAMEY. Village situé à 4 l. 3/4 de Troyes. ☞ Pop. 697 hab.

Ce lieu s'appelait autrefois Mais-Corbon. En 837, un prêtre de Troyes, nommé Amé ou Amey, fonda à peu de distance, sur les bords de la Barse, un couvent auquel il donna d'abord le nom de Neuve-Celle en Der, qui fut remplacé plus tard par celui de Montiéramey.

L'abbaye de Montiéramey souffrit beaucoup dans les guerres sous François Ier. Le 17 janvier 1522, un parti d'infanterie étant venu la piller, les religieux, soutenus des habitants et de François de Champigny, garde du lieu, se défendirent avec bravoure, et il y eut de part et d'autre beaucoup de blessés. Cette abbaye ne fut pas moins célèbre que celle de l'Arrivour ; elle se glorifie du moine Nicolas, lettré du XIIe siècle, secrétaire de saint Bernard, auteur de plusieurs sermons et d'un assez grand nombre de lettres qui jettent quelque lumière sur l'histoire littéraire du siècle où il écrivait, et surtout sur l'histoire de l'ordre religieux, alors célèbre, de Cîteaux.

PARRES-AUX-TERTRES (SAINT-). Village situé sur un coteau, appelé anciennement le Mont des Idoles, d'où l'on domine au nord un horizon assez étendu ; à 1 l. de Troyes. Pop. 584 hab.

Ce village a pris son nom de saint Patrocle ou saint Parres, né à Troyes vers le IIIe siècle, d'une des premières familles de la ville. Suivant les vieilles légendes, ce saint personnage, après avoir été élevé avec soin dans l'étude des lettres, se retira dans une maison de campagne, où il fut décapité, le 21 janvier 259, et sur le terrain de laquelle a été bâti depuis le prieuré de Foicy.

PHAL (SAINT-). Village situé à 5 l. de Troyes. Pop. 500 hab. La terre de Saint-Phal a été longtemps possédée par la maison de Vaudrey, qui a jeté un si grand éclat sous les ducs de Bourgogne de la maison de Valois. Le château, bâti dans le XVIe siècle, était remarquable par la solidité et l'importance de ses parties souterraines, propres à servir de retraite aux populations. — Foires aux bestiaux très-fréquentées.

PINEY. Bourg situé à 5 l. 3/4 de Troyes. ☞ Pop. 1,564 hab.

Piney est une ancienne baronnie, que Charles le Gros donna en 885 à l'église de Lyon. Cette seigneurie fut érigée en duché en 1576, et en pairie en 1581, en faveur de François de Luxembourg. Il n'existe plus du château des ducs de Piney, qui était jadis considérable, que des vestiges de murs de huit pieds d'épaisseur.

Le 2 février 1814, après le combat de Rosnay, Napoléon établit son quartier général à Piney, où il séjourna jusqu'au lendemain, dans la maison de M. Collin, notaire.

Il dépend de Piney la ferme du Brault, où l'on trouve de jolies promenades, et le beau château de Brantigny.

Fabriques considérables de cordes de tilleul. Tuileries. — *Commerce* de bois.

FOICY, *Fidiacum, Foissiacum*, ne fut d'abord qu'une chapelle bâtie dans l'endroit où était la maison de campagne de saint Parres. Thibault II, comte de Champagne, y établit, en 1102, un ermitage pour des filles qui s'y consacrèrent à Dieu. Son fils, Henri Ier, y fit édifier, en 1165, un monastère en l'honneur de la sainte Vierge, qu'il dota de plusieurs revenus. Les religieuses furent d'abord hospitalières sous la règle de saint Augustin; mais, en 1475, elles s'unirent à l'ordre de Fontevrault, dont elles suivirent depuis la règle. Alors on fit bâtir une maison et une église pour des religieux du même ordre.

PONT-SAINTE-MARIE. Joli village, situé sur un bras de la Seine, un peu au-dessous du confluent de la Barse, à trois quarts de lieue de Troyes. Pop. 660 hab.

Le premier dimanche après le 15 août, ce village est le but d'un rendez-vous anniversaire, fréquenté par la presque totalité des habitants de la ville de Troyes. L'église paroissiale est un assez bel édifice gothique, bâti dans une situation agréable près de la rive gauche de la Seine. — *Fabriques* de bonneterie. — *Commerce* de chanvre.

RIGNY-LE-FÉRON. Joli bourg, situé sur la Vannes, à 10 l. de Troyes. Pop. 1,226 hab.

Ce bourg est formé de rues larges, droites, bien pavées, et bordées de maisons bien bâties, dont l'ensemble offre l'aspect d'une petite ville. Il est précédé de belles avenues, qui servent de promenades, et possède deux places publiques, une halle spacieuse, une belle église paroissiale, où l'on remarque de magnifiques vitraux, ouvrage du célèbre Jean Cousin, représentant la généalogie de Jésus-Christ et les principaux traits de la vie de saint Martin. C'est la patrie du célèbre cardinal de Berulles, né à une demi-lieue de Rigny, dans une maison gothique du village de Cerilly (Yonne), à laquelle on conserve le nom de château. — *Fabriques* de draperies. — Foires fréquentées pour la vente des bestiaux.

ROSIÈRES. Village situé à 1 l. 1/2 de Troyes. Pop. 311 hab.

Le château de ce village est, dans le genre gothique, un des plus remarquables du département; mâchicoulis, meurtrières, poternes, tout ce qui tient à l'ancien art des fortifications s'y retrouve légèrement modifié, et embelli par l'architecture moderne. Vers la fin du XVIIᵉ siècle, ce château appartenait à MM. Guichon, qui le firent restaurer par Claude Perrault; c'était alors, avec ceux des Cours et de Villacerf, le rendez-vous des beaux esprits de Paris et de Troyes : la Fontaine, Fontenelle, Bouhours, Perrault, etc., vinrent souvent s'y délasser de leurs travaux. Les jardins, quoique peu étendus, sont remarquables par leur charmante distribution.

ROUILLY-LES-SACEY. Village situé à 3 l. 3/4 de Troyes. Pop. 415 hab. Il y avait anciennement un château, nommé le château d'Orient, jadis maison de plaisance des comtes de Champagne; il ne reste plus que les fossés de ce château, qui a été démoli en 1715.

ROUILLY-SAINT-LOUP. Village situé à 1 l. 3/4 de Troyes. Pop. 457 hab. Il se compose de trois parties distinctes, Rouilly, Menois, où l'on voit un beau château, et Rouillerot. Les habitations de cette commune, dont nous avons déjà eu occasion de parler dans l'aperçu statistique du département, sont généralement misérables, et tellement insalubres qu'elles ont spécialement éveillé, en 1835, l'attention du conseil de salubrité.

On a trouvé avant la révolution de 1789, près de Rouillerot, dans un lieu appelé Champ de bataille, des cercueils carrés en pierre, avec des médailles qui furent remises alors à M. Paillot de Montabert. Une tradition populaire qui se rattache à ce fait, dit qu'il avait été livré dans cet endroit une bataille par un général Passerat, dont un champ porte le nom.

SAVINE (SAINTE-). Village situé près de la ville de Troyes, dont il forme un des faubourgs, traversé par la grande route de Sens.

L'église paroissiale a été bâtie en l'honneur de sainte Savine, vers le milieu du VIIᵉ siècle, par Réguégisile, évêque de Troyes, qui voulut y être enterré, et où l'on voit encore son tombeau. Le vaisseau de cette église est assez vaste; le maître-autel, adossé au chevet, est orné de colonnes d'ordre corinthien. Dans une chapelle est un sarcophage orné de bas-reliefs d'une mauvaise exécution, que l'on croit être le tombeau de sainte Savine, décédée en ce lieu en 313.

TROYES. Grande et très-ancienne ville. Chef-lieu du département. Tribunaux de première instance et de commerce. Chambre de commerce. Conseil des prud'hommes. Société d'agriculture, sciences, arts et belles-lettres. Évêché. Collège communal. Grand et petit séminaire. ✉ ⚭ Pop. 23,749 hab.

Quoique Jules César n'ait pas fait mention de Troyes, il y a tout lieu de croire que cette ville existait de son temps, car elle était déjà une des plus notables de la Gaule dès le premier siècle de notre ère. Pline parle du peuple *Tricasses*. Ptolémée appelle la capitale de ce peuple *Augustobona* ou *Augustomana Tricassium*. Elle dut perdre le nom d'Augustobona pour prendre celui de la peuplade dont elle était le chef-lieu, à peu près vers le temps où la ville de Lutèce prit celui de Paris.

Troyes fut d'abord, comme Paris et Melun, circonscrite dans une île formée par deux bras de la Seine. Dès l'an 356, elle était fermée de murs, ainsi que nous l'apprend Ammien Marcellin.

En 441, Attila, roi des Huns, ayant été défait par Aëtius, fit sa retraite sur Troyes, où l'alarme devint générale lorsqu'on apprit qu'il marchait sur cette ville, sous les murs de laquelle il arriva le 20 septembre. Saint-Loup, qui en était évêque, avait tout à craindre d'une armée composée de gens féroces et accoutumés au pillage : la ville, alors peu considérable, n'avait pour défense que des murs construits à la hâte deux siècles auparavant. Le prélat négocia avec Attila pour le passage de son armée dans Troyes. Par une des conditions de ce traité, Attila exigea, pour sa sauvegarde et celle de son armée, que l'évêque l'accompagnât jusqu'au Rhin, lui promettant de le laisser revenir. En effet, dès que l'occasion s'en présenta, le barbare ne s'opposa pas à son retour.

La ville de Troyes fut réduite en cendres par les Normands en 889. Dans le siècle suivant, elle eut un long siège à soutenir contre Ansegise, son évêque. En 1228, le comte Thibault IV y fut assiégé par les seigneurs qui voulurent enlever la régence à la reine Blanche. Saint Louis vint en personne au secours de Troyes, et le siège fut levé. Le jeune roi n'était encore que dans sa quatorzième année; il fit ses premières armes dans cette expédition.

Le duc de Bourgogne s'empara de Troyes vers 1415. Après l'assassinat de ce prince à Montereau, par ordre du dauphin Charles, la reine Isabeau de Bavière crut cette occasion favorable pour le perdre; profitant de

TROYES.

lesse d'esprit du roi, elle lui persuada déclarer son fils criminel de lèse-majesté, ennemi de l'État, de le déshériter, de maier leur fille au roi d'Angleterre, Henri V, et de lui donner pour dot la couronne de France. Le 28 mars 1420, le nouveau duc de Bourgogne arriva à Troyes avec une suite nombreuse, et il fut admis à prêter foi et hommage au roi pour le duché de Bourgogne, les comtés de Flandre et d'Artois, et ses autres seigneuries. Il y fut reçu avec confiance par le roi, la reine et madame Catherine ; le roi n'avait plus ni mémoire ni jugement ; la reine, appesantie par la bonne chère, et incapable de comprendre ou de conduire les affaires, n'écoutait que son ressentiment contre les Armagnacs, qui l'avaient volée plusieurs fois ; sa colère contre son fils, qui s'était joint à ses ennemis ; sa tendresse pour Catherine ; son désir de mettre fin aux terreurs dont elle avait sans cesse été assiégée au milieu des guerres civiles. Les conditions de la paix avaient été convenues pendant que la trêve était prorogée seulement de dix jours en dix jours, et le 9 avril, Isabeau en fit signer les préliminaires à Charles VI, qui ne savait pas ce qu'il faisait. Ces préliminaires obligeaient Henri V à renoncer au titre de roi de France, qu'il s'attribuait, pour se contenter de celui de régent et héritier de la couronne ; mais en retour ils lui transmettaient immédiatement l'administration du royaume : ni la reine ni le duc de Bourgogne ne s'y étaient réservé aucune part. Les négociations avaient porté dès lors sur la garantie des libertés du royaume et de son intégrité, et sur quelques réserves pour l'entretien du roi et de la reine, ou pour le douaire de madame Michelle, duchesse de Bourgogne. Le 29 avril, le chancelier de France donna communication de l'état des négociations à une assemblée formée à Paris, du parlement, de la chambre des comptes, de l'université, du chapitre, des gens du roi, du prévôt de Paris, du prévôt des marchands, enfin des quarteniers, des dizainiers et cinquanteniers. Aucune voix ne s'éleva contre ces préliminaires ; on ne répondit à leur lecture que par des cris de *Vive le roi, la reine et le duc de Bourgogne !* Le chancelier et le premier président se rendirent ensuite à Pontoise, auprès du roi d'Angleterre : tout était conclu, et le 20 mai, celui-ci se transporta lui-même à Troyes. Il était accompagné par les ducs de Glocester et de Clarence, ses frères, et il conduisait avec lui une armée de sept mille hommes d'armes. Le duc de Bourgogne, à la tête des seigneurs de son parti et de celui de la reine, alla au-devant de lui, et le conduisit à l'hôtel qui lui était destiné, *au-dessoubs de l'esglise Sainct-Jehan*. En arrivant, ce prince vit le roi, la reine et *dame Catherine, leur fille, qui feirent de très-grantz honneurs l'ung à l'autre.* Le 30 mai, lendemain, suivant Lefebvre, du jour de la Trinité, que l'*Art de vérifier les dates* place au 2 juin 1420, et le 2 juin, suivant Juvenal des Ursins, c'est-à-dire, le jour même de la Trinité, Henri V, voulant que le *mariage se fist suivant la coustume de France,* épousa madame Catherine dans *l'esglise parochiale.* Henri de Savoisy, archevêque de Sens, leur donna la bénédiction, et pour treize deniers il mit sur le livre treize nobles. A l'offrande, avec le cierge, les nouveaux époux offrirent chacun trois nobles, et donnèrent à ladite église deux cents nobles, *et feurent les soupes au vin faictes en la magnière accoustumée et le lit béni.* « S'y
« feurent faictes ce jour-là par les Anglais,
« ajoute saint Remy, grands estats et bom-
« banz, estant richement vestus et parez de
« draps d'or et de soye de riches couleurs
« et chargiez de pierres, que François et
« Borgoignons s'esmervelloient où telles ri-
« chesses pouvoient avoir esté prinses. Là
« estoient du party du roi, le duc de Bor-
« goigne, par le moyen duquel les traictiez
« et alliances se faisoient ; et avec lui le
« prince d'Orange, le seigneur de Joinville,
« le Veau de Bar, le seigneur de Montagu,
« messire Jean de Cottebrune, mareschal
« de Borgoigne et Picardie, le comte de Con-
« versan, messire Jehan de Luxembourg,
« le seigneur de Croy, le seigneur de Hum-
« bercour, le S. de Longueval, le S. de Ro-
« bec, M. Here de Lannoy, etc. »
Le fameux traité de Troyes, par lequel l'imbécile Charles VI rendait la France sujette du roi d'Angleterre, fut signé le 21 mai. Par ce traité, Henri V s'engageait à conserver à Charles VI et à Isabeau, durant la vie du premier, la couronne et la dignité royale, avec les revenus nécessaires pour en soutenir la splendeur. Mais, après la mort de Charles VI, la couronne de France devait être perpétuellement dévolue, avec tous ses droits, à Henri V et à ses héritiers. Même pendant la vie de Charles VI, l'administration du royaume devait, à cause de l'infirmité du roi, être confiée à Henri V ; mais il était tenu d'user pour cela des conseils des nobles et des sages du royaume, de maintenir la juridiction du parlement, ainsi

que les droits et libertés des nobles, pairs, cités, villes et communautés de France. Ceux-ci, en retour, devaient prêter serment de le servir fidèlement, et de le reconnaître pour roi au décès de Charles VI. Henri s'engageait à réduire à l'obéissance du roi toutes les villes et provinces que tenaient le parti d'Armagnac ou du dauphin; mais toutes ces conquêtes, la Normandie exceptée, devaient être réunies au royaume de France. La Normandie elle-même devait y être réunie aussi quand Henri V parviendrait à la couronne. Henri s'engageait à ne lever aucune imposition sur le royaume, sans cause raisonnable et nécessaire. Les deux royaumes devaient demeurer perpétuellement unis et gouvernés par le même roi, mais chacun selon ses lois et ses usages, et par ses officiers nationaux. Les deux rois et le duc de Bourgogne s'engageaient enfin à ne jamais traiter avec Charles, *qui se dit dauphin de Viennois*, si ce n'est d'un commun consentement, et avec le conseil des trois états du royaume, *à cause des horribles et énormes crimes qu'il a commis*.

L'espérance de la paix, après tant et de si horribles souffrances, fit accueillir ce traité avec joie par une partie de la France, et surtout par la ville de Paris, qui était réduite au dernier degré de misère : beaucoup d'autres cependant n'y voyaient que l'humiliation de la France et le triomphe des Anglais, que pendant un siècle on s'était accoutumé à regarder comme ennemis. Aussi plusieurs des grands seigneurs attachés au duc de Bourgogne, et entre autres les deux frères de Luxembourg, refusèrent-ils d'abord de jurer le traité de Troyes. Les villes de Bourgogne ne montrèrent pas moins d'éloignement pour le recevoir. Les bourgeois de Paris, au contraire, écrivirent le 2 juin à Henri V, pour accepter ce traité de paix, et protester de leur soumission. Les trois états du royaume furent convoqués à Paris, pour donner leur sanction à ce même traité. Charles VI présida lui-même, le 6 décembre, leur assemblée dans son palais de Saint-Paul ; il avait alors suffisamment de présence d'esprit pour répéter la leçon qu'on lui avait faite, et déclarer qu'il regardait le traité de Troyes comme pouvant seul assurer la paix du royaume. Il invita les trois états à se retirer dans leurs chambres pour délibérer, et à se réunir de nouveau le 10 décembre, en assemblée générale. Ce jour là le traité de Troyes fut solennellement accepté par les trois états du royaume, et déclaré loi de la monarchie.

En 1429, Charles VII, sur les inst. de la pucelle d'Orléans, prit la détermination de se rendre à Reims pour s'y faire sacrer. Il arriva sous les murs de Troyes le 1er juillet, et fit sommer la ville de se rendre. Les habitants, dominés par les Anglais, refusèrent de le reconnaître et se préparèrent à la résistance ; mais Jeanne d'Arc ayant attaqué la place avec vigueur, les assiégés entrèrent en négociations, qui se terminèrent par la soumission de la ville au roi, qui y fit une entrée solennelle et proclama une amnistie générale.

Sous le règne de François Ier, Troyes devint une place importante durant les guerres de ce prince avec l'empereur Charles-Quint : les officiers municipaux employèrent, pour réparer les fortifications, le produit d'un octroi qui leur avait été accordé ; et cette ville fut munie de tout ce qui peut rendre une forteresse capable de soutenir un long siège. En 1524, la ville de Troyes fut en grande partie brûlée par des boute-feux au service de l'empereur Charles-Quint. L'incendie commença le 21 mai à la maison de l'*Homme sauvage*, à l'entrée de la rue du Temple ; il gagna et consuma toutes les maisons jusqu'aux portes de Croncels et de Belfroy, le château de la Vicomté, les églises de Saint-Jean du Temple, du Saint-Esprit, de Saint-Pantaléon, Saint-Nicolas, Saint-Bernard, une partie de celle de Saint-Jean au Marché, où cinq grosses cloches furent fondues ; enfin Saint-Abraham, où le feu commença à s'apaiser, après avoir duré vingt-huit heures. Plus de vingt-deux rues furent la proie de cet incendie, et quelques-uns disent que trois mille maisons furent consumées par les flammes ; mais ce nombre paraît exorbitant, vu l'étendue de la ville. Quoi qu'il en soit, la perte fut immense, et quantité de magasins de grains, de vins et de marchandises furent entièrement consumés.

La religion réformée s'introduisit à Troyes vers 1550, et y fit de nombreux prosélytes, malgré les supplices qu'on faisait subir aux sectaires. Après le massacre de Sens (en 1562), où plus de cent calvinistes furent jetés dans l'Yonne au sortir de leur prêche, ceux de Troyes, craignant le même sort, se rendirent maîtres de la ville, que reprit bientôt le duc de Nevers, gouverneur de la province, dont les soldats commirent les plus grandes violences contre les religionnaires. Ces malheureux, consternés, résolurent d'abandonner leur patrie et d'emmener avec eux leurs femmes, leurs enfants et une partie de leurs effets ; ils se retirèrent à Barur-Seine dont ils s'emparèrent, mais qui leur fût enlevé peu après par les catholiques. La nouvelle de l'affreuse journée de la Saint-Barthélemy arriva à Troyes deux jours après cette boucherie, et saisit d'épouvante les religionnaires, dont la plupart résolurent de sortir de France et de se retirer en lieu de sûreté; mais afin de leur ôter le moyen de s'évader, on mit des gardes aux portes de la ville. Le surlendemain le bailli de Troyes, Anne de Vaudrey, fit faire une recherche des protestants, et donna ordre d'arrêter tous ceux que l'on rencontrerait : en peu d'heures, les prisons furent remplies de calvinistes, et la garde en fut confiée aux plus furieux catholiques, qui les massacrèrent sans pitié.

Troyes est la première ville où fut signée l'association dite de la sainte ligue : dès l'an 1562, le cardinal de Lorraine étant au concile de Trente, conçut le plan d'une *sainte ligue*, ou association de catholiques, qui devait avoir le triple but de défendre à main armée l'Église romaine en France, de faire rendre au frère du cardinal, François duc de Guise, la lieutenance générale du royaume, dans le cas où la race des Valois viendrait à s'éteindre. La mort du duc, assassiné devant Orléans par Poltrot, ne permit pas au cardinal d'exécuter son plan. Cinq ans après, Henri de Lorraine, duc de Guise, fils aîné de François, et alors âgé de huit ans, fit, pour la première fois, composer une formule de serment, par laquelle les signataires s'engageaient à sacrifier leurs biens et leurs vies à la défense de la religion catholique envers et contre tous, excepté contre le roi, la famille royale, et les princes de son alliance. Cette formule fut signée par la noblesse de Champagne et de Brie, provinces dont Henri était gouverneur; et le 25 juillet 1568, l'évêque et le clergé de Troyes la signèrent également. L'association est nommée, dans la formule, *sainte ligue, ligue chrétienne et royale* [1]. Jusqu'à l'année 1576, cette association resta secrète et ne passa pas les limites de la Champagne; mais à l'avènement de Henri III au trône, l'édit de pacification de 1573 ayant été rompu, Henri de Guise commença à mettre à exécution les plans de son oncle le cardinal.

La journée des barricades (12 mai 1588) amena le traité enregistré au parlement de Rouen le 19 juillet; mais Henri III, rougissant d'avoir conclu la paix à de si honteuses conditions, ne tarda pas à se repentir, et cherchait tous les moyens de ne point exécuter les conditions de ce traité. D'un autre côté, les ligueurs, nonobstant l'édit de paix, restaient armés; les soldats du duc de Guise continuaient le siége des villes qu'ils tenaient bloquées : et quant à celles qu'ils avaient déjà prises, et qui, n'étant pas réservées aux catholiques par le traité d'union, devaient être rendues au roi, on ne paraissait pas disposé à en ouvrir les portes. De ce nombre était la ville de Troyes, dont le cardinal de Guise s'était emparé par surprise, et dont il avait fait un second Paris. Les coffres où se gardait la recette de Champagne avaient été ouverts par son ordre; il s'était saisi de l'argent du roi et en avait donné décharge aux receveurs : enfin, il avait fait nommer, comme à Paris, de nouveaux magistrats par le peuple assemblé en la maison de ville. « Ayant de l'argent et « de l'autorité, comme peut avoir un roi en « son royaume, dit un manuscrit du temps, « aussi faisoit-il de la dépense de même; car « il tenoit table ouverte à tous venants, que « l'on faisoit boire en grandes coupes d'ar- « gent à la santé du duc de Guise et du car- « dinal, et aucuns, même les plus simples, « buvoient à leurs prédécesseurs, morts de « longtemps. Pendant le séjour du cardinal « à Troyes, qui fut depuis le 10 juin jus- « ques au mois de septembre suivant, cha- « que jour on permettoit de faire des feux « de joie, où l'on brûloit l'hérésie et Théo- « dore de Bèze en peinture. L'on permet- « toit à tous les artisans de chaque état, les « jours de fête, de dresser des échafauds « parmi les rues, et danses publiques, pour « tenir ce peuple en toute sorte d'allégresse, « tellement que ces simples gens disoient « que le bon temps étoit venu, et que nous « rentrions au siècle d'or. »

Cependant les royalistes de Troyes entretenaient des intelligences particulières en faveur de leur parti. Après l'assassinat de Henri III, ils tentèrent, sans succès, de s'emparer de la ville, et furent obligés de se retirer après un combat sanglant. Toutefois, après l'abjuration de Henri IV, les Troyens le reconnurent pour leur souverain, et chassèrent les ligueurs de leur ville, où le roi fit une entrée solennelle le 30 mai 1595.

La ville de Troyes eut des comtes héréditaires vers le milieu du Xe siècle. Le comte Robert, qui s'empara de cette ville sur l'évêque Ansegise, mourut en 968, et eut pour successeur son frère **Héribert de**

---

1. Journal de Henri III, t. III, p. 31, édition de 1744.

Vermandois. Ce dernier transmit le comté de Troyes à Étienne, son fils, en qui s'éteignit la première race des comtes de Troyes. Vers l'an 1019, Eudes, dit le Champenois, s'empara du comté de Troyes et de Champagne. En lui commence la seconde race des puissants comtes de Champagne, qui soutinrent des guerres contre les empereurs, les rois de France et de Bourgogne, etc. Quoique leur fief relevât de la couronne, ils ne craignaient pas de s'attribuer l'autorité souveraine, et même de prendre quelquefois la qualité de rois. Au comté de Champagne plusieurs réunirent ceux de Blois, de Chartres et de Brie. Leur séjour le plus ordinaire était la ville de Troyes, dont la grandeur répondit bientôt à celle de ses souverains. Thibault IV, qui régna de 1102 à 1152, déploya sur cette ville toute la magnificence d'un prince véritablement grand. Il affranchit les hommes et les appliqua aux arts utiles ; il attira toute l'Europe aux foires de sa capitale, qui fut, pendant quatre siècles, l'entrepôt du commerce de toutes les parties occidentales de ce continent ; créa des manufactures ; et, pour leur commodité, il partagea la Seine en une infinité de ramifications qui la portèrent dans tous les ateliers ; entreprise digne de l'admiration des siècles les plus éclairés, soit par son objet, soit qu'on la considère du côté de l'art qui a présidé à cette distribution, dont cette ville jouit encore aujourd'hui. En un mot, le comte Thibault créa et fixa à Troyes l'industrie et l'esprit de commerce qui la soutiennent depuis qu'elle a cessé d'être une des premières places de l'Europe. La race des comtes de Champagne est éteinte depuis des siècles. Leur grandeur et leur palais ont disparu, leurs poésies et leur puissance sont tombées dans l'oubli ; ce qu'ils ont fait pour le bien des peuples subsiste, et leur mémoire recueille encore des bénédictions.

La ville de Troyes a été visitée par plusieurs rois de France : Charles le Chauve y séjourna avant la bataille de Fontenay, près de Chablis, où périt la plus grande partie de la noblesse de Champagne ; événement qui, dit-on, a donné lieu à la noblesse utérine, par laquelle la mère anoblissait l'enfant qu'elle tenait d'un père roturier. En 1322, Charles IV, dit le Bel, épousa dans le palais des comtes de Champagne, Marie de Luxembourg, fille de Henri VIII, empereur d'Allemagne ; Charles VIII y fit une entrée solennelle en 1486 ; Louis XII y vint en 1510 ; Charles IX y séjourna en 1564 : c'est pendant son séjour à Troyes qu'il signa la paix avec Élisabeth, reine d'Angleterre, après la reprise du Havre. Nous avons dit précédemment que Henri IV y entra en 1595. Louis XIII séjourna en cette ville en 1629 ; honneur qui coûta un peu cher aux Troyens, car, après le départ du roi, on leva sur tous les habitants de la ville et des faubourgs, la somme de 200,051 livres 17 sous, pour payer les frais d'entrée et de séjour du monarque. Louis XIV s'y arrêta en 1668, au retour de la Franche-Comté qu'il venait de conquérir.

En 1793, la commune de Troyes a été terrorisée : Rousselin y fut envoyé par le comité de salut public, le 26 brumaire an II ; il arriva le 28, érigea le tribunal criminel en tribunal révolutionnaire, et fit dresser une guillotine permanente sur la place Saint-Pierre. Le même jour, il imposa révolutionnairement 1,700,000 livres sur les citoyens de tous états.

En prairial, les réclamations de l'agent national du district, celles des citoyens, furent si fortes contre Rousselin et ses collaborateurs, que le comité de salut public le fit rappeler et envoya le représentant du peuple Albert dans le département de l'Aube, pour réorganiser les administrations.

L'empereur Napoléon passa à Troyes en 1805. Il rendit dans cette ville un décret concernant la navigation de la haute Seine, qui devait être rendue navigable jusqu'à Châtillon. La ville de Troyes accorda 200,000 fr. pour commencer les travaux. Le 4 février 1814, Napoléon reprit la ville de Troyes sur les Russes, qui s'en étaient emparés ; évacuée quelques jours après par l'armée française, cette ville tomba de nouveau au pouvoir des armées étrangères, qui y commirent toutes sortes d'excès.

La ville de Troyes est située au milieu d'une vaste et fertile plaine, sur la rive gauche de la Seine, qui l'entoure en partie et distribue ses eaux dans son intérieur par de nombreux canaux de dérivation, qui alimentent un grand nombre d'usines et de manufactures. Elle est enceinte d'assez bonnes murailles dont on détruit annuellement quelques parties, presque entièrement construite en bois et généralement mal bâtie : cependant plusieurs quartiers offrent des rues spacieuses, propres et assez bien percées. La Seine, qui se divise en deux bras avant de baigner ses murs, forme une multitude de canaux et de petites rivières qui vivifient ses gracieux alentours : un sentier côtoie leurs bords riants ; il conduit aux blanchisseries, aux foulons et aux nombreuses manufactures répandues au milieu

ANCIENS CORDELIERS
à Troyes

BAINS DE L'ARQUEBUSE
à Troyes.

d'un charmant paysage, entrecoupé de prairies, bordé de haies vives et ombragé de bouquets d'arbres. De quelque côté que l'on se dirige, on découvre à chaque pas des eaux limpides, des jardins agréables et bien cultivés, de verts ombrages, des vignes, des bosquets et des habitations charmantes. Dans la longueur de ces divers bras de la Seine, on a pratiqué des rigoles qui, recevant aussi des eaux de sources, coupent le terrain qui avoisine la ville : ces cantons sont occupés par des jardinages, des chenevières, des oseraies, des bois, plants de saules, etc. Quelques autres le sont par des vignes ; et à peine trouve-t-on, à un quart de lieue de Troyes, des terres labourables : l'ombrage continu qui les remplace, offre de tous côtés des promenades champêtres délicieuses. — La plaine où la ville est située, se termine, du côté de l'ouest, par un cordon de coteaux, qui règne à peu près, dans la direction du sud au nord, dans une étendue de trois à quatre lieues. Ces coteaux, revêtus de vignes d'un côté, sont couverts de bois à leurs sommets, et sont élevés à 120 ou 140 mètres environ, au-dessus du niveau de la Seine.

L'ÉGLISE CATHÉDRALE, dédiée à saint Pierre, est un beau monument d'architecture gothique. La France en a très-peu qui lui soient comparables par l'étendue du vaisseau, par la hardiesse des voûtes, par la justesse et le grand effet des proportions. Il ne manque à ses perfections qu'un peu plus de légèreté dans les piliers qui séparent la nef des bas côtés. Le portail et la grosse tour qui le domine, ont une élégance qui, dans les bâtiments gothiques, n'accompagne pas toujours la légèreté. Les premiers fondements de cette église furent jetés en 872. Elle fut ruinée par les Normands en 898, et réparée vers la fin du siècle suivant. Le 23 juillet 1188 elle fut détruite par un incendie, qui consuma presque toute la ville. C'est seulement en 1208 que fut commencée la construction de l'église actuelle ; le rond-point était déjà élevé en 1225 ; le chœur et la nef sont des ouvrages du XIIIe, du XIVe et du XVe siècle. La tour et le portail, commencés en 1506, furent terminés vers la fin du XVIe siècle.

La longueur intérieure du vaisseau est de 351 pieds, et la largeur intérieure est de 154 pieds ; la largeur de la nef et de la croisée est de 34 pieds ; la hauteur des voûtes sous clef est de 90 pieds, et la hauteur de la coupole et des tours est de 192 pieds. Cinq arcades composent la nef de ce grand édifice : elles forment, avec celles des croisillons et du chœur un ensemble parfait. La galerie de la nef est des plus riches. Dans la chapelle des fonts à droite, il existe un groupe de cinq figures, ouvrage du XVIe siècle, représentant le baptême de saint Augustin ; en face, sur l'autel, est une copie de la Cène de Léonard de Vinci ; à droite de l'autel est un autre tableau sur bois, divisé en plusieurs panneaux, représentant la naissance de Jésus-Christ. Tous les tableaux qui existent dans les autres chapelles, ne méritent pas d'être cités, à l'exception toutefois d'un tableau représentant l'entrée du pape Pie VII dans la cathédrale, dont toutes les figures sont d'une grande ressemblance ; c'est l'œuvre de M. Paillot de Montabert, auteur d'un *Traité complet de peinture* très-estimé.

Les vitraux des chapelles qui environnent le sanctuaire, datent du commencement du XIIIe siècle : les sujets de l'Ancien et du Nouveau Testament y sont représentés dans des cercles et des losanges ; malheureusement, ces vitraux ont souffert, et il y a plusieurs panneaux qui manquent. Ceux des grandes fenêtres du chœur sont précieux par leur belle conservation et par les sujets qu'ils représentent : ce sont la plupart des figures, grandes comme nature, de rois de France, de comtes de Champagne, de princesses de leur maison, d'évêques de Troyes et de saints personnages du XIIIe siècle, dont les différents costumes sont rendus avec beaucoup d'exactitude. Dans la fenêtre qui occupe le milieu du sanctuaire, est le crucifiement ; dans celle à droite, le martyre de saint Pierre et la pêche miraculeuse ; à gauche est l'apothéose de sainte Mathie, patronne de la ville de Troyes. Les vitres de la nef sont loin d'offrir le même intérêt : ce sont des généalogies, avec l'histoire de Tobie, de Joseph, de David, de Salomon ; les costumes sont évidemment de convention, mais les couleurs sont vives et brillantes. La grande rose placée au-dessus du grand portail est surtout remarquable par l'harmonie et la vivacité des couleurs. Ne pouvant entrer dans tous les détails que nécessiterait la description de ce beau monument, nous renvoyons à l'ouvrage intéressant, publié par M. Arnaud, sur les antiquités de la ville de Troyes [1].

---

[1]. Antiquités de la ville de Troyes, et Vues pittoresques de ses environs, 1 vol. in-fol., enrichi de gravures et de lithographies, par M. Arnaud, peintre.

L'ANCIENNE COLLÉGIALE DE SAINT-URBAIN, citée par Millin comme un des plus beaux morceaux d'architecture gothique, et dont la légèreté surpasse celle de la Sainte-Chapelle de Paris, est un édifice élevé par le pape Urbain IV vers la fin du XIIIe siècle. La dédicace de cette église fut troublée par les religieuses de Notre-Dame-aux-Nonains. Le pape Clément IV ayant envoyé à Troyes l'archevêque de Tyr, pour bénir cette nouvelle église, l'abbesse de Notre-Dame et ses religieuses regardèrent cette commission comme un attentat à leurs droits et possessions, se plaignirent hautement, et résolurent d'empêcher cette bénédiction. Elles formèrent un parti de personnes affidées, se mirent presque toutes en armes, brisèrent les portes de l'église, renversèrent et démolirent l'autel, soufflétèrent et accablèrent d'injures le légat qui pontifiait à cette cérémonie, et se portèrent à tous les excès qu'une passion violente peut inspirer. Le pape, informé de ce scandale, fit examiner cette affaire par un chanoine de Besançon. Après toutes les informations juridiques, les religieuses furent déclarées sacriléges et excommuniées; mais ayant donné satisfaction, l'excommunication fut levée quelque temps après.

Un seul bas-relief se fait remarquer dans le mur, près de la porte méridionale de cette église. Le sculpteur y a représenté, dans une proportion plus petite que nature, une femme couchée sur un tombeau et enveloppée d'un linceul ; le naturel de la pose et la souplesse des draperies rendent cette figure digne du ciseau de François Gentil, auquel on l'attribue. Au-dessus, on lit une légende, avec la date de 1570. Le maître-autel a été récemment entouré d'ornements d'architecture gothique, qui sont loin d'être en harmonie avec le style de l'édifice.

L'ÉGLISE DE SAINT-JEAN, sans être comparable aux deux premières, mérite l'attention des étrangers. Le maître-autel est décoré d'un beau tableau de Pierre Mignard, représentant le baptême de Jésus-Christ dans le Jourdain ; c'est, sous le rapport de la couleur et du clair-obscur, une des meilleures productions de cet artiste célèbre. — La figure du Père éternel qui est au-dessus, dans l'attique du retable, ne le cède en rien pour l'exécution au tableau du baptême ; on y trouve même plus de chaleur et d'inspiration. C'est un don que Mignard fit dans le temps à la paroisse Saint-Jean, sur laquelle il était né.

Sur l'autel, sont deux anges adorateurs de petite proportion, en cuivre doré, ouvrage de Girardon. Le retable de la chapelle des fonts, à gauche de la nef, est décoré de plusieurs bas-reliefs en albâtre, de Jacques Juliot : le plus grand représente la cène ; les figures, presque de ronde bosse, sont travaillées avec beaucoup de soin.

L'ÉGLISE SAINTE-MADELEINE, la plus ancienne de la ville, offre dans sa construction des détails précieux du XIIe et du XVIe siècle. Le jubé, remarquable par la légèreté et par la richesse de ses détails, fut construit en 1518 par Jean Gualdo, Italien ; c'est le seul existant des cinq jubés qui décoraient autrefois les églises de Troyes ; deux statues d'assez bon style et bien drapées font partie intégrante de sa décoration.

Les vitraux des chapelles qui environnent le sanctuaire, sont remarquables par la vivacité des couleurs et par la manière franche dont les riches étoffes sont rendues ; ils représentent pour la plupart des sujets tirés de la Genèse et de la vie de la Madeleine. — Dans une chapelle à gauche du chœur, on remarque huit petits tableaux peints sur bois, et deux plus grands peints sur toile, par Nicot, offrant les principaux traits de la vie de la Madeleine.

L'ÉGLISE DE SAINT-REMY est décorée d'un fort beau christ en bronze, de trois pieds quatre pouces de proportion, que l'on voit sur la grille du chœur ; c'est un des plus beaux ouvrages du célèbre Girardon, qui en gratifia l'église Saint-Remy, sa paroisse. Sur l'autel d'une chapelle, à droite, est une statue de saint Robert, remarquable par la naïveté de l'expression et la vérité des draperies. On voit aussi dans la même église trois tableaux de Ninet de Letin, élève de Vouet.

LE COLLÉGE. En 1617, François Pithou donna pour le collège la maison de ses pères qu'il habitait vis-à-vis le portail de Saint-Remy, sa bibliothèque avec les manuscrits de son frère Pierre Pithou, l'argent qui se trouverait chez lui au jour du décès, et tous les héritages et acquisitions qu'il possédait à Moussey. M. Pithou craignant que sa maison ne tombât entre les mains des jésuites, les en exclut formellement sous peine de nullité et d'application de ses biens aux pauvres. A sa mort, en 1621, M. Allen, conseiller du présidial, exécuteur du testament, fit transférer le collège dans la maison de M. Pithou, qui fut reconnu comme fondateur, d'où le collège fut appelée *Tricassinum Pithæanum* ou *Treco-Pithæanum*, nom qu'il porte encore aujourd'hui. La transaction est du 22 janvier 1627. Dans la

JUBÉ DE L'ÉGLISE S^{TE} MADELEINE
à Troyes

ÉGLISE SAINT URBAIN
à Troyes.

suite, M. Hennequin, docteur de la société de Sorbonne, signala sa libéralité en faveur de cette maison. Il y fonda, en 1661, une chaire de théologie et un second cours de philosophie.

Les bâtiments du collège de Troyes ont reçu un grand accroissement depuis quelques années. Le nombre des pensionnaires, naguère peu considérable, s'est beaucoup augmenté depuis que l'administration de cet établissement est confiée aux soins de M. Forneron ; on y compte aujourd'hui 120 pensionnaires, et ce nombre s'augmentera encore lorsque les constructions en cours d'exécution seront achevées.

ÉGLISE SAINT-NICOLAS. Les piliers de la nef et du chœur de cette église sont décorés de statues qui proviennent d'anciennes maisons religieuses. On y remarque celles de saint Nicolas, de saint Frobert, de plusieurs apôtres et autres saints personnages ; mais ces statues n'offrent aucun intérêt sous le rapport de l'art : elles sont en général de mauvais goût, à l'exception toutefois de celle de la Vierge, qui a de la grâce dans la pose, et dont l'exécution est bien supérieure ; on la croit de la main de François Gentil, sculpteur estimé, qui mourut à Troyes en 1580.

Dans la chapelle haute, dite le Calvaire, et qui est à l'extrémité de la nef, on voyait, il y a quelques mois encore, une peinture curieuse du XVIe siècle, qui en occupait toute la largeur. Elle représentait le crucifiement : le fond offrait une vue de Jérusalem, exécutée d'après un dessin pris sur les lieux par un habitant de Troyes qui avait fait le voyage de la terre sainte. Cette fresque vient d'être repeinte entièrement par un barbouilleur qui l'a totalement perdue. Au milieu de cette même chapelle du Calvaire, on voit un christ à la colonne, de proportion plus forte que nature, que l'on attribue à François Gentil. Cette statue est adossée à la colonne qui soutient la rétombée de la voûte ; elle paraît être du même bloc. Malheureusement elle a été barbouillée à l'huile d'une teinte dite *de chair*, dont la crudité choque l'œil le moins délicat. Cette figure, dont la pose est cependant assez naturelle, ne paraît pas digne de Gentil, si on la compare aux productions bien connues de cet artiste.

Dans le caveau dit le *Sépulcre*, qui est au bas de cette chapelle, il y a une statue couchée du Christ mort, qui, dit-on, est estimée ; mais l'obscurité qui règne dans ce lieu ne permet guère d'en apprécier le mérite.

Au-dessus de ce caveau, sous un dôme porté par six colonnes d'ordre corinthien, on voit une autre statue du Christ représenté debout et dans une attitude qui semble indiquer la résurrection.

Les tableaux qui existent dans la même église ne méritent pas d'être mentionnés ; un seul pourtant, exécuté dans le XVIe siècle, peut offrir de l'intérêt sous le rapport des costumes. Il est sur bois et divisé en trois panneaux, où sont représentés les sacrements du baptême, de l'eucharistie et de la confirmation.

Les vitres de la chapelle à droite du chœur sont d'assez jolies grisailles, représentant l'histoire de saint Claude, archevêque de Besançon.

ÉGLISE SAINT-PANTALÉON. Cette petite église est de toutes celles de la ville la plus riche en monuments des arts. Les douze piliers isolés qui soutiennent les voûtes, sont ornés de riches culs-de-lampe et de clochetons qui abritent et supportent vingt-deux statues disposées sur deux rangs, et de proportion un peu au-dessous du naturel. Dans la nef, sont celles de plusieurs vierges, saints et saintes ; dans le sanctuaire, celles de saint Joseph avec l'enfant Jésus, de sainte Anne avec la Vierge, de saint Nicolas, de saint André, de la Madeleine, de saint Jean et de saint Grégoire. Toutes ces statues, quoique faibles sous le rapport de l'étude, ont une certaine naïveté qui plaît, et ne sont pas de mauvais goût. On les attribue généralement à François Gentil ; mais les deux petites statues de la Foi et de la Charité, qui sont plus rapprochées de l'autel de chaque côté, paraissent seules dignes du ciseau de cet artiste. Dans la chapelle à droite de l'autel, il y a un groupe de saint Joachim et de sainte Anne se rencontrant sous la porte dorée ; il est aussi de François Gentil.

La première chapelle à droite de la nef, arrangée en calvaire, renferme plusieurs groupes, dont deux seulement paraissent être de Gentil : celui de Pilate montrant Jésus-Christ au peuple, et celui de la Vierge soutenue par saint Jean et par la Madeleine.

Le rétable de la chapelle qui suit immédiatement, est décoré d'un groupe curieux dont les figures ont trois pieds de proportion. Il représente saint Crépin et saint Crépinien, occupés, l'un à couper du cuir, l'autre à coudre la semelle d'un soulier, pendant que des soldats viennent les saisir. L'expression de calme et de résignation est très-bien rendue sur la figure des deux saints, et contraste avec la joie barbare qui est peinte sur celle des deux satellites. Les costumes de ces derniers sont ceux du temps de Henri II; la draperie et les figures ont été chargées de couleur et de dorures qui ont conservé leur éclat.

Les fenêtres de la chapelle sont ornées de grisailles d'un bon style : exécutées au XVIe siècle par Macadrée et Luthereau, son élève, peintres sur verre à Troyes, elles représentent toute l'histoire de Daniel et celle du Nouveau Testament.

Les arcades de la nef et celles du chœur sont remplies par des tableaux peints dans le XVIIe siècle par Jacques Carré, élève de le Brun; ils représentent divers sujets de la vie de saint Pantaléon. La manière de ce peintre n'est qu'une faible imitation de celle de son maître; néanmoins, les animaux qui sont représentés dans ces tableaux sont d'une exécution bien supérieure à celle des figures.

On remarque encore à Troyes le musée, renfermant une belle collection de minéralogie, classée d'après la méthode d'Haüy, divers objets d'histoire naturelle, et quelques tableaux pour la plupart fort médiocres; le palais de justice; les magnifiques promenades qui entourent la ville; les bains de l'Arquebuse, etc.

La façade de l'Hôtel de Ville est remarquable par la régularité de son architecture. Huit corps avancés, décorés dans leur partie supérieure de colonnes composites de marbre noir, annoncent avantageusement ce bâtiment, commencé en 1624, et terminé en 1670. La grande salle est ornée des bustes en marbre des grands hommes nés dans la ville de Troyes, et décorée d'un médaillon de Louis XIV, en marbre blanc, grand morceau de Girardon, dans lequel la richesse de la composition et la précision du dessin sont rehaussées par la légèreté du ciseau et le fini de l'exécution. Il serait bien à désirer que l'administration municipale fit enfin dégager ce monument des bâtiments qui le masquent du côté de la cour, et qui sont peu en harmonie avec les autres parties de l'édifice.

L'Hôpital est un bâtiment construit vers le milieu du XVIIIe siècle. Il est fermé; du côté de la rue, par une superbe grille de 105 pieds de long sur 37 pieds de haut.

La Bibliothèque publique, formée des débris des bibliothèques des communautés religieuses, et particulièrement de la majeure partie des livres du docteur Hennequin et du président Bouhier, est une des plus précieuses richesses de Troyes. Elle renferme 55,000 volumes imprimés, et près de 5,000 manu[scrits]. Dans le nombre des livres, il y a beaucoup de bonnes éditions : aucune ne remonte à l'origine de l'imprimerie; la plus ancienne est de 1470. Les manuscrits sont postérieurs au XIe et au XIIe siècle. Par les soins du conservateur actuel, littérateur distingué, d'une grande obligeance et d'une rare affabilité, cet utile établissement s'augmente annuellement d'un grand nombre d'ouvrages modernes, fournis par le ministère de l'intérieur, ou achetés avec les fonds votés annuellement par le conseil municipal de la ville de Troyes.

La salle qui renferme la bibliothèque a environ 50 mètres de longueur sur 10 de largeur et 7 de hauteur. Les croisées sont ornées de peintures historiques sur verre, représentant les principaux événements de la vie de Henri IV, exécutées par Linard-Gonthier.

Troyes est la patrie de plusieurs hommes célèbres, parmi lesquels on cite Thibault IV, le premier chansonnier parmi les rois, le premier écrivain français dont les vers puissent s'entendre et se lire; Pierre Comestor, auteur d'une histoire abrégée de l'Ancien et du Nouveau Testament; Salomon Jarchi, qui se distingua par une connaissance profonde de l'Écriture sainte et une perspicacité heureuse à l'expliquer; Chrestien de Troyes, l'un des romanciers les plus féconds du XIIe siècle; Guiter, abbé de Saint-Loup, auteur d'une histoire de son monastère, où il cite un titre de l'année 893, qui jette quelque lumière sur les ravages des Normands; le pape Urbain IV; Juvénal des Ursins, historien du XVe siècle; Jean Passerat, littérateur distingué du XVIe siècle, l'un des auteurs de la fameuse satire Ménippée; Pierre et François Pithou, célèbres jurisconsultes : on doit au premier la découverte du Phèdre, dont il a donné à Troyes, en 1596, chez Oudot, l'édition princeps; François Girardon, un des plus célèbres sculpteurs dont s'honore la France; Pierre Mignard, peintre célèbre; Jean Grosley, homme de lettres et savant antiquaire, etc.

Industrie. Manufactures considérables de bonneterie en coton très-estimée, de toiles de coton, basins, molletons, calicots, percales, finettes, coutils blancs, draps, ratines, couvertures de laine, toiles peintes. Fabriques de lacets, savon noir, blanc de Troyes, moutarde, cierges, peignes de corne, cordes d'instruments, amidon, etc. Nombreuses et belles filatures de laine et de coton; huileries; brasseries; belles blanchisseries de bas et de toiles; papeterie;

HÔTEL DIEU
à ...

ANCIEN HÔTEL MESGRIGNY.

foulons; moulins à tan-   ; tanneries, corroieries et chamoiseries; L blanchisseries de cire.
Commerce de blé, n avette, légumes secs,
vins, eaux-de-vie, ép icerie, denrées coloniales, charcuterie re nommée, chanvre,
cire, laines, bonneterie , toiles, draperie,
rouennerie, boissellerie , bois de construction, fers, plomb et zinc laminé, etc.

A 18 l. de Châlons, 19 l. d'Auxerre,
40 l. 1/2 de Paris. — *Hôtels* du Mulet, des
Courriers, du Commerce.

VAUCHASSIS. Village situé au fond
d'un vallon dont les coteaux sont garnis de
bois, à 3 l. 1/2 de Troyes. Pop. 796 hab.

Ce village a joui, il y a quelques années,
d'une célébrité extraordinaire et même peu
croyable au XIXe siècle, si elle n'avait eu
pour témoins la majeure partie des habitants du département. Le curé de Vauchassis
acquit tout à coup, en l'année 1819, la réputation de guérir tous les maux qui affligent
la pauvre humanité. En moins d'une année
plus de 40,000 personnes de tout état, de
tout âge et de tout sexe, s'y rendirent. On
vit, pendant plusieurs mois, à plus de vingt
lieues à la ronde, les chemins couverts de
malades, d'infirmes et d'invalides de toute
espèce, qui, dans l'espoir de trouver une
guérison à leurs maux, s'acheminaient vers
un chétif village, où l'on ne trouvait pas
même une auberge passable, et qui cependant a renfermé dans son enceinte jusqu'à
2,000 personnes à la fois, accourues de diverses contrées de la France et même de
plusieurs parties de l'Europe. Ce charlata-
nisme scandaleux éveilla l'attention du ministère public, qui résolut de faire cesser la
cause d'une affluence aussi considérable, de
mettre fin aux accidents graves causés par
un traitement appliqué sans discernement.
Après plusieurs informations, le prétendu
médecin, condamné correctionnellement, se
vit tout à coup dépouillé du prestige qui
l'environnait; l'illusion se dissipa, et il rentra ainsi que le village de Vauchassis dans
l'obscurité d'où ils n'auraient jamais dû sortir. On estime que la confection des remèdes
prescrits par les diverses ordonnances, a
nécessité la consommation d'environ 300,000
bouteilles de vin vieux, de 80,000 livres de
sucre, et de plus de 500 livres de cannelle et
de muscade, substances qui formaient la base
principale de presque toutes ces ordonnances.

VILLACERF. Village situé sur un des
bords de la Seine, à 3 l. 1/2 de Troyes.
Pop. 418 hab. On y voyait naguère un magnifique château, construit par Odard Colbert. Ce château, qui a été fréquenté par
les hommes les plus distingués du XVIIe siècle, est entièrement démoli. Les deux beaux
bustes de Louis XIV et de Marie-Thérèse,
exécutés par Girardon, et qu'on admire au
musée de Troyes proviennent du château de
Villacerf.

VILLEHARDOUIN. Village situé dans
un territoire fertile en vin estimé, dit de la
Croisette, à 6 l. 1/4 de Troyes. Pop. 411 h.

Ce village est célèbre pour avoir donné
son nom et peut-être le jour à Geoffroi de
Villehardouin, le premier historien qui ait
écrit dans l'idiome français. Geoffroi, qui
dut naître vers le milieu du XIIe siècle,
fit partie en 1205 de la croisade qui soumit
Constantinople à l'autorité des Francs. Les
mémoires qu'il a laissés sur cette expédition sont à la fois curieux et intéressants.
Il en avait été un des principaux chefs, et
il devint un des premiers dignitaires du
nouvel empire, sous le titre de maréchal de
Romanie, qu'il cumulait avec celui de maréchal de Champagne, héréditaire dans sa
famille. Il était oncle de Geoffroi de Villehardouin qui fut, comme il dit, *moult preux
et moult vaillans et moult bon chevalier.* Ce
dernier n'est guère moins illustre que son
oncle. Aidé de quelques chevaliers, il con-
quit la Morée et en devint souverain, sauf
l'hommage à l'empereur de Romanie. Il
transmit cette souveraineté à ses descendants, qui la possédèrent pendant près d'un
siècle. La famille des seigneurs de Villehardouin s'éteignit en Champagne vers le commencement du XIVe siècle. Leur château a
été détruit.

VILLEMAURE. Joli bourg, situé sur
la Vannes, qui le divise en deux parties, à
7 l. 1/2 de Troyes. Pop. 631 hab.

Des écrivains ont prétendu que Villemaure devait sa fondation à des Maures ou
Sarrasins qui y pénétrèrent autrefois, ou à
un officier nommé Maur, qui aurait été
gratifié de cette terre, en 361, par l'empereur Julien : mais ces conjectures ne reposent
sur aucun fondement historique.

Suivant M. Chlore de la Charmette, qui
a fait l'histoire de ce bourg, en deux volumes in-folio, il a été beaucoup plus considérable qu'aujourd'hui, et a porté le titre
de ville, dont il paraît avoir eu l'importance : des restes de remparts qui servent
actuellement de clôture au jardin du presbytère, et les noms de quartier de la ville
et de faubourg Saint-Honoré, conservés
par certaines parties de la commune, con-
firment ce témoignage de l'histoire et de la

tradition, Villemaure a été plusieurs fois ravagé et incendié, et a beaucoup souffert dans le XIIIe et le XIVe siècle, lors de l'occupation des Anglais. Un incendie désastreux y éclata en 1446; l'église fut alors consumée. Un autre eut lieu en 1564. En 1588, la Ligue y tenait garnison : pris en 1594, il fut livré au feu et au pillage. D'anciens titres apprennent qu'il y eut à Villemaure un chapitre, une maladrerie, un hôtel-Dieu qui devint la proie des flammes en 1594. — Suivant les vieilles légendes, le corps de saint Flavit, qui avait été inhumé dans un ermitage construit pour lui, près de la source de l'Ardusson, alors appelée *source de l'Abondance*, fut transféré au commencement du VIIe siècle, au château de Villemaure, où les seigneurs lui bâtirent une église.

La châtellenie de Villemaure était une des plus importantes des environs de Troyes. Sa mouvance s'étendait sur plusieurs fiefs voisins. Elle eut des seigneurs de distinction que l'historien de Villemaure divise en six races. Le plus ancien connu est Manassès de Villemaure, vivant en 1115. Dans le XIIIe siècle cette châtellenie appartenait aux comtés de Champagne. Après plusieurs mutations, elle fut acquise, en 1647, par le chancelier Pierre Seguier, en même temps que le château d'Estissac et plusieurs terres des environs. En 1658 elle fut érigée en duché-pairie.

Le bourg de Villemaure est généralement bien bâti ; la plupart des maisons sont couvertes en tuiles, et offrent à l'intérieur une propreté et un air d'aisance qu'on n'est pas habitué à rencontrer dans les villages de la Champagne. On remarque dans l'église un très-beau jubé en bois, représentant les principaux évènements de la vie de Jésus-Christ. — *Fabriques* de bonneterie.

VILLERY. Village situé dans un territoire fertile en assez bons vins, à 4 l. de Troyes. Pop. 269 hab. On croit que c'est à Villery qu'eut lieu la première entrevue de Clovis avec Clotilde, lors de son mariage avec ce prince.

ARRONDISSEMENT D'ARCIS-SUR-AUBE.

ALLIBAUDIÈRE. Village situé sur l'Herbisson, à 4 l. 1/2 d'Arcis. Pop. 408 hab.

Ce village était très-important dans le moyen âge. Il avait un château fort, dont il est beaucoup parlé dans les anciens chroniqueurs. De sa grosse tour relevaient plusieurs fiefs, dont les seigneurs devaient foi et hommage à celui d'Allibaudière. Guy de Torette, qui fut bailli de Troyes, garde de Champagne et grand bouteillier du comte Thibault IV, est le plus ancien seigneur connu du lieu. Il vivait en 1224. C'est lui qui fit bâtir le château. Le clergé aida à sa construction, en donnant à Guy de Torette le prieuré de Saint-Nicolas, qui était situé près de là. Il fut encore fortifié en 1339 avec la permission du roi et sous la condition expresse qu'il ne nuirait en rien à celui de Dampierre.

La terre d'Allibaudière fut ensuite acquise par la famille troyenne Juvénal des Ursins. C'est de leur temps et à l'époque de l'occupation de la France par les Anglais, que le château d'Allibaudière est devenu célèbre. Il tenait en 1420 pour Charles VII, qui, par le honteux traité de Troyes, allait être dépouillé de la royauté. Le siége qu'il soutint alors est raconté avec beaucoup de détails par l'historien Monstrelet : le parti des princes s'en était emparé après quatre jours d'une défense opiniâtre, le fit démanteler et en rasa les fortifications; on aperçoit encore les fondations de cette forteresse. L'église paroissiale est un assez bel édifice couvert en plomb.

ARCIS-SUR-AUBE. Ancienne et assez jolie petite ville. Chef-lieu de sous-préfecture. Tribunal de première instance. ✉ ☿ Pop. 2,673 hab.

Arcis est une ville très-ancienne, dont l'origine se perd dans la nuit des temps. Elle est désignée sur la carte de Peutinger et dans l'itinéraire d'Antonin sous le nom d'*Arciaca*. Tout porte à croire que dans les premiers temps de l'occupation des Gaules par les Romains, Arcis était une forteresse élevée au bord de l'Aube, sur le monticule occupé aujourd'hui par le château de M. le comte Labriffe. Ce site, qui domine l'Aube et la campagne, offrait les moyens d'en faire un établissement militaire, très-favorable pour assurer aux conquérants des Gaules les communications qui devaient exister entre Sens et Reims, lieux où stationnaient leurs légions, et protéger le passage de l'Aube, dont il était essentiel qu'ils fussent maîtres. Ce qui confirme l'importance que l'on attacha de tout temps à se rendre maître du cours de cette rivière, c'est que depuis Brienne-le-Château jusqu'à l'embouchure de l'Aube dans la Seine, et même jusqu'à Nogent, il existait sur les bords de ces rivières un grand nombre de châteaux fortifiés, distants les uns des autres d'une à deux lieues, dont on aperçoit encore aujourd'hui l'emplacement.

En 1546, sous le règne de Henri III, les reîtres ravagèrent Arcis et les villages circonvoisins; leur apparition réitérée obligea les habitants à vendre, moyennant 1300 écus d'or, partie de leurs usages pour clore l'enceinte de la ville de fossés et de portes. C'était alors une ville assez considérable, bâtie en bois, attendu qu'on ne trouve pas de pierre dure dans les environs. En 1720 elle fut en partie consumée par les flammes. A peine commençait-elle à se relever de ses ruines, qu'un nouvel incendie la détruisit presque entièrement en 1727, ainsi que l'église paroissiale : un particulier généreux la rebâtit à ses dépens. Les habitants d'Arcis voulant témoigner leur gratitude à leur bienfaiteur, avaient fait élever une colonne, afin de perpétuer à jamais la mémoire d'un pareil bienfait. Piron, sollicité pour composer l'inscription qu'ils voulaient poser sur cette colonne, se défendit longtemps; enfin il se rendit aux instances des habitants de la ville d'Arcis, auxquels il donna cette belle inscription.

> La flamme avait détruit ces lieux;
> Grassin les rétablit par sa munificence.
> Que ce marbre à jamais serve à tracer aux yeux
> Le malheur, le bienfait et la reconnaissance.

C'est à ces deux incendies successifs qu'Arcis doit l'avantage d'être percé de rues larges et bien alignées.

Le château est dans une belle situation, sur une hauteur au pied de laquelle coule l'Aube. On y jouit d'une vue fort agréable sur les bords gracieux de cette rivière et sur de vastes prairies plantées d'arbres, qui semblent être la continuation du jardin paysager de cette charmante habitation.

Plusieurs événements historiques se rattachent au château d'Arcis. La reine Brunehaut, s'étant rendue odieuse aux Austrasiens, fut chassée de son palais, conduite jusqu'à la frontière et abandonnée seule près de la rivière d'Aube, sur un chemin situé au finage du Chêne, et qui a conservé jusqu'à ce jour le nom de chemin de la Reine : reconnue par un habitant d'Arcis, au moment où elle errait à l'aventure, incertaine où elle porterait ses pas, elle fut conduite au château, où elle tint sa cour pendant quelque temps. Plus tard ce château fut habité par la belle Diane de Poitiers, célèbre par l'amour qu'elle inspira à deux rois de France. Enfin de nos jours, et lors de l'invasion étrangère, en 1814, il eut pour hôtes Napoléon, et après lui l'empereur de Russie.

Arcis a joué un rôle important dans cette campagne mémorable; pendant près de quatre mois il fut, pour ainsi dire, le pivot autour duquel ont tourné trois cent mille combattants.

Le 20 mars 1814, l'armée française, commandée par Napoléon, se présenta devant cette ville, occupée par l'armée austro-russe, qui, après l'avoir pillée, l'évacua aussitôt et se retira à environ une lieue en arrière dans la direction de la route de Brienne, couronnant les hauteurs qui dominent cette route. Napoléon donna ordre au général Excelmans de poursuivre la cavalerie de l'ennemi, laquelle, n'ayant d'abord présenté que de faibles escadrons, se renforça à vue d'œil et offrit bientôt des masses imposantes, qui se développèrent dans la plaine, où se forma en ligne de bataille une armée entière. Engagées inconsidérément, les premières colonnes de l'armée française trouvent soixante pièces de canon en batterie et cent escadrons, contre lesquels viennent se briser leurs efforts. Le danger était d'autant plus imminent, que la ville d'Arcis forme en quelque sorte la tête d'un défilé d'une demi-lieue, où plusieurs ponts servent seuls de passages à travers des marais et divers bras de ruisseaux qui se jettent dans l'Aube. La conservation d'Arcis était donc de la plus haute importance. Mais déjà les escadrons français étaient poursuivis avec ardeur par la cavalerie ennemie du général Pahlen; tout faisait craindre qu'elle n'entrât pêle-mêle dans Arcis avec la cavalerie française, qui battait en retraite. Napoléon, voyant les Français presque enveloppés, sort d'Arcis, les rallie, les harangue : « N'êtes-vous pas, « leur dit-il, les vainqueurs de Champaubert « et de Montmirail? » Aussitôt il met l'épée à la main et ordonne de nouvelles charges, marchant lui-même pendant quelques minutes à la tête des escadrons. Là, il courut dans la mêlée les plus grands dangers. Le général Girardin lui para un coup de lance porté par un cosaque. Jamais peut-être il n'a donné autant que dans cette occasion, un exemple de ce courage personnel, si commun à nos guerriers, et que la calomnie a vainement cherché à lui refuser. Par cette brusque attaque il arrêta tout court l'ennemi. Plusieurs charges vigoureuses jetèrent le désordre parmi les cosaques; les Bavarois firent volte-face. Aussitôt l'armée austro-russe se concentra et se disposa à livrer bataille. Le maréchal Ney forma immédiatement en bataillons carrés le peu d'infanterie qu'il avait sous ses ordres; et, avec cette poignée de braves, il résista aux attaques de l'armée ennemie, qui recevait continuellement des renforts. Peu à peu l'infanterie française de la garde, qui venait de Plancy par la rive droite de l'Aube, parut et se mit en ligne. Une effroyable canonnade s'engagea de part et d'autre, et commença l'une des batailles la plus surprenante que Napoléon ait jamais livrée; car jamais peut-être une plus petite armée n'en combattit une plus nombreuse. Le feu de l'ennemi fit un grand ravage dans les bataillons carrés, qui, pendant toute la durée de l'action, restèrent immobiles sous les murs d'Arcis, couvrant la ville et le village de Torcy avec une constance héroïque. Napoléon resta constamment exposé au feu le plus vif; plusieurs officiers furent blessés autour de sa personne, et son cheval fut atteint d'un boulet qui le mit hors de combat. Des murmures alors se firent entendre comme pour blâmer Napoléon de s'exposer ainsi, sans nécessité : « Mes amis, ne craignez rien, dit-il à ceux « qui l'entouraient, le boulet qui me tuera « n'est point encore fondu. » Ce combat sanglant ne finit qu'avec le jour, et les deux armées restèrent en position sur le terrain même où elles venaient de combattre.

Pendant la durée du combat, l'armée ennemie avait reçu de nombreux renforts; le lendemain, elle s'était encore augmentée de forces considérables, et sa position concentrée était plus imposante. Le centre occupait les hauteurs de Mesnil-la-Comtesse; la droite était appuyée à l'Aube près de Chaudrey et d'Ortillon, et la gauche à la petite rivière de Barbuise, près de Mont-Suzain. Le terrain facilitait le déploiement de sa nombreuse cavalerie, et elle semblait attendre que l'armée française vînt attaquer. Napoléon avait réuni à son armée le corps des maréchaux Macdonald et Oudinot, et une assez nombreuse cavalerie venant de l'armée d'Espagne. Les deux armées restèrent en présence jusqu'à une heure et demie, prêtes à combattre; mais Napoléon, jugeant impossible d'attaquer avec succès un ennemi qui occupait une position aussi formidable, se décida à la retraite, qui commença en plein jour et à la vue même de l'armée ennemie. La retraite s'effectua avec ordre. Napoléon se dirigea sur Vitry, laissant l'ordre au général Sébastiani et au maréchal Oudinot de défendre les ponts d'Arcis, et de former l'arrière-garde. Cette honorable mission fut dignement remplie. Pendant tout le reste de la journée, un petit nombre de Français eut à soutenir les assauts réitérés des Austro-Russes. Tous les efforts du prince de Wurtemberg échouèrent devant la constance et l'intrépidité de l'arrière-garde. Exposée aux attaques combinées de trois corps d'armée différents, forts de plus de 100,000 hommes, elle résista et sauva l'armée. A une heure du matin les sapeurs du génie commencèrent à couper le pont; plusieurs d'entre eux furent tués par les tirailleurs ennemis; mais, à la fin, le pont tomba sous la hache.

Ainsi se termina cette bataille mémorable, pendant laquelle un tiers des maisons de la ville d'Arcis fut réduit en cendres; on se battit de rue en rue, de place en place, et, dans cette effroyable mêlée, les ennemis s'étant emparé du château, tiraient des fenêtres et de la terrasse sur l'armée française, qui dirigea sur ce point toutes ses batteries; sans la nuit qui survint, on peut juger, en voyant la façade nord du château, criblée par les balles, par les obus et par les boulets, que bientôt il ne serait pas resté pierre sur pierre de cet édifice.

Arcis est la patrie de Georges Danton, avocat aux conseils, célèbre par la part qu'il prit à la révolution; député à la Convention nationale, dont il fut l'un des orateurs les plus éloquents. Il fut décapité à Paris en 1794, à l'âge de 34 ans. Cet orateur, doué d'une intrépidité d'âme qui ne se démentit jamais, pas même au moment du supplice; cet homme, que l'on s'est plu à signaler comme sanguinaire, avait dans son intérieur les mœurs les plus douces; et ne s'est servi de son crédit dans les lieux qui l'ont vu naître, que pour faire le bien. En position d'acquérir une fortune immense, il n'a laissé à ses deux fils, qui habitent Arcis et qui y jouissent d'une considération justement méritée, qu'une fortune bien inférieure à celle qu'il possédait avant sa nomination aux emplois publics. Arcis est aussi le lieu de naissance de Desguerrois, auteur d'une histoire ecclésiastique du diocèse de Troyes, et de Courtois, député à la Convention nationale, qui fut chargé de l'inventaire des papiers de Robespierre.

La principale branche d'industrie d'Arcis consiste dans la fabrique de bonneterie. C'est à M. Grassin que le département de l'Aube est redevable de ce genre de fabrique. Les premiers métiers à faire des bas furent établis par ses soins à Arcis, d'où ils se sont répandus à Troyes et dans diverses autres communes. On y compte près de 2,000 métiers à bas; sept filatures de coton, dont deux hydrauliques; un moulin à blé à cinq

7. **CHÂTEAU DE DAMPIERRE**,
Habitation de M. le Marquis de Dampierre.

tournants, une huilerie et trois teintureries.

Le commerce a pour principal objet la vente de la bonneterie et des grains. Le marché qui a lieu tous les vendredis est très-fréquenté. Il s'y vend des quantités considérables d'avoine, de seigle et d'autres grains, qui s'expédient, suivant les besoins, sur Paris ou sur Châlons-sur-Saône.

L'Aube, étant flottable au-dessus d'Arcis, et navigable et flottable depuis cette ville jusqu'à Paris, entretient une marine qui expédie en grands bateaux les charbons, et avec des couplages de petits bateaux qui chargent de six à sept mille kilogrammes, les grains, la boisellerie des Vosges, les fers, les vins et d'autres objets.

De toutes les villes du département, Arcis est après Troyes celle qui, par sa position sur une rivière flottable et navigable, et par l'industrie de ses habitants, semble appeler plus spécialement les spéculations du commerce et les fonds des capitalistes. On peut diriger et embarquer sur ce point les bois et les charbons des forêts de l'Aube supérieure, de la forêt d'Orient, et des quantités de grains de toute espèce; y entreposer les denrées et marchandises des Vosges et de la Suisse, destinées pour Paris ou les provinces occidentales de la France, et y faire remonter les divers objets venant de ces mêmes provinces ou des ports de l'Ouest, et destinés pour les départements de l'Est ou pour la Suisse. Il est étonnant qu'on n'ait pas encore vu se fixer à Arcis une ou plusieurs de ces grandes maisons de commerce qui ne demandent qu'une localité pour y développer toutes leurs ressources et y faire prospérer leurs capitaux. Espérons que dans les circonstances actuelles, où l'incertitude des placements rend disponibles de grandes masses de fonds, quelques négociants utiliseront les avantages que présente cette place, dont l'importance ne peut que s'accroître par l'exécution du projet tendant à faire remonter la navigation de l'Aube jusqu'à Brienne, et même au-dessus; à rendre navigable la Voire, qui se jette dans l'Aube auprès de Chalette, et à faire communiquer la Voire avec la Blaise, rivière bordée de forges et de hauts fourneaux, dont les exploitations sont considérables.

A 6 l. 1/2 de Troyes, 12 l. de Châlons, 40 l. de Paris. — *Hôtels* des Trois Maures, de la Pomme d'or.

CHAMPIGNY. Village situé sur l'Herbisson, à 1 l. 1/2 d'Arcis. Pop. 232 hab. On voit encore sur la place centrale de ce village l'arbre de la liberté planté en 1793; c'est un superbe peuplier qui jette dans le sol de profondes racines, et qui peut fournir des rejetons en assez grande abondance pour perpétuer ce symbole sacré dans toutes les communes de la France. — *Fabrique* de fécule de pomme de terre.

CHARMONT. Village situé dans un vallon agréable, sur la rive droite de la Barbuise, à 3 l. 1/2 d'Arcis. Pop. 729 hab. On y voit une belle et vaste église paroissiale, dont le presbytère occupe les bâtiments d'un ancien couvent; et un château entouré de fossés et de canaux sur lesquels étaient autrefois des ponts-levis; il a été bâti en 1710, par M. Hennequin, ambassadeur à Venise. — *Fabriques* de cordes et de ficelles.

CHASSERICOURT. Village situé à 8 l. d'Arcis. Pop. 500 hab. On y voit une jolie fontaine, dédiée à saint Gengon ou Gengoult, dont l'eau possède, dit-on, la vertu de guérir de la gale. A une demi-lieue de Chassericourt, on trouve les restes de l'ancien château fort du Châtellier, qui appartenait au maréchal de l'Hôpital.

CHATRES. Village situé à 6 l. 1/2 d'Arcis. Pop. 220 hab. On montre encore dans ce village la maison d'un charron, où Napoléon passa la nuit du 22 au 23 février 1814, après le combat de Méry.

CHAVANGES. Bourg situé à 10 l. d'Arcis. Pop. 1,081 hab. — *Fabriques* de cotonnades.

DAMPIERRE. Bourg fort ancien, situé sur le ruisseau du Puits, à 4 l. 1/2 d'Arcis. Pop. 802 hab.

Il est fait mention de Dampierre pour la première fois dans un titre de l'an 1100, portant donation du prieuré de Dampierre à l'abbaye de Marmoutiers; mais bien avant cette époque, il y avait à Dampierre une grosse tour et un château fort, dont l'existence paraît remonter au delà du VIIIe siècle. La tour de Dampierre, démolie en 1810, était le principal siège d'une châtellenie d'où relevaient plus de cinquante fiefs; elle a souvent servi de prison; on lit dans l'histoire de la maison de Châtillon, par Duchesne, qu'un nommé Pierre Simonet de Vaucogne, ayant dit des injures à madame de Dampierre, fut pris par les gens de cette dame, et renfermé dans la tour pendant treize semaines; le roi, instruit de cet acte arbitraire, fit saisir la châtellenie de Dampierre.

Le château fut assiégé et pris en 1420, par le duc de Bourgogne, qui donna la terre à un seigneur de Chavigny, lequel ne la restitua que plusieurs années après. L'époque de la destruction de ce château est inconnue; on sait seulement qu'il n'existait plus au commencement du XVIII⁰ siècle. Le château actuel a été construit en 1671, par François Mansard. C'est un assez beau bâtiment, partie en pierre de savonnière et partie en craie; le portail est beaucoup plus ancien; il a la forme d'un pavillon à trois étages, flanqué de quatre tourelles, et ressemble à l'ancienne porte de Lille à Valenciennes; les fossés du château baignent les murs de cet édifice, où l'on entrait par un pont-levis. Ces fossés, ainsi que le ruisseau du Puits, entourent le château et les bâtiments qui en dépendent. A peu de distance, du côté du nord-ouest, existent les restes des fossés de l'ancien château de Bourbon-Dampierre, aujourd'hui presque entièrement remplis. On communique du château avec les jardins, par un pont suspendu en fil de fer, de 54 pieds de long sur 4 pieds de large, où 40 personnes à la fois peuvent passer sans danger.

L'église a été fondée en 1111, par Guy de Bourbon-Dampierre, qui donna pour cette fondation une pistole et sept setiers de rente : copie authentique de ce titre existait dans les archives du château, avant la révolution. Il ne reste plus de cette ancienne église que le chœur, construit grossièrement en pierre de craie; la nef paraît avoir été bâtie vers 1520, les chapelles latérales l'ont été en 1610. On remarque dans le sanctuaire, derrière une boiserie qui s'ouvre à volonté, le tombeau de Pierre de Launoy; il est représenté couché et vêtu à la romaine. Deux anges soutiennent le chevet où repose sa tête. A ses pieds est un lion couché, près duquel sont des armes et divers autres attributs. On lit sur ce tombeau l'inscription suivante en lettres gothiques :

CI GIST
HAUT ET PUISSANT SEIGNEUR,
PIERRE DE LAUNOY,
BARON DES BARONNIES DE DAMPIERRE ET SOMPUIS,
SEIGNEUR DE LIGNE, BLIGNICOURT, BLIGNI,
QUI DÉCÉDA LE 8 FÉVRIER 1522.

On voit aussi sur les vitraux du chœur différentes armes des alliances de la maison de Châtillon.

Le bourg de Dampierre est situé dans un bassin agréable, et dominé par des coteaux élevés, d'où l'on jouit d'une vue très-étendue; à l'est, on découvre Margerie et les forêts qui environnent ce bourg; au nord, apparaît le mont Aymé et le mont Aoust; à l'ouest, on distingue Arcis et le château de Pont-sur-Seine; au sud-ouest, on découvre les tours de la cathédrale de Troyes et la montagne de Montgueux; au sud, l'œil suit une partie du ... rs de l'Aube; au sud est, on aperçoit d... ement le château de Brienne et la montagne Sainte-Germaine, au delà de Bar-sur-Aube. Le château, environné de promenades charmantes et de belles plantations, offre un aspect agréable et très-pittoresque.

JASSEINES. Village situé sur le Meldaulau, à 4 l. 1/2 d'Arcis. Pop. 387 hab. On voit sur le territoire de cette commune une tombelle remarquable, élevée sur le sommet d'un coteau d'où l'on jouit d'une vue étendue.

LONGSOLS. Village situé à la source du ruisseau de son nom, dont les eaux passent pour être ferrugineuses; à 5 l. d'Arcis. Pop. 245 h. L'endroit où la rivière prend sa source était autrefois occupé par un château fort dont il ne reste plus aucuns vestiges.

MÉRY-SUR-SEINE. Petite et très-ancienne ville, située sur la Seine, à l'extrémité d'une belle prairie, à 5 l. d'Arcis. Pop. 1,362 hab.

La ville de Méry fut fortifiée en 1220, sous le règne de Philippe-Auguste, assiégée et prise par les Anglais en 1259, fortifiée de nouveau par Charles V en 1376, prise et reprise jusqu'à trois fois pendant les troubles de la Ligue, ruinée en 1615 pendant les guerres civiles qui désolèrent le règne de Louis XIII. Incendiée en 1746 et en 1778, cette ville fut encore entièrement brûlée en 1814, par le général prussien Blucher. Méry venait d'être occupé par le corps russe du général Wittgenstein, lorsque le corps d'armée du général Blucher y arriva par la route de Châlons. Napoléon, instruit de la jonction de ces deux corps d'armée, se porte en personne sur Méry, et ordonne au général Boyer de commencer l'attaque. Le bataillon qui, placé sur la rive gauche de la Seine, défendait le pont, est culbuté aussitôt et poussé au delà; il n'a pas même le temps de brûler le pont qui sépare la ville en deux. Mais l'ennemi ayant mis le feu à la fois dans plusieurs maisons, le progrès subit des flammes força les Français de repasser la Seine. Le vent soufflait avec tant de violence que le feu se propagea partout en peu d'instants. Blucher rappelant aussitôt les troupes qui accouraient pour soutenir ses avant-postes, fait mettre le feu au pont. Les Français se présentent en force pour le garantir et s'en emparer. Un bataillon russe et des tirailleurs prussiens leur en disputent le passage; mais ils ne peuvent résister à l'intrépidité des bataillons français. Le pont, brûlé à moitié, est repris par ces derniers,

RESTES DE L'ANCIEN CHÂTEAU DE DAMPIERRE.

qui, attaqués par des forces supérieures et n'étant pas soutenus, sont repoussés dans la ville et forcés de repasser le pont presque détruit; retraite périlleuse, dans laquelle plusieurs soldats se noient ou sont tués. Les deux armées continuaient de tirailler d'une rive à l'autre, tandis que la malheureuse ville de Méry était la proie des flammes. Soixante mille ennemis plaçant une barrière de feu entre eux et l'armée française, arrêtèrent son impétuosité. L'incendie se propagea avec une rapidité si effrayante que Méry ne fut bientôt plus qu'un monceau de cendres.

Après tant de désastres, cette ville s'est élevée de ses ruines; toutes les maisons ont été reconstruites dans un goût moderne et sur un plan assez régulier: elle possède une belle place publique et de jolies promenades. Sa situation sur deux bras de la Seine, les bouquets de bois et les belles prairies qui l'environnent, rendent son aspect riant et pittoresque.

Méry a donné le jour à Huon de Méry, trouvère champenois du XIIIe siècle. C'est aussi le lieu de naissance du lieutenant général Dulong de Rosnay, mort en 1828 commandant de l'île de Corse.

Méry est une des communes du département où on se livre avec le plus de succès à l'éducation des abeilles. On y compte environ 3,000 ruches. Le sol est de bonne qualité, et l'agriculture laisse peu de chose à désirer.

Une grande partie de la population est employée à la fabrique de la bonneterie en coton, qui occupe plus de 600 métiers. On trouve aussi dans cette ville une blanchisserie de bas et deux filatures de coton.

PLANCY. Joli bourg, agréablement situé sur la rive droite de l'Aube, à 3 l. 3/4 d'Arcis. Pop. 1,164 hab.

L'origine de ce bourg est inconnue. On sait seulement que, par suite de la domination des comtes de Champagne et des guerres que ces princes avaient souvent à soutenir, Plancy était une place fortifiée, défendue par un fort château. Le premier document qui en fasse mention, est un titre du XIIe siècle.

Ce bourg est assez bien bâti, depuis qu'un incendie en détruisit la plus grande partie en 1819. On y remarque trois places publiques assez régulières, et de fort jolies promenades formées par la chaussée d'un canal de dérivation établi il y a environ 25 ans pour joindre l'Aube à la Seine.

Le château de Plancy est la propriété de M. d'Aucourt, comte de Plancy, qui épousa la fille du consul Lebrun. Cet agronome distingué habite le château, dont dépend un faire-valoir considérable, où il fait l'application des théories d'agriculture qu'il a développées dans ses ouvrages.

Le 19 mars 1814, Napoléon passa l'Aube à Plancy, qu'il quitta le lendemain matin pour se diriger sur Arcis.

Fabriques de bonneterie. Filatures de coton.

PREMIER-FAIT. Village situé à 2 l. d'Arcis. Pop. 198 hab. C'est la patrie de Laurent de Premier-Fait, orateur et poëte du XIVe siècle.

RAMERUPT. Bourg situé dans une plaine fertile, sur le ruisseau du Puits, à 3 l. 1/4 d'Arcis. ✉ Pop. 613 hab.

L'existence de Ramerupt remonte au delà de l'année 407; Alberic en fait mention dans ses chroniques, où il dit que Ganelon prit naissance à Ramerupt. C'était alors une petite ville bien bâtie, riche, commerçante et bien peuplée, entourée de fossés et défendue par un château fort dont on ne voit plus aucuns vestiges. Des fossés communiquant à la rivière, qui les remplit de ses eaux; des éminences de terrain, élevées par la main des hommes, et des souterrains très-étendus, sont tout ce qui reste de cette ancienne cité.

Détruit en 407 par les Vandales; ruiné à différentes époques par les guerres civiles; ravagé en 1380 par les Anglais sous la conduite du duc de Buckingham; détruit en partie par un incendie en 1775, Ramerupt a perdu depuis longtemps une partie de son importance. De Ramerupt dépendait la ci-devant abbaye de la Pitié, fondée en 1219, dont l'église a été démolie récemment.

Ce bourg est assez bien bâti sur le revers d'une colline crayeuse; il possède deux belles places publiques, sur l'une desquelles est une halle où il se tient annuellement quatre foires. Près de l'autre place, nommée place des Granges, on remarque une butte très-élevée, formée de terres rapportées, construite à une époque reculée, dans le but de protéger le pays lors des anciennes guerres. Du sommet de cette hauteur, qui domine une grande étendue de pays, on jouit d'une vue magnifique sur de nombreux villages disséminés dans une vaste plaine.

Ramerupt est traversé par le chemin de Troyes à Vitry. Ses communications avec les communes de la rive gauche de l'Aube, favorisées autrefois par un bac, ont été rendues plus sûres et plus faciles par l'établis-

sement d'un pont de construction récente.
— *Fabriques* de bonneterie.

VIAPRES-LE-PETIT. Village situé à 1 l. 1/2 d'Arcis. Pop. 250 hab. On voit près de l'église de ce village un fort beau tilleul planté par Sully.

ARRONDISSEMENT DE BAR-SUR-AUBE.

BAROVILLE. Village situé dans un territoire fertile en vins blancs mousseux fort estimés à Troyes, où ils sont connus sous le nom de vins d'Arbanne. A une demi-lieue de Bar-sur-Aube. Pop. 684 hab.

BAR-SUR-AUBE. Ancienne ville. Chef-lieu de sous-préfecture. Tribunal de 1re instance. Collége communal. ☒✂ Pop. 3,890 h.

On ignore l'époque de la fondation de Bar-sur-Aube; mais son antiquité est démontrée par des constructions romaines, des tombeaux, des urnes, des médailles, que l'on a trouvés dans les montagnes qui l'environnent, et dans l'enceinte même de la ville. Les Huns s'en emparèrent dans le Ve siècle, et la détruisirent, ainsi qu'un fort château qui lui servait de défense : c'est aussi à cette époque que l'on place la destruction de l'ancienne ville de *Florentia*, bâtie sur une montagne voisine, où l'on voit encore des ruines considérables, et le meurtre de sainte Germaine, dont le nom a été longtemps en grande vénération à Bar-sur-Aube. Vers la fin du même siècle, cette ville fut rebâtie, et obtint quatre foires franches, dont l'une était générale pour la Champagne, comme celles établies à Troyes et à Provins; elle avait des quartiers séparés pour les Allemands, les Hollandais, les Lorrains, et les négociants de la principauté d'Orange; les juifs y avaient une synagogue. Sous Pepin le Bref, Bar-sur-Aube devint le chef-lieu d'un comté dépendant de celui de Langres; plus tard, ce comté devint héréditaire et comprenait un pays considérable; il fut réuni à la couronne, comme tout le reste de la Champagne, en 1361. Le château fut ruiné vers la fin des guerres du duc de Bourgogne; il n'en reste plus qu'une hauteur appelée la Motte : on prétend toutefois que la tour qui sert de clocher à l'église de Saint-Maclou, était le principal donjon du château; et ce qui donne quelque vraisemblance à cette opinion, c'est que cette tour repose sur une arcade, où l'on remarque des gonds, et où l'on voit encore la place destinée à recevoir la herse. Avant la révolution de 1789, Bar-sur-Aube était regardé comme la capitale du Vallage, une des contrées de la basse Champagne, qui comprenait aussi les villes de Vassy, Joinville et les pays en dépendant.

La ville de Bar-sur-Aube était autrefois entourée de murs et de fossés, cédés à la ville par Charles V, en 1360, pour récompenser les habitants d'avoir défendu leur cité; ces murs ont été démolis à l'époque de la première révolution. La ville a beaucoup souffert pendant les guerres de la Ligue : la peste qui régna de 1631 à 1637, en fit périr plus des trois quarts des habitants. Un combat mémorable fut livré sous ses murs le 24 janvier 1814, par le maréchal Mortier, qui y défit les Autrichiens commandés par le prince Schwarzemberg.

Cette ville est agréablement située, au pied de la montagne de Sainte-Germaine, sur la rive droite de l'Aube, dans un beau vallon environné de coteaux pittoresques couverts de vignes qui produisent d'excellents vins. Elle est généralement mal bâtie et mal percée; cependant la rue qui aboutit à la rivière d'Aube, est large et bordée d'assez belles maisons. Une promenade bien plantée longe le cours de l'Aube, que l'on passe sur un pont de pierre, sur lequel on remarque une chapelle bâtie dans l'endroit d'où Charles VII, qui vint à Bar-sur-Aube en 1440, fit précipiter dans la rivière le bâtard de Bourbon, qui s'était révolté contre lui; il fut, dit Monstrelet, *condamné à être rué, et jeté dedans un sac à la rivière, et tant que mort fût accomplie; et ainsi fut fait.* La ville est entourée de promenades d'où l'on jouit d'une vue agréable sur ses délicieux alentours. Sur la montagne de Sainte-Germaine, où existait autrefois un prieuré fondé par Simon de Valois, on remarque les vestiges d'un camp qu'on croit avoir été occupé par Attila : on y voit aussi une humble chapelle, dédiée à sainte Germaine; c'est le but d'un pèlerinage très-fréquenté par les habitants de Bar-sur-Aube et par ceux des villages voisins, pendant tout le mois de mai.

Bar-sur-Aube possède deux églises : celle de Saint-Pierre et celle de Saint-Maclou. La première est un ancien et vaste édifice, dont le pavé est beaucoup plus bas que le sol environnant. On croit que l'église de Saint-Maclou était dans le XIe siècle une chapelle de l'ancien château de Bar-sur-Aube, qui fut érigée en collégiale en 1159; cette église est petite, et n'offre de remarquable que

BAR SUR AUBE.

le retable du maître-autel en bois doré, ouvrage du célèbre Bouchardon.

On remarque encore à Bar-sur-Aube : l'hôpital, fondé au XIe siècle, par les comtes de cette ville, et doté depuis par les comtes de Champagne et par Louis XIV; le collège; l'hôtel de ville; un bel établissement horticultural renfermant plusieurs vastes pépinières d'arbres fruitiers et d'ornement, et de nombreuses collections de plantes; les orangeries, serres et châssis sont peuplés d'un grand nombre de plantes exotiques.

Bar-sur-Aube est la patrie de Nicolas Bourbon, poëte latin, mort en 1644.

Fabriques de calicots, toiles cirées, clous, eau-de-vie, vinaigre. — *Commerce* important de blés, vins, bois, chanvre, laines.— Marchés considérables pour les grains, qui sont ordinairement expédiés pour Gray, où ils sont embarqués sur la Saône pour Lyon ou les départements du midi de la France.

A 16 l. 1/4 de Troyes, 52 l. de Paris.— *Hôtels* de la Poste, du Mulet.

BAYEL. Joli village, situé à 1 l. 1/2 de Bar-sur-Aube. Pop. 619 hab. On voit aux environs le prieuré de Bel-Roy, fondé au XIIIe siècle par Philippe le Bel.—Verrerie de verre blanc.

BLIGNY. Village situé à 2 l. de Bar-sur-Aube. P. 824 h. — Verrerie de verre blanc.

BRIENNE-LE-CHATEAU. Petite ville située à 6 l. 1/4 de Bar-sur-Aube. ✉ ☙ Pop. 1,930 hab.

L'origine de Brienne se perd dans la nuit des temps. On croit que c'est de ses habitants que César a parlé dans ses Commentaires sous les noms de *Brannovii* et de *Branovices*. Le plus ancien titre qui en fasse mention d'une manière non équivoque, est l'histoire de saint Loup, évêque de Troyes, où l'on voit qu'au milieu du Ve siècle les habitants de Brienne furent emmenés captifs par les Allemands, qui cependant, à la prière de saint Loup, leur rendirent la liberté. L'histoire de saint Benhaire, qui vivait au VIIe siècle, fait mention d'un village de Crespy, situé dans le finage du château de Brienne, et au milieu de la forêt de Der. C'était dès cette époque le chef-lieu d'un comté dont il est parlé dans une charte de Louis le Débonnaire, de 832. En 858, il faillit se livrer sous les murs de cette ville une bataille importante entre Louis, empereur de Germanie, et Charles le Chauve. Celui-ci ayant rassemblé une armée commandée par les principaux seigneurs de la Bourgogne, marcha contre Louis, qu'il joignit à Brienne. Mais les troupes du roi de France s'étant débandées, il fut forcé de prendre la fuite. Tous les historiens contemporains font mention de cet événement, l'un des plus importants de l'époque.

L'historien Flodoard rapporte qu'en 951, deux brigands, Gotbert et Augilbert, son frère, fortifièrent le château de Brienne; mais que Louis d'Outre-Mer, en ayant eu connaissance, s'empressa d'arriver au secours de Brienne, forma le siége du château, parvint à le prendre par famine, et le détruisit de fond en comble. A cette époque, les titres de comtes et barons étant devenus héréditaires, le comté de Brienne fut donné à des seigneurs qui le tinrent en fief des comtes de Champagne. Brienne devint alors une des comtés-pairies de cette province; ce fut même un des trois comtés achetés par le pape Urbain IV, pour doter le chapitre de Saint-Urbain de Troyes. Ce comté fut érigé en duché-pairie en 1587, sous le règne de Henri III; mais les lettres patentes n'ayant point été enregistrées au parlement, il demeura simple comté. Les anciens comtes de Brienne jouissaient de plusieurs droits qui se sont insensiblement perdus, lorsque les rois furent parvenus à détruire la puissance féodale. Le château était entouré de fortifications redoutables, et communiquait, assure-t-on, par des signaux, avec les châteaux de Vendeuvre et de Chacenay. Les seigneurs de Brienne avaient des hommes d'armes à leur service et une garde réglée. L'un d'eux, Érard II, fut assez puissant pour faire la guerre à Thibault IV, comte de Champagne, pour les droits de son épouse, Philippe, fille de Henri II, dit le Jeune. L'affaire fut portée en 1216 à la cour des pairs; Érard fut condamné, et, par transaction du mois de novembre 1221, Thibault et ses successeurs furent maintenus dans la possession du comté de Champagne. Un des descendants d'Érard, Jean de Brienne, acquit une grande illustration en Palestine, lors de la croisade qui se forma pour combattre les infidèles, sous le règne de Philippe-Auguste. Il épousa l'héritière de Jérusalem, et fut, en 1209, sacré et proclamé roi de cette ville. Plus tard, en 1229, il devint empereur de Constantinople.

Le château fort de Brienne fut assiégé, pris par famine et démoli en 1451, sous le règne de Charles VII, pendant les guerres des Anglais. Après leur expulsion du territoire français, il fut rebâti, et assiégé de nouveau pendant les guerres civiles, vers 1574 ou 1575. Cette antique forteresse a depuis longtemps disparu : elle a été remplacée par un superbe château moderne, construit par Louis-Marie-Athanase de Loménie, dernier comte de Brienne, devenu immensément riche par le mariage qu'il contracta, en 1757, avec la fille d'un fermier général. Ce château, un des plus beaux édifices que possède le département, est accompagné de deux pavillons détachés. Pour former le plateau sur lequel il est assis, il a fallu vaincre plusieurs obstacles, couper plusieurs buttes de terre, et les joindre par un pont qui a plus de 16 mètres d'élévation ; il domine une plaine immense, qui n'a de bornes que l'horizon : on cite peu de châteaux en France dont la position soit plus avantageuse, qu'on aperçoive de plus loin, d'autant de lieux, et auquel aboutissent un aussi grand nombre de routes parfaitement alignées. La beauté des jardins et du parc répond à l'élégance des bâtiments et à l'agrément de cette magnifique habitation.

Dès 1625, Louise de Béon-Luxembourg fonda à Brienne un couvent de minimes, destiné à l'éducation des enfants de cette ville. Vers 1730, les religieux de ce monastère convertirent leur école en un collège, où ils enseignaient le latin à la jeunesse du pays. En 1774, ce collège jouissait déjà d'une certaine renommée, et comptait un assez grand nombre d'élèves, entretenus aux frais des seigneurs de Brienne. Le 1er février 1776, une déclaration du roi fit de ce collège une succursale de l'école militaire de Paris, destinée à recevoir cent élèves du roi et cent pensionnaires. On sait que Napoléon fit dans cette école ses premières études. Il y entra le 23 avril 1779, à l'âge de neuf ans huit mois et cinq jours, et en sortit le 17 octobre 1784, après y avoir passé cinq ans cinq mois et vingt-cinq jours. C'est donc à Brienne que Napoléon a passé les premières années de sa vie intellectuelle ; c'est là qu'à la lecture des poésies d'Ossian et de la Jérusalem délivrée, il a senti les premières émotions de la gloire ; là, qu'il a pu deviner son génie, et qu'il a étudié les premiers éléments de cet art qu'il devait un jour porter si loin. Si les lieux consacrés par l'enfance des grands hommes doivent vivre dans la mémoire des siècles, l'humble ville de Brienne a des droits incontestables à l'immortalité ; elle qui a nourri l'enfance du plus grand capitaine du siècle. Là se retrouve la place où, dans ses jeux d'enfant, il préludait aux jeux terribles des combats. Singulière vicissitude ! ce fut là, aux lieux mêmes où il avait promené les rêveries du jeune âge et les méditations de son génie naissant ; ce fut là que ses mortels ennemis, réunis pour l'écraser, affrontèrent son premier choc sur le sol de la France. La fortune, déjà infidèle à ses aigles, sembla hésiter à briser son ancien favori ; mais bientôt s'accomplit l'arrêt fatal : et dès ce moment Brienne compte un titre de plus à l'immortalité ; car elle a vu l'aurore et le déclin d'un grand homme. Quelques détails sur le combat mémorable de Brienne ne paraîtront pas dénués d'intérêt.

Le 29 janvier 1814, Napoléon, à la tête de son armée, se dirigea de Maizières sur Brienne. Le château était occupé par le feld-maréchal Blucher et par son état-major. Le corps russe d'Alsufieff s'était jeté dans le bourg, et derrière, sur la route de Brienne à la Rothière, se trouvait placé, en colonnes, le corps du général Sacken. Deux mille chevaux, commandés par le général Palhen, couvraient les approches du bourg. Ils furent attaqués à l'improviste par une masse de cavalerie française sous les ordres des généraux Milhaud et Grouchy, et par une division de cavalerie de la garde, commandée par le général Lefebvre-Desnouettes. Après s'être développée, cette nombreuse cavalerie exécuta plusieurs charges sur la droite même de la route, et s'empara de la hauteur de Perthes. Forcé de battre en retraite, le général Palhen tourna bride vers Brienne, traversa le bourg et se replia sur le corps de Sacken. En même temps le maréchal Ney se portait sur Brienne par le chemin de Maizières, à la tête de six bataillons en colonnes serrées, avec de l'artillerie légère, tandis que le général Château, avec plusieurs bataillons de grenadiers, tournant par la droite, s'introduisait dans le parc à la faveur des inégalités du terrain. Les grenadiers se glissant avec une grande résolution, surprirent l'état-major prussien dans le château au moment où le général Blucher était à table avec ses officiers. Le feld-maréchal, le général Gneisnau et d'autres officiers supérieurs n'eurent que le temps de prendre la fuite et de gagner le bois, où ils rejoignirent le corps de Sacken. Cependant les tentatives du maréchal Ney sur Brienne avaient d'abord été infructueuses par la résistance d'Alsufieff. Le maréchal ayant renouvelé ses attaques avec des troupes fraîches de l'aile droite, s'empara du château et d'une partie de la ville. Le corps de Sacken avança aussitôt au pas de charge pour soutenir l'infanterie russe qui fuyait en désordre. Le combat devint alors si acharné, que les avenues, les rues, les places et les vergers furent jonchés de morts. Dans le fort de la mêlée le feu prit à la ville, dont les maisons, presque toutes construites en bois, furent embrasées en un instant. Bientôt l'incendie se propagea avec une rapidité effrayante, et les Russes favorisèrent l'embrasement pour arrêter la marche des Français. Le combat se prolongea jusqu'à onze heures du soir, au milieu des terribles lueurs de la mousqueterie, des obus et des canons, au milieu des cris plaintifs des blessés et des mourants; l'infanterie des deux armées s'attaqua plusieurs fois à la baïonnette, et plusieurs charges de cavalerie augmentèrent l'horreur de cette mêlée nocturne. On se battait dans chaque rue, dans chaque maison, à chaque étage. Ce n'était plus une bataille, mais un horrible carnage, éclairé par l'incendie d'une ville. Les fastes militaires offrent peu d'exemples d'un combat aussi opiniâtre, aussi important, sur un terrain aussi peu étendu. L'armée prussienne, ayant en vain renouvelé ses attaques dans l'espoir de chasser les Français de Brienne, se retira enfin à onze heures du soir vers la Rothière. Napoléon regagna Maizières, où il avait établi son quartier-général. Sur la route, il fut assailli par une troupe de cosaques : l'un d'eux, qui allait le frapper, fut étendu mort par le général Gourgaud. Le prince de Wagram eut son chapeau renversé d'un coup de lance, et le général Lefebvre-Desnouettes fut abattu de son cheval et couvert de blessures.

Le lendemain, Napoléon vint au point du jour occuper le château; la ville n'était plus qu'un monceau de cendres! Touché du malheur des habitants, il chercha, à force de libéralités sur sa cassette, à soulager leurs nombreuses infortunes. Il se promit de rebâtir la ville, d'acheter le château, d'y fonder une résidence impériale et une école militaire. Vain projet! le lendemain, 1er février, eut lieu la sanglante bataille de la Rothière, après laquelle Napoléon revint coucher au château, qu'il quitta à quatre heures du matin pour ne plus le revoir. Le souvenir de Brienne le suivit jusque dans son exil : prêt à rendre le dernier soupir sur le rocher de Sainte-Hélène, il disposa par son testament, « qu'un million serait prélevé sur son domaine privé pour la ville de Brienne, et que deux cent mille francs seraient distribués aux habitants de Brienne-le-Château qui avaient le plus souffert. »

L'école militaire de Brienne a été supprimée en 1790; les bâtiments ont été vendus à l'enchère et démolis. Le château n'a rien perdu de sa magnificence.

CLAIRVAUX. *V.* VILLE-SOUS-LA-FERTÉ.

DIENVILLE. Bourg agréablement situé, au bas d'une colline au pied de laquelle coule l'Aube, à 5 l. de Bar-sur-Aube. Pop. 1,264 h.

Ce bourg paraît avoir été autrefois beaucoup plus considérable qu'il n'est aujourd'hui : il y a encore une rue, appelée la Grand' Rue, où il ne reste plus que cinq ou six maisons, qui s'étendait jusqu'à la croix d'Ambémont, aux environs de laquelle on a trouvé des vestiges de fondations. C'était une ancienne baronnie, dont le plus ancien seigneur vivait en 1390.

Dienville est assez bien bâti, sur la rivière d'Aube, qu'on y passe sur un pont en pierre de neuf arches. La partie la plus considérable du bourg, celle où se trouve l'église, la halle et un beau château de construction moderne, est sur la rive droite de la rivière. L'église est remarquable par la grille qui sépare le chœur de la nef, et par une haute tour d'où l'on jouit d'une vue fort étendue. C'est la patrie du géographe Courtalon, et de Courtalon Delaître, auteur de la Topographie du diocèse de Troyes.

Fabriques de toiles communes. Filatures de coton. Moulin à tan.

FULIGNY. Village situé dans une vallée, à 2 l. 1/4 de Bar-sur-Aube. Pop. 216 hab. On remarque dans l'église paroissiale le mausolée élevé en 1323 à la mémoire de Guillaume de Fuligny, qui accompagna saint Louis en Palestine. Ses descendants possèdent encore le château, près duquel existe une fontaine d'eau minérale que l'on croit ferrugineuse.

LESMONT. Bourg agréablement situé, à l'embranchement de plusieurs grandes routes, sur la rivière d'Aube, à 7 l. 1/2 de Bar-sur-Aube. Pop. 526 hab.

Ce bourg, autrefois beaucoup plus considérable, a été presque entièrement détruit par un incendie en 1725. Dans la guerre de 1814, la plupart des maisons ont été brûlées, ainsi que le pont, pour retarder la marche des armées étrangères.

Le nom de ce bourg vient des monts que la nature a formés sur le finage à la distance de trois à quatre cents pas. Toute la partie supérieure présente une assiette unie, de sorte qu'au midi on ne s'aperçoit de l'éminence que lorsqu'on est auprès, étant formée par la plaine qui est plus basse de 50 à 60 pieds. On voit dans cette plaine un camp formé par un rempart de gazon de la hauteur de 9 à 10 pieds, sur 6 à 7 de large : ce retranchement est communément appelé **Camp de César.**

Lesmont était autrefois le chef-lieu d'un comté dont le seigneur percevait un péage singulier cité par Grosley dans ses Éphémérides.

LONGCHAMP. Village situé sur l'Aujon, à 3 l. de Bar-sur-Aube. Pop. 699 hab. — Forges et haut-fourneau.

MONTMORENCY. Village situé au pied de coteaux escarpés, à 8 l. 1/4 de Bar-sur-Aube. Pop. 489 hab.

Ce village portait anciennement le nom de Beaufort, qu'il devait à un château redouté des barons voisins, et l'un des plus célèbres de la province. La châtellenie de Beaufort a appartenu à de puissants seigneurs dont les noms sont conservés dans des chartes du XIIe et du XIIIe siècle; elle passa à titre de comté à Henri III, comte de Champagne, qui l'annexa à sa seigneurie de Rosnay; plus tard elle fut réunie à la couronne par le mariage de Jeanne de Navarre avec Philippe le Bel.

Dans le XIVe siècle, lors de l'occupation de la France par les Anglais, Beaufort devint le partage du duc de Lancastre, qui, sentant toute l'importance du château, y établit un capitaine habile avec une garnison. « Entre Châlons et Troyes, dit Froissard, au chastel de Beaufort, héritage du duc de Lancastre, se tenoit messire Pierre d'Andelée, et couroit tout le pays d'environ. » Le même historien raconte avec détail une des excursions qu'il fit en 1359. Après la bataille de Nogent-sur-Seine, si fatale aux Anglais, bien que la plupart de leurs capitaines eussent abandonné les châteaux d'alentour, messire d'Andelée n'en resta pas moins à Beaufort, qui, sans doute par ses fortifications, lui offrait un asile sûr; mais quelque temps après il mourut, dit Froissard, « de maladie en son lit, dedans le chastel de Beaufort, en Champagne; de quoi les compaignons qui à lui se tenoient, furent moult douleus. »

Environ dix ans après, le duc de Lancastre, toujours possesseur de Beaufort, en remit la défense à un capitaine anglais, nommé Poursuivant d'Amour, qui trahit la cause de son pays et fit ses soumissions au roi de France. « Et le roi pour ce lui fit grand profit, et lui laissa ledit chastel de Beaufort en sa garde, avec un autre écuyer de Champagne, lequel on appeloit Yvain. Icelui Poursuivant d'Amour et Yvain étoient grands compaignons ensemble, et firent depuis sur les Anglois et sur ceux de leur côté, maintes appertises d'armes. » — En 1404, par suite du traité conclu entre Charles VI, roi de France, et Charles III, roi de Navarre, Beaufort fut une des terres qui composèrent le duché de Nemours. En 1597 le comté de Beaufort fut érigé, par Henri IV, en duché-pairie en faveur de la belle Gabrielle d'Estrées, et de César de Vendôme leur fils naturel. Celui-ci vendit, en 1688, le duché de Beaufort au duc de Montmorency appelé depuis duc de Luxembourg, lequel par lettres patentes de 1689, fit changer le nom de Beaufort en celui de Montmorency.

PRÉCY-NOTRE-DAME-LES-TOURS. Village situé sur la rive gauche de l'Aube à 7 l. 1/2 de Bar-sur-Aube. Pop. 140 hab. Il doit son surnom à quatre tours qui y existaient autrefois, et servaient de retraite dans les guerres civiles.

ROSNAY. Bourg situé dans une contrée fertile, sur la rive droite de la Voire, à 7 l. de Bar-sur-Aube. Pop. 561 hab.

Rosnay est depuis longtemps en possession du titre de ville, malgré sa faible population et son peu d'étendue. Froissard lui donne le nom de *bonne ville et cité*. Courtalon dit qu'il a été entouré de murs, et quelques parties portent encore les noms de faubourg Saint-Nicolas, de Champagne et de Saint-Sauveur.

La seigneurie de Rosnay fut érigée en comté-pairie de Champagne, par le comte Thibault V, en faveur de Henri III, son frère. Celui-ci étant mort sans enfants, le comté de Rosnay fut réuni à la Champagne et ensuite à la couronne avec la province. Au IVe siècle, Rosnay fut joint au château de Moimer, avec Vertus et la Ferté-sur-Aube, et érigé en nouveau comté-pairie sous le nom de Vertus, en 1361, par le roi Jean, en faveur de sa fille Isabeau, à qui il le donna en dot pour son mariage avec Galéas Visconti de Milan. Il fut donné à Valentine de Milan, leur fille, mariée au duc d'Orléans, frère du roi Charles VI, en 1393 pour le tenir *nuement et en pairie de France* avec pouvoir d'en faire tenir les *grands jours*, dans telle ville qu'il leur plairait de Champagne et de Brie. En 1420, Marguerite d'Orléans, leur fille, porta ce comté à son mari, Richard de Bretagne, dans la famille de qui il est demeuré jusqu'au commencement du XVIIe siècle. Il passa alors à la maison de Luxembourg, qui le vendit en 1640, au maréchal de l'Hôpital.

En 1616, les religionnaires s'emparèrent du château de Rosnay, qui fut repris par les habitants de la ville de Troyes. Le 2 février 1814, le maréchal Marmont soutint dans ce village un combat acharné contre

ARRONDISSEMENT DE BAR-SUR-AUBE.

vingt-cinq mille Autrichiens, et, par cette belle résistance, retarda de vingt-quatre heures la marche des armées étrangères.

L'église de Rosnay est un édifice remarquable formé de deux églises superposées l'une sur l'autre à des époques différentes; la partie inférieure existait en 1035; l'église supérieure a été reconstruite sous le règne de Charles IX.

ROTHIÈRE (la). Village situé à 3 l. 1/2 de Bar-sur-Aube, sur la grande route de cette ville à Arcis. Pop. 145 hab.

Ce village a donné son nom à une bataille sanglante où plus de 100 mille hommes combattirent avec acharnement pendant toute la journée du 1er février 1814. Le lendemain, l'armée française, pour ne pas être débordée par des forces supérieures, opéra sa retraite sur Brienne.

SOULAINES. Bourg situé à 5 l. de Bar-sur-Aube. Pop. 827 hab.

Ce bourg tire son nom de sa position à la source de la rivière de Laines, qui prend naissance dans un puits très-profond, d'où les eaux s'échappent pour se rendre dans un bassin de 80 pieds de long sur environ 60 de large, à la sortie duquel elles font mouvoir plusieurs moulins. Dans les basses eaux, cette belle source jette par minute 1,550 pieds cubes d'eau, et 5,814 lorsqu'il tombe de la pluie pendant plusieurs jours.

Soulaines était une des anciennes châtellenies que Charles IV donna en 1404 à Charles le Mauvais, roi de Navarre, pour en former le duché de Nemours, en échange de ses prétentions sur la Champagne et sur la Brie. Depuis la réunion de ce duché à la couronne de France par l'élévation des maisons de Navarre et de Bourbon, réunies dans la personne de Henri IV, au trône, la seigneurie de Soulaines fut une des baronnies du duché de Beaufort, qui, en 1597, fut donnée par ce prince à Gabrielle d'Estrées, marquise de Monteraux, et au duc César de Vendôme, son fils aîné; en 1600 environ, le duc de Vendôme acheta à M. de Marzac, seigneur de Villemahu, le château fort dont on voit encore les ruines au milieu du grand étang de Villemahu, qu'il réunit à la baronnie de Soulaines faisant partie de son duché de Beaufort, qui depuis passa, ainsi que nous l'avons dit en parlant de Montmorency, à la maison de Montmorency-Luxembourg.

On remarque aux environs de Soulaines, à la jonction des eaux de la Laines et de l'étang desséché de la Horre dans la Voire, un atterrissement immense, formé au milieu de vastes marais presque inabordables, et sur lesquels habite, pendant quelques mois de l'année, une population d'une espèce toute particulière. Chaque année, au retour du mois de mars et d'avril, cet atterrissement, cette île marécageuse, appelée le Han, voit se former sur son gazon, devenu plus solide et entouré de remparts de glaïeuls, un village qui a ses rues, ses places publiques, ses carrefours, ses réunions et sa police. Des individus de tout âge et de tout sexe, mais surtout des vieillards devenus incapables de grands travaux, et des enfants encore incapables de s'y livrer, s'y rendent de Montmorency, de Courcelles, de Lentilles, de Hampigny, de Châtillon, de Pelmontier et de Longeville, communes environnantes. Tous, chaque année, en y arrivant, se reconnaissent, reforment leurs liaisons de l'année précédente, s'y bâtissent, chacun, avec des glaïeuls des marais, deux petites maisonnettes, ou réparent celles qu'ils avaient délaissées; et dans une de ces deux maisonnettes, rétablissent leur domicile, et dans l'autre renferment leurs mères... oies, avec leurs petits. Pendant près de 8 mois de l'année, ils soignent, plument, gardent leurs élèves. Pendant le jour, toute la peuplade est assise sur les bords, attentive aux soins qu'exigent ces volatiles aquatiques. Le soir vient, on les renferme, on se visite, on se réunit; les jeunes gens dansent au son des chalumeaux des vieillards; les accompagnements champêtres à grands chœurs annoncent aux villages voisins la gaieté du village du Han; mais après s'être prolongés jusque dans la nuit, ces plaisirs cessent; la tranquillité se rétablit dans toute la bourgade, jusqu'à ce que le soleil et les cris prolongés des oies annoncent l'heure où elles partent pour aller braver avec une égale ardeur les précipices des marais, les torrents des rivières et les plaines orageuses du ciel. Les foires d'octobre et de novembre arrivent, tout part pour la vente, et le village de jonc, composé de plus de 150 gardiens, et de plus de dix mille oies, est abandonné pour être reconstruit au printemps suivant.

Soulaines est la patrie du célèbre naturaliste Desmarets, membre de l'Institut, décédé en 1815.

Fabriques de bonneterie. Tuileries. — *Commerce* de bestiaux.

SPOIX. Village situé à 1 l. 1/4 de Bar-sur-Aube. Pop. 837 hab. — Verrerie de verre blanc.

TRANNES. Village situé à 3 l. de Bar-sur-Aube. Pop. 256 hab.

De ce village dépendait autrefois l'abbaye de Beaulieu. Ce n'était dans le principe qu'une chapelle abandonnée, que trois prêtres remplacèrent, en 1107, par un monastère qui prit en 1440 la règle de Prémontré, et devint une des abbayes les plus considérables de cet ordre.

VENDEUVRE. Petite ville située à 6 l. 1/4 de Bar-sur-Aube. ✉ ☞ Pop. 1,669 hab.

Quelques auteurs s'appuyant sur une de ces analogies de nom si souvent trompeuses, ont prétendu que Vendeuvre avait été fondé au commencement du Ve siècle, par les Vandales, qui à cette époque envahirent la France : suivant eux, Vendeuvre ou son nom latin *Vandopera*, signifie *œuvre des Vandales*. Mais cette opinion a été réfutée par le baron Pavée de Vendeuvre, propriétaire du château, dans une dissertation historique, publiée en 1812.

Le plus ancien monument qui fasse mention de Vendeuvre est un acte de l'an 664. En 865, Ingiltrude, femme de Boson, qui s'était enfuie avec un amant, fut reçue à Vendeuvre sous la protection de Charles le Chauve, roi de France et de Bourgogne. Le pape se disait seigneur de Vendeuvre en vertu d'une donation qu'il prétendait lui avoir été faite, soit par Louis le Germanique, soit par un ancien comte de Vendeuvre, nommé Gérard. Malgré ses prétentions, un prince Boson s'empara de Vendeuvre, et y établit un de ses vassaux nommé Arembert. Le pape Jean VIII, informé de cette usurpation, écrivit pour s'en plaindre à Hugues, à Rodolphe et à Boson lui-même. Dans sa lettre, il appelle Vendeuvre *Villam suam Vandearam*. Il ordonna aussi à Isaac, évêque de Langres, d'excommunier Boson s'il ne rendait Vendeuvre au couvent de Poultières. Précédemment, le même pape, Jean VIII, ayant appris que des difficultés s'étaient élevées entre l'évêque de Langres et celui de Troyes, pour savoir à quel diocèse devait appartenir Vendeuvre, avait décidé dans un concile tenu à Troyes en 878, et où il se trouvait en personne, que cette petite ville dépendrait de l'évêché de Langres.

Quoi qu'il en soit des prétentions du pape sur la terre de Vendeuvre, il est certain qu'elle eut plus tard des seigneurs particuliers. En 1121, Roulin et Hédouin, frères, en portent le nom. Tous deux, à la prière de Hugues, comte de Troyes, concédèrent de vastes propriétés aux moines de Poultières. A peu près à la même époque, les seigneurs de Vendeuvre aidèrent par leurs bienfaits à la fondation du couvent de l'Arrivour. En 1271, ils se signalèrent par une libéralité plus utile. Guillemette et Gérard son fils, alors seigneurs de Vendeuvre, affranchirent leurs hommes de Vendeuvre, à la charge de la corvée pour *l'œuvre du château une fois par semaine*. Ces derniers mots portent à croire que la construction du château de Vendeuvre remonte à cette époque. Cet antique édifice est d'un assez bel effet, vu du sud-ouest; il domine de ce côté un vaste parterre de gazon, que couronnent des coteaux couverts de plantations et de vignes. En 1614, Henri de Luxembourg fit décorer avec un goût bizarre une chambre, dont on a conservé la distribution, dans laquelle on remarque le chiffre de Henri IV, et une vue du château de Vendeuvre, tel qu'il était à cette époque.

La source de la Barse est au pied du château, et pour ainsi dire dans ses fondations mêmes; son eau limpide est reçue dans un bassin voûté, et ombragé de quelques arbres, puis s'échappe de là pour arroser le parc et la ville. Autrefois, à l'une des ailes du château et près de la chapelle, existait une tour très-élevée, qui, dans les temps reculés, communiquait, dit-on, avec les châteaux de Brienne et de Chacenay.

Vers le commencement du XIVe siècle, la terre de Vendeuvre passa à la famille des Noyers. Elle eut ensuite pour seigneurs des Luxembourgs et des Mesgrigny : elle avait été érigée en marquisat en faveur de l'un de ces derniers.

L'église paroissiale de Vendeuvre est un ancien édifice, où l'on voit plusieurs tombes sépulcrales, dont une, celle d'une femme, mérite de fixer l'attention : on y lit la date de 1599, et cette inscription naïve et touchante :

Qui bien aime, tard oublie.

Vendeuvre est la patrie de Nicolas Bourbon, dit l'ancien, poëte latin, né en 1503. Il parle de son pays dans plusieurs de ses poëmes.

De Vendeuvre dépend le VAL-SUZENAY, hameau situé dans une charmante position, sur la lisière d'un bois où l'on voit une petite chapelle. — Fête champêtre très-fréquentée le jour de la Notre-Dame de septembre.

Manufactures de faïence. Papeterie. Forges. — *Commerce* de moutons.

VILLE-AUX-BOIS-LES-SOULAINES (la). Village situé à 4 l. 1/2 de Bar-sur-Aube. Pop. 96 hab.

Ce village, agréablement situé dans une

contrée boisée, sur le sommet d'une montagne sablonneuse, possède un assez beau château, construit il y a environ 150 ans, et quelques fermes bien bâties ; le reste des habitations consiste en maisons de bûcherons et de charbonniers, d'un aspect on ne peut pas plus misérable. On y trouve une source d'eau minérale ferrugineuse acidule froide, dont l'analyse a été faite il y a fort longtemps, par un M. Delaître, pharmacien à Vitry-le-François.

VILLE-SOUS-LA-FERTÉ. Village situé à 3 l. 1/2 de Bar-sur-Aube. Pop. 798 hab. De cette commune dépendait la célèbre ABBAYE DE CLAIRVAUX, convertie en une maison centrale de détention pour treize départements.

L'abbaye de Clairvaux, chef d'ordre de la filiation de Cîteaux, fut fondée en 1114, par saint Bernard et par Hugues, comte de Champagne, dans un vallon entouré de bois et de montagnes, appelé Clairval. Cette première fondation fut augmentée dans la suite par Thibaut le Grand, comte de Champagne, et ses revenus s'accrurent des dons des rois de France, des comtes de Flandre, et de ceux d'un grand nombre de seigneurs particuliers. La vallée où fut bâtie le monastère portait le nom de vallée d'Absinthe. C'était une retraite inculte et sauvage, où Bernard, à peine âgé de vingt-quatre ans, Bernard que ni les attraits séduisants des sociétés séculières, ni les remontrances de ses parents, ni les prières de ses amis, ne purent détourner du penchant qui l'entraînait au fond d'un cloître, vint avec quelques autres moines bâtir le premier asile de leur communauté. En peu d'années, Bernard fonda ou agrégea à son abbaye, 76 monastères, dont 35 en France, 11 en Espagne, 10 en Angleterre et en Irlande, 6 en Flandre, 4 en Italie, 2 en Allemagne, 2 en Suède, 1 en Hongrie et 1 en Danemark. Le nombre de ces fondations, tout incroyable qu'il paraisse, n'a toutefois pas lieu de surprendre ; car alors les institutions monastiques avaient une importance que nous ne pourrions guère soupçonner aujourd'hui, si elle n'était attestée par tous les monuments de cet âge. La richesse des monastères, la multitude des moines, l'autorité des uns, l'opulence des autres, la considération qu'attirait à plusieurs d'entre eux ou la noblesse de leur extraction, ou l'éclat de leurs vertus, ou la renommée de leur savoir, ou l'activité de leur esprit, de leur caractère ; toutes les causes qui peuvent distinguer, illustrer, enrichir une profession, s'étaient réunies en faveur de celle des religieux. Les cloîtres étaient à la fois des asiles et des théâtres. On pouvait y être également entraîné, soit par le goût de la solitude, soit par le désir de la célébrité ou même de la puissance. La carrière monastique conduisait à la gloire et aux dignités ; à l'épiscopat, au souverain pontificat ; quelquefois à l'administration des empires. Les couvents, et à plus forte raison les ordres, étaient devenus en quelque sorte de petits États, presque indépendants de l'autorité civile, même de la juridiction ecclésiastique ordinaire ; et peu s'en fallait qu'un abbé ne fût véritablement un prince au dehors comme au dedans de sa communauté.

Dix-sept années seulement après la fondation de Clairvaux, les religieux étaient devenus si nombreux qu'on fut obligé de leur bâtir un plus spacieux monastère, où, vers la fin de la vie de saint Bernard, qui mourut en 1153, on ne comptait pas moins de 700 moines. Cette abbaye a été la pépinière de plusieurs grands hommes, et elle a donné à l'Église un pape, qui fut Eugène III ; quinze cardinaux, et un très-grand nombre d'archevêques et évêques. A l'époque de la suppression des communautés religieuses, il y avait encore à Clairvaux quarante religieux de chœur, vingt frères convers et un grand nombre de domestiques : le revenu de l'abbaye était alors de plus de soixante-six mille livres en argent, sept à huit cents setiers de blé et sept à huit cents muids de vin ; ce revenu en nature augmentait quelquefois de la moitié, et cette augmentation seule produisait plus de vingt mille francs. Les murs de l'enclos de l'abbaye avaient près d'une demi-lieue de tour ; outre les magnifiques bâtiments claustraux, cette vaste enceinte renfermait plusieurs églises, un cellier aussi spacieux que la salle des Pas perdus du Palais de justice de Paris, un pressoir banal, une boulangerie, des carrières, un four à chaux, une tuilerie, une scierie hydraulique, des moulins à tan et à blé, une tannerie, une infirmerie, une prison, une glacière, etc.

Depuis la révolution, les bâtiments de l'abbaye de Clairvaux ont été convertis en une maison centrale de détention pour les condamnés des départements de l'Ain, des Ardennes, de l'Aube, de la Côte-d'Or, du Jura, de la Marne, de la Haute-Marne, de la Meurthe, de la Meuse, de la Moselle, de la Nièvre, de Saône-et-Loire et de l'Yonne. Depuis quelques années on y renferme aussi des condamnés pour cause politique. Cette maison est devenue un superbe établissement industriel, qui renferme de vastes ateliers, où les condamnés sont employés, suivant leur capacité, au battage, à l'épluchage, à la filature, au tissage, etc., du coton; les balles qui arrivent à Clairvaux, telles qu'elles sortent des colonies, en sortent couvertes en tissus de la plus grande beauté. Afin de ménager aux détenus qui ont des états en entrant dans cette maison, les moyens de les cultiver, on y a établi des ateliers de menuisiers, de tailleurs, de cordonniers, de sabotiers, de cordiers, etc. La laine y est aussi tissée et filée pour l'habillement des détenus. Le chanvre y est filé et tissé pour la fabrication du linge. Tous les objets nécessaires aux détenus se confectionnent dans l'établissement. Le service de la boulangerie, des cuisines et des infirmeries est fait par des détenus qui méritent une certaine confiance, mais sous la surveillance d'employés libres. Ceux qui joignent quelque éducation à une bonne conduite, sont employés dans les bureaux de l'entreprise générale, ou comme surveillants ou comme contre-maîtres dans les ateliers. — Les femmes détenues sont aussi occupées suivant leur capacité, les unes à la confection et au raccommodage des habillements et du linge, les autres au blanchissage, etc. Un atelier de lingères attire l'attention par la beauté des chemises de percale qu'on y confectionne. Il y existe aussi un atelier pour la couture des gants, et les ouvrages qui s'y exécutent rivalisent avec ceux des fabriques de Grenoble et de Chaumont. En résumé, cette maison offre l'aspect d'une manufacture considérable, où plus de 2,000 individus, livrés à diverses occupations utiles, peuvent retrouver la moralité par le travail.

ARRONDISSEMENT DE BAR-SUR-SEINE.

BAR-SUR-SEINE. Ancienne et jolie petite ville. Chef-lieu de sous-préfecture. Tribunal de première instance. ✉ ☞ Pop. 2,269 hab.

Bar-sur-Seine est certainement une ville fort ancienne, dont l'importance n'a pu que décroître avec le temps. Des monuments incontestables attestent qu'elle a été ravagée et incendiée, notamment en 1359, époque où *cette bonne ville et grosse*, comme dit l'historien Froissard, renfermait plus de 900 hôtels. L'illustration passée de la ville est encore célébrée par les habitants dans les deux vers suivants :

La grand ville de Bar sur Seigne
A fait trembler Troie en Champaigne.

La ville de Bar-sur-Seine est mentionnée sans ambiguïté pour la première fois, sous l'année 837, dans la chronique de Nithar, et dans les Annales de Saint-Bertin. On y voit qu'à cette époque les deux *Bars, utrosque Barrenses*, c'est-à-dire, Bar-sur-Aube et Bar-sur-Seine, entrent avec plusieurs villes des environs dans la composition du royaume de Charles le Chauve. L'histoire ne nous apprend rien de certain sur cette ville jusque vers le XIe siècle, où les fiefs commencèrent à être héréditaires. Les seigneurs de Bar-sur-Seine étaient renommés parmi les puissants barons de la province. Ils étaient du nombre des six pairs de Champagne : en cette qualité ils assistaient aux *grands jours* de cette province, où se décidaient les hautes questions judiciaires.

Au commencement du XIIe siècle, la terre de Bar-sur-Seine fut acquise par la famille des comtes de Champagne, d'où elle passa en 1284 à la couronne de France, lorsque Jeanne de Navarre épousa Philippe le Bel.

Bar-sur-Seine éprouva une horrible catastrophe en 1359. Messire Broquart de Fénestrange, seigneur lorrain, qui avait aidé à chasser les Navarrois de la Champagne qu'ils occupaient depuis longtemps, n'ayant pas été payé de ses services comme il le désirait, s'en vengea sur Bar-sur-Seine qu'il dévasta. « Et a donc, dit Froissard, messire
« Broquart envoya défier le duc (de Nor-
« mandie), et tout le royaume de France :
« et entra en une bonne ville et grosse,
« qu'on dit Bar-sur Seine, où à ce jour il y
« avoit plus de neuf cents hôtels, si la ro-
« bèrent ses gens. Mais ils ne purent avoir
« le chastel tant étoit fort et bien gardé. Si
« chargèrent leur pillage, et emmenèrent
« plus de cinq cents prisonniers, et ardirent
« (incendièrent) tellement la ville, qu'oncque
« n'y demoura estoc sur autre. » Ce château de Bar-sur-Seine fut plus tard, suivant une tradition répandue dans le pays, occupé par surprise et entièrement démoli; on n'en voit plus que les ruines, au milieu desquelles s'élève l'horloge de la ville.

Bar-sur-Seine demeura uni au domaine de la couronne jusqu'en 1435, époque où Charles VII, roi de France, donna cette ville par le traité d'Arras à Philippe le Bon, duc de Bourgogne; depuis ce temps jusqu'à la nouvelle division de la France en départements, elle a toujours fait partie de la province de Bourgogne, à laquelle elle envoyait ses députés.

Cette ville, déjà incendiée en 1359, éprouva depuis plusieurs grands désastres. Vignier nous apprend qu'elle fut saccagée en 1478. A la suite de ce malheur, les habitants, pour se mettre à l'abri d'un coup de main, et pour être défendus entièrement par la forteresse qui existait encore, réduisirent l'étendue de la ville à la longueur de mille pas. A l'époque des guerres de religion, elle fut le théâtre de scènes affreuses. Les protestants, repoussés de Troyes, forcés de s'expatrier avec leurs femmes et leurs enfants, se dirigèrent sur Bar-sur-Seine, dont ils s'emparèrent de vive force. Les Troyens, au nombre d'environ quatre mille, les suivirent, et s'étant à leur tour rendus maîtres de la ville, en firent un massacre général. Pendant les guerres de la Ligue, de nouveaux désastres s'appesantirent sur cette ville, qui, prise et reprise plusieurs fois, éprouva encore toutes les horreurs de la guerre. Henri IV donna ou engagea Bar-sur-Seine à Henri de Bourbon, duc de Montpensier; sa fille, femme de Gaston, duc d'Orléans, le laissa à Marie-Louise d'Orléans, duchesse de Montpensier, qui institua Philippe, duc d'Orléans, son héritier universel.

Bar-sur-Seine est une ville agréablement située au milieu d'un riche vignoble, sur la rive gauche de la Seine, à l'extrémité d'une vallée resserrée entre deux coteaux, sur l'un desquels s'élève, d'une manière pittoresque, une chapelle entourée d'un antique bocage. Elle est généralement bien bâtie, propre et bien percée, et possède de jolies promenades sur le bord de la Seine, que l'on traverse sur un beau pont en pierre de taille.

C'est la patrie de Vignier, auteur d'une histoire manuscrite du diocèse de Langres, dont une partie a été imprimée sous le titre de *Chronicon Lingonense*.

Fabriques de droguets. Distilleries d'eau-vie. Papeterie (à VILLENEUVE). Tanneries et teintureries.—*Commerce* de grains, vins, eaux-de-vie, chanvre, laines, bois, cuirs, etc.

A 7 l. 1/2 de Troyes, 48 l. de Paris. — *Hôtels* de l'Écu, du Soleil d'or, de la Fontaine.

CHAOURCE. Petite ville située dans une belle plaine, près de la source de l'Armance, et non loin de la forêt de Chaource, à 5 l. de Bar-sur-Seine. ✉ Pop. 1,534 hab.

L'époque de la fondation de cette ville est inconnue : on sait seulement que vers le milieu du IXe siècle, Charlemagne fit don à Robert de la terre de Chaource. Dans les archives se trouve une charte latine donnée en 1125 par Henri de Troyes, comte palatin de Champagne. Suivant Robert Gaguin, Chaource serait bien antérieur au règne de saint Louis, qui fit, dit cet historien, ses premières armes devant le château de cette place, que la génération actuelle a vu encore flanqué de tours à tous ses angles. Joinville fait aussi mention de Chaource : il nous apprend que les barons qui s'étaient ligués contre Thibaut le Chansonnier, ayant été informés que le roi de France était venu à son secours, « vidèrent la comté de Cham-« pagne, en telle manière que des Iles, là où « ils étoient, ils s'allèrent logier dessous Juil-« ly ; et le roi se logea à Iles, dont il les « avoit chassiés. Et quand ils surent que le « roi fut allé là, ils allèrent logier à Chaour-« ce, et n'osèrent le roi attendre. » Des titres conservés dans les archives de Chaource portent que Marguerite, fille du roi de France, donna, le 9 juillet 1364, la permission de fortifier le château, sans tirer à conséquence pour l'avenir.

La terre de Chaource, après avoir appartenu à différents seigneurs de distinction, fut acquise, le 16 février 1601, par Charles de Choiseul, marquis de Praslin, qui fut bailli de Troyes et maréchal de France. Il transmit cette terre à François de Choiseul, son fils, qui se qualifiait baron de Chaource. Elle passa depuis à une autre branche de cette famille.

Chaource est une petite ville mal bâtie, qui était autrefois entourée de murailles créneles, environnées de fossés remplis d'eau vive. Elle est située près de l'abondante source de l'Amance, dont les eaux font mouvoir plusieurs moulins, et possède trois belles fontaines publiques alimentées par des sources d'eau excellente. On y voit une ancienne église, dont les vitraux et les murs sont couverts d'inscriptions gothiques qui portent à croire que cet édifice religieux existait avant 654. Au-dessus de ces vitraux, on montre un bas-relief représentant deux chats et un ours.

Chaource est la patrie d'Amadis Jamyn, l'un des poètes les plus célèbres du XVIe siècle, secrétaire et lecteur de la chambre du roi Charles IX ; il parcourut dans sa jeunesse les îles de l'Archipel, pour y découvrir les ouvrages des poètes et des orateurs qui ont illustré la Grèce ancienne. Après la mort prématurée du roi, il quitta la cour et revint à Chaource, où il fonda et dota un collège qui subsista jusqu'à la révolution, et d'où sont sortis plusieurs sujets distingués.

Les bâtiments de cet établissement ont été rachetés par le principal actuel, qui les a beaucoup augmentés. À l'exemple d'Amadis Jamyn, M. Etienne Griffou, propriétaire à Chaource, a fondé dans ce collége deux bourses pour l'instruction gratuite de deux jeunes gens pris dans la classe pauvre. — Chaource est aussi le lieu de naissance d'Edmond Richer, intrépide défenseur des libertés de l'Église gallicane.

Fabriques de cordes et de ficelles. Aux environs, verrerie à bouteilles et fabriques de poterie de terre. — *Commerce* de grains, bois, chanvre et bestiaux.

CHAPPES. Village situé sur la rive gauche de la Seine, à 1 l. 3/4 de Bar-sur-Seine. Pop. 443 hab.

Quelques personnes prétendent que Chappes a été dans les temps reculés une ville considérable, qu'on y a battu monnaie, qu'avant la conquête des Gaules par Jules César, c'était le chef-lieu d'un petit peuple gaulois. Quoique ces prétentions ne soient pas suffisamment justifiées, il convient de dire qu'elles ne sont pas tout à fait dénuées de fondement. Grosley, qui a laissé sur Chappes une notice historique, partage l'avis de ceux qui croient à l'ancienne importance de ce village. « Chappes, dit-il, était, dès les premiers temps de la monarchie, un lieu important, et par sa situation comme frontière de l'ancien royaume des Bourguignons, et par son fort qui commandait le passage de la rivière de Seine, et par son port sur cette rivière, qui, favorisant le commerce entre deux royaumes, y fixait les marchands qu'il enrichissait, et les artisans, dont l'industrie était animée par la certitude du débit..... Chappes était partagé en haute et basse ville, dont la première sur la rive droite de la Seine, défendue par un château, avait un prieuré; la seconde remplissait un espace considérable sur la rive opposée. L'église paroissiale, dédiée à saint Loup, était dans la basse ville. L'une et l'autre étaient habitées par des artisans et des manufacturiers, aux différents corps desquels étaient assignées différentes rues qui en portent aujourd'hui le nom. »

Chappes est mentionné dès l'an 752. Saint Loup, abbé de Ferrières, nous apprend dans une de ses lettres, que vers 870 il fut obligé de se retirer au château d'Aix en Othe, parce que les Normands menaçaient de remonter la Seine jusqu'à Chappes.

Les anciens seigneurs de Chappes étaient des plus puissants de la province. Ils étaient du nombre des barons qui rendaient la justice aux conseils des comtes de Champagne dans les assemblées appelées *les grands jours*, où ils siégeaient à côté des seigneurs de Joinville et de Brienne. Parmi les droits dont ils jouissaient, était celui « du rapt du bâton, qui étoit que les grands seigneurs pouvoient aller ou envoyer par la ville, et tuer au bâton les poules du dit lieu, et pouvoient emporter les poules qu'ils tuoient, en payant, par chacune poule, six deniers. »

En 1429, le château de Chappes, alors tenu par Jacques d'Aumont, allié des Anglais, soutint un siége, à la suite duquel il fut pris et détruit. « En ce temps-là, dit « Monstrelet, le duc de Bar, nommé René de « Cécile, convoqua très-grand nombre de gens « d'armes. Et pouvoit avoir icelui duc de « deux à trois mille combattants, à tous les- « quels il alla assiéger Chappes, à trois lieues « de Troyes, dedans laquelle étoient le sei- « gneur d'Aumont, et son frère, et avec eux « plusieurs gens de guerre qui très-vaillam- « ment se mirent en défense. » Les Bourguignons vinrent à leur secours au nombre de quatre mille combattants, mais ils furent mis en désarroi. « Si fut environ que morts « que prins bien soixante, entre lesquels le « seigneur de Plancy ; et particulièrement « le seigneur d'Aumont en saillant hors de « sa place pour aider à combattre ses enne- « mis avec aucun de ses gens, fut prins pri- « sonnier. Si convint qu'il livrât sa forte- « resse au duc de Bar, laquelle fut du tout « démolie, et son frère fut prins comme lui. »

Quelque temps après, Chappes fut repris par les Anglais, qui furent délogés une seconde fois de ce bourg par Barberey en 1431.

CHASSENAY. Village situé à 4 l. 3/4 de Bar-sur-Seine. Pop. 314 hab.

Chassenay, aujourd'hui simple village, était dans le moyen âge une terre très-considérable qui relevait immédiatement du comté de Champagne. On prétend que son château, l'un des plus renommés de la province, communiquait par signaux avec celui de Vendeuvre. Les seigneurs de Chassenay étaient très-puissants, avaient rang parmi les barons de Champagne dans les conseils des comtes de Troyes. Cinq prévôtés relevaient par appel de son bailliage, qui conservait par privilége l'étalon des mesures et aunes dont se servaient, dit-on, cent villes ou villages des environs.

CUNFIN. Village situé à 3 l. de Bar-sur-Seine. Pop. 1119 hab. On y remarque une petite chapelle fondée en 1075, près de laquelle est un chêne révéré, d'environ 30 pieds de circonférence, et dont la plantation passe pour remonter à la fondation de la chapelle : deux ou trois personnes peuvent aisément se mettre à couvert dans l'intérieur de cet arbre. — *Fabriques* de tonneaux, de merrains, de sabots.

ESSOYES. Bourg situé sur l'Ource, à 3 l. de Bar-sur-Seine. Pop. 1,719 hab.

ETOURVY. Village agréablement situé près de la source du Laudion, à 3 l. de Bar-sur-Seine. Pop. 622 hab. Des fouilles faites dans la partie septentrionale de ce village, il y a environ quarante ans, y ont fait découvrir une quarantaine de cercueils en pierre recouverts d'une pierre cintrée, dans chacun desquels se trouvaient plusieurs cadavres de différentes grandeurs, quelquefois au nombre de six ou sept. Ces cercueils renfermaient plusieurs anneaux d'or, d'argent et de cuivre, grossièrement travaillés, ainsi que des armes et des casques d'une forme très-ancienne.

GYÉ-SUR-SEINE. Bourg situé dans un vallon étroit, entre deux montagnes, sur la Seine, à 2 l. de Bar-sur-Seine. Pop. 1324. h.

La reine Blanche, mère de saint Louis, possédait à Gyé un château, qu'elle affectionnait beaucoup, et dont il ne reste plus aujourd'hui qu'un pavillon. C'est à cette reine que les habitants de Gyé, ainsi que ceux de Neuville et de Courteron, devaient leurs franchises : son buste, parfaitement conservé, a été trouvé dans des fouilles faites au château.

JULLY-LE-CHATEL. Village situé sur la Sarce, à 1 l. 1/4 de Bar-sur-Seine. Pop. 632 h. On y voit les ruines d'un ancien château fort, entouré de profonds fossés, dont la fondation paraît remonter à une haute antiquité.

LANDREVILLE. Bourg situé à 2 l. 1/2 de Bar-sur-Seine. Pop. 1,369 hab.

LOCHE. Village situé sur l'Ource, à 2 l. 1/2 de Bar-sur-Seine. Pop. 1,039 h. On y voit des tours en ruine, restes d'un ancien château fort détruit à une époque déjà éloignée.

LOGES MARGUERON (les). Village situé à 5 l. de Bar-sur-Seine. Pop. 350 h.

De cette commune dépendent le château ruiné de Palneau, situé dans la forêt d'Aumont; le petit château de Montchevreuil ; le château ruiné de la Roque, et le château neuf de Crogny.

MAROLLES-LES-BAILLY. Village situé à 2 l. de Bar-sur-Seine. Pop. 327 hab. On y voit un ancien château restauré dans le goût moderne, situé sur une hauteur d'où l'on découvre une vue magnifique qui s'étend au delà de Troyes et jusqu'aux montagnes de Montgueux.

MUSSY-SUR-SEINE. Petite ville située à 5 l. 1/2 de Bar-sur-Seine. ⊠ ☞ Pop. 1730 hab.

Cette ville a porté le nom de Mussy-l'Évêque, parce que les évêques de Langres en étaient seigneurs et y possédaient un château. En 1433, lors de l'occupation de la France par les Anglais, Mussy qui tenait pour les Français, fut assiégé et pris par le duc de Bourgogne; événement qui est rapporté avec détails par l'historien Monstrelet. Jean d'Amboise, évêque de Langres, fit réparer (vers 1488) les fossés et les murs de la ville, et reconstruire le château, qui devint un des plus magnifiques de la province. Le cardinal de Givry, autre évêque de Langres, y mourut en 1561.

Mussy est une ville assez bien bâtie, sur la Seine et près de la forêt de son nom ; c'est la patrie d'Eden Boursault, né en 1638, auteur du *Mercure galant*, *d'Ésope à la cour*, et de différents autres ouvrages. — *Commerce* de vins et d'eau-de-vie.

RICEYS (LES). On comprend sous ce nom trois bourgs distingués par les noms de Ricey-Haut, Ricey-Hauterive et Ricey-Bas, formant une seule commune[1], chef-lieu d'un canton, à trois lieues, au sud, de Bar-sur-Seine. ⊠ Pop. 3,664 hab.

Quoique généralement mal percés et assez mal bâtis, ces bourgs renferment plusieurs belles habitations. Ils sont situés dans une vallée arrosée par la petite rivière de Laignes, et formée par les montagnes les plus élevées du département, dont les pentes, couvertes de vignes, offrent, dans un cadre resserré, des points de vue agréables et variés.

Les anciennes chroniques, d'accord avec la tradition, font remonter l'origine des Riceys jusqu'au temps de César et à l'établissement des Boïens sur les confins de la Bourgogne, après la défaite que ce conquérant des Gaules fit éprouver aux Helvétiens près d'Autun, et ensuite près d'Auberive.

Voici, à l'appui de cette version, un passage de la chronique de Langres (Chronicon Lingonense ex probationibus historicis contextum ; 1655) :

« Cæsar, inconditam multitudinem... acri
« prælio fundit et trucidat. Superstites ad
« CXXX millia, refugi non longè ab Au-
« tomaduno iterùm cæduntur, armisque spo-
« liati remittuntur eò undè erant profecti,
« retentis Boiis, Rauracisque, et illis qui-

---

[1] Ricey-Bas réclame depuis longtemps sa division, et demande à former une commune séparée.

« dem inter Æduos, his in Ambarrorum
« sive Barrensium finibus collocatis, *ex qui-*
« *bus Riccienses.* »

Ce qui ajouterait quelque valeur à ces traditions, à défaut d'autres preuves et de monuments, c'est que les mœurs, le langage et jusqu'à l'habillement des Ricetons, et surtout des femmes, ont conservé quelque chose d'exceptionnel qui leur a laissé le caractère d'une peuplade isolée au milieu des pays les plus voisins [1].

On voit encore quelques restes des murailles et des fossés dont chacun des bourgs était ceint. Un édit de Henri III, daté de Blois, 1588, conservé dans les archives de la commune, en avait permis la reconstruction. Les portes n'ont été démolies que depuis peu d'années.

Les trois églises sont vastes, d'une assez belle construction, et surmontées de clochers élevés qu'on aperçoit de loin. Celle de Ricey-Bas se fait remarquer par son portail et la délicatesse de sa flèche en aiguille. On n'a pas de notions précises sur leur fondation, qui, d'après le style de l'architecture, ne doit pas remonter plus haut que l'époque de la renaissance.

Le château de Ricey-Bas était un des plus anciens de la Bourgogne. Bâti par Robert, baron des Riceys, dans le XIe siècle, possédé ensuite par Rollin, chancelier de Philippe le Bon, duc de Bourgogne, il passa aux Vignier, aux Créqui, etc., et fut érigé en marquisat sous le règne de Louis XV. Une partie a été rebâtie vers le milieu du dernier siècle; l'autre partie est de construction primitive et n'a rien de remarquable que la grande épaisseur de ses murs. On y voit encore l'empreinte des tours dont il était flanqué, et qui n'ont été démolies qu'après la révolution de 1789.

Les Riceys sont plus particulièrement connus comme un vignoble aussi important par son étendue que par la qualité de ses produits. Leurs vins, distingués par leur fi-

nesse et par une sève agréable, s'exportent à Paris, dans les départements du Nord et jusque dans la Belgique. Ils sont rangés, dans la classification des vins de France, sur la même ligne que les secondes classes de la Côte-d'Or et les premières du Mâconnais.

Fabriques d'eau-de-vie, tanneries, et teintureries.

RUMILLY-LES-VAUDES. Village situé près de la forêt de Chaource, à 3 l. de Bar-sur-Seine. Pop. 681 h. C'est la patrie de Jean et de Claude Collet. Le premier, qui a publié plusieurs poésies, notamment *l'Oraison de Mars aux dames de la cour, ensemble la réponse des dames à Mars*, a été quelque temps curé de Rumilly. C'est lui qui a fait construire l'église du village, dont les fondements furent jetés en 1527, ainsi que l'atteste l'inscription suivante qu'on lit dans le chœur :

Icy dessoubs, assez profond en terre,
L'an M. V^e. et vingt sept, assise
A la fin d'août, fut la première pierre
Des fondements. Dieu parfasse l'église.

Cette église a été bâtie sur le modèle réduit de la cathédrale de Troyes; le portail, qui est très-beau, est surmonté d'une fort belle tour. Le célèbre François Gentil fut chargé des ornements intérieurs. On assure qu'il passa plusieurs années au château de Rumilly, où il avait transporté son atelier. Le château fut incendié dans le XVIIe siècle.

TANLAY. Village situé à 6 l. 1/4 de Bar-sur-Seine. Pop. 743 hab. On voit sur son territoire deux châteaux appartenant à M. le marquis de Tanlay.

VIREY-SOUS-BAR ou **LENCLOS.** Joli village situé au confluent de la Sarce et de la Seine, à 1 l. 1/2 de Bar-sur-Seine. Pop. 350 hab.—Pêche abondante de truites. Filature de coton des plus importantes, établie depuis peu d'années, qui occupe une grande partie des habitants des communes voisines.

ARRONDISSEMENT DE NOGENT-SUR-SEINE.

AUBIN (SAINT-). Village situé sur l'Ardusson, à 1 l. 1/4 de Nogent. Pop. 466 hab.

De ce village dépend le hameau de LA CHAPELLE-GODEFROY, situé sur l'Ardusson, à peu de distance de la grande route, d'où l'on aperçoit le château construit par Philibert Orry, contrôleur général des finances, et embelli plus tard par Jean de Boulogne.

La Chapelle-Godefroy possède une source d'eau minérale ferrugineuse froide, découverte en 1801. L'eau de cette source est parfaitement claire, son goût est fortement styptique; sa surface est couverte d'une pellicule irisée. Lorsqu'on la laisse reposer dans un vase, elle y forme promptement un précipité jaune, que le temps augmente toujours. Cette eau dépose au fond et sur les bords du canal un véritable oxyde de fer

---

[1] Il en est de même de Chappes.

RICEY HAUTE RIVE.

jaune carbonaté. Le gaz qu'elle contient se dégage avec un léger pétillement quand on la transvase.

Il résulte des expériences faites par MM. Cadet et Eusèbe Salverte, qui ont publié sur les eaux minérales de la Chapelle Godefroy un mémoire inséré dans le tom. 45 des Annales de chimie, que l'eau de la Chapelle contient du carbonate de chaux, du carbonate de fer et de l'acide carbonique. M. Alibert pense que cette eau peut être employée avec succès dans le cas d'atonie du canal alimentaire, et dans les maladies où l'on prescrit les préparations martiales à petites doses.

Non loin de la Chapelle-Godefroy est l'habitation de l'honorable M. Eusèbe Salverte, membre de la Chambre des députés, où il défend depuis plusieurs années les libertés publiques avec un grand talent et une rare persévérance.

De Saint-Aubin dépend le PARACLET, situé sur l'Ardusson qui le sépare de la commune de Quincey, sur le territoire de laquelle se trouve une partie des bâtiments du couvent. Le Paraclet doit son établissement à Abailard, homme supérieur à son siècle par la profondeur et la variété de ses connaissances, qui, persécuté pour ses doctrines, se retira sur les terres du comte de Champagne, où, du consentement d'Hatton, évêque de Troyes, il bâtit, en 1023, aux environs de Nogent, une petite chapelle formée de jonc et de branches d'arbres, qu'il dédia à la Trinité et qu'il nomma le Paraclet; le motif de cette dédicace est la condamnation de ses opinions sur la trinité, obtenue sur les instances de saint Bernard. Poursuivi dans cette retraite où sa réputation attirait un grand nombre d'élèves, Abailard fut obligé de l'abandonner : il la laissa à deux de ses amis et se retira en Bretagne. En 1128, Héloïse, en butte à la persécution de ces mêmes moines qui avaient voulu perdre Abailard, fut chassée du couvent d'Argenteuil dont elle était supérieure. Touché de cette nouvelle persécution, Abailard lui fit don de sa solitude du Paraclet, où elle vint se fixer avec ses compagnes en 1129. Le pape Innocent II confirma, en 1131, l'établissement de ce monastère, dont Héloïse fut la première abbesse. L'oratoire du Paraclet reçut bientôt des dons considérables : par la suite il devint chef d'ordre et avait plusieurs monastères sous sa dépendance. A la mort d'Abailard, arrivée le 21 avril 1142; son corps fut envoyé à Héloïse,

qui le fit enterrer au Paraclet. Vingt-deux ans après, Héloïse mourut dans ce monastère et fut ensevelie dans la même tombe qui avait reçu le corps de son amant : ainsi fut réuni, après la mort, ce qui n'avait pu être réuni que si peu de temps pendant la vie : les restes de ces amants illustres furent déposés dans un magnifique tombeau. Lorsqu'en 1792 on vendit l'abbaye du Paraclet, les notables de Nogent y allèrent en cortége enlever les corps d'Héloïse et d'Abailard, qu'ils déposèrent dans l'église de Saint-Laurent. M. Lenoir, conservateur du musée des monuments français, ayant obtenu du ministère de l'intérieur la permission de les faire transférer à Paris, dans cet établissement, se rendit à l'église de Nogent avec les magistrats de la ville. L'ouverture du caveau se fit en présence du sous-préfet de l'arrondissement, qui remit à M. Lenoir le cercueil où les deux corps avaient été renfermés, et qui n'étaient séparés que par une lame de plomb. Le monument élevé au Paraclet sur le tombeau d'Abailard, avait été brisé à Nogent en 1794, de même que les trois figures représentant la Trinité, symbole de la croyance d'Abailard. M. Lenoir ne put donc y joindre cet ancien monument. Le tombeau qui recéla les deux époux, et fit pendant longtemps l'ornement du musée des Petits-Augustins, est aujourd'hui au cimetière du père Lachaise; c'est celui où Abailard fut enseveli immédiatement après sa mort, arrivée au prieuré de Saint-Marcel de Châlons-sur-Saône.

Après avoir édifié et gouverné l'abbaye du Paraclet pendant 33 ans, Héloïse décéda le 17 mai 1163, étant âgée aussi de 63 ans, ainsi que nous l'avons dit précédemment. Elle fut inhumée dans le même tombeau qu'Abailard, qui fut d'abord placé et disposé de manière qu'une partie se trouvait dans l'église, et l'autre dans le chœur des religieuses, afin qu'elles pussent prier sur le tombeau de leur fondateur, sans sortir de leur cloître. La première épitaphe était seulement à la louange d'Héloïse. Courtalon la rapporte ainsi :

HOC TUMULO ABBATISSA JACET PRUDENS HELOISSA.
PARACLETUM STATUIT, CUM PARACLETO REQUIESCIT.
GAUDIA SANCTORUM SUA SUNT, SUPER ALTA POLORUM,
NOS MERITIS PRECIBUSQUE SUIS EXALTET AB IMIS.

Plus tard, le tombeau fut placé à la partie la plus reculée de l'église des religieuses, et enfin Mme de Roucy, qui en fut la dernière abbesse, en 1780, le fit mettre au pied de la chapelle dite de la Sainte-Trinité, qui se trouvait au centre de l'église. On y lisait les deux épitaphes ci-après, l'une en français et l'autre en latin :

« Pierre Abailard, fondateur de cette ab-
« baye, vivait dans le XIIe siècle; il se distin-
« gua par la profondeur de son savoir et la
« rareté de son mérite. Cependant il publia
« un traité de la Trinité, qui fut condamné
« par un concile tenu à Soissons, en 1120;
« il se rétracta aussitôt par une soumission
« parfaite, et pour témoigner qu'il n'avait
« que des sentiments orthodoxes, il fit faire
« d'une seule pierre ces trois figures qui re-
« présentent les trois personnes divines dans
« une même nature. Après avoir consacré
« ce monastère au Saint-Esprit, il le nomma
« Paraclet, par rapport aux consolations qu'il
« avait goûtées pendant la retraite qu'il fit en
« ce lieu.

« Il avait épousé Héloïse, qui en fut la pre-
« mière abbesse. L'amour, qui avait uni leur
« esprit pendant leur vie et qui se conserva
« dans leur absence par des lectures les plus
« tendres et les plus spirituelles, a réuni leurs
« corps dans ce tombeau : il mourut le 21
« avril 1142, âgé de 63 ans, après avoir
« donné l'un et l'autre des marques d'une vie
« chrétienne et spirituelle.

« Par très-haute et très-puissante dame
« Catherine de la Rochefoucault, abbesse
« du Paraclet, le 3 juin 1701. »

Mme de Roucy marqua son séjour au Paraclet par des monuments remarquables; elle sollicita et obtint de l'Académie des inscriptions l'épitaphe latine ci-après :

SUB EODEM MARMORE, JACENT
HUJUS MONASTERII
CONDITOR PETRUS ABELARDUS
ET ABBATISSA PRIMA HELOISSA.
OLIM STUDIIS, INGENIO, AMORE, INFAUSTIS NUPTIIS
ET POENITENTIA
NUNC ÆTERNA, QUOD SPERAMUS FELICITATE
CONJUNCTI.
PETRUS OBIIT XX PRIMA APRILIS 1142,
HELOISSA XVII MAII 1463.
CURIS CAROLÆ DE ROUCY PARACLETI ABBATISSÆ.
M. D. CC. XXIX.

Détruit en partie pendant la révolution, le monastère du Paraclet fut acheté par le comédien Monvel. Cette abbaye n'offrait plus que des ruines lorsqu'elle devint la propriété du général Pajol, qui, avec les débris de la maison abbatiale, a fait reconstruire, sur les anciens fondements, un édifice régulier d'une belle apparence. Du milieu des décombres, le général a, pour ainsi dire, exhumé le caveau où les restes d'Abailard et d'Héloïse ont reposé pendant près de huit siècles, et dans lequel il a retrouvé le sarcophage que l'on avait trouvé trop lourd pour être transféré à Paris, avec le cercueil où les deux corps étaient renfermés : ce sarcophage a été restauré et replacé dans le caveau, dont l'entrée a été fermée; pour en désigner la place, le propriétaire a fait ériger sur le lieu même une colonne votive.

L'emplacement du Paraclet était occupé naguère par une usine où l'on avait établi, en 1822, une fabrique de limes et d'acier, aujourd'hui inactive, bien malheureusement pour les habitants des communes environnantes, à qui elle fournissait de l'occupation.

BOURDENAY. Village situé à 8 l. 1/2 de Nogent-sur-Seine. Pop. 249 hab. C'était autrefois une ville fermée de murs, où l'on entrait par trois portes, environnée de fossés, et défendue par un château fort, dont on voit encore l'emplacement. On remarque aux environs plusieurs monuments druidiques.

CHAPELLE-GODEFROY (la). *Voy.* SAINT-AUBIN.

FAVEROLES. *Voy.* SAINT-HILAIRE.

GUMERY. Joli village situé sur une hauteur, près de l'Orvin, à 3 l. de Nogent. Pop. 345 hab.

Le CHATEAU DE CÉREY, hameau de la commune de Gumery, situé sur la rive droite de la rivière d'Orvin, autrefois entouré de larges fossés remplis d'eau, et fermé par un pont-levis, a souvent servi de refuge et de retranchement aux habitants de Cérey, auxquels Pierre de Rossel donnait un asile pendant les guerres féodales. Les fossés, les créneaux qu'on remarque au-dessus de la grande porte de l'avant-cour, le ton de sculpture de la pierre qui est au-dessus de la porte d'entrée du château, tout prouve l'époque la plus reculée de la construction de la chapelle et du château de Cérey.

HILAIRE (SAINT-), ou FAVEROLES. Village situé à 3 l. 1/2 de Nogent-sur-Seine. Pop. 365 hab. On remarque aux environs le château ruiné de Fougeon, qui passe pour avoir été habité par la reine Blanche.

LOUP DE BUFFIGNY (SAINT-). Village situé à 9 l. 1/2 de Nogent-sur-Seine. Pop. 279 hab. On voit sur son territoire les restes d'un beau dolmen.

LOUPTIÈRE (la). Village situé à 3 l. de Nogent-sur-Seine. Pop. 355 hab. C'est la patrie du célèbre chimiste Thénard, qui y est né en 1777.

MARCILLY-LE-HAYER. Village situé à 6 l. 1/4 de Nogent-sur-Seine. Pop. 627 h.

On remarque sur le territoire de ce village, près de l'ancienne voie romaine qui conduisait de Sens à Reims, un dolmen bien conservé, composé de deux longues pierres posées sur champ, qui supportent une troi-

...ième pierre placée horizontalement; deux autres pierres sont placées aux extrémités, comme pour en défendre l'entrée, et plusieurs pierres brutes se trouvent aux alentours. Au nord du village se voient encore plusieurs autres dolmens de ce genre, dont les pierres ont été pour la plupart brisées ou renversées.

MARIGNY. Village situé à 4 l. 1/2 de Nogent-sur-Seine. Pop. 459 hab. C'était anciennement une ville fermée de murs, et environnée de fossés qui existent encore en partie.

MESNIL-SAINT-LOUP. Village situé sur une hauteur, à 1 l. 1/4 de Nogent-sur-Seine. Pop. 292 hab. On croit que la fameuse conspiration de Cinq-Mars contre le pouvoir de Richelieu fut signée au château de Mesnil-Saint-Loup.

MOTTE-TILLY (la). Joli village fort agréablement situé près de la rive gauche de la Seine, au pied d'un coteau dont le sommet est couronné par un beau château, à 2 l. de Nogent-sur-Seine. Pop. 512 hab.

Le château de Motte-Tilly a été bâti au sommet de la montagne sur l'emplacement d'un antique castel, par l'abbé Terray, avant qu'il fût contrôleur des finances. C'est un vaste et bel édifice, couvert en ardoise, construit dans le goût du XVIIe siècle; on y jouit d'une vue ravissante sur le cours de la Seine, qui forme en face du château plusieurs sinuosités. Longtemps auparavant, la terre de la Motte-Tilly avait appartenu à Pierre des Essarts, qui dirigea aussi les finances et qui fut décapité pour exactions en 1413.

L'église paroissiale de la Motte-Tilly n'a de remarquable que la chapelle consacrée à sainte Marguerite, dans laquelle on voit le mausolée élevé à la mémoire de l'abbé Terray. Il représente Thémis, appuyée sur le médaillon de l'abbé Terray, accablée de la plus profonde douleur et déplorant la perte d'un magistrat aussi éclairé. Le génie des arts, couvert en partie d'un voile épais, et tenant d'une main le plan de la galerie où ce ministre se proposait de réunir, et avait déjà presque réuni les productions de nos artistes vivants, tant sculpteurs que peintres, le pleure amèrement. Le deuil et les larmes du génie annoncent le goût du ministre pour les arts, et les regrets que lui inspire sa perte. Le bas-relief représente l'étude, la science et la justice, qui lui donnent accès auprès du trône, où Louis XV le charge du gouvernement des finances. On remarque dans ce morceau une composition noble, sage et gracieuse; l'exécution en est soignée et fait beaucoup d'honneur à l'artiste.

NOGENT-SUR-SEINE. Jolie petite ville, chef-lieu de sous-préfecture. Tribunal de première instance. ✉ ⚒. Pop. 3,277 h.

Il est assez difficile de rendre compte de la fondation de Nogent, les guerres et les incendies en ayant détruit tous les monuments. Un chemin qui a conservé le nom de chemin des Romains, a fait penser que cette ville existait de leur temps; mais la tradition la plus constante est qu'elle fut bâtie sur les ruines de Richebourg, ville située au même endroit, dont on ne peut fixer l'époque de la destruction. En 1401, les habitants l'entourèrent de murs et de fossés, et y firent construire des portes avec des ponts-levis. Ces fortifications existaient encore en 1401, époque où les habitants de Nogent obtinrent du roi Charles VI la permission de relever leurs murailles et de faire des constructions nouvelles. Tous ces ouvrages étant dans la suite devenus inutiles, sont tombés en ruine ou ont été détruits. Dans l'un des faubourgs, il existait une petite chapelle que l'on prétend avoir été érigée en 1359, après un sanglant combat qui eut lieu en cet endroit entre Eustache d'Auberticourt, chevalier du comté d'Hainaut, l'un des généraux du roi d'Angleterre qui ravageait alors la Champagne, et Broquard de Fenestranges, Lorrain au service du régent de France (Charles V). D'Auberticourt, après une vigoureuse résistance, fut vaincu et fait prisonnier. On lisait sur l'une des pierres du portique de cette chapelle l'inscription suivante :

𝕮rux fuit hic bellum
𝕹ostrates inter et 𝔄nglos
23 𝔍uin 1359.

Ce monument, détruit à l'époque de la révolution, a été réédifié en 1818.

En 1814 Nogent fut le théâtre d'un combat sanglant entre un des corps de l'armée française et les troupes des puissances étrangères. Le 11 février une division autrichienne se présenta devant la ville, défendue par 1,000 à 1,100 hommes commandés par le général Bourmont, dont le nom, aujourd'hui couvert d'opprobre, jouissait alors d'un certain éclat. Les rues de Nogent étaient barricadées, les maisons crénelées; enfin toutes les précautions étaient prises pour soutenir un vigoureux choc, afin de retarder par là la marche de l'ennemi, qui se dirigeait sur la capitale. Les assiégeants échouèrent dans toutes leurs attaques, et perdirent le premier jour plus de 2,000 hommes. Le général Bourmont fut blessé, et remplacé immédiatement par le colonel Ravir, qui soutint le lendemain avec une égale intrépidité les nouvelles attaques de l'ennemi, à qui il tua beaucoup de monde. Le terrain fut disputé pied à pied, et chaque maison devint une forteresse. Après avoir protégé la retraite des malheureux habitants de Nogent et l'évacuation de leurs objets les plus précieux, les Français, qui étaient pour la plupart des recrues, se retirèrent sur Provins, en faisant sauter le pont Saint-Edme, placé sur le premier bras de la Seine. L'ennemi entra dans Nogent, pensant y trouver les munitions et tout l'attirail d'un corps d'armée. Humilié d'avoir été arrêté par un aussi faible nombre, il s'en vengea par le pillage et l'incendie. Cent quarante maisons particulières furent détruites, et un grand nombre d'autres rendues inhabitables. L'hôtel de ville, le palais de justice, les prisons, la caserne de gendarmerie, et la salle de spectacle, furent incendiés.

Nogent est une petite ville propre, bien bâtie et généralement bien percée; la partie principale occupe la rive gauche de la Seine. Du côté de Paris, cette ville se présente agréablement avec ses maisons gracieuses, ses jardins et ses belles plantations qui bordent la rivière. On y arrive par un pont d'une seule arche, de 90 pieds d'ouverture, au delà duquel est un second pont récemment construit, en remplacement de celui qui fut détruit en 1814. Entre ces deux ponts se trouve l'île des Écluses, où l'on voit plusieurs jolies maisons et quelques habitations de pêcheurs et de mariniers. Peu de villes offrent d'aussi jolies promenades que celles du Petit Saint-Laurent, du canal Terray, les quinconces des faubourgs de Troyes et de Provins, la Levée des graviers, l'île dite Duval, et l'île des Écluses. De ces promenades on jouit d'une fort belle vue sur d'immenses prairies bornées à l'horizon par les montagnes que couronne la forêt de Sordun, et sur un riant paysage qu'anime le mouvement de la navigation. Sur une partie du canal, dont la chute est rachetée par deux sas éclusés, où tous les bateaux passent avec facilité, on voit de vastes moulins bâtis sur pilotis en 1709, par le maréchal de Noailles; l'intérieur de cette belle usine offre un assemblage de diverses mécaniques perfectionnées d'après la méthode anglaise.

L'église paroissiale de Nogent est un vaste édifice dont la construction remonte au XVe siècle: une inscription placée sur les murs extérieurs indique qu'elle a été commencée sous Charles VI et achevée so[us] Henri II. La tour fort élevée et d'une be[lle] construction qui la couronne, a été bâ[tie] de 1521 à 1542; elle est surmontée d'u[ne] statue colossale de saint Laurent, enviro[n]née d'une galerie à plein cintre remarquab[le].

Fabriques de bonneterie. Corderies. — *Commerce* important de grains, de farin[es] pour le midi de la France, de charbon [de] bois pour l'approvisionnement de Pari[s,] d'ardoises, de sel, de chanvre, de boisse[l]lerie, de bois en trains pour Paris.

A 15 l. de Troyes, 5 l. 1/2 de Provin[s,] 24 l. 1/2 de Paris. — *Hôtels* du Signe de [la] Croix, de l'Écu, du Mulet, de la Croix blanch[e.]

PARACLET (le). *Voy.* SAINT-AUBIN.

PONT-SUR-SEINE. Jolie petite vill[e] située sur la rive gauche de la Seine, à 2 [l.] de Nogent-sur-Seine. ✉ ☞. Pop. 872 hab[.]

Pont est une ville très-ancienne et cepe[n]dant assez bien bâtie, que plusieurs histo[ri]riens désignent comme l'endroit où Atti[la] passa la Seine en sortant de Reims pou[r] aller assiéger Orléans. Adrien de Valois, aprè[s] lui Grosley et Courtalon, placent dans le[s] environs de cette ville le champ de batail[le] où Attila fut vaincu par Aëtius, en 45[1.] Dans les champs près de la Seine et à l'e[st] de Pont, on voit les restes de trois dolmen[s.]

Lors de l'occupation de la France par le[s] Anglais au milieu du XVe siècle, la ville de Pont fut plusieurs fois prise et ravagé[e.] « Pardevers Ponts-sur-Seine, dit Froissard[,] « étoit le pays si entreprins de guerroyeurs « qu'on n'osoit issir hors des cités et de[s] « bonnes villes... A Ponts-sur-Seine et à [la] « fois au fort Nogent, se tenoit messin[re] « Eustace d'Auberthicourt, à tout (avec « cinq autres combattants, et pilloieut tou[t] « le pays d'environ eux. » Les Français, e[n] 1359, marchèrent contre Eustache d'Auber[t]ticourt, au nombre de plus de deux mill[e] hommes. « Monseigneur Eustace d'Auber-« thicourt, qui sut cette chevauchée, as-« sembla des garnisons qui à lui se tenoient « jusqu'à quatre cents lances et deux cent[s] « archers, avec lesquels il se partit de Ponts « sur-Seine; il étoit armé de toutes armures « excepté de son bassinet, et chevauchoi[t] « sur une haquenée qui lui avoit été don-« née: et lui menoit-on un coursier à dex-« tre: et n'eut guère chevauché quand i[l] « ouït des nouvelles des Français... Mon-« seigneur Eustace recueillit ses gens au « dehors de Nogent. » Là, il se livra une bataille fatale aux Anglais, qui furent obligés d'abandonner Pont et tous les châteaux du voisinage.

NOGENT-SUR-SEINE

En 1423, la ville de Pont fut reprise par les Anglais, ayant à leur tête le duc de Betfort. Celui-ci partit de Troyes et « print « son chemin vers Paris, dit Monstrelet : au « quel chemin il attaqua puissamment la « ville de Ponts-sur-Seine, laquelle en brief « fut par force d'assauts prinse des Anglois, « et la plus grande partie des Français qui « dedans étoient furent mis à mort cruelle ». Mais en 1431, Barbasan s'empara à son tour de Pont et en chassa les Anglais.

Le premier titre qui fasse mention de cette ville ne remonte pas au delà de 1129. Elle faisait alors partie des possessions des comtes de Champagne, qui y firent construire un château, pour servir de rendez-vous de chasse, à l'endroit appelé aujourd'hui le château de Salles. Le château de Pont devint une propriété nationale à l'époque de la révolution de 1789. Sous l'empire, Napoléon en fit la résidence de l'impératrice sa mère, qui venait souvent se soustraire à Pont aux pompes de la cour. En 1814, lors de la première invasion étrangère, les Cosaques, par un sentiment de basse vengeance, mirent le feu au château et le détruisirent de fond en comble. Sur son emplacement, M. Casimir Perrier fit construire de 1829 à 1830 un beau château à l'italienne, d'où ce ministre pouvait apercevoir les habitations de deux anciens ministres des finances, qui, comme lui, furent bien diversement jugés : l'ancien château de la Chapelle-Godefroy, qui a appartenu au comte Orry, et le château de la Motte-Tilly, ancienne demeure de l'abbé Terray.

Le château de Pont-sur-Seine fut bâti en 1630, sur les dessins du célèbre le Muet, par M. de Bouthilier, surintendant des finances sous le ministère du cardinal de Richelieu; lequel passa pour en avoir fourni les fonds à madame Bouthilier (Marie de Bragelogne), qui en surveilla la construction, tandis que son mari faisait bâtir le château de Chavigny. La première entrée du château était une grande porte à bossages, terminée par un fronton aux armes de Bouthilier, et accompagnée de deux pavillons bas et carrés. De là, on entrait dans une vaste cour où se déployait la façade du château. Ce bel édifice était entouré d'un large fossé, tout revêtu de pierres de taille : il était fermé sur le devant par un beau portail; le fond et les deux côtés de la cour intérieure étaient occupés par quatre corps de bâtiments à deux étages, dans une parfaite symétrie, et dont toutes les fenêtres étaient ornées d'un bossage et d'un fronton.

A droite et à gauche, la façade était ornée d'un pavillon de la même hauteur et de la même symétrie que le reste du bâtiment; les angles de l'autre côté étaient de même occupés par deux grands pavillons, dont les angles extérieurs étaient flanqués de deux autres pavillons parfaitement carrés, et qui s'avançaient sur les fossés du château plus que les autres parties de l'édifice. Les parterres et les jardins, qui s'étendaient jusqu'au bord de la Seine, étaient ornés de statues, de balustrades, entrecoupés de canaux, et remarquables par des plantations magnifiques.

On a creusé dans le coteau crayeux, à droite de la route, un souterrain destiné à recueillir les eaux et à les transmettre au château. Il donne les plus belles stalactites que l'on connaisse en minéralogie.

L'église de Pont est fort remarquable par les peintures qui couvrent les piliers, les voûtes, et tous les murs du haut en bas. Au premier aspect, ces peintures produisent un effet extraordinaire; les personnages y sont très-multipliés, et plusieurs sont l'ouvrage de bons maîtres. Le tout avait été badigeonné pendant la révolution; mais l'administration municipale ayant fait disparaître la couche de blanc qui les recouvrait, les couleurs ont reparu dans toute leur fraîcheur primitive.

Commerce de bois et de fourrages.

POUY. Village situé à 6 l. de Nogent. Pop. 350 hab. On y voit un ancien château qui a été possédé pendant longtemps par la famille Lebascle d'Argenteuil. Cette terre est aujourd'hui le centre de l'exploitation agricole la plus remarquable de tout le département, notamment pour l'éducation des mérinos.

ROMILLY-SUR-SEINE. Petite ville située à 5 l. de Troyes. Pop. 3,117 hab.

Cette ville est assez bien bâtie, au pied d'une petite montagne, sur la rive gauche de la Seine, qui y arrose de belles prairies le long desquelles elle s'étend en demi-cercle sur un espace de près d'une lieue. On ignore l'époque de sa fondation, qui paraît remonter à des temps très-reculés; on sait seulement qu'avant les guerres de la Ligue, sa population était beaucoup plus nombreuse qu'aujourd'hui. Au sud du territoire de la commune, sur les bords du ruisseau le Rup, on remarque plusieurs tombelles ou tumulus, que la tradition fait remonter au temps des guerres d'Attila.

Romilly possède un superbe château construit sur l'emplacement d'une ancienne forteresse démantelée, défendue autrefois par des tourelles, des bastions, et fermée de portes et de ponts-levis. Les bâtiments des avant-cours du château sont magnifiques. Il est entouré de bois et de belles plantations de peupliers, avec un parc traversé par plusieurs cours d'eau et orné de bosquets charmants. Les anciens fossés ont été convertis en de beaux canaux qui s'étendent au levant à perte de vue.

Du sommet de la montagne des Hauts-Buissons, Romilly offre un aspect très-agréable : des prairies, des champs fertiles, variés par la plus riche culture, s'offrent au premier plan; au second, la ville, en formant une courbe régulière, se laisse voir presque en entier avec son château et les nombreuses usines bâties sur les divers bras de la Seine; dans le lointain, une masse de bois et de peupliers forme le cadre de ce riant tableau. Du haut de cette montagne, on jouit d'un fort bel horizon : au nord-ouest, on aperçoit les côtes de la Brie et la forêt de la Tracone, dominant Mont-le-Potier, Villenauxe et Sézanne; au nord-est, on distingue le Mont-Aymé, où l'empereur Alexandre avait établi son quartier-général lors de la revue qu'il passa de ses troupes en 1815; à l'est, on découvre les plaines de la Champagne; au sud-est, les nombreux villages qui bordent le cours de la Seine, et les tours de la cathédrale de la ville de Troyes; au sud, les hauteurs de la forêt d'Othe; à l'ouest, la ville de Pont-sur-Seine, et, dans le lointain, la tour du château de Fougeon, ancienne habitation de la reine Blanche.

Romilly est le lieu de naissance du lieutenant-général comte de Partouneaux, ancien député du Var, qui, avec moins de 12,000 hommes, soutint la retraite mémorable de la campagne de Russie, contre plus de 90,000 Russes.

L'industrie de cette ville a principalement pour objet la fabrication de la bonneterie, qui occupe seule 800 métiers. On y trouve aussi deux moulins à blé, deux huileries, deux scieries hydrauliques, plusieurs teintureries, et une usine pour la cuisson et la pulvérisation du plâtre. L'éducation des abeilles est très-soignée dans cette commune.

ABBAYE DE SCELLIÈRES. Sur un tertre environné de prairies sillonnées par les eaux de la Seine, qui en cet endroit se divise en plusieurs canaux, on remarque à une demi-lieue ouest-nord-ouest de Romilly, les ruines de l'abbaye de Scellières, ancien monastère de l'ordre de Cîteaux. Fondée en 1167, par Hugues de Romilly, cette abbaye fut ruinée par les huguenots en 1567; reconstruite peu de temps après, elle fut ruinée de nouveau à l'époque de notre première révolution. L'église était un bel édifice, construit au commencement du XIIIe siècle.

L'abbaye de Scellières est célèbre pour avoir conservé pendant treize ans les restes de Voltaire. On sait que le clergé de Paris refusa à ce grand homme les honneurs de la sépulture, et que sa famille fut obligée de faire transporter son corps dans ce monastère, dont son neveu Mignot était abbé commendataire. Voltaire fut inhumé dans l'église de cette abbaye le 2 juin 1778, et y demeura renfermé dans un cercueil de plomb jusqu'au 10 mai 1791, époque où les restes de cet immortel écrivain furent exhumés en vertu d'un décret de l'Assemblée constituante, et transportés à Paris pour y recevoir les honneurs du Panthéon. A l'exhumation assistèrent M. Beugnot, curé de Romilly, mort en 1822; M. Thomas, juge de paix actuel du canton de Romilly, et un grand nombre d'autres personnages distingués du département.

L'acte d'inhumation de Voltaire dans l'église de l'abbaye de Scellières, en date du 2 juin 1778, et un procès-verbal du 8 du même mois, justificatif de la conduite que tint en cette circonstance dom Potherat de Corbières, prieur de l'abbaye, et par lui adressé à Mgr. l'évêque de Troyes, qui voulait empêcher cette inhumation, ont été déposés le 19 août 1807, par dom Meunier, dernier procureur de l'abbaye, en l'étude de Me Thomas, alors notaire à Romilly. «Afin, « est-il dit en l'acte de ce dépôt, que la « postérité puisse toujours y trouver et y « puiser les éléments et les matériaux d'un « fait historique aussi remarquable. » L'acte d'exhumation existe aux archives de la mairie de Romilly. — Il ne reste plus de l'abbaye de Scellières que deux arcades de l'église, vis-à-vis desquelles était le tombeau de Voltaire, recouvert d'une pierre sépulcrale ornée des deux lettres initiales entrelacées AV. Cette pierre a été conservée par M. le comte de Plancy.

SAUSSOTTE (la). Village situé dans un vallon resserré, à 1 l. 3/4 de Nogent-sur-Seine. Pop. 868 hab.

Ce village paraît occuper l'emplacement d'une ville autrefois considérable, à en juger par les nombreux débris d'édifices dont les laboureurs découvrent journellement les fondations. En 1772, on y a trouvé une urne de grès renfermant une cinquantaine de médailles impériales en bronze, à l'effigie d'Auguste, de Domitien, de Nerva, de Trajan,

Antoine, etc. On voit sur son territoire [u]ne vaste et belle maison de templiers qui [fai]sait autrefois partie de la commanderie [de] Fresnoy ; cet édifice, fort bien construit [et] parfaitement conservé, est aujourd'hui [af]fecté à un moulin de blé.

De la Saussotte dépend le hameau de [Pr]essons, renommé par ses carrières et ses [pé]trifications.

TRAINEL. Petite ville située sur l'Orvin, [à] 8 l. 1/4 de Nogent-sur-Seine. Pop. 1,207 h.

Trainel était jadis une ville forte entourée [de] remparts flanqués de tours et défendue [pa]r des bastions ; on y entrait par trois por[te]s principales fermées de ponts-levis, et l'on [y] voyait une tour élevée surmontée d'un [b]effroi, dont la cloche servait à rassembler [le]s habitants des communes voisines.

Trainel est mentionné pour la première [fo]is en l'année 1148, dans la Vie de saint [B]ernard, abbé de Clairvaux, sous le nom [d]e *Castrum Triangulum,* et ailleurs *Oppi[d]um Triangulum.* Cette ville a été ruinée [p]lusieurs fois pendant les guerres civiles. [E]lle est percée de larges rues bordées de [m]aisons antiques presque toutes bâties en [b]ois, et environnée de promenades agréa[b]les qui occupent l'emplacement des anciens [fo]ssés. L'Orvin, qui s'y divise en plusieurs [b]ras que l'on passe sur huit ponts de pierre, [fo]urnit l'eau à portée de toutes les habita[ti]ons. Trainel a en outre six fontaines pu[b]liques bien entretenues, qui donnent une [eau] limpide et très-légère. Il possède aussi [u]n hospice, de construction moderne, qui [jo]uit de 5,000 fr. de revenus, fondé par [J]ouvenel des Ursins.

TRANCAULT-LE-REPOS. Village situé [à] 12 l. 3/4 de Nogent-sur-Seine. Pop. 311 h. [O]n y remarque un château entouré d'eau, [au]quel est joint un beau parc, et les restes [d]'un château fort ruiné dans les guerres de [r]eligion.

Au nord de Trancault et à droite du che[m]in de Montaphilant à Soligny, on voit six [d]olmens, dont trois sont dans le meilleur [é]tat de conservation ; la longueur des tables [d]e ces monuments est de 2 m. 60 c., et leur [l]argeur de 2 m. 30 c.

Trancault passe pour être le lieu de nais[s]ance du fameux chef de Normands Hasting, [q]ui y naquit, dit Glaber, au commencement [d]u IXe siècle. D'autres pensent que ce fut [T]hénelières.

VILLENAUXE. Petite ville située à 4 l. de Nogent-sur-Seine. ✉ Pop. 2,430 hab.

D'après une vieille chronique, la fondation de cette ville remonte au commencement du règne de Philippe-Auguste (1180). Le plus ancien titre qui en fasse mention est une charte de l'abbaye de Nesle-la-Reposte, de 1212. On présume qu'après la destruction de Nesle, les habitants de cette ville, qui depuis longtemps n'est plus qu'un chétif village, dispersés par les guerres, vinrent se réfugier sur les terres qu'ils possédaient auprès du monastère de Nesle et du prieuré des Augustins. Ils bâtirent d'abord Dival, aujourd'hui faubourg de Villenauxe, mais qui forma longtemps une commune séparée, et avait encore en 1608 son maire et ses échevins particuliers, et à mesure qu'ils desséchaient la prairie sur laquelle ils bâtissaient, ils construisirent Villenauxe.

Cette ville est située à l'extrémité nord-ouest du département, près des confins de ceux de la Marne et de Seine-et-Marne, sur une assez bonne route, qui conduit de Mézières à Orléans, par Reims et Sézanne, mais qui n'est pas encore achevée. Le ruisseau de la Nauxe la traverse du nord au sud. Elle est beaucoup plus longue que large, et était autrefois fermée de murs, construits en 1537, et entourée de fossés : on y entrait par quatre portes. Tous les murs ont été détruits, et une partie des remparts plantés récemment de deux rangs de tilleuls, qui formeront par la suite une jolie promenade. Le centre de la ville est bien bâti, bien percé, et s'embellit tous les jours ; le reste, et surtout Dival, est mal construit, mal percé et d'un aspect peu agréable.

Sous l'ancien régime, Villenauxe possédait une abbaye de bénédictins de la congrégation de saint Vannes, connue sous le nom d'abbaye de Nesle. Cette abbaye fut fondée en 501, à Nesle-la-Reposte (département de la Marne), par Clovis Ier, à la sollicitation de Clotilde, son épouse ; elle consistait primitivement en deux monastères, l'un pour des religieux et l'autre pour des religieuses. Les religieux se livraient à l'enseignement, et plusieurs hommes distingués y étudièrent avec succès dans le VIIe siècle. Les calvinistes pillèrent l'abbaye et ruinèrent l'église vers le XVIe siècle : on en répara une partie ; mais, en 1670, l'insalubrité de sa situation au milieu des marais qui l'environnaient de toutes parts, la fit transférer à Villenauxe, où elle conserva le nom d'abbaye de Nesle-la-Reposte. Le portail, qui était le morceau le plus précieux et le plus vénérable par son antiquité, y fut transporté. L'église et l'abbaye de Nesle ont été détruites lors de notre première révolution. Les ruines de l'abbaye de Nesle (Marne) n'offrent plus que les restes d'une tour carrée, supportée par quatre arcades, dont la construction a environ treize siècles d'existence. La maison abbatiale, qui subsiste encore, n'est remarquable que par son antiquité.

Avant la révolution il y avait à Villenauxe un fort beau château, dont le parc longeait la route de Nogent. Le château a été détruit, et le parc divisé entre plusieurs acquéreurs.

L'église paroissiale de Villenauxe est sous le vocable de saint Pierre et de saint Paul. La tradition, d'accord avec une ancienne chronique, en fait remonter la fondation à l'année 1482; mais l'inauguration n'eut lieu qu'en 1499. Le vaisseau est remarquable par sa grandeur et par sa beauté; il est surmonté par un clocher dont on admire la légèreté; les vitraux sont beaux et dans un assez bel état de conservation; ils datent du commencement du XVIe siècle, c'est-à-dire de la période la plus brillante de la peinture sur verre en France.

L'église de Dival est, dit-on, plus ancienne de deux siècles que l'église paroissiale; elle n'a rien de remarquable. Outre ces deux églises, Villenauxe possède trois petites chapelles, désignées sous les noms de la Trinité, de Notre-Dame de Lorette et du Cimetière.

En 1652, un corps de Lorrains, fort de 14 à 15,000 hommes, tenta sans succès de s'emparer de Villenauxe, qui fut défendu avec courage par les habitants. Le 9 février 1814, Napoléon passa à Villenauxe sur les deux heures après-midi, allant avec 10,000 hommes, combattre et vaincre à Champ-Aubert, une colonne russe, forte de 60,000 hommes, commandés par le général Alsufief. Le 8 mars de la même année, Villenauxe fut pillé pendant huit jours par l'armée russe. Des documents authentiques que nous avons sous les yeux, font monter la perte qu'éprouvèrent les habitants, à plus de dix-sept cent mille francs.

En 1516, les habitants de Villenauxe, incommodés depuis plusieurs années par des petits scarabées, appelés ubéricots, urebecs, ou hurebers, qui ravageaient principalement leurs vignes et celles des lieux voisins, portèrent plainte contre ces insectes par-devant le juge ecclésiastique, et provoquèrent la célèbre sentence rapportée par Grosley dans ses Éphémérides.

Fabriques d'ouvrages de vannerie. Tanneries et mégisseries. — *Commerce* de vins.

VILLENEUVE-AU-CHATELOT (la). Village situé au nord de la belle prairie de Pont, près d'un ancien chemin appelé le Chemin des Romains, qui conduit à Pont-sur-Seine, à 3 l. de Nogent-sur-Seine. Pop. 206 hab.

Tout porte à croire que ce village était jadis une ville assez considérable, ruinée par les guerres civiles. En 1175, Henri comte de Troyes, lui accorda une charte de commune, que nous croyons devoir rapporter :

« Moi Henri, comte de Troyes, fais savoir
« à tous présents et à venir, que j'ai établi
« les coutumes ci-dessous énoncées pour les
« habitants de ma Ville-Neuve (près Pont-
« sur-Seine), entre les chaussées des ponts
« de Pagny.

« Tout homme demeurant dans ladite ville
« payera, chaque année, douze deniers et
« une mine d'avoine pour prix de son do-
« micile; et s'il veut avoir une portion de
« terre ou de pré, il donnera par arpent qua-
« tre deniers de rente. Les maisons, vignes
« et prés pourront être vendus ou aliénés
« à la volonté de l'acquéreur. Les hommes ré-
« sidant dans ladite ville n'iront ni à l'ost
« ni à aucune chevauchée [1], si je ne suis
« moi-même à leur tête. Je leur accorde, en
« outre, le droit d'avoir six échevins qui ad-
« ministrent les affaires communes de la
« ville, et assisteront mon prévôt dans ses
« plaids. J'ai arrêté que nul seigneur, che-
« valier ou autre, ne pourroit tirer hors de
« ladite ville aucuns des nouveaux habitants,
« pour quelque raison que ce fût, à moins
« que ce dernier ne fût son homme de corps,
« ou n'eût un arriéré de taille à lui payer.

« Fait à Provins, l'an de l'incarnation
« 1175. »

Cette charte se trouve dans le tome 6 du Recueil des ordonnances des rois de France.

---

1. Armée et campagne de guerre.

FIN DU DÉPARTEMENT DE L'AUBE.

IMPRIMERIE DE FIRMIN DIDOT FRÈRES ET Cie, RUE JACOB, N° 56.

Guide Pittoresque

DU
VOYAGEUR EN FRANCE.

ROUTE DE PARIS A BALE,
TRAVERSANT LES DÉPARTEMENTS
DE SEINE-ET-OISE, DE SEINE-ET-MARNE, DE L'AUBE, DE LA HAUTE-MARNE, DE LA HAUTE-SAÔNE ET DU HAUT-RHIN.

DÉPARTEMENT DE LA HAUTE-MARNE.

Itinéraire de Paris à Bâle,
PAR PROVINS, TROYES, CHAUMONT, VESOUL ET BÉFORT, 121 LIEUES.

	lieues.		lieues.
De Paris à Charenton	2	Chaumont	4
Grosbois	3	Vesaignes	4
Brie-Comte-Robert	2	Langres	4
Guignes	4	Griffonottes	3
Mormant	2	Fays-Billot	3
Nangis	3	Cintrey	3
La Maison-Rouge	3	Combeaufontaine	3
Provins	3	Port-sur-Saône	3
Nogent-sur-Seine	4	Vesoul	3
Pont-sur-Seine	2	Calmoutier	3
Les Granges	3	Lure	4
Les Grez	3 1/2	Champagney	4 1/2
Troyes	4 1/2	Béfort	4 1/2
Lusigny	3	Chavannes	4
Montiéramey	1 1/2	Altkirch	4
Vendeuvre	3	Loch-Würth	3 1/2
Bar-sur-Aube	5	Saint-Louis	4 1/2
Colombey-les-deux-Églises	3 1/2	Bâle	2
Suzennecourt	2		

ASPECT DU PAYS QUE PARCOURT LE VOYAGEUR
DE VILLENEUVE-AUX-FRÊNES A FAYS-BILLOT.

En sortant de Villeneuve-aux-Fresnes, on longe un val très-profond, et on côtoie à droite la montagne de Colombey, formant le point culminant de la chaîne de montagnes qui sépare les eaux de l'Aube de celles de la Marne : de cet endroit, on jouit d'une perspective fort agréable. Une descente rapide conduit au relais de Colombey-les-deux-Églises. En sortant de ce village, on traverse une demi-lieue de bois, et, après plusieurs montées et descentes, on arrive au relais de Suzennecourt, où l'on passe la Blaise vis-à-vis le château. Le pays que l'on parcourt devient de plus en plus montueux; après Blaisy, on gravit une côte fort roide, que l'on descend en jouissant d'un beau coup d'œil sur la ville de Chaumont, qu'on aperçoit dans le lointain. On franchit ensuite le mont d'Alan ; on passe devant des lavoirs de mines de fer situés au pied du mont Saon, où l'on présume que campa Jules César. Après Jonchery, on descend par une pente rapide dans le vallon de la Saize, rivière qui, non loin de là, se jette dans la Marne. Une côte roide conduit de cet endroit à Chaumont. On entre dans cette ville par le faubourg Saint-Jean, et l'on en sort par le faubourg Saint-Michel. La route que l'on parcourt offre des montées et des descentes presque continuelles jusqu'à Langres. Au delà de Lazy, on côtoie la Marne, que l'on passe peu après sur un beau pont; un peu plus loin, cette rivière est bordée de rochers à pic dont la vue n'est pas sans intérêt. Après le relais de Vesaignes, on suit constamment la rive gauche de la Marne, dont le cours diminue sensiblement à mesure qu'on approche de sa source. Au delà du village de Humes, la route est tracée en pente douce sur le flanc d'une haute montagne que couronne la ville de Langres, où l'on entre par la porte de Saint-Dizier : un peu avant de franchir cette porte, on voit à droite une belle fontaine, et non loin de là un arc de triomphe antique encastré dans les remparts de la ville. On sort de Langres par la porte des Moulins, en suivant une descente rapide qui fait le tour de la ville, et qui conduit par une route bien plantée dans une vallée fertile. A la ferme de la Botanchasse, on se trouve sur le sommet d'une grande chaîne de montagnes d'où l'on découvre, à gauche, le ballon de Saint-Antoine et les Vosges. A partir de cet endroit, le pays que l'on parcourt offre une multitude de beaux points de vue jusqu'au-dessous du Fays-Billot; peu après cet endroit, on passe du département de la Haute-Marne dans celui de la Haute-Saône.

DÉPARTEMENT DE LA HAUTE-MARNE.

APERÇU STATISTIQUE.

Le département de la Haute-Marne est formé d'une portion de la partie méridionale de l'ancienne province de Champagne, comprenant les pays désignés sous les noms de Perthois, de Vallage et de Bassigny; de quelques enclaves de l'ancien duché de Bourgogne; d'une partie assez considérable du ci-devant duché de Bar, et de quelques communes de la ci-devant Franche-Comté. Il tire son nom de la rivière de Marne, qui y prend sa source et le traverse presque en droite ligne du sud au nord.—Ses bornes sont : au nord-est, le département de la Meuse; à l'est, celui des Vosges; au sud-est, celui de la Haute-Saône; au sud-ouest, celui de la Côte-d'Or; à l'ouest, celui de l'Aube; au nord-ouest, celui de la Marne.

Le département de la Haute-Marne renferme un grand nombre de montagnes, tantôt formant de grandes chaînes, et tantôt isolées ou groupées; elles donnent à la surface du département une grande variété, et forment de nombreux vallons dont la direction est ordinairement du sud au nord. C'est dans l'arrondissement de Langres que se trouvent les plus hautes montagnes : il est à peu près partagé en deux par la chaîne de Langres. La partie qui est à l'ouest de cette ville est entièrement composée de montagnes, et forme le point culminant du département; la partie de l'est est plus basse et renferme des vallées plus larges, des plaines plus étendues et plus fertiles : c'est de cet arrondissement que jaillissent deux grandes rivières, la Marne et la Meuse, et d'autres rivières moins considérables, l'Aube, la Vingeanne, l'Amance, la Tille, etc., qui vont porter leurs eaux dans trois directions différentes, à l'Océan, à la Manche et à la Méditerranée.

Buffon a dit que la ville de Langres était le point le plus élevé de la France : cela est inexact, parce que les chaînes des Vosges, du Mont-d'Or, du Jura et des Alpes du Dauphiné, sont plus hautes que les montagnes de Langres; mais l'arrondissement de Langres, pris dans son ensemble, c'est-à-dire, le sol qui constitue les coteaux et les vallées, est l'un des plus élevés de la France, puisque les eaux qui en découlent traversent, comme nous l'avons dit, la plus grande partie de la France dans trois grandes directions.

L'arrondissement de Chaumont renferme aussi beaucoup de montagnes, mais elles sont moins élevées que dans celui de Langres. L'arrondissement de Vassy est plus plat que les deux autres : on voit donc que les montagnes commencent au sud, dans les environs de Langres, et diminuent en nombre et en hauteur en se rapprochant du nord.

Le département de la Haute-Marne est l'un des plus boisés de la France : les plus grandes forêts sont dans l'arrondissement de Vassy; mais celui de Chaumont en renferme un

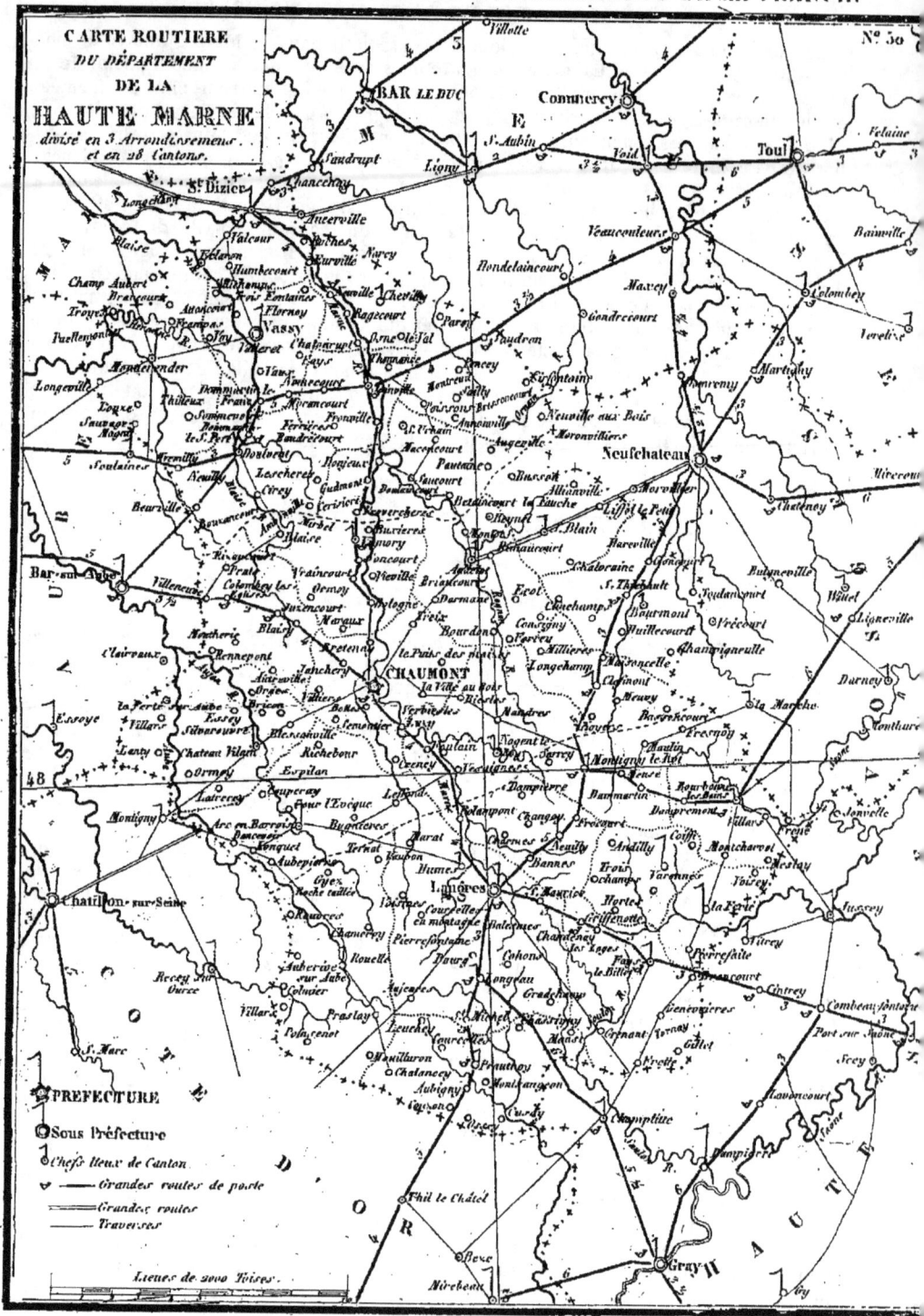

plus grand nombre. L'arrondissement de Langres est moins boisé que les deux autres; cependant il y a encore de grandes masses de bois dans l'ouest de cet arrondissement.

On trouve dans tout le département de belles et fertiles vallées; les plus remarquables sont celles de la Vingeanne et de l'Amance, dans l'arrondissement de Langres; de la Marne et du Bassigny, dans celui de Chaumont, et du Perthois dans celui de Vassy.

Les maisons des villages sont mal bâties, basses et irrégulières, et souvent couvertes de chaume. On emploie aussi pour couverture dans beaucoup de localités, des pierres plates nommées laves; et les villages, dans lesquels cette couverture est en usage, sont ceux dont l'aspect est le plus triste et le plus uniforme. Les rues sont encombrées et rétrécies par des fumiers et des mares d'eau qui les rendent souvent impraticables, et répandent une odeur infecte. C'est surtout dans les villages des environs de Langres que ce triste tableau se montre dans toute sa réalité : les villages des environs de Chaumont et de Vassy sont bien mieux bâtis.

Le sol appartient, en général, au terrain secondaire inférieur. L'arrondissement de Langres doit être classé dans ce terrain; il faut cependant en excepter une localité où l'on trouve deux roches de granit, isolées au milieu d'un terrain keupérien. Toute la partie est de cet arrondissement (c'est-à-dire les cantons de Bourbonne, de la Ferté, du Fays-Billot et de Varennes) renferme des grès tendres, de la chaux sulfatée, de la houille, et appartient au terrain keupérien et au terrain liassique. On n'y trouve le calcaire jurassique que dans quelques localités. Les montagnes de cette contrée sont arrondies et n'offrent presque jamais des formes abruptes et des rochers un peu élevés. C'est du terrain keupérien que sortent les eaux thermales de Bourbonne. Le centre et l'ouest de l'arrondissement de Langres appartiennent au terrain jurassique. Les calcaires de cette formation renferment un grand nombre de fossiles, mais principalement des polypiers. Les montagnes ont, en général, le sommet aplati, et se terminent souvent par une ligne de rochers perpendiculaires, d'une vingtaine de pieds d'élévation, qui posent sur des couches d'argile, et au-dessous desquelles jaillissent des sources nombreuses. On trouve au milieu de ce terrain plusieurs mines de fer oxydé, en roche ou pisiforme, qui sont exploitées pour les forges du département.

Le département de la Haute-Marne est sujet à de grandes variations de température, laquelle se ressent un peu de l'élévation du sol. On a remarqué que la chaleur y était assez constamment de trois ou quatre degrés moins élevée dans les parties hautes, telles que Langres et Chaumont, qu'à Paris et qu'à l'extrémité septentrionale du département vers Joinville et Saint-Dizier, où la végétation est d'environ quinze jours plus précoce; et que le froid, par la même raison, s'y faisait sentir avec plus d'intensité et à peu près dans la même proportion. — Le climat est généralement très-sain. Le pays de la montagne, situé dans les arrondissements de Langres et de Chaumont, est celui où l'air a le plus de pureté; c'est aussi dans cette partie du département que la température est la plus froide; la vallée de la Vingeanne et le Montfaugeonnais ont une température plus chaude que le reste du département. Les vents sont très-variables, et leurs changements subits causent souvent de brusques variations dans la température de l'atmosphère; ainsi, pendant l'été, lorsque le vent passe de l'est ou du sud au nord-ouest, la température descend quelquefois de vingt degrés à sept ou huit degrés, dans l'espace de quelques heures. Les orages accompagnés de tonnerre sont assez fréquents. Les gelées tardives causent souvent de grandes pertes dans les pays vignobles. Les vents dominants sont ceux du sud et du sud-ouest.

Le département de la Haute-Marne a pour chef-lieu Chaumont. Il est divisé en 3 arrondissements et en 28 cantons, renfermant 550 communes. — Superficie, 330 lieues carrées. — Pop. 249,827 hab.

MINÉRALOGIE. Minerai de fer en grains et en roche très-abondant. La fabrication du fer forme la principale industrie du département; les forges et les hauts fourneaux, qui sont très-nombreux, sont répartis dans les trois arrondissements. Les fers et la fonte sont de bonne qualité; on emploie presque partout le charbon de bois exclusivement. Les mines qui servent à la fabrication sont de fer oxydé, en roche ou pisiforme. On les trouve dans un grand nombre de localités. — Belles carrières de pierre de taille. Grès à paver et à aiguiser. Marbre lumachelle. Albâtre gypseux susceptible de recevoir un beau poli. Gypse, marne, argile à briques et à foulon. Pyrites martiales. Tourbières etc.

Sources minérales à Bourbonne-les-Bains, à Attancourt, à Essey-les-Eaux, et dans quelques autres localités.

Productions. Toutes les céréales en quantité suffisante pour les besoins des habitants. Légumes secs, navette. Moutarde blanche et noire. Champignons comestibles, chanvre. Grande gentiane et autres plantes médicinales. Cerisiers, noyers, etc. — 13,136 hectares de vignes, donnant annuellement environ 300,000 hectolitres de vin, dont les deux tiers sont consommés sur les lieux; le surplus est exporté en Suisse et dans les départements des Vosges et du Haut-Rhin. — 211,783 hectares de forêts (chênes, hêtres, charmes, bouleaux, trembles). — Chevaux médiocres. Bonnes vaches laitières. Moutons de petite espèce recherchés pour la délicatesse de leur chair. Beaucoup de chèvres. Éducation en grand des abeilles; éducation des dindons dans quelques cantons. — Grand et menu gibier très-abondant (chevreuils, sangliers, oiseaux de passage). — Bon poisson d'eau douce.

Industrie. Fabriques de droguets, bas de laine à l'aiguille, gants de peau, coutellerie estimée. Pointes de Paris; poêles à frire, plaques de cheminées, tuyaux et autres ouvrages en fonte. Eau-de-vie de marc, bougies. Filatures de laine. Blanchisseries à cire. Brasseries. Vinaigreries. Papeteries. Tanneries et corroieries. Construction de bateaux. — L'exploitation des mines de fer et la fabrication de ce métal occupent le premier rang dans l'industrie départementale : on y compte 52 hauts fourneaux pour gueuses et moulerie de première et deuxième fusion, et 104 forges.

Commerce considérable de bois de chauffage et de charpente, de bois en planches, et de merrain; de blé, vins, huile, miel, cire, navette, meules à aiguiser, coutellerie, bonneterie en laine et en poil de lapin, etc., etc.

VILLES, BOURGS, VILLAGES, CHATEAUX ET MONUMENTS REMARQUABLES; CURIOSITÉS NATURELLES ET SITES PITTORESQUES.

ARRONDISSEMENT DE CHAUMONT.

ANDELOT. Petite ville située sur la rive droite du Rognon, à 4 l. de Chaumont. ✉ Pop. 1,029 hab.

Andelot est une ville ancienne, qui fut choisie en 587 par Gontran, roi de Bourgogne, pour ses conférences avec son neveu Childebert, roi d'Austrasie; et ce fut là qu'il l'institua, en présence de ses leudes, héritier de tous ses domaines.

On voit près d'Andelot les ruines de l'ancienne forteresse de Monteclair, rasée en 1635.

ARC-EN-BARROIS. Petite et ancienne ville, située à 6 l. 3/4 de Chaumont. ✉ Pop. 1,469 hab.

Cette ville est dans une agréable situation, sur la rive droite de l'Aujon. Elle est entourée de murailles flanquées de tours qui lui donnent un aspect particulier, et faisait autrefois partie de la Bourgogne. Au milieu de la ville on voit les restes d'un ancien château qui appartenait à la maison d'Orléans. Aux environs sont des forêts fort étendues.

Patrie du bibliographe Peignot. — *Fabriques* de bonneterie en laine au tricot. Forges et haut fourneau. Tanneries. — *Commerce* de bois et de merrain.

BIESLES. Village situé à 3 l. de Chaumont. Pop. 1,090 hab. — *Fabriques* de poêles et poêlons en fer battu.

BLIN (SAINT-). Bourg situé à 8 l. de Chaumont. Pop. 492 hab.

BOURMONT. Petite ville très-ancienne, située à 10 l. de Chaumont. ✉ Pop. 1,118 hab.

Cette ville, aujourd'hui peu importante, paraît avoir été une des fortes villes des Lingons : on a trouvé dans ses environs un assez grand nombre d'antiquités gauloises et romaines. Elle est bâtie sur une hauteur, et domine la vallée de la Meuse; on y jouit d'une vue étendue sur un pays agréable et varié, qui, dans un rayon de moins de deux lieues, offre aux regards plus de soixante villages.

Fabriques de coutellerie. Blanchisseries de cire. Brasseries. — *Commerce* de bois, fer, clous et fil de fer.

CHALVRAINES. Village situé à 10 l. de Chaumont. Pop. 887 hab. — *Fabriques* de clous d'épingle.

CHAUMONT.

Rauch del. Schroeder sc.

CHÂTEAUVILAIN.

H.^{te} Marne.

BOURMONT.

CHATEAUVILAIN ou **VILLE-SUR-AUJON**. Petite ville située à 5 l. de Chaumont. ✉ Pop. 1,899 hab.

Cette ville, bâtie sur la rive gauche de l'Aujon, est une ancienne place forte qui était entourée de murailles flanquées de tours et ceinte de fossés remplis d'eau vive. C'était le chef-lieu d'un comté dont les seigneurs accompagnèrent saint Louis en Palestine. En 1703, ce comté fut érigé en duché-pairie, en faveur du comte de Toulouse, et passa ensuite dans la maison d'Orléans. On y voit les restes du château des sires de Châteauvilain, qui passait avant la révolution pour un des plus beaux de la Champagne.

Commerce de chevaux et de bestiaux.— Forges et hauts fourneaux.

CHAUMONT. Ancienne et jolie ville. Chef-lieu du département. Tribunaux de première instance et de commerce. Société d'agriculture, sciences et arts. Collège communal. ✉ ☛ Pop. 6,318 hab.

L'origine de cette ville est inconnue. On sait seulement qu'elle portait le nom sous lequel on la connaît aujourd'hui, dès 961, époque où Lothaire, roi de France, y passa à son retour de Bourgogne; ce n'était alors qu'un bourg fortifié par un château. La mort du sire de Chaumont, tué à la terre sainte, fit réunir cette châtellenie au domaine des comtes de Champagne. En 1190, une chartre du comte Henri II accorda aux habitants de Chaumont la coutume de Lorris. En 1202, une prévôté fut établie dans cette ville, qui commença dès lors à prendre quelque importance. Plusieurs fois les évêques de Langres élevèrent la prétention d'étendre leur suzeraineté sur Chaumont, et l'un d'eux obtint même, en 1214, que la comtesse Blanche, veuve de Thibaut III, lui prêtât hommage pour cette seigneurie. — Le château de Chaumont, qui était alors séparé de la ville et portait le nom de Haute-Feuille, devint une des maisons de plaisance des comtes de Champagne, et fut transformé en un rendez-vous de chasse. Du temps de Belforest, «on y voyoit encore des chambres et « salles bien basties, et qui ressentent leur « grandeur, et entre autres il y a encore une « chambre qu'on nomme des Demoiselles, « et près du donjon on voit une chapelle « de Notre-Dame qu'on nomme la chapelle « du Roi. On n'habite point de présent dans « ce château, si ce n'est les concierges et « geôliers, d'autant que ce lieu sert à tenir « l'audience des Mrs. présidiaux [1]. » Il ne reste plus de ce château que les débris d'une tour carrée, bâtie de grosses pierres. La ville qu'il protégeait augmenta en richesse et en population. Louis XII l'environna de murailles; François Ier et Henri II y ajoutèrent quelques bastions presque entièrement détruits et de larges fossés aujourd'hui à peu près comblés. Cependant Chaumont n'est pas tout à fait une ville ouverte; une porte du côté de Langres et quelques débris de ses vieilles fortifications restent debout. En 1814, les puissances étrangères y conclurent un traité pour renverser Napoléon.

Chaumont est une ville généralement bien bâtie, dont les rues sont larges et propres; quelques-unes sont d'un accès difficile. Pendant longtemps et en raison de sa position, elle manquait d'eau, et on y était réduit à boire celle des citernes; maintenant douze bornes-fontaines et quatre fontaines jaillissantes, alimentées par une machine hydraulique de l'invention de l'ingénieur mécanicien Cordier (de Béziers), distribuent dans la ville les eaux limpides de la Suize.

Chaumont renferme plusieurs édifices publics, parmi lesquels on remarque le collége, l'hôpital et l'hôtel de ville; ce dernier bâtiment, d'architecture moderne, offre une construction élégante. Cette ville possède un cabinet de physique et une bibliothèque publique, renfermant 35,000 volumes. La partie la plus élevée est entourée de jolies promenades; celle qui est bâtie en amphithéâtre sur le penchant de la colline, se présente sous un aspect agréable et pittoresque. — On voit, dans la ville haute, une espèce de porte ou d'arc de triomphe assez joli, commencé sous Napoléon et achevé sous Louis XVIII.

A une lieue de Chaumont, sur le territoire de la commune de Luzy, existait avant la révolution la célèbre abbaye du Val-des-Écoliers. Fondée en 1212 par quatre docteurs de Paris, que l'esprit de retraite et de perfectionnement conduisit dans une affreuse solitude, elle conserve encore aujourd'hui quelque chose de sombre et de pittoresque.

Patrie du célèbre sculpteur Bouchardon; de l'ex-ministre de la marine Decrès.

Fabriques de bas de laine drapés à l'aiguille, de gants de peau recherchés, de serges, droguets, draps communs, bougies. Filatures de coton et de laine. Blanchisserie de cire. Tanneries. Corroieries et mégisseries. Raffinerie de sucre de betteraves (à JOUCHERY).—*Commerce* de fer, coutellerie, gants de peau, bougies, eau-de-vie de marc,

---

[1] Belleforest, *Cosmographie universelle*.

DÉPARTEMENT DE LA HAUTE-MARNE.

A 8 l. de Langres, 22 l. de Troyes, 63 l. de Paris. — *Hôtels* de l'Écu de France, du Porte-Enseigne, de l'Arbre d'or.

CLEFMONT. Village situé à 8 l. de Chaumont. ⚹ Pop. 485 hab.

CONSIGNY. Village situé à 6 l. de Chaumont. Pop. 316 hab. — *Fabriques* de limes façon anglaise.

HARRÉVILLE. Village situé à 12 l. 1/2 de Chaumont. Pop. 734 hab. — *Fabriques* de bagues et de cornets dits de Saint-Hubert. Colportage des étoffes et de mercerie en grand.

JUZENNECOURT. Village situé à 4 l. de Chaumont. ⚹ Pop. 322 hab.

NOGENT-LE-ROI. Petite ville située près de la rive droite de la Treire, à 5 l. de Chaumont. ✉ Pop. 2,401 hab.

Nogent est une ville fort ancienne dont on fait remonter l'origine au temps où Constance repeupla les Gaules, en transportant sur le territoire des Lingons, et ailleurs, des prisonniers frisons, francs et bataves.

C'est le centre de la fabrique de coutellerie dite de Langres, répandue dans plus de cent villages environnants.

REYNEL. Village bâti dans une situation agréable et pittoresque, sur une montagne, à 7 l. de Chaumont. Pop. 516 hab.

VIGNORY. Petite ville située à 5 l. de Chaumont. ✉ ⚹ Pop. 721 hab. — *Fabrique* considérable de bas de laine tricotés.

ARRONDISSEMENT DE LANGRES.

AIGREMONT. Village situé sur une montagne haute et escarpée, à 8 l. 1/2 de Langres. Pop. 350 hab.

A l'extrémité de la montagne où est bâti ce village, s'élevait jadis un gothique manoir, siége d'une baronnie dont les seigneurs étaient de l'une des plus anciennes et des plus puissantes familles du Bassigny. Par sa position à la frontière de la Lorraine et du comté de Bourgogne, Aigremont dut être souvent exposé aux attaques des ennemis : aussi voyons-nous qu'en outre du château fort, la ville, car c'était ce nom qu'on lui donnait alors, était entourée de fortifications. Guillaume de Vergy s'en empara en 1498 ou 1499, mais cette place fut aussitôt reprise par les Français. Les Langrois la prirent et en démolirent les murailles et les tours en 1636. Il paraît que ces fortifications furent relevées peu de temps après, car on voit que le comte de Rosnay livra la ville et le château d'Aigremont au duc de Lorraine, en 1650. Les Langrois s'en emparèrent de nouveau en 1651, et en rasèrent les fortifications.

Il ne reste plus rien du gothique manoir d'Aigremont. Les fortifications ont aussi entièrement disparu, mais des rochers à pic et des débris de murailles indiquent encore l'enceinte de cette place. L'église paroissiale renferme deux tombes des seigneurs d'Aigremont : sur l'une on avait sculpté un chevalier couvert de son armure et foulant aux pieds un lion; l'autre représente une châtelaine ayant à ses pieds un chien.

AUBERIVE. Village situé dans une contrée boisée, sur la rive droite de l'Aube, à 5 l. 1/2 de Langres. Pop. 620 hab. Il doit son origine à une abbaye de l'ordre de Cîteaux, fondée en 1135 par Guillec, évêque de Langres; les bâtiments de ce monastère existent encore, mais n'ont rien de remarquable. — Forges et haut fourneau.

AUBIGNY. Village situé dans un territoire fertile en vins estimés, à 6 l. de Langres. Pop. 260 hab. L'église, séparée du village, est bâtie sur une montagne d'où la vue s'étend sur une grande partie du Montfaugeonnais et de la vallée arrosée par la Vingeanne.

BALESME. Village situé à 1 l. 1/4 de Langres. Pop. 431 hab. C'est sur son territoire que se trouve la fontaine de la Marnotte, qui est la source de la Marne; elle jaillit à quelques pas au-dessous de rochers élevés qui forment l'un des revers de la montagne de Langres.

BOURBONNE-LES-BAINS. Petite ville située au confluent de la Borne et de l'Arpance, à 11 l. 1/4 de Langres. ✉ ⚹ Pop. 3,272 hab.[1]

L'origine de cette ville se perd dans la nuit des temps. On ne peut cependant indiquer d'autres souvenirs que ceux de la fréquentation des Romains. Elle a été désignée sous les noms de Vervonne ou Vorvonne, par Dunod, dans son Histoire des

---

[1] Nous sommes redevables de cette notice intéressante sur les eaux thermales de Bourbonne aux communications officieuses de M. le docteur Favre, médecin inspecteur honoraire, et à M. le docteur Lemolt, ex-médecin inspecteur titulaire de cet important établissement.

BOURBONNE LES BAINS.

Séquanois; par Vigier, dans les Chroniques de Langres; et par d'autres auteurs qui se sont occupés de la chronologie des Gaules. Son antique château fut, d'après certaines chroniques, construit en 612, sur l'emplacement d'un ancien temple, sous le règne de Thierry II, roi de Bourgogne; il fut incendié en 1717, et des débris de ses ruines on construisit une maison seigneuriale, qui a été aliénée en 1822, avec toutes ses dépendances. Sur son emplacement on a planté une jolie promenade et des bosquets variés.

Bourbonne, célèbre dès les temps les plus reculés par ses eaux thermales, est situé près des confins des départements des Vosges et de la Haute-Saône, et traversée par une route de second ordre, très-bien entretenue, qui établit les communications avec Chaumont, Langres, Nancy et Besançon. Elle est en partie bâtie sur une petite colline, et en partie dans un double vallon, l'un ayant sa direction de l'ouest à l'est, et l'autre du nord à l'est. Ces vallons sont arrosés par deux ruisseaux, dont l'un, l'Arpance, prend sa source au nord, entre les villages d'Aigremont et de la Rivière, tourne du nord à l'est de la ville, et se dégorge ensuite dans la Saône, distante de deux lieues. L'autre, le ruisseau de Borne, a son origine dans le bois communal, dit les Épinées, suit la direction de l'ouest à l'est, traverse le quartier où se trouve placé l'établissement des bains civils, longe à l'aspect nord les murs de l'hôpital militaire, et se réunit à l'Arpance à cent toises environ au-dessous de Bourbonne. La position de la ville est pittoresque; la diversité de la disposition des sites et des produits du sol est d'une perspective agréable.

La découverte des eaux thermales de Bourbonne remonte à une haute antiquité; des travaux qui existent encore, dénotent la grandeur et la magnificence des constructions romaines.

La source chaude est au pied de la colline qui, avec la ville, forme le vallon du Midi; c'est ce qu'on a eu occasion d'observer lors des fouilles qui furent faites en 1783; on découvrit à 15 pieds du sol d'aujourd'hui, d'anciens ouvrages et les restes de superbes monuments élevés par les Romains. Ces ouvrages consistaient en une grande salle qui donnait entrée à six étuves, ayant chacune sept pieds de hauteur sur cinq de largeur, et de dix jusqu'à quarante de longueur. Au milieu de cette salle était un puits ou réservoir d'eau thermale qui avait soixante degrés au thermomètre de Réaum.

Divers autres monuments attestent encore l'ancienneté de Bourbonne et de ses eaux thermales. Le château qu'on voyait jadis, au-dessus de la colline sur laquelle un des quartiers de la ville est assis, avait été bâti sur l'emplacement d'un temple construit par les Gaulois et consacré au dieu Orvo et à la déesse Orvonne. Il fut renversé par les chrétiens: après avoir brisé les idoles, ils en jetèrent les têtes dans un puits, où elles furent retrouvées parmi les décombres, au commencement du XVIIe siècle. Ces têtes, que l'on a soupçonné être les images des divinités qui présidaient aux thermes, étaient en marbre blanc. L'une d'elles représente une déesse couronnée d'une branche de laurier avec deux tresses cannelées et pendant du derrière des oreilles sur le haut des épaules. On découvre souvent, en bâtissant, d'anciens fondements et des ruines. A l'extrémité de la rue Vellonne, nommée autrefois *Bellonne*, est une chaussée romaine près de laquelle on a trouvé, en 1803, différentes figures de pierre, et notamment celle d'une belle femme qu'on a présumé représenter une déesse du paganisme. Des inscriptions votives bien conservées, des urnes d'un goût et d'un travail achevés, des statues en marbre, en airain, quantité de fragments de colonnes, de corniches, de chapiteaux, nombre de monuments et de tombeaux trouvés dans la forêt de Coiffy-le-Bas, à une lieue de Bourbonne, appelé le cimetière des Sarrasins, rappellent également l'antiquité de ce lieu et de ses eaux. En effet, les bains de Bourbonne étaient célèbres dès le temps où les Romains occupaient les Gaules; les vastes et superbes édifices qu'ils y ont construits, tombèrent sous les armes d'Attila en 445. Les restes de ces édifices ont été découverts lors des fouilles qui furent faites en 1783 pour la reconstruction du nouveau bâtiment des bains civils; ils désignent la grandeur et la magnificence. Ainsi, le rassemblement des eaux thermales et la construction des premiers bains paraissent appartenir aux Romains.

La source mère qui se trouve sous la fontaine d'Aivain, au pied du coteau du Midi, se divise en trois branches placées à peu de distance l'une de l'autre, et ayant leur écoulement dans le ruisseau de Borne. La première branche alimente le puits ou réservoir de l'établissement civil; l'eau de ce puits est de + 40 degrés du thermomètre de Réaumur. La seconde et principale branche arrive sur la place des bains; elle y verse ses eaux dans un puits ou réservoir qui est à dix toises nord-ouest de l'établissement civil. Cette seconde branche y fournit, au +47° degré de Réaumur, l'eau dont les malades font usage en boisson, et on y puise aussi celle qu'on transporte dans les maisons pour les habitants ou les étrangers qui veulent en faire usage en bains ou en douches dans leurs domiciles. Enfin, la troisième branche se dirige vers l'orient, verse ses eaux à 45 toises du bâtiment des bains civils, dans deux réservoirs, l'un à +39, l'autre à +34 degrés. Ces réservoirs servent à l'hôpital militaire auquel ils furent concédés en 1732. A cette époque, on a trouvé, en creusant les fondations à 5 ou 6 pieds de profondeur, des pavés en marbre de l'épaisseur d'un pouce et demi, posés sur une chape très-épaisse de ciment, ce qui fait conjecturer que là existait un édifice considérable et somptueux. Le nom de bains Patrice lui a été donné parce qu'il fut bâti par un patricien romain qui fut guéri d'une paralysie générale. De retour à Rome, C. Justinius, instruit de cette guérison, y fit conduire sa fille nommée Cocilla, attaquée d'une semblable maladie, de laquelle elle guérit également. En reconnaissance de ce succès, C. Justinius fit construire ce bain, et édifier un superbe bâtiment avec des galeries joignant une saline, que les malheurs et les injures du temps ont détruite, et placer une inscription votive, dans un temple élevé à Vorvonne, déesse des thermes. Cette inscription, transportée successivement d'endroit à autre, et dont les caractères paraissent être du IIIe siècle, est maintenant sur un des murs du petit bâtiment qui renferme la fontaine de la place. Elle est ordinairement traduite ainsi : *C. Justinius, Romain dans la Gaule, a fait ce vœu pour la santé de Cocilla sa fille.*

Noms des sources thermales. La fontaine de la place Bourbon, touchant presque à l'établissement thermal et lui appartenant, est un puits carré de trois pieds d'une face et cinq pieds de l'autre, et de six de profondeur, enfermé dans un bâtiment construit à l'imitation des temples qu'on élevait jadis à la déesse Hygie. C'est là le poste du grand échanson; il distribue à tous les buveurs le brûlant véhicule et veille à la manœuvre de la pompe hydraulique qui sert à remplir les tonneaux destinés au service des bains, assez rares, pris à domicile. Sa température constante est de + 58° 75 centigrades.

La source des bains civils, dite Puisard, est abondante et très-profonde; on en tire toute l'eau nécessaire pour le service général de l'établissement. Une machine à chapelet, mise en mouvement par un cheval, sert à monter l'eau dans les réservoirs qui fournissent les bains et les douches. Sa température est de + 57° 50.

La fontaine de l'hôpital militaire (bain Patrice) ne marque que + 50°.

La température moyenne des eaux thermales de Bourbonne est de + 55° centigrades environ.

La vapeur qui s'échappe de la source des bains civils, vulgairement désignée sous le nom de Puisard, fait monter le thermomètre à + 51 centigrades.

L'électricité de l'atmosphère exerce sur ces sources une influence remarquable. Les bassins bouillonnent pendant les temps d'orage, et la température de l'eau en est augmentée. Tout porte à croire que ce phénomène est dû au fluide électrique.

Le volume d'eau fourni par les sources est considérable, et donne bien au delà des besoins du service; il le serait bien davantage si l'on n'avait été forcé d'élever les sources à une trop grande hauteur. Celles de l'établissement thermal peuvent fournir de trois à quatre pieds cubes d'eau par minute. La source de l'hôpital militaire est moins abondante et suffit néanmoins à la grande consommation d'eau qui se fait journellement pendant la saison des bains, surtout lorsqu'on peut compter à cet établissement douze à quinze cents militaires de tous grades.

Il existe à la Rivière, village à deux lieues de Bourbonne, une source minérale ferrugineuse qu'on associe dans certains cas, avec succès, à l'eau thermale de Bourbonne, et qu'on emploie surtout avec avantage dans les engorgements et les maladies des voies urinaires.

Les établissements thermaux civil et militaire de Bourbonne, sont remarquables sous le double rapport de l'architecture et de l'administration intérieure. Des améliorations successives, dues à la munificence du gouvernement, les font rivaliser aujourd'hui avec les plus beaux et les plus commodes que nous ayons en France.

Établissement civil. Les seigneurs de Bourbonne firent reconstruire cet établissement, en laissant subsister les assises des puits, conduits, voûtes et puisards reconnus pour constructions romaines. En 1783, M. le comte Davaux fit construire sur la source principale, un bâtiment qui fait partie de l'établissement actuel. On a découvert dans les fouilles qu'on fut obligé de faire, plusieurs antiquités curieuses, et entre autres, un vase de composition métallique, sur lequel sont représentées les vertus théologales. En 1812, le gouvernement a acheté la propriété des bains civils qu'il a mis en régie. Il y a fait alors des constructions et des changements considérables, et de très-grandes dépenses, tant pour leur restauration que pour l'acquisition de nouvelles dépendances ; on s'occupe encore dans ce moment d'un projet ayant en vue leur entier complément.

Le monument thermal, construit entièrement en pierres de taille, est un carré long avec un beau péristyle d'ordre ionique. La face latérale du côté de l'entrée offre un autre péristyle et un balcon donnant sur la promenade plantée de tilleuls d'Hollande, qui fait partie de l'établissement. Au delà du portique, un vestibule spacieux partage l'édifice en deux parties : les hommes occupent celle de droite, celle de gauche est réservée aux femmes. Vingt cabinets de bains, seize douches, deux piscines ou bassins, deux étuves, l'emplacement d'un puits ou réservoir de la source chaude, deux fontaines d'eau commune, quatre salles de service, et un salon, composent le rez-de-chaussée. Deux escaliers larges et commodes, placés de droite et de gauche à l'entrée du grand vestibule, conduisent au premier. Dans cette seconde partie de l'établissement, le service est également séparé ; on y trouve vingt-quatre cabinets de bains, deux salles, un grand et très-beau salon qui sert de réunion aux étrangers, et deux escaliers de dégagement. Dans le haut de l'établissement, sont placés six réservoirs garnis en plomb, dont trois renferment de l'eau chaude, et les trois autres de l'eau thermale refroidie. L'eau thermale qui est employée dans toutes les parties du service de l'établissement civil, est fournie par le puits ou réservoir des bains, au moyen d'une manivelle servant à donner le mouvement d'ascension à des cordes à nœuds. Quatre gros corps en plomb partent de ces réservoirs : deux distribuent l'eau à chaque baignoire qui sont en cuivre rouge et bien étamé ; deux robinets, l'un d'eau chaude et l'autre d'eau minérale refroidie, alimentent à volonté la température de l'eau de ces baignoires. Les deux autres corps longent, à la hauteur de huit pieds, les cabinets de douches, fournissent à chacun deux branches avec leurs robinets, l'une d'eau chaude et l'autre d'eau refroidie ; au-dessous de ces robinets, les deux branches se réunissent pour former le tuyau de la douche, de manière que la personne qui dirige la colonne d'eau, peut au besoin, en tournant plus ou moins un ou les deux robinets, augmenter ou diminuer le degré de chaleur et donner plus ou moins de force à la douche. En général, le service se fait à l'établissement des bains civils avec beaucoup de régularité et d'activité. Les indigents sont servis avec les mêmes égards et propreté que les riches, et visités tous les jours gratuitement par le médecin inspecteur.

D'après l'article 11 du règlement des eaux, approuvé par le ministre de l'intérieur, les pauvres envoyés aux eaux par leur commune, et munis d'un certificat délivré par leur maire et attestant leur état d'indigence, jouiront gratuitement des eaux sous toutes les formes. L'inspecteur s'assurera s'ils ont besoin ou non de les prendre. Les frais de voyage et de séjour (environ un franc par jour) devront être à la charge des communes auxquelles ils appartiennent, conformément à l'arrêté du 29 floréal an VII.

On trouve dans cet édifice toutes les aisances qui constituent un grand établissement, et des fontaines d'eau ordinaire pour mitiger les bains selon le désir du médecin. Les bains civils offrent aux malades tous les moyens d'administration désirables, et ne laissent rien à désirer sous le rapport de leur bonne tenue et de leur propreté. Ils sont l'objet d'attentions minutieuses et de soins empressés de la part de tous les employés, sans distinction de personnes ni de préférences marquées. Le régisseur a un logement aux bains ; on ne peut trop citer son zèle et l'affabilité qu'il apporte dans ses rapports avec les étrangers. Le médecin inspecteur est chargé de surveiller toutes les parties du service. Il est peu d'établissements en France aussi importants que celui de Bourbonne, et qui se recommandent davantage à l'attention des médecins et à la confiance des malades.

ÉTABLISSEMENT MILITAIRE. A quarante-cinq toises de l'établissement civil, et à l'orient, est l'hôpital militaire, où se trouve le réservoir d'eau thermale qu'on appelait autrefois bain Patrice : cet hôpital se compose de deux cent cinquante lits à une place, et de deux bassins qui peuvent contenir deux cent vingt hommes. MM. les officiers généraux et supérieurs ont leurs bains à part ; les officiers, leur salle de douches et baignoires particulières. Les

93e Livraison. (HAUTE-MARNE.)

sous-officiers et soldats ont deux grandes pièces et douches dans une autre salle. L'eau qui alimente les baignoires, au nombre de vingt, quatre tuyaux de douches, ainsi que huit autres tuyaux destinés aux douches des sous-officiers et soldats, est fournie par le principal puits ou réservoir de l'hôpital, au moyen d'une manivelle semblable à celle des bains civils. Sans être somptueux dans son architecture, cet établissement plaît par sa noble simplicité, sa distribution, sa grandeur et l'ordre parfait qui y règne. Il peut recevoir annuellement six cents malades, dont deux cents officiers. La sollicitude du gouvernement envers les militaires blessés ou infirmes, a ordonné en dernier lieu des augmentations de bâtiments qui ont dû être achevés depuis 1830. Cet établissement précieux, le seul de ce genre qui existe en Europe, honore la mémoire de Louis XV, qui l'a fondé en 1732; il fut agrandi en 1785, sous le règne de Louis XVI, et considérablement amélioré depuis cette époque.

L'hospice militaire occupe un espace de terrain d'environ cinq cents toises de longueur, sur quarante de largeur; une de ses façades est située à l'aspect du sud et l'autre à celui du nord, dont le ruisseau de Borne longe la totalité. Les deux extrémités sont à l'ouest et à l'est. Ce bâtiment se compose de deux vastes cours, enceintes de murs, et séparées par un passage d'environ cinq toises. Dans la cour de droite, à son extrémité et à l'ouest, est placé l'établissement des bains militaires. Dans la cour de gauche, se trouve d'abord le logement du portier, le corps de garde, et, vis-à-vis, la salle de police. Viennent ensuite la boulangerie, la buanderie, la pharmacie, et la chapelle. A côté de la chapelle, sont les salles à manger pour les officiers et pour les soldats; les cuisines, la lingerie, les magasins, etc. De là, et au levant, on entre dans une belle, large et vaste promenade plantée de peupliers et fermée de murs de douze pieds de hauteur. Une compagnie de vétérans est chargée du service militaire de cet hospice, pendant les saisons. Cet hôpital est sous la surveillance de M. le sous-intendant militaire de la Haute-Marne. Des médecin, chirurgien et pharmacien en chef, ayant sous leurs ordres des aides et sous-aides, dirigent le service de santé. Un directeur surveille les approvisionnements en tous genres et tout le matériel de l'établissement.

SAISON DES EAUX. L'établissement des bains civils est ouvert toute l'année, mais les étrangers n'y affluent que pendant cinq mois : du premier mai au premier octobre. Chaque année, l'hôpital militaire est ouvert du 1er juin au 1er octobre. Les militaires arrivent à deux époques, au 1er juin et au 1er août.

Douze à quinze cents malades fréquentent annuellement les eaux. On en compte presque de tous les âges, de tous les rangs, de toutes les professions. On y remarque beaucoup d'officiers généraux, et chaque année quelques grands dignitaires de la couronne.

On pouvait se plaindre avec quelque raison, il y a douze à quinze ans, que l'efficacité naturelle des eaux n'était pas secondée par les moyens de distraction et d'agrément dont le concours est si nécessaire dans le traitement des affections chroniques. Aujourd'hui, Bourbonne offre sous ce rapport toutes les ressources désirables tant par la beauté de ses promenades variées que par les nombreux embellissements dont il a été l'objet. Cette ville doit aux soins éclairés de l'administration municipale la création de superbes fontaines publiques, l'amélioration et l'augmentation de ses promenades, la construction d'un hôtel de ville, situé sur la principale place, où l'on trouve un vaste salon très-bien décoré, une salle de billard et d'autres pièces de service. Ce beau local est le point de réunion des étrangers et des habitants de la ville pour la lecture des feuilles et écrits périodiques, pour les divers jeux de société, les concerts, les bals semi-mensuels et soirées dansantes. Il existe à Bourbonne plusieurs promenades : la plus vaste et la plus agréable est celle de Montmorency, qui serait enviée par les villes de premier ordre; la création de deux bras de route va ouvrir des communications très-faciles entre Bourbonne et les anciennes provinces de la Lorraine et de la Comté. Celle qui met Bourbonne en rapport avec la Bourgogne et la Champagne est parfaitement entretenue.

L'établissement thermal possède aussi un grand et un petit salon, et un jardin assez étendu, très-pittoresque, qui offre aux malades un lieu charmant de promenade.

PRIX DU LOGEMENT ET DE LA DÉPENSE JOURNALIÈRE. Bourbonne ne laisse rien à désirer sous le rapport de la commodité des logements et de la nourriture des malades. Des familles entières ou de grands personnages peuvent y trouver de vastes appartements. On loue par jour des chambres depuis 50 centimes jusqu'à 5 et 6 francs, et l'on s'arrange ensuite avec le traiteur. Il y a des tables d'hôte avec logement depuis 3 jusqu'à 8 fr. par jour. Les malheureux trouvent à se loger pour 5, 6, 7 et 8 sols par jour. Certaines maisons logeantes mettent à la disposition de leurs malades de fort jolis salons pour leurs réunions et soirées particulières.

TARIF DU PRIX DES EAUX, BAINS ET DOUCHES. Ce tarif est affiché dans l'intérieur de l'établissement, et porté au règlement approuvé par le ministre de l'intérieur, à la date du 5 avril 1826.

		fr. c.
Dans les cabinets	pour un bain... » 75	
	» une douche » 75	
	» une étuve . » 30	
Dans les piscines	» un bain... » 15	
	» une douche » 25	
Prix du linge...	» un fond de bain..... » 20	
	» un drap de douche... » 10	
	» un peignoir chaud.... » 15	
	» un peignoir froid.... » 10	
	» une serviette froide ou chaude... » 5	
Un muid d'eau, contenant 2 hectolitres 30 litres, coûte....... » 25		
Prix de l'eau, une bouteille....	pour l'eau thermale..... » 5	
	» la bouteille » 20	
	» le goudron et le bouchon..... » 5	
	» le panier et l'emballage » 10	

Toutes demandes d'eaux thermales peuvent être adressées soit au médecin inspecteur des eaux, soit au régisseur de l'établissement.

ANALYSE DES EAUX. Les eaux de Bourbonne ont été analysées sur la fin de 1808 par MM. Bosc et Bézu; en 1822 par M. Athenas, pharmacien en chef de l'hôpital militaire de Bourbonne; en 1827 par MM. Desfosses et le docteur Roumier de Besançon.

Analyse de MM. Bosc et Bézu.
Un litre d'eau contient :   Grains.
Hydrochlorate de chaux.......... 17,52
    » de soude......... 101,60
Carbonate de chaux 2,00
Sulfate de chaux.............. 17,76
Substance extractive mêlée à un peu de sulfate de chaux........... 1,00
Perte..................... 0,12
                      140,00

Analyse de M. Athenas.
Un litre d'eau contient :   Grammes.
Hydrochlorate de soude........ 4,76325
    » de chaux....... 0,81075
    » de magnésie..... 0,13925
Sulfate de chaux............. 1,02750
    » de magnésie......... 0,35775
Carbonate de fer............. 0,03125
Perte..................... 0,02650
                      7,15625

Analyse de MM. Desfosses et Roumier.
Un litre d'eau contient :   Grammes.
Bromure et peut-être chlorure de potassium.................. 0,096
Chlorure de calcium............ 0,081
    » de sodium............ 5,352
Sous-carbonate de chaux........ 0,158
Sulfate de chaux.............. 0,721
                      6,381

Plus un peu d'hydrochlorate de magnésie et de matière extractive; et en substance gazeuse à la température de 15° et pression de 0 mètre 755, à une fraction près :
Oxygène........ 3 centimètres cubes.
Azote......... 13   id.
Acide carbonique. 13   id.

Analyse des boues thermales par M. Vauquelin.
Matières { animales / végétales } ... 15,40
Silice................. 64,40
Fer oxydé.............. 5,80
Chaux................. 6,20
Magnésie.............. 1,00
Alumine............... 2,29

PROPRIÉTÉS PHYSIQUES. Pendant toutes les saisons de l'année, et quelle que soit la température de l'air extérieur, la chaleur ou le degré de calorique de l'eau de Bourbonne est toujours le même. On a aussi observé de tout temps qu'après les plus fortes et continuelles chaleurs, comme après les pluies abondantes et de longue durée, l'eau de Bourbonne n'éprouvait aucune diminution, ni dans le degré ordinaire de son calorique, ni dans la qualité et la quantité des principes qui en constituent la minéralisation. Lors des grandes perturbations atmosphériques, avant et après les orages, et aussi par le plein vent du sud, l'eau de Bourbonne éprouve une sorte d'effervescence, de bouillonnement accompagné d'un dégagement de bulles d'air vingt à trente fois plus fort que de coutume; cependant la température de cette eau ne paraît éprouver aucun changement appréciable; seulement elle imprime une excitation plus forte à la surface de la peau, et fait monter le thermomètre avec plus de rapidité, sans dépasser son degré ordinaire.

L'eau thermale de Bourbonne est d'une transparence et d'une limpidité parfaites; cette condition se maintient après le refroidissement et après plusieurs années de séjour dans des flacons bien bouchés. Sa pesanteur spécifique est à celle de l'eau distillée dans le rapport de 1006,5 à 1000; elle a été prise après que l'eau a été abaissée à la température ambiante de 17°,5 centig. Elle imprime au toucher une impression douce et huileuse, et communique quelquefois cependant un peu de rudesse à la peau. Sa saveur est légèrement salée, douceâtre; on y distingue une légère amertume et un goût fade lorsque l'eau est privée de son calorique. Puisée à la fontaine, elle est presque inodore. Le dégagement d'une odeur d'hydrogène sulfuré qui s'exhale dans les diverses parties de l'établissement, avait fait soupçonner la présence de ce gaz; mais toutes recherches à cet effet ont été infructueuses. Dans les temps froids et brumeux, il s'élève constamment de la fontaine et des puisards une vapeur aqueuse, accompagnée, ainsi que nous l'avons déjà dit plus haut, de bouillonnements, plus considérables dans l'hiver et les temps de pluie et d'orage. On a longtemps pensé, écrit et expérimenté, que l'eau minérale conservait sa chaleur plus longtemps que l'eau ordinaire élevée à la même température au moyen du feu de nos foyers. Les expériences récentes de M. Longchamp, chargé par le gouvernement de l'analyse des eaux thermales de France, détruisent cette opinion généralement admise.

PROPRIÉTÉS CHIMIQUES. Il résulte de toutes les recherches et expériences qui ont été faites sur la composition de l'eau thermale de Bourbonne; la plus riche en substances salines, que l'hydrochlorate de soude y existe dans la plus grande proportion; que les principes minéralisateurs qu'on y rencontre après celui-ci, sont : l'hydrochlorate et le sulfate de chaux, l'hydrochlorate et le sulfate de magnésie, le carbonate de fer et le brôme qui y a été récemment découvert. L'existence de l'iode n'a pu, malgré des essais multipliés, y être constatée. On doit mettre au nombre de ses éléments constitutifs le calorique, dont la formation ne peut être expliquée que par des hypothèses plus ou moins vraisemblables, puisque l'art ne peut ni l'imiter, ni le remplacer dans ses bienfaisants effets.

Il est incontestable que l'acide carbonique figure dans cette eau thermale parmi ses principes volatils, mais la quantité n'a pas encore été positivement déterminée, quoique les chimistes de réputation se soient occupés en dernier lieu de cet objet : ils prétendent non-seulement que l'eau de Bourbonne tient en dissolution un cinquième de son volume de gaz acide carbonique, mais que l'air qui s'élève par bulles à la surface de l'eau, est composé d'acide carbonique, 18 parties, d'oxygène, 4 parties 50 centièmes, et d'azote 77,49. Quoi qu'il en soit, nous attendons que de nouvelles opérations constatent ces dernières découvertes.

PROPRIÉTÉS MÉDICINALES. Les eaux thermales de Bourbonne, envisagées d'une manière générale, jouissent de propriétés toniques, purgatives et stimulantes. Elles conviennent essentiellement dans le traitement de la plupart des maladies chroniques, et produisent des cures merveilleuses. L'expérience journalière constate leur efficacité dans les paralysies générales et partielles, dans les maladies du système lymphatique (scrofules), engorgements de la même nature et tumeurs indolentes des articulations, dans toutes les affections rhumatismales anciennes, dans les engorgements de la rate, du foie, des ganglions mésentériques et du tissu cellulaire de l'abdomen, dans les fièvres intermittentes anciennes et notamment dans les fièvres quartes, dans la chlorose, l'aménorrhée et l'anaphrodisie des organes génitaux. Elles sont particulièrement indiquées dans les névralgies en général, les gastralgies et entéralgies, les gastrites et entérites chroniques, les luxations spontanées, les déplacements de l'utérus, les inflammations chroniques de la vessie et des organes sexuels de la femme, et des membranes synoviales, les accidents résultant de la congélation. Leur emploi est surtout recommandé dans les rétractions des muscles et des tendons, les pertes de mouvement par défaut d'exercice, les fractures, plaies et cicatrices vicieuses, atrophie des membres, fausses ankyloses, les vieux ulcères, dartreux, teigneux, psoriques, syphilitiques, scorbutiques, scrofuleux; dans les ulcères avec carie des os, les dartres, pustules, affections diverses provenant de maladies syphilitiques anciennes, ou de l'usage immodéré du mercure.

Les eaux de Bourbonne jouissent d'une propriété stimulante qui les rend éminemmènt propres à combattre toutes les affections qui sont caractérisées par l'asthénie ou la faiblesse, et lorsqu'il s'agit de relever le ton des nerfs. Cette faculté s'exerce principalement sur l'appareil digestif, dans les maladies de la peau, qui ne sont pas trop invétérées, ni compliquées de vices particuliers, dans les affections chroniques des membranes muqueuses, dans les engorgements des viscères abdominaux, dans la leucorrhée, la chlorose, dans la rétention et suppression accidentelles des règles et du flux hémorroïdal, dans la sécrétion vicieuse du lait, dans les convalescences accompagnées de langueur.

L'emploi des eaux de Bourbonne est nuisible, même dangereux, dans les constitutions pléthoriques, dans la rigidité des fibres, quand il y a soupçon de phlegmasie latente, dans les hémorragies récentes, et dont on aurait à craindre le retour, dans les engorgements qui tendent à la suppuration, dans les inflammations lentes, les catarrhes, les fièvres intermittentes récentes, tierces, quartes, etc., et dans presque toutes les maladies aiguës.

Quoiqu'on ait beaucoup écrit sur les eaux de Bourbonne, on n'en a pas moins, en général, une bien fausse idée sur leur manière d'agir et leurs vraies propriétés. Les résultats presque constamment heureux de leur emploi, lorsqu'il est sagement dirigé, n'ont pu encore détruire complétement les préventions chimériques qu'inspire leur administration aux personnes qui n'aiment pas se rendre à l'évidence des faits. On ne veut pas non plus convenir qu'on dirige sur les établissements thermaux un grand nombre de malades sous le poids d'affections très-avancées, quelquefois incurables, et qui, pour la plupart, se sont montrées rebelles à tous moyens curatifs ou palliatifs. On retirerait des effets plus marqués des eaux si on ne tardait pas tant avant de recourir à leur application. On éviterait ces retards fâcheux ou des démarches hasardées, en consultant le médecin inspecteur sur l'utilité et l'opportunité de leur usage.

MODE D'ADMINISTRATION. Les eaux thermales se prescrivent en bains, en douches, en étuves, en boissons. On se sert aussi quelquefois en applications extérieures, de la boue qui provient de leur sédiment. Leur administration sous ces diverses formes est susceptible de modifications suivant les divers cas et l'idiosyncrasie des sujets. On peut modérer à son gré l'activité de leur action médicale en y ajoutant, dans les proportions qu'on désire, de l'eau commune pour la préparation des bains, ou de l'eau gommée, du lait, du petit lait, ou de l'infusion de tilleul, pour l'usage intérieur. L'emploi des eaux, dirigé avec prudence par un médecin éclairé, est de la plus grande innocuité, et ne peut produire que des résultats heureux. Tout préjugé contraire est déraisonnable et ne s'appuie sur aucun fait. On ne peut assurer d'une manière positive la durée du traitement par les eaux minérales; il se compose le plus souvent de plusieurs saisons, entre chacune desquelles on a soin d'observer un temps de repos de huit, dix et quinze jours, suivant les indications. On entend par saison l'usage continuel des exercices thermaux pendant vingt et un jours.

M. le docteur Bernard est aujourd'hui médecin inspecteur en chef des eaux thermales de Bourbonne. Il exerce une surveillance générale sur tout ce qui importe à la santé publique, et fait dans ce but au gouvernement toutes les propositions qu'il juge nécessaires pour l'amélioration et la prospérité de l'établissement dont l'inspection lui est confiée. Toutes expéditions d'eaux thermales, en France ou à l'étranger, doivent être surveillées par l'inspecteur et accompagnées d'un certificat d'origine délivré par lui.

Bourbonne est à 10 l. nord-est de Langres, 73 sud-est de Paris.

Cette ville a des communications faciles avec Chaumont, Langres et Besançon. Les voyageurs de Nancy s'arrêtent à Montigny-le-Roi, par où passent tous les jours deux diligences qui se rendent à Bourbonne.

BOURG. Village situé à 2 l. de Langres. Pop. 575 hab. Il est bâti sur une montagne, dont le sommet était autrefois couronné par un château fort, qui appartenait aux évêques de Langres, et où ils faisaient souvent leur résidence. Ce château a été démoli pendant les guerres des Anglais. On a découvert sur son territoire deux autels votifs et plusieurs autres fragments d'antiquités romaines.

BUSSIÈRES-LES-BELMONT. Joli village bâti dans une position pittoresque, à la jonction de deux vallées, à 6 l. 1/4 de Langres. Pop. 1,440 hab. —*Fabriques* d'ouvrages de vannerie fine. Culture en grand des oseraies, dont les produits sont employés dans le pays.

CELLES. Village situé à 4 l. 1/2 de Langres. Pop. 423 hab. — Exploitation des carrières d'excellentes meules à aiguiser.

CELSOY. Village situé au bas d'une montagne, à 2 l. 1/2 de Langres. Pop. 351 hab. C'est la patrie de Guibert de Celsoy, médecin des rois de France Jean II et Charles V. Ayant acquis une fortune considérable, il fit bâtir dans le village où il était né l'église qui existe encore aujourd'hui, et voulut y être enterré dans un caveau placé à gauche de l'autel. La tombe qui lui fut élevée près de l'entrée de ce caveau, est très-curieuse par la manière dont elle est gravée, et par l'inscription qui l'entoure. Au milieu d'une ogive qui en occupe le centre, Guibert est représenté enveloppé d'une grande robe, et assis dans une chaise gothique; devant lui est un livre ouvert sur un pupitre; à ses côtés et à ses pieds sont plusieurs personnages plus petits que lui, et occupés à lire ou à écouter. Au-dessus de la tombe on voit le père éternel tenant devant lui l'enfant Jésus. Entre ce groupe et la grande ogive dont il vient d'être question, se trouvent six petites ogives renfermant chacune une figure; les deux grands côtés de cette tombe sont encore ornés de plusieurs ogives renfermant divers personnages. Toutes ces gravures, remarquables par le dessin et la richesse des ornements, sont d'une exécution parfaite et très-bien conservées. L'inscription porte la date de 1410.

CHALANCEY. Bourg situé à 6 l. 1/2 de Langres. Pop. 406 hab. On y voit un ancien château où séjourna Louis XIII en 1639 : la chambre dans laquelle il coucha, existe encore aujourd'hui. La partie de ce château qui regarde l'ouest, est très-ancienne; sa forme est à peu près celle d'un demi-cercle, au milieu duquel s'élève le donjon; la façade opposée est plus moderne. On arrive au château par deux ponts jetés sur les fossés, qui sont encore dans l'état où ils étaient autrefois; seulement la source qui servait à les remplir, n'y forme plus qu'un limpide ruisseau; de nombreux peupliers s'élancent de leur profondeur, et le lierre qui s'attache aux rochers et aux vieux murs, y forme un rempart de verdure : rien n'est plus sauvage et plus pittoresque que l'allée tracée dans ces fossés, d'où l'on découvre à peine l'azur du ciel entre les tiges des arbres et les murs noircis du vieux donjon. Le château est entouré par une plantation de tilleuls séculaires, et par un jardin anglais qui communique, au moyen d'un pont jeté sur une rue, à un parc de plus d'une lieue de long, traversé par de nombreuses allées, et dans lequel on trouve plusieurs fabriques. Une grotte située dans le parc renferme trois bas-reliefs romains, qui ont été trouvés à Langres.

CHANGEY. Village situé à 2 l. 1/2 de Langres. Pop. 244 hab. On y voit un des plus beaux châteaux des environs de Langres, bâti sur l'emplacement d'un ancien château fort, dont les Anglais s'emparèrent sous Charles VI ou Charles VII, et qui fut ensuite pris et rasé par les habitants de Langres.

CHARMOILLES. Village situé à 2 l. 3/4 de Langres. Pop. 472 hab. Il appartenait autrefois à trois seigneurs, qui y avaient chacun un château fort, dont l'un était situé près du ruisseau qui vient de Dampierre, un autre à l'extrémité du village, du côté de Langres, et le dernier vis-à-vis de l'église. Le premier de ces châteaux a seul conservé ses vieilles tours; le second, appelé la Baronnie, est dans une jolie position. — On voit dans l'église paroissiale une tombe du XVe siècle, sur laquelle est représenté en demi-relief un écuyer couvert de son armure.

COIFFY-LE-HAUT ou **LE CHATEAU**. Bourg situé sur le sommet et le penchant d'une haute montagne, de laquelle on jouit d'une vue fort étendue, à 7 l. 1/4 de Langres. Pop. 1,108 hab. C'était autrefois une place très-forte, dont le comte de Furstemberg s'empara en 1523 ou 1524, et qu'il fut obligé d'abandonner peu de temps après. Les ligueurs la prirent en 1590, et la gardèrent jusqu'en 1593, époque où la plupart des places des environs de Langres se soumirent à Henri IV. Ce château fut détruit en 1635; il était situé au sommet de la montagne, et avait la forme d'un quadrilatère : on voit encore aujourd'hui deux côtés du bastion sur lequel il était élevé, ainsi que les restes d'une tour.

En 1638, un corps de Suédois, qui avait stationné à Coiffy, abandonnait ce bourg, lorsqu'un habitant tua, dit-on, un des officiers de l'arrière-garde : tous les Suédois rentrèrent aussitôt à Coiffy, et massacrèrent 390 personnes.

COUBLANC. Village situé sur une éminence près du confluent du Saulon et du Maatz, à 5 l. 1/2 de Langres. Pop. 510 hab. Il est bâti dans une jolie position, dominé d'un côté des rochers escarpés, et de l'autre se prolonge jusqu'au bord de la rivière. On y voit une source abondante, appelée Couverte fontaine, qui sort d'une grotte large et profonde.

COURCELLES-SUR-AUJON. Village

ARRONDISSEMENT DE LANGRES.

...é sur un coteau, au pied duquel coule ...jon, à 4 l. 3/4 de Langres. Pop. 138... On y voit les ruines d'un ancien châ... fort, qui était bâti au bord de la prai... dans une position charmante.

...AYS-BILLOT. Bourg situé à 6 l. de ...gres. ⊠ ⚘ Pop. 2,411 hab.

...EY-SUR-AUJON. Village situé à 5 ... de Langres. Pop. 570 hab. — Manu... ...re de porcelaine à feu dite hygiocerame, ...ès de diverses qualités, ustensiles de ...ie, creusets, etc.

...ANGRES. Très-ancienne ville. Chef- ...de sous-préfecture. Tribunaux de pre- ...e instance et de commerce. Évêché. ...d et petit séminaire. Collége communal. ⊠ ⚘ Pop. 7,460 hab.

...angres est une des plus anciennes villes ...rance. C'était, du temps de César, la ...opole des *Lingones*, et elle portait le ... de *Andematunum* ou *Antomatunum*. ...tice des provinces de l'empire lui donne ...m de *civitas Lingonum*. Langres faisait ...e de la Belgique. Sous Auguste, elle fut ...prise dans la Gaule Celtique, et y de- ...a jointe jusqu'au règne de Dioclétien, ...la plaça dans la première Lyonnaise. Les ...ons s'étaient alliés avec les Romains ...e commencement de l'entrée de César ...les Gaules. Ils persistèrent dans cette ...nce et refusèrent de se rendre à l'assem- ...générale convoquée par Vercingétorix. ...empereurs romains eurent pour eux une ...de considération; Othon leur accorda ...tre et les priviléges de citoyens romains; ...lus tard, Valentinien ayant voulu les ...re tributaires comme les autres peuples ...a Gaule, ils lui firent dire : « Que l'em- ...ur sache que les Lingons aiment avant ... la liberté; s'il veut les forcer à faire ...lque chose qui y soit contraire, il verra ...ôt combien ils sont prompts à prendre ...armes. » Langres fut une des villes que ...Romains s'attachèrent à décorer de beaux ...ices : elle eut un capitole, des temples ...n théâtre. Plusieurs arcs de triomphe ...'honneur des empereurs y furent élevés; ...en voit encore un enclavé dans les mu- ...les de la ville.

...omme beaucoup d'autres villes de France, ...gres a été exposée à de nombreux dé- ...tres; prise et brûlée par Attila, elle se ré- ...lit pour éprouver le même sort sous le ...ne d'Honorius, lors de l'irruption des ...ndales, en 407. Rebâtie peu de temps ...ès l'invasion de l'empire romain par les ...rbares, elle tomba au pouvoir des Bour- ...ignons, et continua de faire partie du royaume de Bourgogne, jusqu'au partage de ce royaume sous les enfants de Louis le Débonnaire; elle échut alors à Charles le Chauve, et eut ensuite des comtes particuliers jusqu'à ce que Hugues III, duc de Bourgogne, ayant acheté le comté de Langres à Henri, duc de Bar, le donna, en 1179, à Gauthier, son oncle, évêque de Langres, en échange du domaine de Dijon. Louis VII érigea ce comté en duché-pairie, en annexant la ville à la couronne. Pendant les guerres contre les Anglais, Langres resta fidèle au roi de France. Dans le XVe siècle, les habitants de cette ville, malgré les suggestions de leur évêque, soutinrent courageusement les assauts réitérés des Anglais, qui les cernaient de toutes parts, et firent même avec succès à l'ennemi une guerre extérieure. Sortant de leurs murs, ils les attaquèrent à leur tour, détruisirent les châteaux de Changey, de Saint-Broing, d'Heuilly-Coton, de Cohons, de Bourg, d'Humes et du Pailly, et démolirent une foule d'autres forteresses, repaires ordinaires de petits tyrans féodaux, recélant alors des gens d'armes anglais ou bourguignons, qui mettaient la campagne au pillage. — Il ne paraît pas que Langres ait eu à souffrir pendant la guerre de 1544, contre Charles-Quint. Sous la Ligue, cette ville se prononça pour la cause royale contre les ligueurs, et proclama Henri IV. En 1814, l'armée dite coalisée marcha sur cette ville. A son approche, le maréchal Mortier, qui l'occupait avec 10,000 hommes, se retira sur Bar-sur-Aube, abandonnant la défense de Langres à 50 soldats de la garde impériale et au courage des habitants; mais que pouvaient-ils sans armes et sans munitions, derrière des remparts en ruine, et que le bruit du canon eût suffi pour faire écrouler ? D'ailleurs, la trahison formait déjà des espérances que nos malheurs vinrent bientôt réaliser. « Des signaux, dit M. Montrol, furent faits du haut des murs. Les Autrichiens, prévenus que le maréchal Mortier s'était retiré, ne laissant de garnison que pour la garde d'une porte, se présentèrent au nombre de 30,000. Il fallut capituler; les 50 soldats, qui n'étaient pas prévenus de la capitulation, n'eurent que le temps de jeter leurs armes et de se cacher dans les maisons, d'où on les fit plus tard échapper : un d'eux, ne pouvant se résoudre à fuir devant ces Autrichiens, qu'il avait peut-être poursuivis de bataille en bataille, depuis Marengo jusqu'aux champs de Lutzen, aima mieux mourir que de reculer; immobile sous cette porte, dont on venait de livrer les clefs, il attendit, la baïonnette croisée, les premiers escadrons qui accouraient. Ils ne purent entrer dans la ville qu'en passant sur son cadavre. » — On assure que les affaires qui étaient mises en délibération au congrès de Châtillon se traitaient à Langres. Le fait est que les princes alliés s'y trouvèrent réunis à la même époque. De Langres, ils se rendirent à Chaumont, où fut signé plus tard le fameux traité par lequel les alliés s'engagèrent à ne mettre bas les armes qu'après l'entière défaite de Napoléon.

L'évêché de Langres avait été fondé dans le IIIe siècle. L'évêque Albéric y reçut, en 830, l'empereur Louis le Débonnaire et Lothaire, son fils aîné, et tint en leur présence un concile provincial pour la réformation du clergé séculier et régulier. Les évêques de Langres eurent donc, depuis le règne de Philippe-Auguste, le titre de *ducs et pairs de France*. Au sacre des rois, ils s'étaient chargés de porter le sceptre. L'évêché de Langres était encore, en 1830, un de ceux dont la possession assurait la nomination à la pairie.

Langres est située sur une montagne escarpée qui domine un pays bien cultivé; c'est, avec Briançon, la ville de France la plus élevée au-dessus du niveau de la mer : l'air y est vif et sain, la température variable; plusieurs rivières, dont les plus considérables sont la Marne, la Meuse, l'Amance et la Vingeanne, prennent leur source à peu de distance, et portent leurs eaux, les unes à l'Océan, les autres à la Méditerranée. Son plan est de forme presque ovale; la ville est généralement bien bâtie; les rues sont larges, propres et assez bien percées.

Le monument le plus remarquable de Langres est l'église cathédrale, une des plus anciennes de France. Le péristyle du chœur paraît être le reste d'un temple dédié à quelque divinité du paganisme; son architecture est d'ordre corinthien, orné de têtes de béliers. Il existe derrière le maître-autel une colonne sur laquelle on dit qu'était posée la statue de Jupiter-Ammon. Le reste de l'église est gothique-roman, et, suivant la tradition, fut bâti vers l'an 380. On trouve dans quelques manuscrits le passage suivant, qui se rapporte à la fondation de ce monument :

𝔏'an septante neuf et trois cents,
𝔊ratian le quart empereur,
𝔉onda le saint lieu de céans,
𝔄u nom de notre créateur.
𝔑egnant Priam duc de France,
𝔈n Bourgogne Chilpéric roi,
𝔗ous chrétiens aprez y fiance,
𝔍l est aussi en bonne foi.

Le jubé, en forme d'arc de triomphe, date de 1555. Le portail est un ouvrage du XVIIIe siècle; il est d'architecture moderne. On admire dans cette cathédrale le retable et le devant du maître-autel, qui est en argent, et représente l'histoire de saint Mamès et de saint Jean l'Évangéliste, ancien patron de l'église. La chaire épiscopale, en marbre rouge, est d'un beau travail.

L'arc de triomphe dont il a été question ci-dessus, est le seul monument romain qui se soit conservé entier à Langres; il fait partie de la muraille de la ville, avec laquelle il paraît confondu. Ce qui reste de la façade est maintenant composé de quatre pilastres corinthiens, et deux arcades de même proportion; un entablement couronne les pilastres; sa corniche est très-dégradée, et on n'y distingue que quelques modillons. La frise était entièrement remplie par des armures, et on distingue encore çà et là des boucliers groupés et apposés avec beaucoup d'art. L'architecture est assez bien conservée. Les chapiteaux sont d'un bon travail. La construction offre la même régularité et la même finesse d'appareil que les plus beaux édifices antiques. — Une tradition très-vague attribue l'érection de cet édifice aux deux empereurs Gordien, père et fils, qui, associés au même triomphe, y passèrent ensemble sous deux arcades égales, ayant contribué également à la même victoire.

On remarque encore à Langres l'hôtel de ville de construction moderne, et la bibliothèque, renfermant 3,000 volumes.

On ne doit pas manquer de visiter la promenade de Blanche fontaine, formée par une superbe avenue d'un quart de lieue de long, qui conduit par une pente insensible à une belle fontaine environnée d'arbres majestueux.

Langres est la patrie de Diderot. C'est aussi le lieu de naissance de Julius Sabinus et d'Éponine, son épouse, dont l'amour héroïque et la fin tragique sont si connus.

Fabriques de coutellerie très-estimée. — *Commerce* de grains, farines, vins, lin, chanvre, bestiaux, coutellerie, meules à émoudre, etc., etc.

A 8 l. de Chaumont, 16 l. de Dijon, 69 l. de Paris. — *Hôtels* de la Poste, des Trois

Dutens.

Marchands, du Faisan, de l'Étoile, de la Comète.

LONGEAU. Village situé dans un superbe vallon entouré de coteaux couvert de vignes, à 3 l. 1/4 de Langres. ⚜ Pop. 307 hab.

MARTIN-LEZ-LANGRES (SAINT-). Village situé à 1 l. 1/2 de Langres. Pop. 148 hab. — Papeterie. Moulin à farine.

MONTIGNY-LE-ROI. Petite ville située à 5 l. 3/4 de Langres. ✉ ⚜ Pop. 1,211 hab. C'était autrefois une place forte, qui a été prise et reprise plusieurs fois.

NEUILLY. Village à 3 l. 1/4 de Langres. Pop. 1,213 hab.

PRAUTHOY. Bourg bâti dans une situation agréable, à 5 l. 1/4 de Langres. ✉ ⚜ Pop. 736 hab.

VARENNES. Bourg situé à 6 l. de Langres. Pop. 1,350 hab.

ARRONDISSEMENT DE VASSY.

CHEVILLON. Village situé à 4 l. 1/4 de Vassy. Pop. 918 hab. — Carrières de pierres à bâtir exploitées.

CIREY. Village situé sur la rive droite de la Blaise, à 3 l. 3/4 de Vassy. Pop. 700 hab.

Cirey possède un beau château, qui appartenait autrefois à la duchesse du Châtelet, et où Voltaire a passé cinq années consécutives, pour se mettre à l'abri des persécutions de ses ennemis, qui le croyaient hors de France. Pour maintenir cette opinion, il fit insérer dans les papiers publics, qu'il était en Angleterre, et datait toutes ses lettres de Cambridge. Ce fut dans cette retraite qu'il composa Mahomet, Mérope, l'Enfant prodigue, le Discours philosophique sur l'homme.

Le voisinage de Cirey, où l'on trouve des forges, détermina Voltaire à faire plusieurs expériences chimiques, et à étudier la physique. Aidé des secours de madame du Châtelet, il publia bientôt ses Éléments de Newton. Clairaut, Mayran, Maupertuis, etc., se rendirent souvent à Cirey.

Les grands génies ont de grandes passions; Voltaire, voyant une certaine intimité entre Clairaut et madame du Châtelet, éprouva de violentes attaques de jalousie. On assure que dans un accès de cette passion, Voltaire enfonça d'un coup de pied la porte de la chambre où madame du Châtelet et Clairaut étaient fortement occupés à la solution d'un problème.

On voyait encore naguère dans ce château l'appartement et la bibliothèque qui servirent à Voltaire. Dans le boudoir de madame du Châtelet, on avait conservé les vers suivants, écrits de la main de Voltaire, et qui ne sont point dans ses œuvres :

> Doux repos, point d'inquiétude,
> Peu de livres, point d'ennuyeux,
> Un ami dans la solitude :
> Voilà mon sort, il est heureux.

DIZIER (SAINT-). Jolie ville, située sur la rive droite de la Marne, qui commence à cet endroit à être navigable, à 5 l. de Vassy. Tribunal de commerce. Collége communal. ✉ ⚜ Pop. 6,197 hab.

Il en est des villes comme des nations; toutes sont jalouses de faire remonter leur origine aux temps les plus anciens. A cet égard, la ville de Saint-Dizier rivalise d'amour-propre avec les plus antiques cités, et cette prétention est peut-être mieux fondée que celle de beaucoup d'autres. Sa position géographique porte à croire qu'elle existait depuis une époque fort reculée. Les amateurs de merveilleux prétendent qu'il y avait dans ces lieux un temple consacré à Isis, et que le nom de la ville dérive de cette déesse; mais il paraît beaucoup croyable que son nom lui vient d'un saint évêque de Langres, martyrisé par les Vandales dans le Ve siècle.

Le plus ancien des seigneurs de Saint-Dizier dont l'histoire fasse mention, est un sieur de Dampierre, qui vivait au XIe siècle. Gui II du nom, surnommé de Bourbon, son arrière-petit-fils, rebâtit l'église en 1202 : avant la révolution on voyait sous le portail deux figures, dont une le représentait tenant une bourse; l'autre était celle de son épouse, fille d'Archambault de Bourbon, représentée avec un oiseau sur le poing.

Saint-Dizier était autrefois une place importante et bien fortifiée. En 1544, elle soutint un siége mémorable contre l'empereur Charles-Quint, qui parut devant ses murs le 8 juillet, à la tête d'une armée considérable, composée d'impériaux, d'Espagnols, de Bavarois, de Saxons et de protestants, commandés par Ferdinand de Gonzagues, généralissime, qui avait sous ses ordres le prince d'Orange, le duc Maurice de Saxe, le marquis Albert de Brandebourg, Alvare de Saude, le duc d'Alnès, etc., etc.

La ville fut défendue avec vigueur par le comte de Sancerre, qui en était gouverneur, et par le seigneur de la Lande, son adjoint. Le prince d'Orange fut tué sous ses murs, à l'endroit où existe une croix qui rappelle le souvenir de son nom. La ville capitula le 9 août, et la garnison en sortit avec armes et bagages, et les honneurs de la guerre. Sancerre, en arrêtant pendant plus d'un mois l'empereur devant cette place, donna à François Ier le temps de rassembler toutes ses forces, et partagea avec les habitants de Saint-Dizier la gloire d'avoir sauvé sa patrie d'un danger éminent. Le parlement de Paris ordonna à cette occasion une procession solennelle du Palais à Notre-Dame, où l'on chanta un *Te Deum*, pour rendre grâces à Dieu de la brave résistance des *manans* et *habitans* de Saint-Dizier : tels furent les termes de l'arrêt.

La ville de Saint-Dizier ne fut rendue à la France qu'à la paix de Cespy. François Ier la fit réparer et en releva les fortifications, qui depuis ont été remplacées par d'agréables promenades. Cette ville fut presque entièrement brûlée dans la nuit du 19 au 20 août 1775, par l'imprudence d'un boulanger : l'église paroissiale, le palais, les halles, les magasins, les écoles publiques, et plus de quatre-vingts maisons furent en moins de vingt-quatre heures réduits en cendres. Le respectable M. de Juigné, alors évêque de Châlons, vint au secours de ses malheureux diocésains. Les villes voisines le secondèrent puissamment, notamment la ville de Vitry, qui se distingua surtout par l'immense quantité de pain et de vêtements qu'elle envoya pour être distribués à ceux qui en avaient le plus besoin : le véritable patriotisme parut avec éclat dans cette funeste circonstance.

Saint-Dizier est une assez jolie ville, formée de rues larges et bien percées, bordées de maisons bien bâties. On y remarque un bel hôtel de ville, de construction récente, et les restes de l'ancien château. C'est la patrie de P. Toussaint Navier, médecin très-savant pour son époque, auquel on doit la découverte de plusieurs procédés chimiques importants ; de P. F. Grignon, correspondant de l'Académie des sciences, connu par la découverte de la ville ou citadelle romaine du Châtelet, située sur les bords de la Marne, à 3 l. de Saint-Dizier.

Fabriques de toiles de coton, de tonnellerie, seaux de bois qui s'exportent pour Bray, planches de toute espèce. Construction de bateaux. Forges, fonderies de poêles, de plaques de cheminées et autres ouvrages en fonte. — *Commerce* considérable de bois de marine et de charpente, etc., etc. — *Hôtels* du Soleil d'or, du Grand cerf, de la Corne de cerf.

DOMMARTIN-LE-SAINT-PÈRE. Village situé à 4 l. de Vassy. ✉ ☞ Pop. 704 hab. — *Fabriques* de sparterie et autres tissus en bois.

DOULAINCOURT. Village situé à 8 l. 1/2 de Vassy. Pop. 780 hab.

DOULEVENT. Bourg situé sur la Blaise, à 4 l. 1/2 de Vassy. ✉ Pop. 695 hab. — Forges et haut fourneau.

JOINVILLE. Ville ancienne, située sur la rive gauche de la Marne, à 4 l. 1/2 de Vassy. ✉ ☞ Pop. 3,035 hab.

L'origine de cette ville est inconnue, car nous croyons inutile de faire ressortir l'absurdité qui en attribue la fondation à Janus. Les premiers titres où il en est fait mention ne remontent pas au delà du IXe siècle. Sur le sommet de la montagne qui la domine, s'élevait jadis une tour de construction romaine, connue sous le nom de tour de Jovin, dont les derniers débris n'ont disparu qu'en 1649. Cette tour étant devenue un des points de défense du pays, tout porte à croire que des habitations se groupèrent à l'entour, et qu'en se multipliant elles formèrent une ville qui prit le nom de Jovin, Jovinivilla, et enfin de Joinville.

Joinville était autrefois une place forte, que Charles-Quint assiégea, prit et brûla en 1544, après la capitulation de Saint-Dizier. François Ier la fit rebâtir peu de temps après. La terre de Joinville avait primitivement le titre de baronnie. Henri II l'érigea en principauté, en 1551, en faveur de François de Guise (celui qui fut assassiné par Poltrot). Un magnifique château couronnait alors la montagne qui domine la ville.

Le château de Joinville fut bâti au XIe siècle, sous le règne du roi Robert, par Étienne de Vaux, et agrandi successivement par les seigneurs qui l'habitèrent. A l'extrémité du chemin qu'il faut gravir aujourd'hui pour parvenir à l'emplacement qu'occupait ce château, était bâtie la porte d'entrée, située près des restes de la tour de Jovin, regardée généralement comme la construction primitive autour de laquelle se forma la ville. L'église centrale, précédée d'un cimetière fermé de murs, s'offrait ensuite aux regards du visiteur. A cette église se rattachait une chapelle faisant saillie au dehors, laquelle communiquait par une gale-

CHÂTEAU DE ST DIZIER.

1. CHÂTEAU DE JOINVILLE,
Ancienne demeure des Sires de Joinville et des Ducs de Guise.

rie couverte aux salles du château. Non loin de là, et du milieu des bâtiments, s'élançait une tour garnie de meurtrières à son sommet, qui dominait tout l'édifice. La grande salle avait vue sur la ville et donnait sur une large terrasse ornée d'appuis à jour et taillée dans le roc vif : en dehors de cette façade existait un cabinet où fut signée, le 2 janvier 1585, la fameuse ligue dite du bien public. La salle des gardes s'avançait à l'angle du bâtiment, et conduisait par un grand escalier au jeu de paume, qui se prolongeait sur le penchant du côteau près de la tour dite de Boutefeu. Derrière le château étaient les cours et les jardins. Au delà de cette première enceinte existait une vaste esplanade qui s'allongeait du côté du bois pour y former trois bastions.

Aujourd'hui tout est bien changé. A la place des tours et des salles, à la place d'une vaste cuisine où l'on comptait sept cheminées colossales, croissent maintenant des sapins et des peupliers. L'esplanade est couverte d'un bois épais où l'œil ne rencontre plus vestiges de construction. Le prolongement du jeu de paume se reconnaît à peine; et s'il reste sur un terrain du voisinage des portions de murailles ou quelques briques amoncelées, la pioche et le marteau s'occupent à les faire entièrement disparaître. En 1790, le duc d'Orléans, père de S. M. Louis-Philippe, mit en vente les bâtiments du château (dont on négligeait l'entretien depuis longues années), à la charge de faire tout démolir. Ses intentions furent exécutées, et bientôt disparut le vieux manoir d'Étienne de Vaux, dont les descriptions les plus minutieuses, les dessins les plus exacts, ne rendront jamais parfaitement l'aspect imposant et pittoresque. L'église resta jusqu'en 1792; mais les objets rares et précieux que renfermait le trésor, les tombeaux des sires de Joinville, monument curieux de l'histoire de l'art, n'échappèrent pas aux dévastations; tout fut brisé, anéanti!

Près des dernières maisons du faubourg, où existait autrefois le couvent de Sainte-Anne, se trouve un immense enclos, nommé le Grand Jardin, au milieu duquel s'élève l'ancienne maison de plaisance des ducs de Guise, appelée le Petit Château. Les trois dômes ou clochers dont il était surmonté ont été rasés, l'escalier principal est devenu double, et la chapelle du château forme un grenier; mais l'extérieur de l'édifice est bien conservé. On peut y voir de curieux échantillons du beau travail de la renaissance, comparables, pour la richesse et le fini, à certaines parties des détails des châteaux d'Anet et de Chambord. Il est difficile de préciser d'une manière certaine à quelle époque ce château fut construit. Les initiales C. AT., qu'on trouve soit seules, soit réunies en chiffres, portent à croire que Claude de Lorraine le fit bâtir du vivant de sa femme, Antoinette. Sur les pilastres on lit :

Toutes pour une; là et non plus.

devises qui furent celles du premier des Guises et de sa famille.

La ville de Joinville est bâtie dans une situation agréable sur la Marne, au pied de la montagne sur laquelle était bâti le château. Des coteaux riants, couverts de bois et de riches vignobles, des villages nombreux animent ses alentours. Au bord de la rivière, des forges, des hauts fourneaux toujours en activité, suffisent à peine pour exploiter le minerai de fer que l'on trouve en abondance aux environs. C'est la patrie de l'historien de saint Louis, et le berceau des ducs de Guise.

Fabriques de bonneterie en laine, de serges, droguets, tiretaines, toiles, treillis. Filatures de laine. Forges et hauts fourneaux.

MONTIÉRENDER. Bourg situé au milieu de la forêt de Der, à 3 l. 3/4 de Vassy. ✉ Pop. 1,432 hab. Il doit son origine et son nom à un monastère fondé au VIIe siècle par le roi Childéric II. Cette abbaye était une des plus riches de l'ordre de Saint-Benoît; elle étendait sa seigneurie sur un grand nombre de paroisses. — Dépôt d'étalons.

POISSONS. Village situé à 6 l. de Vassy. Pop. 1,500 hab.

SOMMEVOIRE. Bourg situé à la source de la Voire, à 3 l. 3/4 de Vassy. Pop. 1,021 hab. — *Fabriques* de tiretaines, droguets, toiles, treillis. Filature hydraulique de laine et de coton. Beau moulin à farine.

TREMILLY. Village situé à 5 l. 1/2 de Vassy. Pop. 395 hab. On y voit un château flanqué de deux tourelles et entouré de fossés larges et profonds, qui a appartenu successivement aux maisons de la Trémouille et de Broglie. Il a, dans ses dépendances, un beau parc symétriquement planté. A l'entrée principale de l'édifice, et en avant du pont qui y conduit, est une espèce d'arc triomphal quadrangulaire, percé de quatre arcades et surmonté d'une statue équestre qui, selon la tradition du pays, a été érigée à saint-Jérôme. Derrière le château se trouve une autre arcade simple en marbre blanc, ornée de ceps de vigne et de thyrses assez bien sculptés.

VASSY ou **WASSY**. Ville ancienne. Chef-lieu de sous-préfecture. Tribunal de première instance. Collége communal. ✉ ☞ Pop. 2,583 hab.

Suivant quelques auteurs, Vassy occupe l'emplacement d'une ancienne cité des *Vadicasses*, brûlée par l'empereur Caracalla en 211. Dans le VIIe siècle, elle faisait partie du domaine royal. Belleforest, dans sa cosmographie universelle, la cite comme ayant appartenu à la célèbre reine d'Écosse, Marie-Stuart.

Vassy est célèbre dans l'histoire par l'horrible massacre que le duc de Guise y fit faire des protestants en 1562. Voici comment cet événement est rapporté par un auteur contemporain[1]. « Le 1er mars 1562, le duc de Guise et son frère le cardinal, passant à Vassy avec une forte escorte, entendirent le chant des protestants, qui célébraient l'office divin dans une grange voisine de l'église. Le duc fit aussitôt environner la grange par ses gens, qui tirèrent quelques coups d'arquebuse sur ceux des protestants qui, n'ayant pu entrer, étaient montés sur des échafauds près des fenêtres; ce qu'entendant ceux qui étaient dans la grange près de la porte, la voulurent fermer; mais ils furent empêchés de le faire par les soldats, qui commencèrent tous à dégainer leurs épées, en criant Tue, tue, mort-dieu, tue les huguenots. Le duc et ses gens entrèrent dans la grange, et frappèrent de leur épée tous les assistants, sans avoir égard ni au sexe ni à l'âge, fendant aux uns la tête, coupant aux autres les jarrets, les bras et les mains, et tirant des coups de pistolet et d'arquebuse sur ceux qui ne se trouvaient pas à leur portée. La furie des massacreurs était si grande qu'ils poursuivirent jusque sur les toits les malheureux qui y avaient cherché un refuge. Plus de soixante personnes furent tuées sur la place, et plus de deux cent cinquante, tant hommes que femmes, furent mutilés; plusieurs de ces derniers succombèrent peu de temps après. Pendant ce massacre, le cardinal de Guise, appuyé sur les murs du cimetière de l'église, regardait sans pitié les malheureux que tuaient et massacraient les gens de sa suite. » — Le demi-siècle qui suivit ce carnage, fut pour Vassy une longue série de troubles, de malheurs et de persécutions. En 1591, la ville fut saccagée, pillée et brûlée par la garnison catholique de Saint-Dizier. Un siècle suffit à peine pour la relever de ses ruines et la repeupler. Elle commençait à recouvrer quelque prospérité lorsque, en 1685, la révocation de l'édit de Nantes vint porter atteinte à sa prospérité en forçant la plupart de ses habitants à s'expatrier.

Cette ville est assez bien bâtie et fort agréablement située, sur la rive droite de la Blaise; les rues en sont propres et ornées de fontaines publiques. On y voit encore les restes de la fameuse grange où furent massacrés les protestants, et quelques parties des fortifications qui l'entouraient autrefois.

Fabriques de droguets, calicots, poterie de terre, ouvrages en fer. Filature de coton. Blanchisseries de cire. Tanneries. — Aux environs, forges, fonderies et martinets. — *Commerce* de fer, bois, charbon, cuirs, etc.

A 13 l. de Chaumont, 17 l. 1/2 de Troyes, 54 l. de Paris. — *Hôtels* de la Bonne foi, du Soleil d'or.

---

[1]. Discours sur la persécution de Vassy. Genève, 1564.

FIN DU DÉPARTEMENT DE LA HAUTE-MARNE.

IMPRIMERIE DE FIRMIN DIDOT FRÈRES ET Cie, RUE JACOB, No 56.

Guide Pittoresque
DU
VOYAGEUR EN FRANCE.

ROUTE DE PARIS A BALE,
TRAVERSANT LES DÉPARTEMENTS

DE SEINE-ET-OISE, DE SEINE-ET-MARNE, DE L'AUBE, DE LA HAUTE-MARNE, DE LA HAUTE-SAÔNE ET DU HAUT-RHIN.

DÉPARTEMENT DE LA HAUTE-SAONE.

Itinéraire de Paris à Bâle,
PAR PROVINS, TROYES, CHAUMONT, VESOUL ET BÉFORT, 121 LIEUES.

	lieues.		lieues.
De Paris à Charenton	2	Chaumont	4
Grosbois	3	Vesaignes	4
Brie-Comte-Robert	2	Langres	4
Guignes	4	Griffonottes	3
Mormant	2	Fays-Billot	3
Nangis	3	Cintrey	3
La Maison-Rouge	3	Combeaufontaine	3
Provins	3	Port-sur-Saône	3
Nogent-sur-Seine	4	Vesoul	3
Pont-sur-Seine	2	Calmoutier	3
Les Granges	3	Lure	4
Les Grez	3 1/2	Champagney	4 1/2
Troyes	4 1/2	Béfort	4 1/2
Lusigny	3	Chavannes	4
Montiéramey	1 1/2	Altkirch	4
Vendeuvre	3	Loch-Würth	3 1/2
Bar-sur-Aube	5	Saint-Louis	4 1/2
Colombey-les-deux-Églises	3 1/2	Bâle	2
Suzennecourt	2		

ASPECT DU PAYS QUE PARCOURT LE VOYAGEUR
DU FAYS-BILLOT A ESSERT.

Après le Fays-Billot, la route côtoie de grands bois et franchit plusieurs hauteurs d'où l'on jouit d'une belle vue sur les Vosges. Au sortir de Cintrey, on gravit une côte très-de dont le revers offre une pente rapide qui aboutit à une plaine fertile, que terminent e vastes prairies. Combeaufontaine est un beau village bâti dans une agréable situation, t Port-sur-Saône, un gros bourg situé sur la Saône que l'on y passe sur un beau pont. u delà de ce bourg, on trouve plusieurs montées et descentes qui offrent parfois de belles échappées de vue avant d'arriver à Vesoul. En sortant de cette ville, on passe le rujeon. La route continue d'être montueuse et traverse un pays peu fertile, qui se prolonge jusqu'aux environs de Lure. Après Champagney, on monte la longue côte des Cordis, entre des vallons, des coteaux et des précipices ; lorsqu'on est parvenu au point culminant de cette côte, la vue s'étend sur des montagnes et sur des vallons boisés d'une grande profondeur, qui forment un coup d'œil charmant. On franchit ensuite plusieurs côtes assez roides, puis on descend dans de beaux vallons remplis d'étangs. Au hameau de la Forêt, on gravit une côte d'où l'on domine une grande étendue de pays. On laisse à gauche la montagne du Grand-Salbert, et l'on descend par une pente douce au village d'Essert, où l'on passe du département de la Haute-Saône dans celui du Haut-Rhin.

DÉPARTEMENT DE LA HAUTE-SAONE.

APERÇU STATISTIQUE.

Le département de la Haute-Saône est formé de la partie septentrionale de la ci-devant Franche-Comté, et tire son nom de la disposition physique du cours de la Saône, qui l'arrose du nord-est au sud-ouest. — Ses bornes sont : au nord, le département des Vosges ; à l'est, celui du Haut-Rhin ; au sud, ceux du Doubs et du Jura ; à l'ouest, ceux de la Côte-d'Or et de la Haute-Marne.

Ce département est en général montagneux ; cependant on peut le diviser en deux zones assez distinctes : celle du sud-ouest au nord-ouest, qui comprend les arrondissements de Vesoul et de Gray, et celle du sud-est au nord-est, qui renferme l'arrondissement de Lure. Dans la première, où le sol n'est dominé par aucune haute montagne, ce sont des coteaux couverts de vignes et de bois, de vastes prairies baignées par les eaux fécondantes de la Saône et de l'Ognon, et des champs fertiles, qui laissent à l'art peu de chose à faire pour seconder la nature. Dans la zone septentrionale, les aspérités des contrées montueuses, des forêts, des torrents, des cascades, des vallées agrestes, s'offrent successivement à la vue ; c'est un sol aride où la végétation des céréales est languissante, mais qui abonde en productions minéralogiques. Les seules montagnes remarquables sont le Ballon de Lure, celui de la Servance et le mont de Vannes : les deux premières ne sont que des branches du Ballon d'Alsace, qui n'est lui-même qu'une extrémité de la chaîne des Vosges. Le Ballon de Lure, qu'on appelle aussi la Planche des Belles Filles, a 1,300 mètres de hauteur au-dessus du niveau de la mer ; il est composé de trois mamelons formant une chaîne, dont celui du milieu est le plus élevé ; on y trouve un pâturage qui nourrit du bétail pendant la belle saison, et l'on y fabrique des fromages façon de Gruyères. Le Ballon de Servance a 1,250 mètres de hauteur ; son sommet, qui a 1,200 mètres de circuit, offre aussi un pâturage où les habitants de Servance envoient leurs bestiaux pendant la belle saison. Le mont de Vannes tient au Ballon de Servance par une côte étroite qui sépare la vallée de Fresse de celle de Plancher-les-Mines ; il est élevé de 690 mètres.

Le département de la Haute-Saône comprend une grande partie d'un vaste bassin qu'embrassent les Vosges, la chaine de Langres, la Côte-d'Or, et enfin les montagnes du Doubs et du Jura, voisines elles-mêmes des Alpes. Son territoire montueux au nord-est, dans le quart environ de son étendue, comme nous l'avons dit, est ailleurs assez uni et arrosé par de nombreuses rivières bordées de grandes prairies ou de coteaux cultivés. On n'y trouve ni l'aridité des pays montagneux auxquels il touche, ni l'humidité insalubre que répandent les eaux stagnantes. Le climat y est plus doux que dans la plupart des départements voisins ; l'été et l'hiver y sont plus tempérés, l'automne est ordinairement beau : seulement le voisinage des montagnes et l'influence des neiges, quand elles s'accumulent sur leurs sommets, ou qu'elles fondent, y causent, surtout au printemps, beaucoup de variations de température, et de très-prompts changements dans l'état de l'atmosphère. Des jours froids et pluvieux reparaissent tout à coup pendant la belle saison ; et les vents doux et humides du sud-ouest alternent brusquement avec les vents secs et vifs du nord-est, ou avec les vents froids et tristes du nord-ouest.

Le département de la Haute-Saône a pour chef-lieu Vesoul. Il est divisé en 3 arrondissements et en 28 cantons, renfermant 581 communes. — Superficie, 278 lieues carrées. — Population, 338,910 habitants.

MINÉRALOGIE. Le département de la Haute-Saône est peut-être un des plus riches de la France sous le rapport des productions minéralogiques. On y trouve le granite rouge,

le granite feuille-morte, le porphyre vert, le porphyre violet, le schiste argileux, le schiste anthraciteux, le fer oligiste, le manganèse oxydé; des minerais de plomb, de cuivre, d'argent; le grès houiller, la houille, le grès rouge, le grès vosgien, le grès bigarré; la pierre lithographique, la pierre à chaux; des minerais de fer en roche; des marbres; d'excellentes pierres de taille; des minerais de fer en grains, en très-grande quantité; le tuf calcaire, la tourbe, etc., etc.

Sources minérales à Luxeuil, Fedry, Rèpes, Vesoul, etc. — Sources salées à Gouhenans, Saulnot, Scey-sur-Saône.

Productions. Céréales de toutes espèces, en quantité plus que suffisante pour les besoins des habitants : sarrazin, maïs, pommes de terre, légumes, châtaignes, noix, fruits, cerisiers, fourrages excellents et en quantité. — 13,850 hectares de vignes, produisant annuellement 300,000 hectolitres de vin, dont 200,000 sont consommés sur les lieux; le reste est exporté en Suisse et dans les départements des Vosges et du Haut-Rhin. — 157,690 hectares de forêts (arbres verts et feuillus). — Belle race de chevaux de trait propres au roulage et à la cavalerie; bêtes à cornes, chèvres, moutons mérinos et métis; beaucoup de porcs. — Éducation des abeilles et de la volaille. — Gibier abondant (chevreuils, lièvres, perdrix grises, oiseaux de passage). — Bon poisson de rivière (carpes, truites, écrevisses).

Industrie. On doit placer en première ligne les usines à fer répandues sur toute la surface du département. Ces usines sont au nombre de plus de cinquante; la préparation des matières qu'elles emploient, le transport de leurs produits, occupent près de 5,000 individus; on peut porter à 14 millions la valeur des objets qu'elles livrent annuellement au commerce, soit à l'état de fonte en gueuses, fonte moulée, fer en barres, fer martiné, fer-blanc, tôle, feuillards, soit à l'état d'acier, fil de fer, vis à bois, pointes de Paris, boulons, carrés de montre, etc. Le département possède quatre verreries, trois faïenceries; on fait de la poterie commune dans plusieurs cantons, et des briques et tuiles dans presque tous. Plusieurs filatures de coton, qui alimentent un grand nombre de métiers de tisserands, existent dans l'arrondissement de Lure, où l'on compte aussi des fabriques d'indiennes, quelques papeteries (notamment celle de Saint-Bresson), des fabriques de chapeaux de paille, des distilleries d'eaux de cerises, etc. A ces établissements généraux d'industrie, il faut en ajouter d'autres moins importants et qui se trouvent dans la plupart des principales communes : tels sont les tanneries, les teintureries, les chapelleries en feutre, les fabriques de bonneterie, de droguets, les moulins à blé, les huileries, les tisseranderies de toiles de chanvre, etc., etc.

Commerce considérable de grains, farines, fonte et fer forgé, de vins du pays et du Midi, de fourrages, bois de construction, merrain, planches de sapin, beurre des montagnes de Servance, fromages, chevaux, bestiaux, cuirs, papiers, plâtre, glu. — Entrepôt de sel des salines de l'Est. — Roulage très-actif.

VILLES, BOURGS, VILLAGES, CHATEAUX ET MONUMENTS REMARQUABLES; CURIOSITÉS NATURELLES ET SITES PITTORESQUES.

ARRONDISSEMENT DE VESOUL.

AISEY. Village situé à 8 l. 1/2 de Vesoul. Pop. 250 hab. On voit à Richecourt, hameau dépendant de la commune d'Aisey, les restes d'un château fort démantelé sous le règne de Louis XIV, consistant en deux tours d'une grande élévation, bâties sur un coteau qui domine le cours de la Saône. Non loin de là, on a trouvé des débris de constructions romaines et des fragments d'un pavé en mosaïque.

AMANCE. Bourg agréablement situé sur la rivière de la Superbe, à 6 l. 1/4 de Vesoul. Pop. 1,026 hab. Il était autrefois défendu par un château fort flanqué de dix tours, détruit en 1595, par Tremblecourt; il reste encore de cette forteresse quelques portions de remparts, une porte et une tour dont les murs sont construits avec une grande solidité. — *Fabriques* de poterie de terre. Tuilerie. Carrière de beau sable blanc.

AROZ. Village situé à 4 l. 1/2 de Vesoul. Pop. 360 hab. On voit sur son territoire plusieurs pierres druidiques.

BAIGNES. Village situé près d'un gouffre profond qui donne naissance au ruisseau de la Baignotte, à 4 l. 1/2 de Vesoul. Pop. 250 hab. Il est bâti au pied d'une colline où l'on voit les restes d'un aqueduc antique. — Forges et haut fourneau.

BOUGEY. Village situé à 7 l. 1/2 de Vesoul. Pop. 530 hab. On y voit les restes d'un ancien château fort.

BOULT. Village situé à 8 l. de Vesoul. Pop. 743 hab. *Fabriques* de poterie de terre. Tuileries. Papeterie. Tréfilerie.

BOURGUIGNON-LES-MOREY. Village situé à 9 l. 3/4 de Vesoul. Pop. 350 hab.

A peu de distance de ce village, on voit sur un plateau dont la superficie est d'environ vingt hectares, un camp romain dont la plus grande longeur est de 500 mètres sur une largeur de 470. Des vestiges de murs entourent de plusieurs côtés ce camp, où l'on a trouvé des médailles à l'effigie des empereurs Gordien, et des fers de lance.

CALMOUTIER. Village situé sur la rivière de la Colombe, à 3 l. de Vesoul. Pop. 850 hab. On y voit les restes d'une voie romaine ; une grotte spacieuse au fond delaquelle coule une belle fontaine ; et un gouffre où se précipitent avec fracas les eaux de plusieurs sources environnantes. — Exploitation de minerai de fer oolithique qui rend 26 p. o/o d'une fonte excellente pour le moulage.

CHANTES. Village situé à 6 l. 1/2 de Vesoul. Pop. 400 hab. On y remarque une vaste église gothique, près delaquelle est une grande maison qui a appartenu aux templiers.

CHARIEZ. Village situé à 3 l. de Vesoul. Pop. 900 hab. C'était autrefois un bourg entouré d'une triple enceinte de fortes murailles environnées de fossés, et défendu par un château fort. L'une de ces murailles existe encore, ainsi qu'une des portes, plusieurs tours carrées, et partie des murs du vieux château. Au-dessus de la colline, au pied delaquelle est bâti le village, on voit les restes d'un camp romain, où l'on reconnaît les vestiges de deux murs parallèles, et de deux portes qui ont chacune 35 pieds d'épaisseur.

COLOMBIER. Village situé à 1 l. 1/2 de Vesoul. Pop. 1,200 hab. On y voit les ruines de deux châteaux, dont l'un, appelé le château de Montaigu, offre encore des murs de 50 à 60 pieds de hauteur du côté du midi. L'autre, nommé le château de la Roche, était situé un peu au-dessus de l'emplacement qu'occupe aujourd'hui le château de Saint-Mauris-Châtenois, édifice remarquable par sa belle architecture, pa sa distribution intérieure et surtout par so agréable position.

COMBEAUFONTAINE. Beau villag situé à l'intersection de trois grandes routes à 7 l. 1/2 de Vesoul. Pop. 754 hab. — *Commerce* de chevaux et de bestiaux.

CORNOT. Village situé à 7 l. 1/2 d Vesoul. Pop. 450 hab. — Le hameau d'Ar taufontaine, où l'on voit un ancien châteaux fort converti en ferme, est une dépendance de cette commune.

CORRE. Village situé à 9 l. 1/4 de Vesoul. Pop. 650 hab.

Corre qui n'est plus qu'un village, a été une cité populeuse, si l'on en juge par les nombreux débris de monuments antiques qu'on a découverts et qu'on découvre encore sur son territoire. On croit même qu'il est bâti sur les ruines de Dittalion, ville séquanaise que d'Anville place au confluent de la Saône et du Coney, précisément sur le point qu'occupe aujourd'hui le village de Corre. M. Monnier, conservateur du Musée de Dôle, a publié une description des *Antiquités de Corre*. Après avoir parlé de son trajet de Luxeuil à Corre, en suivant l'ancienne voie romaine de Mandeure à Langres, qui passe près de Fontaine-les-Luxeuil, Saint-Loup, Anjeux, Girefontaine, Vauvillers et Demangevelle, il dit : « Une fois arrivé à Corre, vous ne ressentez plus de fatigues : la vue des monuments épars vous les fait oublier. Ici, vous voyez une vache s'abreuver dans un vieux sarcophage apporté près d'un puits ; là, des laveuses blanchir le linge sur un bas-relief couché dans la rivière. Ailleurs, l'adjoint du maire se délasse, à l'entrée de sa demeure, sur le torse d'un Apollon pythien ; et à l'église, le bénitier n'est autre chose que le buste renversé d'une statue en marbre blanc. Dans les jardins de M. ***, on est passé en revue par des senateurs et contrôlé par de vénérales matrones, personnages à longues robes, devant lesquels un Français a honte de paraître en petit frac à l'anglaise.... Ces antiquités romaines appartiennent, pour la plupart, à des autels consacrés aux dieux Mânes, et sortent de chenevières placées à la jonction de la Saône et du Coney. La rive gauche du Coney a produit, sous la pioche du vigneron, des cercueils et des tombeaux à figures. Au reste, sur tous les points du territoire, le hasard restitue des antiques précieuses. Un jour un laboureur, se reposant vers l'heure de midi, voit une motte de terre remuée par une taupe ; il s'avance

ARRONDISSEMENT DE VESOUL.

pour tuer l'animal, et trouve une pièce d'or qui venait d'être rendue à la lumière. C'était une médaille de César, ayant au revers un quadrige... Un des beaux monuments découverts en 1822, représentant des personnages taillés en demi-relief dans une niche cintrée et ornée de draperies, se voit devant l'habitation de M. Barbey, maire, qui, cette même année, a dirigé des fouilles utiles. » M. le docteur Pratbernon et feu M. le docteur Humblot, membres de la Société centrale d'agriculture du département de la Haute-Saône, ont aussi exploré le territoire de Corre, et ont rendu compte de leur travail à la Société dans deux manuscrits auxquels ils ont joint des dessins exacts de la plupart des monuments que cette commune possède.

ÉCHENOZ-LA-MELINE. Village situé dans un vallon étroit, à une demi-lieue de Vesoul. Pop. 850 hab.

Le vallon resserré dans lequel Échenoz est situé, se termine au sud-ouest de ce village, par un rocher dans lequel existe une caverne que les curieux vont visiter. Au fond de cette grotte est un trou rempli d'une eau extrêmement limpide, et qui ne s'extravase qu'après les grandes pluies : c'est le Trou de la Roche; lors des crues d'eau, il en produit si abondamment, qu'il fait déborder le ruisseau d'Échenoz, qui inonde le village.

Cette commune offre une seconde grotte bien autrement intéressante pour le géologue et pour le naturaliste : c'est le Trou de la Baume, qui se trouve presqu'à la sommité du flanc occidental du vallon d'Échenoz, et dont l'intérieur se compose de quatre chambres de plain-pied. M. Thirria, ingénieur des mines du département, a exploré cette grotte en 1827, et y a découvert un grand nombre d'ossements fossiles, gisant dans le sol à une profondeur qui varie de 4 pouces à 3 pieds; ils sont placés au milieu d'une argile rouge renfermant quelques concrétions calcaires et un grand nombre de cailloux roulés, souvent fort gros, tous composés d'un calcaire lamellaire grisâtre, de même nature que celui qui constitue les parois de la grotte. Ces ossements consistent en crânes, mâchoires, dents, fémurs, humérus, tibias, bassins, vertèbres, phalanges, etc., et sont des débris d'ours (de l'espèce aujourd'hui éteinte, nommée *ursus spelæus*), d'hyène, de chat, de cerf, d'éléphant, de sanglier et de lion. Les dents sont toutes parfaitement conservées, et leur émail, d'un blanc d'ivoire, n'a éprouvé aucune altération; mais la plupart des autres ossements ont été recueillis brisés, malgré tous les soins pris pour les extraire.

FAVERNEY. Petite ville située dans un vallon agréable, arrosé par la Lauterne, qu'on y traverse sur un beau pont de pierre d'où l'on domine sur une vaste prairie, qui s'étend jusqu'à la Saône. A 5 l. de Vesoul. ✉ Pop. 1,292 hab.

Vers le milieu du VIIIe siècle, Faverney était une place forte, dont une partie des murs d'enceinte est encore reconnaissable. Il y avait une célèbre abbaye qui, lors du dénombrement d'Aix-la-Chapelle en 817, égalait en splendeur et en antiquité les plus riches abbayes de la province. C'est dans l'église abbatiale, aujourd'hui église paroissiale, que fut inhumé Philippe, duc de Bourgogne, qui mourut en 1373. — Faverney a une caserne qui peut loger un escadron de cavalerie.

FONDREMAND. Village situé à 6 l. de Vesoul. Pop. 600 hab. C'est un ancien bourg, où l'on voit encore des restes de remparts, une tour antique, et plusieurs maisons fort anciennes.

FROTEY-LEZ-VESOUL. Village situé à une demi-lieue de Vesoul. Pop. 489 hab.

A peu de distance de ce village s'ouvre dans une montagne une caverne d'environ 90 pieds de largeur sur 120 de profondeur. A son extrémité est un gouffre étroit, connu sous le nom de Frais-Puits, d'où il ne sort ordinairement qu'un filet d'eau; mais lorsqu'il a plu plusieurs jours de suite, on voit l'eau monter, remplir le puits, s'élancer à 25 ou 30 pieds au-dessus, et inonder les campagnes voisines.

JONVELLE. Ancien bourg situé à 10 l. de Vesoul. Pop. 950 hab.

Ce bourg était déjà considérable en 1450, époque où les plénipotentiaires du duc de Bourgogne et les officiers du roi de Sicile s'y rendirent pour terminer une contestation élevée entre ces deux souverains, au sujet de la terre de Saint-Loup. On y voit les vestiges d'un château, qui annoncent la puissance des anciens possesseurs de ce manoir.

Jonvelle fut assiégé et pris par Louis XIII en 1637; Galas le reprit l'année suivante pour le roi d'Espagne. Louis XIII le fit assiéger de nouveau par Grancey, qui s'en empara, fit démolir le château et incendier le bourg, qui ne s'est jamais relevé de ses ruines.

JUSSEY. Jolie petite ville, située à 8 l. de Vesoul. ✉ ⚜ Pop. 2,705 hab.

Cette ville est bâtie à l'entrée d'un vallon fort étendu, mais resserrée entre des coteaux très-élevés. La partie basse s'ouvre davantage, et présente, à la sortie de la ville, du côté de la haute Marne et des Vosges, le bassin magnifique d'une prairie spacieuse, partagée par une longue et large chaussée, et fécondée par les deux bras de la Mance et par la Saône. La position de Jussey, au pied d'une montagne, est très-avantageuse pour les eaux. Presque chacun des habitants de la grand'rue possède une fontaine dans sa cave, ou un réservoir dans son jardin; et les quatre fontaines publiques construites il y a cinquante ans, sont un embellissement que les plus grandes villes pourraient envier.

A en juger par les nombreux débris d'antiquités trouvés dans ses environs, par les restes d'une voie romaine et les fondations de vastes édifices qui existent sur son territoire, on peut penser que l'origine de Jussey remonte à une époque fort ancienne. C'était d'ailleurs une ville fortifiée : on voit dans les champs, au sud, de profondes ravines qui paraissent décrire des fossés d'enceinte, et l'on conserve dans ses archives des lettres patentes de Philippe II, roi d'Espagne, de 1580, portant exemption, « pour les habi- « tants de sa ville de Jussey, de toutes « tailles et arrérages d'impositions, pour « leur faciliter les moyens de réparer les « fortifications et les portes de leur ville, « ruinées par les guerres. » Il y avait un château fort, dont la garnison capitula en 1595, après une vigoureuse résistance, devant l'armée de Tremblecourt, et sur les ruines duquel on éleva, en 1621, un couvent de capucins.

MAILLEY. Village situé à 3 l. 3/4 de Vesoul. Pop. 870 hab. On y voit le vieux château qui était autrefois entouré de murs et flanqué de quatre tours; les fossés sont bien conservés et pourraient encore être inondés. — *Fabriques* de tresses pour chapeaux de paille.

MONTBOZON. Bourg situé sur l'Ognon, à 7 l. de Vesoul. Pop. 742 hab. C'était anciennement une place fortifiée et le siège d'une prévôté royale, composée de 72 villages.

MONTIGNY-LES-NONNES. Village situé à 2 l. 1/2 de Vesoul. Pop. 500 hab. Il doit son surnom à une abbaye de filles de l'ordre de saint François d'Assise, fondée vers 1282, et dont les bâtiments sont aujourd'hui une propriété particulière.

MOREY. Village situé à 10 l. 1/2 de Vesoul. Pop. 320 hab. C'était jadis un siège d'une châtellenie, et l'on y voit encore, sur le revers d'une colline, les restes d'une ancienne forteresse. Non loin de là, on remarque sur un rocher une colonne qui a servi à l'établissement de la carte de Cassini. — *Patrie* du théologien Richardot.

NEUVELLES-LA-CHARITÉ. Village situé à 5 l. 1/4 de Vesoul. Pop. 690 hab. On y voit encore les beaux bâtiments d'une ancienne abbaye de l'ordre de Cîteaux, fondée vers l'an 1112.

NOROY-LE-BOURG *ou* **L'ARCHEVÊQUE.** Bourg situé à 3 l. de Vesoul. Pop. 1,147 hab.

Noroy était jadis une petite place forte; il possède des débris des énormes murs qui l'entouraient, et une de ses portes est encore assez bien conservée. Ses murs avaient été réparés en 1360, mais ils ne purent garantir la ville des dévastations qui désolèrent le pays pendant le XIVe, le XVe et le XVIe siècles. Lors de l'expédition de Tremblecourt, un de ses officiers rançonna d'abord le bourg, et le pilla ensuite. Noroy est situé sur un plateau, au sommet duquel jaillissent trois sources abondantes, dont le cours est tout à fait extraordinaire, car on ne sait ni d'où elles viennent ni où elles vont: après avoir fait tourner trois moulins, elles disparaissent à peu de distance du bourg, dans un gouffre dont l'issue est ignorée, et près duquel est une source d'eau ferrugineuse. On vante beaucoup la pureté et la fraîcheur de leur eau. — *Fabrique* de toiles de coton. Teintureries.

NOROY-LEZ-JUSSEY. Village situé à 8 l. 1/4 de Vesoul. Pop. 480 hab. Il est bâti sur le revers d'une montagne d'où l'on jouit d'une vue fort étendue : de cet endroit on aperçoit quinze villages, les châteaux de Saint-Remy et d'Oiselay, l'ancienne abbaye de Cherlieux, la Motte de Vesoul, les tours de Langres, les Vosges, les montagnes du Jura et une partie des Alpes.

PORT-SUR-SAONE. Bourg situé sur la rive gauche de la Saône qu'on y passe sur un très-beau pont, à 3 l. 1/4 de Vesoul. ✉ ⚜ Pop. 2,067 hab.

Ce bourg est l'ancien *Portus Abucinus* des Romains ; il est probable que la ville antique se prolongeait sur les deux rives de la Saône, car on a trouvé dans les environs des tuiles romaines, des mosaïques, des médailles et des fragments d'architecture, surtout au village de Saint-Valère, situé près du pont de la Saône; on y voyait même encore, il y a peu d'années, les restes d'un canal revêtu de briques qui avait sans doute servi à amener des eaux dans la ville occidentale ; enfin on y a découvert un fragment d'une statue en marbre du meilleur style. On remarque dans une petite île près du pont les ruines d'une forteresse, qui a appartenu à la maison de Port, déjà connue au XIIIe siècle. Portus Abucinus était le chef-lieu du comté des Portisiens, qui comprenait le territoire que renferme aujourd'hui le département de la Haute-Saône. Au XIIe siècle le canton de Port-sur-Saône se nommait encore *Pagus Portisiorum*, ou *Comitatus Portensis*. La ville alors était considérable et faisait un grand commerce ; mais elle fut ruinée dans les guerres du XVe au XVIIe siècle. Les Français la dévastèrent en 1595. Le nouveau pont sur la Saône est remarquable par son élégance et sa solidité.

Patrie de Bureau de Pusy.

Fabriques de cardes, de poterie de terre. Construction de bateaux. — *Commerce* considérable de bestiaux.

PURGEROT. Village situé à 5 l. 3/4 de Vesoul. Pop. 950 hab. On y voit les restes bien conservés d'une voie romaine, et les ruines d'un château fort connu sous le nom de château de Bregille.

QUINCEY. Village situé sur une éminence, à trois quarts de lieue de Vesoul. On voit aux environs la source intermittente de Champdamoy, près de laquelle se trouve une grotte composée de deux chambres, dont l'ouverture est à 15 mètres au-dessus du fond du vallon voisin.

REMY (SAINT-). Village situé à 6 l. 3/4 de Vesoul. Pop. 480 hab. On y voit un ancien château, où l'on a établi en 1824 une école normale pour former les jeunes instituteurs des écoles primaires. Cet établissement possède un beau jardin géographique, exécuté en 1829 par M. Laune, chef de l'institution de Saint-Remy. Dans un octogone régulier de 99 arcs, on a tracé un plan géographique de la France, sur une échelle d'un mètre par deux lieues communes. L'auteur y a marqué, d'une manière aussi exacte que distincte, les degrés de latitude et de longitude ; les limites des départements et des anciennes provinces ; les chefs-lieux de préfecture et d'arrondissement ; les hauteurs qui forment les bassins et les cours d'eau qui les arrosent.

RÈPES. *Voy.* Vesoul.

RIOZ. Village situé à 6 l. de Vesoul. Pop. 1,025 hab. On y remarque la source du ruisseau qui fait rouler le moulin dit Noirfond ; elle peut être considérée comme une curiosité naturelle : c'est une espèce de puits qui s'ouvre en forme de spirale, et qui est placé au pied d'un rocher, lequel ferme un vallon étroit, mais d'un aspect agréable. Ce puits, qui fournit un volume d'eau suffisant pour alimenter immédiatement le moulin dont on vient de parler, est la source principale de la petite rivière qu'on nomme la Buthiers. — *Fabriques* de faïence et de cailloutage.

RUPT. Village situé à 6 l. de Vesoul. Pop. 600 hab.

Le territoire de Rupt offre une singularité géologique. A la lisière septentrionale de la forêt dite le Grand-Bois, sur une pente hérissée de ronces et d'épines, se trouve une sorte de château d'eau dont la nature a fait les frais. Son élévation est de trois mètres et son étendue de six. Il se présente à la vue en plusieurs gradins de blocs schisteux de couleur gris d'ardoise, et à surface lisse, et qui sont criblés de sources s'échappant par transsudation à travers les pores de ces rocs, ou par les interstices de leurs différentes assises. Outre cette multitude de sources, qui restent la plupart inaperçues durant le cours de l'été, on en compte sept autres non intermittentes, et collectivement dénommées les Sept-Fontaines. Celles-ci sourdent dans le pourtour et notamment à la base du château d'eau, et se réunissent, par des sinuosités pittoresques, en une espèce de biez, qui tombe lui-même dans le ruisseau appelé le Ru de Vau, dès lors assez considérable pour mettre en mouvement plusieurs usines établies dans le vallon. La position des Sept-Fontaines de Rupt a paru si belle au bénédictin D. Berthod, qu'il les a honorablement mentionnées dans sa Description de la Franche-Comté. Rupt a été le chef-lieu d'une des plus riches terres de cette province ; il y avait deux degrés de juridiction, une châtellenie et un bailliage.

SCEY-SUR-SAONE. Bourg situé sur la Saône, où il a un petit port, à 4 l. 1/2 de Vesoul. Pop. 1,866 hab.

Ce bourg, traversé par la grande route de Besançon à Neufchâtel, réunit tous les avantages : situation agréable, paysage charmant, fontaines abondantes, riches pâturages, belle rivière, abondance de vignes et de bois, territoire très-fertile, etc. Il est très-commerçant, surtout à cause de son port, près duquel est un beau pont de quatorze arches, que fit construire Louis XIV. La partie du lieu dit le Bourg était fortifiée d'un rempart, d'un fossé et de quelques tours qui n'existent plus. On y voit les restes d'un magnifique château, qui appartenait à la maison de Beaufremont, et qui a été incendié pendant la révolution, époque où il fut converti en hôpital. Le parc de cette habitation renferme une source d'eau salée, qui était jadis exploitée. En fouillant la terre dans le clos d'une maison appelée *le Duhel*, on a trouvé deux médailles, des anciennes fondations et des restes de maçonnerie, qui semblent prouver que les Romains ont habité le lieu sur lequel étaient les anciennes salines.

Fabriques de cuirs. Haut fourneau, forges et laminoirs.

VESOUL. Ancienne et jolie ville. Chef-lieu du département. Tribunal de première instance. Société d'agriculture, sciences et arts. Collége communal. École normale. ✉ ☞ Pop. 5,583 hab.

L'origine de Vesoul remonte à une époque fort reculée, quoique l'histoire n'en fasse mention que depuis le IXe siècle. C'était déjà vers la fin du XIIe siècle une ville importante, qui avait son vicomte, son bailli et son maire. Les Anglais la pillèrent et y mirent le feu en 1360; rétablie en 1369 par Jean de Ray, elle fut détruite de fond en comble, en 1479, par Charles d'Amboise, qui fit passer les habitants au fil de l'épée. Tremblecourt la prit en 1595, et fit démanteler le château. Turenne s'en rendit maître en 1649, et en démolit les fortifications; le duc de Navailles la prit une seconde fois en 1674; sa possession fut assurée à la France en 1678, par le traité de Nimègue.

La ville de Vesoul est bâtie au pied d'une montagne de forme conique nommée la Motte, dans un bassin arrosé par deux rivières tortueuses, qui s'y réunissent, et bordé de collines peu élevées, dont la pente, comme celle de la Motte, est couverte de vignes. Au-dessous de ces coteaux sont des terres labourables terminées par une vaste prairie. Cette situation dans un pays aussi fertile que riant, et la salubrité de l'air qu'on y respire, rendent son séjour l'un des plus agréables de la contrée. — La ville est propre et bien bâtie; la plupart de ses rues sont bien percées, larges et bien entretenues. On y remarque nombre de grandes et belles constructions, surtout parmi les bâtiments d'utilité publique, telles que les casernes de cavalerie, construites en 1777; l'hospice civil et militaire, très-bien administré; l'hôtel de la préfecture, construit en 1822; la salle de spectacle, propre et jolie; l'église paroissiale, construite il y a cent ans, dont le maître-autel est superbe, et qui possède aussi un ancien sépulcre dont les figures sont fort belles; l'établissement des bains publics, le palais de justice, l'hôtel de ville, etc. Vesoul possède une bibliothèque publique, riche de 21,000 volumes; un cabinet de physique et d'histoire naturelle; une pépinière départementale, de jolies promenades, etc.

A une demi-lieue et sur le territoire de la ville de Vesoul, au hameau de RÉPES, existent des sources d'eau minérale saline froide, découvertes en 1715; l'eau en est claire, limpide, et tient en dissolution une quantité assez considérable de sel. Ces eaux ont joui d'une certaine réputation dans le courant du XVIIIe siècle; elles sont à peu près perdues aujourd'hui, par suite des éboulements de terre qui ont rempli les puits non couverts qui les renferment.

Vesoul est la patrie de Joseph Beauchamps, astronome distingué, membre de l'Institut d'Égypte; du médecin Bissard; de dom Couderet, auteur de savantes recherches sur la Franche-Comté; de l'avocat Renaudot, connu par son histoire des révolutions des empires, etc., etc., etc.

Fabriques de calicots, percales, droguets, bonneterie, ouvrages au tour. Blanchisseries de cire; teintureries; tanneries et chamoiseries. — *Commerce* de grains, vins, épiceries, fourrages, fers, clous, cuirs. — Entrepôt des sels de la Meurthe.

A 11 l. de Besançon, 87 de Paris. — *Hôtels* de l'Aigle noir, de la Croix d'or, de la Cigogne, de la Madelaine, de la Tête couronnée.

VITREY. Village situé à 9 l. de Vesoul. Pop. 1,135 hab. — *Commerce* de grains.

ARRONDISSEMENT DE GRAY.

ATTRICOURT. Village situé à 4 l. 1/2 de Gray. Pop. 130 hab. On y a trouvé récemment des tronçons de colonnes, des chapiteaux et divers autres objets d'antiquités romaines.

AUTREY. Bourg situé à 2 l. 1/4 de Gray. Pop. 1,078 h. C'était autrefois le chef-lieu d'une baronnie, qui fut érigée en comté en 1692. On y voit les ruines bien conservées de l'ancien château de Vergy. Hauts fourneaux.

ENVIRONS DE VESOUL.

BEAUJEUX. Village situé près de la rive gauche de la Saône, à peu de distance de Gray. Pop. 862 hab.

On voit à Beaujeux les vestiges d'un ancien château sur lequel existe une chronique intéressante, dont on a publié en 1826 une traduction où se trouve ce passage : « Marie de Beaujeux, unique et dernière héritière de Hugues, comte de Beaujeux, son père, faisait, par sa beauté, ses grâces et sa vertu, le plus précieux ornement de la cour de Catherine de Bourgogne, duchesse d'Autriche et châtelaine de Gray. Parmi la foule de ses adorateurs, élite de la jeunesse des deux Bourgognes, son cœur avait distingué et payait d'un tendre retour les soins empressés de Guy de Pontaillier, commandant du château de Vellexon. Cette préférence, justifiée par le mérite personnel de celui-ci, devait avoir pour les deux amants une bien funeste suite. Érard de Blamont, irrité d'un choix qui l'excluait, ne rêvait plus qu'au moyen de posséder par violence celle qui avait méprisé ses hommages ; et comme sa puissance égalait sa félonie, bientôt ses nombreux gendarmes investirent le manoir de Marie. Son tuteur, le vaillant sire d'Oiselay, avait été éloigné par les ruses d'Érard ; elle n'avait alors pour la protéger que le zèle de son chapelain (le pieux Esmangard), les larmes des femmes de sa suite et son innocence : trop faibles barrières contre les entreprises de son lâche ravisseur ! Guy de Pontaillier, bloqué lui-même dans sa résidence, ne put venir à temps au secours de sa dame. Déjà six des tours du château de Beaujeux s'étaient écroulées sous le choc des assaillants. Marie, les cheveux flottants sur les épaules et couverte d'un long voile blanc comme une victime consacrée, était à genoux dans la septième tour et récitait les prières des agonisants. Ce dernier asile forcé, Marie se lève précipitamment et monte l'escalier qui se présente devant elle ; Érard la poursuit d'étage en étage ; elle est sur la plate-forme : plus d'issue, plus d'espoir ! il va l'atteindre.... elle s'élance sur le parapet.... il tend les bras, croit la saisir..... et ne saisit qu'un linceul ! Ce forfait d'Érard ne demeura pas longtemps impuni. Assiégé lui-même au château de Vellexon, dont il s'était emparé après la mort généreuse de Guy de Pontaillier devant les murs de Beaujeux, il reçut de la propre main du sire d'Oiselay le juste châtiment de son crime. Le château de Vellexon fut rasé jusqu'en ses fondements ce repaire de l'oppresseur a disparu pour toujours, le berceau de l'innocence reste debout. La tour de Marie a déjà vu des siècles, elle en verra d'autres encore... dominateur bienfaisant de la contrée, elle est de loin le salut du voyageur égaré, elle est de près l'objet de la vénération des campagnes. »

BROYE-LES-PESMES. Village situé sur la rive droite de l'Ognon, près de son confluent avec la Saône, à 4 l. 1/4 de Gray. Pop. 400 hab.

Quelques savants pensent que Broye occupe l'emplacement de l'antique *Amagetobria* des Commentaires de César. Les restes d'un aqueduc et les traces de vastes constructions qu'on reconnaît sur le territoire de cette commune, donnent un certain degré de certitude à cette opinion.

CHAMPLITTE. Petite ville située à 6 l. de Gray. ✉ ⚒ Pop. 3,885 hab.

Champlitte est une ville assez ancienne, que Philippe II, roi d'Espagne, érigea en comté en 1574. Charles-Quint l'environna d'un fossé et de bons murs flanqués de tours, dont il ne reste plus que des ruines. Sous Louis XI, cette ville souffrit considérablement, et fut réduite à dix ou douze maisons. Henri IV l'assiégea sans succès en 1595. Le duc de Weimar la prit par capitulation en 1637, et la rendit peu de temps après. Le duc d'Angoulême s'en empara en 1638, et la brûla entièrement, ainsi que le château.

Cette ville est agréablement située entre plusieurs coteaux couverts de vignes, qui dominent un vallon arrosé par le Salon. Elle est dominée par un magnifique château qui sert aujourd'hui d'hôtel de ville.

Fabriques de toiles, droguets, chapeaux communs. Blanchisseries de cire. Tanneries. — *Commerce* de grains et de vins.

COURTESOULT. Village situé dans un territoire fertile en vins estimés, à 5 l. 3/4 de Gray. Pop. 300 hab. On y voit une église remarquable par la beauté de sa construction, et les ruines pittoresques du château de Gatey.

DAMPIERRE-SUR-SALON. Bourg situé sur le Salon, à 4 l. de Gray. Pop. 1,422 hab. — Haut fourneau, forges et fonderie.

FEDRY. Village situé près de la rive droite de la Saône, à 8 l. 1/2 de Gray. Pop. 600 hab. On y trouve une source d'eau minérale ferrugineuse froide, dont on ne fait aucun usage. — *Fabriques* de bonneterie et de chapeaux de paille.

FOUVENT-LE-BAS. Village situé à 7 l. de Gray. Pop. 380 hab.

Il existe sur le territoire de cette commune trois grottes situées dans des rochers qui bordent le vallon dans lequel coule la petite rivière qui se forme à Fouvent. La première est appelée *Trou de la Roche Sainte-Agathe* : c'est un couloir long de 60 mètres, large de 2 mètres, et dont la hauteur varie de 70 centimètres à 3 mètres. Les jeunes femmes y vont en dévotion. La seconde, dite de *Saint-Martin*, se trouve non loin de la première : elle a la forme d'une demi-calotte sphérique, dont le rayon et la hauteur sont d'environ 5 mètres. La troisième est située au pied du flanc opposé du vallon : c'est là qu'on découvrit, en 1800, les ossements fossiles que M. le baron Cuvier a décrits dans son ouvrage sur les espèces de quadrupèdes dont on a retrouvé les ossements dans l'intérieur de la terre. M. Thirria, ingénieur des mines à Vesoul, y a fait de nouvelles fouilles en 1827, et a trouvé des débris d'éléphant, de rhinocéros, d'hyène, d'ours (*ursus spelœus*), de cheval, de bœuf et de lion.

FOUVENT-LE-HAUT. Village situé à 6 l. 1/2 de Gray. Pop. 500 hab. On y voit les ruines d'un vaste château détruit au commencement du XVIIe siècle. — Exploitation des carrières de marbre.

FRASNE-LE-CHATEAU. Village situé à 6 l. 3/4 de Gray. Pop. 600 hab. On y remarque un beau château qui a été la propriété du cardinal de Grandvelle.

FRESNE-SAINT-MAMÈS. Village situé sur la rive droite de la Romaine, à 7 l. de Gray. Pop. 636 hab. On y remarque une église gothique devant laquelle on voit deux énormes tilleuls qui datent, dit-on, de 1340. — *Fabriques* de bonneterie, droguets, chapeaux de paille. Teinturerie.

FRÉTIGNEY. Village situé à 8 l. de Gray. ✉ Pop. 950 hab.

A trois quarts de lieue de ce village existe une grotte, où l'on arrive en descendant par une rampe fort inclinée. L'intérieur consiste dans une première salle oblongue, remarquable par sa grande élévation (au moins 40 mètres); dans une seconde salle d'environ 200 mètres de longueur, séparée de la première par une cloison haute de 8 mètres; enfin, dans une petite chambre ayant 6 à 7 mètres de longueur, et communiquant avec la seconde salle par un boyau étroit et très-sinueux, dont la longueur est d'environ 12 mètres. Les stalactites et les stalagmites qui tapissent les trois chambres qui composent la grotte, présentent de grandes dimensions, des formes très-variées, et une infinité d'accidents qui changent avec la position de l'œil du spectateur.

GRAY. Ville ancienne. Chef-lieu de sous-préfecture. Tribunaux de première instance et de commerce. Société d'agriculture. Collége communal. ✉ ⚓ Pop. 5,937 hab.

L'origine de Gray paraît remonter à une haute antiquité. Toutefois, le premier titre connu qui en fasse mention ne remonte pas au delà de 670. Dès le XIVe siècle cette ville avait un corps municipal. Othon IV, comte de Bourgogne, y établit, en 1287, une université, qui fut transférée à Dôle vers 1420. Philippe le Hardi, Jean sans Peur, et Philippe le Bon, firent quelque résidence au château de Gray, et Catherine de Bourgogne y fixa la sienne après la mort de Léopold, duc d'Autriche, son mari. Sous les anciens souverains de la Franche-Comté, il y avait un gouverneur à Gray; la défense du château lui était confiée, et il partageait avec le maire et les échevins le soin de garder les différents postes de la ville. En temps de guerre, tous les habitants, sans distinction, les officiers royaux même, étaient soldats, et paraissaient chaque semaine, sous les armes, aux revues que faisaient les magistrats.

Dans les guerres qui précédèrent la conquête de la province, les bourgeois de Gray signalèrent plusieurs fois leur courage et leur attachement aux souverains du pays. Les demoiselles même et les dames de cette ville vendirent, dans une circonstance malheureuse, leurs pierreries et leurs plus riches vêtements, pour contribuer à la défense de leur cité. Gray fut brûlé en 1360 par les compagnies qui faisaient alors des courses dans la Bourgogne et dans la Franche-Comté. Il fut encore réduit en cendres dans le cours de 1384. La ville fut incendiée de nouveau par les Français, et ensuite brûlée en partie par l'armée des sires de Vaudrey, quand ils la reprirent en 1477 sur Louis XI, pour la rendre à la princesse Marie, sa souveraine. En 1544, Charles-Quint y établit le siége d'un bailliage composé de 184 villages. Henri IV s'empara de la place en 1595. Louis XIV n'avait plus, en 1668, que la ville de Gray à soumettre pour achever la première conquête de la Franche-Comté; mais elle refusa d'ouvrir ses portes : le gouverneur et le maire voulaient qu'elle soutînt un assaut. Le roi les fit inviter à une capitulation. Aussitôt que les députés parurent aux remparts, les bourgeois les forcèrent, à coups

HÔTEL DE VILLE DE GRAY.

GRAY.

de fusil, à se retirer. Gray se rendit enfin sur les instances de deux autres députés, malgré le gouverneur et le maire. Celui-ci eut le courage de dire au roi en lui présentant les clefs : « Sire, votre conquête serait « plus glorieuse si elle vous eût été disputée. » Six mois après, la ville rentra sous la domination espagnole; mais elle fut reprise le 13 février 1674, par le duc de Navailles, après une faible résistance de trois jours.

Gray est situé en amphithéâtre sur une colline qui s'abaisse vers le septentrion, et domine une superbe prairie arrosée par la Saône. La ville est assez bien bâtie et ornée de fontaines publiques, mais les rues sont étroites, mal percées et de difficile accès. L'étranger qui y arrive par la route de Langres ou de Dijon éprouve un désappointement d'autant plus vif, lorsqu'il pénètre dans son enceinte, que l'activité du port, l'élégance du quai qui se prolonge sur la rive droite de la Saône, font concevoir de cette cité une opinion favorable. On y remarque toutefois le pont sur la Saône, d'une belle architecture; le quartier de cavalerie; l'hôtel de ville, construit sous la domination espagnole en 1568; le palais de justice; les promenades; la bibliothèque publique, de 4,000 volumes; le château, antique résidence de plusieurs têtes couronnées; l'église paroissiale, etc., etc.

Le moulin élevé par M. Tramoy sur un courant détourné de la Saône, est peut-être le plus beau et le plus remarquable qui existe en France, non-seulement par l'élégance et la richesse de sa construction, mais plus encore par son mécanisme intérieur. Il renferme douze roues hydrauliques, dont cinq peuvent être élevées ou abaissées selon la hauteur des eaux. Ces roues font mouvoir neuf moulins à blé, deux mécaniques à nettoyer les grains, et une scierie. Des moulins à tan, une foulerie et une huilerie qui existaient dans l'usine, sont supprimés depuis quelques années. Le blé descend du sommet de l'édifice, et se distribue d'étage en étage dans des meules et des cribles cylindriques, où il est purgé de toutes zizanies, mouchetures, barbes, poussières et autres matières hétérogènes; puis, au moyen d'un escargot (large tube de fer-blanc, en forme de vis d'Archimède), il est reporté, sans aucune aide, au second étage, d'où il est versé dans des trémies. Plusieurs autres machines, qu'il serait trop long de décrire, et qui sont la plupart, comme celle dont on vient de parler, de l'invention de M. Tramoy, ont pour objet l'économie de la main-d'œuvre. Cette économie est telle, que toute la manutention de l'établissement s'opère par une quinzaine d'ouvriers.

Les farines qui sortent du moulin de M. Tramoy sont d'une supériorité reconnue. Que le blé soit moucheté, germé, elles n'en deviennent pas moins belles, ni moins propres à la panification. D'un autre côté, la mouture y est économique : les grains rendent en farine un vingtième de plus que dans les meilleurs moulins du pays. Le département de la Haute-Saône fournit à M. Tramoy à peu près la moitié de ses blés; il tire le surplus des départements de la Haute-Marne, des Vosges, du Doubs, de la Côte-d'Or et de l'Ain. Année commune, il convertit en farine environ 50,000 hectolitres de blé, qui produisent environ 30,000 quintaux métriques de farines de diverses qualités, et 7,500 quintaux métriques de sons et recoupes; ce qui porte la production journalière à plus de 80 quintaux métriques de farines et 20 quintaux métriques de sons. La création de cette belle usine date de 1805.

Patrie du célèbre minéralogiste Romé de Lille.

GY. Petite ville située à 5 l. de Gray, sur le penchant de plusieurs coteaux plantés de vignes. ✉ Pop. 2,848 hab. C'était autrefois une place forte, défendue par un château où il y avait une garnison. La ville ayant été démantelée, le château de Gy servit de maison de plaisance aux archevêques du diocèse; il est maintenant habité par plusieurs familles de vignerons. — *Fabriques* de droguets et de cotonnades. Tanneries. Teintureries. — *Commerce* considérable de vins.

MARNAY. Petite ville située à 6 l. 3/4 de Gray. ✉ Pop. 1,197 hab.

Quelques auteurs pensent que cette ville occupe l'emplacement de l'ancienne Ruffé, ruinée par les Vandales au commencement du Ve siècle. Les Français s'en emparèrent en 1595, et furent obligés de la rendre peu de temps après. Elle est bâtie sur un coteau, sur la rive droite de l'Ognon, et se compose de deux parties désignées sous les noms de Marnay-la-Ville et de Marnay-le-Château. Le château, qui était très-vaste et bien fortifié, appartient aujourd'hui à divers particuliers. — Tanneries.

MONTAGNEY. Village situé sur la rive droite de l'Ognon, à 5 l. 1/4 de Gray. Pop. 620 hab. On voit sur son territoire le gouffre du Puits des Joncs, dont on n'a pu jusqu'à présent sonder la profondeur. C'est la patrie du célèbre chirurgien Percy, mort en 1825.

OISELAY. Village situé à 7 l. 1/2 de Gray. Pop. 850 hab. On remarque aux environs, sur une éminence, les ruines d'un château fort qui appartenait aux ducs de Bourgogne. Non loin de là sont les restes d'une voie romaine.

PERCEY-LE-GRAND. Village situé près de la Vingeanne, à 7 l. de Gray. Pop. 480 hab. On trouve sur son territoire une grotte de 50 mètres de profondeur, qui renferme une fontaine dont l'eau est excellente, et qui ne tarit jamais.

PESMES. Bourg situé sur l'Ognon, qu'on y passe sur un beau pont, à 5 l. 1/2 de Gray. ☞ Pop. 1,582 hab. C'était jadis une place forte que Henri IV prit d'assaut en 1595. — Forges et haut fourneau. Tuilerie.

SAVOYEUX. Village situé près de la rive droite de la Saône, à 4 l. 3/4 de Gray. Pop. 400 hab. On y remarque une belle usine, construite en 1824 par M. Tramoy, propriétaire du magnifique moulin de Gray.

SEVEUX. Village situé sur la rive gauche de la Saône, à 5 l. de Gray. Pop. 850 hab.

On croit que Seveux est bâti sur les ruines de *Segobodium*, cité dont parle César dans ses *Commentaires*. A la sortie du village, on a déterré, il y a quelque temps, d'énormes pierres taillées qui peuvent avoir été les fondations d'une porte de l'ancienne ville; un puits de forme octogone, qu'on a curé jusqu'au fond, mais sans y rien trouver d'intéressant; et près du même point, des médailles d'argent à l'effigie de César. — Forges et haut fourneau.

VALAY. Village situé à peu de distance de Gray. Pop. 834 hab. On y voit un vieux château entouré de murs flanqués de trois tours, qui sert aujourd'hui de maison de ferme. — *Fabriques* de poterie. Haut fourneau.

ARRONDISSEMENT DE LURE.

AILLEVILLERS. Village situé à 8 l. 1/4 de Lure. Pop. 1,900 hab.

D'Aillevillers dépend la forge de Chaudeau, renfermant une fabrique de fer-blanc et de tôles noires, une tréfilerie, sept paires de cylindres cannelés pour l'étirage du fer, et deux paires de laminoirs à tôle par la méthode anglaise.

ANJEUX. Village situé à 9 l. 3/4 de Lure. Pop. 480 hab. On y voit une église dont la tradition fait remonter la construction au XIIe siècle, et les vestiges d'une voie romaine.

BRESSON (SAINT-). Village situé à 8 l. 1/4 de Lure. Pop. 1,660 hab. — Belle papeterie, regardée comme un des plus importants établissements de ce genre que possède la France; elle occupe 200 ouvriers.

CHAMPAGNEY. Village situé à 4 l. 1/2 de Lure. ☞ de poste. Pop. 3,139 hab.

On exploite sur le territoire de cette commune une mine de houille découverte en 1756, qui s'étend aussi sur celui de Ronchamp, et qui est remarquable par sa grande puissance. Elle se compose de deux couches à peu près parallèles et séparées l'une de l'autre par un espace de quinze mètres. La plus voisine de la surface est la seule qui ait été jusqu'ici l'objet d'une exploitation suivie. La houille est d'un noir éclatant, se brise aisément en fragments cuboïdes, se gonfle et se colle au feu, s'allume assez facilement, et brûle avec une flamme brillante, vive et légère. La quantité de houille extraite annuellement s'élève à plus de 300,000 quint. mét., qui sont vendus aux maîtres de forges de la Haute-Saône et des Vosges, aux fabricants de l'Alsace, ou au détail. L'extraction se fait par un premier puits, au moyen d'une machine à vapeur de la force de 14 chevaux; par un second puits, au moyen d'une machine à molettes mue par 3 chevaux; et par deux galeries débouchant au jour, au moyen de brouettes. Six cents ouvriers sont employés aux différents travaux de la houillère, non compris les voituriers, dont le nombre peut être évalué à 200.

CLAIREGOUTTE. Village situé à 3 l. de Lure. Pop. 600 hab. — *Fabriques* d'eau de cerises de première qualité, de toiles de coton, de poterie commune. Blanchisserie de toiles. Moulins à foulon.

CONFLANS. Village situé à 9 l. 1/2 de Lure. Pop. 850 hab. C'était autrefois un bourg entouré de murs dont il reste encore une ancienne porte. — *Fabriques* de chapeaux de paille. Papeterie. Exploitation de minerai de fer dans lequel se trouve un grand nombre de belles pétrifications.

FALLON. Village situé à 7 l. 1/2 de Lure. Pop. 500 hab. On y voit un château qui, par sa distribution intérieure, son parc, les jardins et les vergers qui l'entourent, offre un séjour des plus agréables. — Haut fourneau.

FAUCOGNEY. Petite ville située près

de la Voivre, à 6 l. de Lure. Pop. 1,531 hab.

Faucogney paraît avoir une origine fort ancienne : ce fut le chef-lieu d'une terre dont les seigneurs prenaient le titre de sires de Faucogney, de vicomtes de Vesoul, et dont la naissance était si illustre, que Jean III de Faucogney épousa Isabelle de France, fille de Philippe le Long. Cette ville était environnée d'un rempart très-élevé, d'un fossé, et avait un château où le roi d'Espagne mettait garnison. Il existe encore quelques parties de ces fortifications, démolies pendant les guerres qui précédèrent la conquête de la province; on y voit aussi une ancienne tour, qui sert de prison, dont la couverture porte le millésime de 1015. En 1674, le marquis de Resnel prit Faucogney d'assaut, après deux ou trois jours de siége, pendant lequel les bourgeois et la garnison donnèrent des preuves de la plus grande bravoure.

Faucogney est situé au pied de rochers escarpés, à l'extrémité d'une prairie arrosée par les eaux du Breuchin. Les baigneurs qui fréquentent les eaux de Luxeuil vont ordinairement visiter ce riche et joli vallon. Sur le sommet d'une montagne élevée qui domine le territoire de la ville, il existe une église antique sous l'invocation de saint Martin, où l'on voit une cloche d'une grosseur remarquable.

Fabriques d'eau de cerises de première qualité, de toiles de coton. Exploitation d'excellentes pierres à rasoirs. Tanneries.

FOUGEROLLES. Bourg situé à 7 l. 1/2 de Lure. ✉ ☙ Pop. 5,785 hab., dont 1,100 seulement appartiennent à Fougerolles proprement dit; le surplus est réparti dans douze autres sections de cette commune. — Distillerie d'eau de cerises. Brasserie. Teinturerie.

GOUHENANS. Village situé à 3 l. de Lure. C'était autrefois un bourg clos de murs et de fossés, dont il existe encore une porte et les ruines d'un château fort. — Exploitation de houille. Banc de sel gemme mélangé d'argile, non exploité.

GRANGE-LA-VILLE et **GRANGE-LE-BOURG.** Villages situés à 9 l. 3/4 de Lure, dont la population réunie est de 2,000 hab.

La baronnie de Grange-la-Ville et Grange-le-Bourg était une des premières du comté de Bourgogne, et appartenait au duc de Würtemberg. Grange-le-Bourg était une place forte où il y avait toujours garnison. Ces forteresses essuyèrent plusieurs siéges; mais il n'y en eut point de plus ruineux que celui du bourg, en 1477, époque où les Autrichiens s'en emparèrent, le saccagèrent, et abattirent les fortifications. Le château résista. Le bourg devint encore, en 1636, la proie de Galas, qui y leva de fortes contributions, et qui par là jeta les bourgeois dans une détresse dont ils se ressentirent longtemps. Louis XIV fit démolir les tours et les fortifications qui existaient à Grange; cependant il en reste encore des vestiges, entre autres deux portes des murailles; les fossés qui ceignaient le bourg et son château subsistent également.

HÉRICOURT. Petite ville située à 2 l. de Lure. ✉ Pop. 2,907 hab.

Héricourt est une ancienne petite ville située sur la rive gauche de la Luzenne, qui y alimente plusieurs usines. Elle est irrégulièrement mais proprement bâtie, et l'activité de son industrie est remarquable. Sa population est en grande partie protestante. Il n'y a qu'une église dans la ville; les catholiques célèbrent leurs offices dans le chœur, et les luthériens assistent à leurs cérémonies religieuses dans la nef.

L'ancien château des seigneurs du lieu existe encore, ainsi que quelques autres vieilles et curieuses constructions. Héricourt jouissait jadis de plus d'importance, mais de moins de bien-être qu'à présent, et fut souvent l'objet de contestations entre les maisons d'Ortembourg et de Neufchâtel, qui s'en disputaient la possession. En 1425, l'évêque de Bâle, aidé de quelques seigneurs, en fit le siége et le ruina. En 1475, il fut assiégé par l'armée du duc Sigismond, formée d'Allemands et de Suisses; le seigneur d'Héricourt, Thiébault, de Neufchâtel, s'avança pour secourir la place, et perdit inutilement 2,000 hommes en cherchant à y jeter du secours. Les bourgeois, réduits à l'extrémité, furent obligés de se rendre, vie et bagues sauves. En 1561, les ducs de Würtemberg, princes de Montbéliard, firent l'acquisition d'Héricourt; un grand nombre de familles protestantes s'y établirent alors, et introduisirent l'industrie qui distingue ce canton.

Fabriques de toiles peintes, bonneterie, mouchoirs. Filature de coton. Teintureries. Tanneries et chamoiseries.

LOUP (SAINT-). Petite ville située sur la rive droite de l'Angronne, à 7 l. 1/2 de Lure. Pop. 2,663 hab.

Le premier nom de cette ville fut *Grannum;* c'était un *castrum* que les Romains avaient bâti sur les frontières des Vosges pour tenir en bride les belliqueux Angrons, dont le territoire s'étendait jusqu'à la Saône. Plus tard, ce castrum devint une forteresse vaste et capable d'une longue résistance. Ses habitants, qui en formaient la garnison, y osèrent braver la fureur d'Attila; mais ils furent victimes de leur courage et massacrés après la prise de leur ville. Quelques-uns s'étaient sauvés dans les bois, d'où ils revinrent ensuite relever leurs habitations. — Après la mort de saint Loup, évêque de Troyes, qui avait su arrêter les progrès d'Attila, les habitants de *Grannum* prirent ce saint pour patron et donnèrent son nom à leur ville. Cependant il ne les préserva ni des Bourguignons ni des Sarrasins, qui y renouvelèrent les cruautés d'Attila. — Après diverses guerres non moins acharnées, Saint-Loup, qui appartenait au duc de Bar, fut assiégé en 1450 par Thiébaud, duc de Bourgogne. Malgré l'intrépidité de la défense, la ville et le château furent pris et abandonnés à la rage des vainqueurs. Tout y périt : les habitants et les maisons disparurent dans les flammes. Une ville et une population nouvelle éprouvèrent en 1475 la colère de Charles le Téméraire. Lorsque Louis XI s'empara des deux Bourgognes, Saint-Loup devint pays de surséance, et dut à cette espèce d'indépendance une période de calme et d'amélioration. Bien que la ville ne fît pas partie de la Franche-Comté, Louis XIV s'en empara par un coup d'autorité, y mit garnison et lui donna le titre de ville. Elle est restée à la France depuis ce temps.

Saint-Loup est situé au pied des Vosges, au milieu de paysages pittoresques et au bord d'une plaine arrosée par la Seymouse, l'Angroune et le Combeauté. — *Fabriques* de droguets, de chapeaux de paille, de glu renommée. Filature hydraulique de laine. Brasserie. Huileries. Tanneries et mégisseries. — Entrepôt important des eaux-de-vie de cerises qui se distillent dans le canton.

LURE. Jolie petite ville. Chef-lieu de sous-préfecture. Tribunal de première instance. Société d'agriculture. Collège communal. ✉ ☞ Pop. 2,847 hab.

Suivant Perreciot, Lure existait déjà sous l'empire romain. Sa position sur la voie romaine de Luxeuil à Mandeure, et la grande quantité de tuiles antiques trouvées dans son territoire, donnent quelques présomptions favorables à l'opinion de ce savant. Il est du moins certain qu'il y avait déjà une église à Lure en 610, quand saint Déile ou Déicole, disciple de saint Colomban, vint fonder une abbaye dans le voisinage de cette ville.

En 870, Lure était une ville assez importante pour qu'il en fût fait mention dans le partage qui eut lieu entre Charles le Chauve et Louis le Germanique. C'était une ville forte au XIVe siècle. Elle souffrit plusieurs fois le pillage et l'incendie durant les guerres qui précédèrent la conquête de Louis XIV; ce monarque s'en empara le 1er juillet 1674.

Lure est située au milieu d'une plaine vaste et marécageuse. Le terrain sur lequel s'élève la ville est presque entièrement entouré de marais. Les routes royales de Paris à Bâle et de Besançon aux Vosges traversent la principale rue; une belle avenue de peupliers sur la route d'Alsace, sert de promenade aux habitants. — On remarque dans la grand'rue plusieurs grandes maisons, assez mal alignées. Le collège est un bâtiment spacieux et imposant; un bel édifice situé à l'une des extrémités de la grand'rue, doit réunir la mairie, le théâtre, et le tribunal. L'église paroissiale, peu remarquable à l'extérieur, est intérieurement décorée avec goût.

Fabriques de bonneterie, tissus de coton, chapeaux de paille. Tanneries.

À 7 l. de Vesoul, 94 l. de Paris. — *Hôtels* de l'Écu de France, des Voyageurs, de la Clef d'or, de la Couronne, de la Cigogne.

LUXEUIL ou **LUXEU.** Ancienne et jolie ville. Chef-lieu de canton. Collège communal. École ecclésiastique. ✉ ☞ Pop. 3,570 hab.

On est porté à croire que Luxeuil doit son origine à ses eaux minérales, déjà célèbres avant l'invasion des Gaules par Jules César, puisque ce conquérant ordonna à son lieutenant Labiénus de réparer les thermes de Luxeuil, ainsi que le prouve l'inscription suivante, tirée des ruines des anciens thermes en 1755, et conservée à l'hôtel de ville :

```
       LIXOVII . THERM .
   REPAR . LABIENUS .
    IVSS . C . IVL . CÆS .
              IMP
```

Luxeuil, à cette époque, était rangé parmi les villes du second ordre. Elle conserva sa réputation et son importance jusqu'au temps où Attila la détruisit de fond en comble; ses monuments, qui furent alors tous renversés, et qui, après être restés longtemps ensevelis sous les décombres, sont exhumés journellement, attestent son ancienne splendeur. Luxeuil resta désert jusqu'au VIIe siècle, que saint Colomban, Irlandais de naissance, vint y fonder un monastère célèbre, qui existait encore en 1789. Au VIIIe siècle, les Sarrasins massacrèrent la population de la ville et les moines de l'abbaye. Charlemagne rétablit ce monastère qui devint le plus considérable de toute la Bourgogne. En 888 et en 1201, l'abbaye fut de nouveau dévastée. Cependant de son école sortirent les hommes les plus instruits et les prélats les plus distingués du temps. Luxeuil, plusieurs fois saccagé, fut fortifié et soutint plusieurs siéges, entre autres en 1644, contre Turenne, et en 1674, contre Louis XIV; tous les deux s'emparèrent de la ville.

La ville de Luxeuil est située au pied des Vosges, à l'extrémité d'une plaine fertile qu'arrosent les eaux rapides de la Lanterne et du Breuchin; de vastes forêts couvrent le pays au nord; du sud à l'ouest la perspective est un riant paysage. Cette ville n'est séparée de la commune de Saint-Sauveur que par le Breuchin, qu'on traverse sur un beau pont; c'est une ville bien bâtie, où l'on voit plusieurs belles maisons, des rues propres et ornées de fontaines. L'hôtel de ville, la maison claustrale des ci-devant bénédictins, et le collège, sont des bâtiments remarquables.

EAUX THERMALES DE LUXEUIL.

Les eaux salines thermales, connues dès la plus haute antiquité, ont conservé à Luxeuil une partie de la célébrité dont elles jouissaient autrefois. Aujourd'hui, les différentes sources sont distribuées dans un vaste et superbe établissement thermal, situé à l'extrémité nord de la rue des Romains, au milieu d'un vaste jardin d'agrément et de promenades délicieuses. Une superbe grille isole le grand parterre, qu'il faut traverser pour arriver à l'édifice thermal, dont l'architecture noble et sévère annonce au baigneur qu'on s'est occupé, dans ce lieu, de pourvoir à son bien-être.

L'établissement renferme cinq bains : le bain des Dames, le bain des Hommes, le bain Neuf, le grand Bain ou des Étuves, et le petit Bain ou bain des Cuvettes. Il y a de plus, vingt cabinets de bains qui contiennent cent baignoires, dont vingt en pierre, et sept douches.

Outre les sources salines thermales, il y a deux autres sources d'eaux minérales, dont une est ferrugineuse et l'autre savonneuse.

SAISON DES EAUX. La saison des eaux commence le 15 mai et finit ordinairement le 15 octobre. La ville renferme un grand nombre de maisons propres et bien tenues, où trois cents étrangers peuvent trouver à se loger commodément. La vie y est à très-bon marché. Il y a un très-beau salon de réunion où l'on donne plusieurs bals par semaine. Les bois des environs sont bien percés, et offrent d'agréables promenades. Le nombre de malades qui fréquentent les eaux est annuellement de 5 à 600.

PROPRIÉTÉS PHYSIQUES. Les eaux thermales de Luxeuil sont limpides, onctueuses au toucher, d'une saveur astringente. Voici la température des sources :

Bain des Dames............ 34° R.
Bain des Hommes.......... 29
Bain Neuf................. 32
Grand Bain............... 35
Petit Bain................. 33 1/2
Source ferrugineuse......... 19
Source savonneuse.......... 32

PROPRIÉTÉS CHIMIQUES. Les eaux de Luxeuil contiennent, en petite quantité, du carbonate, du sulfate et du muriate de soude, des carbonates de chaux et de magnésie, de la silice et de l'oxyde de fer. Elles déposent sur les parois et au fond des bassins une substance onctueuse d'un brun grisâtre, qui leur donne un aspect vernissé.

La source ferrugineuse contient en excès de l'oxyde de fer tenu en dissolution par l'acide carbonique.

PROPRIÉTÉS MÉDICINALES. On administre les eaux de Luxeuil dans les rhumatismes chroniques, dans les paralysies, les longs catarrhes, les altérations des viscères abdominaux, dans quelques maladies nerveuses, etc. Comme elles sont moins excitantes que celles de Plombières, elles conviennent aux personnes d'une constitution frêle et délicate.

L'eau de la source savonneuse est prescrite avec avantage dans la phthisie pulmonaire, le crachement de sang et la dyssenterie.

MODE D'ADMINISTRATION. On fait usage des eaux de Luxeuil en boisson, et sous forme de bains, d'immersion, de bains de vapeur et de douches.

MAGNY-VERNOIS (le). Village situé à 3/4 de l. de Lure. Pop. 520 hab. C'est la patrie de Desault, un des plus habiles chirurgiens dont s'honore la France.

MELISSEY. Village situé sur l'Ognon, à 3 l. de Lure. Pop. 2,208 hab. — *Fabriques* de bonneterie, de toiles de coton, et de fromages dits têtes de moine.

PLANCHER-LES-MINES. Village situé à 7 l. 1/2 de Lure. Pop. 1,201 hab.

On trouve sur les hauteurs de Montanjeux, entre Fresse et Plancher, un granite rouge semblable au granite d'Égypte; et à l'est de ce dernier village, le porphyre violet, belle variété, qui est dure, compacte et susceptible de recevoir un très-beau poli. Il existe aussi dans la commune de Plancher-les-Mines sept filons de minerais de plomb, de cuivre, d'argent et d'or, qui furent exploités longtemps avec avantage. L'exploitation cessa en 1760, à cause de l'insuffisance des fonds des entrepreneurs et de la mauvaise direction des travaux.

Plancher, dont l'origine ne remonte guère qu'au milieu du siècle dernier, a été bâti par les ouvriers qui étaient employés à l'exploitation des mines dont on vient de parler. Leurs industrieux descendants, ne pouvant vivre du produit d'un sol ingrat et couvert de neige pendant six ou sept mois de l'année, se sont successivement créé les moyens de subsistance qu'ils trouvent dans leur industrie.

Sur une des montagnes qui dominent Plancher, est une chapelle dédiée à saint Antoine des Froides-Montagnes.

Fabriques de vis à bois, quincaillerie, serrurerie, objets en laiton, carrés de montres. Filature de coton. Papeterie.

SAULNOT. Village situé à 12 l. de Lure. Pop. 800 hab.

Saulnot possédait une saline alimentée par deux sources, connues dès le XIIe siècle, qui fournissaient journellement 616 kilogr. de sel. Cette saline est aujourd'hui inactive. — Mines de fer exploitées.

SAULX. Village situé à 6 l. de Lure. Pop. 1,329 hab. On y voit une église d'architecture gothique dont la construction date de 1101.

SELLES. Village situé sur le Coney, qui est navigable, à 12 l. de Lure. Pop. 989 hab. — *Fabrique* de merrain. Exploitation des carrières d'excellentes meules à aiguiser. Construction de bateaux.

SERVANCE. Village situé à 6 l. de Lure. Pop. 4,800 hab. On exploite sur son territoire un amas de minerai de fer des plus remarquables par sa grande puissance (20 mètres) et par sa richesse. C'est un fer oligiste le plus souvent écailleux, quelquefois argilifère, et parfois manganésifère, qui renferme quelques nids de baryte sulfatée, des veines de fer spathique et des géodes tapissées de cristaux de chaux carbonatée, nacrée.

VAUVILLERS. Bourg situé au pied des Vosges, à 12 l. de Lure. Pop. 1,191 hab.

Ce bourg fut saccagé et entièrement consumé par les flammes lors de l'invasion de Tremblecourt en 1595. Il fut érigé en duché pairie pour le maréchal de Clermont-Tonnerre, après avoir été possédé souverainement par les maisons de Lenoncourt, de Beaufremont et du Chatelet.

VILLERSEXELLE. Bourg bâti dans une situation fort agréable, sur l'Ognon, à 5 l. 1/4 de Lure. ✉ Pop. 1,429 hab.

Villersexelle avait un chapitre dont la fondation datait de 1418. On y voit un magnifique château bâti dans la plus riante situation, et environné d'un beau parc; c'est la propriété de M. le duc de Grammont, membre de la chambre des députés, dont la famille a fondé et doté à Villersexelle, en 1769, un hôpital desservi par des sœurs hospitalières. De ce château on aperçoit le sommet de la montagne de Grammont, où l'on remarque les ruines imposantes de l'ancien château de Grange, souche de la famille des Grammont. Non loin de là, se trouve l'abbaye du Vieux-Croissant, fondée par la même famille, à qui la ville de Besançon doit la construction de l'archevêché, du grand séminaire, et de plusieurs autres établissements.

Fabriques de bonneterie. Haut-fourneau. Forges et fenderie.

VY-LEZ-LURE. Village situé à 1 l. de Lure. Pop. 1,217 hab. — *Fabrique* de mousseline unie et brodée, qui occupe 4 à 500 ouvriers.

FIN DU DÉPARTEMENT DE LA HAUTE-SAÔNE.

IMPRIMERIE DE FIRMIN DIDOT FRÈRES ET Cie,
RUE JACOB, N° 56.

CHÂTEAU DE VILLERSEXEL.

ANCIEN CHÂTEAU DE BEAUFREMONT.

Guide Pittoresque
DU
VOYAGEUR EN FRANCE.

ROUTE DE PARIS A BALE,
TRAVERSANT LES DÉPARTEMENTS

DE SEINE-ET-OISE, DE SEINE-ET-MARNE, DE L'AUBE, DE LA HAUTE-MARNE, DE LA HAUTE-SAÔNE ET DU HAUT-RHIN.

DÉPARTEMENT DU HAUT-RHIN.

Itinéraire de Paris à Bâle,
PAR PROVINS, TROYES, CHAUMONT, VESOUL ET BÉFORT, 121 LIEUES.

	lieues.		lieues.
De Paris à Charenton	2	Chaumont	4
Grosbois	3	Vesaignes	4
Brie-Comte-Robert	2	Langres	4
Guignes	4	Griffonottes	3
Mormant	2	Fays-Billot	3
Nangis	3	Cintrey	3
La Maison-Rouge	3	Combeaufontaine	3
Provins	3	Port-sur-Saône	3
Nogent-sur-Seine	4	Vesoul	3
Pont-sur-Seine	2	Calmoutier	3
Les Granges	3	Lure	4
Les Grez	3 1/2	Champagney	4 1/2
Troyes	4 1/2	Béfort	4 1/2
Lusigny	3	Chavannes	4
Montiéramey	1 1/2	Altkirch	4
Vendenvre	3	Loch-Würth	3 1/2
Bar-sur-Aube	5	Saint-Louis	4 1/2
Colombey-les-deux-Églises	3 1/2	Bâle	2
Suzennecourt	2		

ASPECT DU PAYS QUE PARCOURT LE VOYAGEUR
D'ESSERT A BALE.

En sortant d'Essert, on jouit d'une belle vue sur une riante et fertile contrée. Dans le lointain, on découvre la gorge et les environs pittoresques de Giromagny. Peu après on est dans le faubourg qui précède la ville de Béfort, où l'on entre par la porte de France. On sort de cette ville par la porte de Brisach, et l'on gravit une côte qui offre de beaux points de vue sur les environs pittoresques de Bâle. Une descente assez rapide conduit au village de Perouse, où l'on exploite des carrières de pierre blanche et des mines de fer. Le pays que l'on parcourt est agréable et varié, mais la route est presque constamment montueuse jusqu'au relais de Chavannes. Au delà de ce village, on monte une côte roide, du sommet de laquelle on découvre les montagnes de la Suisse. Après le Val-Dieu, on jouit d'une vue variée sur un riche et beau pays borné à l'horizon par les montagnes des Vosges. Au delà de Rotswiller, on passe la Largue et l'on parcourt un belle vallée. Un peu plus loin on traverse Dannemarie, gros bourg où l'on remarque u belle église. Après Battestorff, une côte longue et assez rude conduit au sommet d'u montagne d'où l'on descend dans le beau vallon que domine Altkirch. En sortant de cet ville, la contrée devient de plus en plus pittoresque; après avoir gravi une côte d'où l' a une belle vue des Vosges, on descend dans une vallée que domine, à droite, les ruin d'un vieux château; plus loin, on aperçoit la chapelle de Notre-Dame. On entre ensui dans un vallon profond bordé de montagnes, que couronne, à droite, le bois de Klige wald. Peu après, on jouit d'une belle vue sur le prieuré de Saint-Morand. Au delà Tagstorff, on monte une double côte très-escarpée, dite la montagne de Lantau; pl loin, on voit les montagnes boisées qui environnent Ferette, et, après avoir monté u côte rapide, on aperçoit sur une hauteur les ruines pittoresques de l'important château d Landscron, qui s'élève au bord des frontières du canton de Bâle.

DÉPARTEMENT DU HAUT-RHIN.

APERÇU STATISTIQUE.

Le département du Haut-Rhin est formé de la haute Alsace, du Sundgau et de la ré publique de Mulhausen, alliée des cantons suisses. Il tire son nom du cours physique d Rhin qui lui sert de limites du côté de l'Allemagne. Ses bornes sont : au nord, le dé partement du Bas-Rhin; à l'est, le Rhin, qui le sépare du grand-duché de Bade; au sud la Suisse; au sud-ouest, le département du Doubs; à l'ouest, les départements de l Haute-Saône et des Vosges.

La partie méridionale et occidentale de ce département est presque entièrement cou verte de hautes montagnes qui se rattachent au Jura, prennent leur direction vers l nord, forment la chaîne des Vosges et servent de limites à la partie du bassin du Rhi qui appartient à la France. Les montagnes appartenant au Jura ne pénètrent dans le dé partement que par quelques embranchements, dont le sommet le plus élevé est la Chas serale, qui a 1,618 mètres au-dessus du niveau de la mer : cette partie porte le nom d bas Jura, et ne présente d'autres vallées remarquables que celles traversées par l'Ill et l Largue. Les sommets les plus élevés des Vosges sont :

Le ballon de Guebwiller	1,433 mètres.
Le Bœrenkopf	1,400
Le Gresson	1,300
Le Brézouars	1,229
Le ballon d'Alsace	1,071
Le grand Ventron	964
Le Rothenbach	926

Quelques sommets importants, tels que le Hohenech, le Bonhomme, le Tænchel, n'ont pas encore été mesurés.

Ces montagnes grandissent en général graduellement; les plus hautes sont séparées des plaines par des élévations intermédiaires; toutes sont accessibles et couvertes à peu près partout de terre végétale. Sur les plus hauts sommets, la neige séjourne presque toute l'année, mais nulle part la végétation ne disparaît; les sommités et les pentes des mon tagnes inférieures sont couronnées de belles forêts de sapins, de chênes, de hêtres et de châtaigniers, entre lesquels on aperçoit des métairies et des fermes entourées de prairies et de champs fertiles. Les revers des hauteurs méridionales et orientales sont plantés de vignes partout où le sol le permet.

Les Vosges donnent naissance à plusieurs belles vallées remarquables par les beautés de la nature qu'elles présentent, et par l'industrie des hommes qui les vivifient. Les prin cipales sont : le val de Liepvre ou de Sainte-Marie-aux-Mines; la vallée de Ribauvillé, vivifiée par de nombreuses manufactures; la vallée de la Poutroie, riche en sites pitto-

PETIT ATLAS NATIONAL DES DÉPARTEMENS DE LA FRANCE.

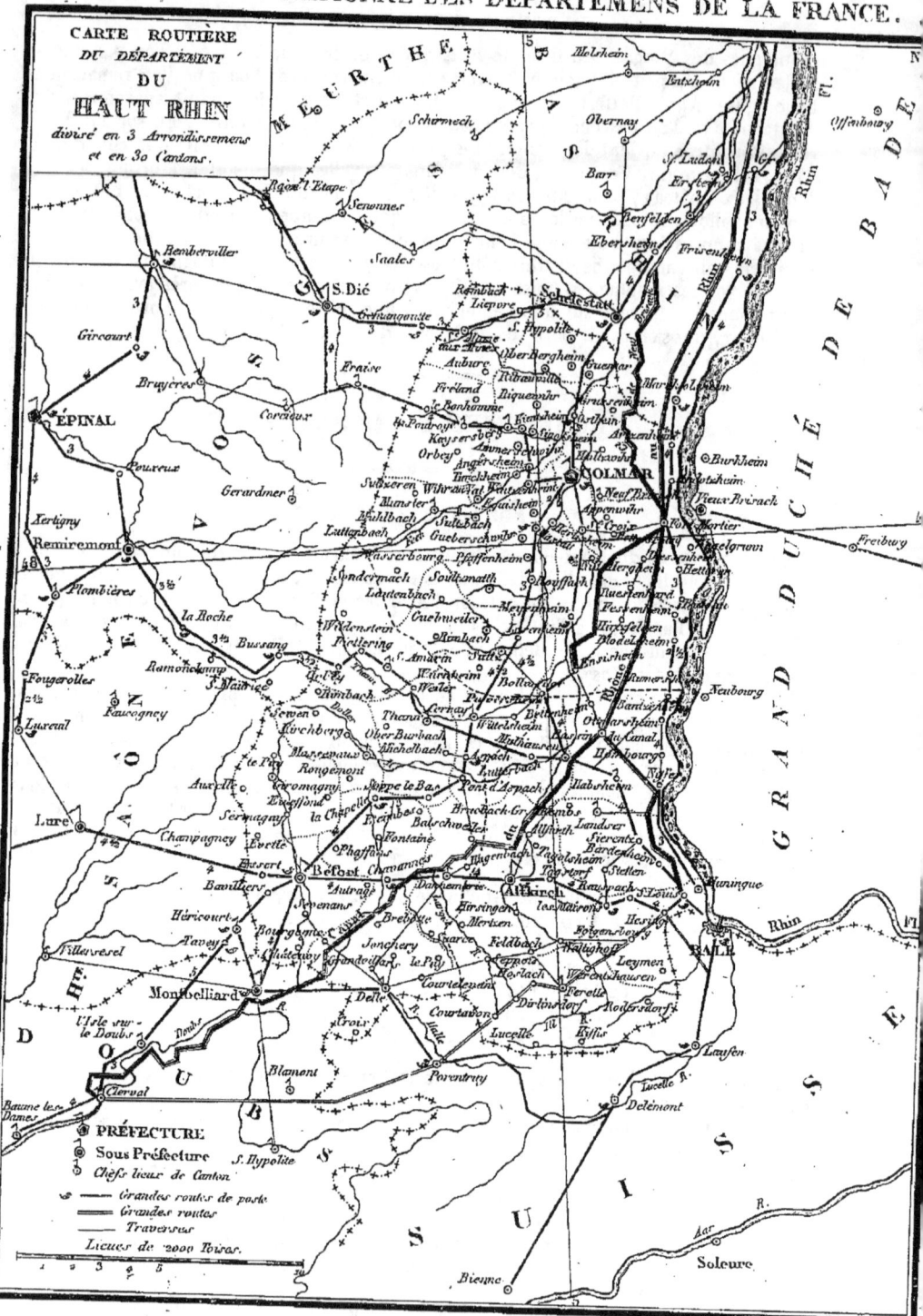

...sques; la vallée de Munster; la vallée de Soulzmatt, qui possède des eaux minérales; vallée de Florival; la vallée de Saint-Amarin, qui renferme de vastes établissements industriels et offre les sites les plus variés; la vallée de Masevaux, riche en beaux pâturages, en vastes forêts, et au fond de laquelle s'élève le ballon d'Alsace; la vallée de Romagny, renommée par ses richesses métalliques. — Les montagnes s'abaissent insensiblement depuis le pied des Vosges jusqu'aux collines de l'arrondissement d'Altkirch. Une plaine fertile s'étend le long du Rhin : traversée par l'Ill, elle est divisée, dans le sens de sa longueur, en deux parties presque égales. Cette vaste plaine, qui constitue environ les deux cinquièmes du département, est généralement fertile et toujours bien cultivée. Le fond du sol est caillouteux, graveleux ou sablonneux, et assez ordinairement recouvert d'une couche de terre végétale, dont la profondeur varie de un pied et demi à trois pieds. La région renfermée entre la rivière d'Ill et la chaîne des Vosges est la plus fertile et la plus importante par la variété et l'abondance de ses productions; la partie qu'on nommait autrefois le Sundgau, approche de la première pour la fertilité; celle comprise entre l'Ill et le Rhin, le long de la forêt de la Hart, produit peu; entre Béfort et Cernay, la fertilité du sol est médiocre. — Les forêts couvrent plus des deux tiers de l'étendue du territoire du département; la plus grande est celle de la Hart, dont la contenance est de 15,372 hectares.

La surface du département se divise à peu près ainsi :

Terres labourables et jardins...... 138,038
Forêts........................ 151,677
Vignes....................... 11,199
Prairies et pâturages........... 81,205
Routes, chemins, rivières, etc... 10,154
Terres incultes, maisons, etc..... 392,257

Le département du Haut-Rhin est arrosé par de nombreuses rivières : le Rhin le borde vers l'est dans une étendue de quatorze lieues, et y cause souvent des ravages terribles lors de ses crues régulières qui ont lieu à la fin de juin, et lorsque ses eaux se gonflent accidentellement à la suite des dégels et des grandes pluies. L'Ill y est navigable depuis le Ladhof, à un quart de lieue au-dessous de Colmar. Les autres rivières les plus considérables sont : la Lièpvrette, la Blind, la Weiss, la Béhine, la Fecht, la Lauch, la Thur, la Largue, la Doller, la Lucelle, la Savoureuse, la Laine, et le Strengbach.

Le Haut-Rhin compte quatre canaux anciens : le Steinbächel, dérivé de la Doller, qui rejoint l'Ill près de Mulhausen; le canal de la Thur, qui rejoint la Lauch sur le ban de Sainte-Croix; le canal de la Fecht, dérivé de cette rivière, qui se réunit à Colmar avec un bras de la Lauch; le canal de Neufbrisach ou de Vauban, dérivé de l'Ill. Un autre canal beaucoup plus important est le canal du Rhône au Rhin, qui vient de Saint-Jean de Losne, passe par Besançon, Montbelliard, Mulhausen, Neuf-Brisach et Strasbourg.

Le climat du Haut-Rhin est tempéré, l'air y est pur et salubre; mais le voisinage des Vosges, du Jura, de la forêt Noire et des montagnes de la Suisse, rendent la température très-inconstante et très-variable. Généralement les hivers sont longs, et l'on est obligé de chauffer les habitations depuis la fin d'octobre jusqu'au commencement d'avril. Les saisons varient selon la hauteur des lieux au-dessus du niveau de la mer; il gèle ordinairement dans les Vosges un mois avant que la gelée se fasse sentir dans la plaine, et le printemps y éprouve aussi un mois de retard; les froids sont en général très-rigoureux dans cette partie du département. Le printemps est ordinairement court. L'été est chaud, les orages y sont fréquents et souvent accompagnés de grêle. L'automne est, en général, très-beau depuis le commencement de septembre jusqu'à la mi-octobre. — Dans la plaine, la chaleur moyenne est de 15 à + 16° R., et le froid de — 6 à 8°. L'élévation moyenne du baromètre est de 27 pouces (744 m.). Il tombe annuellement 28 pouces 1 ligne (760 m.) d'eau dans la plaine; cette quantité s'élève à environ 30 pouces (812 m.) dans les vallées du bas Jura. — Les vents dominants sont ceux de sud-ouest et de nord-est : le premier est humide ou chaud : il amène des pluies et des orages; le vent du nord-est est sec et froid.

Le département du Haut-Rhin a pour chef-lieu Colmar. Il est divisé en 3 arrondissements et en 29 cantons, renfermant 490 communes. — Superficie, 220 lieues carrées. — Population, 424,258 habitants.

DÉPARTEMENT DU HAUT-RHIN.

MINÉRALOGIE. Riches mines d'argent, de cuivre et de plomb. Nombreuses et rich[es] mines de fer; mines d'antimoine, de houille, d'asphalte, de pétrole. Cristal de roche[,] marbre de toutes sortes, porphyre, granit, pierres de taille, gypse, plâtre pour engrai[s,] argile à potier, marne, ocre, etc.

SOURCES MINÉRALES à Soultzmatt, Sultzbach, Blotzheim, Aschpach, Rixheim, Watt[-]willer, et dans plusieurs autres localités.

PRODUCTIONS. Céréales de toutes espèces en quantité plus que suffisante pour les be[-]soins des habitants. Pommes de terre excellentes, bon chanvre, garance, gentiane[,] 11,190 hectares de vignes, produisant annuellement 580,000 hectolitres de vins, don[t] une partie est consommée sur les lieux, et le reste exporté en Suisse et en Allemagne. 142,803 hectares de forêts (chênes, hêtres, sapins). La partie située entre l'Ill et le Rhi[n] est couverte de vastes forêts ; la plus considérable est celle de la Hart, dont la contenanc[e] est de 15,372 hectares. — Deux bonnes races de chevaux, bêtes à cornes d'assez bell[e] espèce ; peu de moutons, beaucoup de chèvres, quantité de porcs, chétives volailles. — Éducation des abeilles.—Bêtes fauves et menu gibier. — Bon poisson d'eau douce (truite et carpes du Rhin).—Culture en grand du merisier pour la fabrication du kirschenwasser[.] Belles pépinières.

INDUSTRIE. Fabriques de draps fins, toiles de lin et de chanvre, siamoises, mouchoir[s,] bonneteries, calicots, toiles et soies peintes, châles imprimés, papiers peints, chapeau[x] de paille, cuirs, maroquins, acides minéraux, potasse, savon, ustensiles de cuisine, f[il] de fer, horlogerie, mouvements de montres, vis à bois, poêles de faïence. Nombreuse[s] filatures de coton et de laine ; teintureries en rouge d'Andrinople ; raffineries de sucre[,] distilleries d'eaux-de-vie de marc, de graines, de cerises, de gentiane, de pommes de terr[e] et de carottes. Hauts fourneaux, forges, martinets, sableries ; papeteries ; tanneries ; ver[-]reries ; poteries ; nombreuses brasseries. — Poudrerie royale.

COMMERCE de grains, vins, eaux-de-vie, kirschenwasser, acier, fer, fonte, toiles pein[-]tes, horlogerie, arbres fruitiers, bestiaux, etc.

VILLES, BOURGS, VILLAGES, CHATEAUX ET MONUMENTS REMARQUABLES CURIOSITÉS NATURELLES ET SITES PITTORESQUES.

ARRONDISSEMENT DE COLMAR.

AMMERSCHWIR ou **AMMERSWEYER**. Petite ville située à 2 l. 1/2 de Colmar. Pop. 2,137 hab. Elle a été formée de la réunion des habitations de plusieurs villages dépendant de trois seigneuries, dont les titulaires conservèrent leurs droits sur la ville, de telle sorte que chacun d'eux était maître d'une porte, avait son bailli et percevait ses redevances. Après les dévastations commises par les Suédois, on y recueillit les habitants de Meywihr.

ANDOLSHEIM. Village situé à 1 l. 1/4 de Colmar. Pop. 1,117 hab.

BAROCHE (la). Village situé à 3 l. 1/4 de Colmar. Pop. 2,014 hab. Il est bâti au pied d'un coteau dont le sommet est couronné par les ruines de l'antique forteresse de Hohenack, dont il reste encore une tou[r] au milieu d'une enceinte circulaire flanqué[e] de bastions. Ce château fut démantelé pa[r] ordre de Louis XIV ; du haut de ses cré[-]neaux on jouit d'une des plus belles vues d[e] l'Alsace.

A trois quarts de lieue de la Baroch[e] sont les ruines de la célèbre abbaye de Pai[-]ris, fondée dans le XIe siècle.

BERGHEIM. Petite ville située à 3 l. d[e] Colmar. Pop. 3,518 hab. Elle est dominé[e] par l'antique CHATEAU DE REICHENBERG[,] vieux donjon dont la tradition ne sait plu[s] que le nom, et dont les archives gardent [à] peine quelque souvenir.

Bergheim est la patrie du peintre Drolling[.] — *Fabriques* de coutellerie et de gross[e] quincaillerie.

BOLLWILLER. Village situé dans un territoire fertile en vins estimés, à 6 l. 1/2 de Colmar. Pop. 1,261 hab. On y remarque les belles pépinières de MM. Baumann, qui occupent une étendue de plus de cent arpents, et renferment un précieux assortiment de vignes recueillies dans tous les vignobles connus. Les serres contiennent les plantes les plus rares de toutes les contrées du globe. — *Fabriques* de calicots. Filatures de coton.

BONHOMME (le). Village situé à 7 l. 1/2 de Colmar. Pop. 1,461 hab. On y remarque les ruines du château de Judenburg; aux environs, on voit une redoute circulaire, appelée fort Galias, dont on ne peut déterminer l'origine d'une manière précise. —*Fabriques* de calicots. Filature de coton. Martinets et fabriques d'instruments aratoires.

BUHL. Village situé à 7 l. 1/4 de Colmar. Pop. 1,155 hab. — *Manufactures* de draps fins. *Fabriques* de calicots. Filature de laine.

COLMAR. Grande, belle et très-ancienne ville, chef-lieu du département. Cour royale d'où ressortissent les départements du Haut et du Bas-Rhin. Tribunaux de première instance et de commerce. Collége communal. Institut des sourds-muets. Bureau et relais de poste. Pop. 15,442 hab.

Quelques auteurs pensent que Colmar fut bâtie sur les ruines de l'ancienne ARGENTOUARIA, où les Romains avaient construit une forteresse que les barbares détruisirent plusieurs fois : mais l'opinion de Schœpflin, qui place Argentouaria à Horbourg, est de plus en plus solidement établie. Sous la monarchie des Francs, Colmar était une cense royale, et devint peu à peu un village, qui fut réduit en cendres en 1106, et rebâti peu de temps après. En 1220, sous Frédéric II, le bailli Wœlfel l'éleva au rang de ville, dont l'enceinte fut agrandie en 1282. Peu après, Colmar devint ville libre impériale. En 1552, elle fut entourée de tours et de fortifications qui furent considérablement augmentées par la suite. Les Suédois s'en emparèrent en 1632. Louis XIV la prit en 1673, et en fit raser les fortifications. Elle a été réunie à la France en 1697, par la paix de Riswick.

Colmar est une ville agréablement située, à une lieue des Vosges, sur les rivières de la Lauch et de la Fecht, dont les eaux font mouvoir de nombreux établissements d'industrie, vivifient de jolis jardins, arrosent les rues où elles entretiennent la propreté et la salubrité. Elle est généralement mal bâtie, et composée de rues irrégulières où l'on voit plusieurs vieilles maisons. On y entre par trois portes : celles de Brisach, de Bâle et de Rouffach. La seule place publique qui mérite d'être citée est celle de la cathédrale, où se tient un marché hebdomadaire fréquenté par les habitants de plus de cent cinquante villages des environs. Des boulevards plantés de beaux arbres entourent la ville et servent de promenades; le champ de Mars, l'ancienne pépinière, l'orangerie et les dehors de la porte de Bâle où se trouvent de beaux jardins et de jolies maisons de campagne, offrent aussi des promenades fort agréables.

L'édifice le plus remarquable de Colmar est l'église cathédrale, ancienne collégiale construite en 1363. La tour a 303 degrés d'élévation : au cent vingtième, se trouve la porte d'une galerie qui fait le tour extérieur de la nef. Dans l'intérieur, on lit une inscription qui rappelle en hébreu, en grec, en latin et en allemand, les horribles ravages de la peste de 1541.

Les autres établissements publics sont le palais de justice; l'hôtel de ville; l'hôtel de la préfecture; l'ancienne maison de ville; le collége, où est placé la bibliothèque publique, riche de 36,000 volumes, et où l'on voit aussi plusieurs tableaux peints sur bois par Martin, Schœn, Alber-Durer et Grünwald; l'institut des sourds-muets; l'hôpital civil et l'hôpital militaire; la salle de spectacle; l'église du collége, bâtie par les jésuites en 1750; l'église des Dominicains, admirable par la beauté de sa nef, qui sert aujourd'hui de halle au blé; l'église de la Trinité, affectée au culte protestant; le musée, où l'on voit un aérolithe pesant 150 livres, et qui en pesait autrefois 260, etc., etc.

Colmar est la patrie du célèbre poëte allemand Pfeffel; du général Rapp, et de l'ancien membre du directoire Rewbel.

Fabriques de draps, toiles peintes, siamoises, impressions sur soie, madras, guingamps, calicots, papiers peints, rubans, bonneterie, etc. Filatures de coton. Tanneries et chamoiseries. — *Commerce* de grains, vins, fer, épicerie, etc.

A 16 l. 1/2 de Strasbourg, 19 l. de Bâle, 117 de Paris. — Hôtels de l'Ange, des Deux-Clefs, du Roi de Pologne, des Trois-Rois.

CROIX-AUX-MINES (SAINTE). Beau

village situé à 11 l. de Colmar. Pop. 3,262 hab. On y remarque une belle église paroissiale, bâtie en 1768. — *Fabriques* de toiles de coton, de bonneterie. Filatures de laine et de coton. Mines de cuivre et de plomb.

CROIX EN PLAINE (SAINTE-). Village situé à 2 l. 1/2 de Colmar. Pop. 1,729 hab.

Il doit son origine à un couvent de femmes fondé par Hugues, comte d'Egisheim. L'empereur Conrad IV le détruisit en 1250. Le comte de Ferrette se rendit maître du château en 1298, et ruina le couvent. Les Armagnacs le prirent en 1444, et saccagèrent les environs.

EGISHEIM. Petite ville située près de la rive gauche de la Lauch, à 1 l. de Colmar. Pop. 2,183 hab.

Cette ville tire son nom d'un château situé au milieu de son enceinte, dont on fait remonter la construction au VIIIe siècle, et dont il reste encore une tour hexagone fort remarquable. A une demi-lieue à l'ouest, on voit sur la cime d'une montagne le CHATEAU FORT D'EGUISSHEIM, appelé vulgairement *Drein Exen*, à cause de ses trois hautes tours carrées que l'on croit avoir été construites au commencement du XIIIe siècle.

Egisheim est la patrie du pape Léon IX.

ENSISHEIM. Jolie petite ville, fort agréablement située sur la rive droite de l'Ill et à la jonction du canal de Neufbrisach, à 6 l. 1/4 de Colmar. ✉ Pop. 2,183 hab.

Ensisheim était autrefois une ville forte, qui fut prise trois fois pendant la guerre de trente ans. On y remarque l'hôtel de ville, ancien et vaste bâtiment; l'ancien collége des Jésuites, converti en une maison centrale de détention pour huit départements; l'église paroissiale, dans laquelle était suspendu autrefois un énorme aérolithe tombé près de la ville en 1492, et transporté au musée de Colmar. — *Fabriques* de calicots et de chapeaux de paille.

GUEBERSCHWIHR. Ancien bourg, situé à 2 l. de Colmar. Pop. 1,635 hab. On y voit encore les restes d'une enceinte; plusieurs maisons sont isolées comme l'étaient au moyen âge les habitations des nobles. L'église est un édifice roman, dont la partie supérieure est moderne; elle renfermait une église souterraine que des reconstructions ont fait disparaître en 1825.

On voit aux environs de ce bourg, sur le SCHAUENBERG, les vastes bâtiments d'un pèlerinage, d'où l'on jouit d'une vue magnifique.

GUEBWILLER. Petite ville située dans une contrée charmante, au pied de riches vignobles, sur la Lauch, à 8 l. de Colmar. Pop. 3,637 hab. C'est une des villes industrielles les plus intéressantes du département, où l'on entre par trois portes. On y remarque l'église collégiale, bel édifice bâti en 1766 par les chanoines de Murbach; le portail est orné de quatre colonnes, et on y monte par plusieurs marches; en face est une belle promenade. L'église de Saint-Léger est un bel édifice du XIe siècle, et porte de magnifiques caractères du style de transition.

La vallée pittoresque qui conduit vers Murbach et Bühl offre sur une élévation les belles ruines du château de Hugstein.

Patrie de Jérôme de Guebwiller, chroniqueur de l'Alsace.

Fabriques de draps, de rubans de soie et de filoselle, de toiles de coton, de produits chimiques. Manufacture de toiles peintes. Filature de coton dans les numéros les plus fins. Construction de machines. Blanchisserie de toiles. Raffinerie de sucre.

GUÉMAR. Petite ville située à 3 l. de Colmar. Pop. 1,488 hab.

HADTSTATT. Bourg situé au pied des Vosges, à 2 l. 1/2 de Colmar. ✉ Pop. 1,228 hab.

On voit dans les environs les ruines de l'ancienne abbaye de Marbach (qu'il ne faut pas confondre avec Murbach), fondée en 1094 par Burcard de Geberschwihr, dont on aperçoit encore la tombe au milieu des décombres. Non loin d'Hadtstatt existent aussi les ruines du château de Hoh-Hadtstatt, détruit par les habitants de Munster en 1466.

HARTMANNSWILLER. Village situé à 7 l. de Colmar. Pop. 1,174 hab. On y remarque le beau château d'Olwiller.

HERRLISHEIM. Petite ville située sur la Lauch, à 2 l. de Colmar. Pop. 1,214 hab. On y remarque un château moderne, construit au XVIIIe siècle sur l'emplacement d'un ancien château surpris et rasé par les habitants de Schelestatt en 1448.

HIPPOLYTE (SAINT-). Petite ville située au pied d'une montagne que couronnent les vastes ruines du château de Hoh-Kœnigs-bourg, à 4 l. de Colmar. Pop. 2,414 hab. — Exploitation de houille.

HORBOURG. Bourg situé sur la rive droite de l'Ill, à 3/4 de l. de Colmar. Pop. 1,147 hab.

Ce bourg occupe l'emplacement de l'antique *Argentouaria*, cité importante, dont on trouve des restes de fondations qui attestent qu'elle a subi plusieurs dévastations; on remarque dans les murailles d'un fort, des fragments de statues, des chapiteaux, des colonnes et jusqu'à des inscriptions, ce qui prouve que ce fort a été construit après un premier désastre.

ISENHEIM. Village situé sur la Lauch, à 5 l. de Colmar. ☞ Pop. 1,214 hab. Filature de coton.

KAYSERSBERG. Ancienne ville libre impériale, située à 3 l. 1/2 de Colmar. Pop. 3,053 hab. Elle est sur la Weiss, au pied d'une montagne où l'on aperçoit les ruines du château de Kaysersberg, qui, sous le règne de l'empereur Frédéric II, était déjà qualifié de vieux château.

A 1/2 l. de cette ville on voit les ruines de l'église d'Alspach, où l'on distingue encore des sculptures fort curieuses.

KIENTZHEIM. Petite ville située au pied des vignobles, sur la Weiss. Pop. 1,214 hab. — Vins excellents.

LIEPVRE. Village situé à 10 l. de Colmar. Pop. 1,893 hab. C'était autrefois une ville que les Armagnacs réduisirent en cendres en 1444.

LUTTENBACH. Village situé sur la rive gauche de la Lauch, à 5 l. de Colmar. Pop. 710 hab. Il y avait autrefois un chapitre, dont l'église est fort remarquable. La chaire à prêcher est surtout digne d'attention : le baldaquin représente saint Michel foudroyant le diable; d'une main il tient une épée flamboyante, et de l'autre une balance. Le diable soulève un des plateaux ; dans l'autre est un personnage qui prie, et dont la ferveur l'emporte sur la puissance du démon.

MARIE-AUX-MINES (SAINTE-). Ancienne et jolie ville, située sur la Liepvrette, à 8 l. 3/4 de Colmar. Conseil des prud'hommes, chambre consultative des manufactures. ✉ ☞ Pop. 9,961 hab.

Cette ville est dans une situation pittoresque, au fond du val de Liepvre, circonscrit par des montagnes élevées couvertes de bois, et au pied de la montagne de son nom, l'un des passages les plus fréquentés des Vosges. Elle est assez bien bâtie, et s'étend entre deux hautes montagnes sur une demi-lieue de longueur. La Liepvrette la partage en deux parties qui avaient deux seigneurs différents : la partie septentrionale appartenait au duc de Lorraine, et depuis 1736 au roi de France : elle était peuplée de catholiques ; la partie méridionale appartenait à la maison de Deux-Ponts et était habitée par des protestants. En 1572, un incendie consuma la partie lorraine, à l'exception de 70 maisons ; 120 autres maisons devinrent la proie des flammes en 1580, et dans la même année 40 maisons de la partie alsacienne furent aussi réduites en cendres.

Le territoire de Sainte-Marie renferme de célèbres mines d'argent, de plomb et de cuivre, qui étaient en grande activité dès 963. Un écrivain qui vivait en 1550, rapporte qu'on en tirait annuellement 6,500 marcs d'argent. Sébastien Munster ajoute qu'on trouva en 1530 et en 1539, dans différentes galeries, des masses entières d'argent natif de deux à trois quintaux ; trois mille ouvriers étaient alors employés à cette riche exploitation.

En 1623 on comptait 23 filons exploités; en 1780 il n'y avait plus que six filons en état d'exploitation, savoir : les filons de plomb dits Saint-Philippe et Surlatte; trois filons d'argent, dits Saint-Guillaume, Saint-Jacques et la Petite Liepvre; et dans la vallée d'Echery, le filon d'argent et de cuivre de Gubengoth. La mine de Surlatte est aujourd'hui la seule en activité : le minerai qu'elle fournit est un plomb sulfuré tenant une once d'argent au quintal ancien; il se trouve par amas fort considérables dans deux filons encaissés dans du gneiss. Les parties de cette mine qui peuvent être exploitées avec le plus d'avantages, se trouvent à l'extrémité des travaux ; une galerie d'écoulement, longue d'environ 10,000 mètres, conduit aux ouvrages d'exploitation, dont les uns sont situés au-dessus du filon du toit, et les autres sont au fond de deux puits d'une profondeur de 40 mètres. Cette mine produit de 30 à 60 quintaux métriques de schlich par mois; elle a donné près de 400 quintaux dans le cours de 1830. Un chemin de fer y a été établi.

Fabriques importantes de bonneterie en

coton, de draps, toiles de coton, siamoises; cotonnades, guingamps. Filatures de laine et de coton. Teintureries en rouge d'Andrinople. Fouleries. Tanneries. Papeteries, etc. — Commerce d'eau de cerises.

MEYENHEIM. Village situé sur l'Ill, qu'on y passe sur un beau pont de pierre, à 4 l. 1/2 de Colmar. ☞ Pop. 757 hab.

MUNSTER. Ancienne ville libre impériale, située au pied du Mönchsberg, sur la Fecht, à 5 l. de Colmar. Pop. 4,340 hab.

Cette ville doit son origine et son nom à un couvent de bénédictins fondé au VIIe siècle. On y voit de belles manufactures entourées de magnifiques plantations.

A un quart de lieue hors de la porte orientale de la ville, existe une belle filature de coton appartenant à M. Jacques Hartmann, qui occupe 1,200 ouvriers. Un aqueduc construit en terre, et dont les bords offrent une promenade agréable, y conduit l'eau de la Fecht, qui y fait mouvoir les grandes roues auxquelles doivent leur mouvement toutes les machines. En face de l'établissement, s'élèvent sur une montagne les ruines du CHATEAU DE SCHWARZENBOURG. M. F. Hartmann, député, a profité du site favorable de ce château, pour transformer, à l'aide du jardinage et de l'architecture, toute la montagne en un séjour délicieux, d'où l'on jouit d'une vue magnifique. Une route fort belle conduit jusqu'au vieux château.

Manufacture de toiles peintes. *Fabrique* de calicots. Filature de coton. Papeterie. Tannerie. Teintureries.

MURBACH. Village situé dans une gorge étroite qui domine le château de Hohenrupf, à 9 l. 1/2 de Colmar. Pop. 245 hab. On voit sur son territoire les ruines de l'abbaye de Murbach, dont les restes occupent tout le fond de la vallée; le chœur et les tours de l'église sont encore debout.

NEUFBRISACH. Jolie et forte ville, située près de la rive gauche du Rhin, sur le canal de son nom, à 3 l. de Colmar. ✉ ☞ Pop. 2,005 hab.

La ville de Vieux-Brisach, qui est en face au delà du fleuve, sur un monticule, passe pour avoir été fondée par les Romains. L'empereur Othon Ier l'assiégea, la prit et la plaça au rang des villes impériales. En 1698, le duc de Weimar s'en empara après un long blocus. Le traité de Munster en ayant assuré la possession à la France, Louis XIV, après la cession du Vieux-Brisach à l'Autriche, chargea Vauban, en 1699, de faire une place de guerre de première classe, et il construisit le Neuf-Brisach. Cette place forme un octogone régulier, toutes les rues sont tirées au cordeau, toutes les maisons d'une construction semblable et de la même hauteur. Au centre est une belle place d'armes carrée, entourée d'arbres, d'où l'on aperçoit les quatre portes de la ville. Les remparts offrent des promenades agréables; de vastes casernes et l'église paroissiale sont les seuls édifices remarquables. C'est la patrie du lieutenant général Brayer. A une lieue de distance est le FORT MORTIER, et sur les bords du Rhin un bureau de douanes.

Fabriques de calicots.

ORBEY. Bourg situé à 6 l. 1/4 de Colmar. Pop. 4,927 hab.

Ce bourg est bâti au pied de la montagne sur laquelle sont les lacs Noir et Blanc, non loin de l'abbaye de Pairis, et à quelque distance du château de Hohenack, qui appartenait à la famille de Ribeaupierre; il fut rasé par ordre de Louis XIV.

PFAFFENHEIM. Bourg situé à 3 l. de Colmar. Pop. 1,842 hab. On y remarque l'église paroissiale, dont le chœur est semblable à celui de l'église des Saints-Apôtres de Cologne.

POUTROYE (la). Bourg situé sur la Weiss, à 5 l. 1/2 de Colmar. ✉ ☞ Pop. 2,025 hab. — *Fabriques* de toiles de coton, siamoises, mouchoirs. Filature de coton.

Au sud-ouest de la Poutroye, sur le Reisberg, dans une contrée déserte et dénuée d'arbres, se trouve le lac Blanc; il a environ une lieue de circonférence et donne naissance à la Weiss, qui sort du lac à travers des blocs de granit. Les bords de ce lac sont accessibles du côté du nord; partout ailleurs il est entouré de rochers escarpés fort élevés; des échos y multiplient les sons à l'infini.

A un quart de lieue au delà du LAC BLANC, en suivant une crête élevée, jonchée de rochers, au haut de laquelle on jouit d'une vue magnifique sur la Lorraine et l'Alsace, on trouve le LAC NOIR, environné de hauts rochers couverts de pins, dont la teinte sombre a contribué à lui donner le nom qu'il porte; ce lac a environ 3/4 de lieue de circonférence.

CHÂTEAU DE SAINT ULRIC,
à Ribeauvillé.

CHÂTEAU DE MORIMONT.

VALLÉE DE MURBACH.

RIBEAUVILLÉ. Ancienne ville, située à 4 l. de Colmar. ✉ Pop. 6,568 hab.

Cette ville est bâtie à l'entrée d'une vallée pittoresque et entourée de beaux vignobles. La cime de la montagne qui s'élève à l'ouest de la ville est couronnée des ruines des CHATEAUX DE RIBEAUPIERRE; plus bas, sur la pente de la montagne, on aperçoit les ruines des deux CHATEAUX DE GIERSBERG ET DE SAINT-ULRIC, bâtis sur des rochers escarpés; une jolie maison de campagne s'élève au milieu des vignes dont le bas de la montagne est couvert: l'ensemble offre un coup d'œil très-pittoresque. Le château de Saint-Ulric, dont la façade immense apparaît au milieu des bois, paraît être une construction du XIVe siècle. Le château supérieur eut une grande importance historique à la fin du XIIIe siècle, et fut successivement assiégé par Rodolphe de Habsbourg et par Adolphe de Nassau.

Ribeauvillé passe pour avoir été bâti au VIIe siècle. Cette ville a quatre portes et se divise en quatre quartiers. A l'endroit le plus élevé de la ville était le château du Prince, démoli en 1819. Au-dessous de son emplacement s'élève une belle église paroissiale où l'on remarque plusieurs monuments et le caveau sépulcral des seigneurs de Ribeaupierre. Le centre de la ville est occupé par un beau bâtiment qui sert d'hôtel de ville. Hors de la porte inférieure est la belle promenade d'Herrengarten.

Au-dessus de Ribeauvillé, on voit les restes les plus considérables de l'antique muraille qui couronne les sommets de la première ligne des Vosges. On suit les vestiges de cette construction, appelée *Heidenmauer* (mur des païens), de la crête de la montagne jusqu'au-dessus de la vallée de Liepvre, c'est-à-dire l'espace de deux lieues. Il n'est point entré de ciment dans cette muraille, et les pierres n'en sont point taillées; elles ont pour la plupart de 13 à 14 pouces de long, sur une largeur et une hauteur de 8 à 10; la muraille elle-même a 6 pieds de large, et ses parties joignent parfaitement; la hauteur de cette muraille est encore dans certains endroits de 8 à 10 pieds.

A une demi-lieue de Ribeauvillé, dans la vallée à droite de la route de Sainte-Marie-aux-Mines, un chemin bordé de peupliers conduit aux ruines de Notre-Dame de Dusenbach, patronne des musiciens de l'Alsace, lieu de pèlerinage autrefois très-fréquenté.

Fabriques de calicots, siamoises, mouchoirs. Filature de coton. Brasseries. — *Hôtels* du Mouton, du Soleil, de la Cigogne.

RIQUEWIHR. Petite ville située sur la Sembach, au pied de montagnes couvertes de vignes, à 3 l. 1/4 de Colmar. Pop. 1,931 hab. On y voit un bel hôtel de ville de construction moderne, sous la porte duquel on passe pour entrer dans la ville. Dans la forêt au-dessus de Riquewihr s'élève la tour du vieux CHATEAU DE REICHENSTEIN, conquis et dévasté en 1269 par les Strasbourgeois et leurs alliés. — A une lieue de Riquewihr et à la même distance de Ribeauvillé, on voit sur une montagne élevée le château de Bilstein, détruit par les Autrichiens en 1635.

ROUFFACH. Petite ville située sur la Lauch, à 3 l. 3/4 de Colmar. ✉ Pop. 3,979 hab.

Cette ville a été assiégée, prise et brûlée plusieurs fois dans les guerres du moyen âge. Elle était presque entièrement détruite, lorsqu'en 1536, Guillaume, évêque de Strasbourg, en entreprit le rétablissement et l'entoura de murailles. On y remarque une église de construction gothique, et la chapelle dédiée à saint Valentin, qui est le but d'un pèlerinage très-fréquenté par les épileptiques. Sur une colline au milieu de la ville était situé le CHATEAU D'ISENBOURG, un des plus anciens de l'Alsace, où ont résidé plusieurs rois de la race mérovingienne.

Rouffach est la patrie du maréchal Lefèvre, duc de Dantzick. — *Fabriques* de tissus et filature de coton.

SOULTZ. Ancienne et jolie petite ville, située à 6 l. 3/4 de Colmar. ✉ Pop. 4,016 hab.

Soultz, où l'on entre par trois portes, est une ville assez bien bâtie, où l'on voit un bel hôtel de ville, et une église paroissiale surmontée d'une flèche élancée d'une forme très-élégante. Aux environs, on remarque sur un rocher le château de JUNGHOLZ.

Fabriques de draps, bonneterie, rubans de soie, savon noir. Blanchisserie de toiles. Tanneries. Papeterie (à JUNGHOLZ).

SOULTZBACH. Petite ville autrefois entourée de murs, située à 2 l. 3/4 de Colmar. Pop. 1,000 hab.

Cette ville, bâtie dans la charmante vallée de Munster, est renommée par ses sources d'eaux minérales. La principale source se trouve à une centaine de pas du bourg, au pied de la montagne d'Oberfeldwald; elle fut découverte en 1603. L'eau sortant de la terre, est reçue dans un réservoir carré, construit en pierre, qu'on peut couvrir à volonté. Ce réservoir a quatre pieds de hauteur, et chacun des côtés a trente pouces de largeur. Ce qui forme une capacité de 25 pieds cubes. Lorsqu'il est plein, il peut contenir 1,800 litres d'eau; toutes les quatre heures, il en découle à peu près une quantité égale. Outre ce réservoir, on voit encore à Soultzbach deux autres sources minérales, dont l'une est appelée sulfureuse, et l'autre fontaine du Bain. Les eaux qui en découlent, vont se joindre à celles d'une petite rivière qui traverse le bourg.

L'eau du grand réservoir est froide et parfaitement claire; tenue dans des bouteilles, elle fait voir un grand nombre de bulles d'air. Elle possède une saveur et une odeur vineuse ou acidule, et affecte agréablement le palais; sa température est de + 8° du thermomètre de Réaumur. Elle ne gèle jamais en hiver, quelle que soit l'intensité du froid. Mêlée au savon, elle le dissout; elle fait plus ou moins effervescence avec les acides, et colore en vert le sirop de violettes, etc.

Ses principes constituants sont, outre une grande quantité de gaz acide carbonique libre, du carbonate de soude, du sulfate de soude, du muriate de soude, du carbonate de magnésie, et une très-petite portion de silice, ainsi qu'il résulte d'une analyse que M. Bartholdi, professeur de physique et de chimie à Colmar, en a faite en 1799.

Ce chimiste y a trouvé lesdits principes dans les proportions suivantes; savoir : sur une cruche de 48 onces de capacité :

Gaz acide carbonique, 55 pouces c. ou 36 gr.
Carbonate de soude............. 30 »
Sulfate de soude................ 10 »
Muriate de soude................ 6 »
Carbonate de chaux............. 5 »
Carbonate de magnésie.......... 4 »
Silice........................... 1 1/2

La source dite sulfureuse est improprement appelée ainsi, car elle ne renferme pas la moindre trace de soufre; ses eaux sont limpides, froides et sans odeur; elles ont seulement un mauvais goût, qui provient probablement de la vase qui s'y amasse.

On ne s'en sert plus aujourd'hui. L'eau d[e] la fontaine du Bain est insipide et froide. Elle n'est employée que pour les bains, e[n] la mêlant avec une pareille quantité d'ea[u] du grand réservoir.

Les eaux de Soultzbach sont apéritives, résolutives, fondantes, absorbantes, stimulantes et toniques. On les prend seules o[u] mêlées avec du lait. Ainsi bues à la source elles peuvent être très-utiles dans les obstructions des viscères abdominaux, dans l[a] jaunisse, les fleurs blanches, la suppressio[n] des règles, l'asthme pituiteux, etc. Les bain[s] en sont particulièrement recommandés au[x] paralytiques, aux hypocondriaques, au[x] personnes affectées de maladies cutanées o[u] de douleurs dans les membres, etc.

SOULTZMATT. Bourg situé à 4 l. 1/[2] S.-O. de Colmar, canton de Rouffach. Pop[.] 3,139 hab. — *Fabriques* de mousseline e[t] filature de coton.

Ce bourg est bâti au pied des Vosges dans une vallée étroite, mais très-agréable arrosée par le ruisseau de Rotbach; elle es[t] renommée par ses eaux minérales et se[s] bains. Plusieurs grandes routes y aboutissent; l'air qu'on respire est très-sain; le[s] malades et les étrangers y trouvent, avec de[s] appartements commodes et bien distribués toutes les choses agréables et nécessaires [à] la vie.

Les sources minérales de Soultzmatt sor[-] tent du pied de la montagne de Heidenberg[.] La principale porte spécialement le nor[m] d'eau acidule; une autre est appelée ea[u] sulfureuse; une troisième, eau cuivreuse[,] et une quatrième, eau purgative; mais ce[s] dénominations sont très-impropres ou plu[-] tôt absolument fausses, car les eaux e[n] question ne contiennent rien des principe[s] d'après lesquels on les a nommées.

Suivant Schenkius, ces sources étaien[t] déjà connues dans le XVe siècle; l'archiduc d'Autriche, Léopold, les fit entourer d'u[n] réservoir particulier, construit en pierre d[e] grès, et plus tard, M. de Spon fit construir[e] à ses frais, à la place des mauvaises cabane[s] qui pouvaient à peine mettre les malades [à] l'abri des injures de l'air, une vaste maiso[n] et un superbe établissement de bains.

La source acidule est la principale et l[a] plus abondante. Elle est assez large, pro[-] fonde, et construite en forme de puits, d'o[ù] l'on tire l'eau par le moyen d'une pompe[.] Les sources dites cuivreuse et purgative sont moins profondes; elles sont à décou[-] vert et entourées d'un réservoir carré e[n] pierre. La source dite sulfureuse forme un puits carré étroit, mais assez profond, dont on puise les eaux au moyen d'une pompe, pour les diriger par des canaux dans les bains. Il y existe encore deux autres sources, dites source d'argent et source d'or, dont on ne fait pas d'usage.

SAISON DES EAUX. On fait usage de ces eaux depuis le commencement de mai jusqu'au mois d'octobre.

PROPRIÉTÉS PHYSIQUES, CHIMIQUES ET MÉDICINALES. Les eaux de toutes les sources sont claires, limpides et douces au toucher. Lorsqu'on les agite, il s'en dégage une multitude de bulles d'air. Elles sont froides, mais on ne les a jamais vu geler en hiver.

Les eaux de la source acidule surtout, sont très-agréables à boire; elles se conservent plus longtemps que les autres, et, renfermées dans des bouteilles bien bouchées, elles se transportent au loin, sans éprouver aucune altération; secouées fortement dans ces bouteilles, elles font sauter le bouchon. Elles possèdent une saveur aigrelette, qui excite une sensation agréable sur la langue et au palais; elles font légèrement effervescence avec les acides, et colorent en vert le sirop de violettes. Les trois autres sources présentent à peu près les mêmes phénomènes.

D'après l'analyse faite en 1799 par feu M. Meglin, célèbre médecin, les eaux de Soultzmatt contiennent du gaz acide carbonique, des carbonates de soude et de chaux, et un peu de bitume. La source sulfureuse contient une petite quantité de gaz hydrogène sulfuré.

En général, les eaux de Soultzmatt ne diffèrent guère de celles de Soultzbach. Suivant M. Bartholdi, elles renferment absolument les mêmes principes, seulement dans une proportion différente. Par conséquent, on est fondé de leur attribuer aussi les mêmes vertus médicales.

Beaucoup de personnes bien portantes aiment à boire ces eaux à la source, surtout pendant les chaleurs de l'été.

La source dite sulfureuse est préférablement employée pour les bains. Ces derniers sont à conseiller dans des affections paralytiques, arthritiques, rhumatismales, dans la gale et autres maladies cutanées, surtout lorsqu'on y joint en même temps l'usage interne des eaux acidules.

TURCKHEIM. Ancienne ville libre impériale, située dans un territoire fertile en excellents vins, sur la Fecht, à l'entrée de la vallée de Munster et à 1 l. 1/4 de Colmar. Pop. 2,739 hab. Elle est célèbre par la bataille que Turenne y gagna sur les Impériaux en 1675. — Papeterie.

WINTZENHEIM. Bourg situé à 1 l. de Colmar. Pop. 3,245 hab. On voit dans ses environs les ruines importantes de HAUT-LANDSBERG, l'un des châteaux les plus considérables de cette contrée, qui fut pris par les Suédois. — Fonderie.

ZELLENBERG. Petite ville située sur une colline plantée de vignes, à 3 l. 1/2 de Colmar. Pop. 468 hab. Elle n'a qu'une porte et une rue principale qui aboutit à l'emplacement où existait un château construit au XIIIe siècle, aujourd'hui démoli.

ARRONDISSEMENT D'ALTKIRCH.

ALTKIRCH. Petite ville. Chef-lieu de sous-préfecture. Tribunal de première instance. Collége communal. Pop. 2,819 hab.

Cette ville, située sur une hauteur dont l'Ill arrose le pied, a été bâtie au XIIIe siècle, par Frédéric II. Les Suédois la ravagèrent pendant la guerre de trente ans. Elle est divisée en deux parties, la ville haute et la ville basse, et séparée par un fossé des restes d'un ancien château, où les ducs d'Autriche faisaient leur résidence pendant leur séjour en Alsace. Ce n'est plus aujourd'hui qu'une ruine, dont la tour principale était autrefois une des plus élevées de la contrée.

Fabriques de poêles de faïence. Brasseries. Tanneries. — *Commerce* de grains, vins, chanvre et bestiaux.

A 13 l. de Colmar, 8 l. de Bâle, 4 l. 1/2 de Mulhausen, 110 l. de Paris. — *Hôtel* de la Tête d'or.

ASCHBACH. Village situé à une demi-lieue d'Altkirch. Pop. 551 hab.

A peu de distance de ce village, dans le vallon de Huntzbach, on remarque une source d'eau minérale, qui coule sans intermission, et exhale une forte odeur de soufre. L'analyse des eaux de cette source n'a point encore été faite. On les emploie en bains, et elles jouissent d'une assez grande réputation pour la guérison des maladies cutanées.

BLOTZHEIM. Village situé à 4 l. 1/2 d'Altkirch. Pop. 2,287 hab. On y trouve une source d'eau minérale ferrugineuse acidule, que l'on regarde comme efficace pour la guérison de plusieurs maladies.

FERRETTE. Petite ville située à 3 l. 1/2 d'Altkirch. Pop. 733 hab.

Cette ville est bâtie sur la pente d'une montagne dont le sommet est couronné par un des plus beaux châteaux du moyen âge, où l'on voit un puits taillé dans le roc, dont la profondeur est, dit-on, de plus de 600 pieds. Les habitants de Bâle l'incendièrent en 1445; les Suédois s'en emparèrent ainsi que du château en 1633.

Non loin du vieux Ferrette, qui semble être un faubourg de la ville, on voit dans une profonde solitude le vieux monastère de Luppach, où Delille vint chercher une retraite en 1793. — *Fabriques* de calicots.

HABSHEIM. Bourg situé à 4 l. 1/2 d'Altkirch. Pop. 1,519 hab. — *Commerce* de vins et de kirschenwasser.

HIRSINGEN. Grand village situé sur la rive gauche de l'Ill, à 1 l. d'Altkirch. Pop. 1,281 hab.

HUNINGUE. Petite et naguère très-forte ville, avantageusement située sur la rive gauche du Rhin, à 7 l. d'Altkirch, et à un quart de lieue de Bâle. ✉ ☞ Pop. 820 h.

Cette ville portait autrefois le nom de Grand-Huningue pour la distinguer du Petit-Huningue, situé sur la rive droite du Rhin. En 1668, Louis XIV la convertit en une place forte importante. En 1797, par suite de la retraite de Moreau, le général Abatucci, après avoir défendu vigoureusement la tête du pont qui avait été construit vis-à-vis de cette place, fut obligé de la rendre aux Autrichiens.

La place d'Huningue soutint un siége mémorable en 1815, et fut prise par capitulation par les Autrichiens, qui de ses remparts firent un monceau de ruines. Les derniers jours qui ont précédé sa destruction, ont été marqués par un des plus étonnants faits d'armes que présente notre siècle, si fécond en événements de ce genre. Bloquée par 25,000 Autrichiens, sa faible garnison, composée de 500 hommes, auxquels s'étaient joints quelques habitants, se défendit avec le plus grand courage. Ce ne fut qu'après douze jours de tranchée ouverte, et après avoir perdu la moitié de ses défenseurs, qu'elle fit une capitulation honorable, d'après laquelle la garnison devait se retirer sur l'armée de la Loire; le lendemain de cette capitulation, une compagnie d'infanterie, deux pelotons de canonniers, cinq gendarmes, ayant à leur tête le général Barbanègre avec ses officiers d'état-major, suivis des blessés, sortirent de la place, tambour battant, en présence de l'armée ennemie et d'une foule immense de spectateurs, étonnés qu'une si faible troupe eût pu faire une défense si extraordinaire, et traiter d'égal à égal avec une armée de 25,000 hommes.

KIFFIS. Village situé près de la montagne de Blochmont, au haut de laquelle on aperçoit les ruines du château de ce nom, à 6 l. d'Altkirch. Pop. 422 hab.

LANDSER. Bourg situé à 4 l. 1/2 d'Altkirch. Pop. 301 hab.

LANDSCRON. *Voy.* LEYMEN.

LEVONCOURT. Village situé à 5 l. d'Altkirch. Pop. 611 hab.

A peu de distance de Levoncourt, on voit sur une hauteur, au milieu du bois, les vastes ruines du CHÂTEAU DE MORIMONT, brûlé par les Suédois pendant la guerre de trente ans. On ignore l'époque de sa fondation; mais il résulte, du titre d'oblation du comté de Ferrette à l'évêché de Bâle, qu'en 1271 il était déjà fort ancien.

LEYMEN. Village situé dans la jolie vallée de son nom, à 5 l. d'Altkirch. Pop. 882 hab.

Non loin de Leymen, sur une hauteur qui domine la vallée, on aperçoit les restes de l'antique CHÂTEAU DE LANDSCRON, dont la destruction est toute récente. L'époque de sa fondation est inconnue; on sait seulement qu'au XIIIe siècle il était une forteresse importante, dont l'empereur Frédéric II s'empara en 1215. Ses ruines couvrent aujourd'hui la colline, et ce n'est pas le temps qui les a dispersées : Landscron a été

MULHAUSEN.

pris et rasé en 1814, par un corps d'armée des étrangers coalisés contre la France, sur soixante conscrits qui manquaient de vivres et qui soutenaient depuis trois jours les efforts de leurs nombreux ennemis.

Au delà de Landscron, en détournant la colline, on remarque une chapelle taillée dans le roc, connue sous le nom de Notre-Dame de la Pierre.

LOUIS (SAINT-). Village situé à 5 l. 1/2 d'Altkirch. Bureau principal des douanes. ☞ Pop. 1,268 hab. — *Fabrique* de chapeaux vernis.

LUCELLE. Village situé dans la belle vallée de son nom, à 6 l. d'Altkirch. Pop. 258 hab. Il y avait jadis une abbaye célèbre de l'ordre de Cîteaux, qui devint la proie des flammes en 1524. Sur une des montagnes qui environnent Lucelle, on voit les belles ruines du château de Loewenbourg, qui appartenait à cette abbaye; plus loin, sur un autre pic, sont les ruines encore plus belles du château de Blomont, brûlé par les Bâlois en 1449. — Forges et martinets. Verreries.

LUTTERBACH. Village situé à 6 l. d'Altkirch. Pop. 1,047 hab. — Manufactures de toiles peintes.

MORIMONT (château de). *Voy.* Levoncourt.

MULHAUSEN. Ancienne et jolie ville, située à 4 l. 1/2 d'Altkirch. Tribunal de commerce. Chambre consultative des manufactures. Conseil des prud'hommes. ✉ ☞ Pop. 13,300 habitants, non compris 7,000 ouvriers, qui y viennent tous les jours des communes voisines.

Mulhausen est une ville ancienne. Le premier titre que l'on connaisse, où il en est fait mention, est une lettre de fondation du couvent de Saint-Étienne de Strasbourg, de l'an 717. Ce lieu dépendait de l'abbaye de Masevaux en 823, et au moyen âge il était peuplé par une nombreuse noblesse. Au XIIIe siècle, plusieurs ordres religieux y érigèrent des maisons. Mulhausen fut élevé au rang des villes sous le règne de Frédéric II. L'évêque de Strasbourg la prit en 1246, et Rodolphe de Habsbourg en 1261. Elle devint ville libre impériale en 1268, et reçut plusieurs privilèges importants. Les aventuriers anglais s'en emparèrent en 1365 et en 1375. Les Armagnacs l'assiégèrent sans succès en 1444. Un an après, la noblesse fut expulsée de la ville, laquelle entra en 1466 dans une ligue avec Berne et Soleure, en 1506 avec Bâle, et fut reçue comme alliée par la confédération helvétique en 1515. Mulhausen renonça à ses rapports avec la Suisse en 1798, et fut incorporé à la France.

Cette ville est agréablement située dans une campagne fertile, au milieu d'une île formée par la rivière d'Ill, sur le canal du Rhône au Rhin. Elle est bien bâtie et ornée de beaux édifices, parmi lesquels on distingue l'église Saint-Étienne, affectée au culte réformé, et qui existait dès la fin du XIIIe siècle; l'hôtel de ville; l'église paroissiale catholique; la synagogue; l'hôpital; l'ancien arsenal; le collège; plusieurs places publiques, de belles maisons et de vastes manufactures. On distingue particulièrement l'établissement fondé par MM. Kœchlin en 1827, à l'instar des établissements de construction de l'Angleterre.

Mulhausen, jusqu'au milieu du siècle dernier, ne s'était occupé que de la fabrication des draps. On n'y connaissait point l'impression sur coton. Ce n'est que vers 1745, qu'un commis nommé Schmalzer, ayant connu ce procédé à Bar-le-Duc, résolut d'en enrichir sa ville natale. Il engagea un bourgeois de Muhlhausen, Samuel Kœchlin, à fournir des fonds; et un peintre, Dolfus, à y coopérer par ses connaissances dans le dessin et le coloriage. — Les descendants de ces trois hommes utiles sont maintenant au rang des principaux et des plus honorables fabricants de Mulhausen. Cette ville est depuis 1800 le centre de l'industrie du département du Haut-Rhin, industrie qui s'est développée avec une rapidité prodigieuse pendant l'espace de vingt et quelques années. Sur un rayon de deux lieues, la population des villages environnants s'est triplée. Les manufactures de cette ville étendent leurs ramifications, non-seulement sur tout le Haut-Rhin, mais encore dans les départements limitrophes. Les toiles et les soieries peintes qui s'y fabriquent, jouissent de la plus grande réputation, et sont très-recherchées par rapport à la solidité et au brillant des couleurs, et par la beauté des dessins qui surpassent tout ce que l'Inde et l'Angleterre offrent de plus parfait en ce genre.

Patrie de M. Kœchlin, ancien député du Bas-Rhin, connu par ses grandes entreprises industrielles, sa bienfaisance, son patriotisme, et les persécutions qu'il souffrit pour la cause libérale.

INDUSTRIE. Manufactures considérables de toiles peintes, regardées comme les plus belles qui se fabriquent en France. Fabriques de draps, percales, toiles de coton, bonneteries, passementeries, chapeaux de paille. — Filatures de laine et de coton; teintureries; maroquineries; brasseries. — *Commerce* de grains, vins, eaux-de-vie, épiceries, draps, toiles peintes, quincaillerie, fer, etc.

OTTMARSHEIM. Village situé à 7 l. 1/2 d'Altkirch. Pop. 900 hab.

L'église de ce village, que l'on croit un temple romain, est un des monuments les plus remarquables du département : ses trente-deux colonnes n'offrent, toutefois, aucun des caractères de celles des temples du paganisme. Cette église est octogone, et offre entre l'enceinte et les piliers une galerie voûtée; dans l'épaisseur des murs sont pratiqués des escaliers qui conduisent à l'étage supérieur. Là s'ouvrent sur la nef huit grands arcs à plein cintre, de 22 pieds de haut, tandis que le rez-de-chaussée n'en a que 14. Ces grands arcs sont ensuite divisés par une multitude de petites colonnes, et au sommet des arcs supérieurs une coupole s'élève et s'arrondit dans de belles proportions. La corniche est entourée de festons semblables à ceux de l'architecture lombarde ou romane. Ce qui paraît dénoter une construction des premiers temps du christianisme.

RIXHEIM. Village situé à 4 l. 3/4 d'Altkirch. Pop. 2,941 hab. On y trouve une source d'eau minérale. — Manufacture importante de papiers peints de M. Zuber.

ARRONDISSEENMT DE BÉFORT.

AMARIN (SAINT-). Petite ville située dans la riante et pittoresque vallée de son nom, près de la rive gauche de la Thur, à 10 l. 3/4 de Béfort. Pop. 1,995 hab. On voit aux environs les ruines du vieux CHATEAU DE FRIEDBOURG, brûlé par les Suédois en 1637, et dont il ne reste plus qu'une tour. Non loin de là, de l'autre côté de la vallée, sont les restes de celui de STOERENBOURG. — *Fabriques* de toiles de coton. Brasserie. Faïencerie. Forges et hauts fourneaux. — *Commerce* de quincaillerie, bestiaux.

BEAUCOURT. Village situé à 6 l. 3/4 de Béfort. Pop. 1,353 hab. — Manufacture d'horlogerie, de vis à bois, de quincaillerie, de peignes à tisser en dents métalliques, de serrures et autres fermetures à pênes circulaires, etc. La manufacture d'horlogerie occupe 8 à 900 ouvriers, et confectionne 1,000 à 1,200 douzaines de mouvements de montres bruts, par mois.

BÉFORT ou **BELFORT.** Jolie et forte ville. Chef-lieu de sous-préfecture. Place de guerre de première classe. Tribunaux de première instance et de commerce. Collège communal. ✉ ☞ Pop. 5,753 hab.

L'existence de cette ville remonte au XIIIe siècle. On y entre par trois portes, celles de Strasbourg et de Bâle, qui donnent entrée à la ville vieille, et la porte Française, bâtie sous Louis XIV, qui communique à la ville nouvelle, formée de rues larges et tirées au cordeau. On y remarque l'église paroissiale construite en 1728; l'hôtel de ville, bel édifice moderne; les trois faubourgs de Giromagny, de Montbelliard et de France. Le château, appelé la Roche de Béfort, et fortifié par Vauban, est bâti sur un rocher qui domine la ville, et date de 1228. Il a été pris et repris plusieurs fois. Le Rhingrave Othon-Louis en chassa les Autrichiens, en 1631; le comte de Suze s'en empara en 1636; mais il fut obligé de le rendre peu de temps après. Béfort a été cédé à la France par le traité de Munster.

Patrie du lieutenant général Boyer, de l'abbé de la Porte.

Fabriques d'horlogerie, cierges, bougie, chapeaux. Brasseries. Tanneries. Forges, tireries de fil de fer, ferblanterie, etc. — *Commerce* de grains, vins, eau-de-vie, kirschenwasser, etc.

A 16 l. 1/2 de Colmar, 16 l. de Bâle, 108 l. de Paris. — *Hôtels* du Sauvage, l'Ancienne Porte, du Canon d'or.

BITSCHWILLER. Village situé dans vallée de la Thur, à 9 l. 1/2 de Béfort. Pop. 1,610 hab. — Filature et tissage de coton. Forges et fonderies de fer. Ateliers pour établissement de toute sorte d'ouvrages en fonte de deuxième fusion.

THANN.

CERNAY. Petite ville située sur la rive gauche de la Thur, à 8 l. 1/4 de Béfort. Pop. 3,416 hab. — Manufacture de toiles peintes. Fabriques de calicots. Filatures de coton. Blanchisserie de toiles. Papeteries. Haut fourneau.

DANNEMARIE. Bourg situé à 3 l. 3/4 de Béfort. Pop. 1,240 hab. — *Fabriques* de cuirs. Teintureries.

DELLE. Petite ville située sur la rive gauche de la Halle, près des frontières de la Suisse, à 5 l. de Béfort. ✉ ♖ Popul. 965 hab.

Delle était autrefois le chef-lieu d'une seigneurie dont il est fait mention en 728. Au XIIIe siècle, elle passa au comte de Montbelliard, et fut cédée à la France par le traité de Munster. Le château de Delle, situé sur un rocher et surmonté de trois tours, fut dévasté en 1674 par les troupes françaises. C'est la patrie du général Schérer.

Fabriques de colle forte.

FLORIMONT. Petite ville située à 6 l. 1/2 de Béfort. Pop. 557 hab. Il est dominé par une colline dont le sommet est couronné par une tour antique, reste d'un château qui date du XIIIe siècle.

FONTAINE. Village situé à 2 l. 1/2 de Béfort. Pop. 342 hab.

GIROMAGNY. Petite ville située au pied des Vosges, à 3 l. 3/4 de Béfort. Popul. 2,166 hab. Cette ville possède des mines d'argent, de cuivre, de plomb, de cobalt, de zinc, d'arsenic, etc., dont l'exploitation est suspendue. — *Fabriques* de calicots. Filatures de coton.

GRANDVILLARS. Petite ville située sur la Halle, à 11 l. de Béfort. Pop. 1,049 hab. — *Fabrique* de vis à bois. Forges et tirerie de fer.

HUSSEREN. Village situé à 12 l. de Béfort. Pop. 692 hab.

De ce village dépend Wesserling, très-beau château élevé au XVIIIe siècle par le prince de Löwenstein. Il est entouré de vastes bâtiments où sont établies des filatures de coton et des manufactures d'indiennes. Cet établissement, situé sur une petite hauteur dans une contrée pittoresque, est le plus considérable de tout le Haut-Rhin et occupe 2,000 ouvriers.

MASEVAUX. Petite ville située sur le Doller, à 5 l. de Béfort. Pop. 3,053 hab. — *Fabriques* de calicots. Filatures de coton. Hauts fourneaux, forges et fonderies.

ROUGEMONT. Village situé à 4 l. de Béfort. Pop. 1,250 hab. Il est dominé par une montagne sur laquelle on voit les restes du château de son nom, d'où l'on découvre une vue agréable et fort étendue.

THANN. Jolie petite ville, située à l'entrée de la vallée de Saint-Amarin, sur la Thur, à 8 l. 1/2 de Béfort. ✉ Pop. 3,937 hab.

Cette ville est bâtie dans une position pittoresque, au pied d'une montagne couronnée par les ruines du CHATEAU D'ENGELBOURG, détruit par les Français en 1674.

Les Suédois s'emparèrent de Thann en 1632, et l'abandonnèrent presque aussitôt. En 1634 et en 1639, cette ville fut prise par le duc Bernard de Saxe-Weimar. En 1674, elle tomba au pouvoir de l'armée impériale brandebourgeoise, et fut prise peu de temps après par les Français.

On remarque à Thann l'église de Saint-Thibaut, magnifique édifice bâti dans le même style que la cathédrale de Strasbourg. La pierre fondamentale en a été posée en 1430, et la belle flèche pyramidale, haute de 300 pieds, a été achevée en 1516.

Patrie de l'évêque constitutionnel Gobel.

Manufactures de toiles peintes. Fabriques de bonneterie, toiles de coton, mouchoirs, amidon, produits chimiques, machines à filer. Filatures de coton. Forges et martinets.

UFFHOLTZ. Bourg situé à 8 l. 1/2 de Béfort. Pop. 1,800 hab. On y remarque les ruines du CHATEAU DE HERRENFLUCH, construit par Jean de Saint-Amarin.

WATTWILLER. Petite ville très-agréablement située au pied des Vosges, à 9 l. de Béfort. Pop. 1,788 hab. En 1376, elle fut occupée par les Anglais; les Armagnacs s'en emparèrent en 1444, et les Suisses en 1468. Les Suédois remportèrent sous ses murs, en 1634, une victoire sur les Autrichiens.

EAUX MINÉRALES DE WATTWILLER.

Wattwiller est célèbre par ses sources d'eaux minérales ferrugineuses acidules froides, qui jaillissent au pied d'un coteau, à quatre cents pas environ à l'ouest de la ville. La source la plus grande et la plus fréquentée est renfermée dans un réservoir en pierre, construit en forme de puits, d'où l'eau coule par des tuyaux de bois dans la maison des bains, où on la fait chauffer pour l'employer à cet usage. L'eau surabondante du réservoir se répand dans les prairies voisines, où elle dépose un limon de couleur jaunâtre.

Les eaux de Wattwiller sont claires, limpides, sans odeur, d'une saveur un peu austère et ferrugineuse. Il s'en dégage continuellement une grande quantité de bulles d'air qui viennent crever à leur surface; elle ne gèle jamais en hiver, quelle que soit l'intensité du froid.

Ces eaux, soumises à l'analyse, ont donné des carbonates de fer, de chaux et de soude, du muriate de soude et de l'acide carbonique libre. On les emploie dans les engorgements des viscères, les suppressions du flux menstruel, la chlorose, les leucorrhées, les rhumatismes rebelles, la roideur et la faiblesse des articulations et des muscles, etc. On en fait usage en boisson et en bains. Le limon ocracé qu'elles déposent, peut aussi être employé avec succès, comme un tonique, contre les humeurs séreuses, le relâchement des tendons et des ligaments, la distorsion des membres, etc.

WESSERLING. *Voy.* HUSSEREN.

WILDENSTEIN. Village situé au fond de la vallée de Saint-Amarin, à 15 l. de Béfort. Pop. 518 hab.

Près de ce village, sur une montagne environnée de toutes parts de précipices, sont les restes de l'immense fort de Wildenstein. Le chemin qui y conduit, est taillé dans le roc, et l'on ne peut s'approcher sans effroi de l'abîme dont il est entouré. De belles voûtes, des fondations éparses, et le chœur d'une chapelle, sont tout ce qui reste de cette forteresse, démantelée par le baron d'Erlach vers 1644.

On voit, à un quart de lieue de Wildenstein, une magnifique cascade formée par la rivière de Thur, qui tombe verticalement de trente pieds de hauteur, d'un rocher couvert de mousse, et forme une double chute fort pittoresque. — Verrerie.

CASCADE DE WILDENSTEIN.

Guide Pittoresque
DU
VOYAGEUR EN FRANCE.

ROUTE DE PARIS A STRASBOURG,
TRAVERSANT LES DÉPARTEMENTS

DE SEINE-ET-MARNE, DE L'AISNE, DE LA MARNE, DE LA MEUSE, DE LA MOSELLE, DE LA MEURTHE, DU BAS-RHIN, ET COMMUNIQUANT AVEC CELUI DES VOSGES.

DÉPARTEMENT DE LA MARNE.

Itinéraire de Paris à Strasbourg,
PAR CHALONS, METZ ET SARREBOURG, 121 LIEUES.

	lieues.		lieues.
De Paris à Bondi............⊠...☞.	3	Verdun....................⊠...☞.	4
Livry......................⊠......	1 1/2	Manheulles................⊠...☞.	4
Villeparisis................⊠......	1 1/2	Harville...................☞.	2 1/2
Claye.....................⊠......	1	Mars-la-Tour..............⊠...☞.	3
Meaux....................⊠...☞.	4	Gravelotte..................☞.	2 1/2
St-J. les Deux-Jumeaux......☞.	3	Metz......................⊠...☞.	4 1/2
La Ferté-sous-Jouarre......⊠...☞.	2	La Horgne..................☞.	3
La Ferme de Paris...........☞.	4	Solgne.....................☞.	2 1/2
Château-Thierry............⊠...☞.	3	Delme.....................⊠...☞.	3
Cresancy..................⊠...☞.	2	Château-Salins............⊠...☞.	3
Dormans..................⊠...☞.	3 1/2	Moyenvic...................☞.	2
Port à Binson..............⊠...☞.	2	Bourdonnay................⊠...☞.	4
Épernay...................⊠...☞.	4	Heming.....................☞.	5
Jaalons...................⊠...☞.	4	Sarrebourg................⊠...☞.	2
Châlons-sur-Marne..........⊠...☞.	4	Hommarting................☞.	2
Somme-Vesle...............⊠...☞.	4 1/2	Phalsbourg................⊠...☞.	2
Tilloy.....................⊠	1	Saverne...................⊠...☞.	3
Orbeval....................☞.	3	Wasselonne................⊠...☞.	3 1/2
Sainte-Menehould..........⊠...☞.	2	Ittenheim...................☞.	3
Clermont..................⊠...☞.	4	Strasbourg................⊠...☞.	3
Dombasle..................☞.	2 1/2		

ASPECT DU PAYS QUE PARCOURT LE VOYAGEUR
DE PARIS AUX GRANDES-ISLETTES.

Le voyageur sort de Paris par le faubourg Saint-Martin, en laissant, à gauche, la Villette, et la route de Senlis; à droite, Belleville et les prés Saint-Gervais. Il passe devant l'église de Pantin, en longeant, à gauche, le canal de l'Ourcq jusqu'à Bondy. Au delà est le château de la Porte, et à la sixième borne celui du Rainey; un peu plus loin, la route traverse la forêt de Bondy, dont l'extrémité forme la limite des départements de la Seine et de Seine-et-Oise, que l'on quitte au bout de deux lieues pour entrer dans celui de Seine-et-Marne, un peu avant Villeparisis, dont on longe le parc du château. A Claye, passage de la Beuvronne et du canal de l'Ourcq, que l'on côtoie à droite jusqu'aux environs de Meaux, où l'on entre par le faubourg Saint-Remy. En sortant de cette ville la route longe la promenade des Amourettes, traverse une belle plaine où l'on passe la Marne; on la côtoie à gauche, en jouissant d'une vue agréable sur les coteaux pittoresques qui bordent cette rivière, que l'on passe de nouveau sur un pont à péage à la Ferté-sous-Jouarre. La direction de la route s'éloigne alors de la Marne un peu avant de passer du département de Seine-et-Marne dans celui de l'Aisne; mais on retrouve cette rivière à Château-Thierry, où on la passe une troisième fois. Au delà du relais de Paroy, village agréablement situé dans la riante vallée de la Marne, on entre dans le département de ce nom, en continuant à suivre le cours de la Marne jusqu'à Épernay. On sort de cette ville par la porte de Châlons, en laissant à gauche la route de Reims, et, à droite, celle de Sézanne; sur la gauche apparaît Aï, si connu par ses vins mousseux, et par la belle côte plantée de vignes que couronne la forêt de Reims. En avançant, on découvre les coteaux d'Avize, du Ménil, d'Oger, de Vertus, si renommés par leurs bons vins. A Jaalons, passage de la Somme-Soude près d'un joli moulin. Au delà, la route franchit et descend plusieurs côtes avant d'arriver à Châlons, où l'on entre par le faubourg de Marne.

On sort de Châlons par la porte Saint-Jean. Après avoir gravi une montée peu rapide et longé le bois du Rochet, d'où la vue est fort étendue, on descend à Notre-Dame de l'Épine, village remarquable par sa magnifique église. Au moulin de Courtisols est une voie romaine, près de laquelle était, dit-on, le camp d'Attila. Pont-de-Somme-Vesle et Orbeval sont deux hameaux après lesquels la route traverse un pays coupé de côtes et de vallons, qui se prolonge jusqu'à Sainte-Menehould, où le voyageur entre par la porte de France, et sort par la porte de Bois. Après avoir traversé l'Aisne, qui entoure la ville et en forme une île, on monte une côte dont le revers conduit dans un vallon où la vue est belle. La route circule ensuite entre des rochers et des précipices, après lesquels apparaît un vallon traversé par la rivière de Biesme, qui sépare le département de la Marne de celui de la Meuse.

DÉPARTEMENT DE LA MARNE.

APERÇU STATISTIQUE.

Le département de la Marne est formé d'une grande partie de la ci-devant province de Champagne, et tire son nom de la Marne qui le traverse du sud-est au nord-ouest, et le divise en deux parties presque égales. — Ses bornes sont : au nord, le département des Ardennes; à l'est, ceux de la Meuse et de la Haute-Marne; au sud, celui de l'Aube; à l'ouest, ceux de Seine-et-Marne et de l'Aisne.

Ce département présente un carré irrégulier et forme une espèce de plateau qui, du centre aux extrémités, ne contient dans sa plus grande partie qu'un sol aride et presque stérile. Telle est l'étendue du terrain que l'on trouve entre Reims, Isles, Sommepuis, Sainte-Menehould, Vitry, Fère-Champenoise, Sézanne, Vertus, Épernay, Aï, et jusqu'au delà de Reims. Dans cette grande plaine on ne trouve presque partout qu'un tuf de craie ou de grève, recouvert de peu ou point de terre, d'environ un pouce d'épaisseur; on y rencontre à peine quelques buissons; les villages y sont rares, et éloignés de quatre à cinq lieues les uns des autres. Cependant, cette grande étendue de terres est bordée de plusieurs parties fertiles : à l'ouest, de Reims jusqu'à Fismes, on remarque un pays plus favorisé de la nature; en partant de Fismes et en traversant la vallée de Noron, le bassin occidental de la Marne, la partie limitrophe des départements de Seine-et-Marne et de l'Aube, nommée autrefois Brie champenoise, jusque vers Anglure, on trouve des terres fortes et profondes. Enfin, le Perthois et la lisière des départements de la Haute-Marne et de la Marne,

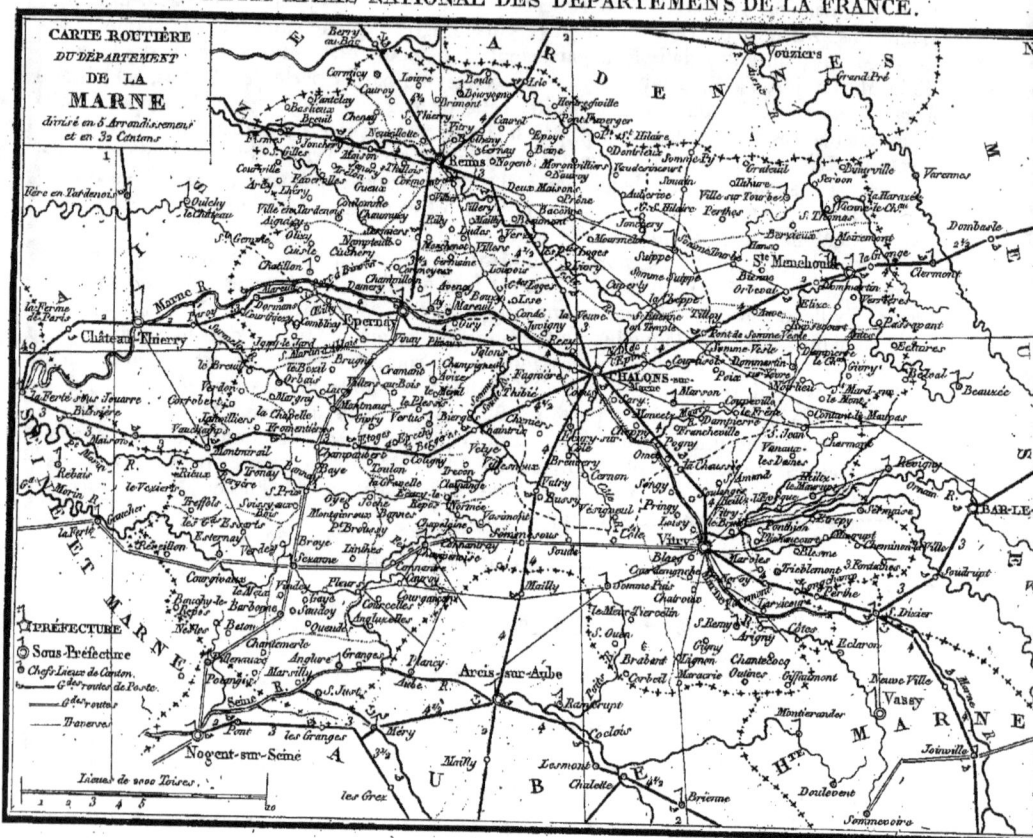

DÉPARTEMENT DE LA MARNE.

depuis Vitry jusqu'à Sainte-Menehould et au delà, en suivant le cours de l'Aisne, présentent un sol heureux et généralement productif.

Dans toute l'étendue du département, on ne voit point de hautes montagnes proprement dites; seulement, aux abords de quelques rivières, il y a des coteaux ou revers qui ne laissent pas d'être escarpés, et dont la pente peut être évaluée de 3 à 400 mètres de hauteur, et dont la longueur est d'environ trois quarts de lieue. Sur les lignes de séparation entre les parties fertiles qui sont à l'est et à l'ouest du département, et la grande étendue maigre de l'intérieur, se trouvent plus particulièrement des côtes de l'élévation dont il vient d'être parlé; mais aucune n'est d'un accès fort pénible : on les monte par des pentes plus ou moins adoucies jusqu'à leur sommet.

Il existe, entre Vitry et Sainte-Menehould, et entre Montmirail et Épernay, un nombre considérable d'étangs, assez poissonneux pour alimenter non-seulement les marchés de Châlons et de Reims, mais encore en partie ceux de Paris : ce commerce se fait par la voie de la Marne; les viviers et les dépôts sont à Châlons. On trouve aussi dans le département, et surtout dans les parties boisées de l'est et de l'ouest, plusieurs marais, dont les plus considérables sont ceux de Saint-Gond : leur superficie est d'environ 350 hectares. On a depuis longtemps essayé de les dessécher entièrement, sans avoir pu encore y parvenir; l'entreprise est cependant praticable, mais les procès continuels dont elle est l'objet, s'opposeront longtemps à sa réussite.

Le département peut se diviser en bassins arrosés par plusieurs rivières, qui presque toutes ont leur cours dirigé de l'est à l'ouest : parmi ces rivières, trois (la Marne, la Seine et l'Aisne) traversent son territoire; cinq (la Suippe, la Vesle, le Mélin, le petit et le grand Morin) y prennent leur source; cinq (l'Aube, la Chée, l'Ornain, la Saulx et la Blaise) y ont leur embouchure, et beaucoup d'autres tout leur cours. — La Marne, l'Aube et la Seine sont les seules rivières navigables. On évalue à 190,000 mètres la partie de leur cours livrée à la navigation. La Saulx et l'Ornain sont flottables sur une longueur de 500,000 mètres.

Le climat du département est en général assez tempéré; l'air y est pur, excepté dans la partie occidentale, où se trouvent les étangs et les marais. Dans la grande plaine, dite Champagne pouilleuse, il est vif et sec, rien n'y attirant et n'y arrêtant l'humidité. La température est sujette à de brusques variations, et, à de certaines époques de l'année, les lieux élevés sont enveloppés de brouillards épais qui gagnent aussi les parties inférieures. — Le pays étant principalement formé d'un plateau découvert, les vents y soufflent alternativement de toutes les directions; néanmoins ceux du nord et du sud y sont les plus fréquents.

Le département de la Marne a pour chef-lieu Châlons. Il est divisé en 5 arrondissements et en 32 cantons, renfermant 693 communes [1]. — Superficie, 420 lieues carrées. — Population, 337,076 habitants.

MINÉRALOGIE. Indices de minerai de fer et de houille. La majeure partie du département n'a guère d'autres carrières que celles de craie. Grès aux environs de Sézanne, Congy, Étoges, Sainte-Gemme, Passy, Vincelles, Châtillon-sur-Marne, Merfé et Brimont. Carrières de pierres meulières, les meilleures de l'Europe, à Saint-Martin d'Ablois, à Vauchamp, à la Ville-Neuve et à Montmirail. Belles pierres de taille dans la montagne de Rilly-lez-Reims, à Florent, près de Sainte-Menehould, à Bergères, à Charleville, près de Dormans, à Hermonville, à Marsilly, etc., etc. Fossiles curieux aux environs de Reims, de Saint-Basle, de Saint-Thierry, de Courtagnon et de Montmirail. Argile à briques et à poterie. Cendres fossiles sulfureuses. Tourbières considérables, etc., etc., etc.

SOURCES MINÉRALES à Sermaize, Ambonnay, Fléchambault, Boursault, Chenay, Hermonville, Rosnay, Baye, etc.

PRODUCTIONS. Toutes les céréales en quantité insuffisante pour la consommation des habitants. Légumes secs de toute espèce. Melons renommés, oignons, champignons comestibles, moutarde blanche, navette. Fruits à pepins et à noyaux. Fourrages naturels et

---

[1]. La division primitive du département en six arrondissements était bien préférable à celle d'aujourd'hui, où l'arrondissement d'Épernay s'étend de la Marne à la Seine; ce qui force les habitants de l'extrémité septentrionale de l'arrondissement à faire plus de douze lieues pour se rendre au chef-lieu.

artificiels.—83,405 hectares de forêts (arbres feuillus et arbres verts); la forêt de Louvois, près de Saint-Basle, renferme plusieurs hêtres fort anciens, offrant une espèce de berceau sphérique, dont toutes les branches sont recourbées de mille manières et présentent une végétation des plus bizarres. — 19,589 hectares de vignes, fournissant annuellement environ 700,000 hectol. de vins justement renommés, dont nous avons indiqué les principaux crus dans la Statistique générale (page 59).—Gibier abondant (sangliers, chevreuils, ortolans, râles de genet, gelinottes). — Bon poisson d'étang et de rivière. — Nombreux troupeaux de moutons mérinos et métis. Éducation en grand des abeilles, etc., etc., etc.

INDUSTRIE. Manufactures de couvertures de laine, de draps, casimirs, étoffes grossières et solides dites enversaus, étoffes pour gilets, mérinos. Fabriques de silésies, flanelles, châles façon cachemires, bonneterie, étamines à bluteaux, surfaix, cuirs, papiers, cartons d'apprêteurs, bougie, chandelles, blanc, savon noir, pain d'épice, huile. Filatures en grand de la laine et du coton. Teintureries; faïenceries; poteries; tuileries; verreries; forges et hauts fourneaux. — Carbonisation du bois par distillation, et fabrique d'acide acétique et pyroligneux. — École royale des arts et métiers.

COMMERCE de grains, farines, vins de Champagne, eaux-de-vie, huiles, graines grasses, épiceries, denrées coloniales, bougies, chandelles, pain d'épice, osier blanchi, blanc, draps, étoffes de laine, tissus, bonneterie, laines peignées, coton filé, couvertures de laine, cuirs, papiers, bois et charbon pour l'approvisionnement de Paris.

VILLES, BOURGS, VILLAGES, CHATEAUX ET MONUMENTS REMARQUABLES; CURIOSITÉS NATURELLES ET SITES PITTORESQUES.

ARRONDISSEMENT DE CHALONS.

CHAINTRIX. Village situé à 5 l. de Châlons. ✳ Pop. 297 hab.—Papeterie.

CHALONS-SUR-MARNE. Grande et très-ancienne ville. Chef-lieu du département. Chef-lieu de la 2ᵉ division militaire. Tribunal de première instance et de commerce. Chambre consultative des manufactures. Société d'agriculture, sciences et arts. École des arts et métiers. Collége communal. Évêché. ✉ ✳ Pop. 12,413.

Châlons est une ancienne cité dont les historiens les plus célèbres ont parlé avec éloge; de ce nombre sont Vopiscus, Eutrope et Ammien Marcellin. Le dernier, qui suivait à la guerre des Gaules l'empereur Julien, nomme Châlons *Catalauni*, et la place entre les belles villes de la seconde Belgique, même avant Reims, sa métropole. Antonin la nomme dans son itinéraire; les anciennes notices des cités et provinces des Gaules lui donnent le troisième rang parmi celles de la Gaule belgique. Les Romains embellirent cette ville et la fortifièrent. Saint Memmie y prêcha le christianisme vers 250, et en fut le premier évêque. En 273, une bataille sanglante eut lieu sous ses murs entre Aurélien et Tétricus. En 963, Herbert et Robert de Vermandois l'assiégèrent et la brûlèrent avec la tour qui en faisait la principale défense. Au Xᵉ siècle, Châlons, qui avait depuis longtemps titre de comté, forma une espèce d'État libre et absolu sous le gouvernement de ses évêques, investis du titre de grands vassaux de la couronne, gouvernement qui dura jusqu'en 1360, époque où le roi Jean réunit le comté de Châlons à la couronne. C'est dans cette ville que Charles VII, accompagné de Jeanne d'Arc, reçut les députés de Reims. Les Anglais tentèrent sans succès de s'emparer de cette ville en 1430 et en 1434. Sous la Ligue, Châlons resta fidèle à Henri III, et garda la même fidélité à Henri IV; le 15 juin 1591, le parlement eut le courage de faire brûler publiquement, par la main du bourreau, la bulle d'excommunication du roi de France, lancée par Clément VIII.

Cette ville est située entre deux belles prairies, entourée de fossés et traversée par deux bras de la Marne, qui la baigne à l'ouest, et que l'on passe sur un beau pont de pierre formé de trois arches très-hardies, de 78 pieds d'ouverture. Elle était autrefois entourée de remparts, aujourd'hui presque entièrement détruits, et est fermée de murs

ENVIRONS DE CHÂLONS.

peu élevés, percés de six portes auxquelles aboutissent six grandes routes : l'une de ces portes, celle de Sainte-Croix, sur la route de Vitry, a la forme d'un arc de triomphe. C'est une ville en général assez mal bâtie, où l'on voit cependant d'assez belles constructions et dont l'ensemble est agréable.

Les édifices et établissements les plus remarquables de Châlons sont :

La cathédrale, dédiée à saint Étienne. Commencée vers l'an 450, sur l'emplacement d'un temple antique, elle fut d'abord dédiée à saint Alpin. Deux incendies la détruisirent en 1138 et en 1238. Un troisième incendie consuma entièrement le chœur et la belle flèche qui le surmontait, en 1668; désastre qui fut réparé en 1672, par la munificence de Louis XIV. On doit à M. Vialart les deux belles flèches de pierre taillées à jour dans toute leur longueur, qui s'élèvent à 36 mètres de haut, avec autant de hardiesse que de majesté. Le corps de l'édifice a 110 mètres de longueur, sur 22 de largeur; prise aux bras de la croix, sa hauteur est d'environ 60 mètres. L'église a trois nefs, dont la plus grande est majestueuse; les voûtes sont soutenues par dix piliers de 4 mèt. 5 cent. de circonférence. Le sanctuaire est d'une beauté remarquable; le maître-autel, surmonté d'un baldaquin que supportent six colonnes de marbre, passe pour un des plus beaux que l'on connaisse en France. Huit piliers ou arcs-boutants, terminés par autant de pyramides sculptées, soutiennent le corps du vaisseau. Le portail, d'architecture grecque et d'ordre corinthien, est majestueux. Les vitraux, quoique ayant beaucoup souffert, offrent encore des parties bien conservées, où l'on remarque, à droite, l'histoire de Jésus-Christ, et à gauche, la création du monde. Sous l'édifice est une crypte que l'on croit antérieure à sa construction.

L'église Notre-Dame, située presque au centre de la ville, fut commencée vers 1157 et achevée seulement en 1322. Elle est d'architecture gothique assez riche, et en partie couverte en plomb. L'intérieur offre des vitraux précieux, et un pavé en mosaïque chargé d'une foule d'inscriptions. Avant la révolution, elle était surmontée de quatre clochers semblables au seul que l'on admire encore aujourd'hui.

L'église Saint-Alpin est un ancien édifice où l'on remarque d'anciens vitraux, où, entre autres sujets, est représenté Attila, que saint Alpin détermine à éloigner son armée des murs de Châlons.

On y voit aussi une chaire à prêcher en menuiserie, qui n'est pas sans mérite.

L'hotel de ville, situé sur la place d'armes, au centre de la ville. C'est un édifice construit en 1772, dont la façade est ornée de huit colonnes, de balustres et chapiteaux d'ordre ionique; le fronton est décoré de bas-reliefs représentant la Ville exploitant les productions de la Champagne. Le péristyle est formé de colonnes d'ordre toscan. Le vestibule, de style ionique, offre les portraits des plus illustres Châlonnais. Aux quatre angles du perron sont quatre lions en pierre, d'une assez mauvaise exécution.

L'hotel de la préfecture, autrefois hôtel de l'Intendance, bâti en 1764. Cet édifice, l'un des plus beaux en son genre qui existent en France, forme une cour carrée dont l'entrée offre une colonnade d'ordre dorique, surmontée de deux groupes de trophées militaires. Le corps principal est d'ordre ionique, et se termine par des balustrades qui masquent une partie des combles; il est situé entre cour et jardin, et a vue sur ce dernier, dont la beauté a d'autant plus de charmes que le cours d'Ormesson, la grande allée de la belle promenade du Jard et les plantations qui se prolongent au bord de la Marne, semblent en être une continuation.

La caserne Saint-Pierre, ancienne abbaye de bénédictins. C'est un vaste et bel édifice orné de corniches, de pilastres et de sculptures d'un fort bon goût. Les deux escaliers en pierre de taille et leurs rampes en fer sont d'une belle exécution; le grand corridor du premier étage a 288 pieds de longueur. Les cours sont vastes et peuvent servir de manège découvert.

On remarque encore à Châlons : le manège; les bâtiments des approvisionnements militaires; la salle de spectacle; l'école royale des arts et métiers, où l'on voit une élégante chapelle d'ordre corinthien; le collège, dont on admire l'église surmontée d'un dôme que termine un campanile en forme de beffroi; la bibliothèque publique, enfermant 20,000 volumes; le cabinet d'histoire naturelle; l'Hôtel-Dieu; le dépôt de mendicité; la magnifique promenade du Jard, qui occupe une surface de 7 hectares 69 ares, que sillonnent 36 allées plantées de 1,788 ormes de la plus belle venue, entre lesquels règnent de belles pelouses de gazon, etc., etc., etc.

Patrie du célèbre astronome la Caille, de Perrot d'Ablancourt, traducteur de plusieurs ouvrages anciens; du lieutenant général Sainte-Suzanne.

Industrie. Fabriques d'espagnolettes, bonneterie en coton, sangles, surfaix, cardés, blanc d'Espagne. Filatures de coton; tanneries et chamoiseries. — École royale des arts et métiers, où 350 élèves sont entretenus aux frais du gouvernement. Ces jeunes gens, destinés à former des chefs d'ateliers, sont instruits dans plusieurs arts et professions mécaniques. — *Commerce* de grains, avoine, chanvre, laine, huile de navette, osiers, vins de Champagne mousseux en pièces et en bouteilles.

A 10 l. 1/2 de Reims, 18 l. 1/2 de Troyes, 42 l. de Paris. — *Hôtels* Morizot, du Palais-Royal, de la Cloche d'or, de la Ville de Nancy, de la Haute-Mère-Dieu, de la Ville de Paris, de la Croix d'or, du Renard, de la Pomme d'or.

CHEPPE (la). Village situé dans une plaine immense, à 3 l. 3/4 de Châlons. Pop. 350 hab.

Entre ce village et celui de Cuperly existent des retranchements auxquels des titres authentiques de dates fort reculées, donnent le nom de camp d'Attila, et où il paraît incontestable que se donna la célèbre bataille où ce roi des Huns fut défait en 451 par Aëtius. Ces retranchements, qui ont été, dit-on, élevés en une nuit, mesurés sur les remparts, ont 1,792 mètres de circonférence. L'espace enfermé dans ce cercle a 243,648 mètres carrés de surface. L'ouverture qui est au sud, et celle où passe le chemin de Cuperly, paraissent avoir été faites par les cultivateurs, pour faciliter l'exploitation des terres labourables enfermées dans cette enceinte.

Deux tombelles éloignées d'un quart de lieue de ce camp, et deux autres pareilles situées sur le territoire d'Auve, paraissent avoir été élevées à la même époque où le furent les retranchements. Ces quatre tombelles, formant chacune un carré de 100 pieds sur 10 de hauteur, ont été fouillées en 1766 et en 1806. Elles renfermaient des fosses de trois pieds de profondeur sur cinq de longueur, contenant chacune plusieurs urnes de terre cuite de forme antique, des cendres, du charbon très-bien conservé, et un couteau de sacrifice.

COURTISOLS. Bourg situé dans une riante vallée, sur la Vesle, à 3 l. de Châlons. Pop. 2,070 hab.

Ce village était, vers la fin du XVIIe siècle, un des plus misérables hameaux de la Champagne; quelques familles s'y fixèrent et y introduisirent d'heureuses améliorations agricoles; grâce à leurs travaux, le pays a complétement changé d'aspect; des terrains qu'on avait jugés stériles se sont couverts de bois; des prairies artificielles ont remplacé de maigres pâturages; les troupeaux s'y sont multipliés; de beaux froments ont remplacé l'avoine la plus chétive; enfin, le territoire de Courtisols est devenu le plus florissant du département, et le village est maintenant cité, pour sa population et sa prospérité, comme il l'était autrefois pour sa misère. Voici le tableau qu'en a fait M. de Jessaint, préfet du département : « En venant de Sainte-Menehould à Châlons, on aperçoit de la route une grande commune appelée Courtisols. Cette commune a environ 10,000 mètres d'étendue. Les maisons y sont espacées, et chaque habitant a autour de lui ses *accins* et partie de son héritage, comme dans le département de la Seine-Inférieure. On prétend que c'est une ancienne colonie d'Helvétiens qui est venue s'établir dans ce canton, et que le jargon qui leur est particulier provient héréditairement de leurs ancêtres. Au reste, on ne peut pousser le génie agricole plus loin que ces industrieux cultivateurs. Ils ont eu l'art de perfectionner les engrais, et ils sont venus à bout de fertiliser un des sols les plus ingrats de la contrée. Ils ne se sont pas contentés d'être habiles colons; à cette première source de prospérité ils ont réuni celle du commerce. Personne n'a peut-être étendu plus qu'eux cet esprit mercantile et spéculateur. On les trouve, on les rencontre partout, même à des distances éloignées. Partout ils s'adonnent à un commerce d'échange, qu'ils exercent avec intelligence et profit. »

ÉCURY-SUR-COOLE. Joli village situé sur la Coole, à 2 l. de Châlons. Pop. 357 hab. — Papeterie.

JAALONS. Village situé à 3 l. 1/4 de Châlons. Pop. 375 hab. — Filature de coton.

L'ÉPINE. Village situé à 2 l. de Châlons. Pop. 450 hab.

Le village de l'Épine doit son origine à une magnifique église que ne manquent pas de visiter les voyageurs qui suivent la grande route de Paris à Metz. On rapporte que vers la fin du XIIIe siècle, un berger trouva dans un buisson une image miraculeuse de la Vierge, que les marguilliers de Melette et de Courtisols transportèrent dans une chapelle voisine; bientôt une infinité de personnes accoururent de toutes les parties de la Champagne, et leurs nombreuses offrandes servirent à la construction de l'église. En 1459, Pierre Robert, curé de Melette, ayant obtenu la translation de son église dans celle de l'É-

NOTRE DAME DE L'ÉPINE.

pine, les habitants de Melette l'y suivirent et fondèrent le village de l'Épine.

Le portail de l'église de Notre-Dame de l'Épine est remarquable par trois vestibules qui lui servent d'entrée. De côté et d'autre de chaque vestibule sont de grandes figures représentant des prophètes et des saints de l'Ancien et du Nouveau Testament, parmi lesquels on remarque la figure de David assis et pinçant de la harpe, et celle de sainte Cécile touchant de l'orgue. Sur le trumeau du vestibule de la principale porte d'entrée est placée la statue de la Vierge, tenant son fils Jésus sur ses bras. Au-dessus de ce trumeau est une grande sculpture, représentant en plusieurs images l'histoire de la naissance de Jésus-Christ et celle de la découverte miraculeuse de la statue de la Vierge dans un buisson ardent, à l'endroit même où est bâtie l'église. Sur la travée au-dessus de laquelle sont les sculptures, on remarque les sujets de la mort et de la résurrection de Jésus-Christ. Sur la travée du vestibule, qui est à la droite du spectateur, est une sculpture représentant, en une seule image, le martyre de saint Sébastien. Toutes ces figures sont parfaitement conservées, étant sous des arcades surmontées chacune d'une pyramide assez élégamment construite, dont celle du milieu, qui est la plus haute et la plus large, porte la figure de Jésus-Christ en croix. Ces trois pyramides sont traversées par des galeries en pierre, ouvragées tout à jour, et dans toute cette partie sont diverses figures de bêtes, servant de gouttières aux eaux pluviales, et, en particulier, de deux figures d'homme et de femme, ayant un costume religieux. Plus haut, et au milieu du principal corps de cette masse d'édifice de belle apparence, se présente une grande rose assez bien exécutée, mais sans être pourtant d'un travail recherché. Sur cette grande masse s'élèvent deux tours d'une belle structure, inégales dans leur élévation, et dont le dessin varie dans les formes et dans les ornements. Elles se composent de portiques, de verrières, d'arcades caves ornées de figures en pierre. Au-dessus des galeries de pierre à jour qui traversent la largeur du portail, sont de grandes fenêtres ouvragées avec art, mais bouchées; celles au-dessus sont ouvertes, et c'est par là que le son des cloches s'échappe de la tour où elles sont placées. L'une de ces deux tours se termine par une galerie à jour qui lui sert de couronnement; c'est celle du nord, qui fut achevée avec la nef en moins de dix ans. Elle avait une belle flèche en pierre qui fut démolie à la fin du XVIIIe siècle, pour la remplacer par un télégraphe. La tour méridionale, plus haute que celle dont on vient de parler, est surmontée d'une pyramide à jour, se composant de six consoles ou branchages en pierre, bien ouvragés de feuillages, partant du sommet de la tour d'où elles semblent se dérouler, et se réunissant vers leur sommité par un bouquet de pierre sur lequel sont posées la boule et la croix surmontée d'un coq qui en termine toute la hauteur. La partie inférieure qui sert de base à ces consoles, est recouverte tout autour, et entre chaque console, d'une sculpture en pierre, travaillée à jour et en forme de calotte ou cassolette, faisant un bel effet. Le principal ornement de la flèche de l'Épine est une couronne royale, marque de la protection du roi Charles VII, à la générosité duquel est dû l'achèvement de l'édifice tel qu'on le voit maintenant. Cette tour, du côté du midi, est flanquée d'une tourelle qui sert d'escalier pour monter jusqu'aux cloches; sa belle structure ajoute avantageusement à celle de la tour.

L'intérieur de l'église est soutenu par des piliers ou arcs-boutants, entre chacun desquels est une haute verrière, de sorte qu'elle paraît percée à jour de tous les côtés; elle a la forme d'une croix, et de côté et d'autre de la croisée est un portail avec des tourelles, des roses et des sculptures. Les pyramides des piliers-boutants sont d'une délicatesse remarquable, et les figures d'animaux de différentes espèces, qui y sont saillantes et servent de gouttières, sont sculptées avec goût et avec une variété singulière. —Le premier pilier a pour gouttière une figure d'homme à cheval sur un monstre marin, dont il ouvre avec force l'énorme gueule, qui est la gouttière; au-dessus de cette sculpture est un singe qui, par ses grimaces, semble vouloir contrefaire celles du monstre. Entre ce pilier et le suivant est une figure de Bacchus, tenant d'une main un broc et de l'autre une tasse. La seconde gouttière est une figure d'homme très-hideuse, ayant la bouche extraordinairement ouverte; il tient une marotte serrée contre sa poitrine. Entre ce pilier et le suivant est la figure d'un homme tenant sa tête d'une main; sa bouche, horriblement ouverte, et les yeux qui lui sortent de la tête, le rendent tout à fait épouvantable. La troisième figure gouttière est celle d'une femme, d'une malicieuse invention, dans l'attitude d'une personne qui fait de l'eau;

cette femme a les épaules et la gorge nues; elle est vêtue d'un justaucorps; ses jupes sont relevées jusqu'au-dessus des genoux. Une autre sculpture suit cette gouttière : c'est un guerrier dont la barbe est fort épaisse; il tient un long cimeterre. La quatrième gouttière offre, en un seul bloc de pierre, deux figures, dont la principale est une chèvre vomissant une petite figure d'homme qui, sortant de sa gueule, la tient par les oreilles, en faisant une grimace épouvantable. La sculpture qui est entre cette gouttière et la suivante est une chatte, tenant dans ses griffes de devant un enfant par les épaules, qui lui servent d'appui. La cinquième gouttière est un monstre vorace, entièrement nu, tenant dans ses griffes de devant une petite figure d'homme, qui lui sert d'appui : le mal que le monstre lui a fait, ou la peur que la figure d'homme a d'en être dévoré, lui fait faire une grimace horrible. La sixième gouttière est une figure de bête, semblable à une licorne; au-dessus de ce pilier-boutant est sculptée une truie pinçant de la harpe. La sculpture qui est entre ce pilier et le septième suivant, est un pourceau. La septième et dernière gouttière du rond-point est une figure de dogue, ayant un collier d'où pend un grand anneau. Les quatre piliers-boutants, entre le portail septentrional et la tour, ont des gouttières dont la première seule se fait remarquer : c'est la représentation d'un homme dans une altitude indécente; d'une main, il soutient sa mâchoire, en faisant une horrible grimace, et de l'autre il empoigne le phallus absolument nu. Les autres figures des piliers-boutants, et qui servent de gouttières, sont toutes des dogues avec leur collier.

La croisée méridionale est flanquée de deux tourelles, servant d'escalier pour monter au faîte de l'édifice; toute la largeur du pignon est ornée de galeries en pierre tout à jour, mais d'un autre dessin que celles du contour de l'édifice auxquelles elles se réunissent admirablement. La belle pyramide qui termine le pignon est ouvragée à jour, et derrière est encore une autre belle galerie, aussi à jour, qui longe cette partie inférieure sous laquelle est une arcade cave, où est la porte d'entrée. Sur la travée de la porte à deux battants est un bas-relief considérable, représentant en plusieurs images les principales actions de la vie de saint Jean-Baptiste. L'entrée de la croisée septentrionale est toute simple et sans arcade ni sculpture; elle n'a qu'une tourelle, et le pignon qu'elle accompagne n'a aucune forme agréable, ni même correcte. En entrant dans l'intérieur de cette belle basilique, on est frappé de son élégance. La nef est soutenue sur douze piliers réunis par des arcades en forme ogive, au-dessus desquelles, et tout le long, à droite et à gauche, règne une jolie galerie qui se prolonge tout autour du rond-point. Au-dessus de cette galerie, dans la nef, sont, de côté et d'autre, douze hautes et basses verrières blanches qui l'éclairent, sans compter la belle rose du portail. Les voûtes sont faites avec beaucoup d'art et de délicatesse; celles des ailes ou nefs collatérales sont du même genre; presque autant de verrières éclairent l'espace qu'elles occupent. Le jubé, qui sépare ou qui coupe en deux la nef d'avec le chœur, est délicatement travaillé, et se compose d'une porte d'entrée au milieu de deux petits autels nus et très-simples, ornés de l'image de la Vierge, aux pieds de laquelle les fidèles déposent leurs vœux et leurs hommages.

Le sanctuaire est pavé en marbre. Le maître-autel est surmonté d'une assomption de la Vierge, sculptée en bois, que couronne un baldaquin élégant. Dans le pourtour du chœur et du sanctuaire il y a, depuis la croisée méridionale jusqu'à celle septentrionale, sept chapelles, dont la forme est singulière; chacune de ces chapelles se compose de cinq pans de murailles, et est éclairée par trois verrières. On voit dans la troisième, en commençant par la droite, l'histoire de la sépulture de Jésus-Christ, représentée en dix grandes figures de pierre; dans la quatrième est un fameux pan de vitre, qui représente la découverte miraculeuse de la Vierge; les autres vitres n'offrent plus maintenant que des vestiges presque tous inexplicables.

MARSON. Village situé à 3 l. 1/2 de Châlons. Pop. 405 hab.

NOTRE-DAME DE L'ÉPINE. *Voyez* L'ÉPINE.

SARRY. Village situé à 1 l. de Châlons. Pop. 600 hab. Les évêques de Châlons y avaient un magnifique château, qui a été entièrement démoli.

SOUDRON. Village situé à 4 l. de Châlons. Pop. 525 hab.

Ce village possède une belle église gothique, dont la construction remonte au commencement du XIIIe siècle. Voûtée dans toute son étendue, elle a la forme d'une croix latine, dont l'abside est terminée par un autel antique. Sur un massif assez informe s'élèvent huit colonnes avec leurs chapiteaux, qui soutiennent les deux patrons de l'église, de grandeur naturelle et d'un assez beau travail. Le milieu est occupé par une pyramide de dix pieds de hauteur, environnée de six colonnes, et terminée par une croix. Au-dessous sont plusieurs bas-reliefs représentant une partie de l'histoire de la passion et quelques autres sujets religieux.

SUIPPES. Jolie petite ville à 2 l. de Châlons. Chambre consultative des manufactures. Pop. 2,324 hab.

Suippes est une petite ville dont la population s'est beaucoup augmentée depuis quelques années. Elle est formée de maisons en général assez bien bâties, et traversée par des rues pavées assujetties à un plan fixe d'alignement. Au centre est une place assez vaste, où se tiennent des marchés hebdomadaires très-fréquentés.—*Fabriques* importante d'étoffes de laine grossières et solides, dites *enversans*. Filatures de laine. Tanneries. Teintureries.— *Commerce* considérable de bestiaux, grains, chanvre, laine, grosse draperie, etc.

VERTUS ou **LES VERTUS**. Petite et ancienne ville, située à 7 l. de Châlons. ✉ Pop. 2,277 hab.

Cette ville était dès le IXe siècle le chef-lieu d'un pays appelé *Pagus Virtudisus*, qui forma l'ancien comté de Vertus. Plus tard Vertus appartint à l'église de Reims, passa tour à tour aux comtes de Champagne, aux Visconti, ducs de Milan, aux ducs d'Orléans, etc. Elle est assez agréablement située au pied d'une colline très-haute et couverte de bons vignobles ; mais elle est généralement mal bâtie et irrégulière : toutefois son aspect et son ensemble sont agréables. Une source considérable jaillissant au pied de l'église alimente une belle fontaine, fait tourner plusieurs moulins et forme une petite rivière.

Sur une colline voisine de Vertus on remarque les ruines du *château du Mont-Aymé*, qui correspondait autrefois par des signaux avec le château de Montaigu, situé à près de 20 lieues de distance, aux environs de Troyes. Avant la révolution de 1789, on voyait encore deux tours de ce château, dont les restes n'offrent plus aujourd'hui qu'une masse informe, mais encore vaste et imposante ; leur construction est d'une solidité extraordinaire. On voit, autour des murs d'enceinte, et en dehors de ceux-ci, les débris totalement mutilés d'une ville que défendait le château, et qui fut ruinée et abandonnée en 1407, après avoir soutenu un siége opiniâtre contre le bailli de Vitry. Cette ville fut entièrement détruite en 1443 par les habitants réunis de Reims, de Troyes et de Châlons, parce que ses masures servaient de refuge à une troupe de routiers qui ravageaient la Champagne. On trouve encore, parmi les ruines, l'ancienne fontaine de la ville, qui, malgré sa situation au haut de la colline, est abondante et ne tarit jamais ; elle jaillit sous une antique arcade de pierre de taille. Les matériaux qu'on a tirés de ces ruines ont servi à paver la route d'Étoges à Châlons.

En 1239, le 13 mai, qui était un vendredi, on fit une exécution célèbre des Bulgares ou Manichéens à Mont-Aymé, en présence du roi de Navarre et des barons du pays, de l'archevêque de Reims et de dix-sept évêques, et entre autres de Geoffroy II du nom, évêque de Châlons ; de plusieurs abbés, prieurs et autres ecclésiastiques : le peuple qui vint à ce spectacle était estimé à cent mille âmes ; on y brûla 183 hérétiques !...

ARRONDISSEMENT D'ÉPERNAY.

ABLOIS (SAINT-MARTIN D'). Bourg situé à 2 l. d'Épernay. Pop. 1,417 hab. On y remarque la belle fontaine de Sourdon, dont l'eau jaillit entre des rochers, met en mouvement une scierie mécanique établie à quelques pas au-dessous, et alimente deux papeteries. Un beau parc tient au château. — Exploitation des carrières d'excellentes pierres meulières.

ANGLURE. Petite ville bâtie dans une charmante situation, sur la rive droite de l'Aube, qui y est navigable, à 13 l. 1/2 d'Épernay. Pop. 722 hab.

AVIZE. Petite ville située dans un territoire fertile en vins de Champagne fort estimés, à 2 l. 1/2 d'Épernay. ✉ Pop. 1,495 h. C'était autrefois une petite place entourée de murs et de fossés, que le seigneur d'Avize fit détruire en 1722, pour se venger des habitants qui avaient cassé les glaces de son carrosse un jour qu'il traversait Avize avec son épouse. On y voit de très-belles caves maçonnées et voûtées en pierre, et très-propres à la conservation des vins en bouteilles.— *Commerce* considérable de vins blancs mousseux très-estimés pour leur fi-

BAYE. Beau village situé sur les confins de la Champagne et de la Brie, à 5 l. 3/4 d'Épernay. Pop. 620 hab.

Ce village se compose presque entier d'une longue rue inclinée, qui suit la route d'Épernay à Sézanne, et qu'arrosent continuellement les eaux limpides de deux fontaines. Les maisons sont pour la plupart propres et bien bâties. Le chœur de l'église paroissiale est orné de boiseries bien sculptées, et fermé d'une grille en fer; en dehors, sur un arc-boutant, on voit un bouleau d'une assez grande élévation, qui a cru en cet endroit, et qui a déjà été coupé plusieurs fois. Le portail est d'ordre gothique.

Baye est le lieu de naissance de saint Alpin. C'était autrefois le chef-lieu d'une baronnie très-étendue de la comté-pairie de Châlons, qui était possédée au commencement du XIIe siècle par la maison de Broyes. On y remarque un château très-vaste, accompagné de grands jardins et d'un parc où l'on voit de belles eaux fort agréablement distribuées. Ce château, dont la construction date de l'an 1150, a appartenu vers 1350 à Simon de Chateauvilain; vers 1403 à M. de Béthune; vers 1464 à J. de Béthune, son fils; vers 1599 à Mme la duchesse de Guise; vers 1603 à la célèbre Marion Delorme; vers 1650 au président Larcher, intendant de Champagne; vers 1690 à Mlle de Pléneuf, sa nièce, et depuis à son fils, le baron de Baye, aïeul du propriétaire actuel, qui s'est distingué comme général dans les campagnes de 1741, et comme écrivain par les mémoires sur la campagne de Créqui, publiés en 1776. — Une tradition orale, conservée à Baye, porte que le cardinal de Richelieu y est venu prendre les eaux. On montrait encore il y a peu d'années, la chambre qu'il avait occupée dans le château.

A une demi-lieue de Baye existait autrefois l'abbaye d'Andecy, fondée en 1141 par Simon de Broyes, seigneur de Baye; ce qui en reste forme aujourd'hui une belle habitation particulière. Au-dessus du moulin de Baye, à droite et presque en face du château, on remarque dans un bois de vieux chênes, une chapelle dédiée à saint Roch, en grande vénération dans le pays.

On exploite une mine de lignite dont l'incinération produit des cendres pour engrais, que l'on vient chercher de fort loin; environ 360 habitants sont employés à son extraction.

BOURSAULT. Village situé à 2 l. 3/4 d'Épernay. Pop. 600 hab.

Dans un bois situé près de ce village, on trouve une source d'eau minérale ferrugineuse froide, qui forme, en très-peu de temps, dans les vases où on la renferme, un dépôt ocreux assez considérable.

CHAMPAUBERT. Village situé dans une plaine élevée sur une éminence, à 5 l. d'Épernay. Pop. 350 hab.

Le 10 février 1814, Napoléon battit complétement à Champaubert l'avant-garde de l'armée prussienne, commandée par le général Alsufief, dont les troupes furent mises en pleine déroute, et s'enfuirent, les unes du côté de Montmirail, les autres du côté de Châlons et d'Étoges, d'Orbais et de Montmort. Maître de Champaubert, Napoléon s'y logea dans une auberge située à l'intersection des routes d'Épernay et de Paris.

CHATILLON-SUR-MORIN. Village situé à 10 l. 3/4 d'Épernay. Pop. 300 hab.

Ce village est bâti sur le sommet d'une colline, au pied de laquelle coule le grand Morin. Son origine est inconnue; mais elle paraît remonter à une époque éloignée, si l'on en juge par les fragments de murailles et de débris de tuiles qu'on trouve sur son territoire. — Tuileries et fours à chaux.

DORMANS. Jolie petite ville, située sur la Marne, où elle a un port qui y favorise un grand commerce de bois et de charbon pour l'approvisionnement de Paris. A 5 l. d'Épernay. Pop. 2101 hab. — Fabriques de toiles, d'acide acétique, d'excellente poterie qui résiste au feu. Filatures de coton. Tuileries.

ÉPERNAY. Jolie ville. Chef-lieu de sous-préfecture. Tribunaux de première instance et de commerce. Collége communal. Pop. 5,318 hab.

Épernay est une ville ancienne, dont il est toutefois difficile de fixer l'époque de la fondation. Euloge, riche et puissant Gaulois, la vendit à Remi, évêque de Reims, et à l'église de Reims, moyennant 5000 livres pesant d'argent. En 445, c'était déjà un endroit considérable, où les seigneurs du lieu avaient un château. Sous le règne de Cloris, Épernay fut cédée aux archevêques de Reims, qui y firent bâtir une forteresse. Childebert s'empara de cette ville en 533, et en fit massacrer les habitants. Frédégonde la prit et la pilla vers 593. Dans le IXe siècle, lors de l'invasion des Normands, Hincmar s'y réfugia avec les trésors de l'archevêché de Reims et le corps de saint Remy. François Ier y fit mettre le feu en 1545, pour empê-

CHÂTEAU DE BAYE.

cher Charles-Quint de s'emparer des approvisionnements qui y étaient rassemblés; la paix ayant été faite quelque temps après, François Iᵉʳ fit rebâtir la ville, et accorda aux habitants divers priviléges. — Les calvinistes s'en emparèrent après une vigoureuse défense en 1586. Peu de temps après, le duc de Guise la reprit, et y mit une garnison qui fut chassée par les habitants en 1588. Rosy, lieutenant général de la Ligue, tenta d'abord sans succès de la reprendre, et finit par s'en emparer en 1592. Dans la même année, Henri IV l'assiégea en personne, et la prit par capitulation le 9 août, après une défense désespérée, où fut tué le maréchal de Biron. Le prince de Condé y entra le 1ᵉʳ octobre 1615, et son parti la conserva jusqu'en 1619. Sous le ministère de Richelieu, le comte de Soissons s'empara en 1634 d'Épernay, que Louis XIII reprit l'année suivante. En 1642, cette ville fut donnée au duc de Bouillon en échange du comté de Sedan, et, jointe à Château-Thierry, reçut le titre de duché.

Épernay occupe une position agréable, au débouché d'une riante vallée, dans le pays le plus fertile du département; elle est près de la Marne, que l'on y passe sur un beau pont de sept arches surbaissées d'une exécution hardie; les anciennes fortifications disparaissent chaque jour, par suite d'agrandissements et d'améliorations continuelles. La ville est irrégulièrement percée, mais propre et bien bâtie en briques : elle a deux grandes places qui manquent de symétrie, sur l'une desquelles est la nouvelle église, édifice de style italien, simple, mais propre et spacieux; les nefs sont divisées par des piliers doriques; un portique d'ordre dorique décore le porche, et les fenêtres sont ornées de vitraux peints, tirés de l'église gothique que l'église moderne a remplacée.

Les coteaux qui avoisinent Épernay, produisent les meilleurs vins de la Champagne; ils sont connus sous le nom de vins de rivière, par opposition aux vins des alentours de Reims, appelés vins de montagne. Ces coteaux sont percés de caves immenses, creusées dans un roc crayeux, et forment une espèce de labyrinthe où se gardent en bouteilles les vins renommés du pays. Épernay possède une petite salle de spectacle et une bibliothèque publique contenant 10,000 volumes.

Fabriques de bonneterie et de poterie de terre. Clouteries et tanneries. — Aux environs, exploitation des carrières de pierres meulières et d'argile à potier. — *Commerce* considérable d'excellents vins de Champagne mousseux et non mousseux, qui s'expédient pour toutes les parties de l'Europe; d'eaux-de-vie, épicerie, bouteilles, bouchons, etc.

A 8 l. de Châlons, 6 l. 1/2 de Reims. — *Hôtels* de France, de la Croix d'or, de l'Écu.

ESTERNAY. Bourg situé à 11 l. d'Épernay. Pop. 947 hab. On y voit un ancien château qui fut habité par Fabert et par le comte de Caylus. — *Fabriques* de vannerie fine. — Manufacture de porcelaine à Tourneloup, sur le bord de l'ancien étang desséché de la Hazze.

FÈRE-CHAMPENOISE. Petite ville située sur la rivière de Pleurs, à 5 l. d'Épernay. ✉ Pop. 2,049 hab. Le 25 mars 1814, cette ville a été le théâtre d'un combat désastreux entre une colonne de l'armée française et l'armée prussienne : c'est là où Marmont a paru trahir son pays pour la première fois. S'il eût exécuté les ordres qu'il avait reçus de Napoléon, la colonne qu'il commandait ne serait pas tombée au milieu de l'armée russe. — *Fabriques* de toiles, de sacs et de tuyaux sans couture. Roulage très-actif.

MAREUIL EN BRIE. Village bâti en amphithéâtre sur le penchant d'une colline rapide, à 4 l. d'Épernay. Pop. 360 hab. On remarque, dans la partie basse, un lavoir couvert, et une belle fontaine, située près d'une magnifique allée qui sert d'avenue à un beau château, bâti sous le règne de François Iᵉʳ; un parc de 200 arpents, clos de murs, environne cette habitation.

MARTIN D'ABLOIS (SAINT-). *Voy.* Ablois.

MESNIL-SUR-OGER (le). Village situé dans un territoire fertile en vins de Champagne mousseux estimés, et en vins non mousseux appelés Tisane de Champagne, à 3 l. 1/4 d'Épernay. Pop. 1,252 hab.

MONTMAUR. *Voy.* Montmort.

MONTMIRAIL. Petite ville située sur une éminence, près de la rive droite du Petit-Morin, à 8 l. 1/4 d'Épernay. ✉ ⚭ Pop. 2,343 hab. On y voit un beau château, ancienne propriété de la famille le Tellier, appartenant actuellement à Mᵐᵉ la duchesse de Doudeauville. — Patrie du cardinal de Retz.

Le 11 février 1814, l'empereur Napoléon remporta sur son territoire une victoire sur les armées russe et prussienne. Le matin de cette journée, l'avant-garde de l'armée française, en sortant de Montmirail par la route de Paris, se vit tout à coup en présence des armées russe et prussienne; elle les arrête, et aussitôt s'engage un combat sanglant. A trois heures après-midi, le duc de Trévise, qui était resté en arrière avec la vieille garde, ayant rejoint l'armée, Napoléon ordonne une attaque décisive. A droite de la route en regardant Paris, le maréchal Ney et le duc de Trévise se mettent à la tête de la garde, et enlèvent la ferme des Gréneaux, autour de laquelle l'ennemi s'était établi en force; à gauche, le général Bertrand et le duc de Dantzig vont mettre fin au combat, que le général Ricard soutient depuis le commencement de la bataille au village de Marchais, et forcent les Russes et les Prussiens à se retirer en désordre sur Château-Thierry. Napoléon coucha sur le champ de bataille, dans cette même ferme des Gréneaux où le combat avait été si opiniâtre.

MONTMORT ou **MONTMAUR**. Bourg situé à 3 l. 3/4 d'Épernay. Pop. 600 hab.

Suivant une ancienne tradition, ce bourg doit son origine à une forteresse bâtie par un nommé Croizart, vers la première année de notre ère. On y remarque un château, ou plutôt un donjon, d'une construction ancienne, presque tout en briques, offrant un massif carré flanqué de tours et de tourelles. Il est établi sur une terrasse carrée de quarante mètres de côté, et haute de vingt mètres, entourée de fossés secs avec ponts-levis, et surmontée d'un belvéder nommé la Fileuse, à cause d'une girouette qui représentait une femme filant au fuseau. On arrive au château par un escalier à rampe douce, voûté et pavé en briques sur champ, pratiqué dans l'épaisseur de la terrasse. Le grand escalier du château a 134 marches; de sorte que la hauteur totale de l'édifice du côté de l'entrée est d'environ 160 pieds. La voûte des cuisines présente le millésime 1577. On doit visiter l'église gothique du château, ornée de vitraux magnifiques.

ORBAIS. Bourg situé près du Surmelin, que l'on passe sur un beau pont, à la suite duquel se présente une belle chaussée pavée et bordée d'arbres. A 5 l. d'Épernay. Pop. 914 h. C'était autrefois une ville murée, où l'on entrait par quatre portes. On y remarque l'église d'une ancienne abbaye de l'ordre de Saint-Benoit, fondée vers 673 ou 680, par saint Rieul, archevêque de Reims, qui y est enterré, et dont les reliques sont en grande vénération dans le pays. L'abbatiale a été transformée en une belle habitation particulière, précédée d'une jolie promenade et accompagnée d'un jardin renfermant de belles eaux. — Mine de lignite exploitée, dont l'incinération produit un engrais très-puissant et fort recherché.

SÉZANNE. Jolie et très-ancienne ville située dans une plaine fertile, sur la petit rivière d'Auges, à 10 l. d'Épernay. ✉ Pop 4,016 hab.

Sézanne est une ville ancienne, qui cependant n'est mentionnée dans aucun titr authentique avant le Xe siècle. Elle faisait partie de la *Gallia Comata*; et quand Auguste, dans son organisation des Gaules, divisa cette province en Celtique et Belgique, elle resta attachée à la Belgique. Sézanne fut jadis une place forte, beaucoup plus importante que de nos jours. Thibaut IV, comte de Champagne, la fit presque entièrement démolir, pour éviter qu'elle ne servît de place d'armes aux ducs de Bourgogne, de Bretagne, de Bar, et autres seigneurs, tous ligués contre lui. Elle fut ensuite rebâtie et fortifiée, et soutint plusieurs sièges contre les Anglais et les protestants. En 1423, sous le règne de Charles VII, le comte de Salisbury la prit d'assaut. En 1566, elle tomba aux mains des huguenots, qui la saccagèrent impitoyablement. Elle avait à peine réparé ce désastre, en 1632, lorsqu'un incendie la ravagea horriblement: douze cent cinquante maisons furent brûlées, et le dommage monta à la somme énorme, pour ce temps, de six à sept millions de livres. C'est aujourd'hui une ville bien bâtie et assez bien percée, où l'on trouve un hospice, une petite salle de spectacle et une petite bibliothèque publique. L'église paroissiale est surmontée par une tour carrée d'une belle construction. Le ruisseau des Auges la traverse et y fait mouvoir plusieurs usines, parcourt plusieurs rues où il entretient la fraîcheur et la propreté, et alimente deux fontaines, l'une sur la place Saint Denis, en face de l'église, l'autre près de l'emplacement où étaient les boucheries, et où est habituellement la halle aux grains. — *Fabriques* de grosses draperies, serges, bonneterie. Tanneries.— *Commerce* de grains, vins, bois, etc.

VAUCHAMPS. Village situé à 5 l. d'Épernay. Pop. 392 hab.

Le 14 février 1814, il se donna dans les plaines de ce village un combat sanglant, où Napoléon battit complétement vingt mille Prussiens, commandés par le général Blücher. Les résultats de cette journée, où le prince de Neufchâtel, le comte Bertrand, le duc de Dantzig, le prince de la Moskowa et le général Grouchy, se montrèrent constamment à la tête des troupes, furent dix mille prisonniers, dix pièces de canon, et un grand nombre d'hommes tués à l'ennemi.

CHÂTEAU DE MONTMAUR.

ARRONDISSEMENT DE SAINTE-MENEHOULD.

DAMPIERRE-LE-CHATEAU. Village situé à 3 l. de Sainte-Menehould. Pop. 400 hab. On y remarque les restes d'un fort ou château très-élevé, entouré de hauts remparts et de profonds fossés.

DOMMARTIN-SUR-YÈVRE. Village situé à 3 l. 1/4 de Sainte-Menehould. Pop. 328 hab.

MENEHOULD (SAINTE-). Ancienne et jolie ville. Chef-lieu de sous-préfecture. Tribunal de première instance. Collége communal. ✉ ☛ Pop. 3,906 hab.

Cette ville doit son origine à un château construit sur un rocher isolé que surmontait jadis un temple d'Isis, sur l'emplacement duquel on éleva dans la suite une forteresse désignée dans les anciens titres sous le nom de *Castellum super Axonam*. Autour de cette forteresse se forma une bourgade et ensuite une ville qui, plus tard, fortifiée elle-même, devint, sous le nom de Sainte-Menehould, la capitale de l'Argonne. Cette ville possédait un hôtel des monnaies, un gouvernement de place, etc. Goselon, duc de la basse Lorraine, l'assiégea sans succès en 1038. Théodoric, évêque de Verdun, la prit ainsi que le château en 1089. Arnould, autre évêque de Verdun, en fit le siège et fut tué sous ses murs en 1172. Les Anglais s'en étant emparés en furent chassés en 1406 par le connétable de Richemont. Le prince Portien, général des réformés, en fit vainement le siège en 1561. Pendant les guerres de la Ligue, cette ville, qui tenait pour le parti du roi, eut beaucoup à souffrir des incursions des ligueurs et des Espagnols. En 1590, son gouverneur la vendit au duc de Lorraine, Charles II, qui ne put en prendre possession, et fut obligé d'en lever le siège, les habitants ayant opposé une héroïque défense à cette trahison. Cette place sut encore résister à différentes attaques qui lui furent livrées, et plusieurs succès remportés sur les ennemis méritèrent aux habitants de la part de Henri IV un témoignage public de reconnaissance. Le marquis de Praslin, en 1606, et le prince de Condé, en 1652, la prirent après une vigoureuse résistance; ce siège fut le premier où se trouva en personne Louis XIV, qui fit son entrée dans la ville par la brèche. En 1719, un incendie y détruisit sept cents maisons; l'État vint au secours des habitants et les aida à rebâtir leur ville.

Sainte-Menehould est située sur un terrain marécageux, entre deux rochers, dont le plus haut porte encore les ruines de l'antique forteresse. La ville s'étend principalement sur la route de Verdun à Châlons, et la borde d'une longue rue assez bien bâtie, ainsi que le reste de la ville, reconstruite presque entièrement à neuf, depuis l'incendie de 1719. La plupart des maisons sont en brique et en pierre, et de hauteur uniforme. Au centre de la ville est une grande place, sur laquelle se déploie la façade noble, grande et régulière de l'hôtel de ville, construit aussi depuis 1719; c'est le plus bel édifice de Sainte-Menehould. Les environs offrent de jolies promenades et de beaux points de vue.

Fabriques de serges et de ras dits de Châlons, de rouets à filer et autres ouvrages au tour. Tanneries. — Aux environs, nombreuses forges, verreries et faïenceries. — Commerce considérable de bois, de blé, seigle, avoine, merrain, etc.

A 10 l. de Châlons, 52 l. de Paris. — *Hôtels* de Saint-Nicolas, du Lion d'or, de la ville de Metz.

MOIRMONT. Village pittoresquement situé sur le revers de deux coteaux escarpés, à 1 l. 1/2 de Sainte-Menehould. Pop. 460 hab. Il doit son origine et son nom à une abbaye de bénédictins, fondée par le comte de Nanterre en 707.

NEUVILLE-AU-PONT (la). Bourg situé sur l'Aisne, à 1 l. de Saint-Menehould. Pop. 1,440 hab.

REMY-SUR-BUSSY (SAINT-). Village situé à 5 l. de Sainte-Menehould. Pop. 500 hab. Il est environné d'un double cercle de hauts remparts et de profonds fossés, dont la construction remonte, dit-on, au temps de la Ligue.

ROUVROY. Village agréablement situé sur la Dormoise, à 4 l. de Sainte-Menehould. Pop. 150 hab. C'est la patrie de Jean Sébastien Nottret, capitaine des hommes d'armes de Thibault V, comte de Champagne, roi de Navarre, à qui il sauva la vie en Palestine, dans la guerre des croisades de 1248.

SOMME-PY. Bourg situé à 5 l. de Sainte-Menehould. Pop. 1,450 hab. — *Fabriques* de draperies. Filatures de laine pour les fabriques de châles.

VALMY. Village situé au milieu d'une plaine étendue, à 2 l. de Sainte-Menehould. Pop. 450 hab.

Valmy sera à jamais célèbre dans les fastes de la révolution française, par la victoire mémorable qu'y remportèrent les Français commandés par Kellermann, sur l'armée prussienne, qui, par suite de cette victoire plus stratégique que meurtrière, mais décisive, fut forcée à une honteuse retraite, et évacua notre territoire.

Kellermann, cet ancien et illustre guerrier, mourut le 13 septembre 1820, à l'âge de 85 ans; mais en mourant il voulut éterniser les champs où il avait conquis la plus belle partie de sa gloire : il ordonna que son cœur serait transporté à Valmy, *afin qu'il reposât parmi les restes de ses braves compagnons d'armes.* Voici comment il s'exprime dans ses dernières volontés : « Un « monument extrêmement simple sera érigé « au champ de Valmy; mon cœur y sera « déposé sous cette inscription : Ici sont « morts glorieusement les braves qui ont « sauvé la France au 20 septembre 1792; « un soldat, qui avait l'honneur de les com- « mander dans cette mémorable journée, le « maréchal Kellermann, duc de Valmy, dic- « tant, après 28 ans, ses dernières volontés, « a voulu que son cœur fût placé au milieu « d'eux. » Par les soins du général Kellermann, fils de cet honorable guerrier, ce monument a été érigé en 1822.

VIENNE-LE-CHATEAU. Bourg situé à 2 l. 1/2 de Sainte-Menehould. Pop. 1,700 hab. Il doit son nom à un fort ou château, construit sur le bord du ruisseau de Biesme, au sommet d'un roc escarpé qui s'avance au milieu de ce bourg et le domine. — *Fabriques* de grosses étoffes de laine. Verrerie à bouteilles et à cloches, à LUBARAZÉE.

VILLE-SUR-TOURBE. Bourg situé dans une plaine étendue, à 3 l. de Sainte-Menehould. Pop. 531 hab.

ARRONDISSEMENT DE REIMS.

AI. Jolie petite ville, située sur la rive droite de la Marne, au pied d'un coteau couvert de vignes, qui donnent les vins mousseux les plus estimés de toute la Champagne. A 6 l. de Reims. Pop. 2,727 hab. — *Commerce* de vins de Champagne. Exploitation d'argile pour poterie et gazettes à porcelaine.

AMBONNAY. Village situé dans un territoire fertile en excellents vins rouges, à 6 l. de Reims. Pop. 500 hab. Il est dominé par une montagne d'où jaillit une source d'eau minérale ferrugineuse froide, qui dépose dans les vases où on la conserve, une substance ocracée.— Exploitation de lignite, qui fournit un précieux engrais.

BAZANCOURT. Village situé à 4 l. de Reims. Pop. 931 hab. — Filature importante de laine peignée et cardée, la première en ce genre qui ait été établie en France.

BEINE. Village situé à 3 l. 1/4 de Reims. Pop. 1,019 hab. — Filatures de laine.

BOURGOGNE. Village situé à 3 l. de Reims. Pop. 904 hab.

CHATILLON-SUR-MARNE. Très-petite ville, située près de la rive droite de la Marne, à 7 l. de Reims. Pop. 448 hab. Si l'on en croit la tradition, Châtillon était autrefois une grande ville qui s'étendait jusqu'au bord de la Marne. Hérivée, fils d'Eudes, premier seigneur de la maison de Châtillon, y fit construire en 926 un château, que Louis d'Outremer assiégea sans succès en 940 et en 947. Le comte de Rousy le prit d'assaut en 949. Châtillon fut pris, pillé, et le château en grande partie détruit par l'armée de Charles-Quint, en 1545. Il paraît que ce château fut encore mis en état de défense; car en 1575, lors des guerres de religion, il fut pris et pillé par les calvinistes, qui achevèrent de le détruire.

CHENAY. Village situé dans un territoire fertile en vins estimés, à 2 l. 1/2 de Reims. Pop. 450 hab. On y trouve une source d'eau minérale ferrugineuse, qui possède, dit-on, les mêmes propriétés que celle de Forges.

FISMES. Ville ancienne, située sur la Vesle, à 6 l. 1/2 de Reims. ✉ ☞ Pop. 2,110 hab.

Fismes était autrefois une place forte, dont on fait remonter l'origine au temps de César. C'est une ville bien bâtie, dont les remparts sont encore en assez bon état; mais les glacis ont disparu, et les fossés ont été transformés en jardins et en promenades; au centre sont deux places publiques, dont l'une, la place Bourbon, est carrée et

REIMS.

régulière; les alentours offrent de beaux sites et plusieurs promenades bien ombragées.

Cette ville fut ravagée par les Vandales en 400, par Childebert en 534, et par Chilpéric en 557. Il s'y est tenu deux conciles, en 881 et en 935. — *Fabriques* d'étoffes de laine. — *Commerce* de farines, vin, chanvre, laines, etc.

HERMONVILLE. Bourg situé à l'entrée d'une plaine immense, à 3 l. de Reims. Pop. 1,300 hab.

En 1718, on découvrit sur le territoire de ce village trois sources d'eau minérale froide. La première, nommée la fontaine Saint-Martin, prend sa source à peu de distance du sommet de la montagne d'Hermonville, près d'un endroit nommé le Bois de l'Arbre. L'eau de cette fontaine est très-claire : elle se précipite du haut de la montagne, a son écoulement vers Prouilly, et fait tourner quelques moulins. La seconde source se nomme la fontaine des Coquins : elle naît aussi sur le haut de la montagne d'Hermonville et coule vers le village. La troisième source, dite fontaine des Gratières, sourd au bas de la montagne et se dirige vers Hermonville.

D'après les observations consignées dans le Journal de Verdun de 1729, l'eau d'Hermonville est claire, bitumineuse, imprégnée de soufre, de carbonate et de sulfate de fer; on voit surnager à sa surface une matière huileuse. On assure qu'elle est spécifique pour l'asthme et le rhumatisme.

Le CHATEAU DE TOUCICOURT, vaste et belle habitation, environnée de jardins renfermant de belles eaux, est une dépendance d'Hermonville.

MAILLY. Village situé à 3 l. 1/4 de Reims. Pop. 600 hab. On voit sur son territoire un des plus beaux châteaux du département, construit par M. Moët en 1827.

PROUILLY. Village situé à 3 l. 1/2 de Reims. Pop. 550 hab. Il existe sur le territoire de cette commune une tombelle remarquable, qui est un des points les plus élevés de la contrée.

REIMS. Grande et très-ancienne ville. Chef-lieu de sous-préfecture et de trois cantons. Archevêché. Tribunaux de première instance et de commerce. Chambre et bourse de commerce. Conseil de prud'hommes. Collége royal. ✉ ☞ Pop. 35,791 hab.

Reims existait longtemps avant l'invasion romaine; c'était la ville principale de la Gaule Belgique, et le chef-lieu d'une république que les Romains jugèrent digne d'une haute considération et de leur alliance. Cette ville se nommait alors *Durocortorum*; plus tard elle prit le nom des *Remi* ou *Remigi*, qui l'avaient fondée. Sous les successeurs d'Auguste et jusqu'au règne de Vespasien, Reims conserva son importance et sa prépondérance. Son territoire s'étendait sur tout le pays entre la Seine, la Meuse et la Marne. Les Romains l'avaient ornée de beaux édifices. — Reims embrassa le christianisme en 360; six ans après, Jovinus, son consul, se fit chrétien. Vers l'an 400, la cathédrale fut fondée par l'évêque saint Nicaise, massacré en 406 par les Vandales, qui s'étaient emparés de la ville. Un de ses successeurs, saint Remi, convertit au christianisme et baptisa à Reims, en 496, après la bataille de Tolbiac, Clovis et presque tous les chefs francs. Philippe-Auguste se fit sacrer à Reims, en 1179, et depuis, ses successeurs jusqu'à Louis XVI (Henri IV excepté) y ont été sacrés. De nos jours, Charles X y a renouvelé cette cérémonie.— L'église épiscopale de Reims devint archiépiscopale en 774. — Cette église comptait alors 28 évêques; elle a eu depuis 70 archevêques. Dès le VIe siècle et pendant longtemps ces prélats ont eu la domination temporelle et la seigneurie de la ville.

Reims a eu fréquemment à souffrir des ravages des guerres civiles et étrangères. En 719, elle s'arma contre Charles Martel, qui la prit d'assaut et la dévasta. En 990, Charles de Lorraine, rival de Hugues Capet, que Reims avait reconnu, s'en empara aussi et y commit de grandes dévastations. Dans le siècle suivant, Reims fut assiégée quatre fois. Elle le fut de nouveau en 1359, par Édouard III, roi d'Angleterre. Les habitants, livrés à eux-mêmes, combattirent avec tant d'héroïsme qu'ils forcèrent le fier Édouard à lever le siège, et taillèrent en pièces son arrière-garde. En 1421, Reims s'était soumise aux Anglais, mais la Pucelle les en chassa et y fit sacrer Charles VII.

La ville de Reims est située au pied de montagnes calcaires, sur la rive droite de la Vesle, dans un vaste bassin entouré de collines plantées de vignes, qui produisent d'excellents vins. Elle est en général bien bâtie, formée de rues larges, et assez bien percée. Les places publiques sont en général vastes et régulières. Les remparts qui entourent la ville ont une lieue de circuit, sont plantés d'arbres et forment d'agréables promenades; le cours est de toute beauté.

Privé par la nature d'eau potable, Reims doit au génie, à l'industrie et aux dépenses de M. Godinot, les eaux salubres de la Vesle, que ce respectable philanthrope fit amener de très-loin à ses propres frais. Un château d'eau, élevé hors de la ville, renferme une machine hydraulique au moyen de laquelle les eaux de la Vesle sont conduites dans dix-sept fontaines réparties dans les différents quartiers.

La CATHÉDRALE de Reims est l'un des plus beaux édifices gothiques du XIIIe siècle qui existent en Europe. Il paraît qu'elle était primitivement dans le haut de Barbâtre, hors de la cité. Au IVe siècle, Bétause, évêque de Reims, la plaça dans l'enceinte de la ville. Vers la fin du Ve siècle, saint Nicaise la transféra dans l'intérieur de l'ancien capitole. Ébon, trente-deuxième évêque, la fit rebâtir avec plus d'étendue en 822. Le feu la détruisit en 1210, le 24 juillet, avec une partie de la ville. Robert de Coucy, célèbre architecte de Reims, entreprit de la reconstruire, et la mit à peu près dans l'état où elle est aujourd'hui : l'office y fut célébré pour la première fois en 1241. La croisée et le chevet, ayant été brûlés en 1491, furent reconstruits peu de temps après.

La longueur totale de l'édifice est de 438 pieds, sur 93 de large, et 135 de hauteur jusqu'au sommet de la toiture. Le portail est composé de trois arcades en ogive, dont celle du milieu est la plus large et la plus haute, et de deux frontons chargés de figures. L'ouverture de celle du milieu est de 85 pieds, et celle des deux autres 21 pieds. Ces arcades sont remplies de statues, dont les premières en bas ont de hauteur sept pieds et demi. Au-dessus de ces statues et sous la voûte de l'arcade du milieu, il y a cinq rangs de petites figures au nombre de 160. Les deux autres arcades ont chacune 97 figures, dont un grand nombre sont mutilées et tombent de vétusté. Chaque rang de ces figures est séparé par une guirlande de fleurs. Ce portail contient plus de 530 statues grandes et petites. Il y en a aussi sur le devant et le haut des arcades, terminées en pyramides. L'arcade gauche représente la passion, la droite le jugement dernier, et celle du milieu le couronnement de la Vierge. Entre les tours, au-dessus de la rose, est la représentation du baptême de Clovis, et plus bas celle du combat de David avec Goliath.

Les tours sont composées d'arcades, de piliers, de chapiteaux, de pyramides, le tout à jour et en découpures, et se terminent en une espèce de bonnet carré : chacune a 24 pieds carrés ; autour de ces chapiteaux sont 35 statues d'évêques. La tour méridionale, plus basse que l'autre, ne fut achevée qu'en 1480.

La toiture de l'église est entièrement couverte de plomb. Au faîte et sur la croisée étaient autrefois 88 fleurs de lis de plomb doré, d'un pied et demi de largeur ; la charpente est en bois de châtaignier. Au milieu de la croisée en plein air se trouve une horloge qui sonne tous les quarts d'heure et a deux carillons, l'un pour l'heure et l'autre pour la demi-heure. Le carillon de l'heure chante l'air des hymnes des différents temps de l'année. Cette horloge était autrefois sur la tour à droite. A l'extrémité de la toiture est placé le clocher à l'Ange : il a de hauteur cinquante-cinq pieds et treize pieds dans son plus grand diamètre. L'ange, posé sur la flèche du clocher, est en laiton doré, et a de hauteur six pieds. Il tient dans sa main droite une croix de six pieds huit pouces. Autour du clocher, à sa base, sont huit statues de taille gigantesque, qui toutes représentent des personnes punies du dernier supplice. L'une tient une bourse d'où elle tire de l'argent ; une autre porte des marques de flétrissure ; plusieurs, percées de coups, présentent des livres ou rôles d'impositions qui paraissent être la cause de leur malheur.

Au bout de la croisée, à droite, se trouve le Sagittaire en pierre, remis en 1502 à la place de celui de métal que Gervais, amateur de la chasse, avait fait poser autrefois, et qui avait été fondu dans l'incendie de la croisée. Vingt-deux piliers ou arcs-boutants, dont les arcades sont doubles, règnent autour de l'église. A chacun de ces piliers, vers le haut, est une statue d'ange ou de roi, entre deux colonnes. Ces piliers sont surmontés d'une croix.

A la partie latérale gauche sont deux grandes portes voisines l'une de l'autre, ayant la même hauteur et la même largeur que les deux plus petites des nefs. D'un côté de la première porte sont les statues colossales de saint Nicaise, de saint Eutrope et d'un ange, et de l'autre celles de saint Remy, d'un ange et d'un roi. A la voûte de cette porte sont placées par étages quarante-quatre petites statues de pécheurs ou de démons, qui regardent d'un œil moqueur le martyre de saint Nicaise et les miracles de saint Remi. A l'autre porte voisine, qui est fermée depuis longtemps, sont encore un grand nombre de petites statues par étages, représentant le jugement dernier et les morts

CATHÉDRALE DE REIMS.

sortant de leurs tombeaux à demi ouverts.

La cathédrale est éclairée par un grand nombre de fenêtres, dont la plupart des vitraux sont peints, et par trois et même quatre roses. Sur celle du midi, à la croisée, on voit représentés les douze apôtres avec leurs attributs, dans des médaillons distribués autour de cette rose, au centre de laquelle le Père éternel est peint sous les traits et les attributs de Jupiter. Ce rapprochement bizarre est dû au mélange assez ordinaire que l'on faisait du sacré et du profane dans le XVIe siècle. Dans l'un des angles de cette rose, on lit sur une petite vitre le nom et la date suivante : « Nicolas Derhodé 1581. » C'est sans doute le nom du peintre vitrier qui a fait cette rose. Celle qui est du côté du nord, au-dessus de l'orgue, n'est pas moins belle. On y a représenté, dans des médaillons, les douze signes du zodiaque. Mais rien n'égale la richesse et la magnificence de la rose du portail, de la galerie vitrée placée au-dessous, et de la petite rose placée dans l'enfoncement au-dessous de celle dont nous venons de parler. La réunion de ces différents vitraux produit un effet admirable, et l'aspect en est ravissant, lorsque, placé au centre de la nef, on en considère l'ensemble au moment du coucher du soleil. En entrant dans l'église on voit d'abord autour de la grande porte cinquante-quatre statues dans des niches, et trente-quatre autour de chacune des portes latérales, sans compter le martyre de saint Nicaise, qui se trouve au haut du pourtour de la grande porte. En avançant au milieu de la grande nef, on remarquait, avant 1779, un labyrinthe fait en 1240, tracé en pierres bleues, large de trente-quatre pieds de chaque côté, et long d'un pied entre chaque bande de pierres. Il paraît que dans l'origine ce labyrinthe était un objet de dévotion.

Au côté droit de la nef on remarque le tombeau de Jovin, Rémois, général de cavalerie et d'infanterie romaine. On le voyait avant 1790, à Saint-Nicaise, porté sur deux colonnes de granit, et adossé au parement intérieur du portail. Depuis la démolition de cette belle église, on l'a transporté à la cathédrale, où il est maintenant avec cette inscription :

CÉNOTAPHE
ÉRIGÉ DANS LE QUATRIÈME SIÈCLE
A FLAVIUS JOVIN, RÉMOIS,
PRÉFET DES GAULES, CHEF DES ARMÉES, CONSUL ROMAIN ;
TRANSFÉRÉ DE L'ÉGLISE SAINT-NICAISE
A LA FIN DU DIX-HUITIÈME SIÈCLE,
AN VIII (1800) DE LA RÉPUBLIQUE.

Ce coffre ou sépulcre est une des plus belles pièces de sculpture antique qu'il y ait en France. Il a 8 pieds 5 pouces de longueur, 4 pieds 6 pouces de largeur, et autant de profondeur. Le devant est sculpté et représente une chasse faite par un prince que l'on voit à cheval, perçant un lion d'une lance qui lui sort entre les côtés. Ce tableau est composé de onze personnages, huit en relief et trois dans le lointain ; de trois chevaux, d'un lion et de quatre bêtes de chasse renversées au bas du cadre. Les connaisseurs admirent l'ordonnance et les belles sculptures de ce tableau, dont le plan a deux parties. Dans la première, le principal personnage est en repos, ayant à son côté droit un homme à cheval, et à sa gauche une femme avec un bouclier ; c'est le bord de ce bouclier qui fait adroitement la séparation des deux parties. Dans la deuxième, plus étendue que la première, le principal personnage à cheval enfonce sa lance dans les côtes d'un lion.

Il y a neuf chapelles dans le rond-point de la cathédrale. L'une des plus belles est la première à gauche, appelée autrefois la chapelle de Saint-Lait, et maintenant de la Vierge. Au-dessus de la sacristie est placée une petite horloge en bois peint. Ce sont des anges armés de marteaux qui frappent l'heure. Pendant ce temps, d'autres personnages, tels que saint Joseph, allant en Égypte, etc., placés sur un cercle qui tourne, paraissent et disparaissent. Au-dessous est un cadran ou une lune, marquant les différents quantièmes de cet astre. Vis-à-vis le sanctuaire à gauche on voit l'orgue, dont la hauteur est de soixante pieds. Le plus gros tuyau a vingt-quatre pieds de hauteur, et quatre pieds de tour. Cet orgue a vingt-quatre sortes de jeux, et est compté parmi les chefs-d'œuvre en ce genre. Il a été fait en 1481. On y a employé 14,500 livres d'étain à seize francs le cent. Il a été réparé en 1647. A droite du sanctuaire est l'hôtel des fonts baptismaux ; il est orné de sculptures qui représentent une descente de croix ; on prétend que la cuve des fonts baptismaux a servi autrefois au baptême de Clovis. Les croisées du rond-point du chœur sont en vitraux, et représentent diverses actions de la vie de Jésus-Christ. Les murs des deux nefs collatérales sont ornés de douze belles tapisseries.

L'ÉGLISE SAINT-REMY, la plus ancienne de Reims, fut construite en 1041 ; elle appartenait à une abbaye de bénédictins. Cette église, où l'on sacra pendant longtemps les rois de France, à 110 mètres de longueur. L'intérieur est d'architecture romaine; la façade, plus moderne, est surmontée de deux clochers à flèches couverts en ardoises. Dans l'intérieur, on remarque le tombeau de saint Remy, mausolée de forme circulaire, dont l'élévation est de 31 pieds, et le diamètre de 16. L'intérieur est pavé en marbre, et le pourtour environné d'une marche. Autour sont les douze pairs de France, et saint Remy, catéchisant Clovis.

La PORTE DE MARS est un arc de triomphe qu'élevèrent les Rémois en l'honneur de César et d'Auguste, lorsque Agrippa, gouverneur des Gaules, fit faire de grands chemins militaires qui passaient par cette ville. Cet arc triomphal servit de porte de ville jusqu'en 1544; à cette époque on ouvrit une nouvelle porte près de l'ancienne, l'arc antique fut enfoui dans les remparts; plusieurs fois il disparut entièrement sous les décombres; il a été déblayé de nouveau en 1812; mais il est resté complètement enclavé dans le mur d'enceinte, dont il fait partie, et ne présente à la vue qu'une de ses grandes façades. Cette façade offre deux arcades d'égale grandeur, flanquant une arcade centrale et plus grande; huit colonnes corinthiennes la décorent; tous les détails de sculpture sont très-dégradés. La première arcade à gauche en entrant dans la ville, appelée l'arcade de Remus, représente à la voûte Remus et Romulus sous une louve. A gauche et à droite sont Faustulus et Acca Laurentia debout; le cadre est environné de rosaces, qui elles-mêmes sont entourées de trophées d'armes. L'arcade du milieu représente les douze mois de l'année; il ne reste que sept cadres des douze qui existaient; les cinq autres ont été détruits. Sur la troisième arcade on voit à la voûte Léda couchée, ayant un cygne sur elle; au-dessus est l'Amour descendant du ciel.

L'HOTEL DE VILLE, édifice dont la façade a été achevée récemment, a été construit en 1636. Cette façade a 184 pieds de longueur; au milieu est un pavillon décoré d'une statue équestre de Louis XIII. L'aile gauche renferme une belle bibliothèque contenant 25,000 volumes et environ 1,000 manuscrits.

On remarque encore à Reims la place Royale, décorée d'une statue de Louis XV; la salle de spectacle; la porte de Vesle; l'hôtel des comtes de Champagne, rue de Tambour; l'hôtel de Joyeuse sur la place de l'hôtel de ville; l'hôtel de Chevreuse, rue des Gueux, etc., etc. Plusieurs maisons offrent des inscriptions destinées à perpétuer d'honorables souvenirs. Telles sont celles qu'on lit :

A l'hôtel de la Maison-Rouge,

L'an 1429, au sacre de Charles VII, dans cette Hôtellerie, nommée alors l'Ane rapé, le père et la mère de Jeanne d'Arc ont été logés et défrayés par le conseil de ville.

A l'ancienne maison dite le Long-Vêtu, rue de Cérès,

JEAN-BAPTISTE COLBERT,
(MINISTRE D'ÉTAT SOUS LOUIS XIV.
EST NÉ DANS CETTE MAISON
LE 29 AOUT 1619.

Rue du Marc,

ANTOINE PLUCHE,
AUTEUR DU SPECTACLE DE LA NATURE,
L'UN DES BIENFAITEURS DE LA VILLE,
EST NÉ DANS CETTE MAISON
LE 13 NOVEMBRE 1688.

Outre Colbert et Pluche, Reims est encore la patrie de J. Godinot, qui consacra plus de 500,000 fr. pour la fondation de divers établissements utiles et pour l'embellissement de la ville de Reims, et en l'honneur duquel on n'a encore élevé aucun monument; de Linguet, jurisconsulte et homme de lettres, mort sur l'échafaud révolutionnaire en 1793; de Tronçon du Coudray, mort à Cayenne en 1800; du célèbre graveur Robert Nanteuil, etc., etc.

INDUSTRIE. Manufactures de draps, silésies, casimirs, flanelles lisses et croisées, ras, burats, couvertures de laine, étoffes pour gilets, tissus, mérinos, châles façon cachemires. — *Fabriques* de bonneterie, étamines à bluteaux, savon noir, chandelles, pains d'épices et biscuits renommés. Nombreuses teintureries; filatures hydrauliques de laine; blanchisseries de cire; brasseries; tanneries et corroieries. — *Commerce* de grains, farines, vins de Champagne, eaux-de-vie, épiceries, denrées coloniales, laines peignées, cotons filés, chanvre, lin, cuirs, laines, étoffes et tissus de ses nombreuses manufactures, etc.

A 10 l. 1/2 de Châlons, 41 l. 1/2 de Paris. *Hôtels* de France, du Nouveau Lion d'or, de Bourbon, de la Maison rouge, de la Croix blanche, des Trois Maures, de l'Écu de France, du Mont Saint-Michel, de la Croix d'or, du Cygne, du Grand Cerf, de l'Arbre d'or.

CHATEAU DE ST REMY EN BOUZEMONT,
Habitation de M.r le Comte Du Hamel.

RILLY-LA-MONTAGNE. Joli bourg situé à 2 l. 1/2 de Reims. Pop. 800 hab. Il est bâti dans une situation pittoresque, adossé à une montagne, entre deux monticules couverts de vignes qui donnent de fort bons vins. On y trouve des sources d'eau minérale.

ROSNAY. Village situé à 3 l. de Reims. Pop. 400 hab. On y trouve une source d'eau minérale froide que l'on croit saline.

SEPT-SAULX. Village situé sur la Vesle, à 5 l. de Reims. Pop. 300 hab. On y remarque une belle église de construction gothique.

SERMIERS. Village situé à 2 l. 1/2 de Reims. Pop. 700 hab. On y remarque les ruines pittoresques du beau château de Coson, ancienne demeure de l'amiral Coligny.

SILLERY. Village situé sur la rive gauche de la Vesle, dans un territoire fertile en vins justement renommés, à 2 l. 1/2 de Reims. Pop. 390 hab. Le territoire de Sillery produit le plus estimé des vins blancs de Champagne; il a une couleur ambrée et un goût sec qui le caractérisent; le corps, le spiritueux, le charmant bouquet et les vertus toniques dont il est pourvu, lui assurent la priorité sur tous les autres.

VERZY. Bourg situé à 3 l. 3/4 de Reims. Pop. 1215 hab. Il se compose de plusieurs rues étroites qui aboutissent à une petite place où l'on voit un assez bel hôtel de ville.

Près de Verzy était l'ancien monastère de Saint-Basle, où se tint un concile le 17 juin 991 ou 992, pour déposer Arnould de l'archevêché de Reims et le donner à Gerbert, qui devint pape sous le nom de Sylvestre II.

Verzy, Verzenai, les Bruyères de Mailli et Ambonnay produisent les meilleurs vins rouges de toute la Champagne, que l'on désigne sous le nom de vins de la fine montagne.

VILLE EN TARDENOIS. Bourg situé à 4 l. 1/2 de Reims. Pop. 511 hab.

ARRONDISSEMENT DE VITRY-LE-FRANÇAIS.

CHAPELAINE. Village situé à 4 l. de Vitry. Pop. 200 hab. On y voyait naguère un magnifique château dont il ne reste plus aucuns vestiges; c'était autrefois le chef-lieu d'une baronnie qui appartenait à l'ancienne maison de Chavanges. Il y a quelques années, Chapelaine ne se composait que du château, d'une ferme et d'un moulin; le tout appartenait à un seul propriétaire, qui a planté dans les environs des bois d'arbres verts. Cette commune a été réunie naguère à celle de Vesimont, située de l'autre côté de la rivière.

HEILZ-LE-MAURUPT. Joli bourg, agréablement situé dans une des plus riches des plus florissantes plaines du Perthois, à 4 l. de Vitry. Pop. 878 hab.

Ce bourg est généralement bien bâti, propre et bien percé. L'église paroissiale, en forme de croix grecque, est une des plus belles de la contrée; elle est surmontée d'une flèche recouverte d'ardoise, que son élévation fait apercevoir de fort loin.—Aux environs est le vieux château de Laplace, aujourd'hui converti en ferme.

POSSESSE. Village situé sur la Vierre, à 5 l. de Vitry. Pop. 600 hab.

Possesse était autrefois une ville forte et populeuse, entourée de larges fossés en terrasses, de forts et de bastions. On croit qu'elle fut détruite dans le XVe siècle, lors de l'irruption des Allemands en Champagne, sous Charles-Quint. Les fossés sont encore fort bien conservés dans la partie du nord-ouest, de l'ouest et de l'est; au sud, ils servent de lit à la rivière.

REMY EN BOUZEMONT (SAINT-). Village situé à 3 l. de Vitry. Pop. 578 hab.

On y voit un château moderne bâti sur l'emplacement d'un ancien manoir dont il ne reste plus aucuns vestiges. C'est la propriété de M. le comte du Hamel, ancien gouverneur de Saint-Dizier, qu'il défendit vaillamment contre les Autrichiens en 1641. Les habitants reconnaissants firent fondre avec le bronze pris aux ennemis deux pièces de canon aux armes du comte du Hamel, dont une se voit encore sur la terrasse du château.

SERMAIZE. Petite ville agréablement située sur la rive gauche de la Saulx, à 5 l. de Vitry. Pop. 1,800 hab.

A un quart de lieue de cette ville, on trouve, près d'un bois, une source d'eau minérale salino-ferrugineuse froide.

L'eau de cette source est claire, limpide, d'une saveur martiale et salée : elle tient en dissolution des sulfates de fer et de chaux. Employée en boisson à la dose de deux ou trois verres, on lui attribue de bons effets dans la chlorose et dans les affections calculeuses des reins et de la vessie.

SOMMEPUIS. Village situé à 3 l. 1/4 de Vitry. Pop. 589 hab. On y remarque les vestiges d'un fort entouré de fossés, où se trouvent l'église, le presbytère et une maison particulière.

SOMMESOUS. Bourg situé à 3 l. de Vitry. Pop. 450 hab. Aux environs se trouve une butte élevée, nommée la Pierre des Vignes, d'où l'on découvre une grande étendue de pays.

THIÉBLEMONT. Village situé à 2 l. 1/2 de Vitry. Pop. 256 hab.

VANAUT-LE-CHATEL. Village situé à 4 l. de Vitry. Pop. 600 hab. Aux environs est le Mont-Ériton, ancien fort détruit par les Anglais en 1423.

VITRY EN PERTHOIS ou **LE BRULÉ**. Bourg situé à 3/4 de l. de Vitry-le-Français. Pop. 800 hab.

Vitry était autrefois une ville importante, capitale du Perthois. Thierry, roi d'Austrasie, la prit et y fit égorger Monderic, qui la défendait. En 1144, Louis le Jeune, le plus colérique et le plus opiniâtre des rois, pour se venger du comte Thibaut de Champagne, fondit sur cette malheureuse ville, et en égorgea tous les habitants; 1,300 personnes qui s'étaient réfugiées dans l'église y furent brûlées par son ordre; il assista d'un œil sec à leur supplice, et ne quitta le lieu où son crime venait d'écrire son nom en caractères indélébiles, qu'après que la fumée silencieuse qui s'élevait de ce monceau de ruines l'eut convaincu que personne n'était échappé.

L'église conserve encore des piliers-boutants, qui attestent ce crime atroce. Vitry fut brûlé de nouveau par Charles-Quint en 1544.

VITRY-LE-FRANÇAIS. Jolie ville. Chef-lieu de sous-préfecture. Tribunal de première instance. Collège communal. Pop. 6,976 hab.

Vitry-le-Français est une ville moderne que François Ier fit construire sur la Marne et fortifier en 1545, à un quart de lieue de Vitry en Perthois, brûlé par les troupes de Charles-Quint en 1544. La ville est entourée de remparts destinés à former l'enceinte d'une ville de guerre de quelque importance. Elle est régulièrement bâtie, les rues en sont larges, propres, spacieuses et bordées de maisons entièrement construites en bois, mais d'une élégante simplicité. La place centrale est vaste et régulière; sur l'un des côtés est la cathédrale, bel et spacieux édifice de style corinthien et composite, et le premier monument important exécuté en France depuis la renaissance des arts; le portail, surmonté de deux tours, offre un aspect imposant. Les promenades sont très-agréables.

Fabriques de bonneterie. Filatures de coton, nombreuses huileries.—*Commerce* de bois et de charbon.

A 8 l. de Châlons, 44 l. de Paris.—*Hôtel* des Voyageurs, des Bons-Enfants.

FIN DU DÉPARTEMENT DE LA MARNE.

IMPRIMERIE DE FIRMIN DIDOT FRÈRES
RUE JACOB, N° 56.

Guide Pittoresque
DU
VOYAGEUR EN FRANCE.

ROUTE DE PARIS A STRASBOURG,

TRAVERSANT LES DÉPARTEMENTS

DE SEINE-ET-MARNE, DE L'AISNE, DE LA MARNE, DE LA MEUSE, DE LA MOSELLE, DE LA MEURTHE, DU BAS-RHIN, ET COMMUNIQUANT AVEC CELUI DES VOSGES.

DÉPARTEMENT DE LA MEUSE.

Itinéraire de Paris à Strasbourg,

PAR CHALONS, METZ ET SARREBOURG, 121 LIEUES.

	lieues
De Paris à Bondi............	3
Livry.......................	1 1/2
Villeparisis................	1 1/2
Claye.......................	1
Meaux.......................	4
St.-J. les Deux-Jumeaux.....	3
La Ferté-sous-Jouarre.......	2
La Ferme de Paris...........	4
Château-Thierry.............	3
Cresancy....................	2
Dormans.....................	3 1/2
Port à Binson...............	2
Épernay.....................	4
Jaalons.....................	4
Châlons-sur-Marne...........	4
Somme-Vesle.................	4 1/2
Tilloy......................	1
Orbeval.....................	3
Sainte-Menehould............	2
Clermont....................	4
Dombasle....................	2 1/2

	lieues
Verdun......................	4
Manheulles..................	4
Harville....................	2 1/2
Mars-la-Tour................	3
Gravelotte..................	2 1/2
Metz........................	4 1/2
La Horgne...................	3
Solgne......................	2 1/2
Deline......................	3
Château-Salins..............	3
Moyenvic....................	2
Bourdonnay..................	4
Heming......................	5
Sarrebourg..................	2
Hommarting..................	2
Phalsbourg..................	2
Saverne.....................	3
Wasselonne..................	3 1/2
Ittenheim...................	3
Strasbourg..................	3

97ᵉ *Livraison.* (MEUSE.)

ASPECT DU PAYS QUE PARCOURT LE VOYAGEUR,

DES GRANDES-ISLETTES A MARS-LA-TOUR.

Après avoir franchi la Biesme et traversé le village des Grandes-Islettes, on longe, à droite et à gauche, la forêt de l'Argonne. Une pente longue et rapide conduit ensuite au bourg de Clermont, d'où l'on jouit d'une belle vue. On descend dans un vallon, on passe l'Aire, on monte et on descend plusieurs côtes avant d'arriver à Verdun, où l'on entre par la porte de France. On sort de cette ville par la porte Saint-Victor, en laissant à droite la route de Saint-Mihiel. Après avoir passé le ruisseau de Bellerupt, on traverse deux lieues de la forêt du Haut-Bois par une large tranchée, en passant entre les bois de Claire-Côte et ceux de Gévaumont. A gauche, un peu avant de quitter la forêt, est le château de Châtillon-sous-les-Côtes. On traverse le village de Manheulle en passant devant le château de ce nom et en laissant à droite la route de Toul ; vis-à-vis Aulnois, on voit le village de Fresne. A Harville, on passe le ruisseau de Longeau, et à Labeuville celui de Signeul ; un peu plus loin, on traverse l'Iron, peu après lequel on passe du département de la Meuse dans celui de la Moselle.

DÉPARTEMENT DE LA MEUSE.

APERÇU STATISTIQUE.

Le département de la Meuse est formé d'une partie des Trois-Évêchés, du Clermontois, de la Lorraine et du Barrois ; il tire son nom de la Meuse, qui le traverse du sud au nord. Ses limites sont : au nord, le département des Ardennes et le grand-duché de Luxembourg ; à l'est, les départements de la Moselle et de la Meurthe ; au sud, ceux des Vosges et de la Haute-Marne ; à l'ouest, ceux de la Marne et des Ardennes.

La surface de ce département est entrecoupée de montagnes, de collines, de vallées et de plaines. Les montagnes, qui se rattachent à la chaîne des Vosges et aux monts Faucilles, sont élevées, couvertes en grande partie de forêts très-étendues, et peuplées de gibier de toute espèce ; elles forment deux chaînes principales qui séparent le bassin de la Meuse de ceux de la Moselle et de l'Ornain ; leur hauteur moyenne est de 3 à 400 mètres, et leurs points culminants d'environ 500 mètres. Les coteaux sont couverts de vignes cultivées avec soin, qui donnent des vins estimés : la Woëvre est un vaste plateau qui sépare les eaux de la Meuse de ceux de la Moselle. Le sol des plaines est en général maigre et peu fertile ; mais les vallées, notamment celles de la Meuse et de l'Ornain, sont de la plus grande fertilité. De belles prairies s'étendent sur les bords de ces rivières ; les montagnes sont couvertes de bons pâturages, où l'on élève un grand nombre de bestiaux dont les habitants font un commerce assez lucratif.

PETIT ATLAS NATIONAL DES DÉPARTEMENTS DE LA FRANCE.

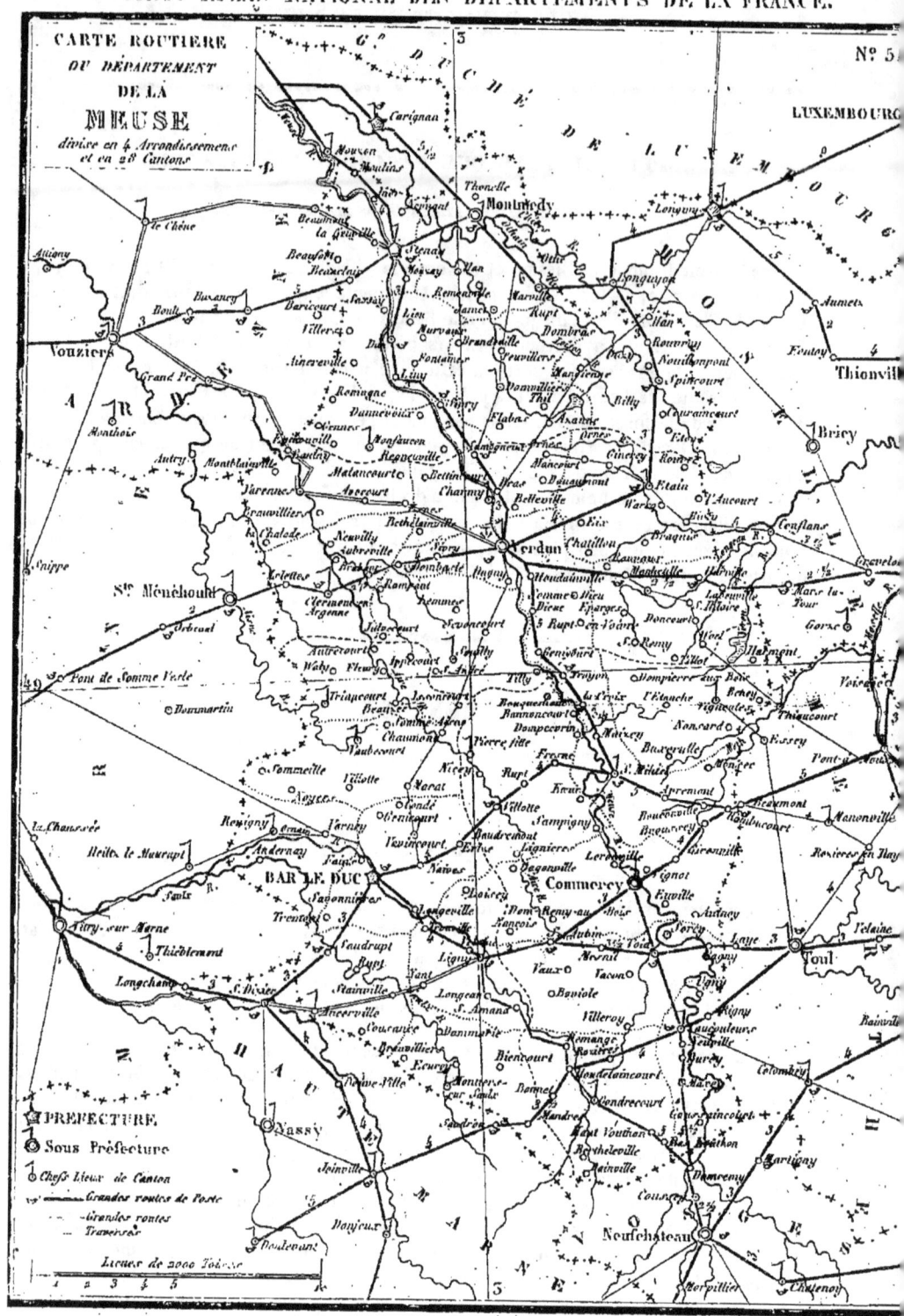

VILLE HAUTE DE BAR LE DUC.

La température offre plusieurs variations : douce et supportable dans les vallées, elle est rude et froide sur les plateaux qui les séparent, et où l'on compte à peine six mois de beau temps. Le climat est en général plus froid que chaud. Les vents dominants dans les vallées sont ceux du nord et du sud ; ceux de l'est et du nord soufflent plus particulièrement sur les plateaux.

Le département de la Meuse a pour chef-lieu Bar-le-Duc. Il est divisé en 4 arrondissements et en 28 cantons, renfermant 589 communes. — Superficie, 310 lieues carrées. — Population, 314,588 habitants.

Minéralogie. Minerai de fer abondant. Carrières de belles pierres de taille. Marne, plâtre, argile à poterie. Fossiles curieux et d'une grande dimension.

Sources minérales ferrugineuses dans plusieurs localités, mais dont on ne fait aucun usage.

Productions. Céréales de toute espèce en quantité plus que suffisante pour la consommation des habitants. Chanvre, lin, chicorée-café. Culture en grand du groseillier rouge et blanc. Belles prairies naturelles. — 13,540 hectares de vignes, produisant annuellement environ 525,000 hectolitres de vin, dont 350,000 sont consommés sur les lieux, et le reste livré au commerce, et exporté en Belgique et dans le Luxembourg. — 180,750 hectares de forêts (arbres feuillus). — Grand et menu gibier (chevreuils, sangliers, rouges-gorges, etc.) — Chevaux de petite taille, beaucoup de bestiaux, peu de chèvres. — Bon poisson (truites, écrevisses).

Industrie. Manufactures de cotonnades dites de Bar, et de toiles de coton. Fabriques de bonneterie en coton, futailles, carton, dragées, liqueurs, huile de graines et de faînes ; fromages façon Gruyère. Filatures de coton et de laine ; trente hauts fourneaux, quatorze feux de forges, plusieurs verreries ; beaucoup de papeteries ; faïenceries ; brasseries ; tanneries ; teintureries en rouge d'Andrinople ; distilleries d'eau-de-vie de marc.

Commerce de grains, vins de Bar, laines, coton filé, confitures excellentes, dragées de Verdun, graines de trèfle et de luzerne, huile de navette, fromage, beurre, jambons, bestiaux, fers, cuirs, planches de sapin et de chêne, bois de construction.

VILLES, BOURGS, VILLAGES, CHATEAUX ET MONUMENTS REMARQUABLES ; CURIOSITÉS NATURELLES ET SITES PITTORESQUES.

ARRONDISSEMENT DE BAR-LE-DUC.

ANCERVILLE. Bourg situé sur la route de Saint-Dizier à Nancy, à 5 l. de Bar-le-Duc. Pop. 2,229 hab. — *Fabriques* et commerce considérable de kirschenwasser.

AULNOIS-EN-PERTOIS. Village situé à 4 l. de Bar-le-duc. Pop. 514 hab.—Commerce important de toiles de chanvre. Exploitation des carrières de pierres de taille.

BAR-LE-DUC *ou* **BAR-SUR-ORNAIN.** Ancienne et jolie ville. Chef-lieu du département. Tribunaux de première instance et de commerce. Chambre consultative des manufactures. Conseil de prud'hommes. Société d'agriculture. Collége communal. ✉ ☞ Pop. 12,496 hab.

L'origine de cette ville est peu connue. Quelques auteurs prétendent qu'elle existait déjà lorsque les Francs s'établirent dans les Gaules; mais on ne connaît aucun titre sur lequel on puisse appuyer cette présomption. Bar était la capitale du Barrois, pays connu sous ce nom dès le temps de Vulfoade, maire du palais d'Austrasie, au commencement du VIIIe siècle, dont les possesseurs se qualifièrent de ducs de Bar jusqu'en 1032, qu'ils prirent le titre de comtes; ils reprirent le titre de ducs en 1354. Suivant Grégoire de Tours, Bar était entouré d'un pays fertile et de riants coteaux de vignes. Les ducs attirèrent par des franchises quelques cultivateurs, qui groupèrent leurs habitations autour du château bâti sur la hauteur. — Le Barrois était un démembrement du territoire des Leuquois, et ne forma dans l'origine qu'un État d'une étendue de quarante lieues de long sur dix lieues de large. La maison des Ardennes le posséda d'abord; ensuite il passa à celle de Montbelliard, puis à celle d'Anjou, et fut définitivement réuni à la Lorraine.

En 951, Ferry Ier fit réparer et fortifier le château de Bar. En 1092, du temps de Sophie de Bar, qui avait épousé Louis de Montbelliard, la ville, qui n'occupait que les environs de l'église Notre-Dame, à droite de l'Ornain, fut continuée sur l'autre rive. Les chartres de Bar font mention de vingt ducs ou comtes particuliers, qui possédèrent cette ville et son territoire depuis l'an 954 jusqu'en 1419, époque de sa réunion au duché de Lorraine par la cession qu'en fit le cardinal Louis, frère du duc Robert de Bar, à René d'Anjou, qui épousa Isabelle, fille aînée du duc Charles II, héritière de ce beau duché. Ce nouveau possesseur était fils de Louis II, roi de Naples, et d'Yolande d'Aragon. — Les seigneurs de Bar ne furent jamais assez puissants pour être indépendants; ils contractèrent de grandes alliances, même avec les rois d'Angleterre, et se mirent toujours sous la protection des plus forts. Quelquefois ils guerroyèrent pour leur propre compte; mais souvent ils prétèrent foi et hommage de leur comté ou de leur duché, tantôt aux rois de France, tantôt aux empereurs d'Allemagne, aux ducs de Bourgogne, etc.

La ville de Bar a été autrefois fortifiée. Son château tombait en ruine, après avoir longtemps servi de résidence à ses anciens comtes ou ducs, lorsqu'au commencement du XVIIe siècle, Charles III, duc de Lorraine, le fit réparer; mais en 1649, un violent incendie le rendit de nouveau inhabitable; en 1670, Louis XIV en fit démolir les tours et une partie des murailles, ne laissant subsister que l'enceinte fortifiée de la ville, enceinte qui elle-même a depuis en grande partie disparu.

La ville de Bar est dans une situation agréable, sur le penchant d'un coteau et dans un beau vallon arrosé par l'Ornain : elle se divise en haute et basse ville. La première s'élève en amphithéâtre, et occupe le sommet de la colline : les rues en sont pour la plupart étroites et escarpées; les maisons sont bien bâties, et plusieurs même peuvent passer pour des hôtels; mais elle n'est point commerçante. Il ne reste plus du château que les vestiges de l'ancienne chancellerie des ducs, et une terrasse d'où l'on jouit d'une vue magnifique sur la riante vallée de l'Ornain. — La ville basse s'étend dans le vallon traversé par l'Ornain, que l'on y passe sur trois ponts en pierre. Elle est vivifiée par une multitude de fabriques, d'ateliers, de boutiques, de magasins, d'hôtelleries; les rues sont larges et bien percées : celle de la Rochelle, que borde une double rangée de tilleuls, est particulièrement remarquable. Cette partie de la ville offre un port commode sur l'Ornain, pour le flottage des planches de chêne et de sapin, et pour le chargement des fers provenant des forges environnantes. Les alentours offrent d'agréables promenades.

On remarque à Bar l'hôtel de la préfecture, dont une des ailes renferme le palais de justice; l'hôtel de ville; le collège; une jolie petite salle de spectacle; la bibliothèque publique. Dans une des églises de la ville haute, on voit le mausolée de René de Châlons, prince d'Orange, tué en 1544, au siège de Saint-Dizier. Ce monument se compose d'un autel de marbre noir sur lequel est debout un squelette en marbre blanc tenant un sablier dans la main gauche; des muscles desséchés, des fragments de peau échappés à la destruction couvrent çà et là ces ossements décharnés. Cette sculpture, d'une effrayante vérité, est du célèbre Ligier Richier, élève de Michel-Ange, et auteur du sépulcre de saint Mihiel.

Patrie du maréchal Oudinot; du général Excelmans.

Fabriques considérables de cotonnades

PONT NOTRE DAME A BAR LE DUC.

dites de Bar, de toiles de coton, bonneterie en coton, étoffes de laine, indiennes, mouchoirs de couleurs. Filatures de coton; teintureries en rouge d'Andrinople; tanneries; brasseries. — Aux environs, forges et carrières de pierres de taille exploitées.

Commerce de rouenneries, tissus de coton, cotons filés, laines, confitures de groseilles renommées, vins dits de Bar, fers, bois, cuirs, planches de chêne et de sapin pour l'approvisionnement de Paris.

A. 21 l. de Nancy, 25 l. de Metz, 63 l. de Paris. — *Hôtels* du Cygne, du Lion d'or, du Soleil d'or, de la Rose d'or, des Bons Enfants, du Tonneau d'or.

BRILLON. Village situé à 2 l. 1/4 de Bar-le-Duc. Pop. 850 hab. — Exploitation des mines de fer et des carrières de pierres de taille. — *Commerce* de cerises, kirschenwasser, bois, etc.

COUSANCE-LES-COUSANCELLES. Village situé à 5 l. 1/4 de Bar-le-Duc. Pop. 1,123 hab. — Haut fourneau, fonderie d'obus, boulets, pièces mécaniques, poids et mesures, etc.

DAMMARIE. Village situé sur la Saulx, à 5 l. 1/2 de Bar-le-Duc. Pop. 514 hab. — Haut fourneau. Fonderie, atelier de construction de modèles, chaudières, conduites pour eau et pour gaz, etc.

FAINS. Village situé à trois quarts de lieue de Bar-le-Duc. Pop. 962 hab.

Le territoire de ce village, qui bornait à l'époque de la conquête romaine la limite des Belges et des Gaulois Celtes, renferme un camp romain, et est traversé par une voie romaine. Ce passage est comme les Thermopyles de la vallée: les hauteurs qui le défendent, dominent tous les environs.

Les ducs de Bar avaient à Fains un château fort, converti ensuite en maison de plaisance, laquelle, après avoir été un dépôt de mendicité, a été transformée en maison de détention temporaire pour les vagabonds, et en hospice pour les vieillards; c'est un établissement vaste et parfaitement tenu. — Filature hydraulique de coton.

JEAN-D'HEURES. *Voyez* LISLE EN RIGAULT.

LIGNY. Jolie petite ville, située sur l'Ornain, à 4 l. de Bar-le-Duc. ✉ ☞ Pop. 3,212 hab.

Suivant quelques auteurs, cette ville doit son origine, ou tout au moins son accroissement, à la destruction de *Nasium*, avec laquelle elle communiquait, dit-on, par un passage souterrain. C'était autrefois une place forte qu'entourait un double rempart en pierre et en gazon, flanqué de bastions et de tours. — La maison des Luxembourgs avait jadis dans Ligny, avec les prérogatives de la principauté, un château considérable. Cette seigneurie avait été apportée en dot, en 1155, à Renaud II, comte de Bar, par Agnès de Champagne. Vers le commencement du XIIIe siècle, Henri II, leur petit-fils, la donna à sa fille, qui épousa Henri Ier, comte de Luxembourg, dont les descendants ont possédé Ligny pendant 500 ans sans interruption. La réunion de cette seigneurie au duché de Lorraine et de Bar fut effectuée en 1719, par la vente qu'en fit un Montmorency-Luxembourg au duc Léopold, moyennant 2,600,000 livres. En 1467, la république de Metz tenta vainement de s'emparer de Ligny. Dom Calmet et d'autres auteurs font mention d'une peste et d'une famine horrible qui désolèrent cette ville, le Barrois et la Lorraine, depuis 1630 jusqu'en 1637; déjà, en 1486, elle avait été ravagée par une épidémie meurtrière. Après avoir été longtemps exposée aux désastres de la guerre, Ligny avait joui d'une longue paix, lorsqu'en 1814, les armées étrangères y reparurent; des conscrits y étaient rassemblés: seuls, et sans chefs supérieurs, ils s'y défendirent pendant deux jours avec une rare intrépidité contre une division de l'armée russe, dans les rues ouvertes, dans les jardins et dans les vignes. 1,100 hommes de cette division, numériquement deux fois plus forte que les Français, y furent tués avec le général qui les commandait.

Ligny est une ville agréablement située, dans une belle plaine, sur la rive gauche de l'Ornain. Les rues en sont larges, propres, bien percées, et aboutissent à une belle place publique; il ne reste plus des anciennes fortifications qu'une tour d'une belle construction, qui domine le cours de l'Ornain. Les promenades du parc de l'ancien château passent à juste titre pour les plus belles et les plus agréables du département. Les sinuosités du territoire couvert de vignes, qui entoure la ville, offrent plusieurs aspects pittoresques: au sud-ouest, à mi-côte apparaît un joli paysage, dont la ville est le centre; de la côte nord-ouest, on aperçoit la ville haute de Bar-le-Duc et les environs de Naix (l'ancien *Nasium*): sur cette même élévation, dite le Mont-Liban ou Pile-vêtu, on remarque les fondations d'une forteresse considérable, qui n'a point été achevée, François Ier ayant menacé d'aller la démolir à la tête de dix mille lansquenets, si on continuait sa construction.

On remarque encore à Ligny, dans un coin de l'ancienne enceinte de la ville, entre le bastion dit la grosse tour et l'arcade qui supporte l'hôtel de ville, un des plus beaux échos du vallon, qui répète plusieurs fois des mots tout entiers; l'hôpital, fondé par Marguerite de Savoie, veuve d'Antoine de Luxembourg.

La tradition rapporte que le château de Ligny, aujourd'hui entièrement détruit, a été habité par la fée Mélusine, parente des Luxembourgs. On montrait encore, il y a environ cent ans, la chambre à coucher et le cabinet de toilette de cette princesse, qui était représentée sur un bas-relief placé au-dessus de la principale porte d'entrée, sous la forme d'une sirène, figure qui était aussi reproduite dans tous les appartements et jusque dans la chapelle.

Fabriques d'enclumes renommées en fer corroyé. Filature hydraulique de coton. Tanneries. Aux environs, nombreuses forges et hauts fourneaux.—*Commerce* de vins, bois, laines, etc. — *Hôtels* de la Cloche, du Soleil d'or, du Sauvage.

LISLE EN RIGAULT. Village situé à 2 l. 3/4 de Bar-le-Duc. Pop. 400 hab.

Le village de JEAN-D'HEURES est une dépendance de la commune de Lisle en Rigault. On y remarque le château de M. le maréchal Oudinot, et une belle papeterie mécanique, dont les produits sont fort estimés. Hauts fourneaux, forges, martinets, fours à pudler, etc.

MONTIER-SUR-SAULX. Village situé à 7 l. 3/4 de Bar-le-Duc. Pop. 1,204 hab. — Hauts fourneaux et fonderie de tuyaux de toute dimension pour les mécaniques, ornements en fonte pour l'architecture, etc.

NAIX. Bourg situé à 5 l. 3/4 de Bar-le-Duc. Pop. 404 hab. — Hauts fourneaux, forges et martinets.

Naix occupe une partie de l'emplacement de l'antique *Nasium*, opulente cité des Leuci, dont l'enceinte était jadis considérable, et dont les objets précieux découverts sur ses ruines à différentes époques attestent l'ancienne splendeur. On croit que cette cité fut détruite au milieu du IVe siècle, et remplacée par une ville considérable et bien fortifiée, que Thierry, roi de Bourgogne, prit en 612, sur Théodebert, roi d'Austrasie. Il paraît que Nasium embrassait, comme l'ancienne Rome, la plaine et les collines environnantes, et qu'il était défendu au levant par un camp retranché assez vaste pour contenir deux légions : un temple de Jupiter, des autels dédiés à Junon, à Minerve, à Mercure, à Lucine, etc., des thermes, un cirque, des colonnes, des statues d'or et de marbre, des aqueducs, tout est tombé, tout a été détruit!... Le gisement des débris, des fûts de colonnes, des portiques, presque tous couchés dans la même direction, paraît indiquer que cette ville fut détruite par quelque secousse souterraine, et cette opinion est d'autant plus probable que tous les débris qu'il en reste se trouvent enfouis à une certaine profondeur. Des fouilles entreprises à différentes époques ont fait découvrir une multitude d'objets précieux et du plus grand intérêt; tels sont : un bras d'or grand comme nature, qui paraît avoir appartenu à une statue de même métal; l'anse curieuse d'un vase d'airain d'un travail parfait, qui orne le cabinet d'antiques de M. Denis de Commercy; des médailles rares, des vases, des urnes, des trépieds, des pierres précieuses, des membres de statues du plus beau travail; des matrices ou cachets propres à imprimer sur des vases des empreintes pharmaceutiques, etc., etc., etc.

REVIGNY. Bourg situé à 4 l. 1/4 de Bar-le-Duc. Pop. 1,598 hab.

Revigny était jadis une ville assez importante, que les Suédois saccagèrent et brûlèrent en 1640. Un canal dérivé de l'Ornain en arrose les rues, où il entretient la propreté. — *Commerce* de chanvre.

TRIAUCOURT. Bourg situé à 2 l. 1/2 de Bar-le-Duc. Pop. 928 hab.

VAUBECOURT. Petite ville située à 5 l. de Bar-le-Duc. Pop. 1,264 hab.

VAVINCOURT. Village situé à 2 l. 1/2 de Bar-le-Duc. Pop. 802 hab.

ARRONDISSEMENT DE COMMERCY.

BERTHELÉVILLE. Village situé à 8 l. 3/4 de Commercy. Pop. 110 hab. — Éducation des chevaux et des bêtes à cornes. Haras. Hauts fourneaux, forges, martinets.

COMMERCY. Jolie petite ville. Chef-lieu de sous-préfecture, dont le tribunal de première instance est à Saint-Mihiel. Collége communal. ✉ ☞ Pop. 3,622 hab.

Commercy n'est connu que depuis le IXe siècle; mais il est probable qu'il existait antérieurement. Dans le principe, c'était une simple seigneurie, qui fut érigée plus tard en principauté, et obtint le titre de commune en 1324. Charles-Quint assiégea Commercy en 1554. Cette ville formait alors deux seigneuries distinctes, le château haut et le château bas : la première fut possédée par Philippe-Emmanuel de Gondy, lequel la transmit à son fils, le cardinal de Retz, qui en aimait le séjour, parce qu'il se trouvait à proximité de son abbaye de Saint-Mihiel, et de la campagne qu'il possédait sur la Meuse à Ville-Issey; on sait que c'est dans cette solitude que le héros de la Fronde rédigea ses mémoires. Le cardinal de Retz répara l'ancien château de Commercy, qu'il vendit avec la ville à Charles IV. Le prince de Vaudemont, qui la posséda depuis, fit reconstruire, en 1708, le château, dont Stanislas fit une demeure magnifique, transformée aujourd'hui en un quartier de cavalerie.

Commercy est une ville fort agréablement située, sur la rive gauche de la Meuse : elle est assez bien bâtie et ornée de fontaines publiques. On y remarque les casernes, le grand manége couvert, l'hôtel de ville, l'hôpital, les halles, etc. La Meuse, après avoir arrosé une belle et riche vallée, se divise en deux bras près de la ville; sur le bord du second bras, près de Vignot, était établi un château d'eau, qui devait être magnifique à en juger par les descriptions du temps. De ce point, où aboutit la route de Pont-à-Mousson, on découvre un riant paysage, dont Commercy et son château forment le principal point de vue; à droite et à gauche s'étend une vaste prairie; des villages, des moulins, des coteaux plantés de vignes, terminent cette perspective; à l'est s'étend une belle forêt percée d'avenues, et rafraîchie par de belles fontaines.

Fabriques de toiles de coton, de couverts en fer battu. Brasseries. Tanneries. Filatures de coton (à ENVILLE). Aux environs, forges, martinets, hauts fourneaux. — *Commerce* de grains, vins, huiles, chanvre, navette, cuirs, bois, bestiaux, etc.

A 9 l. de Bar-le-Duc, 74 de Paris. — *Hôtels* de la Cloche d'or, de la Pomme d'or, des Trois Maures, de l'Arbre d'or.

DOMPIERRE-AUX-BOIS. Village situé à 7 l. de Commercy. Pop. 380 hab. — *Fabrique* considérable de vannerie fine et de sabots.

GONDRECOURT. Petite ville située à 8 l. 1/2 de Commercy. Pop. 1,336 hab.

Cette ville est bâtie sur le sommet et sur le penchant d'un coteau, au pied duquel coule l'Ornain, et se divise en haute et basse ville. Elle était autrefois défendue par une forteresse construite au XIe siècle, dont il ne reste aucuns vestiges : elle a souvent été prise, reprise, saccagée et incendiée. Les environs sont fort agréables. — *Fabriques* d'ébénisterie, de pointes de Paris. Briqueterie.

MIHIEL (SAINT-). Ville ancienne, située sur la Meuse, à 4 l. de Commercy. Tribunal de première instance de l'arrondissement. Collége communal. ✉ ☞ Pop. 5,822 hab.

Cette ville doit son origine à un monastère fondé en 660, dans une vaste forêt, par un maire du palais du jeune Childéric, roi d'Austrasie, nommé Vulfoade, qui fit aussi bâtir près du monastère un château où il établit sa résidence. Vulfoade s'étant révolté contre Pépin le Bref, ce monarque fit détruire le château; plus tard, l'abbé Smaradge, qui faisait fleurir les sciences dans le monastère sous le règne de Charlemagne, transféra l'abbaye sur les rives de la Meuse, et cette translation fut l'origine de la ville de Saint-Mihiel. La richesse de l'abbaye et l'importance du passage qu'elle possédait sur la Meuse, rendirent cette ville importante au moyen âge, et attirèrent sur elle les malheurs de la guerre. Le dernier siége qu'elle soutint, date de 1635, où elle fut attaquée par Louis XIII, qui, ayant manqué d'y être tué, en fit raser les fortifications.

La ville de Saint-Mihiel est située sur les bords de la Meuse, dans un vallon que dominent d'assez hautes montagnes, sur l'une desquelles on voit les ruines d'un château fort que Sophie, comtesse de Bar, y fit bâtir en 1085. On remarque à peu de distance cinq rochers calcaires de plus de 60 pieds de hauteur, adossés contre des collines, sur un des bords de la Meuse : ils sont connus dans le pays sous le nom de Flaises (Falaises) de Saint-Mihiel, placés sur une ligne et séparés par des intervalles irréguliers : leurs formes varient comme leurs distances; les uns ressemblent à des cônes entiers, d'autres à des cônes tronqués, quelques-uns semblent avoir des chapiteaux et des moulures; mais ce que toutes les Flaises ont de commun, ce sont des sillons horizontaux profondément et régulièrement creusés du côté de la rivière. La ville est assez bien bâtie, et n'offre plus aucuns vestiges de fortifications.

Saint-Mihiel possède plusieurs anciennes églises d'une architecture remarquable. Dans celle de Saint-Étienne, autrefois paroisse de la ville, on voit un monument de sculpture digne de fixer l'attention des amis des beaux arts, connu sous le nom de sépulcre de saint Mihiel; il représente le moment où le corps de Jésus-Christ, descendu de la croix, va être placé dans le sépulcre offert par Joseph d'Arimathie. Treize figures le composent, et toutes se font remarquer par l'expression des traits, la noblesse et la convenance des poses, la perfection de l'exécution et le fini des détails. Ce sépulcre, placé dans une chapelle gothique attenant à l'église et bâtie exprès pour le recevoir, est composé de plusieurs morceaux unis avec tant d'art, qu'il est difficile de reconnaître les points de jonction; il est dû au ciseau de Ligier Richier, sculpteur du XVIe siècle, un des plus dignes élèves de Michel-Ange, qui a laissé dans la ville et aux environs plusieurs autres ouvrages dignes de fixer l'attention : notamment un plafond sculpté avec richesse dans une maison qui fut, dit-on, la sienne, située rue Haute-des-Fossés à Saint-Mihiel; une Vierge en bois d'un beau travail, dans l'église Saint-Michel; une cheminée sculptée avec art, dans la maison curiale du village de Ham, près de Saint-Mihiel.

Fabriques de toile de coton. Filature de coton. Forges. Taillanderie. Tanneries. — *Commerce* de grains, vins, bois, etc. — *Hôtels* du Lion d'or, du Cygne, des Trois Maures.

PIERREFITTE. Bourg situé à 7 l. 1/2 de Commercy. Pop. 680 hab.—*Commerce* d'excellentes truites, gibier, laines, graines, huiles, etc.

ROUVROY-SUR-MEUSE. Village situé à 6 l. 1/4 de Commercy. Pop. 709 hab. — *Fabriques* importantes de draps croisés du pays.

SAMPIGNY. Village situé à 2 l. 1/2 de Commercy. Pop. 950 hab. — *Fabriques* de broderies. Dépôt des équipages militaires. — *Commerce* de grains, navette, bois, etc.

Sur une colline aux environs de Sampigny existaient autrefois l'église et le monastère de Sainte-Lucie du Mont, aux environs desquels croissait et croît encore l'arbre ou cerisier de Sainte-Lucie, *cerasus Mahaleb*. Ce lieu doit lui-même son nom de Sainte-Lucie à une fille d'un roi d'Écosse qui, pour se dérober aux séductions de la cour de son père, passa sur le continent, et après avoir traversé une partie de la France, vint se fixer près de Sampigny, où l'opulent Thiébaut lui confia la garde de ses troupeaux. Sainte Lucie mourut, dit la légende, en odeur de sainteté, et fut enterrée sur la colline qui domine Sampigny, et sur le lieu de sa sépulture fut bâtie une église, dans laquelle on voyait une grotte où la sainte avait coutume de se retirer pour prier. Les miracles qui s'opéraient, dit-on, en ce lieu, y attirèrent un immense concours de pèlerins, qui ne manquaient pas en s'en allant d'emporter des chapelets, des étuis et d'autres petits objets fabriqués avec le cerisier ou bois de Sainte-Lucie, dont toutes les parties ont une odeur agréable.

SAUVIGNY. Village situé dans un territoire fertile en vins estimés, à 8 l. 3/4 de Commercy. Pop. 718 hab. — *Fabriques* d'huiles. Exploitation des carrières de pierres de taille pour meules à huile.

SORCY. Bourg situé sur la rive droite de la Meuse, à 1 l. 3/4 de Commercy. Pop. 1,650 hab.

Sorcy était jadis le chef-lieu d'un comté érigé dans le Xe siècle. On y remarquait autrefois une abbaye célèbre, dédiée à saint Martin, dans les dépendances de laquelle se trouve la maison de campagne de M. Étienne, auteur dramatique et littérateur distingué. — Aux environs, on voit sur une montagne les restes d'un camp ro-

VAUCOULEURS. Jolie petite ville, située sur la rive gauche de la Meuse, à 5 l. de Commercy. ✉ ☞ Pop. 2,157 hab.

Vaucouleurs est une ville ancienne, dont le pont sur la Meuse était autrefois défendu par un château considérable, et par d'importantes fortifications. Dans le Xe siècle, le roi Robert et l'empereur Henri II y eurent une conférence pour terminer une contestation relative aux limites de leurs États ; on voit encore hors de la ville d'énormes bornes plantées à cette occasion. En 1355, Philippe de Valois acheta au sire de Joinville le château et la ville de Vaucouleurs, qui furent réunis à la couronne par Charles V ; ce monarque, en considération des services que lui et ses prédécesseurs avaient reçus des habitants, les exempta à perpétuité de toute espèce d'impôts. C'est à Vaucouleurs que Jeanne d'Arc se présenta à Robert de Baudricourt, et s'offrit à aller chasser les Anglais qui assiégeaient Orléans. On sait que cette héroïne était née à Domrémy, village des environs de Vaucouleurs, compris aujourd'hui dans le département des Vosges.

Cette ville est bâtie en amphithéâtre sur un coteau qui domine le cours de la Meuse, dans une vallée à laquelle de vertes et riantes prairies ont mérité le nom de *Vallis-colorum*, d'où est dérivé celui de Vaucouleurs. Un canal, alimenté par un bras de la Meuse et par la fontaine de Vaise, arrose l'intérieur de la ville. On y voit un beau manège où se tiennent les foires.

Aux environs se trouve le village de Tusey ; les rois de France y avaient autrefois une maison de plaisance, où se tint un concile célèbre, connu sous le nom de concile de Touzy.

Fabriques de cotonnades, siamoises, toiles à carreaux, bonneterie en coton. Tanneries.

VIGNEULLES. Village situé à 7 l. de Commercy. Pop. 1,038 hab.

VOID. Bourg situé sur la route de Paris à Strasbourg, à 2 l. de Commercy. ✉ ☞ Pop. 1,458 hab. — *Fabriques* hydrauliques d'huile. Papeteries. Tanneries. — Commerce de truites et d'écrevisses de la Meuse renommées, d'excellents fromages à la crème, de bestiaux, huile de navette, etc. — *Hôtel* de l'Aigle d'or.

ARRONDISSEMENT DE MONTMÉDY.

AVIOTHE. Village situé sur le penchant d'une colline, près des sources de la Thonne, à 1 l. 1/2 de Montmédy. Pop. 454 hab.

« Aviothe, dit M. Audenelle [1], paraît avoir été construit sur l'emplacement de quelque établissement romain. En 1823, les ouvriers qui travaillaient à la réparation d'un chemin vicinal, y découvrirent les traces de plusieurs édifices, des tronçons de colonnes, des chapiteaux, une multitude de pierres énormes diversement taillées, des débris de tuiles plates et à rebords, des carrelages longs de 3 à 4 pieds, qui indiquaient assez un ouvrage romain. Tous ces objets existaient debout, dans l'attitude d'une ville enfouie, comme Herculanum, par l'effet de quelque grande catastrophe.

« On voit à Aviothe une église gothique, dont la masse et l'architecture commandent l'admiration. Ses flèches élancées dominent les cabanes qui l'environnent. L'édifice, richement sculpté et orné de dentelures variées, étonne par sa splendeur, peu en rapport avec le site où il se trouve placé. Près de l'entrée, et entièrement séparée de l'église, est une chapelle d'architecture gothique remarquable par son élégance, par la perfection des sculptures qui la décorent, et dont le portique est surmonté d'un clocher en miniature de 4 pieds de hauteur seulement, mais admirablement sculpté. — Aucune tradition ne fait connaître à quelle époque l'église d'Aviothe a été construite : il y existe, près du maître-autel, un tombeau sur lequel repose une statue de femme grossièrement taillée ; c'est, dit-on, la fondatrice de l'édifice. — La commune d'Aviothe est trop pauvre pour entretenir son église ; aussi celle-ci éprouve-t-elle les injures du temps ; l'eau des pluies pénètre jusqu'à la voûte, l'humidité étale ses taches verdâtres sur les

---

[1]. Essai statistique sur les frontières de la France ; 2 vol. in-8°, 1827.

colonnes et les arceaux ; on respire dans la nef un air fétide; tout annonce enfin une dégradation prochaine. »

Manufacture de couvertures de laine et de coton, de molleton, etc.

CHAUVENCY-LE-CHATEAU. Village situé sur la rive droite du Chiers, à 1 l. 1/4 de Montmédy. Pop. 480 hab.

Chauvency est une ancienne châtellenie des comtes de Los et de Chiny, dont l'un d'eux confirma, en 1242, les priviléges des habitants. Le pont jeté sur le Chiers, sur lequel passe la route de Montmédy à Stenay, était défendu par une tour et par un château, qui furent pris et rasés par Philippe de Bourgogne, dans la guerre qu'il fit au duc de Saxe au sujet du comté de Chiny; il reste encore quelques vestiges de ces édifices dans une île entourée des eaux du Chiers. — On prétend que c'est à Chauvency que s'est fait le premier tournoi.

DAMVILLERS. Petite ville située dans une vallée arrosée par la Tinte, à 4 l. 1/2 de Montmédy. ✉ Pop. 1,075 hab.

Cette ville doit son origine aux guerres fréquentes que se faisaient en 1350, deux seigneurs, possesseurs des châteaux de Mureaux et Castelet, situés sur une montagne qui domine le village de Licey. Ces seigneurs tyrannisant dans leurs courses le couvent de Dam, bâti dans l'endroit où existe aujourd'hui la ville, déterminèrent les comtes de Chiny à élever près du monastère une citadelle, qui prit le nom de Villers. Le voisinage de cette forteresse ne fit toutefois que retarder la ruine du couvent, dont les frères furent transférés à Mettock, célèbre abbaye située sur la Sarre, au nord de Mertzig. Charles V augmenta les fortifications de Damvillers, en 1526; avant cette époque, la ville avait soutenu plusieurs siéges dans la guerre relative aux prétentions du duc de Saxe sur le comté de Chiny, et les Bourguignons s'en étaient alors emparés à diverses reprises.

DUN *ou* **DUN-SUR-MEUSE.** Petite ville agréablement située, sur la Meuse, à 5 l. 1/2 de Montmédy. ✉ ⚜ Pop. 1,048 hab. C'était autrefois une place forte, qui a été démantelée en 1633. — *Fabriques* de draps communs, huile, voitures suspendues, allumettes en grand. Scieries hydrauliques. Blanchisseries de cire. Tanneries. Exploitation des carrières de pierres de taille propres aux grandes constructions.

JAMETZ. Petite ville située à 2 l. 1/2 de Montmédy. Pop. 951 hab. C'était autrefois une ville forte, dont les fortifications ont été rasées. — *Fabriques* importantes de bas de fil de lin à l'aiguille, dont le produit annuel est d'environ 6,000 paires de bas, du prix de 1 fr. 75 c. à 3 fr.

MARVILLE. Petite ville située dans une vallée, sur l'Othain, qui limite en cet endroit les départements de la Meuse et de la Moselle, à 2 l. 1/2 de Montmédy. Pop. 1,263 hab.

Suivant M. Audenelle [1], Marville doit son nom, *Martis-Villa*, à un ancien temple de Mars, qui existait sur la côte Saint-Hilaire, au sommet de laquelle on trouve encore des ruines qui rappellent le souvenir d'une cité populeuse, vaste, riche et ornée de superbes monuments. La tradition rapporte qu'il y existait, au VIIIe siècle, un superbe obélisque que renversèrent les missionnaires, qui vinrent prêcher l'Évangile dans le pays; sur l'emplacement de cet obélisque a été bâtie une chapelle qui existe encore.

Marville a été autrefois fortifiée; mais il ne reste de son enceinte militaire que quelques pans de murailles et les ruines des tours qui défendaient la porte de Montmédy. Le comte de Bar et l'évêque de Verdun se sont souvent fait la guerre à l'occasion de cette ville. Avant d'appartenir à la France, à laquelle elle a été cédée en 1650, par le traité des Pyrénées, Marville appartenait aux ducs de Luxembourg, qui y entretenaient, sous le nom de milice de Saint-Sébastien, une troupe choisie parmi les habitants, pour la défense de la place et du château. Il ne reste plus aucun vestige de ce château, qui a été détruit peu de temps après la prise de possession par les Français. — Chamoiseries.

MONTFAUCON. Petite ville située à 7 l. de Montmédy. Pop. 1,224 hab.

MONTIGNY-SUR-MEUSE. Village situé à 1 l. 3/4 de Montmédy. Pop. 579 hab. —*Commerce* de vins, bois et minerai de fer.

---

[1]. Essai statistique sur les frontières modernes de la France.

MONTMÉDY. Petite ville forte. Chef-lieu de sous-préfecture. Place de guerre de quatrième classe. Tribunal de première instance. Collége communal. ✉ ☞ Pop. 2,195 hab.

Montmédy est une place irrégulièrement bâtie, sur le penchant et au pied d'un coteau, dont la base est arrosée par le Chiers; elle se divise en haute et basse ville, formées de rues étroites, mal percées, de petites places et de maisons mal construites, parmi lesquelles on remarque cependant quelques habitations modernes. La ville haute, située sur une colline qui domine la ville basse, a une enceinte composée d'une muraille et de huit bastions entre lesquels, du côté de la campagne, sont placées des demi-lunes, ouvrage du maréchal de Vauban. L'enceinte de la basse ville a des bastions, qui ne sont à proprement parler que des tours pentagonales : on y entre par des portes couvertes par des demi-lunes. Montmédy étant placée en première ligne sur la frontière, ses fortifications ont été réparées depuis quelques années. Cette ville a été prise par les Français sur les Espagnols, en 1657, et cédée à la France par le traité des Pyrénées. A l'exception des casernes et des établissements militaires, elle ne renferme aucun établissement public digne de remarque.

Fabriques de bonneterie. Scieries hydrauliques. Moulins à huile. Tanneries. — *Commerce* de vins, pelleterie, gants de peau, clouterie, grains, etc.

A 22 l. de Bar-le-Duc, 72 de Paris. — *Hôtels* Breton, Vincent.

SPINCOURT. Village situé à 7 l. 1/4 de Montmédy. ☞. Pop. 507 hab.

STENAY. Ville ancienne, située avantageusement sur la Meuse, à 3 l. 1/2 de Montmédy. Collége communal. ✉ ☞ Pop. 3,140 hab.

L'origine de cette ville remonte à une époque reculée. C'était une des résidences des rois d'Autrasie, citée dans les capitulaires de Charles le Chauve sous le nom d'*Astenidum*. Plus tard, elle prit le nom de *Satanacum*, puis *Stanacum*, d'où son nom moderne est dérivé. Stenay était fortifiée et avait une citadelle entourée de cinq bastions. Le vicomte de Turenne la prit ainsi que le château en 1591, la nuit même de ses noces avec l'héritière de la principauté de Sedan. Peu de temps après, cette ville fut reprise et resta en la possession des ducs de Lorraine jusqu'à l'époque de sa cession à la France. Pendant la guerre en 1650, Stenay était devenue la place d'armes des princes mécontents, qui s'y réfugièrent et firent un traité avec les Espagnols. Louis XIV l'assiégea en 1654, la prit et en fit démolir les fortifications. Dès 1648 ce roi l'avait donnée au grand Condé, dont la famille en a gardé la possession jusqu'en 1791, époque où un décret de l'Assemblée constituante annula cette donation.

Stenay est bâtie dans un large bassin que la Meuse fertilise et qu'elle submerge souvent. Au-dessous de la ville, cette rivière forme plusieurs îles, met en mouvement des forges, et passe sous le pont jeté à l'extrémité du faubourg de La Neuville, où aboutit la chaussée de Reims. La ville est assez bien bâtie, le séjour en est agréable tant par sa position que par les mœurs affables de ses habitants. On y remarque de belles casernes de cavalerie.

Fabriques de tonnellerie, de sucre de betteraves. Brasseries. Tanneries. Haut fourneau. Forges et fabriques de fers à cheval. — *Hôtels* des Voyageurs, de l'Arbre vert.

ARRONDISSEMENT DE VERDUN.

AVOCOURT. Village situé à 6 l. de Verdun. Pop. 944 hab. — *Fabriques* de faïence, poterie de terre, papiers, clouterie, etc.

CLERMONT-EN-ARGONNE. Petite ville située sur la rive gauche de l'Aire, à 6 l. de Verdun. ✉ ☞ Pop. 1,446 hab.

Clermont était autrefois une place forte, capitale du comté de son nom. Louis XIII et Louis XIV la prirent plusieurs fois sur les ducs de Lorraine ; ses fortifications ont été rasées quelque temps après sa réunion à la France.

Cette ville occupe une position pittoresque, sur le flanc d'une montagne élevée, près de vastes forêts. Elle est généralement bien bâtie et traversée par la grande route de Paris à Metz.

Fabriques de faïence. — *Commerce* de bois, clous, fers, etc.

ÉTAIN. Jolie petite ville, située sur la rive gauche de l'Orne, à l'intersection de quatre grandes routes, et à 5 l. de Verdun. Collége communal. ✉ ☞ Pop. 3,034 hab.

Cette ville était autrefois la capitale du vaste plateau de la Woëvre. Dans le VIIe siècle elle appartenait à l'abbaye de Saint-Euchère de Trèves, dont les moines, après l'avoir possédée pendant cinq siècles, l'échangèrent en 1221 avec le chapitre de Sainte-Marie-Madeleine de Verdun, lequel en fit cession deux années après au comte de Bar. Elle passa en 1697 au duc de Lorraine par le traité de Riswick. C'était autrefois une ville forte, entourée de hautes murailles, où l'on entrait par quatre portes.

Étain est une ville agréable et bien bâtie. On y remarque l'hôtel de ville, dont la façade, d'un style assez noble, décore une place spacieuse.

Fabriques de draps, chapeaux. Filatures de coton. Tanneries. Fours à chaux. — *Commerce* considérable de grains, graine de trèfle et de luzerne, jambons, saucissons, etc.

FRESNES-EN-WOËVRE. Village situé à 5 l. de Verdun. Pop. 1,104 hab.

ISLETTES (les). Village situé à 7 l. 3/4 de Verdun. Pop. 1,206 hab. — Verrerie à bouteilles.

MALAUCOURT. Village situé à 4 l. de Verdun. Pop. 1,082 hab. — *Fabriques* de bouchons de liége, pierres à fusil, moules à boutons, glands pour passementerie.

MONTBLAINVILLE. Village situé à 8 l. de Verdun. Pop. 692 hab. — Haut fourneau, forges et fonderie.

SOUILLY. Village situé à 2 l. 1/2 de Verdun. Pop. 930 hab. — *Fabriques* de bois de brosses.

VARENNES. Petite ville située dans une contrée fertile, sur la rive gauche de l'Aire. ✉ ☞ Pop. 1,652 hab.

Varennes est célèbre dans les fastes de la révolution française. C'est dans cette ville que dans la nuit du 21 juin 1791 fut arrêté Louis XVI, fuyant de Paris avec sa femme, sa sœur et ses deux enfants. La voiture du roi, partie dans la nuit du 20 au 21, avait franchi heureusement une grande partie de la route, et était parvenue sans obstacle à Châlons le 21, vers les cinq heures de l'après-midi. Là, le roi, qui avait le tort de mettre souvent la tête à la portière, fut reconnu; celui qui fit cette découverte voulait d'abord révéler le secret, mais il en fut empêché par le maire qui était un royaliste fidèle. Arrivé à Pont-de-Sommevèle, la famille royale ne trouva pas les détachements qui devaient l'y recevoir. Ces détachements avaient attendu plusieurs heures; mais le soulèvement du peuple, qui s'alarmait de ce mouvement de troupes, les avait obligés de se retirer. Cependant le roi arriva à Sainte-Menehould. Là, montrant toujours la tête à la portière, il fut aperçu par Drouet, fils du maître de poste et chaud révolutionnaire. Aussitôt ce jeune homme, n'ayant pas le temps de faire arrêter la voiture à Sainte-Menehould, court à Varennes. Un brave maréchal des logis, qui avait aperçu son empressement et qui soupçonnait ses motifs, vole à sa suite pour l'arrêter, mais ne peut l'atteindre. Drouet fait tant de diligence, qu'il arrive à Varennes avant la famille royale. Il descendit dans une auberge d'où il fit avertir plusieurs personnes, qui vinrent au pont par lequel la berline du roi devait sortir de cette ville, le barricadèrent, en plaçant, à travers sa route, plusieurs charrettes vides ou chargées; puis, ils se rendirent chez le maire et chez le commandant de la garde nationale. Ceux-ci arrivent à l'auberge du Grand Monarque au moment où le roi descendait de voiture, et demandent les passe-ports aux voyageurs. On leur en montre un qu'ils jugèrent en regle; mais, d'après les observations qui leur furent faites à l'égard de divers détachements placés sur la route, la municipalité délibéra et décida que les voyageurs ne partiraient que le lendemain. M. Sausse, procureur de la commune, dont la maison était située dans le voisinage, l'offrit aux voyageurs pour s'y reposer; ils l'acceptèrent.

La famille royale, descendue chez M. Sausse, fut installée dans un appartement composé de deux pièces au premier. Le roi ayant demandé à se rafraîchir, M. Sausse lui porte une bouteille de Bourgogne; le roi semble la vider avec plaisir, et converse

VERDUN.

assez longtemps avec son hôte. Chaque fois que le procureur de la commune s'éloignait, soit pour ses fonctions municipales, soit pour apaiser le tumulte que faisait à la porte un attroupement de curieux, le roi lui disait : « *Hâtez-vous de revenir; j'ai besoin de vous; votre conversation me plaît.* » Il lui parla du pont de Varennes. Sausse répondit qu'il était embarrassé par des voitures. Je passerai le gué, dit le roi. Le gué, répliqua Sausse, c'est bien pire ; comme nous craignons les Autrichiens, je me suis avisé d'y mettre des grippe-loups, des piquets; il n'est pas possible de le traverser. — Eh bien, faites donc débarrasser le pont.

Le roi gardait encore l'incognito; un garde national lui dit à plusieurs reprises : « *Vous êtes le roi, je vous reconnais, convenez-en de bonne foi.* » La reine, piquée de ce ton familier, oubliant qu'elle jouait le rôle d'une dame étrangère, dit d'une voix imposante au questionneur : « *Si vous le connaissez, traitez-le donc avec plus de respect.* » Dès lors toute dissimulation dut cesser. Le roi fit des promesses séduisantes et des caresses même au procureur de la commune, qui lui répondit : « *Je dois beaucoup à mon roi, mais je dois tout à ma patrie.* »

Cependant on barricadait les rues de Varennes; le tocsin sonnait, appelait les gardes nationales des villages voisins, et la ville était illuminée. A deux heures du matin on évaluait le nombre des personnes rassemblées dans cette ville à cinq mille; il parut s'élever à dix mille hommes lorsqu'il fit jour. Vers cinq heures et demie du matin, le 22 juin, M. Deslon, officier de hussards, parti à quatre heures de Dun avec les cent hommes qu'il commandait, arrive à Varennes. Les barricades et un poste de garde nationale qu'il trouva à l'entrée de cette ville, l'empêchèrent d'y pénétrer. Le poste ayant résisté à ses sollicitations, et en ayant référé à la municipalité, on vint lui dire que le roi lui défendait formellement d'entrer dans la ville avec sa troupe. Alors il demanda au commandant du poste la permission d'y entrer seul et d'y voir le roi. Ce commandant la lui accorda, lui promit toute sûreté, et l'accompagna même dans la maison où se trouvait la famille royale.

M. Deslon entretint le roi et la reine, et leur donna l'espoir de l'arrivée prochaine du général de Bouillé à la tête du régiment de Royal-Allemand, dont les forces, réunies à celles qu'il commandait, étaient plus que suffisantes pour le délivrer : assurances de courtisan ! Il prit congé du roi en lui demandant ses ordres. Ce prince lui répondit *qu'étant prisonnier il n'avait pas d'ordres à donner.* Quelques instants après, vers les six heures et demie, deux courriers arrivent de Paris; l'un est M. Romeuf, aide de camp de M. de la Fayette, l'autre M. Baillon, officier municipal. Ils étaient porteurs du décret de l'Assemblée nationale, qui ordonnait d'arrêter la famille royale et de la ramener à Paris. Le roi, en recevant ce décret, dit : « *Je suis arrêté, il n'y a plus de roi.* » Il jeta le papier sur le lit où était le dauphin. La reine l'en ôta aussitôt, en disant : « *Je ne veux pas qu'il souille mes enfants.* » Elle témoigna à M. Romeuf son étonnement et son indignation de ce qu'il s'était chargé d'une pareille commission. « Madame, lui dit Romeuf, qui lui était dévoué, aimeriez-vous mieux qu'un autre que moi fût témoin de ces emportements? » La reine alors revient à elle et recouvre toute sa dignité. On annonçait au même instant l'arrivée des divers corps placés aux environs par Bouillé. La municipalité, pour lors, ordonna le départ. La famille royale fut donc obligée de remonter en voiture, et de prendre cette route de Paris si redoutée.

Bouillé, averti au milieu de la nuit, avait fait monter un régiment à cheval, et il était parti avec eux aux cris de *vive le roi!* Ce général, dévoré d'inquiétudes, marcha en toute hâte, et fit neuf lieues en quatre heures. Il arriva à Varennes, où il trouva déjà divers corps réunis. Mais le roi en était parti depuis une heure et demie; Varennes était barricadée et défendue par d'assez bonnes dispositions; le pont était brisé, la rivière n'était pas guéable. Ainsi, après un premier combat pour enlever les barricades, il fallait ensuite traverser la rivière ; et, après une perte de temps aussi grande, atteindre la voiture qui avait une avance d'une heure et demie. Ces obstacles rendaient toute tentative impossible ; et il ne fallait pas moins que l'impossibilité pour arrêter un homme aussi dévoué et aussi entreprenant que Bouillé. Il se retira donc dévoré de regrets et de douleur.

VERDUN. Ancienne et forte ville, chef-lieu de sous-préfecture. Place de guerre de quatrième classe. Évêché érigé dans le IVe siècle. Tribunal de première instance et de commerce. Collège communal. Grand et petit séminaire. Société philomatique. ✉ ☛ Pop. 9,978 hab.

Verdun, *Verodunum* ou *Veridinum*, était

une ville gauloise déjà considérable à l'époque où les Romains firent la conquête de la Gaule Belgique. Saumaise prétend que son nom vient du mot celtique *ver* (gué, ou passage sur une rivière), et *dunum* (habitation). D'anciens auteurs latins la considèrent comme la cité des Sclaviens et la nomment *Urbs Sclavorum*. La situation avantageuse de cette cité engagea César à y établir les magasins d'armes et de vivres des légions romaines réunies sur la frontière germanique. Restée sous la domination romaine jusqu'au IVe siècle, Verdun passa sous celle des rois de France et d'Austrasie. Cette ville fut ensuite comprise dans le royaume de Lothaire ou ancienne Lorraine. Plus tard elle fut conquise par l'empereur Othon, et jouit des priviléges de ville libre et impériale jusqu'en 1552, époque où les habitants réclamèrent la protection de Henri II, roi de France. La ville et le comté de Verdun furent réunis à la France par le traité de Munster, en 1648.

Verdun est le lieu de naissance d'Albert de Hirgis, dont l'histoire est intimement liée à celle de cette ville. En 1186, Henri de Castres, évêque de Verdun, ayant été condamné par Folmar, archevêque de Trèves et légat du saint-siége, à se démettre de son évêché, le clergé de Verdun fut obligé de faire choix d'un autre pasteur. Le plus grand nombre élut Albert, qui remplissait encore à cette époque les fonctions de trésorier; mais les autres donnèrent leurs suffrages à Robert de Grandpré, qui tenait à une des plus riches et des plus puissantes familles du pays. Les deux partis, ayant pris des mesures pour soutenir leurs prétentions respectives, et la division qui en fut la suite ayant fait naître entre les élus plusieurs procès, tant à Rome qu'en la cour de l'empereur, ces dissensions occasionnèrent dans l'église de Verdun une infinité de désordres. Chaque fois qu'Albert réclamait l'investiture de l'évêché, Robert de Grandpré y formait opposition; en sorte que ce procès ne finit qu'au bout de trois ans, par un jugement que rendit Henri VI, roi des Romains, qui gouvernait alors en Allemagne, en l'absence de l'empereur Frédéric, son père. Ce jugement recevait Albert à rendre foi et hommage à l'empereur, maintenait son élection, et l'autorisait à prendre possession de l'évêché de Verdun, quant au temporel; car il resta plusieurs années sans pouvoir être sacré, ainsi que le prouvaient les titres de l'Ile en Barrois des années 1188 et 1191, qui ne le qualifiaient simplement que d'évêque élu de Verdun. Albert entra donc en possession des biens de cette église, et gouverna le diocèse avec sagesse et prudence; mais il fit de vains efforts pour étouffer les divisions, et calmer l'animosité du parti qui lui était opposé, et qui avait à sa tête les trois plus puissantes familles de Verdun, savoir: celle de la Porte, celle d'Azenne ou d'Azanne, et celle d'Estouf. En effet, ces opposants, qui étaient parvenus à maintenir, par la force des armes, Robert de Grandpré dans la jouissance des revenus de l'évêché, pendant le cours du procès, ne voulurent ni se soumettre aux règlements que fit leur évêque légitime, pour rétablir le bon ordre, ni reconnaître l'autorité des juges et des magistrats qu'il avait établis; et « ils entreprindrent, dit Wassebourg, nom-« mer aucuns d'entre eulx, pour exercer la « juridiction et justice temporelle, contre « ceux que l'évêque Albert avoit pour ce « institué et estably. » Albert abandonna la ville de Verdun, dont la plupart des habitants étaient armés contre lui, et il se retira dans son château de Charny sur la Meuse. C'est là qu'il assembla ses parents, ses amis, ses feudataires, et qu'il prit à sa solde tous ceux qui voulurent s'engager; ayant ainsi formé une troupe assez nombreuse, il commença aussitôt à faire des excursions sur le territoire de Verdun, pour interdire l'entrée des vivres et des marchandises dans cette ville. Une telle mesure intimida les bourgeois qui ne pouvaient sortir dans la campagne sans être arrêtés et conduits dans les prisons de Charny. Ils résolurent que l'on irait surprendre Albert dans son château de Charny. Ils se rendirent devant la place, croyant qu'ils n'éprouveraient aucune résistance; mais l'évêque était sur ses gardes. Ce prélat, doué du plus grand courage (*vir admodum strenuus*), fit sur eux, au moment où ils s'y attendaient le moins, une sortie si bien ordonnée, qu'il leur tua beaucoup de monde, les défit complétement et poursuivit les fuyards jusque sous les murs de Verdun. Les bourgeois qui parvinrent à rentrer dans la ville, y répandirent une telle frayeur, que le peuple, qui manquait d'ailleurs de vivres, prit la résolution de se soumettre à la clémence de son évêque, qui lui accorda aussitôt la paix. Les chefs de la révolte furent contraints de se retirer sur les terres de leurs alliés, et Albert fut reçu dans Verdun, dont les habitants lui prêtèrent de nouveau serment de fidélité. Cependant l'échec que venaient d'éprouver les partisans de Robert,

PONT SAINTE CROIX
à Verdun

PORTE CHAUSSÉE A VERDUN.

EGLISE ST VANNES A VERDUN.

ne fit que les exciter encore davantage. Ils levèrent de nouvelles troupes, et voulurent, à leur tour, réduire l'évêque par la famine; mais ils furent complètement battus dans toutes les rencontres. Voyant alors qu'ils ne pouvaient rien par la force, ils eurent recours à la trahison. Ils feignirent de vouloir traiter avec leurs vainqueurs; on choisit l'heure et le lieu du pourparler. Albert s'y rendit avec une partie de son clergé, et il y trouva les chefs des séditieux. Pendant que l'on proposait de part et d'autre divers moyens d'accommodement, l'un d'entre eux, qui était placé derrière l'évêque, le frappa d'un coup de lance, et le renversa mort sur la place. Son corps fut rapporté à Verdun, et on l'inhuma dans le chœur de la cathédrale, que lui-même avait fait paver en mosaïque, et où il avait choisi sa sépulture. On y plaça son image sculptée, sous laquelle les vers suivants furent gravés:

Ecce pater populi, patriæ decus, anchora cleri,
Ecclesiæ lampas, vitæ speculum, schola veri;
Pro patriá cecidit, supremum passus agonem,
Luce minus nonâ te, Phœbe, tenente leonem.

En 1792, aucun obstacle n'ayant arrêté les Prussiens lorsqu'ils envahirent les frontières de la Champagne, bientôt ils furent aux portes de Verdun, dont les fortifications étaient délabrées et les approvisionnements très-minces. Cette place obéissait au colonel Beaurepaire, qui, par sa valeur et ses exploits, s'était élevé au grade de capitaine des carabiniers avant la révolution. Parmi les officiers de la garnison, on comptait les chefs de bataillon Moreau, Dufour, Lemoine, guerriers dont le nom a figuré depuis avec gloire dans les annales militaires. Mais si les troupes de Verdun étaient disposées à une vive résistance, il n'en était pas de même des habitants. Dès les premiers jours de l'investissement, qui commença le 30 août, les magasins des troupes furent pillés par la populace; et les bourgeois se représentèrent avec effroi les horreurs d'un siége, leurs maisons détruites, leurs propriétés ravagées. A cette époque, c'était un conseil civil et militaire qui décidait si une place était en état de se défendre ou non; la majorité des suffrages dictait les capitulations, et l'expérience enchaînait la bravoure. A la première sommation du roi de Prusse, ce conseil fit une réponse insolente; quinze heures de bombardement fixèrent ses irrésolutions. Le 5 septembre il décida que la place serait rendue. Marceau, dans un discours éloquent, démontra la nécessité d'une défense, et jura qu'elle aurait du succès; ce fut en vain; la frayeur des habitants fut plus forte que toutes les considérations. — Beaurepaire, pour ne pas souscrire à son déshonneur, se brûla la cervelle en plein conseil, et Lemoine, résolu de se défendre, alla s'enfermer dans la citadelle; mais il manquait d'approvisionnements, et fut obligé de capituler. Il sortit à condition qu'on lui laisserait emporter ses armes, ses bagages, deux pièces de quatre avec leurs caissons et un fourgon pour servir à transporter le corps du brave Beaurepaire. Durant ce siége, Marceau perdit son argent, ses chevaux, ses équipages. Que voulez-vous que l'on vous rende, lui dit un représentant du peuple: Un sabre nouveau pour venger notre défaite, répondit-il. — Le roi de Prusse laissa le commandement de Verdun au général Courbières, et alla rejoindre son armée, qui trouva à Valmy les Français et la fin de ses succès. Forcés de battre en retraite, les Prussiens se présentèrent, le 10 octobre, sous les murs de Verdun; le lendemain ils évacuèrent, dès la pointe du jour, les camps de Glorieux et de Regret, et tous les postes environnants furent occupés par Arthur Dillon, qui, quatre jours après, fit rentrer Verdun sous la domination française.

Verdun est une ville fort agréablement située, dans un vallon évasé, sur la Meuse qui commence en cet endroit à être navigable: cette rivière sépare la ville en deux parties et s'y divise en cinq bras, qui se réunissent à la sortie des fortifications, où ils forment plusieurs îles d'un aspect agréable. La ville est généralement bien bâtie, mais les rues, dont quelques-unes ont une pente rapide vers la rivière, sont pavées en silex, ce qui en rend le parcours fatigant pour les piétons et assez dangereux pour les chevaux. Une esplanade ombragée la sépare de la citadelle.

Les fortifications de Verdun consistent en une enceinte de dix fronts bastionnés; elles ont été élevées par le chevalier de Ville et perfectionnées par Vauban. La citadelle a été commencée en 1624, suivant le plan arrêté sous Henri II. Louis XIII avait confié la direction des travaux au maréchal de Marillac, lieutenant général dans les Trois-Évêchés. Cette circonstance causa la perte du malheureux maréchal: on lui reprocha diverses concussions relatives à ces travaux, concussions non prouvées, mais dont la haine de Richelieu s'arma pour obtenir une condamnation. La place renferme plusieurs établissements militaires : elle a des écluses au moyen desquelles il est possible d'inonder les faubourgs et une partie des environs.

Verdun possède un palais épiscopal, remarquable par son étendue et sa belle position; une bibliothèque renfermant 14,000 volumes; un beau quartier de cavalerie; une jolie petite salle de spectacle; de vastes magasins militaires; de jolies promenades, etc., etc.

Comme toutes les villes des Trois-Évêchés, Verdun renfermait un grand nombre d'abbayes; l'une des plus célèbres était l'abbaye de Saint-Vannes. Dans l'origine, cette église n'était qu'un oratoire, qui devint plus tard le siége épiscopal des quatre premiers évêques de Verdun; le cinquième, saint Pulchrone, transféra la cathédrale au centre de la ville. Vers le milieu du Xe siècle, saint Vannes, huitième évêque de Verdun, l'érigea en abbaye. Les deux tours furent bâties en 1144, par la munificence de l'abbé Conon; elles ont été démolies en 1790, lorsque Louis XIV fit augmenter les fortifications de la citadelle, au centre de laquelle était l'église Saint-Vannes, qu'il ne voulut pas qu'on démolît, à cause de sa beauté remarquable. Mais en 1825, ce monument a disparu totalement pour faire place à une caserne; il en avait heureusement été fait un dessin qui nous a été envoyé par un habitant de Verdun, et que nous avons reproduit par la gravure, afin de conserver au moins quelque chose d'une des plus belles antiquités dont s'honorait le pays.

Verdun est la patrie de l'illustre Chevert.

Fabriques de dragées et de liqueurs renommées. Filatures de laine et de coton. Brasseries. Blanchisseries de cire. Teintureries. Tanneries et mégisseries. — *Commerce* de dragées, liqueurs, vermicelle, vins, huile, clous, etc.

A 12 l. de Bar-le-Duc, 16 l. de Metz, 10 l. de Montmédy, 62 l. de Paris. — Hôtel de l'Europe.

FIN DU DÉPARTEMENT DE LA MEUSE.

IMPRIMERIE DE FIRMIN DIDOT FRÈRES,
RUE JACOB, N° 56.

Guide Pittoresque

DU

VOYAGEUR EN FRANCE.

ROUTE DE PARIS A STRASBOURG,

TRAVERSANT LES DÉPARTEMENTS

DE SEINE-ET-MARNE, DE L'AISNE, DE LA MARNE, DE LA MEUSE, DE LA MOSELLE, DE LA MEURTHE, DU BAS-RHIN, ET COMMUNIQUANT AVEC CELUI DES VOSGES.

DÉPARTEMENT DE LA MOSELLE.

Itinéraire de Paris à Strasbourg,

PAR CHALONS, METZ ET SARREBOURG, 121 LIEUES.

	lieues.		lieues.
De Paris à Bondi............⊠...♘.	3	Verdun................⊠...♘.	4
Livry..................⊠......	1 1/2	Manheulles............⊠...♘.	4
Villeparisis............⊠......	1 1/2	Harville..............♘.	2 1/2
Claye..................⊠...♘.	1	Mars-la-Tour..........⊠...♘.	3
Meaux..................⊠...♘.	4	Gravelotte............♘.	2 1/2
St-J. les Deux-Jumeaux.....♘.	3	Metz..................⊠...♘.	4 1/2
La Ferté-sous-Jouarre....⊠...♘.	2	La Horgne.............♘.	3
La Ferme de Paris..........♘.	4	Solgne................♘.	2 1/2
Château-Thierry.........⊠...♘.	3	Delme.................⊠...♘.	3
Cresancy................⊠...♘.	2	Château-Salins.......⊠...♘.	3
Dormans................⊠...♘.	3 1/2	Moyenvic.............⊠...♘.	2
Port à Binson..........⊠...♘.	2	Bourdonnay...........⊠...♘.	4
Épernay...............⊠...♘.	4	Heming................♘.	5
Jaalons................⊠...♘.	4	Sarrebourg..........⊠...♘.	2
Châlons-sur-Marne......⊠...♘.	4	Hommarting............♘.	2
Somme-Vesle............♘.	4 1/2	Phalsbourg...........⊠...♘.	2
Tilloy.................⊠......	1	Saverne...............⊠...♘.	3
Orbeval................♘.	3	Wasselonne............⊠...♘.	3 1/2
Sainte-Menehould.......⊠...♘.	2	Ittenheim.............♘.	3
Clermont..............⊠...♘.	4	Strasbourg............⊠...♘.	3
Dombasle..............♘.	2 1/2		

98ᵉ *Livraison.* (MOSELLE.)

ASPECT DU PAYS QUE PARCOURT LE VOYAGEUR

DE MARS LA TOUR A DELME.

Deux vallons profonds conduisent à Mars-la-Tour, que l'on quitte pour entrer dans un vallon, au delà duquel est le village de Vionville, qui précède la riante vallée de son nom. Après Rezonville, un autre vallon assez profond descend à Gorze, et une côte rude conduit entre les bois de la Jurée au relais de Gravelotte. Plus loin, on entre dans le vallon creux des Geniveaux, on passe devant des carrières, on monte et l'on descend plusieurs côtes dont quelques-unes offrent de beaux points de vue, puis on descend dans le bassin de la Moselle. Au delà de Longeville, la route suit le cours de la Moselle, bordé à gauche par de hautes montagnes qui se prolongent jusqu'aux environs de Metz, où l'on entre par la porte de France.

On sort de Metz par la porte de la Moselle. La route longe la montagne et conduit par une pente rapide au relais de la Horgne, d'où elle se dirige dans un joli vallon; elle passe ensuite entre les bois de Mescleure et d'Orny. Au hameau des Grèves commence la côte de Delme, du sommet de laquelle on découvre à plus de vingt lieues du côté des Vosges et de l'Allemagne; on aperçoit les environs de Toul et le mont d'Essey. Lors du levé de la carte de Cassini, on avait établi sur la montagne de Delme, un signal qui a servi aux grandes triangulations de la France. Au bas de la côte est le village de Delme, premier relais du département de la Meurthe.

DÉPARTEMENT DE LA MOSELLE.

APERÇU STATISTIQUE.

Le département de la Moselle est formé du ci-devant pays Messin, du Luxembourg français et d'une partie de la Lorraine allemande. Il tire son nom de la Moselle, qui le traverse du sud au nord. — Ses bornes sont : au nord, le duché de Luxembourg et la Prusse rhénane; à l'est, la Prusse rhénane et la Bavière rhénane; au sud, les départements du Bas-Rhin et de la Meurthe; à l'ouest, celui de la Meuse.

Le territoire de ce département est en général montueux, boisé, inégal, sillonné en tous sens par des monticules et par des collines qui ne s'élèvent pas au delà de 200 mètres. Les parties élevées de ces hauteurs sont couvertes de belles forêts peuplées de gibier de toute espèce; leurs pentes sont douces, arrondies, plantées d'arbres fruitiers ou de vignes qui donnent des vins de bonne qualité. L'aspect général du pays montre qu'il n'y existe aucunes plaines proprement dites, car l'on ne saurait donner ce nom aux vallées qui forment le bassin des rivières, ni les larges plateaux de quelques montagnes. La plus profonde et la plus grande de ces vallées est celle qu'arrose la Moselle, dont rien n'égale la richesse du fond et la beauté des sites, particulièrement depuis Metz, où ses coteaux s'écartent considérablement, jusqu'à Sierck, où ils se rapprochent simultanément. Cette superbe vallée, ouverte du nord au sud, a une largeur réduite de 6,000 mètres; le sol s'élève à droite et à gauche de 100 à 200 mètres; les terres y sont onctueuses, profondes et de la plus grande fertilité.

Sans être l'un des départements les plus fertiles de France, celui de la Moselle doit être rangé néanmoins parmi ceux que la nature a favorisés. Le bassin de la Moselle, dans toute son étendue, est d'une beauté remarquable: on le compare aux rives de la Loire. Si l'on y

PETIT ATLAS NATIONAL DES DÉPARTEMENS DE LA FRANCE.

CARTE ROUTIÈRE
DU DÉPARTEMENT
DE LA
MOSELLE
divisé en 4 Arrondissemens
et en 27 Cantons

PRÉFECTURE
Sous Préfecture
Chefs-Lieux de Canton
Grandes routes de Poste
Grandes routes
Traverses

Girault de S.t Fargeau del.

Hardt et Hacq Sc.

Paris Firmin Didot frères, Rue Jacob, N.º 24.
et L. Hachette, Libraire, Rue Pierre-Sarrazin, N.º 12.

trouve peu de vastes plaines, l'inégalité du sol nuit peu à sa fertilité. La chaîne de coteaux qui fait suite aux Vosges, et qui borde la Moselle, ainsi que plusieurs des rivières et des principaux ruisseaux qui y affluent, est cultivée partout aux trois quarts de la hauteur. La nature du sol, plus ou moins montueux, n'est pas la même partout : siliceuse entre la Nied et les Vosges, elle devient argileuse dans les montagnes du pays de Bitche. Là, les plantes potagères réussissent peu, les fruits y sont rares et de mauvaise qualité ; la pomme de terre est le seul légume qu'on y cultive avec succès ; le froment ne peut résister à l'intempérie de l'air ; les prairies, généralement assez fertiles, sont fréquemment recouvertes de sables et de galets par les nombreux ruisseaux qui découlent des montagnes, et que de longues pluies ou la chute des neiges ont fait déborder.

La température varie dans différentes parties du département : elle est assez douce dans l'ancien pays Messin et le vallon de la Moselle ; mais les contrées voisines des Vosges et des Ardennes éprouvent des froids plus longs, plus rigoureux, sujets à des retours plus fréquents et plus brusques, qui se font sentir même au milieu de l'été. Le sol d'une partie de l'arrondissement de Sarreguemines est couvert de vastes forêts où la saison des neiges se prolonge et se reproduit de bonne heure : le printemps s'y fait à peine sentir, et l'automne y est de courte durée. L'arrondissement de Metz a un peu moins à souffrir du froid. — Le climat est plutôt humide que sec, surtout en automne et dans les mois de mars et d'avril ; le cours des saisons est aussi irrégulier que les vents dont il parait dépendre. La végétation se développe souvent dans les premiers jours de mars, même par un vent du nord ; mais si celui du nord-ouest domine au printemps, elle est beaucoup retardée ; elle languit s'il survient pendant la germination des plantes. D'autres fois le nord-est accélère la maturité des grains et des fruits ; tantôt elle sera reculée de près d'un mois, sous l'influence du vent d'ouest, en raison des pluies fréquentes qu'il occasionne. Le nord-ouest, connu aussi dans le pays sous le nom de vent des Ardennes, occasionne, quand il souffle, beaucoup de maladies intestinales qui ont quelquefois une terminaison fatale. Quoique dans les bassins de la Moselle et de la Seille, l'automne et le printemps se confondent souvent avec l'hiver, le climat est encore plus rigoureux dans la partie est et nord-est. La terre y est souvent encore couverte de neige que déjà elle verdoie aux alentours de Metz : les nuits d'été même y sont toujours froides : aussi la vigne n'y réussit pas ; on y cultive peu d'arbres fruitiers, le jardinage y est négligé. Les vents varient souvent plusieurs fois le jour : ils soufflent avec impétuosité aux approches de chacune des quatre saisons, mais surtout au solstice d'hiver et à l'équinoxe du printemps. Le nord-ouest, compagnon des gelées blanches au printemps, répand en automne et à la fin de l'été, une humidité froide et pénétrante. En hiver, il amène la neige. Le vent du nord produit en hiver le plus grand froid, et la plus grande sécheresse en été. L'est et le sud-ouest chargent l'air de nuages. Le vent du sud, précurseur des orages, est assez rare. — Le minimum de température est de — 11° c. ; le terme moyen de —8° 60 c. ; le maximum de + 25 à 26°. — La plus grande élévation du baromètre est de 28 p. 3 lig., et la plus petite de 26 p. 9 lig. — La quantité d'eau tombée annuellement est de 23 p. 9 lig.

Le département de la Moselle a pour chef-lieu Metz. Il est divisé en 4 arrondissements et en 27 cantons, renfermant 594 communes. — Superficie, 310 lieues carrées. — Population, 417,003 habitants.

MINÉRALOGIE. Minerai de fer abondant ; les mines les plus importantes sont celles de Saint-Pancré, d'Aumetz, de Moyeuvre, de Hayange, de Hargarten, de Bervillers, de Brettnach, etc. Les mines de Saint-Pancré sont les plus précieuses : le minerai, fer oxydé limoneux de la meilleure qualité, rend de 40 à 41 pour cent : on l'emploie à la manufacture d'armes de Charleville. L'exploitation de ce minerai a lieu à ciel ouvert. Les mines d'Aumetz et d'Audun-le-Tiche fournissent un fer oxydé rubigineux, renfermé dans le calcaire coquiller ; on l'exploite par puits verticaux d'une profondeur de 25 mètres ; il donne 35 pour cent en fonte. — Traces de mines de plomb et de cuivre aux environs de Boulay, Bouzonville, Saint-Avold, Hargarten et de Falk. Exploitation de houille à Grosswald, à Puttelange-Créange et à Ostenbach. Carrières d'excellentes pierres de taille, grès siliceux, quartz, gypse, argile à creusets et à poterie. — La marne, qui existe en grandes masses dans l'arrondissement de Thionville et aux environs de Longwy, a contribué depuis trente ans aux progrès de l'agriculture de la province. On se sert aussi beaucoup du plâtre comme engrais, surtout pour les prairies artificielles; son usage est même devenu si général, que dans nombre de villages les meuniers ont établi des machines à broyer le plâtre. — Les fossiles sont communs dans le département : ils deviennent plus rares à mesure qu'on avance vers les Vosges où se montrent les grès et les granits. Sur les coteaux calcaires arrosés par la Nied, la Moselle, la Seille et l'Othain, on trouve une quantité considérable de bélemnites, turbinites, pierres judaïques, cardiolithes, gryphites, cornes d'Ammon, madrépores, buccinites, ainsi que des os fossiles de grands animaux. En 1823, M. le docteur Bégin a adressé à l'Académie royale de Metz un mémoire sur une énorme défense d'éléphant trouvée dans les sables des environs de Nomeny. On a trouvé en différentes localités des os d'hippopotame, etc., etc.

SOURCES MINÉRALES à Stuzelbronn, à Walsbronn, à Guénetrange, à Bonnefontaine, près de Metz. Sources salées à Saint-Julien-les-Metz, à Salzbronn, à Morhange, etc.

PRODUCTIONS. Céréales en quantité plus que suffisante pour les besoins des habitants. Millet, pommes de terre, houblon, arbres fruitiers. Belles pépinières. Prairies naturelles. — 5,291 hectares de vignes, produisant annuellement environ 260,000 hectolitres de vins, que l'on consomme sur les lieux. Les meilleurs crus sont ceux de Scy, Sainte-Ruffine et Dole. — 146,201 hectares de forêts (chênes, hêtres, arbres verts). — Grand et menu gibier (beaucoup d'oiseaux de passage, ortolans, rouges-gorges, etc.). — Chevaux et bestiaux de taille médiocre, moutons du pays à laine grossière. — Bon poisson d'étang et de rivière (aloses, saumons, lamproies).

INDUSTRIE. Manufactures de draps pour l'habillement des troupes. Fabriques de draps communs, flanelles, molletons, papiers peints, chapellerie, passementerie, broderies à la main, pipes à fumer, colle-forte, tabatières en carton, cuirs forts, armes blanches, lames de scie, outils, quincaillerie. Filatures de coton et de laine; raffineries de sucre de betterave; distilleries de grains et de fruits; fabrique considérable de projectiles de guerre; 39 forges, 13 hauts fourneaux; verreries; belles faïenceries; poteries; cristalleries; tuileries; quantité de fours à chaux. Brasseries importantes.

COMMERCE de vins, eaux-de-vie, confitures, miel, lard, jambons, laine, fer en barre, tôle, clous, bois de construction.

VILLES, BOURGS, VILLAGES, CHATEAUX ET MONUMENTS REMARQUABLES;

CURIOSITÉS NATURELLES ET SITES PITTORESQUES.

ARRONDISSEMENT DE METZ.

ARS-SUR-MOSELLE. Village situé sur la Manse, à 2 l. 1/2 de Metz. Pop. 1,398 hab.
On remarque aux environs les ruines pittoresques d'un ancien château fort dont la citerne est encore intacte. Ces décombres s'élèvent au-dessus du ruisseau de Mance; ils sont recouverts de gros arbres dont l'ancienneté atteste que cette forteresse est détruite depuis plusieurs siècles. — *Manufacture* hydraulique de draps. Fabrique de plomb de chasse, d'amidon. Belles papeteries. Nombreux moulins à farine. — *Commerce* de vins.

AUGNY. Village situé à 1 l. 3/4 de Metz. Pop. 700 hab. De cette commune dépend le hameau de Chatel Saint-Blaise, bâti sur une des plus hautes montagnes du département, et défendu autrefois par une forteresse dont les Messins s'emparèrent en 1543 : le donjon, qui était très-élevé et d'où la vue s'étendait au loin sur de riches campagnes, a été démoli en 1809.

BAN-SAINT-MARTIN. Village situé à 1/4 de l. de Metz. Pop. 250 hab. Ce village doit son nom à une célèbre abbaye de bénédictins, dont on ignore la date de la fondation, mais qui existait en 613, époque où elle fut visitée par saint Romarick. Restaurée et enrichie par Sigebert, roi d'Austrasie, qui y fut inhumé en 656, elle fut détruite ainsi que le bourg par les Messins vers 1428. L'église, soutenue par 120 colonnes et éclairée par 70 fenêtres, était une des plus riches et des plus belles de la chrétienté; elle fut démolie en 1430.

BARBE (SAINTE-). Village situé à 2 l. 1/4 de Metz. Pop. 650 hab. L'église paroissiale de ce village est un bel édifice construit en 1516, qui s'aperçoit de très-loin et semble dominer tout le pays.

BOUCHEPORN. Village situé sur une hauteur, à 7 l. de Metz. Pop. 310 hab. On y remarque les vestiges d'un camp romain, d'une chaussée et de plusieurs édifices qui paraissent avoir été considérables.

BOULAY. Petite ville située près de la rive droite de la Nied, sur la pente et au pied d'une colline, dans une vallée arrosée par la Katzbach, à 6 l. 1/4 de Metz. ✉ ☞ Pop. 2,689 hab.

Cette ville est assez ancienne; elle était jadis entourée de murailles et défendue par un château dont il reste encore quelques vestiges. Les sires de Boulay furent des seigneurs puissants, qui se liguèrent souvent avec les comtes de Nassau, de Luxembourg et de Bar contre la cité de Metz, dont ils battirent complètement les troupes sous leurs remparts, en 1139. Boulay soutint trois assauts contre les troupes de Metz en 1386. Les rues de cette ville sont étroites et assez mal percées; la place publique, sur laquelle s'élève l'hôtel de ville, est vaste et décorée d'une fontaine. On doit visiter l'église paroissiale, vaste édifice riche d'ornements, dont le chœur a été décoré récemment de belles peintures. — Patrie du ch. de Villers, correspondant de l'Institut; du général Neuvinger. — *Fabriques* de draps, couvertures de laine, colle forte, noir d'ivoire, arçons, quincaillerie dite d'Allemagne, outils de toutes sortes, lames de fleurets, etc. Filature de coton. Tanneries. — *Hôtels* du Milan d'or, du Cerf, du Lion d'or.

CHATEL-SAINT-GERMAIN. Village situé au pied du mont Saint-Germain, à 1 l. 3/4 de Metz. Pop. 1,050 hab. On y voit les restes d'un château fort qui appartenait aux évêques de Metz. L'un d'eux, Jean d'Apremont, s'étant brouillé avec les habitants de Metz, se retira en 1231, dans le château de Saint-Germain, où il fut assiégé par les Messins, assistés du comte de Bar. Après trois ans d'une vigoureuse résistance, il était réduit aux dernières extrémités, lorsque l'évêque de Toul offrit sa médiation, et parvint à réconcilier le prélat avec ses diocésains.

COURCELLES-CHAUSSY. Village situé entre les deux Nieds, à 3 l. 3/4 de Metz. ✉ ☞ Pop. 1,417 hab. — *Fabrique* d'instruments aratoires.

CRÉHANGE. Village situé dans la vallée de la Nied allemande, à 6 l. 3/4 de Metz. Pop. 700 hab. C'était autrefois une petite ville fortifiée, que l'empereur Mathias érigea en comté en 1617. La maison de Créhange a été très-puissante; elle a possédé quarante seigneuries et dix-sept châteaux forts qui ont été démantelés dans ces derniers temps. Ce village et ses dépendances a été cédé à la France en 1802, par le traité de Lunéville.

FAULQUEMONT. Bourg situé sur la rive droite de la Nied allemande, dans une vallée bornée au nord par des coteaux de vignes, à 8 l. de Metz. ✉ ☞ Pop. 1,417 h.

Faulquemont était autrefois entouré de murailles flanquées de tours, environné de larges fossés, et défendu par un château fort; on n'y entrait que par une seule porte. Il est formé de rues étroites et possède encore quelques restes de ses fortifications. — *Fabriques* de bonneterie. Tanneries.

GORZE. Petite ville située dans une gorge pittoresque, au-dessus des montagnes qui bordent le bassin de la Moselle, à 3 l. 3/4 de Metz. Pop. 1,981 hab.

Gorze a été longtemps célèbre par une abbaye fondée en 745, par Grodegrand, évêque de Metz et petit-fils de Charles Martel. C'était une ville considérable, bien fortifiée, défendue par un château, et même par l'abbaye, qui ressemblait à une citadelle: elle a été souvent assiégée et saccagée. Valeran de Saint-Paul la prit d'assaut en 1385, et la livra au pillage; des aventuriers français s'en emparèrent en 1441, la brûlèrent en partie et y commirent toute sorte d'excès. Vers le milieu du XVIe siècle, Gorze devint le quartier général des protestants, où Guillaume Farel, l'un de leurs plus ardents prédicateurs, fit beaucoup de prosélytes. Le duc de Guise se rendit maître de cette ville en 1553, et y laissa quelques troupes qui furent massacrées par la garnison de Thionville. Les Français s'en vengèrent bientôt en reprenant la ville et en passant les impériaux au fil de l'épée. Peu de temps après, les Lorrains y rentrèrent, mirent le feu au monastère et au château, qui fut rasé par le duc d'Aumale, en 1572. Le 26 avril 1636, Gorze fut brûlé par un corps de Croates, qui pendirent et mutilèrent un grand nombre d'habitants. Tant de désastres ruinèrent les nombreux monuments qui embellissaient cette ville, et dont il ne reste plus aucun vestige.

L'aqueduc romain, connu sous le nom d'Arches de Jouy, commençait à Gorze, dont il recevait les eaux limpides pour les conduire à Metz.

JOUY-AUX-ARCHES. Village situé sur la rive droite de la Moselle, à 2 l. de Metz. Pop. 800 hab.

On voit à Jouy les restes d'un bel aqueduc romain, qui joignait sur une longueur de 560 toises les deux coteaux entre lesquels coule la Moselle, et était destiné à conduire les eaux de Gorze à Metz. La longueur totale de cet aqueduc, depuis le moulin de Gorze jusqu'aux vignes de Montigny, était de 12,373 toises, ou de plus de six lieues de poste; il avait communément dans œuvre six pieds de hauteur sur trois de largeur. La maçonnerie en était très-soignée et recouverte d'un ciment qui est encore intact et très-bien conservé partout où l'on retrouve cet aqueduc, soit dans la vallée de Gorze, soit sur les flancs des coteaux de Novéant, d'Ancy, de Jouy, etc. Il reste encore de ce beau monument cinq arches sur la rive gauche de la Moselle, et dix-sept dans le village de Jouy, sur la rive droite; l'arche sous laquelle passe à Jouy la route de Metz à Nancy a 57 pieds de haut.

LONGEVILLE-LES-SAINT-AVOLD. Village situé à 8 l. de Metz Pop. 1,750 hab. Il est bâti sur la pente et au pied d'une haute montagne, où la route de Metz à Sarrebruck forme de nombreux replis, et domine la vallée de la Roselle, si remarquable par sa fraîcheur et ses beaux points de vue. Le château qui existe aujourd'hui sur la partie élevée du village, et d'où l'œil découvre Saint-Avold ainsi que les montagnes agrestes qui l'avoisinent, fut le siège d'une abbaye de bénédictins fondée au VIe siècle, ruinée en 1552 par le duc de Brandebourg, et par les Suédois en 1635.

LOUVIGNY. Village situé près de la rive droite de la Seille, à 4 l. de Metz. Pop. 1,500 hab. Il était autrefois défendu par une forteresse que René II, duc de Lorraine, assiégea et prit en 1490, et dont il fit pendre ou noyer la garnison. Durant les guerres de la Ligue, les Messins prirent Louvigny aux Lorrains, le 28 février 1590; mais à la fin d'avril de la même année, le duc de Lorraine reprit d'assaut cette forteresse et fit pendre la garnison.

MARS-LA-TOUR. Bourg situé à 4 l. 3/4 de Metz. ☞ Pop. 1,100 hab. C'était autrefois une petite place de guerre défendue par un château fort, dont le maréchal de Vieilleville s'empara en 1552.

METZ. Ancienne, grande et très-forte ville. Chef-lieu du département et de trois cantons. Place de guerre de 1re classe. Cour royale d'où ressortissent les départements de la Moselle et des Ardennes. Tribunal de première instance et de commerce. Chambre et bourse de commerce. Chef-lieu de la 3e division militaire. Académie universitaire. École royale d'application d'artillerie et du génie. Collége royal. Société des lettres, sciences et arts. Société d'encouragement de l'agriculture et de l'industrie. Écoles gratuites de dessin, de peinture, d'enseignement mutuel pour la musique. Cours publics d'accouchements et de botanique. Évêché. Pépinière départementale. Mont-de-piété. ✉ ☞ Pop. 44,416 hab.

Metz, avantageusement situé dans un pays fertile, au confluent de la Moselle et de la Seille, dont l'une est navigable jusqu'au Rhin, fut pour les Romains un poste important, un agréable séjour. De nombreux monuments, dont il ne reste plus que de faibles vestiges, attestent le haut degré de splendeur où cette ville était parvenue sous les empereurs. Elle eut un vaste amphithéâtre, une naumachie, des thermes, un palais impérial, des magasins militaires et une garnison toujours nombreuse, pour repousser les Allemands qui sans cesse menaçaient d'envahir les Gaules. Metz était traversée par six grandes routes, d'où les légions pouvaient au besoin se porter sur tous les points les plus éloignés du vaste empire romain. Sous les enfants de Clovis, Metz devint capitale du royaume d'Austrasie. Lors de la décadence de la maison de Charlemagne, cette ville et sa province passèrent sous la domination des empereurs d'Allemagne. Ces souverains, voulant opposer un rempart à la France qui convoitait

FORT MOSELLE A METZ.

toujours Metz et la Lorraine comme une portion de ce royaume, rendirent Metz puissante et forte en lui laissant une sorte de liberté politique. Devenue libre et imprenable, cette ville fut rarement en paix dans l'intérieur de ses murailles, ayant sans cesse à lutter contre les prétentions d'une bourgeoisie turbulente, et celles d'un hautain clergé qui voulait l'asservir. La convoitise de la France, les agressions perpétuelles des ducs de Lorraine, les ravages des grandes compagnies, la protection chèrement achetée de la cour de Rome et de l'empire devinrent autant de causes de révolutions qui préparèrent la chute de la république messine. En 1552, sous Henri II, Metz, obligée de recourir au protectorat de la France, perdit sa liberté. Charles-Quint voulut s'en emparer, et la défense de Metz par le duc de Guise fut comptée parmi les événements les plus marquants du XVIe siècle. Depuis lors Metz n'a point cessé d'appartenir à la France. — L'industrie messine a été longtemps florissante. Au moyen âge Metz était une ville de luxe et de plaisirs : de tous les points de l'Allemagne on accourait à ses fêtes. « *Si j'avais un Francfort*, disait-on, *je le dépenserais à Metz.* » Les infinies variétés des monnaies de l'Europe y avaient habituellement cours ; soixante changeurs suffisaient à peine au commerce d'argent qui s'y faisait. Metz est une des villes de l'Europe les plus anciennement pavées, et l'une de celles où l'on ait fait le premier usage d'artillerie : on y avait une artillerie volante dès 1512. L'imprimerie y fut introduite en 1480 : ainsi Metz est l'une des dix premières cités françaises où l'art de Guttemberg se soit introduit. Dans le cours du XVe siècle, on y jouait des comédies de Térence et beaucoup de mystères ; ces dernières représentations eurent lieu à Metz presque aussitôt qu'à Paris. — L'étendue et la population de Metz ont singulièrement varié : sous les Romains, cette ville s'étendait entre les rives de la Seille et de la Moselle, dans une étendue d'une lieue et demie. A la fin du XVe siècle il fallut la resserrer pour résister à Charles VI et au duc de Lorraine, René Ier. Resserrée de nouveau en 1552, elle perdit ses faubourgs, ses riches églises, ses monuments somptueux, et devint une ville forte de premier ordre. La révocation de l'édit de Nantes, fatale à son industrie et à sa civilisation, l'a été plus encore à sa population. D'autres événements malheureux la réduisirent à 22,000 âmes, de 60,000 qu'elle était avant l'invasion de Charles-Quint. On y compte aujourd'hui près de 45,000 habitants et 10,000 hommes de garnison.

Cette ville est avantageusement située, dans un bassin magnifique, au confluent de la Moselle et de la Seille. Elle est généralement bien bâtie et décorée de plusieurs beaux édifices ; les rues sont larges, droites et bien pavées ; c'est après Strasbourg la ville la mieux fortifiée de la France. On y compte neuf portes garnies de ponts-levis, dont six seulement servent aux relations extérieures ; plusieurs de ces portes sont répétées deux, trois et même quatre fois, suivant les différents ouvrages de fortifications qui les défendent. Les anciennes fortifications ont été remplacées par des ouvrages immenses construits d'après le nouveau système de défense, exécutés sous les ordres des maréchaux de Vauban et de Belle-Isle. Les plus importants sont les forts de Belle-Croix et de la Double-Couronne. Le premier, commencé en 1731, couvre toute la partie orientale de la ville, depuis la porte des Allemands, jusqu'à la Moselle ; il est établi sur le coteau de Désiremont, qui prit le nom de Belle-Croix, à cause d'une grande croix placée autrefois sur son sommet. La science des fortifications a été, pour ainsi dire, épuisée dans la construction des ouvrages de ce fort, qui ont un très-grand développement. La première pierre du fort de la Double-Couronne ou de la Ville-Neuve a été posée par le maréchal de Belle-Isle, le 29 juin 1728 ; les troupes qui y ont travaillé ont campé pendant deux ans dans la plaine du Ban Saint-Martin. Ce fort, qui a une triple enceinte de fossés remplis d'eau, et dont les fortifications rasantes sont d'une approche très-difficile, a été achevé en trois ans ; il défend la partie septentrionale de la ville. — En 1737, on construisit, entre les portes de Saint-Thiébaut et de Mazelle, une redoute considérable en terre, et qui prit le nom de Pâté. Lorsqu'on élève les eaux de la Seille, elle forme une île, et l'on y pénètre de l'intérieur de la place par une galerie souterraine. Au moyen de la retenue qui se fait au pont des Arènes et aux écluses des Allemands, les eaux de la Seille s'exhaussent de vingt-quatre pieds, et forment un lac qui s'étend à plus de deux lieues.

L'ESPLANADE. De l'une des portes les plus importantes, celle de Saint-Thiébaut, on arrive par un chemin très-court au centre de la ville, à l'une des plus belles promenades qui existent en Europe. Les premières allées de cette promenade furent plantées d'arbres en 1790; mais elle s'agrandit beaucoup lorsqu'en 1802 on entreprit de combler les fossés larges et profonds de la citadelle, sur lesquels elle est établie. Achevée en 1816, elle offre à la vue le plus riant spectacle. De là se découvre aux yeux le superbe bassin de la Moselle, un paysage riche et varié, de vastes prairies, de nombreux villages groupés en amphithéâtre sur les coteaux qui bornent l'horizon du sud au nord, et qui, tapissés de vignes, couronnés de bois, présentent l'aspect le plus gracieux. Entre les rues et cette promenade, on a formé une grande place d'armes pour les exercices et parades militaires.

La CATHÉDRALE est un magnifique édifice, dont les fondements furent jetés en 1014, par l'évêque Thierry. Cette vaste basilique, dont la construction élégante, délicate et hardie sera toujours un sujet d'étonnement et d'admiration, resta imparfait jusqu'en 1323. A cette époque, il fut repris par l'évêque Adémar de Monthil, qui continua la nef jusqu'à Notre-Dame de la Ronde. En 1486, Jacques de Linange, vicaire général du diocèse, entreprit de construire la chapelle collatérale de Notre-Dame de la Tierce. En 1497, on abattit une des tours dont Charlemagne avait fait orner cette basilique; elle avait eu près de cinq siècles et demi d'existence. En 1503, le chapitre et Henri de Lorraine jetèrent les fondements des deux dernières travées de la nef, ainsi que du chœur et de la seconde chapelle collatérale, dont l'ensemble forme une magnifique croix latine. Ce grand ouvrage ne se termina qu'en 1519. Les vitres du chœur, en verres peints, furent posées en 1521, 1523 et 1526, par Antoine Bousch, vitrier originaire de Strasbourg. On est encore frappé de la beauté des dessins et de la vivacité des couleurs, que trois siècles n'ont pu altérer. Enfin ce beau monument ne fut achevé entièrement qu'en 1546, et il fut béni le 24 mai de la même année. Pour donner une idée de sa légèreté, il suffira de dire que les vitres dont il est percé ont 4071 mètres carrés, ou 36,700 pieds carrés.

La cathédrale est longue de 373 pieds;
La largeur de la nef est de 48 p. 2 p. } 92 6.;
Celle des collatéraux de 44   4

La hauteur de la nef, sous voûte, est de 133 pieds, celle des collatéraux de 41 pieds.

Les deux grandes chapelles collatérales du chœur ont chacune 50 pieds de longueur sur 48 de largeur. La flèche, qui est sculptée et percée à jour, est haute de 373 pieds. La ville la fit construire en 1497; la tour sur laquelle elle repose fut bâtie en 1381. En 1764, le chapitre de la cathédrale fit construire le portail actuel de la cathédrale, à cause du rétablissement de la santé de Louis XV dans cette ville. Le roi voulut y contribuer, et l'une des inscriptions dont ce portail est décoré en fait mention. Le chœur, tel qu'il est aujourd'hui, a été construit en 1810.

NOTRE-DAME DE LA RONDE. On ignore la date de la fondation de cette collégiale; on sait seulement qu'en 1130 elle fut rétablie par l'évêque Étienne de Bar, qui rebâtit l'église dont le chœur subsiste encore aujourd'hui.

L'ÉGLISE DE L'ABBAYE DE SAINT-VINCENT fut commencée en 1248, et n'a été consacrée qu'en 1376. Les deux dernières travées et le portail ne datent que de 1754 à 1756; elle sert aujourd'hui d'église paroissiale. En 1804, on a établi dans la maison conventuelle un lycée qui est maintenant le collège royal.

HÔPITAL MILITAIRE. Le magnifique hôpital militaire, qui est contigu aux casernes, fut construit sous le règne de Louis XV. Les bâtiments qui le composent, placés au bord de la Moselle, forment deux carrés longs, dont les cours spacieuses sont plantées d'arbres; ils sont traversés par un large canal, tiré des eaux supérieures de la Moselle, qui entraînent les déjections et les immondices. On y compte onze vastes salles, percées de cent quatre-vingt-quatorze croisées, où circule un air pur. Ces salles peuvent contenir aisément quinze cents malades, on y en a même vu dix-huit cents. Cet établissement très-salubre n'est surpassé par aucun autre en Europe.

L'HÔTEL DU GOUVERNEMENT. En 1776, on jeta les fondements de l'hôtel du Gouvernement sur l'Esplanade. Ce monument, construit sur un vaste plan, est d'un style sévère, qui cependant n'est pas sans beauté. Les deux façades en regard de l'Esplanade et de la Moselle sont imposantes par leur masse et par l'ordre parfait qui règne dans leurs proportions. Cet édifice renferme les tribunaux, et la bibliothèque publique.

BIBLIOTHÈQUES. La bibliothèque publique, ouverte depuis le mois de novembre 1811, renferme 30,000 volumes, parmi lesquels on remarque un grand nombre d'ouvrages imprimés dans le XVe siècle, et environ 800 manuscrits dont quelques-uns remontent au Xe siècle.

LE SAS A METZ.

PORTE DES ALLEMANDS A METZ.

CATHÉDRALE DE METZ.

La bibliothèque de l'école d'application n'a que 10,000 volumes, mais ils sont de choix. On y conserve des manuscrits de Vauban, Carmontaigne, Monge, Nollet, Fourcroy, etc., et d'immenses cartons remplis de plans, de projets ou de dissertations inédites sur l'art de la guerre.

On remarque encore à Metz les casernes; l'arsenal; la préfecture; l'hôtel de ville; le pont des morts; l'hôtel des monnaies; l'église Saint-Martin; le portail de l'église Sainte-Ségolène; le portail de Saint-Nicolas, etc., etc., etc.

A peu de distance des murs de Metz est la source d'eau minérale ferrugineuse de Bonnefontaine, dont on faisait un grand usage dans le XVe et le XVIe siècle; elle avait été longtemps oubliée, lorsque, sur l'avis d'un villageois et peu après la guerre de sept ans, un capitaine d'artillerie y conduisit ses soldats attaqués de dyssenterie; leur prompte guérison fit regarder la source comme miraculeuse, et y attira chaque année, pendant le mois de mai, une foule de pèlerins joyeux qui aimaient à s'égarer dans les bosquets des environs. M. de Calonne avait fait construire au-dessus de cette source un pavillon qui a été démoli. Aujourd'hui l'on ne voit plus à la Bonnefontaine que peu de personnes, qui viennent y boire l'eau ferrugineuse, y prendre de l'exercice, y respirer l'air pur du matin.

BIOGRAPHIE. Metz est la patrie du maréchal de Fabert; des généraux Kellermann fils, Lasalle, Richepanse, Custines, Lallemand jeune et aîné, Cherisey, Goullet de Rugey, Gournay; des préfets Colchen et Dupin; des anciens ministres Rœderer et Barbé Marbois; de MM. Lacretelle aîné et Lacretelle jeune, de l'Académie française; de MM. Joly de Maizeroy et Poncelet, de l'Institut; du graveur Sébastien Leclerc; du sculpteur Chassal; des philologues le Duchat et Ch. Ancillon; des naturalistes Buchoz et Chazelles; du poëte Lezai Marnésia; de Mme Tastu et Bournon Malarme, dont les productions littéraires sont si connues; des littérateurs Emile Bégin, Berr-Bing, etc., etc., etc.

INDUSTRIE. Fabriques de grosses draperies, flanelles, étoffes de laine, passementerie, chapellerie, broderie sur mousseline, papiers peints, cannes en bois, colle forte, chicorée-café. Filatures de coton. Nombreuses brasseries. Amidonneries. Clouteries. Tuileries. Tanneries importantes.

COMMERCE de vins, eau-de-vie, bière excellente, confitures renommées, drogueries, épiceries, meubles, cuirs, fers, etc.

A 14 l. 1/2 de Nancy, 41 l. de Strasbourg, 79 l. de Paris. *Hôtels* des Victoires, du Nord, de la Petite Croix d'or, du Commerce, de l'Europe, du Lion d'or, de la Ville de Thionville, du Pélican, de la ville de Londres, de Paris, de l'Ours.

NORROY-LE-VENEUR. Village situé à 1 l. 3/4 de Metz. Pop. 1,000 hab. Il était autrefois entouré de fortifications dont on voit encore des vestiges. Les Messins le brûlèrent en 1489, dans la guerre qu'ils soutinrent contre le duc de Lorraine René II; ses tours et ses murailles furent démolies en 1655.

PLAPPEVILLE. Village situé à 3/4 l. de Metz. Pop. 420 hab. — Exploitation des carrières de belles pierres de taille.

Ce village était autrefois renommé pour la sorcellerie. Huit de ses habitants furent brûlés en 1593 comme sorciers, et deux autres en 1594 et 1595. La chronique de St.-Clément rapporte que dans les mois d'août et de septembre 1588, vingt-cinq sorciers furent brûlés vifs à Metz, entre le pont des Morts et le Pontiffroy!... Il est présumable, dit le chroniqueur, que leurs biens avaient été la cause de leurs accusations.

SABLON (le). Village situé à 3/4 l. de Metz. Pop. 420 hab. C'est sur le territoire de ce village que sont ensevelis la plupart des monuments et des antiquités qui ont illustré la ville de Metz.

VERNY. Village situé à 3 l. 3/4 de Metz. Pop. 528 hab.

VIGY. Village situé à 2 l. 1/2 de Metz. Pop. 933 hab. — *Fabriques* de toiles de chanvre. Éducation des abeilles.

WALMUNSTER. Village situé à 6 l. 3/4 de Metz. Pop. 320 hab. — Exploitation de lignite.

ARRONDISSEMENT DE BRIEY.

AUDUN-LE-ROMAN. Village situé à 5 l. de Briey. Pop. 409 hab.

AUDUN-LE-TICHE. Village situé à 5 l. 1/2 de Briey. Pop. 671 hab. — *Fabriques* de faïence et de poterie de terre. Exploitation des mines de fer.

BASLIEUX. Village situé à 5 l. de Briey. Pop. 700 hab. On y remarque les ruines du château de Leitliard, qui appartenait à la maison de Hapsbourg.

BASSOMPIERRE. Village situé à 3 l. de Briey. Pop. 160 hab. C'était autrefois le siége d'une baronnie dont les puissants seigneurs furent plusieurs fois en guerre avec la république de Metz. Le maréchal de Bassompierre ayant été enfermé en 1631 à la Bastille par ordre du cardinal de Richelieu, contre lequel il s'était permis quelques sarcasmes, ce ministre vindicatif fit raser le château de Bassompierre en 1635.

BRIEY. Petite et très-ancienne ville. Chef-lieu de sous-préfecture. Tribunal de première instance. Société d'agriculture. ✉ Pop. 1755 hab.

Briey doit son origine à un camp romain auquel aboutissaient trois voies militaires. Dans le VIIIe siècle, cette ville dépendait du duché de Moselſane et passa sous la domination des comtes de Metz, qui la cédèrent aux évêques de la même ville, lesquels l'engagèrent dans la suite aux comtes de Bar. Agrandie et fortifiée par ses différents possesseurs, elle était défendue par une citadelle, par deux châteaux, et par une forte enceinte de murailles, dont il reste encore de vastes souterrains et quelques vestiges que le temps efface tous les jours. Les Messins l'assiégèrent en 1363 et en 1370; le duc de Berg la saccagea en 1421; Charles le Téméraire s'en empara en 1475.

La ville de Briey est bâtie en amphithéâtre au pied et sur le revers d'une montagne, et se divise en haute et basse ville. Ses jardins sont élevés en terrasses sur la pente de la colline, dont le pied est arrosé par le Rupt-de-Mance, qui serpente dans une agreste vallée que de superbes forêts entourent de toutes parts. L'église paroissiale de cette ville a conservé dans toutes ses parties quelques ornements d'architecture gothique: on remarque au-dessus de l'ossuaire un fort beau bas-relief du XVe siècle, représentant une danse des morts qui mérite de fixer l'attention.

Briey est la patrie de l'historien Bérauld Bercastel; d'Adrien Duquesnoy, député à l'assemblée constituante et publiciste distingué; du médecin Gama, etc.

Fabriques de grosses draperies, toiles, mouchoirs. Filatures de coton. Teintureries. Tanneries. Brasseries. Scieries hydrauliques.

A 6 l. de Metz, 75 l. de Paris. — *Hôtels* du Lion d'or, de la Croix blanche, de la Boule d'or.

CONFLANS. Bourg situé au confluent de l'Orne et de l'Iron, à 3 l. 3/4 de Briey. Pop. 394 hab. Il était autrefois défendu par un château fort construit en 1170 par Thierry, évêque de Metz. Ce château fut pris par les Messins en 1354, rendu peu de temps après au comte de Bar, assiégé sans succès par le duc de Bourgogne en 1546, pris par le maréchal de Vieilleville, en 1552. On aperçoit encore quelques vestiges de ses fortifications.

CONS-LA-GRANDVILLE. Bourg situé dans une petite gorge sur le Chiers, à 7 l. 1/2 de Briey. Pop. 793. Il est dominé par un beau château de la renaissance, dont les murs ont dix pieds d'épaisseur et soixante pieds d'élévation du côté du bourg. *Fabriques* de draps. Filatures de laine. Forges et haut fourneau.

FONTOY. Village situé à 3 l. de Briey. ✉ Pop. 1,044 hab. — *Fabrique* de chaudronnerie en fer battu. Beau moulin à farine.

LAGRANDVILLE. Voyez Cons-la-Grandville.

LOMMERANGE. Village situé à 2 l. de Briey. Pop. 250 hab. On voit aux environs un tumulus de dix mètres d'élévation et de vingt autres de diamètre à la base.

LONGUION, ou Longuyon. Petite ville située au confluent du Chiers et de la Crusne, à 8 l. 1/4 de Briey. ✉ Pop. 1,612 hab. — On voit aux environs les ruines pittoresques du château de Mussy. Forges et haut fourneau.

LONGWY. Petite ville forte située près de la rive droite du Chiers, à 10 l. de

Briey. Place de guerre de 4ᵉ classe. ✉ ☎
Pop. 2,483 hab.

Cette ville doit son origine à un camp retranché que les Romains avaient établi sur le plateau de Titelberg, et qui communiquait par une voie militaire avec le camp fortifié dont on retrouve encore les vestiges à Briey. Elle fut longtemps possédée par des comtes souverains, et passa successivement sous la domination des ducs de Luxembourg, des comtes de Bar et des ducs de Lorraine. Le duc Ferry III y abolit la servitude en 1276. Longwy avait un vaste château flanqué de tours et environné de hautes murailles, dont l'enceinte contenait un magnifique palais et un grand nombre de maisons : le maréchal de la Ferté le prit de vive force en 1647, et le marquis de Genlis en 1670. Sur ses ruines, Louis XIV fit construire en 1682 la ville haute de Longwy, d'après les plans du maréchal de Vauban; c'est un hexagone régulier, où l'on parvient par une rampe pratiquée dans les flancs de la montagne.

Longwy fut pris par les Prussiens en 1792, après quelques jours de bombardement ; mais il fut évacué après la bataille de Valmy. En 1815, 15,000 Prussiens se concentrèrent autour de cette place. Dans le dessin d'en faire lever le siége, le général Hugo, gouverneur de Thionville, fit porter secrètement une colonne de 1,200 hommes qui déroba heureusement sa marche à l'ennemi, tomba à l'improviste sur les assiégeants, les battit, s'empara de leur artillerie, détruisit leurs ouvrages et revint à Thionville, après s'être acquittée de sa mission de la manière la plus glorieuse. Les Prussiens reprirent toutefois leur position autour de Longwy ; le bombardement recommença et fut poussé avec un acharnement sans égal. Après avoir fait des efforts inouïs pour conserver cette place, le général Ducos, qui en était gouverneur, fut contraint de capituler ; il quitta ses décombres et défila sur les glacis avec une centaine de blessés qui composaient toute sa garnison.

On remarque à Longwy l'hôtel de ville ; l'église paroissiale, construite en 1690; l'hôpital; la boulangerie militaire; les casemates et les puits de la ville haute. La ville basse n'est qu'une espèce de village placé en amphithéâtre sur la partie inférieure de l'escarpement méridional de la montagne. On y voit les bâtiments de plusieurs anciens couvents, dont l'aspect noirâtre contraste avec les jolies habitations particulières isolées sur les deux rives de la rivière.

Fabriques de toiles de coton, mouchoirs, tapis en laine et en coton, pointes de Paris, plumes à écrire. Manufactures de faïence et de terre de pipe dite cailloutage. Brasseries. Tanneries. — *Commerce* de lard et de jambons renommés.

MOUTIERS. Village situé à 3/4 l. de Briey. Pop. 396 hab. — *Fabrique* hydraulique de draps pour l'habillement des troupes.

SACEY. Village situé à 2 l. 1/2 de Briey. Pop. 500 hab. Il était autrefois dominé par un château fort où furent enfermés en 1415 les évêques d'Évreux et de Carcassonne, qui revenaient du conseil de Constance, où ils avaient été députés par Charles VI, pour engager Jean XIII a abdiquer la papauté. Le duc de Lorraine, le comte de Bar et la cité de Metz, se liguèrent pour faire le siége de ce château, qui fut pris après cinq jours d'attaque; les deux prélats furent délivrés et le château rasé. Il fut brûlé quelque temps après, et pris de nouveau par capitulation, après une vigoureuse résistance, en 1639.

ARRONDISSEMENT DE SARREGUEMINES.

AVOLD (SAINT-). Jolie petite ville située au pied du Blieberg, dans une riante vallée arrosée par la Roselle, à 10 l. de Sarreguemines. ✉ ☎ Pop. 3,451 hab.

Cette ville doit son origine à un monastère fondé par Sigebaut, évêque de Metz, en 730. C'était autrefois une place forte dont le cardinal de Lavalette s'empara en 1635, mais qui fut reprise l'année suivante par Cliquot, vaillant capitaine lorrain. Elle a été cédée à la France en 1737, par le traité de Riswick. — On trouve aux environs une source d'eau minérale froide que l'on croit ferrugineuse. — *Fabriques* de molleton, bleu de Prusse. Teintureries. Tanneries et chamoiseries.

BITCHE. Petite ville forte située à 10 l. de Sarreguemines. Place de guerre de quatrième classe. ✉ ☎ Pop. 3,132 hab.

Dès le XIᵉ siècle, Bitche était une place forte importante et le chef-lieu d'un comté que le duc Ferry III céda au duc de Deux-Ponts en 1297. Bitche et le comté de ce nom, confisqués en 1571 par Charles III sur le comte de Hanau, rentrèrent définitivement dans la possession des ducs de Lorraine en 1606. Le maréchal s'étant emparé de la forteresse en 1624, les Français la conservèrent jusqu'en 1698, où elle fut restituée au duc Léopold. Lorsque la Lorraine fut cédée à la France, en 1737, on s'occupa de relever les fortifications de Bitche, dont la première pierre fut posée en 1744. Le 15 octobre 1793, les Prussiens ayant pénétré au travers des défilés des Vosges jusqu'à Bitche, tentèrent, sans succès, de s'emparer de cette place. Le 17 novembre de la même année, un corps de 4,000 Autrichiens fut complètement battu sous les murs de cette ville et on lui fit 150 prisonniers.

Cette place, destinée à défendre le défilé des Vosges, entre Weissembourg et Sarreguemines, domine d'étroites vallées, d'immenses forêts de sapins et des montagnes tapissées de bruyères. La ville basse, autrefois appelée *Kaltenhausen*, est bâtie au pied d'un rocher, près d'un grand étang où la Horne prend naissance. Le château, placé à 1,200 pieds au-dessus du niveau de la mer, est bâti sur un rocher de 150 pieds d'élévation au-dessus du fond de la vallée, isolé au milieu de la ville, et surmonté d'un autre rocher de plus 75 pieds de haut. L'enceinte du fort se compose de quatre bastions avec une demi-lune couronnée et un ouvrage à cornes. Tout l'intérieur du rocher est voûté et casematé : on y a construit un local assez considérable pour recevoir, en cas de siège, une centaine de malades ou de blessés. Cette forteresse est un vrai chef-d'œuvre, dans son ensemble comme dans ses parties ; elle peut être armée de 80 pièces de canon de tout calibre : 1000 hommes suffisent pour sa défense. L'eau ne lui manque pas ; elle possède cinq citernes très-belles, et en outre un puits profond d'environ 80 mètres, taillé dans le roc, dont l'eau est excellente.

Fabrique de tabatières de carton, faïence, poterie, etc. — Aux environs verreries dont les produits sont recherchés.

COCHEREN. Village situé près de la rive droite de la Roselle, à 5 l. de Sarreguemines. Pop. 520 hab. On remarque aux environs, sur la montagne d'Hérapel, les vestiges d'une voie militaire et d'un camp romain où l'on trouve fréquemment des médailles et autres antiquités.

FORBACH. Bourg situé à 5 l. de Sarreguemines. ✉ ☞ Pop. 4,281 hab.

Ce bourg était autrefois défendu par un château fort construit sur le roc vif, dont on voit encore les ruines au sommet de la montagne Selosberg, sur l'escarpement septentrional de laquelle le bourg est bâti en amphithéâtre. Il est divisé en rues étroites, tortueuses, entouré de vastes forêts et de montagnes sablonneuses ; c'est un des principaux débouchés de l'Allemagne où aboutissent les routes de Sarrelouis et de Sarreguemines. — *Fabriques* de pipes fines, tissus à mailles de fer, savon vert. Tannerie. Verrerie.

GOETZENBRUCK. Village situé à 8 l. de Sarreguemines. Pop. 912 hab. — Verrerie importante où l'on fabrique des verres de montre fins et ordinaires, verres bombés pour pendules, garde-vue, etc., etc.

GROSBLIEDERSTROFF. Village situé à 1 l. 1/2 de Sarreguemines. Pop. 1,923 h. — *Fabriques* de tabatières en carton et de piano-forte. Haut fourneau.

GROS-TENQUIN. Village situé à 7 l. de Sarreguemines. Pop. 1,300 hab.

HOMBOURG-L'ÉVÊQUE. Village situé à 7 l. 1/2 de Sarreguemines. Pop. 1,000 hab.

Ce village appartenait autrefois aux évêques de Metz. En 1254, l'évêque Jacques de Lorraine en fit une grande forteresse, où il construisit un château, des casernes, et y fonda une collégiale qui fut supprimée en 1743. En 1678, le duc d'Humières s'empara de ce château, qui resta au pouvoir des Français jusqu'en 1697, et dont Louis XIV avait fait augmenter les fortifications par Vauban ; il reste à peine quelques vestiges de ces ouvrages.

Hombourg est bâti sur le revers d'une montagne de forme oblongue, dont le sommet est couronné par les ruines de l'ancien château fort ; la Roselle baigne le pied de cette montagne, après avoir parcouru, depuis Saint-Avold jusqu'à Hombourg, une vallée des plus pittoresques. Au bas de l'éminence se trouvent le village, les forges et le château de Hombourg-le-Bas ; et à côté le hameau du Rocher, composé de quelques cabanes groupées de la manière la plus pittoresque sur un roc escarpé.

JEAN-RORBACH (SAINT-). Village situé à 4 l. de Sarreguemines. Pop. 900 h. Patrie du général Eblé.

LEMBERG. Bourg situé à 8 l. 3/4 de Sarreguemines. Pop. 1,950 hab. — *Fabriques*

CRISTALLERIE DE SAINT LOUIS.

de faïence. Verrerie et cristallerie (à Munz-thal-Saint-Louis).

MEISENTHAL. Village situé à 13 l. 1/4 de Sarreguemines. Pop. 588 hab.—Verrerie de verre fin, gobeleterie, garde-nev, etc.

MORHANGE. Bourg situé près des sources de la petite Seille, à 10 l. de Sarreguemines. Pop. 1,284 hab.
Morhange était autrefois une ville assez considérable, siége d'un comté d'où dépendaient vingt et un villages. Elle était environnée de fossés, entourée de hautes murailles, défendue par deux tours et par deux châteaux. Les Français, commandés par le maréchal du Hallier, s'en emparèrent en 1639. — *Fabriques* de savon et de noir de fumée. Tanneries.

MOUTERHAUSEN. Village situé à 10 l. de Sarreguemines. Pop. 1,095 hab. Hauts fourneaux, forges et fenderie.

PUTTELANGE. Bourg situé au milieu de belles prairies, sur le Moderbach, à 2 l. 3/4 de Sarreguemines. ✉ ☞ Pop. 2,290 hab.—*Fabriques* de draps communs, velours et peluche de soie, colle forte.

RORBACH. Village situé à 5 l. de Sarreguemines. ✉ ☞ Pop. 1,179 hab.

SALZBRONN. Village situé à 3 l. 3/4 de Sarreguemines. Pop. 253 hab. Sources salées exploitées.

SARRALBE. Petite ville située dans un beau vallon, abondant en excellents pâturages, au confluent de la Sarre et de l'Albe, à 3 l. 3/4 de Sarguemines. ✉ Pop. 3,544 h. — *Fabriques* de toiles de ménage. Chapeaux de paille, tabatières en carton. Blanchisserie de toiles. Aciérie.

SARREGUEMINES. Petite ville, chef-lieu de sous-préfecture. Tribunal de première instance. Société d'agriculture. Collége communal. Bureau de douanes. ✉ ☞ Pop. 4,189 hab.
Cette ville se nommait autrefois Guemonde, était fermée de murailles et défendue par un château, aujourd'hui détruit; le duc Jean, contre lequel les habitants s'étaient révoltés, pour soutenir leurs priviléges, la brûla en 1380. Elle est bâtie dans une agréable situation, au confluent de la Sarre et de la Bélise. Le duc Léopold y avait fondé en 1621 un couvent de capucins, dont les vastes bâtiments renferment aujourd'hui la sous-préfecture, le palais de justice et le collége; les prisons sont remarquables par leur construction et leur situation dans un lieu sain et aéré.
Patrie de M. Montalivet, ministre de l'intérieur sous l'empire.

Fabriques et entrepôt de tabatières en carton, qu'on établit dans plusieurs villages environnants, et dont Sarreguemines est l'entrepôt : on en expédie annuellement plus de 100,000 douzaines. Manufacture renommée de faïence et de poterie façon anglaise. — *Fabriques* de colle forte, de velours et peluche de soie (au Château de Remelfing).—*Commerce* important de grains, toiles de chanvre, fruits, bois de construction, etc.

A 18 l. de Metz, 100 l. de Paris.—*Hôtels* de la Couronne d'or, du Lion d'or, de la Croix d'or.

SCHOENECK. Village situé à 10 l. de Sarreguemines. Pop. 478 hab. On y remarque les ruines pittoresques d'un ancien château. — *Fabriques* de pipes. Verrerie.

STURZELBRONN. Village situé à 11 l. de Sarreguemines. Pop. 350 hab. Il est bâti dans une contrée boisée et marécageuse, au milieu de quatre montagnes d'où jaillissent des eaux abondantes et limpides. On y trouve des sources d'eau sulfureuse et bitumineuse, que les moines d'une riche abbaye fondée en ce lieu, en 1135, avaient mises en réputation au XVIIe siècle.

VOLMUNSTER. Bourg situé à 10 l. de Sarreguemines. ☞ Pop. 1,234 hab. Exploitation de lignite.

WALSCHBRONN. Village situé à 10 l. 1/2 de Sarreguemines. Pop. 1,450 hab.
Ce village, dont le nom signifie Fontaine des Forêts, est situé au pied d'une montagne d'où découle une source bitumineuse contenant du pétrole blanc, qui a été célébrée par d'anciens auteurs, et a souvent fixé l'attention des souverains de ces contrées. Les ruines d'un ancien village qui dominent le village, les vestiges d'une voie romaine, des médailles enfouies dans le voisinage, et plusieurs autres indices attestent que Walschbronn a été fréquenté par les Romains. L'empereur Frédérick Barberousse rétablit la source et les bains. Georges, comte de Bitche, y fit construire un vaste château pour les personnes qui fréquentaient les eaux. Le village était alors très-peuplé, et le pied de la montagne était couvert de jolies maisons en amphithéâtre. Dans la guerre que le duc Charles IV soutint contre le prince Palatin, Walschbronn fut brûlé, les bains détruits et le puits comblé. Le duc Léopold essaya vainement de les rétablir en 1713; mais en 1755, des médecins de l'académie de Nancy retrouvèrent les sources enfouies sous les décombres; et l'année suivante, le roi Stanislas

fit réparer le bassin. Quelques malades se trouvèrent soulagés par les eaux de Walschbronn; mais on observe que le pétrole blanc était loin d'y être aussi abondant que l'avaient remarqué les auteurs qui en ont parlé dans les XVe et XVIe siècles.

Voici comment s'exprimait en 1594 le savant président Alix, dans sa description manuscrite du comté de Bitche : « Souloient « être des bains jadis fort fréquentés et usi-« tés par ceux principalement, qui étoient « perclus des membres; l'on a, du vivant du « feu comte Jacques, laissé ruiner le puits, « lequel à peu de frais se pourroit réparer; « au fond d'icelui se tiennent grand nombre « de pierres, en forme de cailloux, qui y « sont ainsi naturellement, lesquelles sont au-« cunement noirâtres et dures; icelles mises, « l'espace d'un quart d'heure, en eau tiède, « deviennent molles et maniables comme la « cire, et rendent une odeur retirant sur « celui de poix résine.... Joignant ledit « puits, grande maison et haute élevée, ap-« partenant à son Altesse le duc Charles, « en laquelle on souloit baigner et s'y tenoit « le maître des dits bains. »

ARRONDISSEMENT DE THIONVILLE.

BOUZONVILLE. Petite ville fort agréablement située sur la Nied française, à 7 l. 1/2 de Thionville. ✉ ☏ Pop. 2,325 hab. — *Fabriques* de clous, colle forte. Ateliers d'ébénisterie. Tanneries et teintureries.

Cette ville possédait jadis une abbaye fondée vers l'an 1030, dont les vastes et gothiques bâtiments occupent la partie supérieure d'un coteau orné de riants vergers : une large vallée qui déroule au loin son tapis de verdure; la Nied qui s'y promène lentement, baigne le pied du monastère et roule sous un pont hardiment jeté; en perspective, des bois magnifiques, des vignes, des villages bien groupés, tel est le riant tableau qu'offre Bouzonville du côté de la vallée de la Nied et de la route de Thionville.

Bouzonville est à 6 lieues de Sarrelouis, petite ville de la Prusse rhénane. Patrie de l'illustre et infortuné maréchal Ney.

CATTENOM. Village situé sur la rive gauche de la Moselle, à 2 l. 1/2 de Thionville. Pop. 1,115 hab. C'était autrefois un bourg assez considérable entouré de murs. — *Commerce* de bois et de planches. Tanneries.

CLOUANGE. Village situé à 2 l. 1/4 de Thionville. Pop. 230 hab. On remarque dans un bois des environs une très-belle fontaine, dont les eaux limpides tombent en cascade de près de 300 pieds de haut.

CREUTZWALD-LA-HOUVE. Village situé à 11 l. 1/4 de Thionville. Pop. 1,577 h. — Mines de fer, hauts fourneaux, forges et fonderie. Verrerie de verre blanc pour verres à vitres, gobeleterie et cristaux.

FLORANGE. Village situé à 1 l. de Thionville. Pop. 850 hab. Il était autrefois défendu par un château fort qui fut pris par trahison et rasé en 1541, par le prince de Nassau; une partie des remparts et des fossés subsistent encore. — Mines de fer exploitées.

GUÉNETRANGE. Source d'eau minérale. *Voy.* THIONVILLE.

HAYANGE. Village situé sur la Fensch, à 2 l. 1/2 de Thionville. Pop. 1,185 hab.

Hayange est un village bâti dans un site riant, borné par des collines cultivées et boisées, qui recèlent un minerai de fer abondant, exploité presque sans frais. La Fensch, ruisseau faible mais constant, est divisée avec art en étangs et canaux pour le besoin de nombreuses forges et usines, bâties de distance en distance sur une lieue et demie de son cours, et liées l'une à l'autre par de belles avenues de peupliers. On y compte quatre corps d'usines à l'anglaise, renfermant deux hauts fourneaux qui produisent divers objets de sablerie, projectiles de guerre, essieux d'artillerie, cylindres à cannelures, fers à repasser, médailles et bas-reliefs en fonte, etc.

METZERWISSE. Bourg situé à 2 l. 1/2 de Thionville. Pop. 837 hab. — Brasseries et fours à chaux.

MOYEUVRE-LA-GRANDE. Village situé dans une riante vallée, au confluent de l'Orne et du ruisseau de Conroy, à 3 l. 3/4 de Thionville. Pop. 1,747 hab. Il est entouré de vastes forêts et de coteaux où le minerai de fer abonde et s'exploite presque sans frais. Hauts fourneaux, forges, ateliers de moulage en fonte, scieries hydrauliques. Filature de laine peignée à la mécanique.

Les forges de Moyeuvre sont très-anciennes. Longtemps négligées par les ducs de Lorraine, elles furent restaurées par le maréchal de Fabert, et leur exploitation fut

CHÂTEAU DE SCHOENECK.

pour lui le principe d'une fortune immense. Aliénées en 1797, elles tombèrent en décadence; mais elles ont repris une grande activité depuis l'acquisition qu'en fit M. de Wendel.

OTTANGE. Village situé dans un vallon arrosé par l'Eltz, à 5 l. de Thionville. Populat. 1,408 hab. On y voit les ruines d'un château incendié en 1792, dont les murs flanqués de tours renfermaient de vastes corps de logis bâtis avec élégance. — Haut fourneau, forges et fenderie.

RICHEMONT. Village situé près du confluent de l'Orne et de la Moselle, à 1 l. 3/4 de Thionville. Pop. 913 hab. C'était autrefois une place forte, dont le château, appelé Midelbourg, fut pris et rasé en 1483. L'église bâtie sur un tertre, de jolies habitations élevées en amphithéâtre, un beau pont et le mouvement de la chaussée de Metz à Thionville, font de ce village un des plus beaux points de vue du bassin de la Moselle.

RODEMACK. Bourg situé à 3 l. 3/4 de Thionville. Pop. 963 hab.

Rodemack était naguère dominé par un château fort entouré de hautes murailles crénelées, flanquées de tours, et percées d'une seule porte, à laquelle on parvenait après avoir passé de longs et profonds fossés, formés par des ouvrages de fortification élevés sur des plans très-anciens; le bourg était lui-même défendu par des remparts et des fossés. Il fut brûlé par les Messins en 1430, et tomba au pouvoir de Henri II en 1552. Les Français s'en emparèrent en 1629; les impériaux le reprirent peu de temps après, mais il retomba au pouvoir de la France en 1643; l'année suivante il fut surpris par la garnison de Luxembourg, et il fut cédé à la France par la paix de Nimègue. Après avoir résisté aux troupes étrangères en 1792 et en 1815, le fort de Rodemack a été entièrement détruit en 1821. — Culture de houblon. Tanneries.

SIERCK. Petite ville située sur la rive droite de la Moselle, à peu de distance des frontières belges et prussiennes, et à 5 l. de Thionville. Bureau principal des douanes. ✉ ⚘ Pop. 2,028 hab.

Sierck était autrefois une ville forte défendue par un château bâti sur un roc escarpé, dont les seigneurs ont acquis une certaine célébrité. Le grand Condé s'en rendit maître en 1643, après la reddition de Thionville. Louis XIV fit démanteler le fort et la ville; les restes du château, qui avaient été vendus en 1811, ont été rachetés en 1814.

Cette ville est bâtie dans un fond, entre le Stromberg et les rochers du vallon de Montenach. Elle est entourée de murailles et défendue par le château situé sur une esplanade élevée qui commande le cours de la Moselle à une grande distance. Les plus belles habitations bordent la rive droite de la rivière, sur un quai où passe la chaussée de Trèves à Thionville; le reste est distribué en rues étroites et montueuses sur l'escarpement de la montagne. Les murs crénelés du château, l'ancien couvent des Récollets qui y touche, le cours de la Moselle couverte de bateaux, une forêt d'arbres fruitiers plantés sur les coteaux, offrent un point de vue charmant que les étrangers ne se lassent pas d'admirer.

Patrie de M. de Schonen.

Au-dessous de Sierck est le camp de Künsberg, célèbre dans l'histoire de la castramétation, où le maréchal de Villars arrêta le célèbre Marlborough, commandant de l'armée anglo-batave. — Les voyageurs que le hasard conduirait aux environs de Sierck, à l'époque de la Saint-Jean, ne doivent pas manquer d'assister au jeu de la *roue enflammée du Stromberg*, coutume bizarre dont l'origine remonte à une haute antiquité.

Fabriques d'eau de Cologne, de pipes de toute espèce, colle forte. Tanneries importantes. Exploitation des carrières de quartz pour pavés, auges de pressoirs, etc. — *Commerce* étendu de quincaillerie, et rubannerie du duché de Berg, de vins, bois de construction, planches, cuirs forts, etc. — *Commerce* de transit.

THIONVILLE. Jolie et forte ville. Chef-lieu de sous-préfecture. Place de guerre de troisième classe. Tribunal de première instance. Société d'agriculture. Collège communal. ✉ ⚘ Pop. 5,645 hab.

Thionville n'est connu que depuis le Ve siècle; c'était alors un des riches domaines que les rois de France habitaient pour y soigner la rentrée de leurs revenus territoriaux. Charlemagne y tint en 805 deux conciles nationaux. Deux autres conciles y furent tenus en 821 et en 825, par Louis le Débonnaire, qui y tint aussi une diète en 836, où Lothaire envoya les principaux seigneurs de sa cour pour traiter de sa réconciliation avec son père. Après l'extinction de la race carlovingienne, cette ville eut des seigneurs particuliers, et passa ensuite sous la domination des comtes de Luxembourg. En 1443 elle fut assiégée sans succès par Philippe de Bourgogne. Plus tard elle appartint successivement aux ducs de Bourgogne, à la maison d'Autriche et aux rois d'Espagne. Le maréchal de la Vieuville et le duc de Guise l'assiégèrent et la prirent d'assaut le 23 juin 1558, après une défense opiniâtre. Le maréchal de Strozzy y perdit la vie; on chassa les habitants de tout âge et de tout sexe, et on vendit leurs maisons aux Messins qui vinrent la repeupler. L'année suivante, Thionville fut rendu à Philippe II, par le honteux traité de Cateau-Cambresis : on rappela les bourgeois expulsés de la ville, et on les rétablit dans leurs demeures. Le marquis de Feuquières attaqua cette ville en 1637 avec une armée de 13,000 hommes, qui fut taillée en pièces le 7 juin sous les murs de la place. Le duc d'Enghien, qui plus tard fut le grand Condé, prit Thionville par capitulation en 1643, après trois mois de siège et trente jours de tranchée ouverte. En 1792, cette ville fut investie par les Autrichiens, et souffrit quelques heures de bombardement; elle fut bloquée étroitement dans les deux invasions de 1814 et de 1815.

Les fortifications de Thionville ont un grand développement; sept à huit mille hommes sont nécessaires pour leur défense. Ces retranchements si multipliés, élevés en différents temps, à dater de Charles-Quint, appartiennent à plusieurs systèmes que l'on a coordonnés autant que cela a été possible. Le corps de la place est un heptagone irrégulier, avec des demi-lunes, des contregardes et des lunettes; Vauban et Carmontaigne y ont épuisé les ressources de leur art.

Thionville est la seconde ville du département par son importance militaire et par sa population. La ville et ses fortifications occupent une surface parfaitement plane; on y entre par trois portes : celles de Metz, de Luxembourg et du Pont Couvert. La plupart des rues sont larges, mais en général irrégulièrement percées. Les maisons sont solidement construites; quelques-unes appartiennent au XVIe siècle, époque que constate sur plusieurs bâtiments une date sculptée. La Moselle, large de 130 mètres, borne la ville au midi; pour se rendre sur la rive droite, on la traverse sur un pont couvert qui est loin de mériter la réputation dont il jouit. La place d'armes est belle; trois corps de casernes en occupent trois côtés; le quatrième est occupé par le manége de cavalerie, regardé comme un des plus beaux qu'il y ait en France.

Parmi les édifices publics dignes de fixer l'attention, on cite l'église paroissiale achevée en 1760, dont le portail est décoré de quatre pilastres d'ordre ionique, d'un fronton, et surmonté d'un attique; il a 26 mètres de largeur sur 21 mètres de hauteur jusqu'à la balustrade qui sépare les deux tours, élevées à 30 mètres au-dessus du sol. L'intérieur présente un chœur en hémicycle, entouré de pilastres; une nef et des collatéraux séparés de chaque côté par six colonnes d'ordre ionique, le tout voûté en berceau avec arcs doubleaux intermédiaires. — On remarque encore à Thionville les casernes; la halle aux blé; la salle de spectacle; le manége; le collége; l'hôpital civil. — Le gouverneur habitait avant la révolution un vaste hôtel fort simple, occupé aujourd'hui par la sous-préfecture, le tribunal, la mairie et la caserne de gendarmerie; près de ce bâtiment est un jardin de botanique bien entretenu.

En entrant à Thionville, un étranger est frappé du mouvement qui y règne; en effet, par la petite surface affectée aux maisons des citoyens, la population y est fort nombreuse; les familles du peuple sont entassées dans d'étroits logements; une garnison de deux régiments, l'un d'infanterie et l'autre de cavalerie, augmente encore ce mouvement.

Patrie de Merlin de Thionville; du sculpteur Roux.

Fabriques de bonneterie. — Aux environs, nombreuses distilleries d'eau-de-vie de grains, de cerises et de prunes. Forges. Verreries. Tanneries. Fabrique de sucre de betteraves. — *Commerce* de grains, légumes, chanvre, lin, etc.

A 7 l. de Metz, 78 l. de Paris. — *Hôtels* de Saint-Hubert, de la Poste.

YUTZ. Village situé à 1/2 l. de Thionville. Pop. 1337 hab. — *Fabrique* de sucre de betteraves. Distillerie d'eau-de-vie de grains.

FIN DU DÉPARTEMENT DE LA MOSELLE.

IMPRIMERIE DE FIRMIN DIDOT FRÈRES ET Cie,
RUE JACOB, N° 56.

THIONVILLE.

Guide Pittoresque

DU

VOYAGEUR EN FRANCE.

ROUTE DE PARIS A STRASBOURG,

TRAVERSANT LES DÉPARTEMENTS

DE SEINE-ET-MARNE, DE L'AISNE, DE LA MARNE, DE LA MEUSE, DE LA MOSELLE, DE LA MEURTHE, DU BAS-RHIN, ET COMMUNIQUANT AVEC CELUI DES VOSGES.

DÉPARTEMENT DE LA MEURTHE.

Itinéraire de Paris à Strasbourg,

PAR CHALONS, METZ ET SARREBOURG, 121 LIEUES.

	lieues.		lieues.
De Paris à Bondi	3	Verdun	4
Livry	1 1/2	Manheulles	4
Villeparisis	1 1/2	Harville	2 1/2
Claye	1	Mars-la-Tour	3
Meaux	4	Gravelotte	2 1/2
St-J. les Deux-Jumeaux	3	Metz	4 1/2
La Ferté-sous-Jouarre	2	La Horgne	3
La Ferme de Paris	4	Solgne	2 1/2
Château-Thierry	3	Delme	3
Cresancy	2	Château-Salins	3
Dormans	3 1/2	Moyenvic	2
Port à Binson	2	Bourdonnay	4
Épernay	4	Heming	5
Jaalons	4	Sarrebourg	2
Châlons-sur-Marne	4	Hommarting	2
Somme-Vesle	4 1/2	Phalsbourg	2
Tilloy	1	Saverne	3
Orbeval	3	Wasselonne	3 1/2
Sainte-Menehould	2	Ittenheim	3
Clermont	4	Strasbourg	3
Dombasle	2 1/2		

99ᵉ et 100ᵉ *Livraisons*. (MEURTHE.)

ASPECT DU PAYS QUE PARCOURT LE VOYAGEUR

DE DELME A SAVERNE.

En quittant Delme on entre dans un pays boisé, qui se prolonge jusqu'aux environs de Château-Salins. On sort de cette ville en suivant la rue des Salines ; on passe la petite Seille ; puis, après avoir rasé à gauche le bois de Fouilly, la route suit une chaîne de collines, descend dans le vallon de Salival, et traverse à Moyenvic le canal de ce nom près de son confluent avec la Seille. On monte une côte en sortant de cette ville, et, laissant à droite la route de Lunéville, on entre dans une longue vallée bordée de riants coteaux. A Lezay, village situé sur le sommet d'une colline, on est près des chantiers de l'ancienne saline de Moyenvic et près du puits qui lui fournissait l'eau salée avant sa suppression en 1831. Le pays que l'on parcourt offre une suite presque continuelle de vallons, de montées et de descentes, jusqu'au relais de Héming, situé sur le sommet d'une côte assez élevée. Une route pavée conduit de cet endroit à Sarrebourg, d'où l'on sort par la porte d'Alsace. Au village de Mittelbrun, on est au sommet du point de partage des eaux du Rhin et de la Moselle. On entre à Phalsbourg par la porte de France et l'on en sort par celle de Saverne, en laissant à gauche la route de Bitche. A une lieue de distance, on traverse des bois et la chaîne des hautes montagnes des Vosges, en passant à la demi-lune, d'où l'on aperçoit la flèche de la cathédrale de Strasbourg, à plus de vingt lieues de distance. La route taillée en corniche qui descend la montagne de Saverne, est bordée de précipices dont l'aspect est singulièrement pittoresque. (Voir, pour cette route, la livraison du Bas-Rhin.)

DÉPARTEMENT DE LA MEURTHE.

APERÇU STATISTIQUE.

Le département de la Meurthe est formé d'une partie des anciens duchés de Lorraine et de Bar, de la portion méridionale des ci-devant Trois-Évêchés et du comté de Dabo, qui étaient compris dans la ci-devant Lorraine méridionale. Il tire son nom de la Meurthe, qui le traverse du sud-est au nord, et s'y jette dans la Moselle.—Ses limites sont : au nord, le département de la Moselle ; à l'est, celui du Bas-Rhin ; au sud, celui de la Meuse.

Le territoire de ce département est remarquable par la beauté de ses sites et par la variété de ses productions. Le sol présente un terrain inégal et varié, où l'on ne trouve ni plaine bien étendue, ni montagnes proprement dites ; mais il est entrecoupé de collines qui donnent naissance à des vallons presque tous arrosés par des eaux vives. —

Les plaines se composent de quatre bassins principaux : celui de la Meurthe, formé de belles prairies que des inondations fréquentes couvrent d'un sable terreux qui les fertilise; celui de la Moselle, qui compte cinq espèces de terre d'une fertilité plus ou moins grande; celui de la Seille, le plus fertile de tous; celui de la Sarre, qui ne produit qu'à force d'engrais, qu'on néglige trop souvent de lui fournir. — Les montagnes les plus élevées n'ont communément que de 120 à 200 mètres d'élévation au-dessus du fond qui les séparent, excepté sur le revers occidental des Vosges, où on leur donne de 300 à 350 mètres au-dessus de la plaine. Parmi ces montagnes, on distingue dans l'arrondissement de Sarrebourg, le Hengst et le Spitzberg, en face et au nord de la fourche du grand et du petit Donon, points culminants de la chaîne des Vosges. Dans les autres arrondissements, on remarque les côtes d'Essey, frontières des Vosges; de Léomont, près de Lunéville; du Patis de la Croix, près de Jolivet; de Saint-Germain, d'Angomon, de Sion, d'Amance, de Sainte-Geneviève, de Mousson, du mont Saint-Jean, de Toulon, de Delme, de Saint-Michel et de Barine. — Les forêts couvrent une grande étendue de territoire et sont réparties tant dans les plaines que sur la croupe des coteaux. — Le département renferme plusieurs étangs très-poissonneux, dont les principaux sont ceux de Lindre, de Torcheville, de Stock, de Gondrexange, de Mittersheim, de Réchicourt-le-Château, de Fouleret et de la Forêt-la-Reine.

Le climat du département de la Meurthe est extrêmement variable, et il n'est pas rare de voir la végétation du printemps arrêtée par les gelées qui viennent en mai et juin détruire les plus belles espérances : les matinées et les soirées sont généralement très-fraîches, tandis que la chaleur du milieu du jour est souvent insupportable. Cette variation de l'atmosphère, très-remarquable dans tous les temps de l'année, est bien plus sensible en été et en automne. Il règne une grande inégalité entre les saisons : ainsi, tantôt les hivers sont longs et rigoureux, tantôt ils sont pluvieux et doux; tantôt les étés sont secs et chauds, ou tout à fait humides et pluvieux; l'on ne peut établir, à cet égard, aucun rapport uniforme et constant : le maximum du froid est de — 17 degrés environ ; le maximum de la chaleur de + 27 à 28. Ordinairement le froid commence à se faire sentir à la fin de novembre, et va en augmentant jusqu'à la fin de janvier. Le printemps offre rarement de beaux jours; presque toujours il est pluvieux. C'est de la mi-juillet à la mi-août que les plus grandes chaleurs se font sentir; quant à l'automne, il est assez ordinairement la plus belle saison du pays. — Les vents qui soufflent sur le département de la Meurthe peuvent être classés comme il suit : 1° le sud-ouest; c'est celui qui y règne le plus ordinairement : en passant sur l'Océan il se charge de vapeurs qui produisent des pluies, souvent d'une longue durée; 2° le nord-ouest, dit des Ardennes : il apporte les neiges et les frimas, et détruit les espérances que donne la belle végétation des arbres à fruits, au printemps; 3° le nord-est, qui rend le ciel pur et produit en été la sécheresse, en hiver un froid violent; 4° le sud, qui ne souffle que rarement, mais produit une chaleur suffocante; 5° l'est et le sud-est, qui durent ordinairement fort peu; 6° l'ouest, qui est tantôt humide et tantôt très-froid.

Aperçu géologique et minéralogique [1]. Le sol du département de la Meurthe est formé, par les couches inférieures, du terrain secondaire, par l'étage inférieur, du terrain jurassique et par les épaulements diluviens. Appuyé sur le revers occidental des montagnes des Vosges, il présente vers ses confins avec le département de ce nom, le grès vosgien recouvert par le grès bigarré. On trouve ensuite, principalement aux en-

---

[1]. Article communiqué par M. le docteur en médecine Lamouroux, professeur d'histoire naturelle à l'école forestière de Nancy.

virons de Lunéville, une grande formation de calcaire conchilien (muschelkalk), renfermant quantité de débris de corps marins, reptiles, poissons, mollusques, découverts et décrits par feu le docteur Gaillardon. Sur le muschelkalk repose le keuper, ou formation des marnes irisées, renfermant le gypse ou pierre à plâtre en grande abondance, et les mines de sel gemme, ainsi que les sources salées : celles-ci se trouvent dans une grande étendue depuis Dieuze jusqu'à Nancy, car un puits artésien foré il y a environ trente ans près de cette dernière ville, a fourni de l'eau salée, et la ville de Rosières-aux-Salines possédait autrefois de telles sources qui ont été exploitées, mais qui ont été perdues et noyées par une grande abondance d'eau douce, par suite d'une réparation qui y fut faite, dit-on, maladroitement. M. Guérin, de Lunéville, ayant voulu, il y a deux ans, forer un puits artésien dans le jardin attenant à la maison qu'il habite dans cette ville, et la sonde étant descendue, quoique sans résultat, à plus de 400 pieds de profondeur, elle a ramené des terres salifères, et l'eau qui remplit actuellement le trou formé par la sonde, jusqu'à 10 à 12 pieds au-dessous de son orifice, est salée de manière à ne pouvoir être potable. Cette circonstance prouve que la mine de sel gemme qui est en exploitation à Dieuze, a une grande étendue.

La formation de grès appelé par les Allemands Keuper-Sandstein, si puissante ailleurs où elle fournit d'excellentes pierres de taille, n'est point considérable dans le département de la Meurthe, où elle ne donne qu'un sable fin qui ne se vend et ne s'emploie que pour les petits besoins des ménages. Vient ensuite la grande formation du lias ou calcaire à gryphites, pierre bleuâtre servant aux constructions, et surtout à préparer une chaux hydraulique excellente connue généralement sous le nom de chaux de Metz, parce que le lias s'étend jusqu'à Metz, et même au delà de Thionville. Le lias se trouve à la superficie du sol de Nancy : il se compose d'une grande quantité d'assises épaisses de deux ou trois décimètres, séparées les unes des autres par une égale épaisseur de marnes argileuses remplies de débris de coquilles marines, dont le détail serait trop long. Les tuiles et les briques qu'on fabrique avec ces marnes, sont de mauvaise qualité, parce que les fragments calcaires dont on ne peut les dépouiller, se calcinent dans la cuisson de la brique, qu'elles font ensuite éclater par la moindre humidité.

Les plaines plus ou moins étendues du département sont bornées par les collines de terrain jurassique qui les environnent en forme de cirques, rétrécis à leur entrée et à leur sortie, et paraissant avoir été ouverts par les courants de la Meurthe et de la Moselle. Ces collines sont formées de calcaire compacte, spathique, renfermant une grande partie des pétrifications du lias et recouvert par les assises inférieures de la grande oolithe. — Le calcaire compacte, nommé ici Roche, et l'oolithe dite Pierre de Balin, servent aux diverses constructions; mais celle-ci n'est propre à être employée qu'à l'intérieur, parce qu'elle est gélive. La roche, moins altérable, fournit de bons pavés, des jambages de portes, des soubassements, etc.

Les terres graveleuses, sablonneuses ou argileuses dont le déluge a recouvert non-seulement les plaines du département, mais encore les sommets de quelques-unes de ses collines les plus élevées, ont offert quelques débris d'animaux antédiluviens, quelques dents d'éléphants, etc., etc. On a trouvé dans le lias quelques veines de lignite qui ont trompé des spéculateurs, en leur donnant l'espoir de trouver de la houille; mais il est évident que nous sommes trop éloignés du revers des Vosges pour qu'on puisse tenter une telle découverte.

La fertilité du sol du département doit suffire et empêcher de regretter que ses entrailles n'offrent l'apparence d'aucune richesse minérale : il existe des veines de fer oligiste dans le calcaire jurassique inférieur; on trouve même au-dessous une oolithe ferrugineuse exploitée avec succès dans le pays Messin; il est peut-être heureux pour le dé-

DÉPARTEMENT DE LA MEURTHE.

partement qu'on ne puisse y augmenter le nombre des usines à feu qui y existent déjà et qui dévorent des quantités considérables de bois.

Le département de la Meurthe a pour chef-lieu Nancy. Il est divisé en 5 arrondissements et en 29 cantons, renfermant 714 communes. — Superficie, 318 lieues carrées.— Population, 415,568 habitants.

MINÉRALOGIE. Minerai de fer peu abondant à Cirey, Gogney, Fremonville. Nombreuses carrières de pierres exploitées, notamment à Viterne, Lay-Saint-Christophe, Norroy, Pierre, Tincry, Phalsbourg, Châtillon, Haarberg. Carrières de marbre près de Nancy et de Delme. Pierres propres à faire de la chaux dans presque toutes les localités. Pierres lithographiques. Grès rouge et gris. Grès à aiguiser. Terre à verrerie. Argile à potier. Mine de sel gemme à Vic.

SOURCES MINÉRALES à Eulemont, Pont-à-Mousson, Nancy, Domèvre, etc. Sources salées à Dieuze, Moyenvic, Rosières-aux-Salines, Château-Salins, etc.

PRODUCTIONS. Céréales de toute espèce en quantité plus que suffisante pour les besoins des habitants. Légumes secs en abondance. Betteraves. Quantité d'excellents fruits (l'abricot de Nancy est surtout renommé). Belles prairies naturelles et artificielles.—16,371 hectares de vignes, produisant annuellement environ 800,000 hectolitres de vins, dont à peu près la moitié est consommée sur les lieux; le reste est exporté dans les départements des Vosges et du Haut-Rhin. — 182,225 hectares de forêts (arbres verts et feuillus). — Chevaux de petite espèce. Bêtes à cornes médiocres. Moutons mérinos et métis. Peu d'ânes et de mulets. Beaucoup de porcs. Éducation des abeilles sur quelques points. Beaucoup d'oies. — Grand et petit gibier. — Bon poisson de rivière et d'étang (carpes, brochets, truites, écrevisses, etc., etc.)

INDUSTRIE. Fabriques de draps communs, toiles de chanvre et de coton, broderies en tous genres, cartes à jouer, papiers peints, glaces, cristaux, pipes de terre, liqueurs, acides minéraux, chandelles, huile, ouvrages de vannerie, boissellerie. Filatures de coton; raffineries de sucre de betteraves; forges; fonderies de cloches; manufactures de glaces; belles verreries; teintureries; papeteries; tanneries et hongroieries; faïenceries et poterie. — Saline royale à Dieuze.

COMMERCE de grains, vins, fruits, graines de trèfle, beurre, houblon, sel blanc, boules d'acier, papiers, cristaux, verrerie, lin, bois, etc.

DÉPARTEMENT DE LA MEURTHE.

**VILLES, BOURGS, VILLAGES, CHATEAUX ET MONUMENTS REMARQUABLES;
CURIOSITÉS NATURELLES ET SITES PITTORESQUES.**

ARRONDISSEMENT DE NANCY.

AMANCE. Bourg situé sur le sommet d'une montagne au pied de laquelle coule l'Amesule, à 4 l. 1/4 de Nancy. Pop. 500 h.

Au Xe siècle, Amance était une ville forte, où Simon II, duc de Lorraine, défit son frère Ferry de Bitche, en 1198. Le duc Thiébaut Ier, poursuivi par l'empereur d'Allemagne, s'y enferma en 1218.

ART-SUR-MEURTHE. Joli village situé sur la rive droite de la Meurthe, à 2 l. de Nancy. Pop. 550 hab. De cette commune dépendait la magnifique chartreuse de Bosserville, fondée en 1632 par le duc Charles IV; c'est aujourd'hui une propriété particulière, où l'on voit à peine quelques restes de l'ancienne abbaye.

BAINVILLE-AUX-MIROIRS. Village situé sur la rive gauche de la Moselle, à 9 l. 1/4 de Nancy. Pop. 420 hab. On y voit les restes d'une forteresse bâtie sur un rocher dans le XIIIe siècle par un comte de Vaudemont; les Lorrains la prirent sur le maréchal de Bourgogne et la ruinèrent en 1468.

BAUZEMONT. Village situé près du Sanon, à 8 l. 3/4 de Nancy. Pop. 450 hab. C'est le lieu de naissance du chef de Vendéens Stofflet.

BELLEVILLE. Village situé à 4 l. 1/4 de Nancy. Pop. 500 hab. On y voit un château adossé à une tour très-ancienne.

BEZAUMONT. Village situé à 5 l. 3/4 de Nancy. Pop. 240 hab. Il est bâti entre deux montagnes, dont l'une offre à son sommet un bel observatoire d'où l'on découvre les trois cathédrales de Metz, de Toul et de Nancy.

BOUXIÈRES-AUX-DAMES. Village situé à 2 l. de Nancy. Pop. 500 hab. Il est bâti au sommet et sur le penchant d'un coteau dont le pied est baigné par la Meurthe, que l'on y passe sur un pont en pierre de quatre arches, sur lequel s'acheva la défaite du duc de Bourgogne, en 1477.

CHALIGNY. Village situé à 3 l. 1/4 de Nancy. Pop. 1,050 hab. On y trouve une source d'eau minérale, et les vestiges d'une ancienne forteresse construite par les comtes de Vaudemont.

CHAMPIGNEULES. Village situé près de la forêt de la Haye, sur la rive gauche de la Meurthe, à 1 l. 1/4 de Nancy. Pop. 700 hab. C'est sur son territoire que Charles II, duc de Lorraine, gagna la bataille de 1407, sur les ducs d'Orléans et de Bar. — Papeterie et fabrique de carton.

CUSTINES. Village situé près du confluent de la Moselle et de la Meurthe, à 2 l. 3/4 de Nancy. Pop. 750 hab. Il y avait autrefois un fort château, bâti au XIIIe siècle par un évêque de Metz, dont il ne reste aucun vestige.

DIEULOUARD. Bourg situé au pied d'une côte escarpée, sur la rive gauche de la Moselle, à 5 l. 1/4 de Nancy. Pop. 1,335 hab.

Dieulouard est un lieu très-ancien, bâti sur une partie de l'emplacement de l'antique ville de Scarpone, qui, après avoir soutenu deux fois les assauts des Allemands, sous le règne de Valentinien, après avoir résisté à Attila en 451, fut prise et saccagée par les Hongrois en 906. A cette époque Scarpone occupait cinq îles réunies par des ponts. Sur ses ruines le comte Geoffroy fit bâtir un château fort, où la comtesse Mathilde, duchesse de Lorraine, arrêta le roi Lothaire, qui voulait s'emparer du Scarponais. Le fils

CHÂTEAU DE DOMBASLE.

de Godefroy de Bouillon, ayant eu en partage Scarpone et son territoire, le donna en 1101 à l'évêque Haymont et à ses successeurs, qui firent un bourg et un château fort de la partie de la ville de Scarpone qui tenait au rivage, et ils nommèrent ce lieu Dieu-le-wart, c'est-à-dire Dieu-le-garde, d'où par corruption on a formé Dieulouard. Dans la suite Thiébaut II, comte de Bar, vassal de l'évêque de Verdun pour le comté de Mousson, dont dépendait alors le château de Dieulouard, qu'il n'avait point défendu contre les Messins comme il le devait, irrité de ce que l'évêque son suzerain voulait l'en punir, vint ruiner et brûler entièrement Scarpone. Le château de Dieulouard subit également le même sort; d'abord dans une représaille des Messins, qui le reprirent en 1115, après qu'il eut été rétabli; et ensuite en 1122, où Étienne, évêque de Metz, l'assiégea et le réduisit en cendres. Toujours relevé pour l'avantage de son poste et toujours assiégé, le comte de Bar en renversa les murs en 1318, et le reconstruisit de nouveau avec des murs crénelés flanqués de tours casematées. Il subsista ainsi jusqu'au XVIIᵉ siècle, depuis lequel il est tombé en décadence; mais ses restes sont encore en partie debout et habités, tandis que Scarpone est devenu un humble village dépendant de la nouvelle commune de Dieulouard.

On remarque encore à Dieulouard une église du moyen âge avec un portail d'architecture moderne d'ordre corinthien. Une source abondante sort de dessous le château, et une autre s'échappe d'un rocher escarpé pour aller se réunir à la première. Des fouilles faites sur l'emplacement de Scarpone ont procuré des monuments de la plus haute antiquité, des urnes cinéraires, des bas-reliefs, des statues, des instruments de guerre, et une immense quantité de médailles romaines.

Fabrique de fécule de pommes de terre.

DOMBASLE. Village situé sur la rive gauche du Sanon, près de son embouchure dans la Meurthe, à 4 l. 1/2 de Nancy. Pop. 1,150 hab. On y voit les restes du château de la Mothe, dont la construction remonte au XIᵉ siècle; un mur de plus de sept mètres de hauteur existe encore.

ESSEY. Village situé au pied de la montagne de son nom, à 1 l. de Nancy. Pop. 600 hab.

Près d'Essey est un camp romain que les antiquaires ne manquent pas de visiter. L'église paroissiale est un ancien édifice situé sur une éminence d'où l'on jouit d'une vue charmante; elle est accompagnée d'une fontaine et de beaucoup de débris de tuiles romaines.

En quittant Essey pour visiter le camp, on gravit la montagne au sommet de laquelle est un grand plateau en forme de triangle, revêtu de tous côtés de parapets. On y remarque encore des segments de tour, du côté de la porte décumane. Ce camp pouvait contenir facilement deux légions; il ne touchait à la montagne que par l'angle le plus aigu; le parapet dans cette partie est beaucoup plus élevé et accompagné d'une terrasse. Le camp d'Essey est un des plus forts par sa nature: il dominait la plaine de la Meurthe, empêchait l'entrée de la Moselle par cette rivière, et portait son attention même sur la Seille. L'objet des Romains étant de retenir sous le joug les Gaulois qu'ils avaient soumis, et de s'opposer aux incursions des barbares, le camp d'Essey remplissait mieux ce double objet que la situation plane de Nancy, qui dans le système militaire des Romains était défavorable, ce qui paraît être le motif de leur peu de prédilection pour cette ville.

EULMONT. Village situé sur un coteau élevé, à 2 l. 1/4 de Nancy. Pop. 520 hab.

Au pied du coteau sur lequel est situé ce village, coule une source d'eau minérale ferrugineuse froide, qui jouissait autrefois d'une certaine réputation. L'eau de cette source est enfermée dans un bassin en maçonnerie et en pierre de taille, dont la figure est un polygone régulier, de 3 pieds et demi de long sur 2 pieds de large.

L'eau de cette source contient du fer en si grande quantité, qu'elle teint en couleur de rouille les terres et les pierres qui forment le lit du ruisseau dans lequel elle coule.

FLÉVILLE. Village situé à l'extrémité de la plaine du Vermois, à 2 l. 1/4 de Nancy. Pop. 360 hab. On y voit un château dont la construction remonte à 1533.

FOUG. Bourg situé sur le revers d'un coteau planté de vignes, à 8 l. de Nancy. Pop. 1,300 hab.

Au sommet d'une montagne qui se trouve sur le territoire de Foug, Henri II, duc de Bar, fit bâtir, en 1238, un château fort avec les débris du palais de Savonnières, qui appartenait aux rois de France de la deuxième race, où il se tint deux conciles célèbres en 859 et 862. Ce château, où René d'Anjou épousa Isabelle de Lorraine, en 1419, a été démoli en 1634, par ordre de Louis XIII. On y remarque encore un puits de plus de 35 mètres de profondeur, au centre duquel on aperçoit une ouverture qui servait sans doute de communication avec quelques souterrains.

FROUARD. Village situé au pied d'un coteau, sur la rive droite de la Moselle, à 2 l. 1/2 de Nancy. Pop. 840 hab.

Au commencement du XIVe siècle, Frouard était une des plus fortes places du duché de Lorraine. Thiébaut II livra sous ses murs un combat sanglant aux comtes de Bar et à l'évêque de Metz, qui y furent faits prisonniers. On y voit une église bâtie en 1566, ainsi qu'une croix érigée par René II. Sur la hauteur qui domine le village, sont les ruines d'un ancien château fort, construit sur la fin du XIIe siècle par Ferry II.

HAROUÉ. Bourg situé sur la rive droite du Madon, à 7 l. 1/2 de Nancy. Pop. 614 hab. On y remarque un magnifique château construit par Boffrand, qui a conservé aux quatre angles les tours rondes d'un château beaucoup plus ancien.

Patrie du maréchal de Bassompierre, célèbre par son esprit, ses ambassades et sa longue détention à la Bastille; de saint Lambert, auteur du poème des Saisons et de plusieurs ouvrages de littérature estimés.

JARVILLE. Village situé à 1 l. 1/4 de Nancy. Pop. 358 hab.

Jarville est célèbre par la victoire que le duc de Lorraine, René II, remporta en 1477 sur Charles le Téméraire, duc de Bourgogne; dans cette mémorable circonstance, l'armée de Bourgogne ne put soutenir le choc des Lorrains réunis aux Suisses et à la garnison de Nancy. Il fut fait un horrible carnage des Bourguignons, et Charles le Téméraire termina sa carrière dans les marais de l'étang Saint-Jean, près de Nancy. A l'endroit même où son corps, entièrement dépouillé, fut retrouvé le lendemain de la bataille, on a érigé, il y a quelques années, une colonne destinée à rappeler le souvenir d'un événement qui mit fin à une guerre opiniâtre et désastreuse.

De Jarville dépend la **MALGRANGE**, château bâti en 1736, sur le terrain où fut jadis la maison de plaisance des ducs de Lorraine. Stanislas y avait fondé, en 1742, un hospice de capucins aujourd'hui détruit. Depuis quelques années, la Malgrange a été convertie en une maison de santé pour le traitement des aliénés, embellie par de vastes et superbes promenades, par de beaux jardins ornés de jets d'eau et de fontaines, qui en rendent le séjour on ne peut plus agréable.

LANEUVILLE-DEVANT-NANCY. Village situé sur une petite éminence, à 1 l. 3/4 de Nancy. Pop. 750 hab. C'est entre ce village et Saint-Nicolas que Jean Ier, duc de Lorraine, défit en 1364 quarante mille aventuriers bretons. Louis XIII et le cardinal de Richelieu eurent leur quartier général à Laneuville en 1633, pendant le siège de Nancy. On voit encore la maison où le duc Charles IV fut retenu prisonnier.

LAXOU. Village situé à 1 l. de Nancy. Pop. 750 hab.

De Laxou dépend l'hospice départemental de **MARÉVILLE**, affecté au traitement des aliénés des deux sexes, dont le nombre s'élève à environ 600. Un vaste local, un site agreste, un air pur et d'agréables jardins, concourent à rendre cet asile favorable au traitement des malheureux qui y sont enfermés.

LAY-SAINT-CHRISTOPHE. Village situé à 2 l. de Nancy. Pop. 1,025 hab. — Exploitation des carrières de pierres de taille.

LUDRE. Village situé au pied du mont Affrique, à 2 l. 1/2 de Nancy. Pop. 420 hab. On voit sur la montagne les vestiges d'un camp romain, et ceux de l'ancienne cité d'Affrique. M. le marquis de Ludre a fondé et doté récemment à Ludre un magnifique hôpital.

MALGRANGE (la). *Voy.* JARVILLE.

MALZEVILLE. Village situé sur la rive droite de la Meurthe, à 1/2 l. de Nancy. Pop. 1,300 hab. — *Fabriques* de noir d'ivoire et de bleu de Prusse. Filature de coton. Brasserie.

MOUSSON. Village situé sur une montagne élevée qui domine la ville de Pont-à-Mousson, à 8 l. de Nancy. Pop. 250 hab.

LAYE ST CHRISTOPHE.

La côte de Mousson se distingue moins par son élévation, qui n'excède pas 100 mètres au-dessus du cours de la Moselle, que parce qu'elle se détache des coteaux voisins, et qu'elle est couronnée par les ruines d'une ancienne et importante forteresse, célèbre dans l'histoire des duchés de Lorraine et de Bar. De cette côte, on peut apercevoir à l'œil simple la ville et la cathédrale de Metz, éloignées de près de 8 lieues. Quantité de médailles, un autel antique du temps de Titus, et plusieurs autres objets trouvés sur cette montagne, font présumer qu'il y eut un camp romain, et même un temple dédié à Jupiter.

NANCY. Grande, riche et l'une des plus belles villes de France. Chef-lieu du département et de trois cantons. Cour royale d'où ressortissent les départements de la Meurthe, de la Meuse et des Vosges. Tribunaux de première instance et de commerce. Chambre consultative des manufactures. Société centrale d'agriculture. Académie universitaire. Société royale des sciences, lettres et arts. École royale forestière. Collège royal. École secondaire de médecine. Cours de dessin, d'enseignement médical, d'accouchements et de botanique. Évêché. ✉ ☎ Pop. 29,783 hab.

Nancy est une ville ancienne, dont les titres historiques ne remontent pas cependant au delà du XIe siècle. En 1060, Albéric qualifie Gertrude, duchesse de Lorraine, du titre de duchesse de Nancy, mais il est présumable que cette ville existait longtemps auparavant. Dès le XIIIe siècle, Nancy était la capitale du duché de Lorraine; ce n'était toutefois encore qu'une forteresse, au centre de laquelle se trouvait un palais assez vaste. Le duc Ferry III l'agrandit et y fit construire un magnifique palais ou château, où il faisait sa résidence. Vers 1373, le duc Jean en étendit l'enceinte, et Charles II continua les constructions commencées. Lorsque Charles le Téméraire envahit la Lorraine, Nancy était précédé de faubourgs, qui furent rasés à l'approche des Bourguignons; sur leurs ruines on éleva des remparts, où s'immortalisa la noblesse lorraine. Ces fortifications furent considérablement augmentées de 1585 à 1621. La ville neuve fut commencée sous Charles III, mort en 1608, mais presque toutes les constructions de cette époque ont disparu pour faire place aux beaux quartiers et aux magnifiques édifices élevés sous la bienfaisante domination de Stanislas, auquel la ville actuelle doit ses plus beaux monuments; mais les habitants n'oublient pas les avantages et les bienfaits qu'ils doivent aux ducs de Lorraine.

Nancy a souvent été le théâtre de la guerre. Charles le Téméraire s'en empara en 1475; la noblesse de Lorraine l'ayant repris l'année suivante, les habitants eurent à subir un nouveau siége, qui les réduisit à la dernière extrémité. Le duc René II vint à leur secours avec des forces imposantes, au moment où la famine la plus affreuse allait les forcer de se rendre, et prévint les assiégés de son arrivée par un fanal allumé sur les tours du village de Saint-Nicolas. Le duc de Bourgogne était placé au centre de son armée, où est aujourd'hui Bonsecours, sa droite du côté de la Malgrange, et sa gauche appuyée sur la rivière de la Meurthe. L'avant-garde de René, composée de 7,000 hommes d'infanterie et de 2,000 chevaux, s'avança derrière le bois de Jarville, et prit les ennemis en flanc, en même temps qu'un second corps, de Suisses et d'Allemands, disposé comme le premier, attaquait l'aile gauche. René fut conjuré par ses capitaines de ne point exposer sa tête, si chère à la Lorraine : « J'étais disposé », leur dit-il, « à suivre vos conseils, mais je n'attendais pas celui-là » ; et il commença la marche : l'armée bourguignonne ne put résister au choc impétueux des Lorrains, des Suisses et de la garnison de Nancy qui prit part à l'action; les Bourguignons épouvantés fuirent, et le carnage fut horrible. Charles le Téméraire fondit à plusieurs reprises et en désespéré au plus fort de l'action, où il fit des prodiges de valeur; mais, entraîné par les fuyards, il termina sa carrière dans les marais de l'étang de Saint-Jean. Les bourgeois reçurent René avec des marques de joie inexprimables. Ils avaient dressé sur son passage un tas d'ossements des animaux qu'ils avaient dévorés pendant le siége. Les Français s'emparèrent de Nancy et l'occupèrent pendant vingt-huit ans, depuis 1633 jusqu'au traité de Vincennes de 1661, qui stipulait la destruction des fortifications, ce qui fut en partie exécuté. Louis XIV ayant fait reprendre cette ville par Tourville, en 1670, fit relever les murailles de Nancy, qui furent de nouveau détruites en vertu du traité de Riswick, à l'exception de la citadelle et des portes de la ville neuve.

Cette ville est dans une situation charmante, sur la rive gauche de la Meurthe, à l'extrémité d'un bassin fermé à l'ouest, au nord et au sud par des coteaux très-élevés, et totalement découvert du côté du levant; des vignes tapissent les collines; un grand nombre de belles maisons de campagne sont disséminées aux alentours, et embellissent ce bassin, où l'œil s'arrête avec complaisance. De quelque côté qu'on y arrive, l'œil est agréablement surpris du paysage qu'il embrasse : par la route de Metz, on traverse une suite de jardins bien cultivés, on suit la riante vallée de la Meurthe, on aperçoit sur les collines des habitations charmantes, et l'on découvre Nancy avec ses édifices, avec ses longs faubourgs qui décorent d'une manière pittoresque les collines qui entourent une partie de la ville. Si on vient par la route de Lunéville, à peine a-t-on quitté Saint-Nicolas, qu'on aperçoit la chartreuse de Bosserville; à gauche sont les magnifiques charmilles de Montaigu; en face est le faubourg Saint-Pierre, long vestibule qui donne une belle idée de l'ensemble des habitations, dont il n'est que le prolongement. Les routes des Vosges, de la Bourgogne, et de Paris par Toul, ne sont pas moins agréables dès qu'on arrive à une demi-lieue de Nancy. Jamais un voyageur n'oubliera le tableau qui s'est déroulé devant lui en arrivant des hauteurs situées à l'ouest de la ville : à droite, à deux lieues de distance, Saint-Nicolas du Port avec son église antique; à gauche, Champigneulés et Bouxières; en face, la montagne Sainte-Geneviève, couverte d'arbres fruitiers, et, au pied des collines sur lesquelles l'œil se promène, la grande, la superbe ville de Nancy, avec sa vaste enceinte, ses cours, ses promenades, ses jardins, dont la verdure relève l'aspect sombre des monuments.

Nancy se divise en ville vieille et en ville neuve. La ville vieille, à l'exception de la place Carrière, de la place de Grève et du cours d'Orléans, qui est le prolongement de cette dernière place, est bâtie irrégulièrement. Ses rues ne sont point tirées au cordeau et quelques-unes sont fort étroites; elle renferme cependant de très-beaux hôtels. C'est dans la ville vieille que se trouvent les restes de l'ancien palais des ducs de Lorraine, édifice qui sert aujourd'hui de caserne à la gendarmerie. La principale porte d'entrée de ce palais est d'une construction que les connaisseurs admirent. On remarque encore dans cette partie de la ville :

La place Saint-Épore. Cette place irrégulière, jadis garnie d'arcades dans tout son pourtour, fut construite pour des halles et un marché. Elle avait déjà cette destination en 1495, lorsque René II remplaça une île entière de maisons par une fontaine placée au centre, et environnée alors d'un large bord hexagone de pierre de taille avec un grillage : elle était surmontée de la statue ducale. Stanislas fit réparer la fontaine et respecta l'effigie de René II, renversée par les Marseillais à la révolution de 1789, elle fut reposée sous la restauration. C'est une petite statue équestre en plomb d'un dessin fort naïf. Le piédestal, de belle rocaille, a la forme d'une pyramide tronquée. Les têtes en bronze, d'où l'eau s'échappe, sont anciennes et sortent de la main d'un artiste habile.

La place des Dames qui forme un rectangle orné de vastes hôtels. L'hôtel de Custine, élevé en 1713 par le célèbre Boffrand, occupe l'un des côtés de la place; vis-à-vis sont les hôtels de Croismar ou Saffre de Haussonville, et l'hôtel des Salles; à l'occident l'hôtel de Bassompierre; à l'orient la maison du Change, devenue depuis hôtel de Phalsbourg.

L'église Saint-Épore. L'église actuelle de Saint-Épore n'est pas la première qui ait porté ce nom, car elle n'a pas été achevée avant 1541, comme on peut s'en convaincre par une inscription gravée en lettres gothiques sous la croisée de la chapelle Saint-Joseph.

La tour de Saint-Épore, de forme carrée, était la plus élevée de toute la ville quand les Bourguignons assiégeaient Nancy. Sa croisée occidentale, qui a vue sur la commanderie de Saint-Jean, où était le quartier du duc de Bourgogne, présentait encore dans le dernier siècle les crochets auxquels avaient été pendus les principaux officiers bourguignons prisonniers, en représaille de la mort de Suffron de Bachier, conseiller maître d'hôtel de René II, que Charles le Téméraire fit accrocher au gibet contre la foi des traités.

Le portail de Saint-Épore, placé au-dessous de la tour, a beaucoup de rapport avec celui de Sainte-Ségolène de Metz; le grand autel n'offre rien de remarquable, mais derrière lui on admire une cène exécutée vers 1582 par Drouin, célèbre sculpteur nancéien. Les chapelles dites de la

NANCY.

Conception, de Saint-Nicolas, du Saint-Sacrement, de Saint-Joseph et de Notre-Dame de Pitié offrent encore des choses curieuses. Dans la première est une peinture à fresque, de quinze pieds de haut sur douze de large, exécutée par Léonard de Vinci, au commencement du règne d'Antoine de Lorraine, et représentant six sujets différents, groupés de manière à former un morceau d'ensemble; malheureusement, pour la restaurer, des artistes mal habiles l'ont recouverte d'un vernis à l'huile qui la dépare. L'encadrement ogival faisant le pendant avec celui où cette fresque est dessinée, contient un grand tableau d'une bonne école. La Vierge de la même chapelle est de belle rocaille. En descendant du même côté, on aperçoit un bas-relief gothique d'une exécution très-naïve, représentant le Christ levé du tombeau par sa mère, et plusieurs peintures estimées, entre autres une Vierge placée vis-à-vis la porte d'entrée latérale. Dans l'autre collatéral, on remarque une Vierge, un Christ portant sa croix, une Sainte-Anne avec la Vierge, un Ecce homo, etc. Les statues placées au fond du collatéral à droite, dans la chapelle de Châtenoy, exécutées sans goût, sont d'un gothique allemand très-lourd.

Église des Cordeliers. Cet édifice, commencé en 1477 par Henri II, duc de Lorraine, fut achevé vers l'an 1484, et forme un angle droit avec l'ancien palais ducal. Il n'offre qu'une seule nef voûtée d'environ deux cent cinquante pieds de largeur, y compris le chœur, sur trente pieds de large. Elle est terminée par seize fenêtres, de grandeur inégale en ogive. Des vitraux armoriés au blason de René II ornaient autrefois ces fenêtres ainsi que la rose du portail. Le tombeau le plus remarquable qu'offrait et que renferme encore la nef des Cordeliers, est placé à droite de l'avant-chœur, et a été élevé à René par sa veuve vers l'an 1515. C'est un monument très-curieux de la renaissance, et qui mérite d'être étudié dans ses détails. Au-dessus de la voûte, le Père éternel semble planer sur les saints personnages rangés immédiatement au-dessous sur une corniche, et enfoncés dans de petites niches très-élégantes. Sous la figure de Dieu on lit la devise : *Fecit potentiam in brachio suo*. Ces statues coloriées représentent la Vierge, l'archange Gabriel, saint Georges, saint Nicolas, saint Jérôme et saint François, patron des cordeliers. Plus bas, des anges soutiennent les nombreux écussons qui composent les diverses parties du blason des ducs de Lorraine. Leurs armes pleines sont réunies ensuite sur un bouclier surmonté d'un cimier de bronze, au haut duquel est un aigle aux ailes déployés. Les pilastres, les corniches et le reste du tombeau sont peints en azur et en vermillon, d'où se détachent des arabesques d'or en demi-relief. Leur variété, leur dessin, leur fini sont extrêmement précieux; mais, par un reste de mauvais goût, ces ornements renferment le profil de René assez peu ressemblant.

A côté du tombeau de René II, on voit celui du cardinal de Vaudémont, Charles de Lorraine, fils du prince Nicolas et d'Anne de Savoie-Nemours, mort à Toul, dont il était évêque, le 30 octobre 1587. Cet ouvrage en marbre blanc, dû à l'habile ciseau de Nicolas Drouin, représente le prince de grandeur naturelle, et à genoux devant un prie-Dieu. Ses traits respirent la majesté et le recueillement. La statue a été replacée sous un vaste portique formé par deux colonnes en marbre noir, et par un fronton sur lequel on lit :

CAROLUS LOTHARINGIUS,
CARDINALIS VAUDEMONTIUS.

Cinq tombeaux, rangés sous des arcades en cintre surbaissé, décorent aujourd'hui cette église. Le premier qui se présente à gauche, dans l'enfoncement d'une chapelle, est celui du célèbre Callot, exécuté par Lépi. Ce tombeau, en forme d'autel, surmonté d'une pyramide, n'est pas artistement fait; cependant, le portrait du grand homme en médaillon laisse peu de chose à désirer : sa ressemblance est parfaite. Le second tombeau, à sarcophage moderne, est celui d'Antoine de Vaudémont, mort en 1447, et de Marie d'Harcourt, son épouse. Des religieux et des anges ailés, dans une attitude vraie et naïve, décorent le piédestal du mausolée. Le troisième, du même côté, offre une partie du mausolée de la duchesse Philippe de Gueldres, transporté de Pont-à-Mousson, où elle avait été ensevelie. Elle est représentée étendue sur son lit de mort, et en costume de religieuse clairiste. La statue est en pierre de couleur d'ardoise, à l'exception de la tête et des mains, qui sont en pierre blanche. Une religieuse clairiste, de très-petite proportion, tient une couronne aux pieds de la reine de Sicile. Cet ouvrage, chef-d'œuvre de Ligier-Richier, est assurément le plus beau monument de sculpture qui soit à Nancy. A droite et en face de ces monuments se trouvent deux autres chapelles. La première renferme le sarcophage de Henri, comte de Vaudémont, mort à Vaudémont en 1375, et d'Isabelle de Lorraine, son épouse. La seconde chapelle renferme le tombeau d'un guerrier armé, ayant la tête appuyée sur un coussin ; une large épée pend à sa ceinture, et ses gantelets y sont attachés. Sa tête, qui offre une physionomie remarquable, annonce environ cinquante ans. On lit autour du sarcophage, en caractères gothiques du XIIIe au XIVe siècle : « Haut et puissant seigneur, monseigneur Théobald de Nvee ». Le reste a disparu. Ce tombeau vient de la collégiale de Joinville, mais on ignore d'une manière positive à quel prince il appartient. On croit néanmoins qu'il est du duc Thiébault, mort en 1203.

Chapelle Ducale. En face du tombeau du cardinal de Vaudémont, et à gauche de l'église des Cordeliers, s'ouvre un portique formé de deux superbes colonnes de marbre noir (données jadis par Marie-Thérèse), et de deux pilastres d'ordre ionique, couronnés d'un fronton dont le tympan est décoré d'un écusson aux armes pleines de Lorraine, supporté par des aigles, et qu'environnent les attributs de la souveraineté. Les piédestaux, les bases, les chapiteaux et tout l'entablement sont blancs, à l'exception de la frise qui est en marbre noir, décorée de croix rayonnantes, d'alérions blancs et d'une inscription en lettres d'or. Un espace très-étroit sépare la nef des Cordeliers de la chapelle Ducale, et renferme un sarcophage en forme de coffre, dont le couvercle est décoré de fleurs et d'écailles, au-dessus duquel se trouvent placées debout, dans le mur, la statue de Gérard Ier d'Alsace, comte de Vaudémont, et celle de la princesse Hadwige de Dasbourg, son épouse. Ce tombeau, dont l'expression de tendresse naïve est délicieuse, est un des ouvrages du XIIe siècle les plus dignes d'être vus. Une large porte grillée, en fer doré, surmontée des armes pleines d'Autriche et de Lorraine, avec des étendards, des haches d'armes et des épées, formant un trophée orné de la couronne impériale, donne entrée dans la chapelle Ducale, aussi nommée chapelle Ronde ou Rotonde.

Cet édifice, dont on peut lire la description exacte dans plusieurs ouvrages, tel qu'il était avant sa destruction, est un octogone régulier d'environ trente pieds de diamètre, avec cinq fenêtres garnies de vitraux violets, entourés de fleurs de lis et de croix de Lorraine. Seize colonnes de marbre noir, d'ordre composite, avec des chapiteaux blancs, la décorent ; et dans le vide qu'elles laissent entre elles sont rangés sept tombeaux de marbre noir, surmontés d'une couronne, d'un sceptre et d'une main de justice en or, posés sur un coussin de même métal. Le nu des murs, au-dessus des sarcophages, est décoré de bas-reliefs disposés en rosaces, figurant des croix rayonnantes, des alérions, etc. A la jonction des pans, dans les entre-colonnements, on voit des génies portant les armes et les attributs de la souveraineté. Au-dessus de la corniche sont placés des trophées militaires et seize médaillons représentant la suite des ducs de Lorraine. Une coupole élégante et de bon goût, décorée de rosaces, d'emblèmes et d'ornements religieux sculptés, couronne la chapelle Ducale. Une lanterne, percée à jour, domine cette coupole. Le pavé de la rotonde forme un damier composé de carreaux en marbre noir et de pierres blanches. Enfin, au milieu s'élève un riche autel en marbre blanc, dont le devant, exécuté par le messin Chassel, offre en relief l'image du Sauveur au tombeau.

Au commencement de la première révolution, les restes des ducs de Lorraine qui étaient dans des cercueils de plomb déposés dans le caveau de la chapelle, furent exhumés et transportés dans un des cimetières de la ville. La chapelle fut dégradée et les tombeaux enlevés ou détruits. Lorsque l'empereur d'Autriche vint en France en 1815, il voulut visiter cette chapelle : elle était en si mauvais état et tellement encombrée de toutes sortes d'objets, qu'il ne put y pénétrer qu'au moyen d'une échelle et en passant par une des fenêtres. Louis XVIII l'a fait réparer, et les restes des ducs de Lorraine, qui ont été retrouvés dans le cimetière où ils avaient été transportés, ont été rapportés dans la chapelle en grande cérémonie. M. le marquis de Foresta, préfet de la Meurthe, était le commissaire délégué par le roi pour représenter la maison de France, et M. le baron de Vincent, ancien ambassadeur d'Autriche, était délégué par l'empereur pour représenter la maison d'Autriche et de Lorraine. Il existe encore une fondation servie par l'empereur d'Autriche, pour faire célébrer un service anniversaire en mémoire des anciens ducs de Lorraine, et payer un chapelain chargé de célébrer tous les jours l'office divin dans l'église des Cordeliers.

C'est à la ville vieille que se trouve l'ancienne citadelle de Nancy. Du côté de la campagne, elle est encore entourée de fossés et de quelques restes de fortifications non entretenues.

La place de Grève, le cours d'Orléans et la place Carrière sont aussi à la ville vieille.

La place de Grève forme un carré d'une grande étendue. Sur deux de ses côtés les maisons sont bâties sur un plan régulier et uniforme ; le troisième côté, quoique fort avancé, n'est point encore entièrement bâti. Au milieu de cette place s'élève un château d'eau, dont la gerbe sortant d'un tuyau de sept à huit pouces de diamètre, s'élève, dans la saison des pluies, à près de dix pieds de hauteur. Les eaux de ce monument se distribuent, par des tuyaux de conduite, dans les différents quartiers de la ville.

Le cours d'Orléans fait suite à la place de Grève, dont il est le prolongement. C'est un parallélogramme rectangle, beaucoup plus grand que la place de Grève, et formé de maisons construites avec goût. Le cours d'Orléans, qui est planté d'arbres, est une promenade délicieuse et très-fréquentée, tant à cause de sa situation dans la partie la plus élevée de la ville, que parce qu'on y jouit d'une vue agréable sur la campagne. Cette promenade est terminée par un bel arc de triomphe, appelé la Porte Neuve, et qui sert d'entrée à la ville en venant de Metz. Cette porte, d'ordre ionique, fut construite en 1785, pour célébrer la naissance du dauphin, les victoires de la France et son alliance avec les États-Unis. Elle est ornée de bas-reliefs parfaitement exécutés ; l'un représente l'hommage des Français à Louis XVI, en reconnaissance de la liberté des mers qu'il leur a procurée ; l'autre, l'alliance de la France avec les États-Unis.

La place Carrière est également un parallélogramme rectangle. Les deux côtés de cette place sont bâtis régulièrement et sur un plan uniforme ; les maisons sont toutes à la même hauteur. Elles sont terminées de chaque côté, aux deux angles septentrionaux, par deux pavillons uniformes bâtis en pierre de taille, avec des pilastres, colonnes, statues et autres ornements. Ils ont chacun un portique surmonté d'un balcon.

Aux deux angles méridionaux sont deux palais, affectés, l'un à la cour royale, l'autre au tribunal de commerce. Au nord, la place Carrière est fermée par l'ancien hôtel du gouvernement, aujourd'hui hôtel de la préfecture. C'est un édifice d'un goût moderne, un véritable palais, de la plus grande beauté. Il est réuni de part et d'autre aux deux pavillons dont il a été parlé précédemment, par un vaste fer à cheval, construit en pierre de taille, élevé de 25 à 30 pieds et surmonté d'une galerie. Il est orné de pilastres, colonnes, statues, bustes, termes et vases. Un portique en colonnes surmonté d'un large balcon forme l'entrée de cet hôtel. — En face, à l'autre extrémité de la place Carrière, est un magnifique arc de triomphe qui sépare cette place de la place Royale ou Stanislas.

La ville neuve se distingue par la beauté de ses rues, qui sont toutes fort larges, coupées à angles droits et tirées au cordeau ; par la beauté et l'élégante construction des maisons des simples particuliers ; par la grandeur et la régularité de ses places et des édifices publics qui la décorent. On peut dire que la ville neuve de Nancy est, sinon la plus belle, du moins des plus belles villes de l'Europe. En la voyant pour la première fois, les étrangers sont saisis d'admiration.

La place Royale, ou Stanislas, est magnifique. C'est un carré formé, 1° d'un édifice de 74 mètres de longueur et d'une noble architecture, servant d'hôtel de ville. Il occupe tout un côté de la place. 2° Deux des autres côtés sont formés par quatre palais réguliers, de même hauteur, et construits sur le même dessin, le même plan que l'hôtel de ville. L'un de ces palais est la demeure de l'évêque, le second renferme la salle de la comédie, les deux autres appartiennent à des particuliers. Le quatrième côté est formé d'un corps de bâtiment à un étage construit également d'une manière uniforme et sur les mêmes plans et dessins que les autres édifices de la place. Ces bâtiments font retour sur une rue par laquelle on communique de la place Royale à la place Carrière, en passant sous l'arc de triomphe qui fait face à l'hôtel de ville.

Stanislas avait érigé à Louis XV, son gendre, une statue qui occupait le centre de la place Royale et qui a été détruite au commencement de notre première révolution. Elle a été remplacée par la statue en bronze de Stanislas lui-même, roi de Pologne et duc de Lorraine, surnommé le Bienfaisant. Cette statue a été érigée au moyen de souscriptions ouvertes dans les départements composant l'ancienne Lorraine et les trois Évêchés (la Meurthe, la Moselle, la Meuse et les Vosges). C'est en 1823, sous l'administration préfectorale de M. le vicomte Alban de Villeneuve qui la encouragé de toute son influence, que le projet de cette statue a été conçu. Elle a été inaugurée au mois de novembre 1831, M. Lucien Arnault étant préfet du département, et M. Tardieu maire de Nancy. Elle est l'œuvre de M. Jacquot, né à Nancy et élève du gouvernement à l'école de Rome.

La jonction de la place Royale à la place Carrière, au moyen du bel arc de triomphe dont nous avons parlé précédemment, forme un des plus beaux coups d'œil qu'on puisse voir. Ce qui augmente encore la beauté de la place Royale, ce sont les grilles en fer ou portiques placées à deux de ses angles; celles qui se trouvent entre les quatre beaux palais qui forment deux côtés de cette place, et les belles fontaines ornées de statues en plomb bronzé qui se voient aux deux autres angles. — Les statues de l'une de ces fontaines représentent Neptune sur son char tiré par des chevaux marins, accompagné d'un fleuve, d'une naïade et d'un dragon. — Les statues de l'autre représentent Amphitrite avec un accompagnement relatif. Elles produisent un très-bel effet et sont toutes de grandeur naturelle.

De la place Royale, en passant près de l'une des fontaines, on entre immédiatement sur une promenade magnifique, appelée la Pépinière. Son étendue est de cent arpents clos de murs. Elle forme un carré immense couvert de plantations coupées par de grandes et larges allées tirées au cordeau.

C'est à Stanislas que l'on doit la construction des beaux édifices qui entourent la place Royale: ils ont été commencés en 1751; c'est lui qui a fait élever l'arc de triomphe par lequel on communique de cette place à la place Carrière; c'est lui qui a fait bâtir toutes les façades de la place Carrière, les pavillons et palais qui en font l'ornement; c'est à lui enfin que Nancy doit une grande partie de ses beautés.

La place d'Alliance, qui doit son nom au traité passé le 1er mai 1756, entre Louis XV et Marie-Thérèse, sans avoir la même richesse et autant d'étendue que la place Royale est néanmoins très-belle; ses faces à deux étages présentent seize à dix-sept croisées uniformes. Un double rang de tilleuls protégés par des landes, y font une promenade solitaire des plus agréables. Dans le milieu est un vaste bassin hexagone de pierre de taille revêtue de plomb, du fond duquel s'élève un rocher portant trois fleuves sous la figure de vieillards qui s'appuient sur des urnes d'où l'eau s'échappe en abondance. Ils supportent un grand plateau triangulaire, servant de base à un obélisque en marbre de même forme, orné de trophées d'armes sur les trois faces; et, à son point de départ, de trois cornes d'abondance qui aboutissent chacune au bord du plateau, sur une des faces de l'obélisque. Ces faces présentent, l'une deux mains unies, dont les manches sont décorées des écus de France et d'Autriche, avec cette légende en bas: *Publicam spondent salutem;* la seconde, deux mains liant un faisceau de flèches, et pour devise: *Optato vincta discordia nexu;* la troisième, un écu semé de fleurs de lis et de croix de Lorraine, avec ces mots: *Prisca recensque fides votum conspirat in unum.*

La Cathédrale est un édifice de construction moderne. Le portail de cette église est formé d'un avant-corps, de deux arrière-corps et de deux tours formant une façade large de cent cinquante pieds. Deux ordres la décorent: le corinthien dans le soubassement, le composite au-dessus. L'avant-corps, où se trouve la porte principale qui est cintrée, a l'archivolte et les impostes ornés de moulures. Surmonté de deux anges prosternés devant une croix placée au milieu, il se compose de colonnes accouplées et de pilastres en arrière, avec un entablement qui règne le long de la façade. Son pourtour et les arrière-corps sont également décorés de pilastres du même ordre. Une porte, surmontée d'un cadre rempli de trophées, occupe la partie médiane des arrière-corps. L'ordre composite, placé sur ce soubassement, règne dans toute l'étendue de la façade, et présente, en avant, des colonnes accouplées de chaque côté d'un vitrail orné d'une balustrade. Les arrière-corps, à pilastres, contiennent une niche cintrée avec imposte. Les tours, décorées de pilastres, ont un vitrail en plein cintre, balustrade au pied et agrafe sur la clef. Au-

Rauch del. d'après Thorelle.   Devilliers j.^e sc

EGLISE S.^T EVRE
de l'ancien Nancy.

PORTE ST GEORGES A NANCY.

dessus de ces deux ordres et au centre, on a placé un attique renfermant, entre des colonnes accouplées d'ordre composite et entablement, un vitrail coupé dans le milieu, supportant un fronton où étaient les armes pleines de Lorraine, avec la couronne royale, les deux aigles pour supports, la croix de Lorraine pendant à leur cou. Le cintre de l'attique est orné d'une croix; des vases surmontent les colonnes, et un cadran occupe le centre du vitrail. Les tours, décorées comme l'attique d'un second ordre composite avec pilastres, ayant des quatre côtés un vitrail en plein cintre, sont surmontées d'un troisième ordre composite en pilastres, formant une tour ronde ouverte de toutes parts, au-dessus de laquelle s'élève un dôme couvert en pierre de taille avec une galerie à balustrade en pierre. L'entablement est orné de pots à feu au-dessus de tous les pilastres; le dôme se termine par une lanterne en pierre de taille, ouverte de toutes parts, décorée de pilastres et d'un balcon en fer surmonté d'une flèche à girouette. L'ensemble a 240 pieds d'élévation. L'intérieur de l'église, bien exécuté, paraît généralement trop massif. La nef et les collatéraux sont bien proportionnés; ils ont 50 pieds de longueur; la nef en présente 42 en largeur et les collatéraux 25. La dernière partie de la nef, près du sanctuaire, a un dôme en pierre de taille, de 48 pieds de diamètre, peint par Claude Jacquart; il représente un ciel ouvert. Le sanctuaire est séparé de la nef par un grillage de fer à hauteur d'appui, et il est entièrement pavé de grands carreaux en marbre noir et blanc. L'autel, d'une vaste étendue, mais proportionné au local, se compose d'un assemblage de marbres bien choisis. Le sanctuaire est orné d'une boiserie d'environ douze pieds de hauteur, jusques et y comprises les chapelles latérales; elle est peinte en jaune gris, avec encadrement et vingt-deux médaillons en relief d'une exécution assez bonne. Deux rangs de stalles y sont accolés. Au milieu d'elles s'élève celle de l'évêque, autrefois du primat, tapissée en velours cramoisi, aux armes du dignitaire, avec un dais de même étoffe. Elle est surmontée d'une niche éclairée par le haut, où l'on a placé une statue de la Vierge tenant l'enfant Jésus, ouvrage d'un bon artiste. Les voûtes de l'église sont en lunettes, ayant des arcs doubleaux ornés de roses encadrées, soutenues par des massifs en pierre de taille, décorés de pilastres d'ordre corinthien, terminés par des galeries qui règnent autour de l'église. Les collatéraux sont également ornés de pilastres, entre lesquels se trouvent de chaque côté trois chapelles rentrantes.

PORTE SAINT-JEAN. — Cette porte, bâtie en briques sous le règne de Henri le Bon, possède une face extérieure d'ordre dorique, à quatre pilastres, sculptés par Israel Sylvestre, et représentant le tronc de quatre personnages symboliques dont les membres sont coupés par une ligature. Cette idée originale donne un singulier aspect aux pilastres, que surmonte une corniche et que séparent quatre croisées. Au-dessus et autour d'elle se trouvaient des chambres pour les soldats mariés.

La porte Saint-Jean conduit par un chemin fort agréable à la croix du duc de Bourgogne, élevée au-dessus de l'étang où il fut trouvé mort. La croix à double croisillon qui domine cette partie de la banlieue, n'est plus celle qui fut construite au XVe siècle. On n'en a conservé que le style de l'inscription ainsi conçue :

> En l'an de l'Incarnation
> Mil quatre cent septente-six,
> Veille de l'apparation,
> Fut le duc de Bourgogne occis,
> Et en bataille ici transis,
> Où croix fut mise pour mémoire,
> Réné duc de Lorraine mercy
> Rendant à Dieu pour la victoire.

Tombée en 1610, la croix fut relevée par Élisée d'Haraucourt qui y ajouta ces vers :

> Et tomba en mil six cents et dix.
> De Haraucourt, gouverneur de Nancy,
> Seigneur d'Acraigne, Dulem et Murevaul,
> En août m'a fait refaire de nouveau.

PORTE STANISLAS. La porte Stanislas est d'ordre dorique; du côté de la ville, quatre colonnes supportent une corniche sur laquelle s'élèvent quatre statues assises, ayant à la main divers attributs artistiques. Au-dessus des petites portes latérales sont des bas-reliefs qui représentent Apollon et Minerve. En dehors, deux trophées d'armes en relief décorent le dessus des petites portes; deux autres, sur la corniche, représentent un chevalier assis et un gladiateur. Des bustes de guerriers font saillie en avant. Le faubourg qu'elle précède, bâti au cordeau sur une colline, présente le plus riche aspect; il est environné de campagnes charmantes; mais à mesure qu'on s'éloigne de Nancy pour aller à Toul, la route devient triste, uniforme, bordée de ravins immenses.

Porte Notre-Dame. — La porte Notre-Dame est formée de deux tours qui auraient un caractère plus imposant si une plateforme gothique était substituée aux clochers qui les surmontent. La base des tours est en briques. Réparées en 1747, comme l'indique une date placée sous le cadran, on construisit entre elles deux pilastres doriques, avec fronton triangulaire, d'une simplicité lourde et d'une mauvaise exécution. Ce fronton est surmonté d'une dentelure gothique semblable à celle qu'on voit à Metz à la porte des allemands. A l'entrée de la voûte se trouvent un cintre surbaissé et deux arcs ogivaux, traces de deux portes d'un âge différent. La voûte, construite en briques, est très-large, et resserrée, du côté de la citadelle, par deux ouvertures cintrées, entre lesquelles on trouve à gauche un escalier qui conduit aux deux tours, devenues prison militaire. Cette porte, la plus ancienne de la ville, était anciennement appelée porte de Garaffa.

Porte Sainte-Catherine. — Cette porte forme un arc de triomphe de trois portiques, composés de colonnes d'ordre dorique, avec leurs chapiteaux et entablements, surmontés d'un attique orné de trophées d'armes et de bas-reliefs.

On remarque encore à Nancy :

L'hôtel de l'université dans lequel est placée la bibliothèque de la ville. Cet hôtel, bâti par Louis XV pour les facultés de médecine, de droit et de théologie, a été commencé en 1770 et terminé en 1778; le collége royal, vaste et bel édifice, situé dans la partie la plus élevée de la ville. La caserne d'infanterie, bâtiment immense et régulier; le quartier de cavalerie; les portes Sainte-Catherine et Stanislas; un superbe séminaire; un vaste hôpital militaire; quatre hopitaux civils, dont l'un dit la Maison de secours, et un autre dont les enfants trouvés sont au compte du département; de belles églises; des bains magnifiques.

La ville possède aussi un très-beau jardin botanique fondé par Stanislas, en 1758.

A l'extrémité du faubourg St.-Pierre est l'église dite de Bon Secours, qui a été construite à l'occasion de la victoire remportée par le duc René II, sur Charles le Hardi, dernier duc de Bourgogne, le 5 janvier 1476.

Stanislas, à son avénement au duché de Lorraine, ayant trouvé la chapelle de Bon Secours tombant en ruine, résolut de la faire reconstruire sur un plan dont la magnificence répondrait à sa dévotion; de l'enrichir par ses bienfaits et de la destiner à sa sépulture et à celle de la reine, son épouse. Il en posa lui-même la première pierre en présence des évêques de Toul et de Chartres, le 14 août 1738. On vit alors s'élever cette belle église, telle qu'elle est encore aujourd'hui, ornée de peintures, de sculptures et de dorures. C'est dans le chœur que sont placés les tombeaux en marbre blanc, du roi et de la reine de Pologne. Celui de la reine, qui est du côté de l'évangile, est d'une grande beauté; il a 30 pieds d'élévation. Celui du roi est du côté de l'épître. Le premier est dû au ciseau de Nicolas Sébastien Adam, né à Nancy; le second a été commencé par Vassé, élève de Bouchardon, et achevé par Félix Lecomte, élève de Vassé. On conserve, dans l'église de Bon Secours, des étendards pris sur les Turcs par Charles V, Charles François de Lorraine et Charles VI, en 1664, 1687 et 1716.

La maison mère des sœurs hospitalières de Saint-Charles est à Nancy. C'est là où est le noviciat. Les sœurs de Saint-Charles se consacrent au soulagement des pauvres malades. Elles ont des maisons hospitalières dans plus de vingt départements. Elles en ont même en Allemagne, et, malgré le grand nombre de jeunes personnes qui se vouent à cette œuvre de charité, elles ne peuvent suffire à toutes les demandes de sujets qui leur sont faites de toutes parts.

Enfin, il existe à Nancy, pour les départements de la Meurthe, de la Moselle, de la Meuse, des Ardennes et des Vosges, un institut pour les sourds-muets. Les conseils généraux de ces départements y ont fondé des bourses pour les indigents.

Nancy possède une source d'eau minérale ferrugineuse acidule froide, qui jaillit auprès de l'angle d'un cavalier du bastion de Saint-Thibaut, dont elle a emprunté le nom. L'eau s'écoule depuis sa source par un canal en pierre de taille voûté, de la hauteur de 3 à 4 pieds, qui vient aboutir en partie à la fontaine placée au bas de l'hôtel de la gendarmerie, et en partie au

CHÂTEAU DE NOMÉNY.

PORTE DE LA CITADELLE A NANCY.

bas du ruisseau du moulin. M. Mathieu de Dombasle, qui en a fait l'analyse, a trouvé que cette eau contenait du carbonate et du sulfate de chaux, du muriate de soude et du carbonate de fer. Cette eau est claire, limpide, fraîche et légère; sa saveur est aigrelette, astringente et ferrugineuse. Quelques médecins du pays la recommandent dans les hydropisies de poitrine et dans plusieurs autres maladies; néanmoins elle est peu employée comme médicament; les habitants s'en servent pour tous les usages domestiques.

BIOGRAPHIE. Nancy est le lieu de naissance d'un grand nombre d'hommes célèbres, parmi lesquels nous citerons : les historiens Maimbourg et Bouvier, dit Lionnais ; les généraux Drouot, Grandjean, Hugo, Liébault, Christophe; les littérateurs Mollevaut, Palisot, Chompré, Coster, Ladoucette; le pamphlétaire Chevrier; le critique Hoffmann; les peintres Isabey, Mansion, Bellangé, Grandville; les graveurs Callot, Sylvestre; l'agronome Mathieu de Dombasle, etc. etc. Les femmes sont représentées par mesdames de Graffigny, Élisa Voïart, Vannoz, Rose de Mitry, Walmonzey, etc., etc.

INDUSTRIE. Fabriques de broderies en tout genre, de draps, étoffes de laine, bonneterie, dentelles, papiers peints, huile, liqueurs, boules d'acier, produits chimiques, etc; nombreuses filatures de coton, teintureries, tanneries et corroieries.

COMMERCE de grains, vins, eau-de-vie, cuirs, laine, etc., etc.

A 14 l. de Metz, 37 l. de Strasbourg, 84 l. 1/2 de Paris. — *Hôtels* du Commerce, de l'Europe, des Halles, du Petit Paris, de la Providence, du Grand Tigre.

NICOLAS-DU-PORT (SAINT-). Petite ville située sur la Meurthe, à 3 l. 1/4 de Nancy. ✉ Pop. 3,043 hab.

Cette ville, dont le nom primitif était Port, était en 970 un simple prieuré, qui, vers 1087, devint le chef-lieu d'un archidiaconé du diocèse de Toul. Elle dut son accroissement à l'affluence considérable de pèlerins qu'y attirèrent quelques reliques de saint Nicolas, évêque de Myrrhe, apportées dans le XIe siècle par un gentilhomme lorrain : au jubilé de 1602, on y compta deux cent mille personnes. Sa position sur la Meurthe rendit bientôt cette ville très-commerçante; on peut en juger par l'établissement qu'y fit le duc Charles III d'une justice consulaire, et de deux foires franches, qui en faisaient le centre du commerce d'une partie de l'Europe. En 1439, cette ville fut pillée par Alexandre, fils naturel de Jean Ier, duc de Bourbon. En 1552, Albert, duc de Brandebourg, battit et fit prisonnier sous ses murs le duc d'Aumale. Les Suédois, auxiliaires de Louis XIII, l'incendièrent en 1633; le commerce se dirigea sur d'autres points, et cette ville ne put se rétablir.

On admire à Saint-Nicolas une magnifique église de construction gothique, commencée en 1494 et achevée en 1544. Sa longueur est de 84 mètres, sa largeur de 37, son élévation du sol aux voûtes de la nef de 31 mètres, et du sol à l'extrémité de la tour nord, non compris la flèche, de 84 mètres. Cette basilique est principalement remarquable par sa hardiesse et par la légèreté de ses piliers, qui sont fort grêles et ont plus de 28 mètres d'élévation; les tours sont également très-légères et d'une construction fort délicate.

Fabrique d'eau-de-vie. Tanneries. Brasseries. Fours à plâtre.

NOMÉNY. Petite ville située dans une plaine fertile, sur la Seille, que l'on y passe sur un beau pont de pierre, à 7 l. de Nancy. Pop. 1,332 hab.

Cette ville appartenait autrefois aux évêques de Metz. Un d'eux, Adémar, la fit fortifier au commencement du XIVe siècle. Thierry de Boppart y fit construire un château dont il ne reste que les ruines de deux tours. Nomény fut érigé en marquisat en 1567. On y voit un corps de casernes et un hôtel de ville.

NORROY. Village situé sur un coteau, à 8 l. 3/4 de Nancy. Pop. 726 hab. On y remarque un ancien château et une des plus belles églises de la contrée.

PAGNY. Village situé à 10 l. 1/4 de Nancy. Pop. 1,000 hab. C'est le lieu de naissance de l'ex-ministre de Serre.

PONT-A-MOUSSON. Jolie ville, située sur la Moselle, à 7 l. 1/2 de Nancy. Collège communal. Petit séminaire. ✉ Pop. 7,218 hab.

L'origine de Pont-à-Mousson remonte à une époque assez reculée; il en est fait mention dans des titres du IXe siècle sous le nom de *villa Pontus sub Castro Montionis*; elle ne consistait alors que dans la partie orientale. La ville neuve a été bâtie en 1230 par Thiébaut II, comte de Bar. En 1354 elle fut érigée en marquisat et en ville libre impériale par Charles V. En 1444, elle reçut le titre de cité, et devint en 1572 le siége d'une université, qu'elle conserva pendant deux siècles. Mathieu II la brûla en 1240; le duc de Bourgogne l'emporta d'assaut en 1475, après huit jours de siège; Louis XIII la prit en 1632.

Pont-à-Mousson tire son nom du pont jeté sur la Moselle et de l'ancienne forteresse de Mousson, construite à l'est de la ville, sur la montagne du même nom. Cette ville est ceinte de boulevards qui offrent des promenades agréables. On y remarque une belle église, d'architecture gothique, bâtie sur la fin du XIIIe siècle; un bel hôtel de ville, construit en 1786; les beaux bâtiments de l'ancienne abbaye de Sainte-Marie, où est établi le petit séminaire; un vaste quartier de cavalerie; un hospice civil très-bien distribué; une place entourée d'arcades, où l'on voit la maison dite des Sept péchés capitaux, dont la façade est ornée d'anciennes sculptures, exécutées avec une liberté et une naïveté qu'on n'oserait se permettre aujourd'hui, etc.

On trouve sur le territoire de Pont-à-Mousson deux sources d'eaux minérales ferrugineuses froides, qui jouissent de quelque réputation.

Patrie du maréchal Duroc, mort au champ d'honneur en 1813.

Fabriques de broderies, grosses draperies, pipes de terre, poterie de terre. Raffineries de sucre de betteraves. Brasseries. Tanneries. Tuileries. Vinaigreries. — *Commerce* de grains, vins, eau-de-vie, légumes, planches de sapin, etc. — *Hôtel* d'Angleterre.

PONT-SAINT-VINCENT. Bourg situé au pied d'une montagne élevée, sur la rive gauche de la Moselle, qu'on y passe sur un pont de neuf arches, près du confluent de cette rivière avec le Madon, à 3 l. 1/2 de Nancy. Pop. 1,120 hab. C'était autrefois une ville, qui a conservé quelques restes de ses portes et de ses anciens murs. L'église paroissiale, construite en 947, renferme un sépulcre où l'on voit quelques bustes assez bien conservés.

PRÉNY. Village situé à 10 l. 1/4 de Nancy. Pop. 450 hab. Il est bâti sur le sommet d'une côte escarpée, où l'on voit les ruines d'une ancienne forteresse, assiégée par l'évêque de Metz en 1287, brûlée par les Messins en 1434, et démolie par ordre de Louis XIII en 1633.

TOMBELAINE. Village très-agréablement situé à 3/4 l. de Nancy. Pop. 580 hab. — *Fabriques* de draps. Filature de laine et de coton.

ROSIÈRES-AUX-SALINES. Petite ville située au pied d'un coteau de vignes, sur la Meurthe, à 4 l. 1/2 de Nancy. Pop. 2,507 hab.

Rosières était autrefois une ville forte : on y voit encore une des portes et les vestiges d'une des cinq tours qui la défendaient; peu de villes souffrirent autant qu'elle dans les guerres que la Lorraine eut à soutenir en 1350 et en 1371 contre les Messins. C'était une ville florissante du temps de ses salines, que l'on a cessé d'exploiter en 1760. — Filature de coton. — Beau haras.

ROVILLE. Village situé sur la rive gauche de la Meurthe, à 8 l. de Nancy. Pop. 250 hab.

Ce village possède un établissement rural très-important, connu sous le nom de ferme modèle de Roville, qui jouit à juste titre d'une grande célébrité. L'établissement agricole de Roville a été fondé en 1822 par une société d'actionnaires, et sous l'influence d'un administrateur très-éclairé, M. le vicomte de Villeneuve-Bargemont, alors préfet du département de la Meurthe. L'établissement est dirigé par M. Mathieu de Dombasle. Le but de cette institution a été de présenter aux propriétaires et aux cultivateurs le modèle des procédés perfectionnés de l'agriculture, selon l'état actuel de l'art, dans les contrées où il est le plus avancé. L'exploitation se compose d'environ 200 hectares de terres, qui sont soumises exclusivement au système de culture alterne. Une fabrique d'instruments aratoires perfectionnés, semblables à ceux que l'on emploie dans la ferme, fournit ces instruments à des prix modérés, aux personnes qui désirent en adopter l'usage. Cette fabrique est en très-grande activité, et les demandes sont très-nombreuses de tous les points de la France. On reçoit près de l'établissement, comme élèves, des jeunes gens

PLACE DE PONT-A-MOUSSON.

PONT A MOUSSON.

de familles aisées, de l'âge de 18 ans au moins, et qui reçoivent l'instruction théorique et pratique nécessaire pour les mettre à portée de bien diriger la culture de leurs propriétés. On y reçoit également comme apprentis des valets de ferme, qui sont exercés au maniement des instruments perfectionnés d'agriculture et à tous les travaux usités dans l'exploitation. M. de Dombasle publie chaque année, sous le titre d'*Annales agricoles de Roville*, un volume qui contient divers mémoires sur l'agriculture et l'économie rurale, ainsi que de grands détails sur les résultats des observations de pratique recueillis dans l'exploitation ; on y trouve aussi une exposition très-détaillée du mode de comptabilité adopté dans la ferme.

SAXON. Village situé au pied de la montagne de Sion, à 8 l. 1/2 de Nancy. Pop. 300 hab.

Le hameau de SION, où l'on arrive par deux chemins taillés dans le roc, est une dépendance de cette commune. Des tombeaux, des citernes, des fondations d'édifices, des médailles, des idoles, des fragments de poterie qu'on trouve en ouvrant la terre sur le haut ou au penchant de la montagne, indiquent qu'il y eut en ce lieu une ville considérable, dont l'existence remonte au temps de la domination romaine et peut-être au delà. Un couvent fondé dans le Xe siècle est depuis longtemps un but de pèlerinage fréquenté annuellement par plus de 25,000 personnes, dont les unes s'y rendent pour satisfaire leur dévotion, et le plus grand nombre pour jouir d'un des plus beaux points de vue qu'offre le département.

SCARPONE. *Voy.* DIEULOUARD.

SION. *Voy.* SAXON.

VANDIÈRES. Village situé sur le Trey, à 9 l. 1/4 de Nancy. Pop. 125 hab. On y voit les ruines pittoresques d'un ancien château flanqué de quatre tours.

VAUDÉMONT. Bourg situé sur une montagne, à 9 l. de Nancy. Pop. 500 hab. C'était autrefois une place forte assez importante, chef-lieu d'un comté qui fut longtemps possédé en souveraineté par une branche de la maison de Lorraine. René Ier s'en empara en 1438, et il tomba encore en 1476 sous la puissance des ducs de Lorraine, qui le prirent sur les Bourguignons. Louis XIII s'en rendit maître en 1635 et en fit détruire les fortifications.

VEZELISE. Petite ville située entre deux coteaux resserrés, à 7 l. de Nancy. ✉ ☞ Pop. 1,742 hab.

Vezelise a été bâtie sur l'emplacement de l'ancien château fort de Velaine, détruit en 1432 par les troupes de René d'Anjou. On y voit un ancien hôtel de ville assez vaste, et une église surmontée d'une flèche très-élevée, construite en 1541.

VILLERS-LEZ-NANCY. Village situé à 1 l. 1/4 de Nancy. Pop. 450 hab.

De ce village dépendait l'abbaye de Clairlieu, fondée en 1159, et célèbre au commencement du XVIIe siècle par son imprimerie. Mathieu Ier, son fondateur, fut inhumé dans l'église de cette abbaye, la plus vaste basilique de toutes les églises rurales.

ARRONDISSEMENT DE CHATEAU-SALINS.

ALBESTROFF. Village situé dans une contrée boisée, à 9 l. de Château-Salins. Pop. 842 hab.

AULNOIS. Village situé au pied de la côte de Delme, sur la rive droite de la Seille, à 4 l. 1/4 de Château-Salins. Pop. 360 hab. On y remarque une tour d'un ancien château qui date de 800, et une chapelle de templiers qui existait déjà en 1100.

BOURGALTROFF. Village situé sur le Spin, à 7 l. de Château-Salins. Pop. 600 h. On y voit les ruines d'un ancien château fort avec pont-levis, creneaux et fossés.

CHATEAU-SALINS. Petite ville, chef-lieu de sous-préfecture, dont le tribunal de première instance est à Vic. Société d'agriculture. ✉ ☞ Pop. 2,708 hab.

Château-Salins tire son nom des salines qui y furent établies en 1330, et d'un château bâti en 1342 par Isabelle d'Autriche, épouse du duc de Lorraine Raoul. Ce fort et les salines furent de tout temps un sujet de querelles entre les princes lorrains et les évêques de Metz, dont le résultat fut la prise de Château-Salins, qu'Adhémar rasa en 1349. Avant la découverte de la mine de sel gemme de Vic, le gouvernement possédait dans cette ville une saline qui a été abandonnée en 1826, et dont les bâtiments ont été vendus.

Château-Salins est une petite ville agréablement située dans un beau vallon, sur la petite Seille. On y voit encore une porte d'entrée, quelques tourelles et des vestiges de murailles de ses anciennes fortifications.

Fabriques de bonneterie au tricot. Verrerie. Tanneries. — *Commerce* de toiles de chanvre, plâtre, sel, etc.

A 7 l. de Nancy, 12 l. de Metz, 93 de Paris. — *Hôtels* du Chariot, du Lion d'or, de la Couronne.

DELME. Bourg situé sur le penchant de la haute montagne de son nom, à 3 l. de Château-Salins. ☞ Pop. 607 hab. La côte de Delme est remarquable par son élévation : on y jouit d'une vue enchanteresse sur les bassins de la Nied et de la Seille, et sur le pays Messin.

DIEUZE. Ville ancienne, située près de l'étang de Lindre, sur la rive droite de la Seille, à 3 l. 3/4 de Château-Salins. Collége communal. ✉ ☞ Pop. 3,892 hab.

Dieuze était déjà connue du temps d'Attila sous le nom de *Decempagi* (dix villages). Sa position sur la voie militaire de Metz à Strasbourg l'avait fait considérer par les Romains comme un poste important : César en fait mention dans ses Commentaires. Sous les rois de la première race, cette ville servait de magasin. Elle était jadis fortifiée, et fut surprise en 1657 par des aventuriers lorrains, qui s'introduisirent dans la place déguisés en femmes, et s'emparèrent des principaux postes.

Dieuze possède des salines importantes; c'est aujourd'hui le principal siége de l'exploitation de la compagnie qui a le monopole des salines de l'Est. La saline de Dieuze existait déjà en 893; elle appartenait à l'abbaye de Saint-Maximin de Trèves. Les ducs de Lorraine la possédaient en 1215, et ils la conservèrent jusqu'à la réunion de ce duché à la France; c'est depuis cette époque qu'elle a fait partie de notre domaine national. Toutefois, il paraît qu'elle n'a pris un grand développement que dans les temps modernes.

On voit, par un document de 1744, que la fabrication de Dieuze ne s'élevait, à cette époque, qu'à 70,000 quintaux métriques. En 1795, elle avait doublé; elle était de 140,000 quintaux. En 1813, où elle atteignit son maximum, elle avait encore doublé; elle était de 282,000 quintaux. Dans l'année 1825, qui précéda le nouveau bail, cette production était descendue à 124,000, et enfin elle serait aujourd'hui de 250,000 environ, sans les perturbations que lui font éprouver les fabrications particulières qui se sont élevées depuis la fin de 1830. Mais on doit faire observer que les deux autres salines domaniales du département de la Meurthe ayant été supprimées depuis 1825, savoir : celle de Château-Salins, en 1826, celle de Moyenvic, en 1831, toute la fabrication est maintenant concentrée dans la saline de Dieuze; en sorte que la production de celle-ci (250,000 quintaux) se trouve augmentée de toute celle des deux salines supprimées, c'est-à-dire de 100,000 quintaux environ. Une nouvelle branche d'industrie fut ajoutée, en 1833, à cet établissement : une fabrique de soude artificielle qui, dans ces dernières années, a pris une grande extension, y fut créée, à cette époque, par M. Carny père. Enfin, nous ajouterons, pour achever de donner une idée de l'importance de la saline de Dieuze, que le terrain qu'elle occupe a une superficie d'à peu près vingt hectares, qu'elle emploie constamment plus de quatre cents ouvriers, et consomme annuellement 120,000 quintaux de houille et 15,000 stères de bois.

L'exploitation de Dieuze n'avait pour matière première, jusque dans ces derniers temps, que l'eau salée qui jaillit du fond des puits, à 12 mètres 85 c. au-dessous du sol, et qui afflue au volume de 770 mètres cubes environ par vingt-quatre heures, marquant 16 degrés 1/2 à l'aréomètre de Beaumé. Le puits alimentait en outre la saline de Moyenvic, au moyen d'une conduite en bois de 12,556 mètres de développement, qui en transmettait les eaux jusque-là. Maintenant, par suite de la fermeture de ce dernier établissement, il est exclusivement exploité pour la saline de Dieuze. Mais, tandis qu'autrefois l'eau de la source était soumise immédiatement à l'évaporation, on ne l'évapore plus aujourd'hui qu'après l'avoir préalablement graduée jusqu'à saturation au moyen du sel gemme. Cette eau n'a aucune propriété thermale, et on n'a pas constaté non plus que son produit ni son degré fussent influencés notablement par la variation des saisons. Mais ce degré n'est pas le même à toutes les hauteurs dans le puits, par suite des infiltrations d'eau douce qui s'y font en différents points. A 6 mètres 50 au-dessus du fond, l'aréomètre ne marque déjà plus que 5 à 6 degrés, et à 8 mètres, niveau où se tiennent naturellement à peu près les eaux des puits, la salure est à peine sensible. Le puits a la forme d'un rectangle, il est très-solidement boisé. Une prise d'eau faite dans le Spin, ruisseau qui sépare la saline de la ville, fait mouvoir une roue hydraulique qui sert à son épuisement.

MARSAL. Petite ville forte, située dans une plaine marécageuse arrosée par la Seille, à 3 l. de Château-Salins. Place de guerre de quatrième classe. Pop. 1,050 hab.

Cette ville est assise sur un briquetage de près de quatre mètres d'épaisseur, jeté sur le marais de la Seille, singulière construction qu'on attribue aux Romains, et qui a fait l'objet des recherches de M. de Lasauvagère. Considérée autrefois comme une place très-forte, ce n'est plus aujourd'hui qu'un poste militaire. Louis XIV fit relever ses fortifications en 1663 ; elle a beaucoup souffert du bombardement des troupes alliées en 1815. On y remarque une belle église, un hôtel de ville, quatre corps de casernes, un magasin à poudre et un arsenal.

MOYENVIC. Petite ville située dans une vallée arrosée par la Seille, à 2 l. de Château-Salins. ✉ ☞ Pop. 1,295 hab.

Cette ville doit, dit-on, son origine à d'anciennes sources salées qui appartenaient aux évêques de Metz. Il paraît toutefois que son existence est de beaucoup plus ancienne, puisqu'on y a trouvé un ancien briquetage de plusieurs mètres d'épaisseur, semblable à celui de Marsal. C'était anciennement une ville forte, qui fut cédée à la France par le traité de Munster, et démantelée par ordre de Louis XIV.

Moyenvic possédait une saline importante, qui a été abandonnée depuis la découverte de la mine de sel gemme de Dieuze.

TARQUINPOL. Village situé dans une île de l'étang de Lindre, à 6 l. 1/2 de Château-Salins. Pop. 200 hab. C'était autrefois une ville considérable et bien fortifiée : les fondations d'anciennes murailles et de grosses tours, l'emplacement d'un château, les restes d'une chaussée romaine, des débris de colonnes, de tombeaux, etc., attestent l'existence en ce lieu d'une ville populeuse du temps des Romains. On y communique par une langue de terre dans le temps des basses eaux.

VIC. Ville ancienne, située dans un vallon resserré, sur la Seille, à 1 l. 1/2 de Château-Salins. Siége du tribunal de première instance de l'arrondissement. ✉ de Moyenvic. Pop. 3,186 hab.

L'origine de cette ville se perd dans la nuit des temps. Des faits historiques prouvent qu'elle existait en 257. L'empereur Julien rétablit le camp qui s'étendait depuis Marsal jusqu'à Burthecourt, suivant la description qu'en a donnée M. de Lasauvagère en 1740.

Il est parlé des salines de Vic dès l'an 406, et dans la Vie de saint Livier au VII⁰ siècle. Au commencement du VIIIᵉ siècle, la ville portait le nom de *Vigo*, et dans le Xᵉ celui de *Bodessius vicus* : les rois d'Austrasie y avaient un palais où ils faisaient battre monnaie. Vic eut beaucoup à souffrir des incursions des Allemands, qui y détruisirent plusieurs édifices bâtis par les Romains et par les rois d'Austrasie. Le comte de Bar la ruina en 1205. Louis XIII y conclut un traité avec le duc de Lorraine Charles IV, en 1632.

Vic est une petite ville assez bien bâtie, où l'on remarque la collégiale de Saint-Étienne, fondée en 1240; un château bâti en 1190, fermé de murs et entouré de fossés larges et profonds. On trouve sur son territoire de nombreuses sources d'eau salée, et un précieux banc de sel gemme, gisant à 65 mètres au-dessous du sol, découvert en 1819 par MM. Thonnelier et compagnie.

ARRONDISSEMENT DE LUNÉVILLE.

AZERAILLES. Village situé sur la rive droite de la Meurthe, à 5 l. 1/2 de Lunéville. Pop. 850 hab. C'était autrefois une ville assez considérable.

BACCARAT. Gros bourg situé au pied d'une montagne escarpée, à 6 l. de Lunéville. ✉ ☞ Pop. 2,809 hab.

Baccarat est célèbre par une manufacture de cristaux, regardée comme une des plus importantes de l'Europe. Cette manufacture occupe l'emplacement d'une verrerie établie en 1765, sur la demande de M. de Montmorency, évêque de Metz, afin de lui procurer les moyens de faire valoir les immenses forêts qu'il possédait dans les Vosges. La verrerie de Baccarat était presque sans importance, lorsqu'en 1815 M. Dartigues, en ayant fait l'acquisition, y transporta la cristallerie qu'il possédait à Vonèche (Belgique). MM. Godart, Lolot et Lescuyer devinrent acquéreurs de cet établissement en 1822, et c'est à eux que la fabrique de Baccarat doit les développements qui la rendent aujourd'hui si importante. La force hydraulique nécessaire aux ateliers est fournie par un puissant cours d'eau dérivé de la Meurthe, sur lequel arrivent les bois flottés des Vosges. Les halles renferment quatre grands fours à fusion. Le piston ou soufflet artificiel qui remplace en beaucoup de cas le souffle du verrier, fut employé pour la première fois à Baccarat; ce procédé se répandit rapidement; il supplée avec la plus notable économie à une opération meurtrière. L'eau fait mouvoir deux cents tours et permet à l'ouvrier de réserver sa force et son attention à la taille même des cristaux. Les améliorations obtenues dans cette partie, depuis 1823, ont fait diminuer de moitié les prix de main-d'œuvre, et amené une perfection devant laquelle les anciennes tailles d'un fini moyen sont tombées au-dessous de toute valeur. On s'est occupé surtout à produire des cristaux moulés, dont la beauté approche des cristaux taillés, et dont le prix, extrêmement modéré, est à la portée des fortunes médiocres, système d'où résulte une plus-value de 250,000 fr. par an. Les ouvriers et leurs familles, au nombre de 600 personnes, sont logés dans l'établissement. Les femmes qu'on occupe à la lustrerie des cristaux, habitent Raon-l'Étape, à deux lieues de Baccarat. — On évalue à 400,000 fr. les matières premières mises en œuvre dans la fabrique, etc., et les salaires, à 450,000 fr.; les produits seulement en cristaux bruts, sont de 14 à 15 cent mille francs; ces chiffres peuvent donner une idée du mouvement et du bien-être que procure au pays cette manufacture, où 350 ouvriers sont, en outre, employés à fabriquer du minium, extraire des potasses, tailler des meules, préparer des outils, des ustensiles, etc.

Fabriques de calicots, toiles de coton. Forges. Verrerie et cristallerie. Fabrique de soude brute, cristaux de soude, sulfate de soude, acide muriatique, chlorure de chaux, murate de manganèse, etc. — *Commerce* de grains, bois, planches, etc.

BADONVILLER. Petite ville située dans une gorge au pied des Vosges, sur la Blette, à 8 l. 1/2 de Lunéville. Pop. 2,297 hab. C'était autrefois le chef-lieu du comté de Salm. — *Fabriques* de toiles de coton. Manufactures très-importantes d'alênes et de poinçons. Faïenceries. Tanneries. Brasseries. Exploitation des carrières de pierres de taille.

BAYON. Bourg situé sur l'Euron, à 5 l. de Lunéville. Pop. 891 hab. C'était anciennement une ville fortifiée que le duc de Bourgogne prit en 1475, et qui fut reprise par escalade l'année suivante.

BÉNAMÉNIL. Village situé sur la rive gauche de la Vezouze, à 3 l. 3/4 de Lunéville. Pop. 680 hab.

Les Français y furent défaits par le duc de Lorraine, Charles IV, en 1674.

BLAINVILLE-SUR-L'EAU. Bourg situé sur la rive gauche de la Meurthe, à 2 l. 1/4 de Lunéville. Pop. 690 hab. C'était autrefois une ville murée, dont il reste encore deux portes.

BLAMONT. Petite ville très-ancienne, située sur la Vezouze, dans une contrée fertile en grains et en excellents pâturages, à 7 l. de Lunéville. ✉ ☞ Pop. 2,881 hab.

Il est fait mention de Blamont dans un titre de 661, sous le nom d'*Albensis Pagus*. Cette ville fut fortifiée en 1361, et avait le titre de comté. Les Reitres l'attaquèrent sans succès en 1587. Les Suédois prirent le château d'assaut en 1636, et passèrent la garnison au fil de l'épée. Blamont fut depuis rebâti sans fortifications : on y remarque les ruines d'un château fort flanqué de tours; deux places publiques assez spacieuses; plusieurs belles rues, et quatre fontaines publiques. C'est la patrie de Regnier, duc de Massa, ministre et grand juge sous l'empire.

Fabriques de calicots. Filatures de laine. Faïenceries. Tanneries.

DOMÈVRE. Bourg situé sur la rive gauche de la Vezouze, à 5 l. de Lunéville. Pop. 1,248 hab. On trouve à peu de distance de ce bourg, près d'un petit bois agréable, une source d'eau minérale recouverte d'une voûte, et entretenue avec beaucoup de soin. — *Fabriques* de calicots. Filature de coton. Faïencerie. Tuilerie. Blanchisserie de toiles.

EINVILLE. Bourg situé dans un vallon, sur la rive droite du Sanon, à 1 l. 3/4 de Lunéville. Pop. 1,050 hab. C'était autrefois une ville assez importante, qui fut saccagée, incendiée et entièrement ruinée en 1633, 1635 et 1636. Les ducs de Lorraine y avaient un château entouré d'un beau parc qui existe encore.

GERBEVILLER. Petite ville située dans une plaine, sur la rive gauche de la Mortagne, à 3 l. de Lunéville. Pop. 3,044 hab. C'était autrefois une ville fortifiée, où l'on voit encore les ruines de deux portes. — *Fabriques* de bonneterie en laine. Brasseries. Exploitation des carrières de belles pierres de taille. — *Commerce* de vins et d'excellent houblon que produit le territoire.

GERMAIN (SAINT-). Beau village, situé sur le sommet d'une côte fort élevée, d'où l'on jouit d'une vue admirable. A 7 l. de Lunéville. Pop. 565 hab. Il y avait autrefois un château fort qui fut rasé en 1475 par ordre du duc de Bourgogne, et sur l'emplacement duquel on a bâti un château moderne.

LUNÉVILLE. Ancienne et jolie ville. Chef-lieu de sous-préfecture et de deux cantons. Tribunal de première instance. Société d'agriculture. Collége communal. ✉ ☞ Pop. 12,341 hab.

L'origine de Lunéville, ainsi que celle de beaucoup d'autres villes, est enveloppée des plus épaisses ténèbres. On sait seulement que des fouilles faites aux environs, firent découvrir autour d'une fontaine des médailles romaines, représentant Diane ou la Lune. La tradition rapporte qu'il y avait en cet endroit un temple de Diane, et que Lunéville tire son nom du culte que l'on rendait à cette déesse. L'histoire ne parle de ce lieu avant le Xe siècle que comme d'un hameau ou d'une maison de chasse; c'était à cette époque le chef-lieu d'un comté considérable, que le duc Mathieu II réunit à ses États. Ses successeurs fortifièrent cette place, dont Charles le Téméraire s'empara en 1476, mais qui fut reprise la même année par le prince de Vaudémont. Le duc de Lorraine, Charles III, augmenta les fortifications de Lunéville, en 1587, pour mettre cette place en état de résister à l'armée des protestants d'Allemagne, qui allaient en France secourir les calvinistes. Sous Louis XIII, Lunéville fut pris et repris plusieurs fois par les Français et les Lorrains; les Français finirent par l'emporter d'assaut en 1638, après quinze jours de siége, et en firent démolir les fortifications. En 1801, il se tint à Lunéville un congrès, où la paix fut conclue entre l'Autriche et la France.

Lunéville possède un très-beau palais, construit par Léopold, et considérablement embelli par Stanislas : il ne reste des charmants bosquets qui l'environnaient, que celui qui sert de promenade publique. La marquise du Châtelet, célébrée par Voltaire, a son tombeau dans l'église paroissiale, dont l'architecture moderne mérite d'être remarquée. Lunéville possède aussi un immense quartier de cavalerie; un vaste manége couvert, dont le toit est soutenu par une charpente en bois de châtaignier hardie et bien ajustée; un champ de Mars de deux cents hectares de superficie. C'est une des plus belles garnisons de cavalerie qu'il y ait en France : on y réunit assez fréquemment en automne un camp de cavalerie pour exercer les troupes aux grandes manœuvres.

Lunéville est la patrie du chevalier de Boufflers; du comédien Monvel; de Stanislas Girardin, élève de J. J. Rousseau et membre distingué de la chambre des députés, où il défendit constamment les libertés nationales; du général Haxo.

Fabriques de draps communs, calicots, bonneterie, dentelles, broderies, gants de peau et de laine pour fourrure, fourneaux et cheminées de tôle. Manufactures de faïence rembrunie. Filatures de laine et de coton. Blanchisseries de toiles. Brasseries. — *Commerce* de vins, grains, eau-de-vie, chanvre, lin, bois, broderies.

A 7 l. de Nancy, 91 l. de Paris. — *Hôtels* du Sauvage, de la Tête d'or, du Chariot d'or.

MOYEN. Village situé sur le revers d'un coteau, que couronnent les ruines pittoresques d'un ancien château, à 4 l. 1/4 de Lunéville. ✉ Pop. 1,220 hab.

Le château de Moyen fut bâti vers l'année 1444, par Conrad Bayer de Poppart, évêque de Metz, qui força les bourgeois d'Épinal, dont il était seigneur, à venir y travailler par corvée, ce qui engagea les seigneurs des environs à lui faire des représentations à ce sujet; mais l'évêque n'en tint compte, et pour marquer le mépris qu'il faisait de leurs observations, il donna au château de Moyen le nom de *Qui-qu'en-grogne*. Le maréchal Duhallier, gouverneur de Nancy, assiégea le château de Moyen en 1639 : le capitaine Thouvenin, qui s'y était enfermé avec seulement cent hommes, soutint vaillamment les efforts des assiégeants, depuis le 1er août jusqu'au 15 septembre, où l'insuffisance de ses moyens de défense le força de capituler. Quelque temps après, la forteresse de Moyen fut démolie ainsi que la plupart des châteaux de la Lorraine; ses ruines offrent différents aspects pittoresques, qui ont souvent exercé et exercent encore journellement les crayons des artistes.

PIERRE-PERCÉE. Village situé sur une hauteur, à 9 l. de Lunéville. Pop. 420 hab. On y remarque les ruines d'une tour qui faisait partie d'un ancien château, sur l'emplacement duquel on voit encore un puits très-large et très-profond taillé dans le roc.

REHAINVILLER. Village situé sur la rive gauche de la Meurthe, à trois quarts de lieue de Lunéville. Pop. 410 hab. De cette commune dépend l'antique château d'ADOMÉNIL.

VEHO. Village situé dans un beau vallon, à 5 l. 1/4 de Lunéville. Pop. 340 hab. C'est la patrie de feu M. Grégoire, ancien évêque de Blois, ex-sénateur et membre de l'Académie française.

ARRONDISSEMENT DE SARREBOURG.

ABRESCHEVILLER. Village situé près de la forêt de Saint-Quirin, à trois quarts de lieue de Sarrebourg. Pop. 1,977 hab. — Forges, verrerie. Papeterie. Nombreuses scieries hydrauliques.

CIREY-LES-FORGES. Bourg situé au pied des Vosges, à la source de la Vezouze, à 5 l. 1/4 de Sarrebourg. Pop. 2,193 hab. — *Fabrique* de faïence. Manufacture de glaces coulées, montée sur la plus grande échelle; elle fournit des glaces de la plus grande dimension, qui se distinguent par la beauté de leur poli et la blancheur de leur matière : on a vu à l'exposition des produits de l'industrie, en 1834, une de ces glaces qui avait 150 pouces de hauteur sur 98 de largeur. Cette manufacture occupe de 900 à 1,000 ouvriers. *Voyez* SAINT-QUIRIN.

DABO. Village situé au pied des Vosges, et au milieu des forêts, à 5 l. de Sarrebourg. Pop. 1,900 hab. On y voit les vestiges de l'ancien château de Dabo, que d'anciennes traditions disent avoir été bâti par le roi Dagobert Ier. Ce château a donné son nom à une illustre maison d'Alsace; il fut pris par les Français en 1679, et démoli par ordre de Louis XIV. Le pape Léon XI naquit au château de Dabo.

FÉNÉTRANGE ou **FÉNESTRANGE.** Jolie petite ville, située sur la rive gauche de la Sarre, près de l'étang de Stock, à 4 l. de Sarrebourg. ✉ ✉ Pop. 1,464 hab.

Fénétrange est une ville assez bien bâtie, où l'on voit une église fort ancienne, un vieux château, et une caserne de gendarmerie. C'était autrefois le siége des archimaréchaussées de l'empire d'Allemagne. — *Fabriques* d'huiles. Tanneries très-importantes. Blanchisseries de toiles.

CHÂTEAU DE MOYEN.

FRIBOURG. Village situé à 5 l. de Sarrebourg. Pop. 540 hab. On voit sur son territoire les restes de l'ancienne forteresse de Talbourg, hauteur revêtue et environnée de fossés.

HASELBOURG. Village situé sur une montagne près de la Sorne, dans un pays boisé, à 3 l. 1/2 de Sarrebourg. Pop. 700 hab. On remarque sur son territoire les vestiges d'un camp romain.

LIXHEIM. Jolie petite ville, située dans une plaine, au pied des Vosges, à 2 l. 3/4 de Sarrebourg. Pop. 1,100 hab.

Lixheim a été bâtie en 1608, sur l'emplacement d'une ancienne abbaye, par le comte palatin Frédéric V, qui la fortifia pour servir de refuge aux luthériens. Les rues en sont propres et tirées au cordeau.

LORQUIN. Bourg situé sur la rive gauche de la Sarre-Blanche, à 2 l. 1/2 de Sarrebourg. Pop. 1,346 hab. C'est un des principaux débouchés des montagnes des Vosges pour l'extraction des bois de construction, que l'on flotte sur les deux Sarres.

LUTZELBOURG. Village situé au milieu des forêts, sur la rive droite de la Sorne, à 4 l. 3/4 de Sarrebourg. Pop. 500 hab. Il est dominé par une hauteur dont le sommet est couronné par les ruines pittoresques d'un ancien château, où fut détenu prisonnier le comte de Sarreverden en 1159. — On trouve aux environs une source d'eau minérale dont on fait usage à Phalsbourg en boisson et en bains.

NIEDERVILLER. Village situé dans une belle vallée, à 1 l. 1/2 de Sarrebourg. Pop. 854 hab. On y remarque un ancien château. — *Fabriques* de faïence dite de terre de pipe fort renommée. Manufacture de porcelaine. Exploitation des carrières de pierres de taille.

PHALSBOURG. Ville forte, bâtie sur un roc élevé, à 4 l. 3/4 de Sarrebourg. Collége communal. ✉ ☎ Pop. 3,529 hab.

Phalsbourg fut fondé en 1570, par le comte palatin George Jean. Sa position avantageuse à l'entrée des défilés des Vosges détermina Vauban à construire sur l'emplacement de ses anciennes fortifications, la forteresse existant aujourd'hui, qui forme un hexagone elliptique régulier. Cette ville arrêta au commencement du XVIIIe siècle, une armée ennemie déjà maîtresse de la basse Alsace. Elle fut bloquée deux fois pendant les invasions de 1814 et 1815; plusieurs habitants périrent sur les remparts, ou y reçurent des blessures qui honorent leur courage et leur patriotisme.

Phalsbourg renferme une belle et vaste église, construite sous le règne de Louis XIV; un beau collége établi dans un ancien couvent de capucins; de belles casernes; un vaste arsenal; un hôtel de ville, et de belles halles.

Cette ville a donné le jour à un grand nombre de braves militaires. Les plus connus sont : le maréchal Lobau; les généraux Gérard, Latour Foissac, Munnier, Nevinger, Rottenbourg, Louthier de Xaintrailles, Soye, Duperlin; le lieutenant colonel Dorquier, mort pendant la campagne de Moscou; le colonel Forty, mort au champ d'honneur en l'an VIII, à côté de la Tour d'Auvergne, et renfermé dans la même tombe que ce héros.

Fabriques de liqueurs renommées. Exploitation des carrières de belles pierres de taille. — *Hôtels* de la Ville de Bâle, de la Ville de Metz.

QUIRIN (SAINT-). Beau village, situé dans une gorge resserrée, au centre de vastes forêts, à 4 l. 1/4 de Sarrebourg. Pop. 1,960 hab.

Saint-Quirin est renommé par une importante manufacture de glaces, dont les produits sont on ne peut plus remarquables. C'est une propriété du gouvernement, affermée à la société anonyme qui exploite aussi celle de Cirey, par bail emphytéotique, qui expire dans deux ou trois ans. Les manufactures de Saint-Quirin et de Cirey sont célèbres non-seulement pour les glaces, pour les verres en tables et à vitres qu'elles produisent, mais aussi par le grand nombre d'établissements particuliers existant pour la préparation des matières premières, pour la fabrication, l'étamage et le polissage des glaces. Ces établissements forment autant d'usines particulières, où la fabrication est portée au dernier degré de perfection; ils sont situés sur des cours d'eau qui font mouvoir toutes les machines.

RÉCHICOURT-LE-CHATEAU. Bourg situé près d'un vaste étang, dans une vallée bordée de coteaux, à 5 l. de Sarrebourg. Pop. 939 hab. C'était autrefois une ville populeuse, dont il reste un château fort ancien et partie d'un autre château, qui furent fortifiés et habités dès le XIIIe siècle. — *Fabriques* de broderies. Tanneries et corroieries.

SARREBOURG. Ancienne ville. Chef-lieu de sous-préfecture. Tribunal de première instance. Société d'agriculture. ✉ ⚘ Pop. 2,164 hab.

On attribue la fondation de Sarrebourg à Galba, empereur romain, qui vivait l'an 68 de notre ère. Cette ville est indiquée dans l'itinéraire d'Antonin; elle faisait anciennement partie du domaine des évèques de Metz, et passa ensuite sous la domination des ducs de Lorraine; elle fut réunie à la France par le traité de Vincennes, en 1661. Un incendie la détruisit en 1463.

Cette ville est située sur la rive droite de la Sarre, dans une contrée fertile. Sa position, au principal débouché des Vosges, l'ayant fait considérer comme propre à servir d'entrepôt de subsistances militaires en cas de guerre sur le Rhin, on y a construit des boulangeries et des magasins immenses.

Fabriques de siamoises, toiles de coton, limes, faux, scies, fer-blanc, noir de fumée, produits chimiques, faïence, décors de sculpture, etc.

A 17 l. de Nancy, 11 l. 1/2 de Sarreguemines, 106 de Paris. — *Hôtel* du Sauvage.

VALSCHEID. Village situé à 3 l. 3/4 de Sarrebourg. Pop. 1,783 hab. — Scieries hydrauliques. Papeterie.

ARRONDISSEMENT DE TOUL.

AINGERY. Village situé sur la rive droite de la Moselle, à 3 l. de Toul. Pop. 410 h. On voit aux environs les ruines d'un camp fortifié de tours.

BERNECOURT, Village situé à 5 l. de Toul. Pop. 250 hab. Il possède une caserne bâtie en 1776.

BLÉNOD-AUX-OIGNONS *ou* **LEZ-TOUL.** Bourg situé sur un ruisseau, entre trois coteaux plantés de vignes; à 3 l. de Toul. Pop. 1,511 hab.

Blénod était autrefois le chef-lieu de la seigneurie temporelle des évèques de Toul. On y voit encore un ancien château flanqué de quatre tours, et les ruines d'une forteresse qui devait être inexpugnable, à en juger par son circuit et sa position. L'église paroissiale, construite en 1512, sur le modèle de la cathédrale de Toul, est une des plus belles de la contrée.

COLOMBEY. Bourg situé à 5 l. de Toul. ✉ ⚘ Pop. 1,008 hab.

DOMÈVRE. Village situé à 3 l. 1/4 de Toul. Pop. 368 hab.

ESSEY. Bourg situé à 7 l. 3/4 de Toul, Pop. 800 hab.

FAVIÈRES. Village situé à 7 l. de Toul.

Pop. 1,155 hab. On y remarque une fort belle église et l'ancien château qu'habitaient autrefois les princes de Vaudémont. — *Fabrique* considérable de poterie vernissée, boissellerie, sabots, etc.

GONDREVILLE. Bourg situé sur la rive droite de la Moselle, à 1 l. 1/4 de Toul. Pop. 1,250 hab.

Gondreville est un bourg très-ancien, où les rois de France avaient dans le VIIe siècle un palais, où il se tint plusieurs assemblées d'empereurs et de rois. Charles le Chauve y réunit en 873 les évèques et les seigneurs de la monarchie, pour lui prêter serment de fidélité; Louis Carloman et Charles le Gros y tinrent une diète en 880. C'est là que ce dernier roi fit crever les yeux à un fils naturel du roi Lothaire; c'est là que naquirent Ferry III et Raoul, son fils, ducs de Lorraine. Gondreville fut brûlé par les habitants de Toul en 1410.

LIVERDUN. Bourg bâti dans une situation extrêmement pittoresque, sur le revers d'une côte escarpée, au bas de laquelle coule la Moselle, à 5 l. de Toul. Pop. 930 hab. Les rochers sur lesquels il s'élève en partie; les bois qui l'entourent à l'ouest et au sud; les prairies riantes que baignent les eaux de la Moselle; quelques vieux restes de fortifications encore intacts, forment un

LIVERDUN.

ensemble admirable, qui a souvent exercé les pinceaux des artistes.

La fondation de ce bourg date, dit-on, du temps des Romains. Vers la fin du IVe siècle, c'était déjà un lieu considérable : une charte de Dagobert dit que les Vandales l'assiégèrent sans succès en 406. La forteresse, brûlée et rasée par Jean, duc de Calabre et de Lorraine, fut réparée pendant le XIIe siècle par Pierre de Brixey. Louis XIII en fit augmenter les fortifications, et donna à Liverdun le titre de ville en 1636. Cette place fut démantelée lors de la réunion du duché de Lorraine à la couronne.

MARTINCOURT. Village situé dans un vallon, à 6 l. de Toul. Pop. 320 hab.

On voit aux environs de Martincourt les ruines de l'ancien château fort de Pierrefort, bâti sur un rocher escarpé, par Renaud de Bar, évêque de Metz. La forteresse de Pierrefort soutint un siège très-honorable en 1369, contre le duc de Lorraine et les bourgeois de Bar réunis, qui furent forcés de se retirer en abandonnant devant cette place leur artillerie et leur bagage. Pierrefort ressemble assez à un nid d'aigle, d'où s'élançaient les oiseaux de proie de la féodalité; ses ruines dominent une vallée où on ne descend que par un chemin étroit et escarpé. C'est un des sites les plus curieux et l'un des moins visités du département.

PIERRE. Village situé sur un coteau baigné par la Moselle, à 1 l. 1/2 de Toul. On remarque aux environs une carrière d'albâtre gypseux, formant une grotte naturelle qui renferme plusieurs salles spacieuses ornées de belles stalactites.

THIAUCOURT. Petite ville située sur un coteau dans un territoire fertile en vins renommés, à 8 l. 3/4 de Toul. Pop. 1,487 hab.

Thiaucourt est une ville ancienne, qui fut brûlée par les Messins en 1258, et saccagée avec une grande barbarie par Charles le Téméraire en 1471; le duc de Lorraine, Antoine, l'entoura de murs en 1576. On voit encore de beaux restes de ces fortifications, consistant en plusieurs tourelles, et en une partie de murailles de 6 à 700 mètres de longueur. — *Commerce* de grains, vins, huile, bois, fourrages, etc.

TOUL. Ancienne et forte ville. Chef-lieu de sous-préfecture. Place de guerre de quatrième classe. Tribunal de première instance. Société d'agriculture. Collège communal. ✉ ☞ Pop. 7,314 hab.

Toul est une des plus anciennes villes de France. Sa fondation est inconnue : elle était la capitale des Leuquois, qui furent soumis par César, d'où lui sont venus les noms de *Tulli Leucorum, Civitas Leucorum.* Tacite, qui écrivait dans les premières années du IIe siècle, rapporte que Valens, l'un des généraux de l'empereur Valentinien, se rendant de Cologne à Langres, se trouvait dans la cité des Leuquois, lorsqu'il apprit le meurtre de Galba et l'élévation d'Othon à l'empire.

La ville et le diocèse de Toul dépendaient de la France sous les rois de la première race, sous Charlemagne et Louis le Débonnaire. Après la mort de ce dernier, ils firent partie des États légués à Lothaire, son troisième fils, et devinrent une province du royaume de Lorraine, dont Metz était la capitale. En 925, sous Charles le Simple, ce royaume ayant été réuni à l'empire d'Allemagne, Toul fut érigé en comté, et gouverné pendant 500 ans, sous le patronage des empereurs, tantôt par ses évêques, tantôt par ses comtes ou ses échevins. Saint-Gauzelin fut le premier de ses évêques, qui obtint la souveraineté de la ville et comté de Toul; elle lui fut accordée par Henri l'Oiseleur, le 2 des calendes de janvier 921. En 1178, Frédéric Ier dit Barberousse confirma cette souveraineté, et accorda aux successeurs de Saint-Gauzelin le droit de frapper monnaie à leur effigie, non-seulement à Toul, mais encore à Liverdun, château près de cette ville, appartenant aux évêques. Les rois de la première et de la seconde race avaient à Toul un hôtel des monnaies.

Plus tard, les bourgeois de Toul obtinrent des empereurs des privilèges nombreux et très-étendus : au nombre des actes qui les leur confère, et dont les titres originaux existent encore aux archives de l'hôtel de ville, nous citerons celui donné à Prague le 13 des calendes de mars 1367, par lequel l'empereur Charles IV, portant atteinte à l'autorité souveraine des évêques, permit aux bourgeois de fortifier leur ville de fossés, tours et autres défenses; d'avoir consuls, université, scels, archers, etc., etc.; de lever les tailles quand ils jugeront convenable. Vinceslas et Sigismond, ses deux fils et successeurs, non-seulement ont confirmé, mais étendu ces privilèges en 1396 et 1425. Ce titre était appelé communément la bulle d'or, parce que le sceau qui y est apposé, est en or massif.

En 1552, elle fut définitivement réunie à la France. C'était autrefois le siége d'un évêché considérable : son diocèse, un des plus étendus, renfermait 1,700 paroisses; 91 évêques l'occupèrent, sans interruption, depuis le milieu du XIe siècle jusqu'en 1789, époque de sa suppression.

Au Xe siècle, la ville de Toul n'était point entièrement fermée de murailles; elle n'avait d'autre enceinte que celle dite de l'ancien château. En 1238, cette enceinte fut renversée par ordre de Roger, évêque de cette ville, qui en fit construire de nouvelles, garnies de tours, aux frais des bourgeois, et dans lesquelles il enferma toute la ville, à l'exception de ses deux faubourgs. En 1700, ces derniers ouvrages furent de nouveau abattus, et remplacés sur un plus grand développement par un rempart flanqué de neuf bastions. Ce sont les fortifications qui existent aujourd'hui : elles ont été élevées, aux frais de l'État, sur les plans du célèbre Vauban.

Cette ville est située entre deux coteaux, dans une plaine fertile, sur la Moselle, qu'on y traverse sur un beau pont en pierre de sept arches. Elle est en général assez mal bâtie; les rues, qui naguère étaient d'une malpropreté dégoûtante, ont été récemment macadamées, et rivalisent aujourd'hui avec les routes de l'Angleterre. Au centre de la ville est une jolie place publique plantée de beaux arbres.

La ville de Toul renferme plusieurs édifices remarquables; les principaux sont : la cathédrale, un des plus beaux monuments d'architecture gothique. Saint-Gérard, évêque de Toul, qui jouissait d'une grande réputation de savoir et de sainteté, jeta dans le Xe siècle les fondements de cette superbe basilique, qui fut élevée en 981; mais ce ne fut qu'en 1447, sur les dessins et sous la direction de Jacquemin de Commercy, célèbre architecte, que fut élevé le portail; qui passe pour un chef-d'œuvre, et dont l'élévation, à partir du sol, est de 227 pieds. Dans l'intérieur, on remarque particulièrement une pierre d'une seule pièce, qui, dit-on, a servi de siége à saint Gérard. La voûte plate sur laquelle l'orgue est construit, est regardée par les gens de l'art comme un morceau précieux d'architecture; c'est l'œuvre d'un architecte de Toul, M. Charpy.

On remarque encore à Toul l'église de la ci-devant collégiale de saint Gengoult, fondée par le même saint Gérard, selon Adso; l'hôtel de ville, autrefois le palais épiscopal, édifice moderne qui se distingue par son étendue, par l'élégance et la légèreté de son architecture; l'hôpital civil, construit et doté par Nemeric Barat, échevin de Toul; l'hospice de la Maison-Dieu, desservi par des sœurs de l'ordre de saint Charles, bâtiment fondé des biens de l'évêché et du chapitre, en 971; le quartier de cavalerie; deux corps de caserne d'infanterie, construits aux frais de la ville; un autre corps de caserne pour l'infanterie, à la partie occidentale de la ville, bâtiment moderne, connu sous la dénomination d'hôpital militaire; quatre vastes magasins pour le service de la cavalerie; le manége couvert; la halle aux blés, construite en 1823; le collége; l'abattoir public; les boucheries.

Toul est la patrie du maréchal Gouvion Saint-Cyr, historien des campagnes de l'armée du Rhin; du général Gouvion, tué au siége de Nancy; des généraux d'artillerie Dedon et Bicquilley; du baron Louis, ancien ministre des finances; du comte de Rigny, amiral et ancien ministre de la marine.

Fabriques de toiles de coton, mousselines brodées, bonneterie en laine. Manufacture de faïence (à BELLEVUE). Brasseries. Tanneries. — *Commerce* de vins et eaux-de-vie.

A 6 l. de Nancy, 15 l. 1/2 de Metz, 78 l. 1/2 de Paris. — *Hôtels* de l'Europe, du Cheval de bronze, de la Cloche, du Grand Cerf.

FIN DU DÉPARTEMENT DE LA MEURTHE.

Guide Pittoresque
du
VOYAGEUR EN FRANCE.

ROUTE DE PARIS A STRASBOURG,

TRAVERSANT LES DÉPARTEMENTS

DE SEINE-ET-MARNE, DE L'AISNE, DE LA MARNE, DE LA MEUSE, DE LA MOSELLE, DE LA MEURTHE, DU BAS-RHIN, ET COMMUNIQUANT AVEC CELUI DES VOSGES.

DÉPARTEMENT DES VOSGES.

Itinéraire de Paris à Strasbourg,

PAR CHALONS, METZ ET SARREBOURG, 121 LIEUES.

	lieues.			lieues.
De Paris à Bondi	3		Verdun	4
Livry	1 1/2		Manheulles	4
Villeparisis	1 1/2		Harville	2 1/2
Claye	1		Mars-la-Tour	3
Meaux	4		Gravelotte	2 1/2
St-J. les Deux-Jumeaux	3		Metz	4 1/2
La Ferté-sous-Jouarre	2		La Horgne	3
La Ferme de Paris	4		Solgne	2 1/2
Château-Thierry	3		Delme	3
Cresancy	2		Château-Salins	3
Dormans	3 1/2		Moyenvic	2
Port à Binson	2		Bourdonnay	4
Épernay	4		Heming	5
Jaalons	4		Sarrebourg	2
Châlons-sur-Marne	4		Hommarting	2
Somme-Vesle	4 1/2		Phalsbourg	2
Tilloy	1		Saverne	3
Orbeval	3		Wasselonne	3 1/2
Sainte-Menehould	2		Ittenheim	3
Clermont	4		Strasbourg	3
Dombasle	2 1/2			

DÉPARTEMENT DES VOSGES

APERÇU STATISTIQUE.

Le département des Vosges est formé de la partie méridionale de la ci-devant province de Lorraine, et tire son nom d'une chaîne de montagnes que projettent les Alpes et qui se rattachent au Jura près de Béfort. Ses bornes sont : au nord, les départements de la Meuse et de la Meurthe; à l'est, ceux du Haut et du Bas-Rhin; au sud, celui de la Haute-Saône; à l'ouest, celui de la Haute-Marne.

Le territoire du département est coupé en tous sens par les montagnes des Vosges, au milieu desquelles se trouvent de riches vallées arrosées par une multitude de rivières et

103ᵉ *Livraison.* (VOSGES.)

de ruisseaux. Il se divise naturellement en deux parties distinctes, nommées : la Plaine et la Montagne. La première comprend la partie orientale; elle présente un sol calcaire plus ou moins mélangé d'argile, lequel produit assez abondamment toutes les denrées nécessaires à la vie. La partie occidentale, nommée la Montagne, est couverte d'immenses forêts de sapins; le sol ingrat et rocailleux de cette dernière partie se compose de terres légères et sablonneuses, qui ne produisent qu'à force de soins, et dont les prairies font la principale richesse.

Les Vosges sont formées de chaînes mamelonnées dont les plus hauts sommets ne dépassent pas 1,450 mètres, et dont la hauteur moyenne est de 800 mètres; leurs sommités sont assez exactement désignées par le nom de Ballon qu'on leur donne. Aperçues de l'Alsace, les Vosges se présentent comme un rempart redoutable, parce que de ce côté il faut gravir presque à pic pour parvenir au sommet, tandis que du côté de la Lorraine les escarpements s'effacent par degrés, au moyen d'élévations secondaires, et vont se perdre par une pente insensible dans les plaines de la Moselle. Les parties les plus éloignées du point culminant ont l'avantage d'une bonne culture; vers le milieu de la pente, et dans les fonds où les eaux ont entraîné la terre végétale, croissent de belles forêts; la cime n'offre que quelques arbres rabougris, et plus communément des masses de rochers au-dessus desquelles s'élèvent des groupes d'autres rochers de 60 à 80 pieds de hauteur, offrant tantôt des pyramides inaccessibles, tantôt des voûtes percées, quelquefois des cônes renversés dont la partie supérieure, plus large que la base, menace d'écraser de sa chute les troupeaux qui paissent dans la vallée.

Les sommités les plus élevées des montagnes du département des Vosges sont:

Le ballon de Sultz.................... 716 toises.
Le Haut d'Honce.................... 670
Le mont des Chaumes.................... 640
Le Donon.................... 505
Le mont d'Ormont.................... 435

La quantité de sources qui prennent naissance dans ces montagnes forme un grand nombre de rivières qui descendent des rochers avec une vitesse étonnante, se brisent sur les blocs amoncelés dans leurs cours, et forment diverses cascades dignes de la description et du pinceau de l'admirateur de la belle nature. Il est certain point de la Lorraine d'où la chaîne des Vosges se présente comme un vaste rideau bleuâtre qui ceint l'horizon; en approchant, les inégalités mieux dessinées offrent mille formes bizarres et fantasques; les cônes, les roches pyramidales, les pentes brusques, paraissent autant de villes, de forts, de ruines; en pénétrant dans les montagnes, une foule de détails curieux attachent l'observateur, le peintre, le minéralogiste. — En été, les effets de la lumière sur le flanc des rochers, la distribution et la fraîcheur des eaux, la beauté des bois, la richesse des pâturages, les scènes pastorales, présentent un paysage riche, animé, délicieux. — En automne, le Vosgien, qui convertit la bruyère en potasse, allume mille feux sur ces montagnes qu'il enveloppe d'un nuage de fumée. — En hiver, des neiges amoncelées, des torrents débordés, des rocs noirâtres, l'absence des troupeaux, impriment à la scène un caractère mélancolique que les feux du printemps font disparaître. Alors, tandis que la neige fond dans la plaine, les hautes Vosges montrent encore leurs sommets blanchis où vient se mêler le pourpre du couchant.

Les gorges des Vosges donnent naissance à plusieurs lacs. Celui de Gérardmer est très-profond : on voit dans ses environs des cavernes glacées en été seulement. Les lacs de Retournemer et de Longemer, situés vers la frontière d'Alsace, donnent naissance à la Vologne, célèbre par les huîtres à perles que l'on y pêche.

Les Vosges étant couvertes de neige une partie de l'année, font subir leur influence sur la température du département, dont les différentes parties sont plus ou moins froides, sèches ou humides, selon qu'elles sont plus rapprochées ou plus éloignées des sommités des montagnes. En général, le climat est plutôt humide que sec. La neige y dure, année commune, environ un mois. On évalue le nombre des jours pluvieux à 135. Les limites extrêmes du thermomètre paraissent être — 20 et + 30° R. — Les vents dominants sont ceux du sud, du sud-ouest, du nord et du nord-ouest.

Le département des Vosges a pour chef-lieu Épinal. Il est divisé en 5 arrondissements et en 30 cantons, renfermant 547 communes. — Superficie, 295 lieues carrées. — Population, 397,987 habitants.

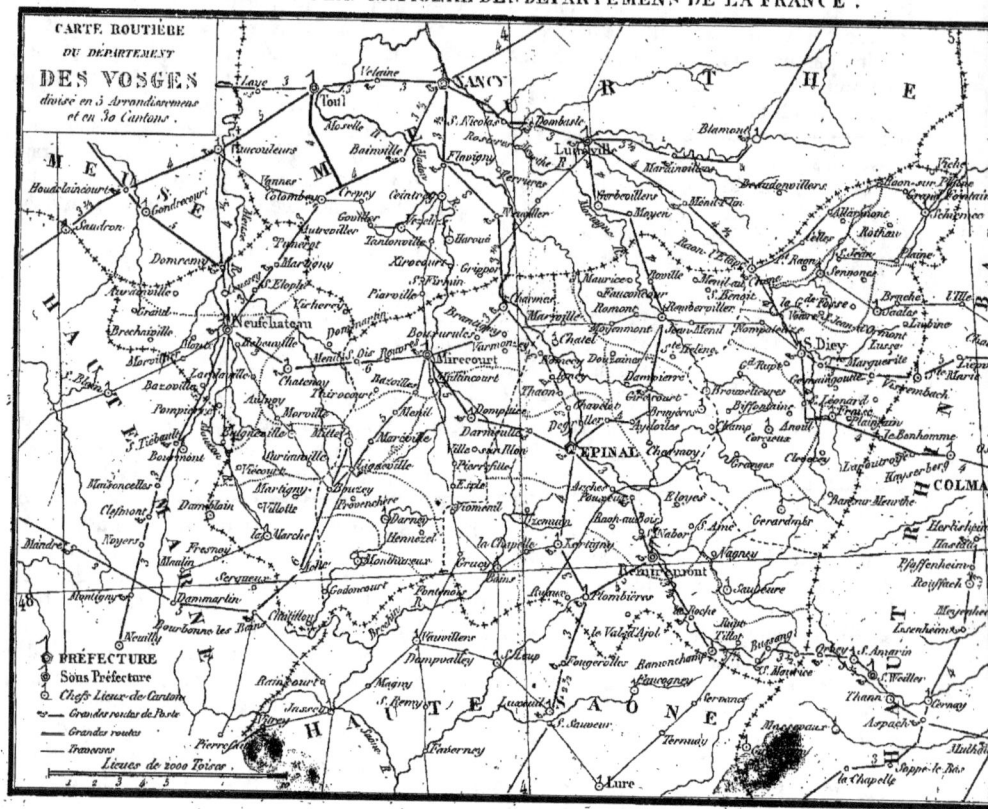

ARRONDISSEMENT D'ÉPINAL.

MINÉRALOGIE. Mines de plomb argentifère, de cuivre, de fer, d'antimoine, de cobalt. Carrières de marbre, de granit, de porphyre, de pierres meulières, de grès, d'ardoise. Agates parfaitement cristallisées. Kaolin. Tourbe.

SOURCES MINÉRALES à Plombières, Contrexeville, Heucheloup, Bussang, Bains, etc.

PRODUCTIONS. Céréales en quantité suffisante pour la consommation, sarrasin, millet, pommes de terre, houblon. Gentiane, angélique, ellébore et autres plantes utiles. Beaucoup de fruits (culture en grand du merisier pour la fabrication du kirchenwasser). Lin, chanvre, navette. Bons pâturages.—4,490 hectares de vignes, donnant annuellement environ 150,000 hectolitres de vin médiocre, en quantité insuffisante pour la consommation des habitants, qui tirent ce qui leur manque des départements de la Meuse et de la Meurthe. —221,727 hectares de forêts (sapins, chênes, hêtres, frênes).—Chevaux et bêtes à cornes de petite espèce.—Peu de moutons. Beaucoup de chèvres. Quantité de porcs.—Grand et menu gibier (coqs de bruyères, oiseaux de passage). Bon poisson de rivière.

INDUSTRIE. Fabriques de toiles de coton, siamoises, mouchoirs, dentelles, violons, guitares, serinettes et autres instruments de musique; pointes de Paris, clous, ouvrages en fer et en acier, quincaillerie, sabots et boissellerie, souliers de pacotille. Filatures de coton. Quantité de hauts fourneaux, forges et ferblanteries. Nombreuses papeteries. Tanneries. Faïenceries. Verreries considérables.

COMMERCE de grains, vins, beurre, fromage façon de Gruyère, kirchenwasser, fer en fer-blanc, ouvrages en fer battu, papiers, granit, glaces, cristaux, bouteilles, instruments de musique, boissellerie, planches de sapin, potasse, térébenthine.

**VILLES, BOURGS, VILLAGES, CHATEAUX ET MONUMENTS REMARQUABLES;
CURIOSITÉS NATURELLES ET SITES PITTORESQUES.**

ARRONDISSEMENT D'ÉPINAL.

ARCHES. Village situé à 2 l. 1/2 d'Épinal. Pop. 1,335 hab. Il est sur la rive gauche de la Moselle, dont le cours, obstrué par des rochers et dominé par les ruines d'un antique château, offre un coup d'œil pittoresque. — Belles papeteries. Huileries. Moulins à farine.

ARCHETTES. Village situé vis-à-vis d'Arches, sur la rive droite de la Moselle, à 2 l. 1/2 d'Épinal. P. 977 h. — Papeteries.

BAINS-LES-BAINS. Joli bourg situé à 8 lieues d'Épinal. ✉ ☎ Pop. 2,407 hab. — Manufacture de fer-blanc. Forges, aciéries et tréfileries.

Ce bourg, célèbre par ses eaux thermales[1], est bâti dans un beau vallon dirigé de l'est à l'ouest, et traversé par le ruisseau de Baignerot, qui se jette à peu de distance dans le Coney.

La découverte des eaux thermales de Bains remonte à l'établissement des Romains dans les Gaules. Abandonnés pendant le moyen âge, les bains furent reconstruits en 1713; c'est ce que l'on nomme le *Vieux Bain*; un autre bâtiment beaucoup plus considérable, appelé le *Bain Neuf*, fut construit en 1750.

En 1752, en cherchant la principale source de l'ancien bain, qui était déviée, on trouva, au-dessous d'une pierre qui avait six pieds de hauteur, six cents médailles romaines, à l'effigie d'Auguste, d'Agrippa, et d'autres jusqu'à Domitien; on découvrit aussi quelques petites médailles grecques.

Les sources thermales de Bains sont au nombre de dix :

	Degré de chaleur.
1° Grosse source............	+40° (R.)
2° du Château, ou Robinet de fer	+36
3° la Romaine...............	+36
4° la Chaude du Bain Neuf...	+37
5° la Douce id........	+31
6° la Féconde...............	+33
7° la Tempérée..............	+26
8°	+28 1/2
9°	+27 3/4
10° Fontaine de la Vache.....	+27 1/2

Ces dix sources fournissent ensemble 15,325 pieds cubes d'eau en vingt-quatre heures.

La position des bains est, sans contredit, une des plus heureuses de toutes celles où l'on rencontre des sources d'eaux minérales;

---

[1]. Nous devons cette notice à M. Bailly, docteur en médecine de l'académie de Paris, inspecteur des eaux thermales de Bains.

au lieu de ces gorges stériles et profondes, de cet aspect triste et sauvage dont la nature semble avoir voulu compenser les désagréments en y faisant surgir des eaux salutaires, les sources de Bains coulent au milieu d'une campagne riante et variée à l'infini par les sites les plus pittoresques.

L'établissement thermal de Bains consiste en trois bâtiments : le Vieux Bain, le Bain Neuf et le pavillon de la Fontaine de la Vache. Le Vieux Bain, situé au milieu de la ville, a été reconstruit, en 1771, comme il se trouve aujourd'hui. Il est au niveau du sol, d'une architecture lourde, et recouvert d'une plate-forme en dalles, qui sert de promenade à quelques baigneurs. Ce bâtiment contient trois bassins, dont le plus petit reçoit la grosse source, et conserve une température de + 36°. Il n'est d'aucun usage pour les baigneurs, à cause de son excès de chaleur. Le second bassin, placé au-dessous du précédent, dont il reçoit les eaux, est deux fois plus étendu; sa température de + 32° le rend presque inutile aussi. Le troisième bassin, aussi grand que les deux autres ensemble, jouit de + 30° et convient à un grand nombre de malades; il peut contenir au moins vingt personnes. Sur le côté méridional, se trouvent deux cabinets de douches et les étuves; au nord, sont deux autres cabinets pour y placer cinq à six baignoires, et au couchant quatre cabinets de toilette.

Le Bain Neuf date de 1750, époque à laquelle on y a rassemblé les différentes sources, excepté la Tempérée, découverte seulement depuis sept ans. La construction extérieure de ce bâtiment n'est ni élégante ni solide; mais la distribution intérieure est aussi avantageuse qu'il est possible de le désirer. Il y a dans la même salle trois bassins, l'un de + 26, le deuxième de + 27, et le troisième de + 28 degrés de température : ces bassins peuvent contenir chacun de vingt-cinq à trente personnes. Au couchant de cette salle, se trouvent ménagés quatre cabinets de douche de hauteur variée, ayant chacun un bassin particulier dont la température de l'eau est graduée. Au pourtour de la salle se trouvent douze vestiaires pour les deux sexes. Entre ces cabinets et les bassins, on trouve vingt baignoires mobiles en bois. Au levant est une autre salle de bains moins grande, pour y placer des baignoires; et sur les côtés de celle-ci, quatre grands cabinets renfermant chacun trois ou quatre baignoires. Il y a entre les deux salles deux douches ascendantes.

Le pavillon de la Fontaine de la Vache est un lieu fort maussade de douze pieds carrés, qui renferme la seule source dont la vertu laxative soit reconnue pour beaucoup de personnes.

Bains possède un joli salon, où l'on trouve des journaux, des tables de jeu, etc., et où l'on s'abonne pour 4 fr. par saison. A côté de ce salon est une vaste salle de danse et de réunion. Au Bain Neuf est joint une promenade formée de trois rangs de grands arbres. Des bois et des forêts d'un facile accès, où l'on trouve des chemins bien entretenus, offrent aux baigneurs des buts agréables de promenade; la plus fréquentée est un joli bois situé à un quart de lieue de la ville, et traversé par de belles allées sinueuses, le long desquelles serpente un joli ruisseau; çà et là sont de jolis points de repos, où se rendent souvent les amateurs de la danse et des jeux champêtres.

SAISON DES EAUX. La saison des eaux commence au 15 mai, et se prolonge jusqu'au 15 septembre. Le nombre des étrangers est annuellement de sept à huit cents.

PRIX DU LOGEMENT ET DE LA DÉPENSE JOURNALIÈRE. Il y a à Bains seize maisons de logeurs qui reçoivent chacune de quinze à vingt-cinq malades. Ces maisons peuvent se diviser en trois classes, dont deux de la première, où l'on paye chaque jour 4 fr. pour le logement et la table, sans vin; huit ou dix à 3 fr. Dans les unes et dans les autres, on peut se faire servir séparément; dès lors il en coûte un peu plus. Il y en a quelques-unes où on peut amener son cuisinier et ses gens pour préparer sa table et être servi à sa guise. Les tables d'hôte sont généralement trop bien garnies pour des personnes valétudinaires; toutefois, dans la plupart, la chère est délicate.

TARIF DU PRIX DES BAINS ET DOUCHES. Ces prix sont fixés ainsi :

Bains pris dans le bassin, pour une saison de 21 jours.............. 6 f. » c.
Chaque bain.............. » 30
Bain en chambre.......... » 80
Bain dans les baignoires autour des bassins.............. » 60
Bains dans les cabinets...... » 75
Douche descendante, par quart d'heure.............. » 50
Douche ascendante, pour chacune, fixée à dix minutes.. » 30
Pour chaque étuve.......... « 25

De telle sorte qu'y compris les menues dépenses domestiques, chaque journée de baigneur peut être évaluée de 4 à 8 fr. Il en est beaucoup qui ne vont pas au delà de 100 fr. pour la saison de vingt et un jours.

ANALYSE DES DIVERSES SOURCES. Il résulte des expériences de M. Vauquelin, qui a analysé les eaux de Bains, en 1807, que toutes les sources contiennent, à très-peu de chose près, les mêmes principes. Il a trouvé pour chaque litre d'eau :

grammes.
Sulfate de soude cristallisé.... 0, 28
Muriate de soude id........... 0, 09
Sulfate de chaux.............. 0, 08
Carbonate de chaux........... 0, 08
Silice et magnésie......... des traces.

Il n'a trouvé d'ailleurs ni soufre, ni fer, ni aucune autre substance que celles énoncées ci-dessus.

PROPRIÉTÉS PHYSIQUES. La température est entre $+26$ et $+40°$ de Réaumur; elle varie à peine d'un demi-degré, et à quelques sources seulement, d'une saison à l'autre. Leur volume est constamment le même. Elles sont sans couleur, sans odeur et sans saveur. Tout le monde à peu près en juge de même; néanmoins la plupart des auteurs qui en ont parlé ont dit que chaudes elles dégagent une légère odeur de foie de soufre, et que leur saveur est fade et légèrement salée. M. le docteur Bailly ne peut accorder que les eaux de Bains aient ces qualités à leur sortie du sein de la terre. Leur pesanteur spécifique est à peu près la même que celle de l'eau distillée.

PROPRIÉTÉS CHIMIQUES. Les principes minéralisateurs sont: 1° un gaz inappréciable, qui se dissipe par le refroidissement; 2° des sels solubles, le sulfate et le muriate de soude; 3° des sels insolubles, le sulfate et le carbonate de chaux; 4° de la silice et de la magnésie en très-petite quantité.

PROPRIÉTÉS MÉDICINALES. Les eaux de Bains sont principalement indiquées : 1° pour les maladies chroniques de l'estomac et des autres viscères abdominaux; 2° pour les différentes affections nerveuses; 3° pour les rhumatismes; 4° pour les convalescences pénibles; 5° pour les santés altérées, sans lésion grave d'organes; 6°, enfin, pour les symptômes variés qui accompagnent l'âge critique des femmes de 45 à 50 ans. Le bien qu'on retire constamment de l'usage des eaux dans ces trois derniers cas, suffirait seul pour fonder solidement leur réputation.

MODE D'ADMINISTRATION. La forme la plus générale sous laquelle les eaux sont administrées est en bains; mais toutes les autres sont aussi employées; c'est-à-dire, qu'à moins d'une indication particulière, toute personne prend un bain d'une ou deux heures, boit de trois à huit ou dix verres de telle ou telle source, reçoit l'une et quelquefois l'autre douche. L'étuve seule est peu fréquentée.

BRUYÈRES. Petite ville située à 6 l. d'Épinal. ✉ Pop. 2,328 hab.

Cette ville est bâtie dans une agreste situation, au milieu des montagnes des Vosges, sur la petite rivière d'Arentelle. On y trouve une source d'eau minérale froide. — *Fabriques* de calicots, de couteaux de table et de poche, en acier des Vosges et à très-bas prix. — *Commerce* considérable de fil, toiles, beurre, fromages et bestiaux.

CHATEL-SUR-MOSELLE. Petite ville située à 2 l. 3/4 d'Épinal. Pop, 1,176 hab. Elle est bâtie en amphithéâtre sur le penchant d'une colline, au confluent du Dourbion et de la Moselle. — *Commerce* de houblon. Tanneries.

ÉPINAL. Jolie ville. Chef-lieu de département. Tribunal de première instance. Chambre consultative des manufactures. Société d'émulation. Collège communal. ✉ ☞ Pop. 9,070 hab.

Théodoric ou Thierri d'Hamelan, évêque de Metz, passe pour le fondateur de la ville d'*Espinaulx* ou de *Spinal*, qui n'avait encore, en 980, que quelques maisons isolées sur les rives de la Moselle. D'après l'opinion commune, cette cité fut pendant longtemps une petite ville libre, dont les habitants se qualifiaient de citadins : la protection des évêques la maintenait contre les entreprises des seigneurs. A leur tour, les prélats voulurent l'asservir, mais ils furent blâmés et condamnés aux conciles de Bâle et de Vienne. Épinal était une place forte défendue par un château important. Elle se donna à la France en 1444. Louis XI céda cette ville à Thiébaut de Neufchâtel, maréchal de Bourgogne, que les habitants refusèrent de reconnaître, suppliant le roi, dit Durival dans sa description de la Lorraine, *s'il voulait les mettre hors sa sainte couronne, de leur donner un autre maître.* Louis XI les releva du serment, et c'est alors qu'ils choisirent Jean d'Anjou, duc de Lorraine, pour les défendre et les protéger. Le maréchal de Bourgogne vint cependant assiéger la ville en 1466; mais il se retira à l'approche du marquis de Pont. Le maréchal de la Ferté ne fut pas plus heureux en 1649. Le maréchal de Créqui la prit en 1670, après une vigoureuse résistance, et Louis XIV la fit démanteler.

Cette ville est avantageusement située, au

DÉPARTEMENT DES VOSGES.

pied des Vosges. Elle est dominée par les ruines de son antique château, qui couronnent un roc escarpé, d'où se précipite le ruisseau d'Ambral. La Moselle forme plusieurs cascades au milieu de la ville, qu'elle divise en deux parties inégales. La partie située sur la rive droite forme ce qu'on appelle la grande ville; l'autre partie, ou la petite ville, s'étend sur une langue de terre comprise entre deux bras de la rivière, et sur la rive gauche : c'est de ce côté que passe la route de Nancy.

Épinal est une ville généralement bien bâtie, dont les rues sont étroites et mal pavées, mais fort propres. Les quais et les cours qui bordent la Moselle offrent d'agréables promenades; les environs sont gracieux et fort pittoresques. La plupart des édifices publics sont spacieux et dignes de leur destination. Les casernes, construites en 1740, sont vastes et bien distribuées; l'ancien collège des jésuites a été transformé en hôtel de la préfecture : c'est un bel et grand bâtiment; le couvent des capucins est devenu l'hôpital principal; l'église paroissiale est remarquable par son architecture. — Sur le sommet du roc où se trouvent les ruines du château, on remarque un jardin particulier bien planté et bien distribué, d'où l'on jouit de belles perspectives. — Épinal possède un théâtre, une bibliothèque publique de 17,000 volumes, un beau musée de tableaux et d'antiquités. — *Fabriques* de broderies, dentelles, ébénisterie, images communes, pointes de Paris, produits chimiques. Aux environs, papeteries renommées, forges, verreries et faïenceries. — *Commerce* de grains, graines grasses, chanvre, lin, bestiaux, papiers, fer, bois, merrain, planches de sapin, etc.

A 16 l. de Nancy, 96 l. de Paris. — *Hôtels* des Vosges, du Lion d'or, du Louvre.

FONTENOY-LE-CHATEAU. Bourg situé sur le Coney, à 8 l. d'Épinal. Pop. 1,977 h. C'était autrefois une forteresse considérable, dont il reste encore les murs et les portes, ainsi que quelques ouvrages extérieurs. — *Fabrique* de couverts en fer battu. Tréfilerie. Distilleries d'eau de cerises. Brasseries.

GRANDVILLERS. Village situé à 4 l. d'Épinal. Pop. 1,091 hab. — Papeterie.

JEAN-DU-MARCHÉ (SAINT-). Village situé à six lieues d'Épinal. Pop. 206 hab. — Centre de la fabrique d'une grande quantité de couteaux de table et de poche, de bonne trempe et à bas prix, dits couteaux de Saint-Jean.

RAMBERVILLERS. Jolie petite ville située sur la Mortagne, à 7 l. d'Épinal ✉ ☞ Pop. 4,990 hab.

Rambervillers était le chef-lieu d'une châtellenie du temporel des évêques de Metz. Étienne, l'un d'eux, l'entoura de palissades en 1125, et Jacques de Lorraine y ajouta, en 1260, vingt-quatre tours et des murailles dont on voit encore quelques vestiges. C'est une ville bien bâtie, dont les rues sont arrosées par des rigoles d'eau courante; quoiqu'elle n'offre aucun édifice monumental, elle possède de belles habitations, asile du bien-être et de l'intelligence, et une bibliothèque de 10,000 volumes.

Fabriques de toiles, bas de laine, faïence, poterie de terre. Centre de la culture du houblon. Tanneries importantes. — Aux environs, papeteries, forges et martinets. — *Commerce* de grains, avoine, chanvre, vins, fer, houblon, papiers, aciers, taillanderie, etc. — *Hôtels* du Canon d'or, du Cheval Blanc, du Grand Cerf.

XERTIGNY. Bourg situé à 3 l. 3/4 d'Épinal. ☞ Pop. 3,283 hab. Entre ce bourg et Raon-aux-Bois se trouve un étang qui verse ses eaux dans la Moselle et dans la Saône, d'où elles se rendent d'un côté dans l'Océan, et de l'autre dans la Méditerranée.

ARRONDISSEMENT DE SAINT-DIÉ.

BROUVELIEURES. Bourg situé à 4 l. de Saint-Dié. Pop. 468 hab. — Forges.

CORCIEUX. Village situé à 2 l. 1/2 de Saint-Dié. Pop. 1,558 hab. — Scieries hydrauliques de planches. Brasseries.

DIÉ (SAINT-). Jolie ville. Chef-lieu de sous-préfecture. Tribunal de 1re instance. Collège communal. ✉ ☞ Pop. 7,707 hab.

Le nom primitif du territoire de cette ville était Vallée-de-Galilée, vallée donnée par Childéric II à Déodatus, évêque de Nevers, qui y bâtit un monastère; un village se forma alentour et prit, de son fondateur, le nom de Dieu-Donné, d'où s'est formé Saint-Dié. Peu à peu ce village devint une ville importante. Dans le XIIIe siècle, les ducs de Lorraine, Ferry IV et Ferry V, auxquels elle appartenait, y firent diverses améliorations et l'entourèrent de murs. En 1756, le feu y prit et détruisit un grand nombre de maisons. Cette catastrophe, qui d'abord faillit ruiner Saint-Dié,

LAC DE GERARDMER.

RAON-L'ÉTAPE.

FONTAINE DE CHARMES.

PORTE BOUDIOU A ÉPINAL.

ÉGLISE D'ÉPINAL.

lui devint avantageuse en ce que la ville fut reconstruite avec plus de régularité et de meilleur style qu'auparavant. Déjà, en 1554, un accident semblable l'avait dévastée, et, en 1065, les églises Notre-Dame et de la collégiale avaient été détruites par le feu. Lors de son dernier désastre, Saint-Dié fut rebâti par les soins de Stanislas, qui y fonda des établissements de charité et d'instruction publique, y creusa des canaux, y éleva des fontaines, etc. Ces améliorations ont été continuées depuis, et Saint-Dié est devenu une jolie petite ville, propre, bien bâtie et bien percée. Sa situation est agréable ; elle s'étend sur les bords de la Meurthe, au pied de la montagne d'Ornion. La ville a été longtemps renommée par sa collégiale qui remontait au VIIe siècle, et fut sécularisée en 954 ; elle se nomma d'abord l'abbaye de Jointure. Cette abbaye jouissait de priviléges considérables, et n'admettait dans son sein que des nobles de haut parage. Parmi les chefs, qu'on nommait grands prévôts, et qui exerçaient les fonctions épiscopales, elle a compté le pape Léon IX, que l'Église reconnaît pour saint ; neuf princes de la maison de Lorraine, et un grand nombre de prélats. — En 1780, on a découvert près de la ville deux sources d'eaux minérales, l'une ferrugineuse et l'autre sulfureuse. Saint-Dié possède une bibliothèque de 9,500 volumes.

Fabriques de toiles de coton, siamoises, mouchoirs, potasse. Filature de coton. Aux environs, mines de fer et de cuivre ; carrières de marbre de diverses couleurs, papeteries, forges et tréfileries. — *Commerce* de grains, lin, chanvre, bestiaux, quincaillerie, toiles, fers, papiers, planches de sapin, etc.

A 11 l. 1/2 d'Épinal, 13 l. de Colmar, 98 l. de Paris.

FRAIZE. Village situé à 4 l. de Saint-Dié. Pop. 2,501 hab.

GÉRARDMER. Petite ville située au milieu des Vosges, sur la Valogne et près de deux lacs où cette rivière prend sa source. A 5 l. de Saint-Dié. Pop. 5,701.

Cette ville est formée de la réunion de plusieurs hameaux et d'une grande quantité de maisons champêtres, pour la plupart spacieuses et fort jolies, agglomérées sans ordre et sans symétrie dans une vallée rocailleuse et sur le bord du lac de Gérardmer. Une grande rue, formée de grandes maisons trop mal alignées pour former une rue, la traverse ; au centre, on remarque l'église paroissiale, joli édifice entouré de terrasses ombragées.

Fabriques de boîtes de sapin, baignoires, seaux, cuveaux, sabots, vaisselle de bois et autres objets de boissellerie. Nombreuses scieries hydrauliques. *Commerce* important de boissellerie, de fromage renommé, dit de Gérardmer ou de Géromé, de poix blanche, de toile de coton, etc.

GRAND-FONTAINE. Village situé à 6 l. 1/2 de Saint-Dié. Pop. 1513. — *Fabr.* de toiles de coton et de tôle. Filatures de coton.

MOYEN-MOUTIER. Village situé à 4 l. de Saint-Dié. Pop. 2,249 hab. — *Fabriques* de bonneterie. Blanchisserie de tissus cachemire, tissus de coton, etc.

RAON-L'ÉTAPE. Petite ville située à 4 l. de Saint-Dié. ✉ ☞ Pop. 3,244 hab. Elle est bâtie dans une vallée pittoresque, au pied d'un coteau sur la rive droite de la Meurthe, près de son confluent avec la Plaine. En 1279, le duc Ferry III fit fortifier cette ville, que sa situation sur la route de Nancy à Schelestadt rendait un poste important ; sur la crête du coteau qui la domine s'élevait le vieux château de Belronan, aujourd'hui entièrement détruit. — *Fabriques* de calicots, potasse, alènes, poinçons. — *Commerce* considérable de bois de construction et de planches de sapin.

ROTHAU. Village situé à 7 l. 1/2 de Saint-Dié. — *Fabriques* de bonneterie, tissus de coton, rubans. Filature de coton. Blanchisserie de toiles. Scieries hydrauliques.

SAALES. Village situé à 2 l. 1/2 de Saint-Dié. Pop. 1,237 hab.

SCHIRMECK. Village situé au fond d'une longue et belle vallée, sur la Bruche, à 8 l. de Saint-Dié. ✉ Pop. 1,340 hab. Filature et tissage de coton.

SENONES. Bourg situé à 5 l. de Saint-Dié. Pop. 2,366. — *Fabriques* de basins, piqué, calicots, coton à coudre et à broder. Filature de coton.

ARRONDISSEMENT DE MIRECOURT.

CHARMES-SUR-MOSELLE. Jolie petite ville située sur la rive gauche de la Moselle, à 3 l. de Mirecourt. ✉ ☞ P. 2,962 h.

Charmes était autrefois une ville défendue par un château fort dont il ne reste plus aucun vestige. Elle a été plusieurs fois détruite dans les guerres du XVe et du XVIe siècle, mais sa situation avantageuse lui a toujours permis de réparer ses désatres. On y remarque un pont de dix arches hardies sur la Moselle; une église gothique ornée de beaux vitraux bien conservés, et une jolie fontaine publique. — *Fabriques* de dentelles. Distilleries d'eau de cerise. Pépinières. Tanneries — *Commerce* de grains, vins, bois, cuirs, dentelles, etc.

CONTREXEVILLE. Village situé à 7 l. 3/4 de Mirecourt. Pop. 673 hab.

Contrexeville, célèbre par ses sources d'eaux minérales, est situé dans un vallon étroit formé par deux coteaux qui dominent de beaucoup ce village. Du coté du nord, le vallon s'élargit et forme une belle prairie arrosée par le Vair, petite rivière qui prend sa source principale dans le village même, à son extrémité sud, au pied d'une maison adossée au coteau de l'ouest. Le vallon étant ouvert au nord, et l'eau du Vair qui le traverse étant très-fraiche, la température de Contrexeville est très-variable, et les vicissitudes atmosphériques très-brusques. Il n'est pas rare pendant l'été d'y ressentir le matin un froid assez vif et à midi une chaleur parfois fatigante. Les buveurs doivent donc éviter les effets de ce changement subit de température, en cessant leur promenade avant la disparition de cet astre.

EAUX MINÉRALES DE CONTREXEVILLE.

Les eaux minérales de Contrexeville ne paraissent pas avoir été connues des anciens; M. Bagard, médecin de Nancy, est le premier qui en ait fait connaître les propriétés chimiques et les vertus médicinales, dans un mémoire lu en 1760 à la société des sciences et arts de Nancy. La fondation de l'établissement actuel est due au célèbre docteur Thouvenel, qui a été pendant longtemps inspecteur des eaux de Contrexeville, dont il a singulièrement accru la célébrité.

Les fontaines de Contrexeville sont au nombre de deux : l'une, dite du Pavillon, fournit l'eau pour la boisson; l'autre, dite Fontaine des Bains, est uniquement destinée à cet usage.

La fontaine du Pavillon n'offrait en 1759, qu'un trou assez grand garni d'une espèce de caisse en bois pour soutenir les terres, situé au milieu d'un verger marécageux. En 1775, le docteur Thouvenel, chargé par M. Rollin, inspecteur des eaux minérales de France, de faire l'analyse des eaux de Contrexeville, reconnut qu'elles étaient non-seulement altérées par les eaux pluviales, mais encore par une source considérable d'eau commune, située à neuf pieds de profondeur, laquelle se mêlant à la source minérale, détruisait une partie de ses vertus. Les moyens du propriétaire d'alors ne lui permettant pas de faire les dépenses nécessaires pour mettre cette source à l'abri de toute altération, M. de Bonville, qui avait éprouvé les heureux effets des eaux de Contrexeville, se chargea de tous les frais. L'établissement est composé de six cabinets, ayant chacun une baignoire; d'un cabinet de douche descendante et d'un de douche ascendante.

Il est situé au couchant du village, dans une presqu'île formée par le Vair et le ruisseau qui vient de Surianville. On y entre à l'aspect du midi par une vaste cour ornée d'arbustes et environnée à gauche de bâtiments servant de logement au propriétaire et aux personnes qui viennent prendre les eaux. A l'extrémité de la cour, séparée d'une pelouse par une palissade, sont des allées qui conduisent à la fontaine du Pavillon. A droite et à gauche se trouvent les bâtiments destinés aux buveurs et le salon de réunion; à la suite sont des galeries circulaires où l'on peut se promener dans le mauvais temps. Ces galeries sont terminées par un pavillon octogone où est renfermée la fontaine. — Le canal d'écoulement des eaux surabondantes de la fontaine se jette dans le Vair. Il est creusé entre les deux allées principales d'une promenade située au nord du pavillon. Près de ces allées, formées de peupliers et d'acacias, existent des bosquets, des jardins et une petite prairie servant de promenade aux buveurs.

Les environs offrent de beaux paysages et des buts de promenades intéressants. On doit surtout visiter, près du village de la Vacheresse, à deux lieues sud-ouest de Contrexeville, sur les bords de la forêt de Saint-Ouen, le chêne des partisans, remarquable par sa hauteur, par ses dimensions et sa belle végétation. Ce chêne domine de beaucoup tous les arbres de la forêt : on le prendrait de loin pour une vieille tour; il a treize mètres de circonférence à sa base, neuf mètres à un 1/2 mètre de terre, six mètres à 2 mètres du sol, et cinq mètres 70 cent. à la naissance des branches, qui se développent à 7 mètres 1/2 du sol; sa hauteur est de 33 mètres (près de 102 pieds), et son envergure de 25 mètres; son tronc, quoique fortement conique, n'est point caverneux, et l'on est étonné de ne pas voir une branche sèche dans son dôme immense.

SAISON DES EAUX. L'époque la plus favorable pour boire les eaux à la source, est du 15 juin au 15 septembre; une saison est de vingt et un jours; souvent on est obligé de la prolonger si on veut obtenir guérison. Lorsque l'on fait plusieurs saisons, on doit se comporter comme si on n'en faisait qu'une, c'est-à-dire, boire graduellement les eaux en recommençant et terminant de même, puis mettre quelques jours de repos entre chacune des saisons.

Les malades trouveront à l'établissement des logements commodes, une société agréable, une table bien servie et toutes les commodités que l'on peut raisonnablement exiger hors de son domicile. On trouve également dans ce village des logements bien tenus et tout ce dont on peut avoir besoin.

PROPRIÉTÉS PHYSIQUES. Les eaux de Contrexeville ont une légère odeur martiale. Leur saveur est fraîche, douceâtre, ferrugineuse et légèrement acidule. Elles sont transparentes; en les exposant à l'air, leur transparence ne s'altère pas, seulement leur surface se couvre d'une pellicule d'un aspect gras, irisé, qui, par l'agitation, se dissout entièrement et se reforme de nouveau après quelques jours de repos.

Leur température est constamment de $+ 8°\,1/2$ de Réaumur; cependant, lorsque le thermomètre descend au-dessous de dix degrés, la température varie jusqu'à $+ 9°$.

PROPRIÉTÉS CHIMIQUES. Selon M. Collard de Martigny, qui s'est occupé de l'analyse des eaux de Contrexeville au mois d'octobre 1828, quatre livres d'eau, évaporée au feu doux d'une lampe évaporatoire, et dans des capsules de porcelaine, ont laissé un résidu brillant, lamelleux et cristallin, du poids de 4 grammes 559^{m}, lequel successivement traité par l'alcool, à divers degrés de concentration, par l'eau froide et bouillante, l'acide hydrochlorique et le sous-carbonate de potasse à chaud, a été trouvé composé de :

	Grammes.
Sulfate de chaux............	2,159
— de magnésie............	0,043
Sous-carbonate de chaux......	1,611
— de magnésie............	0,033
— de soude...............	0,007
Muriate de chaux............	0,076
— de magnésie............	0,023
Nitrate de chaux, des traces...	» » »
Protoxyde de fer surcarbonaté.	0,181
Silice......................	0,356
Matière organique insoluble dans l'eau, soluble dans l'alcool, surtout à chaud, peu soluble dans l'éther............	0,067
Perte......................	0,003
	4,559

Plus récemment, M. Collard a déterminé le volume, la nature et la proportion des gaz contenus dans l'eau de Contrexeville, ce qu'on n'avait pas fait encore. A zéro de température, et sous la pression de 0,770 de mercure, cette eau contient un peu moins que les deux tiers de son volume de gaz, composé à peu près ainsi qu'il suit :

Oxygène..........	11
Azote............	30
Acide carbonique...	59

PROPRIÉTÉS MÉDICINALES. Le grand nombre de cures déterminées par l'usage des eaux de Contrexeville, dans diverses affections des voies urinaires, a seul fait leur réputation; depuis une époque très-reculée, elles attiraient les habitants du pays affectés de ces maladies, sans être connues au delà d'un rayon de dix à douze lieues. Elles sont souveraines dans les affections graveleuses et calculeuses des reins et de la vessie, en facilitant l'expulsion de ces corps étrangers, lorsqu'ils ne sont pas trop volumineux pour sortir par la voie que la nature leur offre. Elles ont aussi la faculté de diviser et de détacher les molécules de ces concrétions, lorsque leur agrégation n'est pas parfaite.

MODE D'ADMINISTRATION. Les eaux de Contrexeville sont prescrites, le premier jour à la dose de deux ou trois verres le matin à jeun (le verre est du poids de dix onces), à un quart d'heure d'intervalle : si elles passent mal sur l'estomac, on met plus d'espace entre chaque verre; les jours suivants on augmente d'un verre; le dixième jour de la saison, on en porte le nombre de dix à quinze; quelques personnes douées d'une forte constitution vont à vingt, et même au delà, sans qu'elles s'en trouvent fatiguées; pendant les quatre derniers jours de la saison, le buveur doit prudemment diminuer, pour la terminer par cinq ou six; sans cette précaution, il peut éprouver des douleurs d'estomac qui se renouvellent pendant plusieurs jours, à l'heure à laquelle on avait coutume de boire. Pour les faire cesser, il faut prendre quelques aliments ou boissons; un peu de sucre suffit ordinairement pour apaiser cette cardialgie.

DARNAY. Petite ville située à 7 l. de Mirecourt. ✉ Pop. 1784 hab. — *Fabriques* de potasse, clous, couverts en fer battu étamés. Tanneries.

DOMPAIRE. Petite ville située à 3 l. de

Mirecourt. Pop. 930 hab. C'était autrefois une ville assez considérable, qui fut prise et brûlée par le duc de Bourgogne en 1475. *Fabriques* de clous, dentelles. Brasserie.

HEUCHELOUP. Source d'eau minérale ferrugineuse froide, à 2 l. de Mirecourt.

Cette source a pris son nom d'un moulin que fait mouvoir à peu de distance la rivière du Madon. L'eau de cette source est claire, limpide, et également abondante dans toutes les saisons de l'année. Sa saveur est légèrement astringente. Elle dépose dans les canaux par où elle s'écoule dans la rivière du Madon, une matière jaunâtre assez semblable à de l'ocre et à de la rouille de fer.

L'eau d'Heucheloup est employée avec le plus grand succès par les médecins du pays dans les douleurs des reins et de la vessie.

MIRECOURT. Jolie petite ville. Chef-lieu de sous-préfecture. Tribunaux de 1re instance et de commerce. ✉ ☞ P. 5,574 h.

Le nom de cette ville est attribué au culte que ses anciens habitants rendaient à Mercure. On a trouvé des autels dédiés à ce dieu sur les collines qui environnent la ville, à l'extrémité d'une vaste muraille dont on voit encore des débris et qui, à une époque très-reculée, défendait ce côté des Vosges. Au XVe siècle la ville de Mirecourt appartenait aux comtes de Vaudémont; elle était fortifiée et avait un bon château. Sous Charles VII, elle fut prise par Lahire. En 1670, le maréchal de Créqui la prit aussi, en détruisit les fortifications et en abattit le château.

Mirecourt est dans une situation assez agréable sur le Madon; mais elle est mal bâtie, mal percée, et n'offre aucune construction digne d'une remarque particulière. Cette ville possède une petite bibliothèque publique renfermant 7,000 volumes.

Fabriques importantes de dentelles et de tulles en fil. Centre d'une fabrique renommée de violons, basses, guitares, orgues portatives, serinettes et autres instruments de musique, qui occupe dans la ville et dans les villages voisins plus de 6,000 ouvriers.

A. 7 l. 1/2 d'Épinal, 11 l. de Bourbonne; 88 l. 1/2 de Paris.

MONTHUREUX-SUR-SAONE. Petite ville située à 10 l. de Mirecourt. Populat. 1618 hab. — *Fabriques* de limes, couverts en fer battu, clous. Filature de coton. Blanchisserie de cire.

VELOTTE. Village situé à 1 l. 1/2 de Mirecourt. Pop. 180 hab.

Ce village possède une source d'eau minérale ferrugineuse, connue sous le nom de Fontaine de fer ou de Velotte. Elle est située à peu de distance du village, sur le sommet d'une montagne calcaire couverte d'une terre noirâtre. Le bassin de cette source est grossièrement formé en pierres brutes. L'eau est froide, claire, transparente et légère; elle a, principalement à sa source, un goût âpre et astringent.

VITTEL. Bourg situé à 6 l. de Mirecourt. Pop. 1726 hab. — *Fabriques* de dentelles dont la plus grande partie se vend à Mirecourt.

ARRONDISSEMENT DE NEUFCHATEAU.

BULGNEVILLE. Bourg situé à 4 l. 1/2 de Neufchâteau. Pop. 1,012 hab. On y remarque trois puits artésiens. — *Fabriques* de broderie sur mousseline. Souliers de pacotille, toiles communes, poterie de terre. Brasseries. Tanneries. Huileries.

CHATENOIS. Bourg situé à 4 l. 1/2 de Neufchâteau. Pop. 1,547 hab. Il est dominé par les ruines d'un antique château d'un aspect imposant et pittoresque.

— *Fabriques* d'instruments de musique, dentelles, toiles de chanvre.

COUSSEY. Village situé à 1 l. 1/4 de Neufchâteau. Pop. 831 hab.

DOMREMY-LA-PUCELLE. Village situé à 3 l. de Neufchâteau. ☞ Pop. 316 hab.

Ce village est bâti à mi-côte sur le penchant d'une colline et domine une belle vallée qui s'étend entre la double chaîne des Vosges. Au bas du coteau coule la Meuse, dont les rives gracieuses embellissent un charmant paysage, terminé par l'aspect imposant des montagnes qui ferment l'horizon; rien n'est plus agréable que ce lieu champêtre de la hauteur duquel l'œil parcourt à perte de vue l'immense vallée des Vosges. Les maisons du village sont tapissées de rosiers et d'espaliers, dont les rameaux s'élèvent jusqu'aux toits, et forment de la rue principale une riante promenade.

Domremy est célèbre par la naissance de Jeanne d'Arc, qui y reçut le jour en 1412. C'est sur le côté de la principale rue de Domremy, qui se trouve appuyée au coteau même, que fut bâtie il y a près de quatre siècles la modeste habitation de l'humble bergère qui sauva la France du joug des Anglais. Cette chaumière villageoise de Jeanne d'Arc a été conservée de nos jours par une sorte de miracle, ou plutôt par le respect qu'inspirent le courage et la vertu. Au-dessus de la principale porte d'entrée, une inscription antique atteste à la fois l'identité du lieu, et la vénération dont il a toujours été l'objet; elle porte la date de 1461, première année du règne de Louis XI. Sur un emplacement tout voisin, et séparé seulement par une petite cour de la maison de l'héroïne, s'élève un nouveau bâtiment, fondé par Louis XVIII, et destiné à une école d'enseignement primaire pour les jeunes filles de Domremy, école où l'on suit la méthode de l'enseignement mutuel. En face de ce bâtiment est une place récemment formée, sur laquelle vient d'être érigé un monument à la gloire de la Pucelle d'Orléans.

Ce monument, dont l'inauguration eut lieu le 10 septembre 1820, en présence de quinze mille spectateurs accourus des villes et des campagnes voisines, consiste dans un soubassement d'où jaillit une fontaine composée de quatre pilastres soutenant un fronton d'un goût parfait, avec l'inscription :

À LA MÉMOIRE DE JEANNE D'ARC :
MONUMENT VOTÉ PAR LE DÉPARTEMENT DES VOSGES.

Un cippe supporte le buste de Jeanne d'Arc en marbre blanc et de proportion colossale.

GRAND. Bourg situé à 4 l. de Neufchâteau. Pop. 1,254 hab. On y remarque les ruines d'un amphithéâtre qu'on a commencé à déblayer en 1821, et dont M. Jollois a publié la description.

LIFFOL-LE-GRAND. Bourg situé à 2 l. 1/4 de Neufchâteau. Pop. 1,656 h. — *Fabr.* de clous, rouets à filer, quincaillerie, etc.

MARCHE (la). Petite ville située à 8 l. 1/4 de Neufchâteau. ✉ Pop. 1,625 hab. — *Fabriques* de couverts en fer battu.

NEUFCHATEAU. Jolie petite ville, chef-lieu de sous-préfecture. Tribunal de première instance. Collége communal. ✉ ⚭ Pop. 3,524 hab.

Cette ville est située sur le Mouzon, près de son confluent avec la Meuse, et dominée de tous côtés par des montagnes. Elle est assez bien bâtie, sur une colline environnée de sites agréables et variés, qui présentent sur plusieurs points des objets intéressants. C'est une ville antique, désignée dans l'itinéraire d'Antonin sous le nom de *Neomagus* : on croit qu'elle doit son nom moderne à un grand et beau château où Christierne de Danemark, duchesse douairière de Lorraine, assembla les états de la province en 1545.

Neufchâteau possède une petite bibliothèque publique renfermant 8,000 vol. C'est la patrie de François de Neufchâteau, littérateur distingué, ancien ministre et sénateur.

Fabriques de couvertures de laine, clous, pointes de Paris, ouvrages en osier. Forges. —*Comm.* de toiles communes, clous, fer, etc.

A 16 l. 1/2 d'Épinal, 13 l. de Nancy, 80 l. de Paris. — *Hôtel* de la Couronne, de la Providence.

SAUVILLE. Village situé à 5 l. 1/4 de Neufchâteau. Pop. 881 h.—*Fabriques* d'instruments de musique, pointes de Paris, agrafes, anneaux de rideaux, etc.— *Commerce* de quincaillerie, toiles dites des Vosges, etc.

VRÉCOURT. Bourg situé sur le Mouzon, que l'on y passe sur un beau pont, à 4 l. 3/4 de Neufchâteau. Pop. 931 hab. — *Fabriques* de toiles de coton, de pointes de Paris. Haut fourneau. Tanneries. — *Commerce* de bestiaux.

ARRONDISSEMENT DE REMIREMONT.

BELLE-FONTAINE. Village situé à 3 l. 1/2 de Remiremont. Pop. 2,580 hab. — *Fabrique* de coutellerie commune.

BUSSANG. Bourg situé au milieu des montagnes des Vosges, sur la rive droite de la première source de la Moselle, à 9 l. 1/2 de Remiremont. Pop. 2,349 hab.

Ce bourg, renommé par ses sources d'eaux minérales, est traversé par la route royale de Nancy à Bâle; il est bâti au fond d'une gorge sinueuse, dans un bassin resserré, dominé par des montagnes de quatre à sept cents toises d'élévation au-dessus du niveau de la mer, et connues sous les noms de Ballons d'Alsace, de Comté et de Servance.

Du haut de ces montagnes, on jouit d'un point de vue admirable : les regards planent sur une immense étendue de pays; en face et de chaque côté, l'Alsace déroule aux pieds de l'observateur ses campagnes fertiles et industrieuses; dans le lointain, à travers un horizon vaporeux, l'œil suit le cours du Rhin, dominé par les ruines majestueuses d'anciens châteaux, derrière lesquels on aperçoit les montagnes de la forêt Noire, de la Suisse et la cime neigeuse du mont Blanc. Beaucoup d'étrangers viennent exprès à Bussang pour jouir de la majesté de ce tableau.

L'aspect du pays est en général agreste et

très-varié. Les habitations qui forment un village, une commune, y sont éparses, disséminées çà et là sur les montagnes, quelquefois même, dans des endroits qui semblent inaccessibles. Là on croirait que l'homme, poussé par un instinct naturel, ne cherche qu'à fuir le monde; quelle différence des mœurs de ces paisibles habitants à celles des habitants énervés des villes ! quelle différence aussi dans leur constitution ! La vallée de Bussang est surtout remarquable et même renommée pour être celle des belles femmes, avantage qu'elle doit, dit-on, principalement à la bonté de ses eaux minérales, dont les habitants font un usage journalier.

Les sources minérales sont situées à une demi-lieue du bourg, dans un renfoncement de la vallée, non loin de la route de Thann. On ne peut assigner au juste l'époque de leur découverte ; elles n'ont commencé à être en réputation que depuis le commencement du XVIIIe siècle. Berthemin est le premier qui en ait parlé dans son traité des eaux de Plombières ; il dit que les Allemands sont les premiers qui firent usage de ces eaux, pour se rafraîchir et modérer la chaleur que leur avaient causée les eaux de Plombières.

Suivant la tradition, on en doit la découverte aux animaux ; l'expérience et l'observation semblent le confirmer, car on remarque que les chevaux, les bœufs et les vaches, s'empressent avec avidité d'approcher de la source, quand ils reviennent le soir des pâturages, après avoir côtoyé pendant longtemps le cours de la Moselle, dont ils négligent l'eau qui est très-claire, pour accourir pêle-mêle boire les eaux de la source de Bussang.

Les sources de Bussang sont au nombre de cinq ; mais il n'y en a que deux dont on fait usage, l'ancienne fontaine et la fontaine d'en haut. Quelques tilleuls ombragent le bâtiment assez simple dans lequel sont réunies ces deux sources, assez rapprochées l'une de l'autre. L'une d'elles est placée sous le bâtiment même, et arrive dans un grand réservoir de pierre très-bien fermé, et remarquable par le soin que l'on a eu de faire pencher l'eau de haut en bas, en remontant vers son niveau, et d'établir des canaux de décharge dans sa partie inférieure, en sorte que le gaz qui se dégage de ces eaux n'est jamais perdu ; il est même comprimé par le poids de l'eau elle-même. Cette source fournit quatre-vingt-dix litres d'eau par heure. Les eaux de la fontaine d'en haut sont reçues dans un réservoir découvert, entouré de murailles à hauteur d'appui : elle ne fournit que douze à quinze litres par heure.

PROPRIÉTÉS PHYSIQUES. L'eau de Bussang à sa source est claire, transparente et cristalline ; elle a tous les caractères des eaux acidules ferrugineuses froides. Le fond des bassins, les parois et les endroits par où elle s'écoule, paraissent comme enduits d'une substance rougeâtre, qui approche de l'ocre par sa couleur et sa consistance, ou du safran de Mars. On voit quelquefois nager sur la surface des bassins une pellicule avec des couleurs variantes, surtout lorsque ces eaux ont été longtemps en repos. Les pluies, les chaleurs, les sécheresses, ne causent aucun changement ni dans leur qualité ni dans la quantité. Elles sont aussi agréables que l'eau de Seltz ; elles font sauter le bouchon, petillent dans le verre comme le vin de Champagne, et perdent difficilement l'acide carbonique qu'elles contiennent. La température de la source est constamment à + 9° R., quelle que soit la saison.

PROPRIÉTÉS CHIMIQUES. MM. Thouvenel et Nicolas, qui ont analysé ces eaux, y ont trouvé une quantité assez considérable d'acide carbonique à nu, du carbonate de fer et du carbonate de soude. Nous donnons le résultat de l'analyse faite par M. Barruel au mois de juin 1829 ; les quantités ont été réduites à un litre d'eau contient :

	Grammes
Silice....................	0,056
Proto-carbonate de fer.......	0,016
Carbonate de chaux..........	0,361
Carbonate de magnésie.......	0,180
Carbonate de soude..........	0,770
Sulfate de soude............	0,110
Chlorure de sodium..........	0,080

La quantité moyenne du gaz acide carbonique libre est d'une fois et demie le volume de l'eau ; à la source même, M. Barruel estime cette quantité une fois plus grande.

PROPRIÉTÉS MÉDICINALES. Les eaux de Bussang sont indiquées dans beaucoup de maladies des voies urinaires. Elles s'emploient avec succès dans les engorgements lents des viscères, les fleurs blanches, les diarrhées chroniques, la langueur des forces digestives, les jaunisses rebelles, et les fièvres d'automne et de printemps. Elles sont communément purgatives et laxatives.

MODE D'ADMINISTRATION. Les eaux de Bussang se prennent en boisson, à jeun ou aux repas. On les boit à la dose de trois ou quatre verres jusqu'à douze. Dans les Vosges et le Haut-Rhin, beaucoup de personnes

FONTAINE STANISLAS
à Plombières.

font usage de ces eaux sans être malades, les mêlent avec du vin et obtiennent par ce moyen une boisson agréable, à cause de la saveur piquante qu'elles acquièrent. On prend peu ces eaux sur les lieux ; mais on en envoie plus de 20,000 bouteilles par an dans toute la France et particulièrement à Plombières. Bussang est à 12 l. 1/2 S. E. d'Épinal, 6 l. 1/2 S. E. de Remiremont, 108 l. 1/2 E. S. E. de Paris.

CORNIMONT. Village situé au milieu des montagnes, sur une des branches de la Moselle, à 7 l. 1/2 de Remiremont. Pop. 2,540 hab. — *Commerce* de fromages.

ETIENNE (SAINT-). Village situé à 1 l. de Remiremont. Pop. 80 hab. On y voit une belle cascade, dite le Saut de Miraumont, formée par un ruisseau peu considérable, qui tombe de 80 pieds d'élévation perpendiculaire.

PLOMBIÈRES. Jolie petite ville située à 4 l. de Remiremont. ✉ ⚜ Pop. 1,402 hab.

Cette ville, célèbre par ses eaux thermales, est dans une situation des plus pittoresques, au fond d'un vallon extrêmement resserré, traversé dans toute sa longueur par le torrent de l'Eaugronne. La température y est très-variable, et les étrangers doivent apporter la plus grande attention dans la manière de se vêtir, car dans le milieu du jour et lorsque le ciel est serein, la chaleur est excessive ; le matin et le soir la brise s'élève et rafraîchit considérablement la température, qui s'abaisse subitement et devient même très-froide lorsqu'il vient à pleuvoir.

L'aspect intérieur de la ville est assez agréable ; toutes les maisons y ont rarement plus de deux étages, mais elles sont en général propres, commodes, ornées d'un balcon, et presque toutes groupées à l'entour des établissements thermaux ; les plus éloignées qui servent de logement aux baigneurs n'en sont pas à plus de cent pas, ce qui est d'un très-grand avantage. Outre les maisons particulières où logent les étrangers, il y a dans la ville plusieurs hôtelleries très-bien tenues ; mais on n'y descend ordinairement que pour peu de temps, en attendant qu'on ait trouvé à se caser convenablement. La ville possède plusieurs belles promenades qu'elle doit à la munificence de Stanislas, et d'autres bien ombragées, entretenues avec soin et fort agréables ; l'une d'elles conduit à la fontaine de Stanislas, située sur un coteau voisin, au milieu d'un petit bois et au pied d'un énorme rocher sur lequel sont gravées plusieurs inscriptions qui rappellent les vertus du bienfaiteur de la Lorraine.

EAUX THERMALES DE PLOMBIÈRES.

Les eaux thermales de Plombières paraissent avoir été connues des Romains ; depuis des siècles elles sont fréquentées par un grand nombre de Français et d'étrangers, qui viennent dans la saison des bains y chercher la guérison ou un soulagement à leurs maux. A cette époque, la ville offre le spectacle le plus animé, et réunit les divers genres de plaisirs qu'on trouve ordinairement à Bagnères et à Bath. Les environs offrent des promenades délicieuses, tracées au milieu des forêts de chênes, de hêtres et de sapins. D'une éminence, nommée la Feuillée, où la plupart des étrangers se rendent au moins une fois pendant la saison des eaux, on jouit d'une vue charmante sur le riche, fertile et industrieux val d'Ajol : la fontaine Stanislas, le Moulin joli, Hérival avec ses rochers et ses bois fossiles, vingt autres endroits pittoresques offrent encore des buts de promenades tous plus jolis et plus agréables les uns que les autres. Deux promenades régulièrement plantées embellissent en outre les deux extrémités de la ville : la plus grande est située à l'est sur la route de Remiremont ; l'autre, à l'ouest, conduit, par deux chemins agréables, le long d'un canal et d'un torrent, à une tréfilerie et dans les bois du fond de la vallée.

Les eaux minérales de Plombières sont de deux sortes, les unes froides et les autres thermales. Des froides, l'une est ferrugineuse ; les autres sont dites savonneuses. Les sources thermales sont en assez grand nombre et ne peuvent guère être énumérées d'une manière bien positive ; cependant on peut les porter à quatorze environ.

Elles sont presque toutes destinées à alimenter les établissements de bains, quelques-unes servent à la boisson. La plupart ne sont pas employées à leur degré de chaleur naturelle ; elles sont tempérées l'une par l'autre ou par le refroidissement. Dans chaque bain ou bâtiment, il y a une ou plusieurs piscines pour les deux sexes. Nous allons donner une description succincte des divers établissements, en commençant par celui situé dans la partie la plus orientale de la ville.

BAIN DES DAMES. Cet établissement est composé d'une piscine demi-circulaire à + 29° R., qui peut recevoir une vingtaine de baigneurs ; d'une seconde piscine plus petite et beaucoup plus chaude, de deux cabinets de douches, et de trois grandes salles dans lesquelles sont rangées un certain nombre de baignoires : la température de la source est à + 42° R. Attenant l'établissement est une maison où peut loger un certain nombre de baigneurs.

BAIN DES ANCIENS, DES PAUVRES OU GRAND BAIN. Ce bain est le plus anciennement fréquenté ; il parait avoir été formé des restes d'un bain antique en forme de parallélogramme, dont l'étendue devait être considérable, pavé en larges dalles et garni des deux côtés de quatre degrés pour y descendre. La partie encore existante a 54 p. de long sur 30 de large ; elle est garnie des deux côtés de cabinets de bains et de douches, dans lesquels on communique par un corridor étroit. L'eau s'élève dans le bassin à 3 pieds et demi environ ; elle y arrive par deux sources, dont l'une marque + 44° et + 50° 1/2 R. La température du milieu du bassin est de + 36° ; celui où se baignent les malades de l'hospice, et qui y communique librement, est à + 30°. Dans le même bâtiment est un cabinet pour les bains de vapeurs entiers, et deux autres destinés aux bains sulfureux.

BAIN TEMPÉRÉ. La construction de ce bain date de 1772. C'est un édifice de forme carrée, dont la voûte élevée en arceaux est soutenue par onze piliers ; au centre sont quatre petits bassins circulaires qui peuvent contenir une soixantaine de baigneurs. Autour de ces bassins et au premier étage se trouvent quatorze cabinets de bains, renfermant 21 baignoires, et 8 douches d'espèces diverses. La température des bassins est fixée de + 26° à + 28° R. ; l'eau qui les alimente, ainsi que les cabinets particuliers, est fournie par deux sources, dont l'une marque + 49° et l'autre + 28° R.

BAIN DES CAPUCINS. Ce bain, alimenté par une source à + 42° R., renferme un bassin de 18 pieds de long sur 12 de large, et 3 1/2 de profondeur, divisé en deux compartiments : dans l'un, la température de l'eau est entretenue à + 33° R., et dans l'autre seulement à + 26°.

BAIN ROYAL OU BAIN NEUF. La construction de ce bain date de 1821. Il est alimenté par cinq sources principales, dont la température est de 12 1/2, 28, 35, 45 et + 49° R. La piscine, qui a environ 15 pieds carrés, est divisée en deux compartiments, qui peuvent contenir une quarantaine de baigneurs. Autour de cette piscine sont vingt et un cabinets de bains, dont dix à deux baignoires, huit cabinets de douche Tivoli, deux de douches ascendantes et un de douche de vapeurs utérine. Les étuves ou bains de vapeurs sont dans trois cabinets où passe une source thermale à + 43° 1/2 R. : des ouvertures ménagées dans le pavé, en laissent échapper les vapeurs qui sont reçues dans des caisses en bois de dimensions variées. Un des grands avantages du bain Royal est la communication des étuves avec les salles et les cabinets de bains et de douches, en sorte que les malades peuvent user de ces divers modes d'administration dans le même local.

FONTAINE DU CRUCIFIX. Cette source marque + 40° R. et ne sert qu'à la boisson. Elle est encaissée dans un massif de ciment antique et conduite dans un puisard d'où elle s'échappe par deux coulants en fer, au pied d'une croix gothique.

FONTAINES SAVONNEUSES. Elles sont au nombre de deux : la première marque + 14° 1/2 R. ; elle sourd près de la route de Luxeuil, dans une espèce de caveau d'où elle est amenée, par des canaux en bois, jusqu'à l'extrémité orientale du Grand Bain. La seconde s'écoule d'un rocher renfermé sous une voûte tapissée de pulmonaires d'un vert et d'une fraîcheur admirables ; elle marque + 12° 1/2 R. Ces deux sources servent en partie à la boisson.

FONTAINE FERRUGINEUSE OU LA BOURDEILLE. Elle est placée au milieu d'une promenade plantée de tilleuls majestueux, longue d'environ six cents pas et bordée de chaque côté par le torrent qui traverse la ville. Sa température moyenne est de 12° R. On ne s'en sert qu'en boisson.

ÉTUVE BASSOMPIERRE. C'est une voûte très-basse qui ne sert que pour les bains de vapeurs entiers ; la température de la chambre varie de + 46 à + 49° R.

Outre les établissements qui sont la prospérité du pays, Plombières possède un hospice qui contient 84 lits pour les indigents des départements composant l'ancien duché de Lorraine et de Bar, atteints d'infirmités réputées curables par les eaux de Plombières. C'est un reste des nombreuses institutions philanthropiques créées par le bon roi Stanislas.

SAISON DES EAUX. La saison commence le 15 mai et finit le 15 octobre. Les saisons les plus propices sont la fin du printemps et celle de l'été ; les chaleurs souvent excessives du mois de juillet et août ne sont pas aussi favorables que celles des mois de juin et septembre : quelquefois elles ont été employées en hiver, mais ce ne peut être sans des précautions excessivement minutieuses. La durée d'une saison a été primitivement fixée à vingt et un jours ; mais ce court espace de temps est loin de suffire, dans la majorité des cas, pour opérer un effet salutaire très-marqué ; il faut ordinairement pour cela, deux ou trois saisons et souvent même beaucoup plus.

Le mouvement annuel des étrangers est de sept à huit cents personnes.

PROPRIÉTÉS PHYSIQUES. Toutes les eaux des sources minérales de Plombières sont parfaitement limpides, incolores et sans odeur; leur saveur est nulle, à l'exception de la source ferrugineuse, qui forme un dépôt floconneux et jaunâtre. Elles sont onctueuses au toucher; ce qui doit être principalement attribué à la présence d'un principe gélatineux particulier, nommé glairine par M. Anglada, et barégine par M. Longchamps. Voici, d'après M. le docteur Grosjean, quelle est la température des différentes sources, la température atmosphérique étant à $+11°$ 1/4 R.

Source du Grand Bain à gauche. $+50$ 1/2
Id.   Id.   à droite.. $+44$
Id. du Crucifix............ $+40$
Id. de la maison n° 122.... $+19$
Id. du Bain des Dames.... $+42$
Id. en face sous la rue..... $+49$
Id. du Bain tempéré....... $+42$
Id. Muller, du Bain Royal.. $+26$
Id. première   Id...... $+45$
Id. seconde   Id...... $+35$
Id. des Étuves   Id...... $+43$ 1/2
Id. Simon (sur la route)... $+28$
Id.   Id.   au Bain tempéré.. $+26$
Id. de l'Étuve Bassompierre. $+50$
Id. du Bain des Capucins... $+42$
Id. nouvelle du Jardin Royal $+21$
Id. savonneuse du Grand Bain.............. $+14$ 1/2
Id. savonneuse du Jardin Royal.............. $+12$ 1/2
Id. ferrugineuse ou Bourdeille.............. $+12$

PROPRIÉTÉS CHIMIQUES. Il résulte des recherches de M. Vauquelin, que les eaux thermales de Plombières contiennent par pinte:

Carbonate de soude.... 2 gr. 1/6
Sulfate de soude....... 2   1/3
Muriate de soude...... 1   1/4
Silice................ 1   1/3
Carbonate de chaux.... 0   1/2
Matière végéto-animale. 1   1/2

PROPRIÉTÉS MÉDICINALES. Les eaux de Plombières sont stimulantes et activent la circulation. On les administre avec avantage dans le traitement de la chlorose et les affections des organes génitaux et urinaires, dans les maladies des voies digestives, dans les rhumatismes froids, les maladies des articulations, des os et des muscles, dans les maladies de l'encéphale et des nerfs, dans les maladies cutanées, les ulcères, etc.

MODE D'ADMINISTRATION. On fait usage des eaux de Plombières en boisson, en bains généraux, en douches de toutes formes, et en vapeurs. Les bains sont tempérés ou chauds, c'est-à-dire de $+26$ à $+33°$ R., et même au delà. La durée des bains partiels ou généraux est subordonnée à l'ordonnance du médecin, d'après une foule de circonstances et leur degré de température; ils peuvent être de quelques minutes jusqu'à trois heures consécutives, quelquefois même au delà. Les douches sont descendantes, obliques ou ascendantes; le malade peut les recevoir sur toutes les parties du corps, soit debout, assis ou couché; leur durée ordinaire est de cinq à trente-cinq minutes. Les bains de vapeurs ou d'étuve sont partiels ou généraux; leur durée n'a rien de fixe; on n'en commence généralement l'usage qu'après avoir pris quelques bains tempérés. La température des chambres varie de $+33$ à $+49°$ R. On fait encore usage, à Plombières, d'un genre de bain de vapeurs local, qui, peut-être, est l'unique dans tous les établissements d'eaux thermo-minérales, la douche de vapeurs utérine. L'appareil, fort simple, consiste dans un tabouret percé d'une lunette, qui se place au-dessus d'un trou rond d'où s'échappent des bulles de gaz provenant d'une source à $+42°$ R., et sur lequel s'assoient les femmes auxquelles cette fumigation est prescrite.

Les eaux s'administrent en boissons chaudes ou froides, coupées ou seules. Les eaux chaudes dont on fait ordinairement usage sont celles du Crucifix et du bain des Dames: le plus souvent on les boit à leur température naturelle ou à peu près. Parmi les eaux minérales froides employées en boisson, sont les savonneuses et la Bourdeille. Il existe en outre un grand nombre d'autres sources froides qui n'ont aucun caractère minéral, et qui servent aux usages domestiques.

TARIF DU PRIX DES BAINS, DOUCHES, ETC.

par heure.
Bains dans les bassins.......... » f. 30 c.
    dans les baignoires autour
      des bassins........... »   50
    dans les cabinets avec bai-
      gnoires en bois....... »   75
    dans les cabinets avec bai-
      gnoires en cuivre...... 1   »

par minute.
Douches ordinaires (ancien mode) »   3
    ascendantes.......... »   3

dites Tivoli.......... » 4
Bain de vapeurs utérin....... » 75

Plombières est à 5 l. N. N.-E. de Luxeuil, 18 l. O. de Bourbonne, 103 l. E. S.-E. de Paris. La malle-poste de Besançon à Nancy y passe tous les jours ; il y a aussi un service de diligence régulier entre cette ville et Nancy, pendant la saison des eaux.

POUXEUX. Village situé à 3 l. 1/2 de Remiremont ༀ Pop. 1,449 hab.

RAMONCHAMP. Bourg situé sur la rive gauche de la Moselle, à 5 l. 1/2 de Remiremont. Pop. 3,200 h. — *Fabrique* de calicots.

REMIREMONT. Jolie petite ville. Chef-lieu de sous-préfecture. Tribunal de première instance. Collége communal. ✉ ༀ Pop. 4,686 hab.

Remiremont doit son origine à une célèbre abbaye de chanoinesses, fondée, vers 620, par saint Romaric, sous le règne de Théodebert, roi d'Austrasie. La ville et le monastère occupaient la montagne de Saint-Mont, où Romaric avait un château. Elle fut entièrement ruinée par les Hongrois, vers le commencement du IXe siècle, et rebâtie, ainsi que l'abbaye dont une partie des bâtiments existe encore, dans la vallée où on les voit aujourd'hui. L'église abbatiale, qui sert aujourd'hui de paroisse, est un magnifique édifice de construction italienne.

Cette ville est bâtie dans une situation extrêmement pittoresque, au pied des Vosges, sur la rive gauche de la Moselle, un peu au-dessus du confluent des deux branches de cette rivière. Elle est formée de maisons peu élevées, mais propres, régulières et, pour la plupart, ornées d'arcades. Presque toutes les rues sont larges, bien percées et offrent plusieurs belles constructions, dont la plus remarquable, après l'église, est l'hôpital. Un ruisseau abondant arrose les rues principales ; les anciens fossés ont été convertis en jolis jardins. La ville possède une petite bibliothèque publique renfermant 5,000 volumes, et deux jolies promenades, dites du Tertre et du Châtelet. — On doit visiter aux environs, près du village de Vagney, les belles cascades du Bouchot et de la Cave.

Fabriques importantes de toiles de coton, siamoises et mousselines. Filatures de coton. Manufacture de papiers peints. Forges, aciérie et fabriques de pointes de Paris. Scieries hydrauliques de planches. Tanneries. — *Commerce* de fromage de Gérardmer et de fromage façon de Gruyère ; de toile de lin, chanvre, bonneterie, peaux de chèvres, bois et planches de sapin, plantes médicinales, etc. Centre du commerce de toutes les montagnes voisines.

A 6 l. d'Épinal, 4 l. de Plombières, 102 l. de Paris.

SAPOIS. Village situé à 4 l. 1/2 de Remiremont. Pop. 863 hab.

On remarque, un peu au-dessus du village, la cascade du Bouchot, une des plus belles des Vosges, formée par la rivière de Vagney. Les eaux sont divisées en deux sauts contigus : une partie descend rapidement d'un rocher à pic de cinquante pieds d'élévation, l'autre se précipite perpendiculairement d'un roc élevé de quatre-vingts pieds. Les eaux brisées, tourmentées dans leur route, tombent en poussière humide, en écume bouillonnante, dans un vaste bassin dont les rochers sont fortement excavés. Lors des grandes eaux les deux sauts n'en forment plus qu'un.

SAULXURE-EN-VOSGES. Village situé à 4 l. de Remiremont. Pop. 2,503 hab. — *Fabrique* de fromage. Filature de coton.

VAGNEY. Village situé au milieu des Vosges, à 3 l. 1/2 de Remiremont. Pop. 2,992 hab.

A un quart de lieue de distance de la route qui conduit de ce village à Remiremont, se trouve la cascade de la Cave, dont on entend le bruit de fort loin. Elle est formée par la rivière de Clurie, qui, avant sa jonction avec la Moselle, se précipite d'une montagne à pic très-élevée dans un bassin environné de rochers dont les fentes ouvrent passage à une végétation vigoureuse, qui embellit ce lieu sauvage. A la vue de ces roches verticales et élevées, de ce bassin spacieux où les eaux tombent avec fracas, de ces arbres penchés sur les bords du précipice, du torrent qui entraîne et heurte les débris du roc, on se rappelle les Alpes, Schaffhausen et sa chute, et l'on reconnaît que la Moselle, presque aussi belle dès sa source que le Rhin, était digne de contribuer au développement de ce fleuve.

VAL D'AJOL. Village situé sur le ruisseau de Combaut, à 5 l. 3/4 de Remiremont. Pop. 6,031 hab. — *Fabriques* de calicots et de kirchenwasser renommé. Brasseries.

VENTRON. Village situé à 5 l. 3/4 de Remiremont. Pop. 1,324 hab. — *Fabrique* de calicots. — *Commerce* de fromages.

IMPRIMERIE DE FIRMIN DIDOT FRÈRES ET Cie,
RUE JACOB, N° 56.

Guide Pittoresque
DU
VOYAGEUR EN FRANCE.

ROUTE DE PARIS A STRASBOURG,

TRAVERSANT LES DÉPARTEMENTS

DE SEINE-ET-MARNE, DE L'AISNE, DE LA MARNE, DE LA MEUSE, DE LA MOSELLE, DE LA MEURTHE, DU BAS-RHIN, ET COMMUNIQUANT AVEC CELUI DES VOSGES.

DÉPARTEMENT DU BAS-RHIN

Itinéraire de Paris à Strasbourg,
PAR CHALONS, METZ ET SARREBOURG, 121 LIEUES.

	lieues.
De Paris à Bondi........	3
Livry................	1 1/2
Villeparisis..........	1 1/2
Claye................	1
Meaux................	4
St-J. les Deux-Jumeaux..	3
La Ferté-sous-Jouarre...	2
La Ferme de Paris......	4
Château-Thierry........	3
Cresancy..............	2
Dormans...............	3 1/2
Port à Binson.........	2
Épernay...............	4
Jaalons...............	4
Châlons-sur-Marne.....	4
Somme-Vesle...........	4 1/2
Tilloy................	1
Orbeval...............	3
Sainte-Menehould......	2
Clermont..............	4
Dombasle..............	2 1/2

	lieues.
Verdun................	4
Manheulles............	4
Harville..............	2 1/2
Mars-la-Tour..........	3
Gravelotte............	2 1/2
Metz..................	4 1/2
La Horgne.............	3
Solgne................	2 1/2
Delme.................	3
Château-Salins........	3
Moyenvic..............	2
Bourdonnay............	4
Heming................	5
Sarrebourg............	2
Hommarting............	2
Phalsbourg............	2
Saverne...............	3
Wasselonne............	3 1/2
Ittenheim.............	3
Strasbourg............	3

ASPECT DU PAYS QUE PARCOURT LE VOYAGEUR

DE SAVERNE A STRASBOURG.

En passant du département de la Meurthe dans celui du Bas-Rhin, on descend la montagne de Saverne, taillée en partie dans le roc et bordée de précipices. Cette montagne, autrefois presque impraticable par le mauvais temps, offre un chemin assez commode parmi des montagnes escarpées. C'est un des ouvrages les plus curieux de l'industrie humaine; de sa partie la plus élevée, l'Alsace semble offrir aux yeux du voyageur un vaste jardin entrecoupé d'une multitude de collines, de vignes, de champs, de prés, de vergers, de bois, et quantité de villages, de bourgs, de villes et de maisons de plaisance. Dans le lointain, on découvre le Rhin, qui coule majestueusement au pied des montagnes de l'Allemagne, sur lesquelles s'élèvent des villages et des châteaux. Deux routes conduisent de Saverne à Strasbourg. Celle de gauche est la plus courte; mais on prend ordinairement celle de droite, qui passe au milieu d'un bois, au sortir duquel on voit Sindelsberg. Une descente rapide conduit à Krastatt. Après Wasselonne, la route, très-sinueuse, suit le revers d'une montagne, et descend ensuite dans la belle vallée de Marlenheim. Au delà du relais d'Ittenheim, on gravit une côte, puis on descend dans une plaine fertile, où l'on jouit d'une belle vue sur le Rhin; peu après on longe le canal de Molsheim, et l'on arrive à Strasbourg, où l'on entre par la porte de Saverne.

DÉPARTEMENT DU BAS-RHIN.

APERÇU STATISTIQUE.

Le département du Bas-Rhin est formé de la basse Alsace et de quelques parties de la Lorraine allemande. Il tire son nom de sa situation sur le cours inférieur du Rhin. — Ses limites sont : au nord, le département de la Moselle et la Bavière rhénane (le Palatinat); à l'est, le Rhin, qui le sépare du grand-duché de Bade; au sud, le département du Haut-Rhin; au sud-ouest, celui des Vosges; à l'ouest et au nord-ouest ceux des Vosges et de la Meurthe.

On peut diviser le département en trois régions : les montagnes couvertes de forêts et d'arbres de toute espèce; les collines plantées de vignes qui donnent des vins de bonne qualité, et la plaine, fertile en toutes sortes de productions. Toute la partie occidentale est couverte par la chaine des montagnes des Vosges, qui s'étend sur une largeur de 2 à 6 lieues, et dont les sommets sont en général moins élevés que dans le Haut-Rhin : les points culminants ne dépassent guère 1365 mètres; leur élévation commune est de six à huit cents mètres. Les principaux sommets des Vosges dans le département sont :

Le champ de Feu	1,095
Le Climont	935
Le Schneeberg	900
L'Ungersberg	856
Le Mennelstein	833
La Bloss	787
Le mont Saint-Odile	767
Le Pigeonnier	504
Le Mont Saint-Sébastien	487
Le Wasenberg	412
Le fort de Lichtenberg	379
L'Altenberg	376

Ces montagnes donnent naissance à plusieurs vallées charmantes, dont les plus remarquables sont celles de Katzenthal, où l'on trouve plusieurs mines exploitées; le Jägerthal,

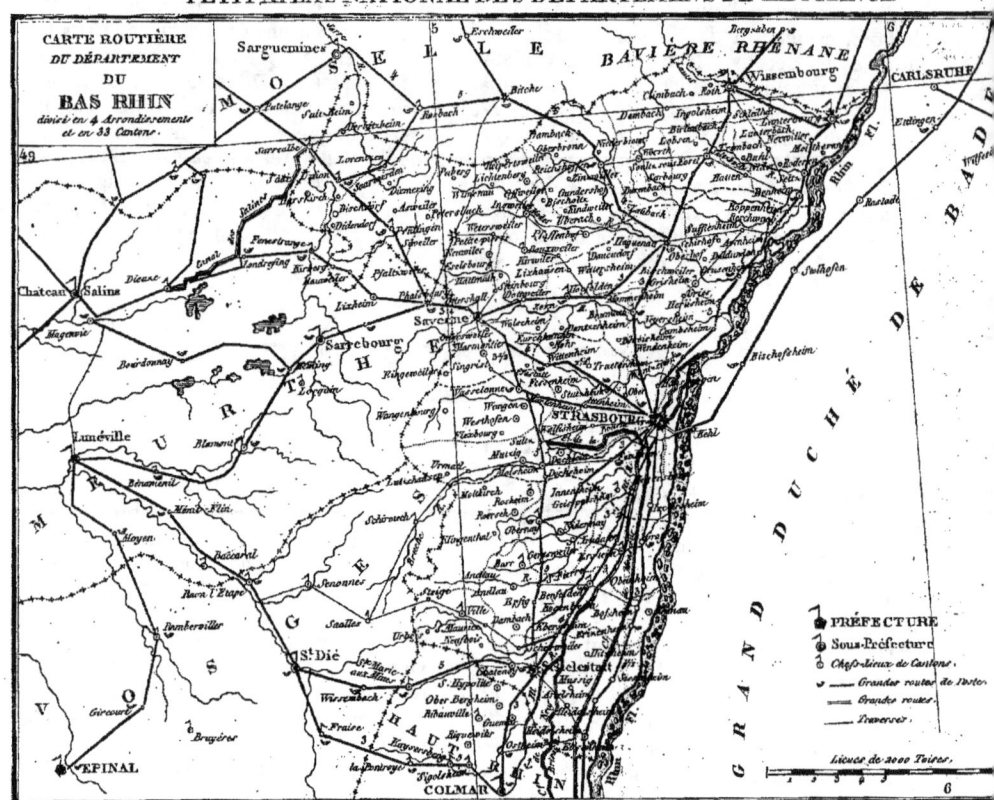

vivifié par des fonderies et des forges; la vallée de Niederbronn renommée pour ses eaux minérales; le Bärenthal, avec plusieurs usines; le Kronthal, où l'on voit de vastes carrières; la riante vallée de la Bruche, arrosée par la rivière de ce nom; le Klingenthal, renommé par la beauté de ses sites et par ses importantes manufactures d'armes blanches; la vallée de Barr, où l'on voit une succession presque continuelle de maisons et d'usines; la vallée d'Andlau; le val de Villé.

La plaine, qui s'étend en pente douce depuis le pied des Vosges jusqu'au Rhin, occupe environ les trois cinquièmes de la superficie du département. Dominée au loin par les montagnes des Vosges, dont des châteaux ruinés et solitaires occupent les cimes, bordée dans toute son étendue par un fleuve majestueux, cette plaine offre tour à tour des coteaux agréables, de riants vallons, de riches moissons et de belles prairies, auxquelles succèdent sans interruption de vastes plantations de garance, de tabac, de choux et de légumes, cultivés avec le plus grand soin, disposés avec ordre, presque toujours alignés et tirés au cordeau. Partout la nature étale ses riches produits, et révèle l'aisance des heureux habitants de cette charmante contrée, où, à la beauté des sites, à la diversité du paysage, se joignent la santé robuste des hommes et la fraîcheur ravissante des femmes. La fertilité du sol varie selon sa composition : le meilleur terrain se trouve entre les montagnes et la rive gauche de l'Ill, depuis Schlestadt jusqu'à Brumath, sur une étendue de 12 lieues. Le sol est beaucoup moins productif entre l'Ill et le Rhin, cette partie du département étant sujette aux inondations. Vers Hördt, Bischwiller et Hagueneau, les champs gras et fertiles font place à une plaine sablonneuse, où l'on cultive toutefois un assez grand nombre de productions. Entre Soultz et Wissembourg, la fertilité du sol augmente de nouveau, et l'on aperçoit dans les champs une grande variété de productions.

Le département du Bas-Rhin est arrosé par plusieurs rivières. Le Rhin le borde dans le sens de sa longueur; l'Ill, qui y est navigable, y parcourt un trajet de 13 lieues, et facilite un commerce important entre les deux départements du Rhin. Les autres rivières sont : la Lauter, la Setzbach, la Surbach, l'Eberbach, la Moder, la Zinzel, le Falkenstein, le Meizenbach, la Zorn ou Sorr, la Rohrbach, la Souffel, la Mossig, la Mulbach, la Bruche, la Magel, l'Egers, l'Andlau, la Scher, la Zembs, l'Ischeu, la Saar, etc., etc.

Le département possède plusieurs canaux sur lesquels la navigation est fort active : le canal de jonction du Rhône au Rhin vient de Saint-Jean de Losne (Côte-d'Or), passe par Besançon, Montbéliard, traverse le département du Haut-Rhin, entre au-dessus de Marckolsheim dans celui du Bas-Rhin, et dans la rivière d'Ill à un quart de lieue au-dessus de Strasbourg. Le canal du Rhin, qui établit une communication entre ce fleuve et l'Ill à son passage à Strasbourg : il sert principalement aux importations de bois de chauffage, matériaux de construction, etc. Le canal français, creusé depuis la citadelle de Strasbourg jusqu'à l'Ill. Le canal de la Mossig, qui joint le canal de la Bruche près de Soultz. Le canal de Selz, aujourd'hui très-délabré. Le canal de Giesen, qui conduit à Schlestadt une partie des eaux de la Liepvre et de la Scher. Le canal de la Bruche, établi par Vauban, en 1682, pour faciliter le transport des matériaux nécessaires à la construction de la citadelle de Strasbourg et de la place de Fort-Louis : sa longueur est de 19,740 mètres. Il tire ses eaux de la Bruche et de la Mossig : les digues sur les deux bords sont plantées de saules et offrent une promenade agréable.

Le climat du département est en général tempéré; cependant les hivers y sont longs, et le printemps fort court, ce qui tient au voisinage des montagnes dont il est environné de toutes parts, et dont les neiges ne fondent guère qu'en juin et juillet. Les chaleurs de l'été surviennent tout à coup; toutefois le rapprochement des montagnes rend encore cette saison inconstante, et occasionne souvent un passage subit d'une très-grande chaleur au froid; mais par une juste compensation il n'y a peut-être pas de département en France où les automnes soient aussi longs et aussi beaux que dans le Bas-Rhin. Les températures extrêmes observées en 1832 ont été —5° R. le 5 et le 7 janvier, et +25 1/2 le 2 et le 13 août. — Le maximum de l'élévation du baromètre a été dans la même année de 28 p. 3 l. 1, et le minimum de 27 p. 1 l. 3. — La quantité d'eau tombée annuellement est évaluée à 17,24 pouces. — Le résultat de quinze années d'observations donne 79 jours sereins, dont 73 parfaitement beaux, 138 jours couverts et 148 jours mixtes. — Les vents dominants sont ceux du sud et du nord-est. Viennent ensuite les vents sud-est, nord, nord-ouest, est et sud-ouest.

Le département du Bas-Rhin a pour chef-lieu Strasbourg. Il est divisé en 4 arrondissements et en 33 cantons, renfermant 543 communes. Superficie, 220 lieues carrées. — Population. 540,213 habitants.

MINÉRALOGIE. Minerai de fer abondant (60 mines de fer, dont 28 en exploitation); paillettes d'or dans le Rhin; traces de minerai d'argent, de plomb, d'antimoine, de manganèse; belles carrières de grès propre aux constructions, plâtre, argile à poterie, ardoise, cailloux du Rhin, sable pour verreries, marne, charbon de terre, tourbe, asphalte, etc.

SOURCES MINÉRALES à Avenheim, Brumath, Kuttolsheim, Soultz, Wasselone, Bonnefontaine, Chatenois, Holzbad, Lampertsloscb, etc.

PRODUCTIONS. Céréales de toute espèce, en quantité beaucoup plus que suffisante pour les besoins des habitants; maïs, légumes secs, choux, raves, oignons, chanvre, lin, graines oléagineuses, semences potagères, houblon, moutarde, safran, gentiane jaune, coriandre, fenugrec, garance, tabac excellent, fourrages naturels et artificiels, mélèze dont on tire la térébenthine, merisiers dont les fruits donnent d'excellent kirchwasser par la distillation. — 13,123 hect. de vignes, produisant annuellement environ 500,000 hectol. de vin, dont la moitié est consommée sur les lieux; l'autre moitié est livrée au commerce, et s'exporte sur la rive droite du Rhin, dans le grand-duché de Bade, etc. — 153,107 hectares de forêts (arbres verts et feuillus). — Belles races de chevaux et de bêtes à cornes. Grand et menu gibier (chevreuils, lièvres, perdrix, cailles, faisans). — Bon poisson de rivière (carpes, truites, écrevisses, esturgeons, saumon). — Éducation des abeilles.

INDUSTRIE. *Fabriques* de draps fins, toiles, calmandes, calicots, percales, toiles à voiles, cordeaux de Strasbourg, chapeaux de paille, cartes à jouer, papiers peints, brosses de crin, peignes de corne, acides minéraux, huile, savon, amadou, noir de fumée, toiles métalliques, ouvrages en fonte, chaudronnerie, quincaillerie, lames de scies, crics, outils de toute espèce, armes à feu et armes blanches, instruments de physique et de chirurgie, pipes et tuyaux de corne, ganterie et buffleterie, peaux, cuirs, acides minéraux, maroquin. Exploitation de houille, de lignite, d'ocre, d'asphalte. Battage d'or et d'argent. Papeteries. Moulins à garance. Faïenceries. Nombreuses brasseries renommées. Amidonneries. Teintureries. Blanchisseries de toiles. Tanneries et chamoiseries. Hauts fourneaux, fonderies, forges et martinets. Fonderie de canons, etc., etc.

COMMERCE de grains, eau-de-vie, vin, bière, vinaigre, huile, sauerkraut, tabac en feuilles, garance, graines potagères, chanvre, fer, fonte, armes, quincaillerie, planches de sapin, bestiaux, asphalte, térébenthine, etc., etc.

VILLES, BOURGS, VILLAGES, CHATEAUX ET MONUMENTS REMARQUABLES; CURIOSITÉS NATURELLES ET SITES PITTORESQUES.

ARRONDISSEMENT DE STRASBOURG.

AVENHEIM. Village situé à 4 l. 1/4 de Strasbourg. Pop. 230 hab.

Ce village est bâti dans un riant vallon, découvert du côté de l'est et du sud, et formé au nord et à l'ouest par des montagnes élevées. L'air y est très-sain; les habitants y jouissent d'une excellente santé, et y parviennent, pour la plupart, à un âge très-avancé.

Avenheim possède une source d'eau minérale, appelée dans le pays Puits intarissable. Les eaux de cette source sont froides en été et ne gèlent point en hiver; leur nature paraît être alcaline.

Le puits qui renferme les eaux a environ six pieds de profondeur et autant de largeur. Il fournit toute l'année un égal volume d'eau, même pendant les plus grandes chaleurs. L'eau de cette source est si limpide qu'on peut aisément apercevoir le plus petit corps qui serait au fond du bassin. En hiver il en sort beaucoup de vapeurs; et quoique le puits ne soit pas couvert, les eaux ne gèlent jamais, pas même dans les froids les plus rigoureux. Cette eau passe facilement, quelle que soit la quantité qu'on en boive; son odeur est fétide et si forte qu'on la sent à 40 pas de distance, et que le ruisseau qu'elle forme conserve cette odeur à une grande distance de sa source. Cependant cette odeur désagréable s'évapore si promptement, qu'elle abandonne en un instant l'eau, lorsqu'elle est enfermée dans un vase.—Tous les corps et les animaux, même ceux qui menacent de corruption, lorsqu'on les plonge dans cette eau, s'y conservent longtemps et se corrompent plus difficilement que dans les autres eaux.

L'eau d'Avenheim passe pour être apéritive, détersive, un peu fortifiante, absorbante et adoucissante. Elle égaye l'esprit, provoque fortement les urines, et accélère tellement le mouvement du sang, que ceux qui, n'y étant pas accoutumés, en boivent pendant quelques jours, ont la peau rouge et couverte de pustules qui disparaissent bientôt; après quoi l'appétit augmente et la digestion se fait plus facilement. Si l'on se baigne dans cette eau, le corps en devient plus souple et plus alerte. Il paraît qu'on doit attribuer à son usage la santé constante et la vieillesse avancée où parviennent les habitants, qui vivent généralement au delà de quatre-vingt-cinq ans. On n'a jamais vu à Avenheim une personne attaquée de la gale ou d'autres maladies de la peau, quoiqu'on s'y nourrisse d'aliments durs et fort âcres : les fièvres y sont très-rares et on n'y connaît ni la pierre ni la gravelle.

Prises en boisson, les eaux d'Avenheim sont employées avec succès dans toutes les maladies provenant de l'épaississement ou de l'acrimonie des humeurs, dans la phthisie, l'étisie de tout âge et de tout sexe. Elle guérit radicalement la gale, enlève les taches de la peau, la rend claire et douce, de rude qu'elle était, si à l'usage intérieur on ajoute celui des bains ou lotions [1].

AVOLSHEIM. Village situé sur la Bruche, à 4 l. 1/2 de Strasbourg. Pop. 609 hab. L'église paroissiale, située à peu de distance du village, passe pour être l'église de Dompeter, fondée par saint Materne, et l'un des plus anciens édifices religieux de l'Alsace. La porte qui conduit du porche dans l'intérieur est ornée de sculptures grossières; la nef n'est point voûtée, des piliers simples la séparent des bas côtés dont les fenêtres sont gothiques; les murs offrent quelques fragments d'inscriptions romaines.

BISCHWILLER. Petite ville située sur la rive droite de la Moder, à 5 l. de Strasbourg. ✉ Pop. 5,927 hab. C'était autrefois une ville épiscopale, défendue par un château fort élevé dans le XVe siècle. Elle avait avant la révolution une foire célèbre où se rendaient tous les ménétriers de la basse Alsace, pour rendre hommage au roi des violons.—Fabriques de draps pour l'habillement des troupes, toiles, coutils, gants de laine, tricots, huile, poterie de terre. Blanchisseries de toiles. Filatures de laine. Brasseries. Tanneries. Moulins à garance. Exploitation de tourbe et de minerai de fer. —Commerce de vins, chanvre, tabac, garance, houblon, bestiaux, etc.

BRUMATH. Petite ville située sur la Zorn, à 4 l. 1/4 de Strasbourg. ✉ ☞ Pop. 4,062 hab.

Brumath est une ville ancienne dont l'existence remonte au temps des Romains : elle occupe l'emplacement de l'antique *Brocomagus*, l'une des deux villes que Ptolémée attribue au peuple Triboques. Les barbares la saccagèrent dans le Ve siècle, et la réduisirent à l'état de simple village, que l'empereur Louis de Bavière éleva au rang de ville en 1336. Ruinée de nouveau en 1674, elle se releva bientôt, grâce à l'activité de ses habitants, et forme actuellement une petite ville assez considérable.

A un quart de lieue de Brumath, on remarque le bel établissement de Stephansfelden, fondé vers l'an 1220, par les comtes de Werd, pour servir d'hospice aux enfants abandonnés.—Fabrique de garance.

DORLISHEIM. Bourg situé à 5 l. de Strasbourg, près de la montagne de Dreispitz, dont l'aspect offre un magnifique point de vue. Pop. 1,811 hab. L'église paroissiale renferme des bas-reliefs fort anciens qui paraissent avoir appartenu à un établissement de templiers.—Aux environs, on voit plusieurs tumulus, et sur une hauteur, entre Dorlisheim et Girbarden, on aperçoit les restes d'une ancienne fortification.

DRUSENHEIM. Petite ville bâtie dans une belle situation, au confluent de la Moder et du Rhin, à 7 l. de Strasbourg. ☞ Pop. 520 hab. Elle est environnée de fortifications en terre qui ont été renouvelées dans différentes guerres.

GEISPOLSHEIM. Beau village, situé sur l'Ergers, à 3 l. de Strasbourg. Pop. 2,216 hab.—Fabriques d'amidon. Tuileries et briqueteries.

FORT-LOUIS. Village situé à 11 l. 1/2 de Strasbourg. Pop. 532 hab.

Fort-Louis était jadis une ville bien fortifiée que Louis XIV fit bâtir par Vauban en 1689, sur une île du Rhin. Toutes les rues étaient tirées au cordeau et les maisons bâties symétriquement. Cette ville fut bombardée,

---

1. Buchoz, Dictionnaire hydrologique et minéralogique de la France.

prise et dévastée par les Autrichiens en 1793. Les Français y rentrèrent quelque temps après, mais ils ne la relevèrent pas de ses ruines. En 1814, un corps d'armée russe s'en empara et releva une partie des fortifications qui furent de nouveau rasées après la paix. C'est aujourd'hui un village ouvert, situé sur une île entre le Rhin et la Moder.

HAGUENEAU. Jolie et forte ville, située au milieu de la forêt de son nom, sur la Moder, à 7 l. de Strasbourg. Place de guerre de 4ᵉ classe. Chambre consultative des manufactures. Collége communal. ✉ ☞ Pop. 9,697 hab.

Cette ville doit son origine à un château construit au commencement du XIIᵉ siècle, et autour duquel se forma en peu de temps une ville que l'empereur Frédéric Iᵉʳ fit entourer de murs en 1164. Plus tard elle devint le siége de la préfecture des dix villes impériales de l'Alsace. Pendant la guerre de trente ans elle éprouva de grands désastres. En 1673, Louis XIV en fit raser les fortifications, qu'il fit reconstruire l'année suivante et démolir de nouveau trois ans après. Un incendie la détruisit presque entièrement en 1677. Les Autrichiens la prirent en 1705 et en 1744, mais ils ne la gardèrent que fort peu de temps.

L'église Saint-Georges est un édifice gothique fort remarquable dont la construction paraît remonter au commencement du XIIᵉ siècle. Les sculptures extérieures du chœur sont d'un travail parfait. Dans l'intérieur, on voit un tabernacle élevé de 30 pieds et orné de sculptures en pierre très-délicates.

On remarque encore à Hagueneau l'église Saint-Nicolas, édifice gothique du XIIIᵉ siècle ; le quartier de cavalerie ; l'hôpital civil et militaire.

Fabriques de calicots, siamoises, savon vert, goudron. Moulins à garance. Brasseries. Tanneries. Faïenceries. Amidonnerie. Filatures de coton et de chanvre. — *Commerce* de bois, laine, garance, etc.—*Hôtels* Deiss, Gambs.

ILLKIRCH. Village situé sur l'Ill, à 1 l. 3/4 de Strasbourg. Pop. 1,766 hab. On y remarque la maison où fut signée la capitulation de Strasbourg, le 30 septembre 1681.

KALTENHAUSEN. Village situé sur la Moder, à 7 l. de Strasbourg. Pop. 770 hab.

De cette commune dépend le hameau de *Morienthal*, qui avait jadis un couvent de Guillemites, où l'on se rendait de fort loin en pèlerinage.—*Fabrique* de poterie de terre.

KIRCHEIM. Village situé à 4 l. de Strasbourg. Pop. 493 hab. On croit qu'il occupe l'emplacement d'un vaste palais des rois francs, dont il reste encore quelques vestiges de murs encastrés dans des habitations particulières.

KOLBSHEIM. Village situé au pied d'une colline, près de la Bruche, à 3 l. de Strasbourg. Pop. 531 hab. On y remarque les châteaux d'Attenau et de Fackenbagen.

KUTTOLSHEIM. Village situé à 4 l. 1/2 de Strasbourg. Pop. 895 hab.

Il existe dans la partie haute de ce village une source d'eau sulfureuse acidule froide, qui sourd dans une maison particulière, et se répand de là dans toutes les rues du village, en laissant échapper une odeur hydro-sulfureuse très-prononcée.

MARIENTHAL. *Voy.* Kaltenhausen.

MARLENHEIM. Bourg situé sur la Mossig, à 5 l. de Strasbourg. Bureau principal des douanes. Pop. 1,962 hab.

MOLSHEIM. Jolie petite ville, agréablement située, au pied des Vosges, sur la Bruche, à 5 l. de Strasbourg. ✉ Pop. 3,225 hab.

L'existence de cette ville remonte au delà du Xᵉ siècle. Elle fut brûlée en 1388, par le comte palatin Robert, et souffrit beaucoup de la guerre entre les évêques Georges de Brandebourg et Charles de Lorraine.

L'église paroissiale de Molsheim, remarquable par la légèreté de ses clochers, fut construite en 1580 pour un collége de jésuites ; l'architecture offre un mélange bizarre du style gothique et de la sculpture moderne.

Fabriques de rubans de fil, grosse quincaillerie, outils, ressorts, coutellerie, etc. Blanchisseries de toiles. Teintureries. — *Commerce* de grains et de vins.

MUTZIG. Jolie petite ville, située à 5 l. 1/2 de Strasbourg. Pop. 3,551 hab.

Cette ville est bâtie dans une belle et large vallée que traversent le canal de la Bruche et la rivière de ce nom, dont les eaux arrosent de vastes prairies ombragées de bouquets d'arbres. Plusieurs villages et de nombreux établissements industriels animent cette vallée, que ferme à l'ouest un rideau de montagnes hérissées de forêts, derrière lesquelles s'élève la tête chauve du Donon.

On voit à Mutzig l'ancien château des évêques de Strasbourg, converti par MM.

Couleaux frères en une manufacture d'armes à feu.

Patrie du mathématicien Arbogast.

NIEDERHASLACH. Village situé à 7 l. 1/2 de Strasbourg. Pop. 972 hab. Il doit son origine à un monastère dont l'église fut reconstruite en 1274. La façade de cet édifice est ornée de belles sculptures : celles du tympan de la porte représentent l'histoire de saint Florent, fondateur de l'abbaye. A l'entrée du sanctuaire, on remarque une armoire grillée renfermant les reliques de saint Florent, et sous cette armoire le tombeau de l'évêque Rachion. Dans une chapelle latérale on voit un sépulcre dont les gardes sont représentés avec le costume du moyen âge. Le chœur offre de beaux vitraux ; sur l'emplacement du cloître sont plusieurs monuments funèbres dignes de fixer l'attention.

OBERHASLACH. Village situé dans un vallon pittoresque, à 7 l. 1/2 de Strasbourg. Pop. 913 hab. Il est dominé par une haute montagne que couronnent les vastes ruines du château de Ringelstein, détruit pendant la guerre de trente ans. Le haut de la montagne voisine offre les restes d'une forteresse entourée d'un vaste fossé séparé de la pente de la montagne par un rempart en terre. A l'ouest de ces ruines sont celles du château de Hohenstein.

On doit aussi visiter aux environs, dans une branche de la vallée de Schirmeck, les ruines du château de Niedeck qui s'élève sur un rocher escarpé, et dont il reste une tour carrée en pierre de taille, haute de 200 pieds et couronnée de broussailles et de hêtres. En avançant sur les bords d'un torrent qui roule ses eaux sur un lit de cailloux et de rochers, on s'enfonce dans une forêt de sapins ; la vallée se rétrécit de plus en plus entre les montagnes ; enfin, on se trouve arrêté au bas d'un immense rocher de porphyre, haut de cent pieds, d'où les eaux du torrent se précipitent et forment la belle cascade de Niedeck, qui est dans toute sa beauté après de fortes pluies ou après la fonte des neiges.

Deux autres cascades d'un accès facile sont voisines de celle de Niedeck : celle de Soulzbach est fournie par les eaux d'un torrent qui se précipite à travers les broussailles, du haut d'un rocher couvert de mousse, dans un petit bassin qui le reçoit après une chute de 30 pieds. La seconde cascade se trouve dans la vallée de Kappelbrunn ; ses eaux sont plus abondantes que celles de la cascade de Soulzbach, mais sa chute est moins considérable.

OBERHAUSBERGEN. Village situé à 3 l. 3/4 de Strasbourg. Pop. 414 hab.

PLOBSHEIM. Village situé à 3 l. de Strasbourg. Pop. 1416 hab. On remarque aux environs l'antique chapelle de Sainte Marie-au-Chêne ; le château de l'ancienne famille de Kempfer ; le château de Güntzer ; la belle habitation de Thumeneau, domaine agricole environné de magnifiques plantations d'arbres indigènes et exotiques.

SCHARRACHBERGHEIM. Village situé à 5 l. de Strasbourg. Pop. 678 hab. Il est au pied du Scarrach, d'où l'on jouit d'un beau point de vue, et sur lequel on voit les traces d'un retranchement suédois : les fossés et les portes de l'ancien château existent encore.

SCHWEIGHAUSEN. Village situé à 7 l. de Strasbourg. Pop. 1,765 hab.

Ce village est remarquable par les restes d'antiquités romaines qu'il renferme. L'une des plus curieuses est un bas-relief représentant Junon, encastré dans le mur de la sacristie de l'église paroissiale : la déesse est représentée par un paon dont l'aigrette est très visible ; elle tient de la main droite une petite patère, et de la main gauche une sorte de cassette de forme carrée.

SOULTZ-LES-BAINS *ou* **SOULTZ-BAD.** Village situé à 5 l. de Strasbourg. Pop. 996 hab.

Ce village est bâti dans une gorge agréable, formée par les collines des Vosges, sur la Bruche et à la naissance du canal de ce nom. Il possède une source d'eau minérale bitumineuse et des bains connus dans le pays sous le nom de Soultzbad, qui étaient fréquentés bien avant le XVIe siècle. La source est située dans une belle prairie, à peu de distance de Soultz, sur le ruisseau de Mossig. Elle est renfermée dans un puits placé au centre de l'établissement, d'où les eaux, élevées au moyen d'une pompe, sont portées par des tuyaux en bois dans des étuves où elles sont échauffées selon les besoins, et distribuées par des conduits dans les baignoires.

Les eaux de Soultz sont claires et ne gèlent jamais en hiver ; au contraire dans cette saison elles paraissent tièdes et exhalent beaucoup de vapeurs. Elles ont une odeur un peu fétide, et un goût salé un peu amer et désagréable. Bues en quantité, elles favorisent la sécrétion des urines et procurent quelques selles légères.

L'eau, chauffée et réduite au tiers de son

volume, présente une saveur fortement salée, semblable à celle d'une lessive concentrée; elle a perdu son odeur fétide; elle verdit sur-le-champ le sirop de violettes; la poudre de noix de galle, laissée pendant la nuit dans un verre rempli de cette eau, lui communique une couleur d'un beau rouge; elle dépose dans les canaux une matière ocracée jaunâtre.

Les eaux de Soultz contiennent du carbonate de soude, du sulfate de chaux, de la terre calcaire, de l'oxyde de fer, et quelque peu de bitume, s'il est permis d'en juger par la saveur et par l'odeur qu'elles exhalent. On peut les regarder comme délayantes, apéritives, toniques et légèrement purgatives. Cependant on n'en fait guère usage intérieurement, et c'est peut-être à tort. On les emploie plutôt sous forme de bains. Ces bains conviennent surtout dans les maladies de la peau. On les dit utiles dans les affections hypocondriaques et hystériques, dans les fleurs blanches, la gonorrhée, les douleurs des membres et des muscles, etc.

STRASBOURG. Ancienne, grande, riche et très-forte ville, chef-lieu du département et de quatre cantons. Tribunaux de première instance et de commerce (cour royale de Colmar). Bourse et chambre de commerce. Conseil de prud'hommes. Chef-lieu de la 5e division militaire. Place de guerre de 1re classe. Direction des douanes. Hôtel des monnaies (lettres BB). École d'artillerie. Arsenal. Académie universitaire. Faculté de théologie du culte protestant. Facultés de droit, de médecine, des sciences et des lettres. Société d'agriculture, sciences et arts. Collège royal. Écoles de dessin et d'accouchements. École spéciale de pharmacie. Évêché. Grand et petit séminaire. Consistoire général des protestants des départements du Haut et du Bas-Rhin. Synagogue consistoriale des juifs, etc. ✉ ✆ Pop. 49,712 hab.

Strasbourg, avant sa réunion à la France, était une des principales villes impériales libres et immédiates d'Allemagne. En cette qualité elle était État de l'Empire, ayant séance et voix délibérative à la diète, et exerçant les droits de supériorité territoriale à l'instar des électeurs et princes, également États de l'Empire, c'est-à-dire, le droit de guerre, de paix et d'alliances, celui de faire des statuts, d'établir des impositions et de battre monnaie; en général, tous les droits de la souveraineté, conformément aux lois publiques et générales de l'Allemagne.

La première origine de cette ville est incertaine. Il est probable qu'elle fut bâtie sur l'emplacement d'un des cinquante forts construits sur le Rhin, quelques années avant la naissance de J. C., par Drusus, beau-fils d'Auguste. Le premier auteur qui en fasse mention est Ptolémée, qui a vécu au second siècle de notre ère. Après avoir obtenu le droit de cité romaine, accordé à à tous les sujets de l'empire romain par l'empereur Antonin Caracalla, Strasbourg jouit du droit de municipe romain, et la huitième légion y tenait garnison. Ce fut près de cette ville que l'empereur Julien remporta, en 357, une grande victoire sur sept petits rois des Allemands, peuplades de la Germanie.

Dans l'organisation des provinces de l'empire romain, faite par Constantin le Grand, Strasbourg fut compris dans les premiers arrondissements de la Germanie cisrhénane (*Germania prima*), et il y fut établi une fabrique de toute espèce d'armes. La grande route de la Gaule en Germanie passait par cette ville.

La religion chrétienne paraît avoir été introduite à Strasbourg dès le second siècle; mais elle s'y propagea surtout depuis le règne de Constantin.

Dans les premières années du cinquième siècle, Strasbourg fut dévasté par les Vandales, les Alains, les Suèves et les Bourguignons; en 451, par Attila, roi des Huns; vers l'an 455, par les Allemands. La ville resta ensuite en ruine pendant de longues années. En 718, Adelbert, duc d'Alsace, fils d'Atticus ou d'Etichon, et frère de sainte Odile, y construisit le monastère de Saint-Étienne, dont l'église et quelques parties des bâtiments existent encore, mais entièrement dénaturées.

Après la victoire de Zulpic, remportée par Clovis, en 496, sur les Allemands, Strasbourg passa sous la domination des rois francs-mérovingiens, et au commencement du VIe siècle, il y fut construit un fort sur les ruines de l'ancienne ville : il fut nommé Stratebourg (*Strateburgum*). Au IXe siècle elle avait déjà pris des accroissements assez considérables, et dans le document de l'empereur Lothaire, de l'an 845, la ville de Strasbourg est distinguée de l'ancienne ville alors en ruine. Cette ville, circonscrite d'abord dans d'étroites limites, fut agrandie au VIIIe siècle. Elle fut gouvernée par les rois francs-mérovingiens, notamment par les rois d'Austrasie, et était administrée par les ducs d'Alsace.

En 1002, la ville fut surprise par Hermann, duc de Souabe et d'Alsace, pendant la guerre qu'il fit à l'évêque de Strasbourg, qui favorisa l'élection du duc de Bavière au trône d'Allemagne, sur lequel ce prince se maintint sous le nom de Henri II dit le Saint. La ville, attaquée à l'improviste, fut impitoyablement dévastée, et il y coula beaucoup de sang. Depuis l'an 870, où elle fut annexée à l'Allemagne, jusque vers la fin du treizième siècle, où son immédiateté fut consolidée, elle fut soumise aux rois et empereurs d'Allemagne. Ceux-ci établirent successivement en Alsace des gouverneurs, d'abord sous le nom de comtes palatins; mais Strasbourg était excepté de leur juridiction et avait un comte particulier. Dès l'an 837, l'évêque de Strasbourg, son chapitre et tout l'évêché, furent aussi soustraits à la juridiction temporelle, et à celle des comtes palatins, par un diplôme du roi Louis II. Par la suite, après l'an 982, une partie de l'exercice de la juridiction civile et criminelle, confiée à ce comte, fut, après la suppression de cet office, accordée aux évêques de Strasbourg, à l'exclusion de tout duc, comte et tout autre, d'abord par l'empereur Othon II, ensuite par Henri II le Saint. Mais il ne résulte pas de cette concession que la ville de Strasbourg ait jamais été une ville épiscopale, comme d'autres villes d'Allemagne. Au contraire, la ville s'efforça constamment de se soustraire à toute dépendance de l'évêque et de se gouverner par ses propres et seuls magistrats. Aussi trouve-t-on, dans ses plus anciens règlements et statuts, la déclaration expresse que la ville est libre.

L'empereur Philippe, fils de Frédéric Barberousse, octroya à la ville des lettres patentes données à Haguenau, le 16 juillet 1205, par lesquelles il prit toute la ville de Strasbourg et ses citoyens, et toute chose appartenante à la ville, sous la garde et protection spéciale de l'empereur, et obéissance immédiate ou spéciale de l'empire d'Allemagne. Par les mêmes lettres, il accorda à tous les citoyens de Strasbourg et à tous leurs biens situés en Alsace, à perpétuité, l'immunité de toutes charges et de tous services. — Après la mort de l'empereur Conrad IV, et jusqu'à l'élection de Rodolphe de Habsbourg, époque communément appelée le grand interrègne, c'est-à-dire, depuis 1254 jusqu'en 1273, la ville de Strasbourg, profitant des troubles intérieurs et de l'anarchie qui agitaient l'Allemagne, s'assura l'exercice des droits régaliens : en ceci, elle suivit l'exemple d'autres États d'Allemagne. Elle s'arrogea donc le droit de faire, sans le concours de l'évêque et de son chapitre, de nouveaux statuts, de nommer librement son magistrat et ses chefs, d'établir des impôts, de disposer à son gré des biens communaux, et de faire des traités d'alliance. C'est ainsi que, dès l'an 1253, elle fit un traité avec les villes de Cologne, de Mayence, de Worms, de Spire, de Bâle, et avec plusieurs autres. Le but de ces traités était de maintenir la paix publique pendant dix ans, de se garantir mutuellement contre toute injure et violence, et particulièrement contre l'établissement de nouveaux droits de péage sur le Rhin. Pour être en état d'exécuter ces stipulations, Strasbourg leva des forces militaires, et arma sur le Rhin, avec les villes situées sur ce fleuve, depuis Bâle jusqu'au confluent de la Moselle, cent bateaux remplis d'archers. Ces nouveaux droits, réclamés et acquis par la ville de Strasbourg, lui suscitèrent des ennemis, et plus d'une fois elle fut obligée de prendre les armes pour se maintenir dans leur possession. Elle eut surtout pour adversaires les évêques de Strasbourg, qui voyaient avec regret qu'une ville si considérée et si puissante se fût soustraite à leur autorité.

Quoique Rodolphe de Habsbourg se fût efforcé d'établir la paix publique, et qu'il eût détruit particulièrement sur le Rhin, un très-grand nombre de châteaux forts dans lesquels résidaient les nobles qui infestaient les grands chemins, il en restait encore beaucoup, surtout en Alsace. Les Strasbourgeois saisirent toutes les occasions qui se présentèrent pour en purger le pays, soit afin de garantir leur commerce, soit pour venger leurs injures. Ils s'emparèrent de près de vingt châteaux depuis la fin du XIIIe siècle jusque vers la fin du XVe siècle; presque tous furent démolis. Ils firent faire le procès à plusieurs nobles coupables de violence, et leur firent trancher la tête.

La doctrine de Martin Luther fut connue à Strasbourg en l'an 1518, et elle y eut dès l'origine beaucoup de partisans. Le nombre s'en accrut par la rigueur intempestive du clergé qui exaspéra les esprits. Un légat du pape, arrivé à Strasbourg en 1522, s'efforça inutilement d'arrêter les progrès de la révolution. Le magistrat ayant, à la demande du peuple, permis aux prédicateurs de prêcher l'Évangile d'après les saintes Écritures, la nouvelle doctrine fut enseignée en chaire avec grande ardeur par plusieurs ministres du culte, tant à la cathédrale que dans d'autres églises. Dès l'an 1523, le curé de Saint-Thomas contracta mariage, et fut applaudi non-seulement par la multitude, mais par un grand nombre des citoyens les plus distingués : malgré les réclamations de l'évêque, cet exemple fut suivi par d'autres prêtres. Dans l'assemblée des échevins, qui eut lieu le 20 février 1529, la grande majorité, au nombre de cent quatre-vingt-quatre, votèrent l'abrogation de la messe, jusqu'à ce qu'il leur fût prouvé qu'elle était une œuvre agréable à Dieu. A peine ce décret eut-il été rendu, que le culte religieux fut célébré, d'après le nouveau rit, à la cathédrale et dans les autres églises paroissiales de Strasbourg.

La souveraineté de l'Alsace ayant été cédée à la France en 1648, par le traité de Westphalie, Strasbourg conserva encore pendant plusieurs années son indépendance. Elle ne fut définitivement soumise à la France qu'en 1681, par la capitulation d'Illkirch. Le 4 octobre de la même année, les magistrats et tous les officiers et employés prêtèrent serment de fidélité à Louis XIV; qui fit une entrée solennelle dans la ville le 23 octobre.

La ville de Strasbourg présente un triangle presque isocèle, à sommet tronqué, dont la base, formée par les trois faubourgs situés à l'ouest, est large de 750 toises, et dont le sommet, situé vers la citadelle et le Rhin, a 250 toises. Le front du levant est défendu par la citadelle, pentagone régulier composé de cinq bastions et d'autant de demi-lunes : le bastion du côté du Rhin est couvert par un grand ouvrage à cornes, à la tête duquel est une demi-lune entourée d'un fossé où l'on peut amener toute la rivière d'Ill. A la tête de l'ouvrage à cornes sont placés trois redoutes formant entre elles une sorte d'ouvrage couronné, le tout enveloppé d'un fossé et d'un chemin couvert, dont les glacis s'étendent jusqu'aux bords du Rhin. D'importants travaux ont été ajoutés à ces fortifications, de 1825 à 1828.

Il y a treize ponts sur la rivière dans l'intérieur de la ville; et un pont étroit, pour piétons seulement, près du moulin de Zorn. Tous sont de bois : l'un est pavé à base de cuivre, deux autres reposent sur des piles de pierres de taille ; quatre ont des barrières de fer, et les autres en doivent être pourvus successivement.

L'intérieur de la ville est entouré de deux fossés sur le côté septentrional, et d'un autre au midi : ce sont des restes des anciennes fortifications. Les deux premiers séparent la ville des trois faubourgs. Celui qui est le plus près de la ville est appelé fossé Large, l'autre fossé Étroit. Sur le premier il y a six ponts de bois, sur le second neuf, dont trois sont de pierre et voûtés ; plus, vis-à-vis la porte des Juifs, un pont traversant les deux fossés réunis en cette partie. Le fossé au midi est appelé fossé des Orphelins, et n'a plus que le quart de son ancienne largeur ; le reste est comblé à une médiocre hauteur et presque tout converti en jardinets : on le passe sur six ponts, dont deux de pierre et voûtés, les autres de bois. La ville est encore traversée par un fossé de la très-ancienne et première fortification, creusé en partie après la reconstruction de la ville ; il a le nom de fossé des Tanneurs (en allemand Gerber-Gräben, anciennement Riutsüter-Gräben), sur lequel il y a sept ponts, dont quatre en pierre et voûtés. Il y a de plus quatre ponts sur un bras du Rhin qui entre en ville ; le premier de ces ponts est voûté et couvert. Le nombre total des ponts dans l'intérieur de la ville, non compris ceux des fortifications, est donc de quarante-sept, dont neuf sont de pierre et voûtés.

Strasbourg est une ville fort agréablement située, dans une contrée extrêmement fertile, sur les rivières d'Ill et de la Bruche, qui s'embouchent dans le Rhin à un quart de lieue de distance des murs de la place. Elle est généralement bien bâtie ; les rues en sont larges, propres et bien percées ; les places publiques vastes et régulières : les principales sont la place d'Armes, la place de la Cathédrale, du Château, du Marché-aux-Herbes, Saint-Thomas, Saint-Pierre-le-Jeune, du Marché-Neuf, du Temple, de la Comédie, etc. On y entre par sept portes, désignées sous les noms de porte Blanche, de Saverne, de Pierre, des Juifs, des Bouchers, de l'Hôpital, des Pêcheurs.

Il y a peu de places fortes dont les environs soient aussi agréables que le sont ceux de Strasbourg. Hors des portes on voit quantité de jardins de plaisance et de guinguettes, parmi lesquelles on remarque la Montagne verte et la Tour verte, hors la porte Blanche ; le jardin Christian, hors la porte des Pêcheurs ; le jardin Baldner, hors la porte des Bouchers et sur le chemin qui conduit au Polygone, plaine spacieuse destinée aux exercices et aux manœuvres de l'artillerie, où l'on a élevé un monument au

STRASBOURG.

général Kléber : non loin de là est le vaste hippodrome destiné aux courses de chevaux.

Strasbourg possède en outre deux promenades publiques fort belles et très-fréquentées : la Robertsau et le Contades. La première commence dès les glacis, en sortant du fort Mutin, hors la porte des Pêcheurs, et va jusqu'au canal des charpentiers de bateaux, au delà duquel elle s'élargit et se partage en plusieurs allées de vieux et gros tilleuls plantés par le Nôtre, en 1692 : l'allée du milieu aboutit à un gros village composé de maisons de plaisance, de maisons rustiques et de jardins ; sur la droite en venant de Strasbourg, sont de vastes serres destinées à recevoir 140 pieds d'orangers et d'arbres exotiques, que l'on place en été sur un terrain très-bien disposé pour cet usage. — Le Contades est une belle promenade ombragée par des tilleuls plantés en quinconce, située près de la ville, hors la porte des Juifs. Après la bataille de Hohenlinden, elle reçut le nom de cette bataille, mais le nom primitif de Contades est celui sous lequel elle est plus généralement connue. — Indépendamment de ces deux belles promenades, les bords du Rhin, de l'Ill et de la Bruche offrent un grand nombre de promenades naturelles, remplies d'agrément, d'où l'on jouit d'une vue magnifique sur les Vosges et sur les montagnes Noires dont les sommités se perdent dans les nues, tandis que leurs mamelons les plus rapprochés de la plaine présentent des sites enchanteurs, que couronnent d'anciens châteaux, de beaux villages, d'immenses forêts et de riches vignobles. Dans l'île du Rhin, sur la route de Kehl, on voit un monument consacré au général Desaix.

CATHÉDRALE DE STRASBOURG. Cette église fut frappée de la foudre en 1007, et il n'en resta que le chœur. L'évêque Wernher Ier entreprit de la reconstruire en pierres de taille, sur un beau et large plan qui existe encore. Les fondements en furent jetés en 1015, sur des couches de terre glaise et de charbon de terre pilé, mêlés ensemble. Le bâtiment de l'église ne fut achevé qu'en 1275. On voulut le faire surmonter de tours ou flèches sur les bas côtés de la nef, à côté du principal portail. En 1277, sous l'évêque Conrad III de Lichtemberg, on commença par celle qui est vers le nord, et qui existe encore aujourd'hui. C'est l'architecte Erwin, natif de Steinbach, dans le margraviat de Bade, qui en conçut le plan et en dirigea l'exécution ; il mourut en 1318 ; après lui, son fils Jean, mort en 1339, et sa fille Sabine, puis Jean Hültz, de Cologne, continuèrent la construction sur son plan ; ce dernier mourut en 1365, après avoir conduit la flèche jusqu'à la couronne. Pendant assez long-temps on cessa d'y travailler, et l'ouvrage ne fut achevé qu'en 1439, sous l'évêque Guillaume de Diesth, de manière que ce superbe édifice n'a été terminé que dans l'espace de quatre cent vingt-quatre ans ; mais sa construction avait été interrompue en différents temps ; les événements postérieurs empêchèrent de construire la seconde flèche.

La hauteur de la tour, depuis le rez-de-chaussée, a été mesurée et calculée à plusieurs reprises. Elle l'a été la dernière fois avec la plus grande exactitude, par M. Henri, colonel, ingénieur-géographe, qui a trouvé que sa hauteur était, depuis le sol, de 142 mètres 118 millimètres.

La base de l'église est décorée de trois portails, auxquels on arrive par un parvis élevé de plusieurs marches. Le portail du milieu est orné de colonnes et de statues. Au-dessus de ce portail, on voit les statues équestres de Clovis, de Dagobert, de Rodolphe de Habsbourg et de Louis XIV. Immédiatement au-dessus est une rosace admirable de 150 pieds de circonférence et de 48 pieds de diamètre. La longueur de la nef est de 335 pieds, et la largeur de 32 ; la hauteur, depuis le pavé jusqu'à la voûte, est de 72 pieds environ. A droite et à gauche, 9 piliers énormes séparent cette nef et forment des bas côtés. On remarque près de l'horloge le pilier des anges, qui soutient toute la voûte de cet édifice : il mérite une attention toute particulière. Vers le bas, à 12 pieds de hauteur, sont les quatre évangélistes ; au milieu quatre anges avec des trompettes ; plus haut quatre autres dont l'un tient une croix et l'autre une couronne. La chaire à prêcher, d'architecture gothique, restaurée en 1834, fait honneur aux artistes du XVe siècle. La beauté et la diversité des figures qui la décorent sont dignes de remarque. Cette chaire fut construite en pierre ciselée très-délicatement, en 1486, par Jean Hammerer, architecte de cette métropole. Le baldaquin en bois qui la couvre, ouvrage de 1617, est de Conrad Cullin et de son fils, maîtres menuisiers. Les orgues furent faites par André Silbermann, 1714. — L'horloge de cette église est très-curieuse : elle indique la marche des constellations, le cours du soleil et de la lune, les heures, les jours, etc. Dasypodius, l'auteur de ce chef-d'œuvre, eut, dit-on, les yeux crevés, pour qu'il ne pût en construire d'autres; ce qui paraît peu croyable. Cette cathédrale, si célèbre par sa hauteur gigantesque et la magnificence de sa tour, renferme un grand nombre de vitraux de couleur, exécutés dans les XIVe et XVe siècles; on remarque surtout les portraits des rois et des empereurs bienfaiteurs de cette métropole.

L'ÉGLISE SAINT-ÉTIENNE, la plus ancienne de celles qui existent à Strasbourg, fut bâtie, vers le milieu du VIIIe siècle, par Adelbert, duc d'Alsace, pour l'usage d'un monastère de chanoinesses; elle sert actuellement de chapelle au collège épiscopal.

L'ÉGLISE DE SAINT-PIERRE LE JEUNE fut bâtie en 1031 par l'évêque Guillaume Ier; la nef et le chœur furent remis à neuf en 1220. Le chœur est occupé par la seconde paroisse catholique, et la nef appartient aux protestants, conformément aux arrangements faits par Louis XIV.

L'ÉGLISE SAINT-JEAN est située dans le faubourg de Saverne, ainsi que la maison de la ci-devant commanderie de Saint-Jean, qui sert aujourd'hui de maison de force connue sous le nom de Raspelhaus.

L'ÉGLISE DE SAINTE-AURÉLIE, située à l'extrémité du faubourg Blanc, fut bâtie par Rhutard, évêque de Strasbourg.

L'ÉGLISE SAINT-PIERRE LE VIEUX donne d'un côté sur la grande rue, la plus longue et la plus peuplée de Strasbourg.

LE TEMPLE NEUF est un vieil édifice bâti en 1254; c'était anciennement l'église d'un couvent de dominicains. Ces moines y demeurèrent jusqu'en 1521. Mais des écoles protestantes y furent établies par Jean Sturm de Sturmack, célèbre professeur de grec, de latin et de logique à Paris. Lorsque Louis XIV acquit la ville de Strasbourg, cette église reçut le nom de Temple Neuf. Dans l'intérieur de ce temple on voit de belles peintures représentant la danse des morts. Dans le premier tableau un prédicateur parle devant un auditoire composé de prélats, de religieux et de religieuses de divers ordres. Dans les suivants, on distingue la mort entraînant tous les états de la vie. On ne connaît ni le nom de l'auteur ni l'époque où il vécut. Cependant on a quelques motifs pour penser que ces peintures sont du XVe siècle. On remarque encore dans ce temple le tombeau de Jean Lorenz Blessig, mort en 1816. C'est à M. Ohnmacht qu'on doit ce mausolée. Les orgues de cette église sont d'André Silbermann, fils, célèbre facteur. Le gymnase protestant le rez-de-chaussée du couvent; le haut aux étudiants de la fondation de Saint Iaume et à la bibliothèque publique.

L'ÉGLISE SAINT-THOMAS faisait anciennement partie d'un petit hospice, fondé par saint Florent, évêque de Strasbourg, pour y recevoir des Écossais, ses compatriotes. En 830, ce monument religieux fut transformé en église collégiale, par l'évêque Adeloh. Brûlée et rebâtie plusieurs fois, l'église de Saint-Thomas est conservée au culte luthérien. Dans le chœur, on voit actuellement le tombeau que Louis XV fit ériger en 1777, à la mémoire du comte de Saxe, mort maréchal général de France, par le sculpteur Pigal. Au bas d'une pyramide de marbre noir, contre laquelle est appuyé un sarcophage, le maréchal, debout, paraît descendre au tombeau. A sa droite on voit culbutés à ses pieds l'aigle d'Autriche, le lion belge, le léopard anglais. A sa gauche le génie de la guerre en larmes, ayant les yeux fixés sur lui, tient son flambeau renversé. Sur le derrière sont les drapeaux de la France, élevés et victorieux. La France, au-dessus du maréchal, s'efforce de retenir d'une main l'illustre guerrier, et de l'autre repousse la mort, qui, cachée sous une draperie, annonce au héros que son heure est arrivée, et lui montre le tombeau qu'elle tient ouvert. Au côté opposé du sarcophage, on voit une figure d'Hercule plongé dans la douleur. On remarque encore dans ce temple quelques monuments élevés en l'honneur de plusieurs savants qui ont illustré Strasbourg. Ce sont les mausolées de Schœpflin, d'Oberlin, de Koch.

L'ÉGLISE SAINT-LOUIS, située près de la rivière et du port Saint-Thomas, doit son origine à une société de béguines nobles, qui s'y établirent en 1252. Elle est ornée d'un superbe buffet d'orgues, d'un baptistère où l'on remarque un bas-relief représentant le baptême de Clovis, exécuté en marbre blanc par M. Friederich, statuaire alsacien; on y voit aussi un groupe du même artiste, représentant saint Florent, l'un des évêques de Strasbourg, ramenant dans le chemin de la vertu, Mathilde, fille du roi Dagobert.

L'ÉGLISE PROTESTANTE DE SAINT-NICOLAS fut fondée en 1182, par la famille Spender. Elle est située sur le quai, non loin de Saint-Louis.

L'ÉGLISE SAINT-GUILLAUME, en face du pont Saint-Étienne, est de la confession d'Augsbourg.

Le château royal est situé sur le bord de la rivière; c'était autrefois le palais épiscopal. La construction en fut commencée en 1728, et terminée en 1741. Le rez-de-chaussée, formant premier étage sur la terrasse du bord de l'eau, contient de beaux appartements décorés de tableaux, de statues et de bronzes d'un grand prix. La façade sur la terrasse est importante par sa noble simplicité; elle a près de 80 mètres de longueur, et est ornée au milieu d'un pavillon en saillie, formé de quatre colonnes, qui soutiennent un entablement surmonté d'un dôme. Ce palais devint la propriété de la nation au moment de la révolution; la ville de Strasbourg en fit l'acquisition en 1791, et y établit l'administration de la mairie; elle l'offrit ensuite, en 1806, à Napoléon, pour lui servir de palais, et elle reçut en échange l'hôtel de Darmstadt qu'elle occupe encore; c'est actuellement la résidence de l'évêque du diocèse.

L'Hôtel de la Préfecture était autrefois l'hôtel de l'ancienne intendance: les bâtiments qui en font partie furent bâtis dans les années 1730 à 1736 par le payeur royal, François-Joseph-Klinglin, sur l'emplacement où avaient été brûlés 2000 israélites en 1349.

L'ancien hôtel des Deux-Ponts sert aujourd'hui d'habitation au général commandant la division militaire. Il fut construit en 1754 et années suivantes, par les sieurs Belombre et Guyot. Le duc de Deux-Ponts l'acheta en 1770.

Frauenhaus (maison de Notre-Dame) est une habitation remarquable par son antiquité et par la forme de sa construction.

Le Palais de justice est établi dans l'ancien hôtel du gouvernement, rue de la Nuée bleue.

Le Tribunal de commerce siège dans l'ancien hôtel de ville, situé sur une jolie place plantée d'arbres. Cet hôtel fut construit, en 1503, sur les dessins de Daniel Specklin. C'est là que siégeaient autrefois les différents corps de magistrature.

L'Hôtel de la Monnaie était autrefois le siège de l'intendance.

La Douane occupe, près du pont du Corbeau, un vaste bâtiment, construit en 1358, et augmenté en 1781. Sa longueur est de 97 mètres; sa largeur de 17 mètres.

La Bibliothèque publique, l'une des plus belles du royaume, est placée dans la vaste enceinte du Temple-Neuf. Elle se compose de trois sections. La première est celle de l'ancienne université protestante, qui appartient au séminaire protestant. Jacques Sturm en est le fondateur. La seconde appartient à la ville; elle est formée par la bibliothèque de Schœpflin. La troisième section se compose de la réunion des bibliothèques des couvents et d'autres établissements. Les trois sections réunies contiennent ensemble plus de 130,000 volumes, et un grand nombre de manuscrits, dont quelques-uns d'auteurs classiques et du moyen âge sont du plus haut intérêt.

La ville possède aussi un musée composé de 52 tableaux, parmi lesquels on voit des ouvrages de Philippe de Champagne, du Pougens, du Guide, etc., et une collection de modèles en plâtre de grande dimension, de toutes les statues, chefs-d'œuvre de l'antiquité.

L'Académie est située sur le chemin de la citadelle. Les musées d'histoire naturelle, d'anatomie, y sont réunis. Le musée d'histoire naturelle est un des plus considérables de France. Le muséum de la faculté de médecine est un des plus complets qui existent en Europe. La bibliothèque de l'école de médecine, placée dans le même local, est composée de 12,000 volumes.

Le Collége royal occupe des bâtiments bâtis par les jésuites en 1756 et en 1757, pour y placer un collége catholique. C'est sur ce même emplacement que fut établi le premier atelier d'imprimerie qui ait existé à Strasbourg.

Le Séminaire épiscopal occupe de vastes bâtiments, dont une partie a été élevée sur les ruines de l'ancien Bruderhoff, qui, dans les premiers temps, fut un cloître où vivaient des chanoines réguliers.

Le Jardin botanique a été établi en 1619, et considérablement agrandi en 1736.

La Salle de spectacle est précédée d'un péristyle de six colonnes d'ordre ionique, répondant à autant de pilastres séparés l'un de l'autre par des portes cintrées, garnies de belles grilles bronzées et dorées: l'entablement que supporte cette colonnade est orné de six statues colossales exécutées par le célèbre Ohnmacht. Cette salle a été commencée en 1804. On y a joué pour la première fois en 1821. Les travaux ont été exécutés sous la direction de M. Villot, architecte de la ville. Cette salle a 68 mètres de longueur sur 31 environ de largeur. Elle est construite sur pilotis et grillages de chêne.

HÔPITAUX. L'hospice civil fut construit de 1718 à 1724 par l'architecte François Dudolphe Mollinger. C'est un bel édifice, bien exposé et isolé, donnant sur le rempart, et ayant vue sur une belle et vaste campagne. L'amphithéâtre anatomique est attenant à cet hospice. Au-dessus de la porte, dite de l'Hôpital, il existe une tour de 90 pieds de hauteur qui sert d'observatoire depuis 1673.
— L'hospice des orphelins renferme les orphelins des deux religions. Tous les enfants au-dessous de 15 ans, qui n'ont ni père ni mère et n'ont point de parents en état de les soutenir, y sont reçus. — A quelque distance de ces hôpitaux, à l'entrée du canal du Rhin, se trouve l'hôpital militaire, vaste bâtiment partagé en trois cours et contenant douze grandes salles pour les malades, sans compter plusieurs autres moins grandes. On pense qu'il y a de la place pour 1800 malades.

LA HALLE AUX BLÉS est très-belle : sa forme est celle d'un parrallélogramme de 200 pieds de longueur sur 120 pieds de largeur ; elle a été exécutée de 1826 à 1828, par M. Villot ; 8000 hectolitres peuvent être mis en vente au rez-de-chaussée. Des galeries servant d'entrée, et des galeries latérales, sont surmontées de deux étages de greniers faisant le tour de la halle et pouvant contenir 10,000 hectolitres de blé.

LE MONT-DE-PIÉTÉ a été établi par ordonnance du 6 décembre 1826 ; il est placé dans le local de l'ancienne commanderie de St-Jean, construit en 1725.

ETABLISSEMENTS MILITAIRES. — L'arsenal fut approprié au service de l'artillerie en 1545. Avant cette époque l'artillerie était conservée dans diverses granges. — La fonderie de canons, l'école et la direction d'artillerie occupent de vastes bâtiments construits, en 1703, sur l'emplacement d'un ancien couvent de clairistes ; on y voit plusieurs pièces très-curieuses. — Les hangars de l'artillerie sont de vastes bâtiments où se font et se conservent à couvert les affûts et autres ustensiles nécessaires au service de l'armée ; ils ont été construits successivement en 1779. — Les casernes de Finckmatte sont situées près des faux remparts ; elles consistent en deux grands corps de bâtiments, formant ensemble 200 toises de face, à trois étages, pouvant contenir 1500 hommes. — Le quartier des artilleurs est situé près de la porte Dauphine : il est partagé en trois corps de bâtiments. — Le corps du génie militaire et les pontonniers occupent une belle caserne située vis-à-vis de l'établissement de M. Vanné. — les hangars de l'artillerie se trouve caserne des ouvriers de l'artillerie, en 1780. — Sur la place St-Nicolas belle caserne de cavalerie. — Près de là suivant le rempart, on trouve le des Pêcheurs, bâti de 1728 à 1730. — Le quartier de Saverne fut achevé en 1711.

BIOGRAPHIE. Strasbourg est la patrie de Guttemberg, l'un des inventeurs de l'imprimerie ; du célèbre ingénieur militaire Specklin ; des poëtes Andrieux et Desmalys ; du minéralogiste Dietrich ; des peintres Baur et Weyler ; des philologues Brunck et J. J. Oberlin ; du maréchal Kellermann, vainqueur des Prussiens à Valmy ; du général Kléber, l'un de ceux qui ont le plus illustré les armées de la république française ; du général Coehorn, mort par suite des blessures qu'il reçut à la bataille de Leipzig ; des naturalistes Ramond et Hermann ; du vertueux pasteur Oberlin, etc., etc.

INDUSTRIE. Fabriques de draps, toiles, étoffes de coton, toiles à voiles, coutellerie, crics, boutons de métal, bijouterie d'acier, papiers peints, cartes à jouer, poêles de faïence, carrosserie, chapeaux de paille, instruments de musique, orfèvrerie, ficelles, café-chicorée, garance, huile, moutarde, amadou, potasse, savon, produits chimiques, amidon. Filatures de coton, blanchisseries de toiles. Teintureries. Brasseries considérables. Raffineries de sucre. Tanneries, corroieries, chamoiseries, maroquineries et parchemineries. Fonderie de canons, arsenal. Manufacture royale des tabacs.

A 16 l. 1/2 de Colmar, 120 lieues de Paris — Hôtels de l'Esprit, de la Fleur, de la Ville de Lyon, de la Maison rouge, du Poêle des Vignerons, de la Ville de Nancy, de la Ville de Paris, de la Haute-Montée, du Corbeau, du Bœuf rouge, de la Vignette, de la Ville de Metz, de la Ville de Vienne, etc., etc.

TRUCHTERSHEIM. Village situé à 5 l. de Strasbourg. Pop. 638 hab.

WANGEN. Petite ville située à 5 l. 1/2 de Strasbourg. Pop. 782 hab.

Cette ville, entourée d'une vieille muraille et où l'on entre par trois portes, fut prise par les Armagnacs, en 1444. On y voit une église paroissiale construite en 1214.

WANGENBOURG. Village situé dans les montagnes, à 8 l. de Strasbourg. Pop. 207 hab. On y voit les ruines pittoresques du

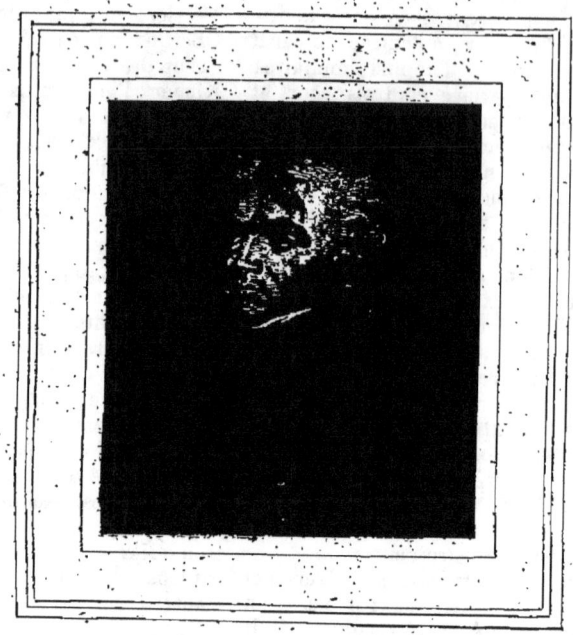

Gravé par Hopwood d'après J. Guérin.

Kléber

château de WANGENBOURG. Éducation des abeilles.

WASSELONNE. Petite ville située à l'entrée du Kronthal, sur la Mossig, à 5 l. 1/2 de Strasbourg. ✉ ☞ Pop. 4,192 hab.

Il existe dans cette ville une source d'eau minérale acidule froide, dont on fait peu d'usage; cependant les eaux en sont claires, limpides, légères, d'une saveur piquante très-agréable. Cette source est très-abondante; elle forme à sa naissance un ruisseau assez considérable, dont les eaux sont dérivées par un beau canal en maçonnerie, pour faire mouvoir une papeterie.

Le château de Wasselonne, si célèbre dans l'histoire locale, ne présente plus que quelques tours en ruine.

Fabrique de bonneterie en laine, indiennes, calicots, savon noir. Filatures de laine. Papeterie. Blanchisseries de toiles. Tanneries. Exploitation de carrières importantes de pierres de taille du Kronthal et du Finhaag.

WESTHOFEN. Bourg considérable, situé au pied de la montagne de Geierstein, du haut de laquelle on jouit d'une vue magnifique, à 6 l. de Strasbourg. Pop. 2,362 hab. On y voit une belle église gothique, construite en 1250; elle est divisée en trois nefs par des colonnes simples fort élevées. — Près de la ville est le château de Resenbourg, flanqué de jolies tourelles bien conservées. — *Fabriques* de poterie de terre.

ARRONDISSEMENT DE SAVERNE.

ALTWILLER. Village situé à 9 l. de Saverne. Pop. 796 hab.

On remarque aux environs une source d'eau minérale ferrugineuse, connue sous le nom de Bonne-fontaine, qui jouit d'une assez grande réputation. Un château d'une architecture élégante, un temple où la source fut renfermée, une rotonde pour les danseurs, des jardins délicieux, des logements commodes, attirèrent, en 1820 et 1821, la foule dans cette vallée qui n'était naguère qu'une solitude. Cependant cet établissement n'a pu rivaliser avec Niederbronn; il est aujourd'hui peu fréquenté et n'est plus guère regardé que comme un lieu de plaisance.

BOUXWILLER. Petite ville bâtie dans une situation charmante, au pied des Vosges, à 3 l. de Saverne. Collége communal. Pop. 3,756 hab. C'était autrefois une ville entourée de murs qui ont été détruits dans le XVIIe siècle. On trouve aux environs des pétrifications curieuses, une mine de houille et une mine de lignite. — *Fabriques* de sulfate de fer et d'alumine, de siamoises, futaines, toiles, chaudronnerie, quincaillerie. Tanneries. Blanchisseries de toiles. Séchoirs à garance. Brasseries. Corderies. — *Commerce* de grains, légumes, etc.

DETTWILLER. Village situé à 2 l. de Saverne. Pop. 2,294 hab. — *Fabriques* de chaussons de laine, toiles, madapolams. Filature de coton.

DIEMERINGEN. Bourg et château situés sur l'Eichel, à 8 l. de Saverne. Pop. 954 hab. — *Fabriques* de bonneterie. Corderies. Tuileries et briqueteries. Exploitation de mines de fer.

DOSSENHEIM. Village situé à 2 l. 1/2 de Saverne. Pop. 1,246 hab. L'église paroissiale offre quelques parties de vieux murs qui passent pour être le reste de l'ancien château de Wartenberg.

Vis-à-vis Dossenheim, s'ouvre la vallée de Zintel, dans laquelle sont les restes de l'antique abbaye de Craufthal, dont la fondation remonte, dit-on, au VIIIe siècle; l'église date de 1619. On remarque dans cet endroit des habitations construites sous des saillies d'énormes rochers qui forment l'angle de deux vallées agrestes.

DRULINGEN. Petite ville située sur la Lorr, à 5 l. 1/2 de Saverne. ☞ Pop. 467 hab. Exploitation des carrières de pierres de taille.

HERBITZHEIM. Village situé à l'extrémité d'une belle vallée, sur la Saar, que l'on y passe sur un pont en pierre de seize arches. A 11 l. de Saverne. Pop. 1,810 hab. On trouve aux environs la source salée de Saltzbrunn.

HOCHFELDEN. Bourg situé au pied des Vosges, dans une contrée fertile, près de la Zorn, à 3 l. 1/2 de Saverne. Pop. 2,253.

INGWILLER. Petite ville située sur la Moder, à 5 l. de Saverne. Pop. 2,071 hab. — *Fabriques* de bonneterie, savon, potasse, amidon, poterie de terre.

JEAN-DES-CHOUX (SAINT-). Village situé à 1 l. de Saverne. Pop. 799 hab.

Ce village, qui portait autrefois le nom

de Mayenhamswiller, a pris son nom actuel d'une abbaye fondée en 1126, dont l'église existe encore à peu près telle qu'elle fut construite dans le XIIe siècle; c'est un des édifices les plus remarquables du département.

LICHTENBERG. Village situé au milieu des montagnes, à 7 l. 1/2 de Saverne. Pop. 882 hab.

Sur un haut rocher, qui domine le village, s'élève le fameux château de Lichtenberg, où résidaient jadis les comtes de ce nom. Une seule porte voûtée conduit dans l'enceinte des murs extérieurs, qui s'appuient sur des rochers escarpés et sont entourés d'un fossé; en face est le fort avec deux tours, du haut des quelles on jouit d'une vue magnifique. Dans l'une de ces tours est une chambre qui sert de magasin à poudre; en dessous, se trouve une voûte d'arête, où un frère, pour se venger de l'autre, le fit mourir de faim : pendant quelque temps ce malheureux prolongea sa triste existence en léchant l'humidité qui dégouttait des pierres; le barbare qui le retenait, ayant pénétré le secret, fit lambrisser les murs. Sous la nervure de la voûte, trois bustes éternisent cette histoire horrible : le premier représente le prisonnier dans la force de la santé ; le second fait voir sa figure maigre et décharnée, après qu'il eut passé quelque temps dans le cachot ; le troisième est dégoûtant : le sang coule de la bouche à grands flots. Il est assez difficile de se faire ouvrir cette voûte, à cause de la proximité du magasin à poudre.

Le château de Lichtenberg, dont la garde est confiée à 25 vétérans, fut pris en 1678, après un siège de huit jours, par le maréchal de Créqui ; il n'a point ouvert ses portes aux armées étrangères en 1814. Il y existe une vieille église où les habitants du voisinage se rendent quelquefois en procession. Les avenues du château, tant du côté de Rothbach que de celui d'Ingwiller, sont charmantes.

MARMOUTIERS. Petite ville agréablement située au pied des Vosges, à 1 l. 1/4 de Saverne. Pop., 2,735 h.

Cette ville doit son nom à une abbaye fondée dans le XVe siècle, et avantageusement dotée par le roi Childebert II. La façade de l'église date, dit-on, du IXe siècle ; les proportions en sont élégantes ; les chapiteaux sont ornés de sculptures d'une exécution très-soignée et d'un travail particulier. La nef paraît avoir été renouvelée dans le XIIIe siècle ; dans les bas côtés, on voit des culs-de-lampe figurant des hommes et des femmes dans des postures grotesques, et des animaux imaginaires créés par l'imagination la plus bizarre. Le chœur a été reconstruit dans le siècle dernier, mais on a eu soin de ne rien changer au style des autres parties de l'édifice.

NEUWILLER. Petite ville située au pied des Vosges, dans une contrée charmante, à 3 l. de Saverne. Pop. 1,700 hab.

Cette ville était autrefois ceinte d'une muraille flanquée de tours, qui a été démolie. Elle doit son origine à un abbaye de bénédictins, fondée dans le VIIIe siècle, et érigée en collégiale en 1496, par le pape Alexandre VI. L'église est un magnifique édifice gothique.

On voit aux environs une fort jolie habitation élevée sur les ruines de l'antique château d'Hunebourg par le duc de Feltre, qui y est mort en 1819. Un beau monument en marbre est placé sur son tombeau dans le cimetière de Neuwiller.

PETITE-PIERRE (la). Petite ville située à 4 l. de Saverne. Pop. 1,241 hab.

Elle est bâtie au pied du mont Altenbourg, sur lequel est un château fort où on entretient une petite garnison. L'église paroissiale renferme les tombeaux des comtes de la Petite Pierre et de plusieurs comtes de Veldenz.

PFAFFENHAUFFEN. Petite ville située sur la Moder, à 6 l. de Saverne. Populat. 1,484 hab. C'est un ancien fief impérial que les Lorrains incendièrent à la suite d'une défaite que leur firent éprouver les Suédois en 1633. L'église paroissiale, édifice gothique situé hors de l'enceinte de la ville, fut seule épargnée par les flammes. — *Fabriques* de poterie de terre.

REIPERTSWILLER. Village situé au milieu des montagnes, à 8 l. de Saverne. Pop. 708 hab. On y voit une ancienne église renfermant trois tombeaux en pierre des comtes de Lichtenberg.

SAAR-UNION. Jolie petite ville agréablement située sur la Saar, à 8 l. 1/2 de Saverne. ✉ ☞ Pop. 3,531 hab.

Cette ville est traversée par la Saar, qui la divise en deux parties. Elle est formée par la réunion des petites villes de Bouquenom et de Neu-Saarwerden, jointes ensemble par un pont jeté sur la Saar. Neu-Saarwerden est très-bien bâtie et remarquable par un château entouré de jardins. — *Fabriques* de draperies, bas, bonnets, toiles. Brasseries. Teintureries. Tuileries et briqueteries.

SAVERNE. Ville ancienne, chef-lieu de sous-préfecture. Tribunal de première instance. Collége communal. ✉ ☏. Populat. 5,106 hab.

Du temps des Romains, la ville de Saverne passait pour une forteresse importante. Elle était antérieurement entourée d'une muraille flanquée de 52 tours, défendue par une citadelle et divisée en trois parties séparées par des portes, le faubourg, la ville et la ville basse. Cette ville fut prise et reprise plusieurs fois pendant la guerre de trente ans; elle souffrit beaucoup pendant les guerres qui désolèrent la contrée, de 1675 à 1677, et fut pillée par les Autrichiens en 1744. Ses fortifications ont été rasées en 1696.

Saverne était autrefois la résidence du prince-évêque de Strasbourg; c'est une ville irrégulièrement bâtie, sur la Zorn. On y remarque l'ancien palais épiscopal, affecté à une caserne de gendarmerie et aux prisons; il donne sur une belle place plantée d'arbres, qui sert de promenade. L'église paroissiale est surmontée d'une grosse tour carrée à cinq étages, qui s'élance à une grande élévation et présente le caractère d'une haute antiquité.

Les alentours de Saverne sont charmants; les montagnes et les vallées offrent des vues très-pittoresques; près de la ville, une belle forêt entrecoupée d'allées et appelée la Faisanderie, offre une promenade fort agréable. Aux environs, on remarque la montée de Saverne, route admirable qui conduit insensiblement par un grand nombre de sinuosités, sur la crête des montagnes; elle s'élève en pente très-douce, toujours en serpentant, sur une longueur de 13,041 mètres, et passe sur 17 ponts en maçonnerie dérobés à la vue, dont plusieurs ont 100 mètres de long. On voit à peu de distance de la route un rocher escarpé avec une grotte, appelé le Saut du prince de Lorraine.

Non loin de Saverne s'élèvent les ruines du château de GREIFENSTEIN, dont il ne reste plus qu'une tour carrée, près de laquelle on remarque la grotte de Saint-Gui. Un peu plus loin on voit un télégraphe élevé sur les ruines du château de HOH-BARR, bâti vers l'an 1170 et rasé après la paix de Westphalie : ces deux ruines sont appelées communément les châteaux de Saverne.

Fabriques de draps et de bonneterie. Fonderies de fer et de cuivre. Brasseries. Tanneries. Tuileries et briqueteries. — *Commerce* considérable de bois que l'on flotte sur la Zorn, de tabac, chaudronnerie, etc.

A 9 l. de Strasbourg, 110 l. de Paris. — *Hôtel* de la Poste.

WEITERSWILLER. Village situé à 4 l. de Saverne. Pop. 884 hab. On y trouve une source d'eau minérale sulfureuse.

ZORNHOFF. Village situé à peu de distance de Saverne. — Manufacture de grosse quincaillerie, raffineries d'acier, martinets, laminoirs, etc.

ARRONDISSEMENT DE SCHLESTADT.

ANDLAU. Autrefois Andelahe. Petite ville agréablement située sur la rivière du même nom, à 3 l. de Schlestadt. Populat. 2,179 hab.

Cette ville est bâtie au pied des Vosges, à l'entrée d'une vallée étroite entourée de collines plantées de vignes. On ne l'aperçoit du côté de Schlestadt qu'au moment d'y arriver; son aspect est alors de l'effet le plus pittoresque. Elle doit son origine à une abbaye de bénédictines qu'y fonda en 880, Richarde, épouse de Louis le Gros. Répudiée par l'empereur parce qu'il la soupçonnait d'entretenir un commerce criminel avec Luitward, évêque de Verceil, son premier ministre, qui, dirigeant avec l'impératrice les affaires de l'État, était obligé d'avoir souvent avec elle des entretiens secrets, Richarde vint passer le reste de ses jours dans cette abbaye, qui avait 50,000 livres de revenus. L'église sert maintenant de succursale. Au-dessous, est une chapelle dans laquelle on remarque un trou circulaire où descendent beaucoup de personnes affectées de douleurs aux pieds, dans l'espoir d'obtenir une guérison miraculeuse. On raconte que Richarde, honorée dans la suite comme sainte, ayant formé le projet de bâtir un couvent, eut une vision dans laquelle sainte Odile l'engagea à ériger à l'endroit où une ourse fouillerait dans la terre avec ses petits. Telle est, dit-on, l'origine du trou qui existe aujourd'hui.

Andlau était autrefois le siège d'une commanderie de l'ordre teutonique, et possédait une forteresse qui fut ruinée en

1213, par l'évêque de Strasbourg, Henri II. La ville fut elle-même pillée et brûlée en 1662 par le comte Ernest de Mansfeld, fils naturel du gouverneur de Luxembourg, connu par ses ravages en Alsace, sous prétexte que les habitants avaient tenu sur lui des propos insolents.

On entre dans Andlau par deux portes, et on y voit encore les anciennes murailles ainsi que les fossés qui la protégeaient du côté de la plaine. Sur la montagne qui domine la ville, s'élève le Hoh-Andlau, château en ruine, flanqué de deux tours rondes, qui appartenait au XIII siècle à la famille noble d'Andlau, et dont les Suédois s'emparèrent en 1633. Il s'est parfaitement conservé par les soins des propriétaires jusqu'à la révolution, et c'était le seul château où l'on pût encore avoir une idée de l'ordonnance intérieure des antiques manoirs. Dégradé par les mains dans lesquelles il a passé, il n'en reste plus que des pans de murailles et les deux tours, dont les toits ont été reconstruits par M. d'Andlau, descendant de l'ancienne famille, qui l'a acheté de nouveau depuis la restauration. Le château a été bâti des pierres d'un rocher de granit sur lequel il repose.

Non loin de là, parmi les sapins et les frênes, le Spesbourg laisse apercevoir ses créneaux incertains. Comme un vieillard qui ne compte plus sur sa tête que quelques cheveux blancs, mais lève hautement son front ridé par l'âge; immobile au milieu des siècles, il dessine avec orgueil sur la verdure qui l'entoure, ses murailles décrépites, où se balancent au gré des vents quelques touffes d'herbes desséchées. Assis sur un abîme, il semble défier la main qui peut l'y renverser. La chouette seule trouble de son cri le silence du manoir, étonnée quelquefois d'entendre retentir au fond du gouffre une pierre que le temps en a détaché. L'ogive tapissée de lierre, la roche couverte de mousse, le léger frémissement du feuillage, tout en ces lieux inspire la mélancolie. Il y a là de quoi exercer le pinceau de l'artiste et la verve du poète. L'accès du château est pénible. Il est bâti en pierres de taille sur un escarpement d'une hauteur considérable. Dans son origine il a appartenu aux sires de Dicka, et dans la suite à la famille d'Andlau. Le duc de Bavière le prit d'assaut le jeudi saint de l'année 1431. (Voyez la gravure).

Fabriques de potasse et de noir de fumée. Scieries. Martinet. Moulins à tan et à farine. Auberge du Bœuf rouge.

ARTHOLSHEIM. Village sur la route du Rhin, à 2 l. 1/2 de Schlestadt. Pop. 800 hab. Dans les environs est une source minérale dont on recommande l'usage en bains dans les cas de paralysie. Une chapelle de la sainte croix y attire les pèlerins.

BALDENHEIM. Village à 1 l. 1/2 de Schlestadt. Pop. 1,100 hab. Il existait déjà au IXe siècle. — Tissage et blanchisserie.

BAN DE LA ROCHE. *Voy.* FOUDAY.

BARR. Jolie petite ville située sur la Kirneck, à 4 l. de Schlestadt. Siège d'un consistoire de la confession d'Augsbourg. ✉ Pop. 4,530 hab.

Cette ville, dont il a été fait mention au VIIIe siècle, était anciennement ceinte de murs et de fossés, aujourd'hui détruits. Elle avait un château dont les Armagnacs s'emparèrent en 1444, et qui fut livré aux flammes avec soixante-dix maisons par les troupes lorraines, en 1592. Un autre incendie consuma entièrement la ville en 1678; l'église seule put être sauvée.

Barr est au pied du Kirchberg, dans une situation des plus riantes, et environné de collines plantées de vignes. La plupart des maisons sont assez bien construites. On y remarque une belle place ornée d'un énorme peuplier, arbre de liberté; et l'hôtel de la mairie, édifice construit en 1640 sur les fondements de l'ancien château. Plusieurs fontaines publiques fournissent l'eau aux différents quartiers.

Au-dessus du Kirchberg et du Mönkalb (mont Chauve, ainsi appelé parce qu'il n'y croît que des bruyères et des mousses), s'élève le Hohenberg, l'une des montagnes les plus remarquables de l'Alsace par sa situation et ses antiquités. Plusieurs sentiers conduisent à son sommet en diverses directions. Sur la pente du côté de Barr, après avoir franchi le Kirchberg et laissé à droite le mont Chauve, on trouve les restes de l'antique château de LANDSBERG. Il est assis sur de gros quartiers de roche, et ses pierres rougeâtres produisent un très-bel effet au travers des arbustes qui l'entourent. Il a été bâti avant 1200 par Conrad de Landsberg, vendu en 1413 à Louis, électeur Palatin, et racheté plus tard par la famille de Landsperg. Il ne reste du château que quelques pans de murs percés de fenêtres en ogives; une haute tour carrée, ruinée à l'une de ses faces, dont les pierres semblent menacer de leur chute soudaine l'imprudent qui les considère. Aux angles de la muraille qui regarde le nord, sont deux tours dans lesquelles on entre par une petite porte carrée.

SPESBOURG.
Ruines près d'Andlau.

L'une d'elles, presque entièrement conservée, contenait dans son intérieur cinq étages dont on voit encore les supports. Au sud, on remarque un petit oratoire en forme de tourelle saillante, bien conservé et construit dans le mur à dix pieds de hauteur. On y aperçoit avec peine quelques indices de peintures à fresque, effacées par le temps et les inscriptions des visiteurs du lieu. De chaque côté règne une petite galerie de deux arcades à plein cintre, séparées par une colonne d'un style fort simple. Plus loin, du même côté, on voit encore, adossées à la muraille d'enceinte, des latrines saillantes, construites ainsi pour faciliter au dehors l'écoulement des immondices. Le château était protégé à l'est par un fossé assez profond; des autres côtés, par l'escarpement de la montagne. Près de là est l'habitation d'un garde forestier, derrière laquelle est le sentier assez pénible qu'il faut gravir pour arriver au haut de la montagne. On entre dans une forêt de chênes et de sapins, dont l'ombrage procure une fraîcheur agréable. Après quelques instants d'une marche fatigante, si l'on se détourne du sentier pour suivre celui que l'on aperçoit à gauche, on parvient, non sans peine, à la sommité méridionale de la crête, appelée le Mennelstein, masse énorme de rochers taillés à pic, d'une hauteur d'environ vingt-cinq pieds. Là, toute fatigue abandonne le voyageur pour faire place au ravissement qu'il éprouve. La nature se montre à lui avec tout ce qu'elle a de grandiose et de séduisant. A ses pieds, la verdure sombre des sapins couronnés de créneaux antiques; plus loin, les riants tapis des prairies entrecoupées de ruisseaux; une plaine à perte de vue, riche par la variété de ses productions, ornée de bois, de villes et de villages; vers l'horizon, le Rhin promenant majestueusement ses eaux au milieu de cette fertile vallée; d'un côté la flèche de la cathédrale de Strasbourg, de l'autre la cime neigeuse des Alpes; tout y offre aux regards enchantement et merveilles.

De chaque côté du Mennelstein s'étend sur la crête de la montagne, le fameux mur connu sous le nom de Mur des païens. Ce mur, soit qu'on en examine la force et la solidité, soit qu'on en considère l'étendue ou la largeur, paraît un ouvrage immense. Il parcourt non-seulement la grande surface de la montagne, mais il descend dans la vallée voisine, pour monter ensuite sur la montagne opposée, et revenir enfin sur lui-même, après avoir décrit divers angles et circuits appropriés aux sinuosités des rochers, des précipices et des vallées. On le divise en deux parties, dont la première entoure toute la surface de la montagne jusqu'au précipice au-dessus duquel est bâti le couvent de Sainte-Odile. La longueur moyenne du terrain qu'il enclôt, est de 6,000 pieds, sa largeur de 3,000, et sa superficie de 14,130,000 pieds carrés. Le circuit du mur est de 3,350 toises. La seconde partie, qui ne semble qu'accessoire, est celle qui descend dans la vallée et remonte sur la montagne opposée. Son circuit est de 6,000 toises. Les deux parties forment ensemble un circuit de 8,800 toises, environ 4 l. 1/2. Tout le mur était construit de grandes pierres grossièrement taillées et tirées de la montagne même. Ces pierres étaient superposées sans ciment et étroitement jointes par des queues d'aronde en bois de chêne de huit pouces de longueur, deux de largeur et un d'épaisseur. Il serait difficile d'en trouver maintenant; toutes doivent être pourries. Cependant on peut voir la place qu'elles ont occupée dans les entailles des pierres, qui étaient tellement unies, qu'il eût été impossible d'en mouvoir une seule, même avec un levier. Il existe encore des restes considérables de ce mur, dont la hauteur est en quelques endroits de 9 à 11 pieds, et la largeur de 6 à 8 pieds. Au milieu des doutes multipliés qui s'élèvent sur son origine, on peut présumer qu'il a été l'ouvrage des Romains qui le construisirent pour s'y retrancher et s'en faire un rempart contre les ennemis. Il est vrai qu'on ne rencontre en aucune partie du mur ou de la montagne quelque monument littéraire d'antiquité romaine, mais les nombreuses médailles à l'effigie d'empereurs romains qu'on y a trouvées, et une voie militaire qui conduit de la montagne au village d'Ottenrot, attestent du moins le séjour des Romains dans cette enceinte.

Non loin du Mennelstein, à l'ouest, on remarque le Schaftstein, rocher d'une grosseur prodigieuse, formant sur un précipice deux saillies en pointe, à près de quarante pieds de hauteur. L'une d'elles se trouve de niveau avec la cime d'un sapin placé au bas. Tout auprès est le Wachtstein, autre rocher, à peu près carré, reposant sur une base étroite et s'élargissant jusqu'à son sommet, haut d'environ vingt pieds. De là un sentier conduit au plateau que termine l'ancien couvent de Sainte-Odile.

Ce monastère, fondé en 622, par sainte Odile, fille d'Attic, duc d'Alsace, après avoir été six fois incendié de 1199 à 1646, fut abandonné des religieuses qui retournèrent chez leurs parents. Les revenus dont il jouissait passèrent à l'évêché de Strasbourg. En 1622, tous les bâtiments du monastère Sainte-Odile furent ruinés de nouveau par les troupes du comte de Mansfeld. Rebâtis en 1630, ils devinrent encore la proie des flammes en 1681. — L'édifice qui existe aujourd'hui n'offre rien de bien remarquable au dehors. Au dedans, on voit encore une galerie de l'ancien cloître. L'église seule et les chapelles qui l'avoisinent méritent l'attention des curieux. Sous une voûte attenante à l'une d'elles, on montre dans une armoire une figure en bois représentant Attic, affublé de vêtements à la romaine, en soie rose, bordés de clinquant d'argent. En quelques endroits des membres, on aperçoit des ossements enveloppés de mousseline, qu'on prétend être ceux de ce duc. La chapelle de Sainte-Odile, ou de Saint-Jean, est surtout remarquable par la multitude d'*ex voto* suspendus aux murs; par les tableaux qui retracent l'histoire de sainte Odile, et par son tombeau en pierre, sur lequel sa statue est agenouillée en costume d'abbesse. C'est là qu'en tout temps, et surtout le lundi de la Pentecôte, se rendent en foule pèlerins et pèlerines, pour y faire leurs dévotions et leurs offrandes à la sainte. Aucun d'eux n'oublie, en sortant, de frotter les yeux de la statue de son mouchoir, qui en acquiert, dit-on, la vertu de conserver la vue à ceux qui l'ont bonne, et de la rendre meilleure à ceux qui l'ont mauvaise. Cette pratique est tellement en usage, que la sainte en a le nez fort endommagé. On sait que sainte Odile, née aveugle, recouvra la vue au baptême; c'est en mémoire de cet événement qu'a lieu cette pratique religieuse. — A l'extrémité septentrionale des bâtiments est la chapelle des Larmes, fort délabrée, où l'on montre dans le roc un trou creusé, dit-on, par les genoux de la sainte, qui, probablement, y venait prier fort souvent. En face se trouve la chapelle des Anges, petit bâtiment carré qui n'a de remarquable que sa situation périlleuse. Elle est comme suspendue sur le bord d'un précipice, et les dévots en font le tour, pour gagner des indulgences, par un sentier de deux pieds dans sa moindre largeur. L'enclos est fermé par des étables et une auberge, où l'on paye assez cher ce que l'on y prend.

Près de la porte extérieure, un sentier sinueux et rapide conduit, à travers les rochers, à la fontaine de Sainte-Odile, ainsi nommée parce que, dit la tradition, sainte Odile, ayant rencontré en cet endroit un voyageur mourant de soif, implora pour lui l'assistance du Seigneur; et, frappant sur le rocher, en fit jaillir la source qui coule encore avec abondance au pied d'une croix en pierre adossée à la roche. Ses eaux limpides se déchargent dans une auge de bois, formée d'un tronc d'arbre. Le site de la fontaine est on ne peut plus pittoresque. A quelque distance, dans une gorge formée par le circuit de la montagne, on découvre les ruines du couvent de Niedermunster, fondé aussi par sainte Odile, et la chapelle Saint-Nicolas, dont les restes sont encore d'un bel effet. Un peu plus loin, près du sentier, on voit quelques vestiges de l'ermitage Saint-Jacques, bâti, d'après la chronique, en 803.

Après un trajet assez long dans le même sentier, au travers d'une belle forêt, on arrive à Truttenhausen, ancien monastère fondé, en 1181, par Herradis de Landsberg. Les nombreuses pierres sépulcrales des nobles du moyen âge qui y sont enterrés, dégagées des décombres qui les couvraient, sont dignes d'être vues par les visiteurs de la montagne. Une métairie, deux étangs poissonneux et un site charmant, font de cet endroit un séjour fort agréable. Là on n'est plus qu'à une demi-lieue de Barr.

Industrie. Barr renferme beaucoup d'ateliers de métiers différents. La fabrication de mitaines et de chaussons en laine y occupe plus de deux cents familles. — Moulins à tan dans la vallée, moulins à huile et à bois de teinture. Filature hydraulique; ateliers de tissage pour les siamoises, et teinturerie qui occupe sept à huit cents ouvriers. Établissements de bains. Scierie. Fabriques de colle forte. — *Commerce* considérable de vins et eaux-de-vie. Auberges de la Couronne, du Lion rouge, du Coq blanc.

BENFELD. Petite ville située sur l'Ill, à 4 l. de Schlestadt. ✉ ☞. Pop. 2,250 hab.

La ville de Benfeld existait dès le VIIe siècle sous le nom de *Villa Beneveldim;* mais elle n'a été mentionnée comme ville qu'au commencement du XIVe siècle. Elle faisait partie des terres appartenant à l'évêché de Strasbourg. Le comte Ulrich de Wurtemberg, qui avait des démêlés avec l'évêque Berthold, à cause de son comté de Horbourg, la surprit à l'improviste et la mit au pillage, en 1331. Les habitants, contraints de l'abandonner, n'y rentrèrent qu'après la paix conclue par l'entremise de Jean, roi de Bohême. En 1349, il se tint à Benfeld une assemblée qui condamna au bannissement les juifs universellement accusés d'empoisonnements. La garnison de Benfeld résista, en 1444, aux Armagnacs, contre lesquels elle fit plusieurs sorties. En l'année 1394, la ville ayant été engagée à Strasbourg, avait vu se propager dans son sein le luthéranisme, par l'influence de Martin Bucer. Elle ne fut dégagée qu'en 1539, par l'évêque Guillaume de Honstein qui, pour la racheter, fut obligé de payer, outre le prix de l'engagement, les frais du château et des fortifications que le magistrat de Strasbourg y avait fait construire. En 1632, les Suédois vinrent mettre le siège devant la place, et l'emportèrent au bout de six semaines, après en avoir essuyé une vigoureuse résistance. Elle était alors fortifiée de cinq bastions réguliers, d'un double fossé et de redoutes avancées. Le général Horn en fit augmenter les fortifications, et la garda comme place de guerre jusqu'au 9 juillet 1650. Les fortifications en furent rasées en exécution d'un traité de Munster.

Dans le voisinage de Benfeld est situé le hameau d'ELL, qui, d'après la table théodosienne, doit être considéré comme l'ancien *Helvetus* des Romains. La multitude de monuments, de médailles, de vases, de pierres sculptées, trouvés en cet endroit, y confirme l'emplacement de cette ville renversée, au Ve siècle, par les Allemands et les Vandales. La tradition veut que saint Materne, disciple de saint Pierre, y soit mort et ressuscité.

Benfeld est le centre de la culture de tabac. — *Hôtels* de la Poste, de la Montagne verte.

BŒRSCH. Petite ville située sur l'Ehn, à 6 l. 1/4 de Schlestadt. Pop. 2,000 hab. Ses fossés et ses murs ont été construits, au XIVe siècle, par Berthold de Bucheck, évêque de Strasbourg. Le comte de Saarwerden, qui avait des sujets de mécontentement contre le grand prévôt du chapitre, s'empara par surprise de cette ville, qu'il pilla et livra aux flammes, en 1399.

Le Klingenthal (voy. ce mot) est une dépendance de Bœrsch.

BREITENBACH. Grand village entouré de montagnes, situé à 4 l. 1/2 de Schlestadt. Pop., y compris le hameau de Hohwald et quelques maisons isolées, 1,400 hab.

Au-dessus du village, est une des plus hautes montagnes d'Alsace, appelée Champ du Feu, au haut de laquelle règne une plaine de deux lieues, qui s'élève à 3,366 pieds au-dessus du niveau de la mer. Cette montagne, que l'on peut à peine franchir en cinq heures, produit d'excellents fourrages. — *Fabrique* de kirchwasser. Carrière d'ardoise. Scieries hydrauliques. — *Commerce* de bois.

CHATENOIS. Bourg situé au pied des Vosges, à 1 l. de Schlestadt. Pop. 2,900 hab.

Ce bourg fut brûlé par les Schlestadiens, durant la guerre entre les Impériaux et l'évêque de Strasbourg, en 1298, parce que les habitants avaient détourné le ruisseau qui coulait de la vallée sur Schlestadt. Ceux de Châtenois s'en vengèrent sur Kintzheim, auquel ils firent éprouver le même sort. Les Armagnacs l'incendièrent en 1444. En 1525, les paysans s'étant révoltés, y essuyèrent une défaite sanglante. On voit encore à Châtenois quelques débris d'anciennes fortifications.

Dans un pré, au pied du Hahnenberg, est une source minérale, appelée dans le pays *Baadbrünnlein* (fontaine aux bains). On conduit l'eau qui en découle aux bains par des tuyaux; le reste arrose le pré, et on remarque que les roseaux qui y croissent sont généralement recouverts d'une incrustation blanchâtre et saline.

Dans le réservoir, cette eau paraît trouble, et répand une odeur qui approche de celle du soufre, ce qui provient, sans doute, du limon qui s'amasse au fond. Elle a un goût un peu nauséabond et légèrement salé. Sa température n'est que de 13 à 14° de Réaumur. On voit des vapeurs copieuses s'en dégager. Tenue pendant quelque temps dans un vase, elle est claire et sans odeur; elle ne change pas la couleur des sucs bleus végétaux, et ne fait point effervescence, ni avec les acides, ni avec les alcalis; la décoction de noix de galle n'en est point altérée; elle dissout bien le savon; le nitrate de mercure qu'on lui ajoute, s'en trouve précipité sous forme d'une poudre blanche, etc.

Cette eau contient du sulfate de soude, du muriate de soude, de la terre calcaire, de la silice et quelques vestiges de pétrole. Elle possède des vertus apéritives, digestives, légèrement stimulantes et détersives; mais son usage se borne uniquement aux bains, qu'on prend tièdes, et qu'on recommande contre les douleurs des membres, la gale et autres maladies cutanées.

Fabrique de tissus de coton. Papeterie.

DAMBACH. Petite ville située à 1 l. 1/2 de Schlestadt. Pop. 330 hab.

Cette ville s'est formée, en 1340, de la réunion des deux villages Oberkirch et Altenwiller. En 1444, elle eut à soutenir, pendant trois jours, une attaque des Armagnacs, dont le chef, le dauphin Louis, fut blessé au genou par une flèche. Elle fut obligée de capituler; et la plupart des habitants l'abandonnèrent. L'évêque Berthold, seigneur de Dambach, pour la préserver de l'incendie, fit présent au dauphin de deux beaux chevaux. En 1642, les Suédois y furent assiégés par le duc de Lorraine, qui fut contraint de se retirer au bout de quatre jours.

Sur une montagne au-dessus de la ville, on voit les ruines du château de Bernstein. Outre les appartements il y avait trois tours, dans la plus élevée desquelles on enfermait d'ordinaire les prisonniers. Une seule est encore debout; elle est carrée et double en profondeur; on monte à son sommet par un escalier de bois fort étroit, assujetti à l'une de ses faces extérieures; il est couronné par un énorme sapin. L'évêque Berthold tint le château en état de siège presque un mois entier. Neuf ans après, Frédéric II en fit la donation à l'église de Strasbourg. A l'entrée de la forêt, en face du château, on entend un écho qui répète très-distinctement plusieurs mots entiers.

Dambach est une ville mal bâtie et mal pavée, où l'on remarque à peine quelques maisons passables. Elle est encore entourée de son ancien mur de fortification, et l'on y entre par trois portes. Les fossés, comme tous les environs, sont plantés de vignes. A l'entrée du chemin qui conduit au château, on trouve la chapelle Saint-Sébastien, où l'on voit un autel en bois, curieux par la délicatesse de ses sculptures. Les ornements et les figures qui le décorent sont d'un fini d'autant plus admirable, qu'on assure que cet œuvre, haut d'environ quinze pieds, a été simplement taillé au couteau.

Tissage. Vinaigrerie.

EBERSMUNSTER. Jadis petite ville, aujourd'hui grand village situé sur l'Ill, à 1 l. 1/2 de Schlestadt. Pop. 1,100 hab. On attribue au duc Attic la fondation, en 667, de l'abbaye dont les vastes bâtiments sont aujourd'hui une propriété particulière, où est établi un pensionnat dirigé par des ecclésiastiques. La belle église qui y est attenante est surmontée de trois clochers couverts en tuiles vernies, et ressemblant par leur forme à d'élégants minarets. On y entre par un péristyle de trois arcades. La voûte est ornée partout de fresques, dont les plus remarquables sont celles de la coupole et du chœur. Par une bizarrerie qu'on a peine à s'expliquer, c'est que, parmi les saints Pères de l'Église, quelques cartouches représentent plusieurs sujets de mythologie, tels que Persée et Andromède, etc. Sur les bas côtés de l'église règne une galerie toute en pierre, surmontée d'une rampe en bois sculptée à jour. L'escalier de la chaire, sculpté de la même manière, mérite de fixer l'attention. Le chœur, boisé, est garni d'un double rang de stalles dont les panneaux sont ornés de sujets sculptés en bosse. Le long des nefs latérales, sont des confessionnaux enclavés dans la muraille, sculptés et dorés tous de la même manière. On montre à la sacristie la chasuble, brodée en bosse d'or, de l'ancien abbé, ainsi qu'un voile de calice faisant partie du même ornement. L'ancienne abbaye était une des plus riches d'Alsace; elle possédait une grande partie du territoire.

Ebersmunster, par sa situation sur l'Ill qui le traverse, sert de port aux bateaux qui remontent la rivière de Strasbourg à Schlestadt. — Scierie hydraulique.

EPFIG. Bourg situé à 2 lieues 3/4 de Schlestadt. Pop. 2,100 hab. — *Fabrique* de rubans. Tuilerie.

ERLENBACH. Grand village situé à 3 l. de Schlestadt. Pop. 1,100 hab. — Distillerie de kirchwasser renommé.

ERSTEIN. Petite ville située sur l'Ill, à 5 l. de Schlestadt. Pop. 3,550 hab. Elle était anciennement fortifiée, et existait sous les rois francs dont elle était une résidence royale. Les empereurs Othon Ier et Othon II l'ont habitée, à des époques différentes, de 953 à 979. Il y avait un couvent de religieuses bénédictines, fondé par Hirmingarde, femme de Lothaire. Au XIVe siècle, les Strasbourgeois détruisirent les murs d'Erstein et le fort de Schwanau, situé vers le Rhin à une lieue de là. En 1797, plusieurs chariots de poudre sautèrent dans cette ville et y détruisirent un grand nombre de maisons. — Culture en grand du tabac. Tanneries. Blanchisseries. Tuilerie.

FOUDAY. Village situé à 6 l. de Schlestadt. Pop. 300 hab. Ce village fait partie du ban de la Roche, où le culte protestant fut établi, en 1618, par le comte palatin de Weldence. Il y a un siècle, le ban de la Roche était encore à un degré très-bas de civilisation, lorsque deux hommes bienfaisants, le pasteur Stuber et son successeur Oberlin, mort en 1826, formèrent le projet, qui leur réussit, de tirer les habitants de leur état sauvage, en propageant chez eux toutes sortes de connaissances utiles, et en les accoutumant à une vie laborieuse. Dans ce canton, où l'agriculture ne pouvait acquérir un grand développement, à cause de son terrain pierreux, en est parvenu, à force de soins, à obtenir des prairies artificielles, et à cultiver avec succès des arbres fruitiers, du lin et des pommes de terre, principale ressource des habitants. Une fabrique de rubans de filoselle a été introduite à Fouday.

HILSENHEIM. Beau et grand village situé sur la Blind, à 2 l. 1/2 de Schlestadt. Pop. 1,500 hab. On trouve dans ses environs beaucoup d'antiquités romaines.

HIPSHEIM. Village situé sur l'Ill, à 6 l. de Schlestadt. ☞ Pop. 400 hab. Près de ce village, sur la route de Strasbourg à Colmar, est la petite église de Saint-Ludan, auquel on attribue le pouvoir de guérir les douleurs de jambes: aussi voit-on une multitude de jarretières de toutes couleurs suspendues autour de son tombeau en pierre placé dans l'intérieur de l'église. Le saint y est représenté couché, en habit de pèlerin. — Moulin et tuilerie.

HUTTENHEIM. Village situé sur l'Ill, à 3 l. 1/4 de Schlestadt. Pop. 1,100 hab. L'église paroissiale est surmontée d'un clocher regardé comme un des plus beaux et des plus élevés de l'Alsace. — Filature de coton.

KINTZHEIM. Village situé au pied des montagnes, à 1 l. de Schlestadt. Pop. 1,350 hab. Il appartenait autrefois à la ville de Schlestadt, qui l'avait acquis avec le château, en 1492, de Jean de Hadstadt. Il fût incendié, en 1298, par les habitants de Chatenois.

Sur une colline dominant le village sont les ruines pittoresques du château, dont les murailles, en partie tapissées de lierre, offrent un ensemble où règne une certaine coquetterie. On y voit une haute tour parfaitement conservée au dehors. On ne peut pénétrer à l'intérieur qu'à l'aide d'une échelle, par une ouverture pratiquée à la moitié de sa hauteur. Au-dessus d'une vaste salle souterraine est une autre salle dont les fenêtres donnent sur la campagne, et d'où l'on jouit d'une vue magnifique. Tout auprès est un oratoire avec un autel en pierre. Sous une terrasse, dans l'une des cours, est un petit passage fort étroit et fort bas, dans lequel on descend par plusieurs marches, et qui aboutit à une tour carrée à moitié démolie. Deux chemins en pente douce conduisent au château. La forêt qui l'environne est un but charmant de promenade. Les accidents variés qu'on y rencontre à chaque pas produisent dans l'âme une foule de sen-

sations délicieuses. Le château et ses environs appartiennent aujourd'hui à la famille Mathieu de Faviers.

KLINGENTHAL (vallée des Lames). Hameau descendant de la commune de Boersch, situé sur l'Ehn, à 7 l. de Schlestadt. Pop. 250 hab. Il est bâti dans une charmante vallée, et doit son nom à la manufacture d'armes blanches qui y est établie. — Haut fourneau. Martinet en cuivre. Moulins à émoudre. — Fabrication de sabres, épées, baïonnettes, baguettes, piques, etc.

Au-dessus du hameau sont les ruines très-rapprochées des châteaux de Rathsamhausen et Lutzelbourg dans une charmante position.

MARCKOLSHEIM. Petite ville située sur l'Ichert et la route du Rhin, à 2 l. 3/4 de Schlestadt. ✉ ☞ Pop. 2,000 hab. L'évêque Berthold II y construisit un château vers le milieu du XIVe siècle. Vers le même temps, l'empereur Louis V la fit ceindre de murailles. Les Armagnacs s'en emparèrent en 1444. De l'autre côté du Rhin, sur le revers du Kaiserstuhl, on aperçoit les ruines du château de Limbourg, berceau de Rodolphe de Habsbourg. — *Hôtel* de la Poste.

MOLLKIRCH. Village situé dans les montagnes, sur la Magel, à 6 l. de Schlestadt. Pop. 900 hab. — Blanchisserie.

A une demi-lieue, sur une haute montagne, on aperçoit le château de GIRBADEN, dont les vastes ruines attestent la grandeur passée. Près du château est la chapelle de Saint-Valentin qui attire beaucoup de pèlerins, surtout dans les temps d'épizooties.

MUTTERSHOLTZ. Bourg situé sur la Zembs, à 1 l. 1/2 de Schlestadt. Pop. 1,700 hab. Dans la forêt, on aperçoit les restes d'une ancienne voie romaine qui conduisait à Hilsenheim.

NEUBOIS. Village situé dans le val de Villé, à 2 l. 1/2 de Schlestadt. Pop. 550 hab.

Sur la montagne qui domine le village, se montre au-dessus des sapins le FRANCKENBOURG, vrai château de fées par son aspect mystérieux et sa solitude au milieu des broussailles épaisses qui en interceptent la vue et l'entrée. Un fossé profond l'entoure. On ne peut se défendre d'une certaine impression lorsque l'on pénètre dans son enceinte, au milieu de laquelle s'élève, parmi les décombres moussus, une tour énorme dont la muraille a dix pieds d'épaisseur. Elle est voûtée en dedans. Si l'on a le courage de grimper à son sommet par le côté ruiné, l'œil plonge dans un vaste caveau, témoin peut-être autrefois des gémissements et des souffrances de plus d'une victime de la brutalité féodale. Le château a appartenu aux comtes de Waerth, qui sont devenus landgraves de la basse Alsace, d'où il a passé à l'évêque et ensuite au grand chapitre de Strasbourg. Il a été consumé par le feu, le 2 avril 1582.

OBENHEIM. Village situé à 1/2 l. du Rhin, et à 5 l. 1/2 de Schlestadt. Pop. 750 hab. — Patrie du général Walter, enterré dans les caveaux de Sainte-Geneviève à Paris. — Martinet. — *Fabrique* d'instruments aratoires, de presses à huile, etc.

OBERNAY (autrefois OBEREHNHEIM). Petite ville située au pied du Hohenberg, sur l'Ehn, dans une contrée fertile, à 4 l. 1/2 de Schlestadt. Collége communal. ☞ Pop. 4,800 hab.

Cette ville a existé sous la période francique; c'était un domaine royal remontant probablement aux rois mérovingiens, et la sixième des dix villes libres impériales; son nom d'Ehnheim vient de la petite rivière qui y coule. Elle était ceinte de murs flanqués de tours, d'un rempart et de doubles fossés; en 1298, un mur d'enceinte extérieur fut ajouté à une muraille intérieure. En 1246, le château impérial fut détruit par Henri de Stahleck, évêque de Strasbourg, alors en guerre avec l'empereur Frédéric II. Obernay résista avec succès, en 1444, aux Armagnacs, contre lesquels une alliance y fut signée par Strasbourg et les autres villes d'Alsace.

On voit à Obernay quelques restes du château où l'on croit que le duc Attic tenait sa cour. La ville, où l'on entre par quatre portes, est en général fort mal bâtie. Elle possède un hôpital et un hôtel de ville construit en 1523. — *Fabrique* de calicots. Distilleries d'eau-de-vie et de kirchwasser. — *Auberges* du Pied de bœuf, de l'Ours, de la Couronne.

ORSCHWILLER. Village situé à 1 l. 1/4 de Schlestadt. Pop. 900 hab. Il est bâti sur la pente d'une montagne dont la cime est couronnée par le HOH-KŒNIGSBOURG, château le plus vaste de toute la chaîne des Vosges, et dont les ruines offrent à l'œil un aspect imposant. Une immense étendue de murailles épaisses, des tours d'une grosseur prodigieuse construites en pierres de taille, la situation avantageuse du château assis sur d'énormes rochers, en ont dû faire une forteresse inexpugnable: on y entre par la partie qui servait d'habitation. On se trouve sous une galerie voûtée soutenue par de gros pilastres; elle aboutit à un large souterrain qui reçoit le jour vers le milieu par une crevasse que les pierres, en tombant, ont faite à la voûte. Plus d'une fois, probablement, elle aura retenti des toasts et de la joie bruyante des sires de ce lieu; car on peut supposer que ce souterrain était autrefois la salle des orgies. Au bout est une ouverture carrée qui donne entrée dans un caveau peu profond. Aux deux extrémités des bâtiments d'habitation, sont deux tourelles, dans lesquelles se déroule en spirale un escalier en pierre bien conservé, qui conduit jusqu'au haut. De l'une d'elles on parvient sur les voûtes des appartements, qui, selon les apparences, étaient disposées en terrasses. De cet endroit et du sommet des grosses tours on jouit sur l'Alsace d'une vue magnifique. Les appartements sont fort délabrés, cependant on y voit encore quelques débris d'arceaux, d'entablements de cheminées dont chaque pierre semble vouloir se détacher sur les curieux. Près des appartements est un vaste caveau qui n'a de jour que l'ouverture par laquelle on y entre. C'est une petite voûte à plein cintre, haute de 4 pieds, pratiquée dans un mur de 8 pieds d'épaisseur; deux rainures à l'intérieur et à l'extérieur indiquent qu'elle était fermée par deux portes. Tout porte à croire que ce lieu servait autrefois d'oubliettes. Une grande cour couverte de broussailles et d'arbustes sépare les bâtiments d'habitation des grosses tours, dans l'intérieur desquelles on trouve encore quelques petites chambres qui ne reçoivent le jour que par des meurtrières. Le constructeur du château est ignoré. Ses ruines attestent qu'il n'a pas été l'ouvrage d'un seul siècle. Il fut possédé en 1358 par Jean de Lichtenberg, évêque de Strasbourg, et plus tard il passa en d'autres mains. En 1462, comme les nobles du château infectaient les alentours de leurs déprédations, l'archiduc Sigismond, évêque de Strasbourg, le sire de Ribeaupierre et la ville de Bâle réunirent leurs forces pour l'assiéger, s'en emparèrent, et le détruisirent en partie. En 1479, l'empereur Frédéric III en inféoda les frères Oswald et Guillaume comtes de Tierstein, en leur imposant la condition de le faire restaurer. Il fut habité, passant successivement aux barons de Bollswider, de Fugger, et à la maison de Sickingen, jusqu'à la guerre de trente ans, époque à laquelle les Suédois le bombardèrent et le saccagèrent au mois de mai 1633.

OSTHAUSEN. Village situé à 4 l. de Schlestadt. Pop. 812 hab. On y voit aux

HOH-KOENIGSBOURG.

environs un beau château du XVIe siècle, flanqué de tourelles et environné de fossés remplis d'eau.

RHINAU. Petite ville sur le Rhin et à 5 l. de Schlestadt. Pop. 1,400 hab. Elle remplace l'ancienne ville, détruite et submergée par les eaux du Rhin. En 1444, les Armagnacs tentèrent de s'en emparer, mais elle fut sauvée par les troupes de Strasbourg. Cette ville fut brûlée en 1610 par l'électeur palatin, le marquis de Brandebourg et le duc de Wurtemberg, qui avaient amené en Alsace une nombreuse armée, et avaient dévasté les possessions de l'évêque; le fort de Rhinau fut rasé conformément au traité de Munster. La ville actuelle est souvent inondée par le Rhin qui cause de grands dégâts dans la banlieue de cette commune. — Patrie du célèbre historien Beatus Bild, surnommé Rhénanus, né en 1485, mort à Strasbourg en 1547.

ROSHEIM. Petite ville, située à l'entrée du val que parcourt la Magel, à 1 l. d'Obernay, et 5 l. 1/2 de Schlestadt. Pop. 3,800 habitants. Rosheim est une des dix villes impériales de la ci-devant préfecture de Haguenau, nommée comme village dans une charte de Fulde, dès l'année 778, et dans un diplôme de Louis le Débonnaire en 887. La première mention de Rosheim comme ville date de l'époque où l'Alsace était gouvernée par des ducs; et elle acquit le titre de ville impériale en 1322. Rosheim étant originairement ville ducale, Frédéric II, en montant sur le trône, l'engaga, en 1212, à Frédéric, duc de Lorraine, pour 4,000 marcs d'argent. A la mort du duc, il la retira à Thiébaut son fils, qui vint, avec des troupes, par la vallée de la Brusche, fondre sur la ville mal fermée, et l'occupa sans résistance. Les habitants s'étaient réfugiés dans l'église; ils en sortirent soudain et massacrèrent les soldats qui se tenaient peu sur leurs gardes. En 1385, un incendie consuma presque entièrement la ville; 80 hommes y perdirent la vie. En 1444, les Armagnacs y furent introduits par trahison, tandis que les habitants se préparaient à la défense. En 1622, le comte de Mansfield fit subir à Rosheim la plus épouvantable catastrophe: pour se venger des habitants qui l'avaient traité de bâtard, il prit la ville de vive force, passa tout au fil de l'épée, sans distinction d'âge ni de sexe, mit cette ville au pillage et la livra aux flammes.

Cette ville est située aux pieds des Vosges, dans une vallée charmante, sur la Magel, dont les eaux circulent dans la plupart des rues et y entretiennent la propreté. Elle est ceinte d'une muraille flanquée de tours, et percée de trois portes. Deux portes, surmontées de tours et situées dans l'intérieur, la divisent en trois quartiers: la haute, la basse et la moyenne ville. Dans la ville basse s'élève l'église paroissiale de Saint-Pierre, remarquable par son architecture. L'église Saint-Pierre et Saint-Paul qui décore la moyenne ville, est une des plus belles églises d'Alsace; sa façade présente un portail décoré de colonnes. On remarque encore à Rosheim, l'hôtel de ville, la promenade établie hors de la porte supérieure, l'hôpital, et deux maisons de bains alimentés par des sources d'eau minérale — Ateliers de tissage, blanchisseries. — Auberges du Pied de Bœuf, du Cerf, de l'Ange, du Soleil.

SCHERWILLER. Bourg situé sur la Scher, près du val de Villé, à 1 l. de Schlestadt. Pop. 2,600 hab. Les collines qui l'entourent sont couvertes de vignobles. Il fut brûlé en 1374 par le duc de Lorraine. Les juifs y ont une synagogue. Sur la montagne qui domine le bourg on aperçoit les restes du RAMSTEIN, château dont la construction date de 1292; et ceux du château d'ORTENBERG, plus ancien et plus vaste que le premier: sa structure est d'une bizarre irrégularité; on ne peut y pénétrer que par des crevasses pratiquées dans la muraille. De ce château on jouit d'une vue ravissante sur la plaine et le val de Villé.

SCHLESTADT. Ancienne ville libre impériale. Chef-lieu de sous-préfecture. Place de guerre de 4e classe. Tribunal de 1e instance. Collége communal. ⊠⌄ Pop. 10,000 hab.

On se perd en conjectures sur l'ancienneté de cette ville. Beatus Rhenanus, historien du XVe siècle, pense qu'elle a été formée de l'ancien *Elcebus*, station romaine. Une tradition populaire fait remonter son origine aux temps fabuleux, et dériver son nom de celui d'un géant appelé Slèton: on montre encore à l'hôpital une espèce d'ossement qu'on prétend être une de ses côtes, ainsi qu'un cercle de fer où l'on dit qu'une de ses dents a été enchâssée. L'énorme proportion de ces deux pièces ferait présumer qu'elles ont appartenu à un homme haut de plus de vingt-deux pieds, la côte ayant encore à peu près six pieds de long, quoique rongée par le temps aux deux extrémités; c'est une croyance qu'il faut laisser aux amateurs du merveilleux. Ce qu'il y a de certain, c'est qu'aux époques les plus reculées de la province, Schlestadt (qui n'était alors qu'un village) était connu par sa position sur la rivière d'Ill, où il servait de port pour l'embarcation des vins que l'on transportait dans la basse Allemagne. Son nom se trouve mentionné pour la première fois dans une charte d'Eberhard, comte d'Alsace, sous le règne de Thierry IV, en 728. Son ancienneté se manifeste d'ailleurs par le séjour qu'y firent les premiers rois francs, dont cette ville était une résidence royale. Charlemagne y rendit la justice et y passa les fêtes de Noël de l'année 775. Vers l'année 1232, sous l'empereur Frédéric II, Schlestadt fut entourée de murailles flanquées de tours, et érigée en ville impériale. Elle s'est trouvée à diverses reprises impliquée dans les guerres que se livraient entre eux les princes et les évêques en matière politique et religieuse. Berthold, évêque de Strasbourg, l'assiégea en 1338; parce qu'elle adhérait à Louis de Bavière; en 1830, elle eut encore un second siége à soutenir de la part de Jean de Lichtemberg, aussi évêque de Strasbourg, pour avoir osé entreprendre sur sa juridiction en mettant à mort un de ses fonctionnaires. En 1386, elle encourut la disgrâce de l'empereur Venceslas, pour avoir favorisé les juifs dans leur refus de fournir à cet empereur une somme qu'il leur avait imposée. Pendant plusieurs années du XIII° siècle, elle vit s'élever dans son sein une polémique ardente en matière de religion. Investie, en 1632, par le comte Gustave Horn, général suédois, qui la réduisit aux extrémités, elle fut abandonnée, en 1634, aux Français, à qui elle fut assurée, en 1646, par le traité de Westphalie. En 1673, Louis XIV fit raser les anciens murs et les fit remplacer deux ans après par ceux qui existent aujourd'hui. En 1815, elle fut bloquée et bombardée par les armées des puissances étrangères qui dévastèrent ses environs.

La ville de Schlestadt est dans une situation charmante, sur la rive gauche de l'Ill qui coule au pied de ses remparts. Du côté de l'est la vue se promène sur de vastes prairies bornées par une belle forêt. Le nord et le midi offrent des plaines soigneusement cultivées; à l'ouest se déroule la chaine majestueuse des Vosges, sur le sommet desquelles on aperçoit quantité de ruines de l'effet le plus pittoresque. On entre dans la ville par trois portes: celle de Colmar, celle de Brisach et celle de Strasbourg à laquelle on arrive par une très-belle avenue de peupliers. Les maisons en sont irrégulièrement bâties, les rues assez propres, la plupart étroites et mal alignées. Mais la salubrité de l'air s'y maintient par l'écoulement des eaux d'un canal; assez bien distribuées dans les différents quartiers, où elles font tourner plusieurs moulins. On a placé de distance en distance dans les rues, des pompes pour la commodité des habitants.

Schlestadt ne fait le commerce qu'en détail. Située dans un pays essentiellement agricole, elle se borne à la culture des terres, et ses fortifications la privent de la ressource que pourraient lui procurer les quatre routes au centre desquelles elle se trouve.

Cette forteresse, ouvrage de Vauban, a la forme d'un octogone irrégulier: elle est flanquée de bastions, et deux cavaliers la protégent du côté de l'ouest. Les fossés sont plantés de peupliers, et reçoivent les eaux de l'Ill, par le moyen de laquelle on peut, en cas d'invasion, inonder toute la partie de l'est. A quelque distance de la ville, vers le nord, la campagne est traversée par le torrent de Giessen, formé par les ruisseaux qui coulent des montagnes, dont les eaux vont se perdre dans l'Ill, après avoir parcouru de l'ouest à l'est un espace de cinq lieues.

Les principaux édifices de Schlestadt, sont: l'église paroissiale de Saint-George, qui, selon Schœpflin, est un ouvrage du XIV° siècle, et mérite d'être cité parmi les belles constructions de l'Alsace; elle est bâtie en pierres de taille, sur pilotis, et d'un style gothique simple. La tour, haute d'environ 175 pieds, est de forme carrée, et se compose de deux étages. Au-dessus de la première galerie, elle est éclairée à ses quatre faces par de hautes fenêtres en ogive, supportées dans le milieu par de minces colonnettes. Les coins sont ornés de petites tourelles fort élégamment travaillées. On arrive par un escalier en spirale à son sommet, d'où l'œil parcourt une immense étendue de pays. Par un temps clair on aperçoit facilement la flèche de la cathédrale de Strasbourg; c'est un véritable observatoire. De là, veille en tous temps sur la ville un homme chargé d'avertir dans les cas d'incendie, et obligé, pour preuve de vigilance, de répéter, sur la cloche, l'heure et les quarts qui viennent de sonner. Le même usage s'observe dans toutes les villes d'Alsace; dans les villages, on annonce l'heure la nuit au son de la trompe. L'intérieur de l'église présente une assez jolie nef, séparée des bas côtés par des pilastres for-

TOUR DE L'HORLOGE
à Schelestadt

Bas-Rhin

més de colonnettes groupées. Vers le milieu on remarque la chaire, construite en pierre et curieuse par ses sculptures. Le chœur, auquel on monte par douze degrés, est séparé de la nef par une balustrade en fer. Les parois sont garnies, à la hauteur de 8 à 10 pieds, de panneaux en marbre. Quelques vitraux se font remarquer par la vivacité de leurs couleurs. Au bas de l'église, au-dessus de la grande porte est un beau buffet d'orgues soutenu par plusieurs colonnes d'ordre dorique. On conserve dans une des voûtes de l'église la bibliothèque de Beatus Rhenanus et sa correspondance manuscrite avec plusieurs hommes célèbres de son époque.

L'église de Sainte-Foy, édifice qu'Hildegarde, duchesse de Souabe, fit bâtir au retour d'une croisade, en 1094, sur le plan de celle du Saint-Sépulcre à Jérusalem, est remarquable par la singularité de sa construction, dont chaque pierre, noircie par le temps, semble indiquer l'époque éloignée. À l'une de ses extrémités s'élève une tour conique en pierre de taille. Le toit est supporté par de petites colonnes d'architecture sarrasine, formant par leur séparation des fenêtres à plein cintre qui éclairent le dedans de la tour. L'intérieur de l'église n'offre rien de bien remarquable, si ce n'est la bizarrerie des peintures et dorures dont les ornements sont surchargés; sur les bas côtés règne une galerie en pierre qui aboutit à un buffet d'orgues où l'on monte par un escalier dont les marches ont plus d'un pied de haut.

Le Pavillon est un vaste bâtiment attenant à Sainte-Foy. Ce fut le premier monastère de Schlestadt, habité d'abord par des bénédictins, et depuis par les jésuites; il sert aujourd'hui de logement aux officiers de la garnison.

Le Palais de justice est un ancien collège de jésuites, fondé par l'archiduc Léopold, évêque de Strasbourg, et rebâti à neuf en 1754.

La Fausse Porte, autrefois appelée tour de l'horloge, est le seul monument qui soit resté des premières fortifications de Schlestadt. C'est une large voûte supportant une grosse tour carrée, couronnée d'une galerie flanquée à ses coins de quatre petites tourelles. Dans l'intérieur est placée une horloge.

On remarque encore à Schlestadt: l'église des Récollets, vieille nef gothique surmontée d'une aiguille sculptée avec délicatesse, qui sert maintenant de magasin au génie militaire; le collège communal, ancienne commanderie de Saint-Jean de Jérusalem; les casernes, la prison, l'hôtel de ville, l'hôpital civil, l'arsenal.

Du coin de la rue de l'Hôpital et du Chemin neuf, une maison se fait remarquer par l'inscription suivante gravée sur une pierre cimentée dans la muraille: *Anno 1533 Carolo V Cæsare Augusto post actos Germaniarum conventus in Hispaniam redeunte.* Aux deux côtés de cette pierre sont deux médaillons représentant, l'un Othon Ier, l'autre Charlemagne.

Schlestadt a été le berceau de plusieurs savants: Jean Hugon, écrivain; Jacques Wimpfeling, licencié en théologie et en droit; Beatus Rhenanus, historien; Martin Bucer, célèbre réformateur; Jean Witz; Beatus Arnoald; Jacques Spiegel, tous membres d'une société de belles-lettres formée à Schlestadt à l'époque de la renaissance. Le vernis pour la poterie y a été inventé au XIIIe siècle.

Fabriques de toiles et gazes métalliques, de poteries, de tabac, de fécule de pommes de terre, de vinaigre; tissage; tanneries; brasseries; moulins à blé et à tan; commerce de vins; marché important pour les grains, tous les mardis.

À 10 l. de Strasbourg, 5 l. de Colmar, 116 l. de Paris. Hôtels Bouc, de l'Aigle, de la Couronne d'or, de l'Ours noir et du Mouton d'or.

SUNDHAUSEN. Village à 5 l. de Schlestadt. Siège d'un consistoire de la confession d'Augsbourg. Pop. 1,300.

VILLE. Bourg situé sur le Giessen à 3 l. 1/2 de Schlestadt. Pop. 1,100 hab. Il est entouré de murs et a été occupé par les Suédois en 1633. Distilleries de kirschwasser.

WERTAUSEN. Village situé à 5 l. de Schlestadt. Pop. 1,100 hab.

Dans une forêt voisine, sur une hauteur, se trouve la fontaine du HOLZBAD, source d'eau minérale froide, renfermée dans un puits, large et couvert, qui peut avoir 12 pieds de profondeur. L'eau est élevée du puits au moyen d'une pompe, et conduite par des canaux de bois à l'établissement des bains, où on la fait chauffer pour l'usage des baigneurs. On croit que cette source fut découverte au Xe siècle par Adalric. L'eau est froide, légère, sans odeur ni saveur marquées, et peut servir également aux usages de la cuisine et à la boisson. Elle cuit bien les légumes, dissout le savon, et n'altère point le sirop de violette ni la décoction de noix de galle. Elle tient en dissolution du sulfate de soude, du nitrate de potasse, du muriate de soude, de la terre calcaire, de la silice et quelques traces de pétrole. — Les eaux de Holzbad sont regardées comme apéritives et relâchantes; cependant on n'en fait point usage intérieurement; elles servent simplement aux bains. On les emploie avec avantage dans les maladies de la peau, les obstructions, les fleurs blanches, les suppressions des règles, l'hystérie, l'hypocondrie, etc.

ARRONDISSEMENT DE WISSEMBOURG.

BEINHEIM. Bourg situé sur la Sauer, à 5 l. de Wissembourg. Pop. 1,545 hab. On y voit un beau château appartenant au général Schramm.

GÆRSDORF. Village situé à 3 l. 1/2 de Wissembourg. Pop. 1,107 hab. C'était autrefois une ville ceinte de murs qui ont été démolis. Sur une montagne voisine, s'élève une chapelle construite en 1518 et dédiée à Notre-Dame du Chêne, qui est fréquentée par un grand nombre de pèlerins: on jouit de cet endroit, d'une vue magnifique.

HATTEN. Joli bourg situé dans une belle plaine traversée par la Soulzbach, à 4 l. de Wissembourg. Pop. 1,028 h. On y voit une des plus belles églises de village de l'Alsace.

LAMPERTSLOCH. Village situé à quatre l. de Wissembourg. Pop. 557 h. On y trouve une source d'eau bitumineuse exploitée, qui occupe une centaine d'ouvriers, et dont les eaux sont employées avec succès pour la guérison des maladies cutanées.

LEMBACH. Bourg situé au milieu des montagnes, sur le Sarbach, à 2 l. et 1/2 de Wissembourg. Pop. 1,976 hab. — Mines de fer et de plomb.

LAUTERBOURG. Jolie et forte ville bâtie dans une situation élevée, sur la Lauter, près de son confluent avec le Rhin. Place de guerre de 4e classe. ✉ ☞ Pop. 2,649 hab. A 4 l. de Wissembourg.

Cette ville passe pour avoir été bâtie sur l'emplacement d'un fort élevé par les Romains. Les Français détruisirent, dans le XVIIe siècle, ses fortifications, qui furent rétablies dans le siècle suivant. Les Autrichiens s'en emparèrent en 1744. — Fabriques de potasse. Blanchisserie de toiles. Fonderies. Tuileries et briqueteries.

LOBSANN. Village situé sur la Soulzbach, à 4 l. 1/2 de Wissembourg. Populat. 674. On voit aux environs (à MARIENBRONN) une mine d'asphalte dont les produits sont employés à divers ouvrages.

NIEDERBRONN. Joli bourg situé à 5 l. de Wissembourg. ✉ ☞ Pop. 2,467 habitants.

Ce bourg est situé entre deux promontoires, dans une vallée évasée, près de l'entrée d'une gorge par où on pénètre d'Alsace en Lorraine. Il est borné par des montagnes presque vers tous les points, excepté à l'est, où la vallée commence à s'élargir et les monts à s'abaisser, pour se perdre enfin dans la plaine.

Niederbronn est formé de deux rues larges et spacieuses, bordées de maisons et de jardins; l'air y est très-sain; les habitants y jouissent en général d'un tempérament robuste. Au milieu du bourg se trouvent deux fontaines minérales, renfermées dans deux bassins hexagones, séparés de quelques pas l'un de l'autre, et dont les bords excèdent à peine la surface du sol (1).

Les eaux de Niederbronn sont connues depuis un temps immémorial. Elles paraissent avoir été fréquentées par les Romains, auxquels est probablement due la première construction des bassins qui les renferment; car lorsqu'en 1572, un comte de Hanau en fit faire la reconstruction et le récurement, on trouva au fond des bassins antiques, plus de trois cents médailles et pièces de monnaie, tant d'argent que de cuivre, frappées sous différents empereurs romains. L'un de ces bassins, l'inférieur, est plus petit que le supérieur. Celui-ci a de chaque côté six pieds de longueur; il en sort à peu près six pieds cubes d'eau par minute. Au milieu de ce bassin se trouve une pyramide creuse, tronquée, formant un réservoir particulier; elle est placée immédiatement sur l'endroit d'où l'eau minérale sourd d'un banc de gravier, et est assurée à sa place par un bon ciment. Cette pyramide s'élève ainsi toute en pierre à la hauteur de trente pieds environ; sa base doit être formée d'une pierre carrée, large de six pieds et demi, sur un pied et demi d'épaisseur; percée au milieu d'une grande ouverture de huit pou-

---

1. Nous devons cette notice à M. le docteur Salathé, médecin inspecteur des eaux minérales de Niederbronn.

ces. Par ce moyen l'eau minérale s'élève dans la pyramide creuse jusqu'à son ouverture extérieure, sans pouvoir se mêler avec celle du bassin, qui n'est que le superflu de ce qui entre dans celle-là, altéré par les eaux de pluie. C'est dans l'ouverture supérieure de la pyramide qu'on va puiser l'eau qu'on veut boire; celle du bassin ne sert qu'aux usages externes. Cette dernière paraît louche et verdâtre, ce qui dépend non-seulement de la grande profondeur du bassin, mais encore de la décomposition qu'elle y éprouve par son séjour. Les bords du bassin sont aussi teints d'un oxyde de fer ou d'une rouille que l'eau y dépose. Un canal en bois établit une communication entre le bassin supérieur et l'inférieur.

Ces eaux sont employées en bains depuis un temps immémorial. On a commencé à en faire usage en boisson en 1593, époque de la construction de la pyramide placée sur la source principale.

Les bains se prennent dans les maisons de particuliers et dans les auberges; on compte environ 40 maisons où l'on trouve des logements et des bains. Ils se prennent, au choix des malades, dans des cabinets de bains, dans des cabinets particuliers près des logements, ou dans les logements mêmes; plusieurs de ces maisons sont très-bien meublées et disposées à recevoir des personnes du premier rang. Les sources minérales étant situées au fond de la vallée, on est obligé de faire porter les eaux dans les réservoirs et aux baignoires; une seule maison a l'avantage de diriger l'eau minérale par un conduit dans le réservoir. Il y a deux établissements très-bien disposés pour prendre les douches. On compte environ 450 baignoires dans les différentes maisons qui donnent des bains, et autant de chambres à louer.

Sur la place où se trouve les sources, est une promenade plantée de platanes, bien entretenue, près de laquelle on a construit depuis sept à huit ans, aux frais de la commune et du département, et à la sollicitation de M. Esmangard, alors préfet du Bas-Rhin, un vaste bâtiment, servant de lieu de réunion pour les baigneurs; le rez-de-chaussée sert de promenoir couvert, où les buveurs se réfugient lorsque le temps est pluvieux; les premier et deuxième étages servent de salles de danse, de réunion, de spectacle, cabinet de lecture, café et restaurant, etc.

La nature a doué les environs de Niederbronn de sites et d'aspects pittoresques. A la proximité d'un quart de lieue, sont les montagnes majestueuses des Vosges, couvertes de superbes forêts de hêtres et de chênes : elles abondent en gras pâturages, en simples excellents, et donnent naissance à d'agréables vallées, arrosées par une multitude de rivières et de ruisseaux. Le sol est formé alternativement de plaines, d'élévations, de monticules et de vallons renfermant de belles prairies, des terres fertiles et bien cultivées, plantées de vignes et d'arbres fruitiers de toute espèce. Çà et là, se montrent, sur des points plus ou moins élevés, de gros bourgs, de beaux villages, et les ruines d'anciens châteaux. Dans toutes les vallées l'oreille est frappée par le bruit des roues qui mettent en mouvement des forges, des moulins, des scieries hydrauliques, des papeteries, etc. La plaine n'est pas moins riche, en ce genre, que les vallées; les établissements industriels sont répandus dans les environs avec une sorte de profusion. Enfin, la variété des sites, la fraîcheur de la verdure, qui dans ce pays est plus vive que dans aucune autre contrée de la France, la richesse de la culture, l'industrie active des habitants, la bonne tenue de leurs habitations rurales et domestiques, la fraîcheur ravissante et le costume pittoresque des femmes, tout se réunit pour donner à cette contrée un air d'aisance, de vie et de bonheur. Au fond de la vallée, s'élèvent sur des rochers les deux châteaux d'Alt-Winstein et de Neu-Winstein; le premier est remarquable par les galeries, appartements, voûtes et puits taillés dans le roc, et en général par la hardiesse de sa construction. Pierre, abbé de Neubourg, a fait élever ce fort vers la fin du XIIe siècle. Berthold de Bucheck, évêque de Strasbourg, et les citoyens de Hagueneau s'en emparèrent et le détruisirent en 1334, après un siège de six semaines. — Derrière Niederbronn, à l'entrée de la riante vallée traversée par la route de Bitsch, on voit sur un rocher les restes du château de WASENBOURG. On y entre par une cour carrée, où l'on aperçoit du côté du nord deux portes voûtées, dont l'une conduit à un souterrain taillé dans le roc ; l'autre communique à la cour intérieure environnée d'une haute muraille. De là, on monte au corps du bâtiment construit en pierres de taille, et au bout duquel s'élève une tour carrée. Près de l'entrée de la cour extérieure, on lit sur un rocher l'inscription suivante :

DEO . MERCVRIO . ATTEGI
AM . TEGVLICIAM . COMP

OSITAM.SEVERINVS.
SATVLLINVS.C.F.EX.V°
TO.POSVIT.LL.M.

que Schœpflin traduit ainsi : *Au dieu Mercure a érigé cette chapelle construite en briques Severinus Satullinus, fils de Caius, en acquittement d'un vœu.*

Malgré les divers objets de distraction que nous venons de signaler, les bains de Niederbronn sont loin d'offrir les objets d'agrément qu'on est habitué de rencontrer dans les principaux établissements thermaux; aussi n'ont-ils été fréquentés jusqu'ici que pour l'efficacité de leurs eaux. Il est cependant peu d'établissements plus susceptibles d'améliorations de toute espèce, ni de pays qui s'y prête avec plus d'avantages par la disposition de son sol. Les eaux minérales de Niederbronn se trouvent entourées de sites si heureux, si pittoresques, que pour peu que l'art y vint au secours de la nature, il en rendrait le séjour délicieux. Cette vérité a été reconnue par tous les préfets qui se sont succédé dans le département du Bas-Rhin; tous ont promis de s'en occuper comme d'un objet d'autant plus utile, qu'avec quelques secours du gouvernement cet établissement rivaliserait avec ceux du grand-duché de Bade, où tous les Alsaciens riches et aisés vont affluer et dépenser leur argent, parce qu'ils ne rencontrent à Niederbronn aucun des agréments qui leur sont prodigués par le gouvernement badois.

SAISON DES EAUX. L'époque n'est pas fixée pour l'ouverture ou la clôture de la saison. Lorsque le temps est favorable, elle commence au mois de mai; beaucoup de personnes, par circonstance de leur état et situation, tels que les hommes de cabinet, les professeurs, qui se dirigent d'après les vacances, n'y arrivent qu'à la fin d'août, ou en septembre; mais le fort de la saison est ordinairement du 15 juin au 15 septembre.

Le nombre des malades varie selon que le temps se montre plus ou moins favorable; depuis 25 ans le minimum se monte de 500 à 600, et le maximum de 1,000 à 1,200; le nombre moyen peut donc être évalué à 800 ou 900.

PRIX DU LOGEMENT ET DE LA DÉPENSE JOURNALIÈRE. Il y a des logements aux prix de 5 à 15 et 18 fr. par semaine, selon la construction, la situation, la commodité et l'ameublement des maisons. Avant et après le fort de la saison, le prix est diminué d'un tiers. Un restaurateur des plus renommés de Strasbourg tient depuis plusieurs années une table d'hôte pendant la saison des eaux; le prix du dîner, sans vin, est de deux francs par tête. D'autres restaurateurs tiennent aussi des tables d'hôte aux prix de 1 fr. 20 à 1 fr. 80 par tête, sans vin. On a des vins du Haut et du Bas-Rhin et de l'intérieur, de toute espèce, dont le prix varie selon les qualités.

TARIF DU PRIX DES EAUX, BAINS ET DOUCHES. L'eau que l'on boit à la source se donne gratuitement; cependant il est d'usage de donner à la fin de la saison, à l'homme qui tous les matins distribue l'eau à la source, de deux à six francs, suivant les facultés des baigneurs. Cet homme paye à la commune une rétribution annuelle, dont le produit est employé à faire des embellissements pour l'agrément des baigneurs. On paye pour un bain 75 centimes, et pour une douche un franc.

PROPRIÉTÉS PHYSIQUES. L'eau, en sortant de la pyramide du grand bassin, est limpide, transparente, sans aucune odeur, ayant une saveur salée, légèrement styptique et acidulée; sa température est constamment de 13 à 14° du thermomètre de Réaumur. L'eau répandue dans les deux bassins est opaque, d'une couleur jaune verdâtre, n'éprouvant pas d'altération tant à son volume qu'à sa composition chimique, par les perturbations atmosphériques.

PROPRIÉTÉS CHIMIQUES. On a fait plusieurs analyses depuis 1565. Les plus remarquables du dernier siècle sont celles de Spielmann, professeur de chimie, très-célèbre de son temps, de l'université de Strasbourg, présentées en dissertation, par le docteur Leuchsenring, en 1753; celle de Gérard, médecin en chef des hôpitaux civil et militaire d'Haguenau, en 1777. La dernière a été faite en 1809, par une commission nommée par arrêté du préfet du Bas-Rhin, composée de MM. Gerboin, professeur de chimie de la faculté de médecine de Strasbourg, Hecht, pharmacien et chimiste distingué, Hessert, docteur et professeur (aujourd'hui premier médecin du grand-duc de Hesse), et Hammer, professeur d'histoire naturelle à Strasbourg.

Les commissaires sus-nommés, chargés de l'analyse en 1809, pour s'assurer de la nature chimique de ces eaux, les ont soumises à la double épreuve de l'action des réactifs et de l'évaporation. Il est résulté de leur analyse faite avec soin, que cette eau contient les principes suivants, dont la proportion est déterminée par une livre de liquide.

Muriate de soude	33,	30
Sulfate de chaux	0,	18
Acide carbonique	0,	90
Carbonate de magnésie	0,	42
Carbonate de fer	0,	15
Muriate de magnésie	3,	60
Muriate de chaux	5,	90

On a obtenu les mêmes résultats par l'analyse de l'eau des deux bassins et de la pyramide.

PROPRIÉTÉS MÉDICINALES. Les bains, combinés avec l'usage interne des eaux, opèrent d'une manière résolutive, fondante, apéritive, tonique, diurétique, et légèrement évacuante; ce dernier effet peut être augmenté en prenant les verres d'eau à intervalles plus rapprochés qu'à l'ordinaire. Il faut en boire le matin à jeun d'une à six livres en une ou deux heures environ. On commence par un ou deux verres, et on augmente chaque jour, au point d'obtenir quelques effets évacuants. Après 6 à 8 jours d'usage, l'appétit s'augmente, et reprend quand il fut perdu.

Les maladies sur le traitement desquelles la réputation et l'efficacité de leurs effets sont particulièrement fondées depuis des siècles, sont : les engorgements froids des viscères du bas-ventre, les faiblesses d'estomac et des intestins, les fièvres intermittentes opiniâtres, compliquées d'engorgements des viscères du bas-ventre, la jaunisse rebelle, les affections hémorroïdales et grand nombre d'affections maladives qui en proviennent, la difficulté de la première formation, l'irrégularité ou la suppression du flux menstruel, et à l'âge critique; la goutte chronique, les rhumatismes fixes, vagues, goutteux et abarticulaires, les rhumatismes vagues, compliqués d'hémorroïdes, de faiblesse nerveuse, avec altération dans les organes et fonctions de la digestion, les tumeurs ligamenteuses et les nodosités tendineuses qui se sont montrées difficiles à résoudre, et la gêne du mouvement produit par le rhumatisme ou par la goutte; les faiblesses nerveuses en général, les nouures et les écrouelles, les paralysies récentes ou non invétérées, l'asthme humide, etc., etc.

MODE D'ADMINISTRATION. Les eaux sont administrées en bains, douches et en usage interne; les bains se prennent ordinairement le matin à jeun, et il y a des cas où on ne les prend qu'à 10 et 11 heures du matin. L'eau prise à la source, n'ayant que 13° 1/2 de température, on est obligé d'en chauffer environ le quart au degré de l'eau bouillante, pour donner aux bains la température moyenne, de 25 à 26° Réaumur. Les douches se prennent, selon les cas, soit immédiatement après le bain, ou bien aux heures qui conviennent aux personnes. On boit les eaux le matin à jeun de 7 à 9 heures, à la dose d'une à six livres.

Fabriques de corbillons, dévidoirs et autres objets en albâtre façonnés au tour, hauts fourneaux, forges, papeteries, tanneries, brasseries.

OBERBETSCHDORF. Village situé à 5 l. de Wissembourg. Pop. 1,238 h.—*Fabriques* de fontaines, tuyaux et poterie de grès.

REICHSHOFFEN. Petite ville située à 6 l. de Wissembourg. Pop. 2,661 h.

A peu de distance de cette ville, dans un pré attenant aux maisons du village de Gundershoffen, on voit une fontaine minérale dont les eaux contiennent de l'acide sulfurique, du muriate de soude et un peu de bitume. En général, les puits des villages donnent une eau acidulée, légèrement martiale et vitriolique. Les paysans de l'endroit s'en servent pour les usages domestiques sans éprouver d'inconvénients.

Fabrique considérable de garance.

SELTZ. Petite ville située au confluent du Seltzbach et du Rhin, à 5 l. de Wissembourg. Pop. 2,263 h.

Seltz occupe l'emplacement de l'ancien *Saletio*, ville romaine indiquée sur la carte de Peutinger, et mentionnée sur les anciens itinéraires. Cette ville a beaucoup souffert dans les guerres qui désolèrent la contrée; les Strasbourgeois la brûlèrent en 1258, et les Français en 1674. Elle est célèbre par les conférences qui s'y sont tenues lors du congrès de Rastadt. On y voit une belle église de construction gothique.

Plusieurs auteurs placent, par erreur, dans cette ville, les sources minérales acidules de Seltz ou de Selters, qui se trouvent près du village de Neiderselters, sur la rive droite du Rhin, à dix lieues de Francfort.

Fabriques d'huile. Filature de coton.

SOULTZ-SOUS-FORETS. Petite ville située au centre de beaux vignobles, à 3 l.

3/4 de Wissembourg. ⚭. Pop. 1,968 hab.

A peu de distance de cette ville, on trouve au pied d'une colline, à une profondeur de 40 pieds, une source salée dont l'eau est élevée au moyen d'une pompe, et conduite dans un bâtiment de graduation de 169 pieds de longueur, où elle se rassemble dans des réservoirs en bois. Une mécanique élève de nouveau cette eau à la hauteur de 80 pieds, d'où elle découle au travers des fagots d'épines, se concentre et se rend ensuite dans des chaudières où s'opère la cristallisation.

Fabriques de bonneterie. Exploitation des mines de fer, d'asphalte et de charbon de terre. — *Hôtels* de la Poste, de la Rose, du Cheval blanc.

SURBOURG. Bourg situé sur une hauteur, à 6 l. de Wissembourg. Pop. 2,217. On y remarque l'église d'une ancienne abbaye qui offre le caractère d'une haute antiquité. — Exploitation des mines de fer.

WISSEMBOURG. Ancienne et forte ville. Chef-lieu de sous-préfecture. Tribunal de première instance. Place de guerre de quatrième classe. Collége communal. ✉ ⚭. Pop. 6,097 hab.

Cette ville doit son origine à une abbaye fondée au VIIe siècle, par le roi Dagobert II, et autour de laquelle se forma un village qui fut élevé au rang de ville libre impériale, en 1247. La guerre des paysans, en 1525, et la guerre de trente ans la ruinèrent et en anéantirent presque tous les habitants. Cédée à la France par le traité de Westphalie, sa situation à l'extrême frontière l'a souvent exposée à de grands désastres, notamment en 1677, 1705, 1744, 1793, 1813 et 1815. D'après le traité de 1814, cette ville n'a conservé qu'un rayon de 1,000 toises sur la rive gauche de la Lauter.

Wissembourg est une ville assez bien bâtie, au pied des montagnes, sur la rive droite de la Lauter. On y remarque l'ancienne église collégiale, vaste édifice gothique reconstruit en 1288; l'hôtel de ville, les casernes; la tour Mittelthurm, qui sert de prison; l'église protestante de Saint-Jean, dans laquelle on a placé, lors de la troisième fête séculaire de la réformation, le buste en grès de Luther; l'hôtel de la sous-préfecture, etc., etc.

Une belle promenade publique plantée d'arbres précède la porte de Haguenau; les remparts offrent aussi des promenades agréables. A quelque distance de la ville, on découvre, sur différents points, des tours fortes qui servaient jadis de défense à l'abbaye de Wissembourg.

Un rempart avec un fossé s'étend jusqu'à Lauterbourg, et forme ce qu'on appelle les lignes de Wissembourg, célèbres dans l'histoire de la révolution; ces lignes furent prises en 1793 par les Autrichiens, et reprises la même année par les Français.

Fabriques de bonneterie, chapeaux de paille, potasse, savon, faïence, poterie de terre. Brasseries. Tuileries et briqueteries. — *Commerce* d'eau-de-vie, tabac, graisse d'asphalte, etc.

A 14 l. de Strasbourg, 116 l. de Paris. — *Hôtels* de la ville de Paris, de l'Ange, de la Couronne, de la Ville de Lyon.

WOERTH-SUR-SAUER. Petite ville située au milieu d'une belle et large vallée, dans une île formée par la Sauer et la Soulzbach, à 5 l. 1/2 de Wissembourg. Pop. 1,240 hab. C'était autrefois une ville entourée de murs qui ont été démolis pendant les guerres qui ont désolé la contrée à diverses époques.

Woerth possède une jolie promenade publique, que décore un autel romain, déterré en 1577, dont chacune des faces offre des bas-reliefs représentant Mercure, Hercule, Minerve et Junon.

FIN DU DÉPARTEMENT DU BAS-RHIN.

IMPRIMERIE DE FIRMIN DIDOT FRÈRES ET Cie, RUE JACOB, N° 56.

Guide Pittoresque

DU
VOYAGEUR EN FRANCE.

ROUTE DE PARIS A NICE,
TRAVERSANT LES DÉPARTEMENTS
DE L'ISÈRE, DES HAUTES-ALPES, DES BASSES-ALPES ET DU VAR.

DÉPARTEMENT DES HAUTES-ALPES.

Itinéraire de Lyon à Nice,
PAR GRENOBLE, SISTERON, AIX, BRIGNOLES ET ANTIBES, 258 LIEUES.

	lieues.		lieues.
De Paris à Lyon	119	Sisteron	3 1/2
Bron	2 1/2	Peyruis	5 1/2
St-Laurent-des-Mures	2	La Brillanne	3
La Verpillière	3	Manosque	3 1/2
Bourgoin	3	Mirabeau	5
Éclose	3	Peyrolles	3
La Frette	4	Aix	5
Rives	3	Chateauneuf-le-Rouge	3
Moirans	1 1/2	La Grande-Pugère	3 1/2
Voreppe	1 1/2	Tourves	5
Grenoble	4	Brignolles	3
Vizille	4	Flassans	3 1/2
Lafrey	2	Le Luc	2
La Mure	3	Vidauban	3 1/2
Les Souchons	3 1/2	Le Muy	3 1/2
Corps	3 1/2	Fréjus	4
La Guinguette de Boyer	4	L'Esterelle	4
Brutinet	2 1/2	Cannes	6
Gap	3 1/2	Antibes	2
La Saulce	4	NICE. (poste étrangère)	6
Rourebeau	4		

ASPECT DU PAYS QUE PARCOURT LE VOYAGEUR
DE LYON A SISTERON.

De Lyon à Bourgoin, la route parcourt une belle et fertile contrée, que nous avons eu occasion de décrire dans la livraison de l'Isère (route de Paris à Chambéry). Une montée presque continuelle conduit de Bourgoin à Éclose; elle serpente d'abord le long d'un joli vallon et se dirige ensuite dans la vallée étroite de l'Agny, à travers un pays fertile, et aboutit par une rampe assez rude au relais d'Éclose. Le sommet de la montagne qui sépare ce village de celui de la Frette, domine au loin toute la contrée, et n'est borné lui-même que par les montagnes de la Grande-Chartreuse, qui bornent, à l'est, l'horizon; on y jouit d'une belle vue sur les Alpes. Le pays continue à être montagneux et très-varié de la Frette au joli bourg de Rives, bâti dans un riant vallon où l'on arrive par une courte descente. On traverse la Fure sur un pont de pierre au sortir de Rives, et l'on franchit ensuite une haute montagne dont le revers opposé conduit à la belle et riche vallée de l'Isère. Le premier lieu qui se présente dans cette vallée, est le bourg de Moirans, situé à l'intersection des routes de Voiron et de Valence, et pour ainsi dire enseveli sous les arbres. Une lieue et demie plus loin est le bourg de Voreppe, d'où l'on part ordinairement pour aller visiter la Grande-Chartreuse, monastère célèbre dont les montagnes bordent la vallée pittoresque, que traverse la grande route. On passe ensuite à Fontanils, à Saint-Robert et à la Buiserade, jolis villages, situés à des intervalles presque égaux, qui précèdent la ville de Grenoble, où l'on entre par la porte de France.

On sort de Grenoble par la porte de Bonne, et l'on parcourt la belle et riche plaine de cette ville jusqu'à Eybens, dont le château se fait remarquer par sa construction élégante et sa délicieuse position sur un monticule entièrement tapissé de bosquets et de vignes. On gravit ensuite la colline qui sépare la vallée de l'Isère de celle de la Romanche, et l'on voit bientôt un autre château plus remarquable par sa grandeur et son élévation : c'est celui d'Herbey, ancienne propriété des évêques de Grenoble. On met plus d'une heure pour parvenir au sommet de la colline, qui offre partout une culture fraîche et variée : une descente moins longue que la montée conduit à Vizille, bourg dominé par le beau château gothique qu'y fit construire le connétable de Lesdiguières. En sortant de ce bourg, on laisse à gauche la route pittoresque du Mont-Genèvre, qui suit la rivière de la Romanche, que l'on passe sur un beau pont, après lequel on gravit pendant plus de deux heures une côte longue et pénible, qui aboutit à la haute vallée de Lafrey, bordée à droite et à gauche de deux rangs de montagnes élevées. Le fond de cette vallée est occupé par un joli lac que l'on côtoie sur une belle route; immédiatement après ce premier lac, on en trouve un second qui s'y dégorge, puis un troisième qui a son écoulement du côté opposé, vers la Mure. Ces trois lacs, dont on suit les bords pendant plus de deux lieues, semblent n'en faire qu'un et offrent l'aspect d'un superbe fleuve : vis-à-vis du dernier est le village de Pierre-Châtel. Après avoir traversé le bourg de la Mure, on quitte le plateau pour descendre dans une étroite et profonde vallée par une route assez douce, taillée en zigzag sur le penchant de la montagne; au fond de cette gorge sauvage, roule avec fracas le torrent de la Bonne, que l'on passe sur un pont de marbre grossier d'une élévation très-hardie, après lequel on gravit la côte opposée entre deux rangs de hautes montagnes coupées à pic, dont la couleur noirâtre offre un aspect affreux. Sur la hauteur est le hameau et l'auberge des Terrasses, et un peu plus loin le relais des Souchons. On côtoie ensuite la rive droite du Drac : le pays s'embellit et devient assez fertile; mais la route est très-inégale, formée de pentes rapides, de corniches étroites sans parapets ni barrières. Sur la droite, on aperçoit le Mont-Aiguille, et un peu plus loin, la haute montagne de l'Obioux, qui domine le bourg de Corps; peu après ce bourg on passe du département de l'Isère dans celui des Hautes-Alpes. Une pente rapide conduit au village d'Aspres, où débouche la vallée de la Séveraisse : un peu plus loin, on aperçoit le Drac, encaissé dans un lit très-profond et si étroit qu'en certains endroits un homme leste pourrait le franchir d'un saut; un vieux pont pittoresque, de construction hardie, le traverse et conduit au village de Lesdiguières, que dominent les ruines de l'ancien château du connétable de ce nom. Peu après le relais de la Guinguette de Boyer, on passe le Drac, dont on côtoie ensuite la rive gauche, dans une vallée spacieuse, fertile et sans ombrage, jusqu'à Brutinet. Après ce relais, un trajet d'une heure conduit au sommet du Mont-Bayard, d'où l'on jouit d'une belle vue sur la ville de Gap, bâtie au milieu d'un vaste bassin en forme d'entonnoir évasé.

En sortant de Gap, une descente d'environ deux lieues conduit au bord de la Durance, dont on côtoie la rive droite un peu avant le relais de la Saulce. Les montagnes s'abaissent, la vallée s'élargit et forme une plaine fertile jusqu'aux environs de Rourebeau, après lequel la vallée se rétrécit progressivement jusqu'à Sisteron, petite ville du département des Basses-Alpes, situé au confluent du Buech et de la Durance.

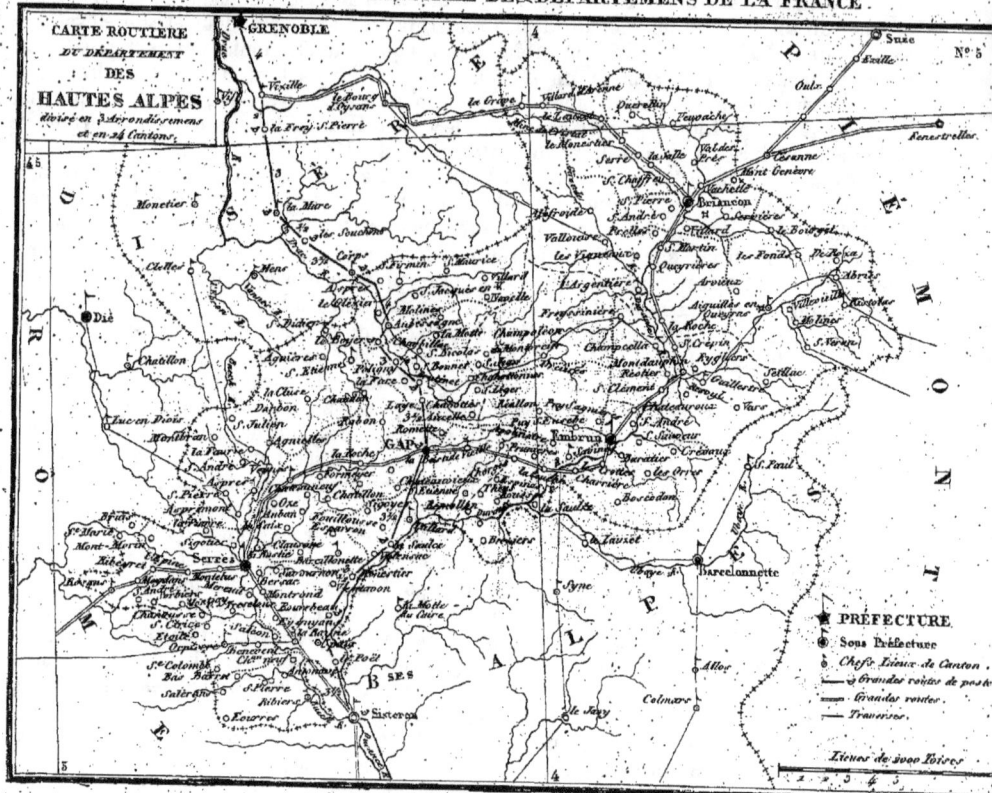

CASCADE DU GUIERS.

DÉPARTEMENT DES HAUTES-ALPES.

APERÇU STATISTIQUE.

Le département des Hautes-Alpes est formé d'une partie de l'ancienne province du Dauphiné, et tire son nom de la position physique des montagnes des Alpes. Par le mot Alpes, on entend communément la grande chaîne de montagnes qui commence au mont Cassino, en Italie, près du col de Tende, entre les sources de la Roya et du Tanaro, et qui, après un court trajet de l'est à l'ouest, monte vers le nord jusqu'au Valais, court à l'est jusqu'aux sources de la Drave, et fléchit ensuite peu à peu vers le sud-est, en s'étendant en demi-cercle dans le royaume d'Illyrie, où elle se termine. Quelques branches assez considérables de la chaîne des Alpes s'étendent sur le territoire de la France; ce sont plutôt des groupes que des ramifications : ces montagnes partent du noyau qui se trouve en Savoie, occupent les deux départements des Hautes et Basses-Alpes, et s'abaissent en collines dans celui du Var, en approchant de la mer. D'autres montagnes occupent le département de l'Isère et une partie de celui de la Drôme, et se prolongent dans celui de Vaucluse. Leur plus grande élévation est dans le département des Hautes-Alpes, où leurs crêtes ont une hauteur moyenne de 2,800 mètres. Plusieurs sommités atteignent même une hauteur de 3 à 4,000 mètres, et le mont Pelvoux en a 4,300. Les cols, ou passages étroits qui vont d'une vallée à l'autre, ont assez ordinairement 2,200 mètres, et sont dominés par des rochers bien plus élevés; le col du mont Genèvre, un des moins hauts, a 1,933 mètres. Dans le département des Basses-Alpes, les montagnes ne s'élèvent guère au-delà de 1,800 mètres : quelques-unes des roches de ces montagnes sont de formation primitive, et se composent de granit, quartz, feldspath, mica, etc. ; tout le reste est de formation secondaire, quoique très-ancienne, et de nature calcaire. Les monts de Sept-Laux, Ant-du-Pont, Rousses-en-Oysans, Venoz, Bérarde, Lautaret, Vallouise, et Lans-en-Oysans, portent des glaciers; le dernier, le plus considérable des glaciers en France, a deux lieues de long sur une de large. Celui de Bérarde paraît donner naissance au Drac, à la Romanche et à d'autres rivières.

Le département des Hautes-Alpes est borné, au nord et à l'est, par le Piémont; au sud, par le département des Basses-Alpes; à l'ouest, par celui de la Drôme, et au nord-ouest, par celui de l'Isère.

Ce département est entièrement couvert de montagnes qui s'y élèvent par degrés du sud au nord, depuis le département des Basses-Alpes et depuis ceux de la Drôme et de l'Isère, jusqu'à la Savoie et au Piémont. L'élévation moyenne de ces montagnes est de 2,800 mètres : le point le plus élevé est le mont Pelvoux de Vallouise. Plusieurs sommités des Hautes-Alpes sont chargées de glaciers que la neige couvre pendant six à huit mois de l'année (*voy.* Vallouise, page 13), et les vallées de la Guisane ou du Monestier peuvent le disputer en beautés admirables à celles de la Suisse.—Les intervalles des montagnes se divisent en cinq bassins principaux, traversés par autant de rivières ou torrents : ce sont les bassins de la Durance, du Guil, du Buech, de l'Aigues et du Drac. A chacun de ces bassins vient aboutir un assez grand nombre de vallées, pour la plupart très-profondes et arrosées par des torrents qui sillonnent les flancs des montagnes, traversent le département en tous sens, et semblent se multiplier depuis quelques années d'une manière effrayante. Au moindre orage ils grossissent considérablement, et, pour peu que la pluie dure, ils grondent comme la foudre, entraînent avec fracas des rochers énormes, renversent tout ce qu'ils rencontrent, et, sortant souvent de leurs lits, déjà trop étendus, ils menacent les habitations, les villages, couvrent les environs de ruines et de débris. Dans l'été et pendant les sécheresses, les eaux des torrents n'occupent qu'une partie de leurs lits; on a creusé beaucoup de canaux d'irrigation, par lesquels leurs eaux sont rendues utiles à l'agriculture. Les montagnes donnent au sol un aspect très-varié; leurs flancs, exposés au sud, crevassés par les siècles, sont presque nus et arides; vers le nord, au contraire, ils sont garnis de forêts jusqu'au point où cesse toute végétation. Les collines, qui forment comme le premier échelon de ces masses énormes, sont moins âpres et moins nues; les unes sont couronnées par des bois taillis, d'autres par des pâturages.—

Vers le milieu du printemps, lorsque le soleil élevé sur l'horizon a fondu les neiges, les montagnes se couvrent du plus beau gazon, des fleurs les plus odorantes ; c'est alors qu'on voit les troupeaux sortir du fond des vallées, quitter leurs étables infectes et obscures, couvrir progressivement les côtes, depuis la base jusqu'aux sommets les plus élevés ; c'est là, qu'au milieu d'une végétation riche et d'herbes succulentes, ils respirent toujours un air frais, pendant les brûlantes ardeurs de l'été. Au milieu des prairies qui s'étendent jusqu'aux lieux où cesse toute végétation, apparaissent des cabanes de bergers, des laiteries, des chalets plus ou moins rapprochés, des villages entiers qu'on n'habite qu'en été. Sur le penchant des montagnes sont des chaumières où les bergères traient les vaches, les brebis et les chèvres, après le lever de l'étoile du soir, et avant que celle du matin disparaisse : elles vaquent tout le jour à d'autres travaux ; leur fraîcheur, leur franche gaîté feraient envie aux femmes de nos grandes villes. A la mi-octobre, quand les premières neiges les chassent de cet heureux séjour, on voit descendre d'immenses troupeaux de moutons avec d'épaisses toisons blanchies par la rosée, chargés de graisse et d'embonpoint, ayant ainsi doublé leur valeur ; suivent ensuite les bêtes à cornes, puis les ânes chargés des fromages fabriqués dans les montagnes, des ustensiles, des effets, et des enfants trop jeunes pour supporter la fatigue de la marche.

Dans les Hautes-Alpes, la plupart des vallées sont peu fertiles et suffisent à peine à la subsistance de leurs pauvres habitants ; cependant, dans la partie méridionale on recueille des blés excellents, des vins d'assez bonne qualité, de l'huile de noix, des pommes de terre estimées, qui sont une des principales ressources du pauvre. Dans les vallées briançonnaises, les champs sont soignés comme les jardins aux environs de Paris, comme les vignobles de la Côte-d'Or. C'est un terrain meuble, léger, un peu sablonneux et caillouteux, qui produit 12 à 15 pour un, mais à force d'engrais, d'arrosage et d'assolements.

Le climat est en général serein et l'air pur : on n'y voit pas de ces brouillards malsains qui affligent plusieurs contrées ; mais la température est très-variable, parce que le pays est placé au milieu des montagnes, dont les sommets sont long-temps, et sur certains points toujours, couverts de neige, et que les vents qui descendent de ces hauteurs dans les vallées, y font quelquefois éprouver un froid vif et pénétrant, extrêmement rigoureux en hiver, surtout pendant le mois de janvier et de février. Le printemps est pluvieux et froid ; en été, la chaleur est excessive, surtout dans les vallées resserrées ; l'automne est frais, fort agréable, et se prolonge souvent jusqu'en décembre. Pendant toute la durée de l'hiver, qui est de huit mois dans les hautes vallées, les habitants sont privés de toute communication avec leurs voisins.—Les vents sont terribles quand ils s'engouffrent dans les vallons étroits et profonds. Le vent du nord règne souvent lorsque le printemps commence : dans sa modération, il féconde les champs ; mais lors de sa violence il promène par les vallées le froid qu'il a pris aux glaciers, et sème les gelées. Le vent d'ouest s'élève après plusieurs jours de pluie, et ne domine que deux ou trois jours ; c'est le vent des orages, le destructeur des arbres qu'il déracine, des toitures qu'il enlève et répand dans les environs. Le vent du sud donne les pluies : il ne souffle que rarement pendant l'été. En février s'élève le vent d'est, qui cesse ordinairement à la fin de mars.—Les pluies ne sont pas régulières ; il tombe, par année, 18 pouces d'eau. De juin en septembre, de fréquents orages, qui durent deux ou trois heures, amènent la grêle, et des pluies si fortes, qu'on les nomme fardeaux ou faix d'eau. — La neige reste constamment sur les plus hautes Alpes ; vers la fin de l'automne, elle commence à blanchir le sommet des montagnes moins élevées ; mais elle ne couvre les vallées que vers Noël, et souvent après. Sur la fin de février, la neige a presque entièrement disparu ; elle quitte ensuite les collines, et, à la fin de mai, les montagnes se dépouillent de leurs robes blanches pour prendre cet habit de verdure qui les rend si belles.

Le département des Hautes-Alpes a pour chef-lieu Gap. Il est divisé en 3 arrondissements et en 24 cantons, renfermant 189 communes. — Superficie, 280 lieues carrées. — Population, 129,102 habitants.

Minéralogie. Indices de mines d'or. Mines d'argent et de plomb. Indices de mines de cuivre. Minerai de fer. Carrières de marbre, albâtre, porphyre, granit, variolite, plombagine, talc, craie, plâtre, pierres lithographiques, kaolin, ardoise. Exploitation de cristal de roche. Mines de houille et anthracite exploitées, etc.

Sources d'eaux minérales au Monestier, au Plan-de-Phazy près de Montdauphin, à Saint-Pierre, à Saint-Bonnet, à Trescléaux.

PRODUCTIONS. Céréales en quantité suffisante pour la consommation des habitants, seigle, avoine, châtaignes, pommes de terre, légumes potagers, chanvre, navette, graine de mélèze, plantes aromatiques et vulnéraires au nombre de plus de 2,700. Montagnes pastorales. — 4,750 hectares de vignes, produisant annuellement 70,000 hectolitres de vin, qui ne suffisent pas pour les besoins des habitants : les plus estimés sont ceux de Roche-de-Jarjaie, de Letret, de Châteauneuf-de-Chabre, de la côte de Nèlles, et le vin blanc dit Clarette de la Saulce.—76,885 hect. de forêts (arbres feuillus et arbres verts). — Belle race de bêtes à laine et de bêtes à cornes; les vaches font la richesse principale de plusieurs vallées. Quantité de chèvres. Chevaux très-bons pour le service de la cavalerie légère, ânes, mulets excellents.—Bêtes fauves et toute sorte de menu gibier (chamois, ours, loups cerviers, ortolans, faisans, perdrix rouges). Bon poisson de lac et de rivière.

INDUSTRIE. Manufactures de draps communs. Fabriques de bas de laine à l'aiguille, de cadis, toiles, chapeaux, rubans de laine, instruments aratoires, boissellerie, mine de plomb noir, térébenthine. Mise en œuvre du cristal de roche et de l'albâtre gypseux. Filatures de coton. Distilleries d'eau-de-vie. Tanneries. Mégisseries et chamoiseries. Émigration annuelle de plus de 4,319 habitants des Hautes-Alpes, qui se répandent dans une partie de la France pour y faire valoir leur industrie. Dans ce nombre, on compte 705 instituteurs [1], 128 colporteurs, 501 peigneurs de chanvre, 245 bergers, 469 charretiers de ferme ou terrassiers, 256 marchands de fromages, 28 mégissiers, 83 charcutiers, 404 aiguiseurs, 25 voituriers, 6 porteurs de marmottes, et 469 exerçant diverses professions.

COMMERCE de grains, fruits, noix, manne, vins, fromages, bestiaux, cuirs, laines, suif, térébenthine, et objets de fabrication locale.

**VILLES, BOURGS, VILLAGES, CHATEAUX ET MONUMENTS REMARQUABLES;
CURIOSITÉS NATURELLES ET SITES PITTORESQUES.**

ARRONDISSEMENT DE GAP.

ANDRÉ DE ROSANS (SAINT-). Village situé à 14 l. 3/4 de Gap. Pop. 660 h. On y remarque les ruines du monastère de Saint-André, dont les frontons, d'architecture gothique, représentent des treilles et des fleurs d'un beau travail. — *Fabriques de draps communs.*

ASPRES-LEZ-VEYNES, ou **SUR BUECH.** Petite ville située sur la route de Gap à Valence, dans un territoire fertile, supérieurement cultivé, et arrosé par le Buech. A 7 l. 1/2 de Gap. Pop. 744 hab. On remarque sur le coteau autour duquel cette ville est bâtie, les débris d'une an-

---

[1]. Pour trouver quelque désir d'apprendre, et même une certaine instruction réelle, il faut remonter dans le Briançonnais, pénétrer dans des vallées profondes et étroites, séquestrées en quelque sorte de la société par d'horribles précipices, que l'homme le plus intrépide ne franchit pas sans effroi. C'est là qu'on sent tout le prix de l'instruction, et que tous, sans exception, y consacrent leur jeunesse : il est rare qu'un enfant n'y sache pas lire, écrire et compter; mais c'est la suite d'un usage antique et de l'impérieuse nécessité. Le sol ingrat et resserré de ces vallées ne pourrait en nourrir tous les habitants : d'ailleurs, le défaut d'ateliers, de manufactures, les laisserait oisifs pendant l'hiver, qui couvre la terre de plusieurs pieds de neige; de là cette émigration périodique : et comme il est indispensable de s'utiliser dans les pays où on émigre, tous ceux qui ne connaissent pas d'arts mécaniques s'adonnent à lire, à écrire, à l'étude de la grammaire française, même de la langue latine, et, à l'approche de la saison rigoureuse, ils vont peupler d'instituteurs l'ancienne Provence, et en général les pays méridionaux. C'est même une chose curieuse que de voir, dans les foires considérables de l'automne, ces instituteurs, couverts d'habits grossiers, se promener dans la foule et au milieu des bestiaux de toute espèce, ayant sur leur chapeau une plume qui indique et leur état et leur volonté de se louer pour l'hiver, moyennant un prix convenu. Ces bonnes gens donnent de nombreuses leçons pendant tout le cours de la journée; dans les intervalles, ils rendent à peu près autant de services que des domestiques à gages, et on est surpris du léger salaire qu'ils demandent pour tant de peines. A la fonte des neiges, ils reviennent dans leur pays natal et travaillent à la terre pendant toute la belle saison : il est peu d'hommes qui utilisent autant leur existence, et qui soient plus respectables aux yeux de la société.

cienne maison forte de bénédictins, démolie par ordre de Lesdiguières. Aspres n'a qu'une seule fontaine publique et des eaux ferrugineuses; elle possédait deux fontaines salées que le fisc a fait combler.

BARCILLONNETTE-DE-VITROLES. Village situé sur le torrent de la Déoulle, à 7 l. 1/2 de Gap. Il est dominé par le château de Vitroles, bâti sur un coteau au nord et sur la rive droite de la Déoulle. Près de là, sur un tertre, apparaissent les restes d'un château bâti en petites pierres bien appareillées, et, sur les flancs d'une montagne voisine, les débris d'un vieux castel.

BATIE-MONT-SALÉON (la). Village situé dans une espèce de presqu'île formée par le Buech et la Malaise, à 8 l. 3/4 de Gap. Pop. 410.

Dans la plaine de Mont-Saléon était la ville romaine de Mons-Seleucus, célèbre par la défaite de Magnence. On ignore la cause de la destruction de cette ville, qui a été importante. La grande quantité de charbons trouvés dans les fouilles qui y ont été faites, fait croire que ce fut un incendie. Les fondations des bâtiments se montrent à deux pieds au-dessous du sol : on y retrouve les traces d'édifices nombreux, dont le plus vaste paraît avoir renfermé un palais public, un temple et un forum; ces débris occupent une superficie de 300 pieds de long sur 60 de large. Ailleurs, on reconnaît les vestiges d'une grande usine, les fours, les bassins, les cuves en maçonnerie, les logements des chefs et des ouvriers, les magasins, etc. Plusieurs rues aboutissent à la grande place et au temple. Ce temple était orné de colonnes d'ordre dorique d'environ 30 pieds de hauteur. L'autel existait encore au milieu; on trouva à côté un couteau de sacrificateur, et on reconnut le canal qui servait à l'écoulement du sang des victimes. Le temple renfermait aussi plusieurs ex-voto, des cippes, des inscriptions, des débris de statues et de bas-reliefs en albâtre et en marbre, des fragments de porphyre et de granit; des figurines de bronze, et un beau groupe en marbre blanc représentant l'homme terrassant un taureau, emblème du culte de Mithra, si répandu dans les Gaules. M. Ladoucette, aux soins duquel on doit la majeure partie des découvertes faites à Mons-Seleucus, croit que cette ville était pour les Romains un lieu central de fabrication et de dépôt. Il a reconnu la voie antique qui y conduisait, les murs qui renfermaient la ville, un grand nombre de maisons avec des boutiques, plusieurs édifices d'une architecture recherchée, des fragments de mosaïques, des restes de peintures à fresque, des vases en bronze, en verre et en terre, d'une forme gracieuse, enrichis de dessins d'une grande élégance, des amphores, des urnes funèbres, des tombeaux, des ustensiles de toute nature, des instruments d'agriculture ou de métiers, des armes, des instruments religieux, des objets de toilette, de bain et de bureau; enfin environ 700 médailles d'or, d'argent ou de bronze, de divers empereurs.

BATIE-NEUVE (la). Village situé dans une plaine où il règne presque constamment un vent impétueux, à 22 l. 1/2 de Gap. Pop. 855 hab.

BEAUME-DES-ARNAUDS (la). Beau village, bâti dans une situation extrêmement pittoresque, à 9 l. 1/2 de Gap. Pop. 800 h.

Ce village doit son nom à une grotte remarquable qui se trouve dans son voisinage : on y voit les vestiges de deux tours assises sur des élévations et nommées, l'une tour de Beauvais, l'autre la Tournelle. A peu de distance se trouve une magnifique cascade, dont les eaux se précipitent de 60 à 80 pieds. — La Haute-Beaume ou Château-la-Beaume est sur une montagne qui domine le village; le chemin par lequel on y monte semble tracé pour les chèvres, et pendant huit mois de l'année les habitants y sont bloqués par les neiges.

BONNET (SAINT-) Bourg situé à 4 l. de Gap. Pop. 1,800 hab. Il est bâti au milieu du bassin du Drac, rivière que l'on y passe sur un pont en charpente très-fréquenté. C'est la patrie du connétable de Lesdiguières, dont on voit encore la maison, sur laquelle M. Ladoucette, ancien préfet des Hautes-Alpes, a fait placer une inscription.

Saint-Bonnet possède une source d'eau minérale sulfureuse qui a été analysée en 1807 par M. Vauthier. — *Fabriques* de grosses draperies, toiles de ménage. Teintureries, scieries hydrauliques.

CLUSE (la). Village situé dans une contrée agreste, au pied du mont Aurouze, dont la cime ressemble à une forteresse aérienne. A 7 l. 1/2 de Gap. Pop. 900 hab. — Carrières de marbre.

ÉTIENNE D'AVANÇON (SAINT-). Village situé au pied d'une montagne, à 3 l. 1/2 de Gap. Pop. 280 hab. L'église paroissiale occupe l'emplacement d'un ancien fort détruit par Victor-Amédée, en 1692.

Le hameau de NOTRE-DAME-DE-LAUS est

GAP.

une dépendance de cette commune. Il est situé sur une petite éminence, au revers des montagnes de Prévat et Prémorel, et consiste en quelques maisons groupées à l'entour d'un monastère et d'une petite chapelle où des paroisses entières des villages environnants viennent en procession le jour de la Pentecôte : c'est un spectacle curieux de voir les pèlerins suivre les sinuosités des sentiers, avec des costumes différents, les insignes de leur confrérie, et priant et chantant.

ÉTIENNE-EN-DÉVOLUY (SAINT-). Bourg situé dans une vallée agreste, à 10 l. de Gap. Pop. 765 hab.

Le Dévoluy est un pays parsemé de vallons, de ravins, et environné de montagnes escarpées. Le sol, généralement pierreux, est en quelques endroits plus léger que fort, plus sablonneux que compacte, couvert de pierres plates et de cailloux. L'hiver dans cette contrée dure sept à huit mois, et, dans les plus grandes chaleurs, le thermomètre monte rarement à + 15° R. Toutefois, ce climat si dur, ce dernier asile que l'espèce humaine puisse habiter, est, dans la belle saison, par la pureté de son air et l'excellence de ses plantes, la terre promise des moutons d'Arles, qui y arrivent annuellement au nombre de 40 à 50,000.

Sur les confins du territoire de Saint-Étienne, à droite du torrent de la Soulaise, se trouve une caverne renfermant d'horribles cavités, dont l'entrée étroite est perpendiculaire, et qui donne naissance à un fleuve d'eau, jaillissant avec impétuosité lorsque le vent appelé la Lombarde règne avec violence pendant une dizaine de jours.

ÉTRET. Village situé sur le bord de la Durance, dans un territoire fertile en vins estimés, à 2 l. de Gap. On voit aux environs une belle cascade qui tombe d'une hauteur de 200 pieds, et, non loin de là, les ruines de l'église Notre-Dame des Rives.

FAURIE (la). Village situé à 8 l. 1/4 de Gap. Pop. 800 hab. On remarque sur les confins de cette commune une vaste grotte, nommée la Beaume-Noire, renfermant de vastes salles et de belles concrétions.

FIRMIN-EN-VALGODERMAR (St-). Village situé à 7 l. 1/2 de Gap. Pop. 1,280 hab. Il est situé au pied d'un rocher que couronnent les ruines pittoresques d'un antique château. On trouve dans la vallée des mines de plomb. — *Fabriques* de couvertures de laine.

GAP. Très-ancienne ville. Chef-lieu du département. Tribunal de première instance et de commerce. Société d'agriculture. Collège communal. ✉ ⚜ Pop. 7,215 hab.

Gap est une ville celtique du nom de Vap, capitale des *Tricorii*, que les Romains, vainqueurs de ce peuple, nommèrent *Vapincum*. Démétrius, disciple de saint Jean l'évangéliste, convertit les habitants au christianisme sous le règne de Domitien. Gap devint ville épiscopale au IVe siècle; Grégoire, un de ses évêques, obtint, en 1058, de l'empereur Frédéric, le titre de prince et divers autres priviléges, qu'il transmit à ses successeurs. En 1184, l'évêque Guillaume prit le titre de seigneur et comte de Gap; mais il fut obligé de partager les droits et les priviléges de la suzeraineté avec le Dauphin. Cette division de droits fit naître parmi les habitants deux factions de principes, dont l'une voulait favoriser le pouvoir épiscopal, l'autre celui des Dauphins; la masse des habitants s'efforça vainement de se soustraire à cette double tyrannie, qui fut la cause de nombreuses querelles et de luttes sérieuses. Sous François Ier, les évêques de Gap furent dépouillés de leur titre de prince, mais ils conservèrent long-temps après celui de comte.

Cette ville fut prise, reprise, incendiée à différentes fois par divers peuples barbares; à ces désastres se joignirent ceux causés par les incendies, la peste et les tremblements de terre. Les guerres de religion commencèrent pour elle une nouvelle série de calamités : la ville avait embrassé le parti de la Ligue, et chassé les huguenots de ses murs; pour la punir, Lesdiguières en étant redevenu maître, fit massacrer une partie de la population. Plus tard, il fixa sa résidence à Gap, et afin de tenir la ville en sujétion, il rétablit la forteresse que les Sarrasins avaient construite sur la hauteur de Puymore. — Des temps plus calmes et une industrie active rétablirent la prospérité de la ville et portèrent à 16,000 habitants sa population, qui fut diminuée de plus des deux tiers par les pestes de 1630, par le sac de la ville, en 1692, et surtout par la révocation de l'édit de Nantes. Une maladie contagieuse y fit encore de grands ravages en 1744.

La ville de Gap est située à l'embranchement de la route d'Espagne en Italie par le Pont-Saint-Esprit et le mont Genèvre, et de celle de Paris à Marseille par Lyon et Grenoble; elle est dans une agréable situation, sur les ruisseaux de Bonne et de la Luye, au milieu d'une belle vallée environnée de coteaux, qui s'élèvent graduellement vers le nord-est, et atteignent la plus grande hauteur. Elle est très-mal bâtie, mal percée, et généralement peu agréable. Il y a dans les environs des sources d'eaux minérales.

Parmi ses édifices, on remarque la cathédrale, bel édifice gothique, propre et bien orné. Une des chapelles renferme le mausolée du connétable de Lesdiguières, en marbre noir du Champ-Saur, orné de bas-reliefs en albâtre de Boscodon, qui retracent les principaux exploits de ce guerrier. Il est représenté avec son armure, couché et appuyé sur le coude ; ses traits ont quelque ressemblance avec ceux de Henri IV : on rapporte qu'il tint en charte privée Jacob Richier, son sculpteur, jusqu'à ce qu'il eût fini ce bel ouvrage.—Ce monument, apporté en 1798 du château de Lesdiguières où il était depuis 1626, devait, en 1809, être transporté au musée du département, avec les gantelets du connétable, sa lance et son casque, où l'on voit l'empreinte d'une balle. On avait réuni pour cet établissement des modèles en plâtre des plus belles statues du musée de Paris, choisis par Visconti, et auxquels le comte d'Hauterive avait joint en cadeau la Vénus de Médicis ; les modèles des monuments des Hautes-Alpes, exécutés en albâtre et en pierre ollaire du pays ; un grand nombre d'antiquités provenant des fouilles de Mons-Seleucus, ou envoyées des trois arrondissements ; des instruments de physique et de chimie, des livres, des cahiers de gravures ; les minéraux, l'herbier, les oiseaux, quelques quadrupèdes des Hautes-Alpes, etc. Ce musée est maintenant un séminaire !...—Le palais de justice, l'hôtel-de-ville, la préfecture et l'évêché, les casernes, sont d'assez beaux édifices. La ville possède aussi une petite salle de spectacle, et une belle citerne pouvant contenir 20,000 hectolitres d'eau, destinée au service des pompes en cas d'incendie.

Fabriques de toiles, draps communs, tissus de soie et de laine, outils aratoires. Martinets. Tanneries, mégisseries et chamoiseries. — *Commerce* de grains, fruits, bestiaux, cuirs, laine, etc.

A 26 l. de Grenoble, 20 l. 1/2 de Digne, 171 l. 1/2 de Paris.

GLAIZIL. Village situé à 6 l. 1/2 de Gap. Pop. 600 hab.

Le village de LESDIGUIÈRES, qui avait le titre de duché-pairie, est une dépendance de cette commune. Il ne reste plus de l'ancien château que deux grands portails en pierre de taille, un vivier et quelques gros murs des écuries. On voit encore au pied d'un rocher la chapelle de Lesdiguières, où furent transportés, par ordre du connétable de ce nom, du fond de l'Italie où il mourut, et son corps, et le beau mausolée qui a été placé depuis dans la cathédrale de Gap.

GUILLAUME-PÉROUSE. Village situé à 11 l. 3/4 de Gap. Pop. 550 hab.

De cette commune dépend le village des Andrieux, bâti près des rives de la Severaisse. Les habitants qui y font leur demeure sont privés pendant cent jours du soleil : ce n'est que le 10 février que cet astre bienfaisant vient leur rendre sa lumière ; aussi ce jour-là même célèbrent-ils son retour par des réjouissances.

JULIEN-EN-BEAUCHÊNE (SAINT-) Village situé à 10 l. de Gap. Pop. 750 h. On y voit les vestiges d'une tour établie sur le sommet d'une chaîne de rochers, au travers de laquelle on a pratiqué intérieurement, et au lieu dit la Rochette, une ouverture en forme d'œil-de-bœuf où passe le chemin.

LARAGNE. Bourg situé près de la rive gauche du Buech, dans une contrée abondante en plantes rares, à 9 l. 1/2 de Gap. Pop. 859 hab. — *Fabriques* de draps et de toiles.

LESDIGUIÈRES. *Voy.* GLAIZIL.

MANTEYER. Village situé à 2 l. 3/4 de Gap. Pop. 720 hab. On y voit un joli château environné d'une garenne et de belles plantations.

La montagne de Céruse, connue par ses beaux pâturages, est couronnée d'un banc très-épais de roche calcaire, appelé la corniche. Dans la partie orientale de ce banc on remarque l'entrée d'une grotte assez profonde, nommée Trou de Sigaud, dans laquelle est un précipice affreux et un lac d'eau très-limpide : la voûte est parsemée de stalactites qui offrent un coup d'œil très-pittoresque.

MONÉTIER-ALLEMONT. Village situé à 6 l. 3/4 de Gap. Pop. 200 hab. On trouve journellement aux environs de ce village des fondations, des débris, de belles pierres venues de Saléon, des lampes, des médailles d'or, d'argent et de bronze, des armes, des tuiles romaines, et autres antiquités.

MONS-SELEUCUS. *Voy.* BATIE-MONT-SALÉON (la).

MONT-MAUR. Village situé à 4 l. de Gap, au pied de la montagne du Châtel, sur le sommet de laquelle on remarque les ruines d'un château fort : presque au centre, et sur le revers de la montagne, sont deux vieilles tours qui défendaient l'entrée de la forteresse.

Aux environs, on remarque le passage dit les Hauts-Étroits, qui forme l'entrée du Dévoluy. En cet endroit, le torrent de la Béous est bordé par un chemin taillé dans un rocher dont la disposition est telle que cinquante hommes pourraient y en arrêter cinq mille : des soldats piémontais, envoyés en contrainte dans le Dévoluy, en 1815, n'osèrent franchir ces effrayants Thermopyles, et s'en retournèrent.

ORPIÈRE. Bourg situé à 12 l. 1/2 de Gap. Pop. 932 hab. Ce village est environné de montagnes peu élevées, couvertes de taillis, dont la plus haute, en forme de pic, a 1,124 mètres au-dessus du niveau de la mer. — *Fabriques* de chapellerie, toiles, draps et boîtes de perdrigons dans le genre des prunes de Brignolles.

OZE. Village situé à 7 l. de Gap. Pop. 160 hab. On voit aux environs, sur deux éminences, les débris de deux vieilles tours qui servaient autrefois de signaux, et non loin de là les ruines d'un couvent de templiers.

PIERRE D'ARGENÇON (SAINT-). Village situé sur la Chauranne, à 8 l. 1/4 de Gap. Pop. 390 hab. Il possède une source d'eau minérale ferrugineuse acidule froide, qui a été analysée en 1808 par M. Vautier, et dont on fait usage avec succès dans les embarras gastriques.

POMET ou **POMMET.** Village bâti dans une situation extrêmement pittoresque, à 12 l. 3/4 de Gap. Pop. 250. Les abords de ce village offrent des aspects d'une grande bizarrerie : avant d'y arriver, la gorge se resserre, et l'on ne pourrait y pénétrer si quelques mètres de terre ne s'avançaient jusque dans le lit très-large de la rivière du Buech, dont les ondes battent le pied de la colline. Sur un pic, apparaissent les ruines d'un château gothique, et l'on voit au revers un hameau. Une montagne vient tout à coup barrer le chemin; on atteint diagonalement à la moitié de sa hauteur, puis on passe sur le versant d'une autre montagne, et l'on entend de loin le bruit d'une cascade formée par un ruisseau dont les eaux verdâtres, où remonte la truite, font tourner un moulin qui semble jeté dans un enfoncement. Au dessus de sa tête, le voyageur voit pendre des raisins dont les ceps sont surmontés par des rochers; il gravit une rampe de deux pieds de largeur qui tourne sur elle-même comme un escalier en spirale, et qui conduit à un plateau où quelques plantes de buis végètent sur un sol pierreux; en cet endroit, l'œil domine quatre ou cinq montagnes qui ne produisent que du buis, et où les moutons paissent une herbe rare. Enfin, la rampe étroite arrive au village de Pomet, perché sur le sommet du roc, qui a été taillé pour former le pavé de la place. Une gorge se montre, dessinée par le ruisseau; au-dessus de son lit il respecte une longue étendue de terre où quelques ceps de vignes et un étroit jardin ornent une petite maison. Cet ensemble de montagnes, de rivières, de culture, de stérilité, offre un aspect si sauvage et à la fois si délicieux, qu'il fournirait à un homme dégoûté du monde la plus charmante solitude.

RAMBAUD. Village situé sur le revers d'une colline, et dominé par une tour d'un ancien château fort qui sert de clocher. A 1 l. 1/4 de Gap. Pop. 250 hab.

RIBIERS. Bourg situé dans une belle vallée, sur la rive droite du Buech, à 12 l. 1/2 de Gap. Pop. 1,415 hab.

Ce bourg est bâti dans une position fort agréable. De la place supérieure, où l'on célèbre la fête patronale, la vue descend sur des prairies autour desquelles serpente le Buech, ou remonte au domaine de la plaine, au rideau de Mizon, qui forme un amphithéâtre de bois taillis, de vignes, de vergers, de prairies, au-dessous duquel est une grande manufacture. Le fond du tableau est occupé par des montagnes neigeuses qui séparent la France du Piémont. Le second plan présente des montagnes de troisième ordre qui ne conservent pas de neige pendant la belle saison. — *Fabriques* de cadis. Filatures de soie.

ROSANS. Joli bourg situé à 15 l. 1/2 de Gap. Pop. 818 hab. Il est assez bien bâti, et possède une place publique, sur laquelle sont de beaux édifices construits en pierre de taille; l'air y est pur, les fontaines belles, les eaux excellentes. — *Fabriques* de draps communs, toiles, chapeaux, dentelles, briques, etc.

SERRES. Jolie petite ville située à 9 l. 3/4 de Gap. ⊠ Pop. 1,155 hab.

Cette ville est située un peu au-dessous du confluent des deux Buechs; c'était anciennement la résidence du bailli du Gapençais, puis une place forte des protestants et une châtellenie donnée par le roi au connétable de Lesdiguières. Elle est adossée à une montagne, ce qui lui procure des rues basses et d'autres très-élevées; on y voit une assez jolie place en terrasse d'où l'on domine une vaste plaine et une riche campagne. — *Fabriques* de linge de table, chapeaux communs. Tanneries. Pépinière de mûriers.

TALLARD. Petite ville située sur la Durance, dans un territoire fertile en vins estimés, à 3 l. 1/2 de Gap. Pop. 1,140 hab.

Cette ville occupe l'emplacement de l'antique *Alaraute*. On y voit les ruines d'un château qui, d'après la tradition, aurait eu autant de tours qu'il y a de mois dans l'année, autant de portes que de semaines, autant de croisées que de jours. Il fut construit au Xe siècle par un chevalier qui établit dans sa chapelle, en face l'une de l'autre, deux cheminées d'une pierre dure qui sont parfaitement conservées. Le château de Tallard fut détruit par l'armée sarde en 1692.

UPAIX. Petit bourg situé sur une hauteur, près du torrent de Benon, que l'on passe sur un fort beau pont, à 8 l. 1/4 de Gap. Pop. 790 hab. On y remarque les ruines pittoresques de l'ancien château du Marchailler.

VEYNES. Joli bourg bâti dans une situation riante, sur le Buech, au milieu de jardins, de prairies et de vergers. A 5 l. 1/2 de Gap. ✉ Pop. 1,835 hab.

ARRONDISSEMENT DE BRIANÇON.

AIGUILLES. Village situé dans la vallée de son nom, à 7 l. 1/2 de Briançon. Pop. 983 hab. Il est bâti en amphithéâtre sur le penchant d'un coteau, au pied duquel coule le Guil.

ALBERTS. Village situé à 1 l. 1/4 de Briançon, sur la Clarée, qui s'y jette dans la Durance.

ARGENTIÈRE (l'). Bourg situé dans la vallée de son nom, près de la rive droite de la Durance, à 4 l. 1/2 de Briançon. Pop. 1,196 hab. — Mines de plomb.

ARVIEUX. Beau village situé à 4 l. 1/2 de Briançon. Pop. 965 hab. Il est bien bâti et traversé par une rue assez grande, propre et bien percée. — Catinat occupa en 1692, sur le territoire d'Arvieux, le camp de Roux, auquel il a donné son nom, et qui communique avec celui de Tournoux par un chemin fait en 1710. — *Fabriques* de bas de laine à l'aiguille. Tanneries.

BRIANÇON. Ancienne et forte ville. Chef-lieu de sous-préfecture. Place de guerre de première classe. Tribunal de première instance. ✉ ⚔ Pop. 2,939 hab.

L'origine de Briançon remonte à une haute antiquité. Strabon la nomme *Brigantium vicum*, Ptolémée *Brigantion*, l'Itinéraire de Jérusalem *Byrigantium*. Pline attribue sa fondation à des Grecs chassés des bords du lac de Como; d'autres auteurs l'ont fait élever par Bellovèse ou par Brennus. Cette ville était anciennement fortifiée, et Ammien Marcellin la nomme *Virgantia Castellum*. Après la chute de l'empire d'Occident, les Briançonnais se constituèrent en république, et, protégés par leur situation, réussirent à défendre leur indépendance, et ne se donnèrent que volontairement aux dauphins viennois. Briançon portait sur ses armes la devise : *Petite ville et grand renom*. Elle fut en partie brûlée dans les guerres du calvinisme à la fin du XVIe siècle, et incendiée de nouveau en 1624 et en 1692; ce dernier incendie, en détruisant ses archives, nous a privés de l'histoire civile et militaire des Alpes cottiennes.

Cette ville est située sur un mamelon, au pied du col de Genèvre, à la jonction des vallées de la Guisanne et de la Clarée, et au point où les deux rivières de ce nom se réunissent et perdent leur nom pour prendre celui de la Durance. Elle est entourée d'une triple enceinte de murs et dominée par sept forts dont les feux se croisent. Le haut du mamelon est couronné par le fort Vieux. Plusieurs redoutes et lunettes battent la route d'Italie; mais c'est sur le versant opposé de la Clarée que s'élèvent les principales fortifications, qui communiquent avec la ville par un pont d'une seule arche, d'une hardiesse peu commune, jeté sur le précipice au fond duquel mugit le torrent. On lit au milieu de ce pont l'inscription suivante :

> Du règne de Louis XIV ce pont de 120 pieds d'ouverture d'arche, élevé de 168 pieds au-dessus de la rivière, a été construit par les ordres du maréchal d'Asfeld, général des armées du roi, chevalier de la Toison d'or, directeur-général des fortifications. L'an 1734. (*Voy. la gravure.*)

Une excellente route monte en zigzag du pont aux forts : ils communiquent entre eux par des routes aussi belles et par des galeries souterraines. Le plus grand des forts porte le nom de Forteresse-des-Trois-Têtes, parce qu'il couronne un mamelon à triple sommité. De niveau avec les Trois-Têtes,

PONT DE BRIANÇON.

BRIANÇON.

est le Fort-Dauphin, situé plus vers la frontière. A 100 m. au-dessus, et vers la Durance, s'élève la forteresse du Randouillet; celle du Donjon à 200 m. plus haut; enfin, la lunette du Point-du-Jour domine toutes ces fortifications. Briançon est pour les Alpes françaises le principal arsenal, magasin et entrepôt; c'est le point central d'attaque et de défense, soit que, pour l'offensive, nos troupes débouchent sur ce point même ou sur la gauche, par le Mont-Cenis, le Saint-Bernard ou le Simplon; par la droite, sur le col de Tende; soit que, pour la défensive, elles se portent sur le flanc des communications que l'ennemi se serait ménagées, ou qu'elles veuillent rendre plus difficile, d'un côté, le passage du Var ou des Hautes-Alpes, de l'autre celui du Rhône ou des montagnes de la Savoie.

En 1815, l'autorité supérieure du département avait cru nécessaire de faire ouvrir à l'armée austro-sarde les portes de Briançon, de Mont-Dauphin et du fort Queyraz; la postérité redira qu'elles restèrent fermées aux étrangers par le courage patriotique des habitants.

Vue de la vallée de la Durance, Briançon offre un aspect très-pittoresque; elle forme un amphithéâtre dont la base est décorée de verdure et le premier étage de vastes bâtiments. La caserne se fait remarquer par sa grandeur et sa propreté. L'église s'élève sur une terrasse au bord de la ville; c'est une jolie construction de style italien, dont le plan est régulier et la façade, à deux ordres de pilastres, couronnée de deux jolis clochers.

Cette ville n'a qu'une belle rue très-rapide qui la traverse du haut en bas, et où coule un ruisseau d'eau vive. Au milieu de cette rue est une place carrée qui sert de place d'armes et de marché. Le reste de la ville est assez triste, mais les environs sont on ne peut plus pittoresques. Chaque saison revêt les montagnes d'une décoration nouvelle; leurs neiges, leurs glaces, leurs horribles crêtes contrastent avec le bassin riant et verdoyant de la Durance. — En face de la ville s'élève la belle montagne du Poirelle, au sommet de laquelle est une petite chapelle nommée Notre-Dame-des-Neiges, située à près de 2,000 m. d'élévation. Le mont Infernet, dont les premières croupes portent les forts de Briançon, et dont la cime, couverte des débris d'une redoute construite en 1814, s'élève à 2,850 m., est aussi une station facilement accessible, fréquentée, et d'où le panorama environnant se montre vaste et plein de grandeur; de là, la masse du Pelvoux se développe avantageusement aux regards, ainsi que tout le Val-des-Fées, qu'arrose le Clairet; cette vallée est la plus haute et la plus sauvage. Elle plonge entre deux remparts de monts glacés, dont l'un forme la frontière. A leur jonction s'élève la menaçante Aiguille-Noire ou de Neuvache, du nom d'un des villages de la vallée.

L'élévation de Briançon au-dessus du niveau de la mer est de 1,306 mètres.

Près de Briançon sont plusieurs maisons de campagne fort agréables. On doit visiter, au bas de la rampe par laquelle on monte à cette ville, la belle propriété créée par M. Delpin, traversée par la Durance, par le canal de la Guisanne et par la rivière de Cervières; cette dernière a été amenée sur une montagne où elle se divise en deux parties, dont l'une se précipite de 100 pieds de haut dans un bassin où elle tombe en pluie, et l'autre glisse sur la pierre qu'elle a polie. Le limon fourni par la Cervières a été porté peu à peu sur les rochers voisins, que M. Delpin a plantés; il y a formé comme de petites digues qui retiennent les terres et les feuilles, et il y fait circuler de petits ruisseaux qui y entretiennent l'humidité et y donnent leur contingent de limon. Tout ce travail a été l'ouvrage de 15 ans; là où l'on ne voyait qu'une montagne desséchée et une carrière abandonnée, s'élève maintenant une très-belle forêt peuplée d'arbres indigènes et exotiques. Cette forêt, ces ruisseaux, ces canaux, ces cascades; les jardins, les serres, les rocs qui semblent taillés à pic; les forts de Briançon, qui couronnent des rochers; la riante vallée que la Durance arrose, tout contribue à rendre cette propriété une des plus remarquables qu'il soit possible de rencontrer.

Fabriques de bonneterie, cotonnades, faux, faucilles, peignes pour le chanvre, clous, crayons. Filatures de coton. Tanneries. Fonderies de cuivre et de cloches. — *Commerce* de mine de plomb, craie de Briançon, crayons, mulets, mules, juments et moutons que l'on élève dans l'arrondissement; de térébenthine, graine de mélèze, eau de lavande, de manne, suc résineux qui se forme par transsudation sur l'écorce et les feuilles du mélèze, et que l'on récolte dans les environs.

A 23 l. de Gap, 171 l. 1/2 de Paris.

GRAVE-EN-OYSANS (la). Bourg bâti sur la rive droite de la Romanche, à 9 l. de Briançon. ✉ ⚜ Pop. 1,886 hab.

Ce bourg est situé vers le débouché supérieur du défilé de la Romanche, sur un mamelon isolé des montagnes voisines par deux ravins, et au pied duquel passe la route de Briançon à Grenoble. Le profond défilé de la Romanche, où la Grave est comme ensevelie, est fermé en face du bourg par une chaîne semi-circulaire de rocs coupés à pic, le premier étage d'un des contre-forts du Pelvoux; un glacier qui en descend borde d'une crête de glace la cime de cette chaîne, et présente au bourg un spectacle toujours menaçant. La marche de ce glacier est progressive; sa base, poussée par le poids des glaces supérieures, manque souvent d'appui et se brise, avec un bruit effroyable, en avalanches dont la chute encombre le lit de la Romanche et remplit le défilé d'un nuage de particules neigeuses et glacées. Cet affreux passage est partout flanqué d'énormes rochers à pic dont les arêtes et les fissures n'offrent que des glaces et des neiges; des éboulements ont, en plusieurs endroits, encombré le fond du défilé d'un chaos de roches groupées de la manière la plus bizarre: c'est entre ces rochers, dont quelques-uns ont 40 pieds de hauteur, que la route est frayée et que serpente la Romanche.—Vers le milieu du défilé, on remarque une belle cascade, dont une des chutes tombe perpendiculairement de plus de 300 pieds. Une autre cascade, dont la masse est considérable, et qui tombe dans une espèce de caverne qu'elle s'est creusée, existe près de la Grave, au petit village de la Frau.

Le Lautaret est un des plus jolis cols qui existent dans toute l'étendue de cette chaîne: la richesse de ses prairies a été célébrée dans la Flore du Dauphiné, de M. Villars. Au pied de la montagne s'élève l'hospice de la Madeleine, établi pour offrir un asile aux voyageurs que la faim, le froid, les neiges, les avalanches et l'obscurité dans les mauvais temps exposeraient à périr sans secours. Des perches placées de distance en distance indiquent la route qui y conduit; une cloche, qui sonne pendant la nuit, sert à y ramener ceux qui pourraient s'égarer. L'hospice rapporte annuellement de 4 à 600 francs, qu'on distribue aux pauvres du Monestier, après avoir pourvu à l'entretien de la maison et des bâtiments d'exploitation: les baux imposent au fermier l'obligation de donner gratuitement aux pauvres voyageurs un peu de soupe et un asile à la grange ou à l'écurie, suivant la saison.

MARTIN-DE-QUEYRIÈRES (SAINT-). Village situé dans une jolie position, au pied d'une montagne qui l'environne en forme de demi-cercle du côté du nord-est, à 2 l. de Briançon. Pop. 1,500 hab. — Exploitation de houille.

MONESTIER (le). Joli bourg, situé dans une haute et fertile vallée, sur la Guisanne (une des sources de la Durance), à 4 l. de Briançon. Pop. 2,594 hab. Il est bien bâti, agréable, entouré de riantes prairies, et possède plusieurs usines et des filatures qui attestent une active industrie.

Au-dessus du bourg se trouve un établissement d'eaux thermales sulfureuses, avec des bâtiments pour les bains et pour les douches. Ces eaux sont limpides et contiennent des sulfates de soude et de chaux et du muriate de magnésie; leur température est de 34° R. Il existe encore une autre source d'eau minérale tiède que l'on emploie avec succès dans le traitement des embarras gastriques; la température de cette dernière est de 22°. — Les eaux minérales du Monestier ont été analysées en 1805 par M. Chancel, chimiste de Besançon, ainsi que celles de la Liche, qui sourdent sur le territoire des lacs et hameaux dépendant de ce bourg.

Les sites des environs du Monestier sont pittoresques au plus haut degré. De la maison des bains, on voit, à gauche, la ville et les forts de Briançon se dessiner sur plusieurs groupes de montagnes; à droite, s'élever le Lautaret sur la route de Grenoble, et le Galibier, qui conduit à Saint-Jean-de-Maurienne; en face de soi l'on a la Guisanne serpentant à travers les prairies où sont çà et là des bouquets de bois; au-dessus de son lit, au milieu de belles forêts de mélèzes, des chalets couronnent des éminences; l'horizon se termine par des glaciers.

Fabriques de toiles communes. Filatures de coton. Clouteries.

MONT-GENÈVRE. Village situé sur le plateau de la montagne de son nom, à 2 l. de Briançon. Pop. 348 hab.

Le col du Mont-Genèvre n'ayant pas plus de 2,000 mètres d'élévation, et se trouvant en partie abrité des vents du nord, est un des passages les plus sûrs de l'Italie; il a servi à Bellovèse, à Annibal, à César, à Julien, à Charlemagne. Pour y arriver de Besançon, on monte pendant une lieue par une gorge étroite les bords de la Durance jusqu'à la Vachette, hameau situé au pied du Mont-Genèvre, dont la montée est pratiquée au travers d'une forêt de sapins, de pins et de mélèzes. Cette montée n'offre point les longs développements du Simplon

Rauch del. Schroeder sc.

HOSPICE DU LAUTARET.

ou du Mont-Cenis, mais bien les tournants rapides, les rampes courtes et nombreuses du Col-de-Tende. Les Alpes ne sont nulle part plus boisées. Le plateau au milieu duquel est bâti le bourg, présente une particularité bien remarquable sur les Alpes, et bien peu remarquée par les auteurs, la culture des grains; il est couvert de champs de seigle et d'avoine dont les récoltes éprouvent souvent l'effet du froid, mais rarement au point de manquer entièrement.

En 1802, dix-huit communes briançonnaises se levèrent en masse à la voix de l'estimable préfet du département, M. Ladoucette, et du sous-préfet, pour ouvrir la route du Mont-Genèvre; elles furent secondées par les soldats de la garnison de Briançon. Pour perpétuer le souvenir de l'ouverture de ce chemin, que le gouvernement nomma route d'Espagne en Italie, le département éleva, près du point de partage de la France et du Piémont, un obélisque de vingt mètres de hauteur, d'un style sévère et d'une exécution savante, pour l'inauguration duquel M. le préfet Ladoucette fit frapper une médaille à l'effigie du grand homme qui régnait alors sur la France, avec cette légende: *A Napoléon Bonaparte, l'empereur et le héros des Français;* — pour exergue au-dessous de l'obélisque: *Le Mont-Genèvre ouvert, 22 germ. an VII,* et pour légende: *J. C. F. Ladoucette, préfet, au nom du département des Hautes-Alpes.* — Au pied de ce beau monument, la Durance et la Doire, qui prennent leur source à peu de distance, devaient confondre leurs eaux dans un même bassin. C'était une heureuse idée de réunir les eaux de ces deux rivières prêtes à se séparer pour jamais, en se dirigeant l'une dans le golfe de Lyon, l'autre dans l'Adriatique. Leurs adieux sont exprimés ainsi dans un proverbe du pays:

> Adieu, ma sœur la Durance,
> Nous nous séparons sur ce mont;
> Tu vas ravager la Provence
> Et moi féconder le Piémont.

Un monastère consacré à l'hospitalité fut fondé au Mont-Genèvre par le dauphin Humbert II, et reconstruit en 1804. On y donne l'hospitalité à tout le monde suivant la condition de chacun.

Lors de la retraite de l'armée d'Italie, commandée par Schérer, 500 Français battirent sur le plateau du Mont-Genèvre 3,000 soldats sardes. Au commencement de 1814, les passages du Mont-Cenis et du Simplon étant coupés par l'ennemi, le gouvernement se servit uniquement du Mont-Genèvre pour correspondre avec son armée d'Italie, et ce fut par là que 40,000 Français, sous les ordres du comte Grenier, revinrent dans leur patrie.

MONT-VISO, pic le plus élevé des Alpes cottiennes, qui doit son nom à la vue extraordinaire dont on y jouit. C'est du haut de cette montagne qu'Annibal aurait pu montrer l'Italie à ses troupes; aussi des commentateurs n'hésitent pas à attribuer à ce grand capitaine un souterrain pratiqué dans le flanc de la montagne, sur une longueur de 72 mètres, une largeur de 2 m. 47 c., une hauteur de 2 m. 5 c. Pour monter à ce souterrain, on suit les vestiges assez bien conservés d'un chemin large de 3 mètres, établi par François Ier, qui fit passer son armée, et même son artillerie, par le col du Mont-Viso.

NEVACHE. Village situé sur la Clarée, dans la charmante vallée de son nom, à 4 l. 1/2 de Briançon. Pop. 900 hab. Il est dominé par l'Aiguille-Noire, montagne de 3,200 m. d'élévation, couverte de sapins et de mélèzes. — *Fabriques* de fromages délicats.

QUEYRAZ. *Voy.* VILLE-VIEILLE.

SALLE (la). Village situé à 3 l. de Briançon. Pop. 1,528 hab. — *Fabriques* de bonneterie, toiles. Filatures de coton. Papeteries.

VALLOUISE. Village situé dans la riante vallée de son nom, à 3 l. de Briançon. Pop. 1,300 hab.

La vallée de Vallouise ne porte ce nom que depuis le commencement du XVIe siècle. En 1487, un grand nombre de religionnaires s'étaient cachés, avec des vivres pour deux années, dans une caverne spacieuse d'Alle-Froide ou du Pelvoux, montagne de la Volpute, que les neiges et les précipices dont elle est environnée semblaient rendre inaccessible. On y fit descendre, au moyen de cordages, 400 hommes armés, qui étouffèrent par la fumée, ou égorgèrent, sans distinction d'âge ni de sexe, les malheureux proscrits, dont quelques-uns se précipitèrent au bas des rochers et perdirent la vie dans leur chute. Ces lieux funestes se nomment la Baume-des-Vaudois, et le rocher Chapelue, parce que leurs chapeaux y restèrent accrochés; l'on remarque à d'autres rochers presque inabordables des traces de leurs habitations. Louis XII fit repeupler ce canton, auquel la reconnaissance publique donna le nom de Vallouise.

On voit aux environs du village les ruines d'une muraille flanquée de tours, où

Lesdiguières fut arrêté pendant deux mois par les habitants de la vallée, renforcés d'un seul régiment.

On doit visiter, au fond de la vallée de Vallouise, le glacier d'Alle-Froide, ou de Pelvoux, élevé de 4,300 m. au-dessus du niveau de la mer. Après avoir remonté pendant une demi-heure la rive gauche du Gy, on arrive au petit hameau de Saint-Antoine, environné de riantes prairies et situé au pied de rochers d'où tombent de toutes parts de belles cascades; le hameau de Clos semble avoir été bâti dans le lieu le plus propice pour admirer ce site enchanteur. Non loin de ces habitations, on découvre le cône granitique du Mont-Pelvoux, empire inaccessible des neiges éternelles. Du hameau de Clos on monte jusqu'au bord d'un précipice, au fond duquel le Gy roule ses eaux furieuses. Bientôt se présente un vallon uniforme et déboisé où coule le Gy. La vue qui se reposait naguère sur des objets si divers, est attristée par l'aspect uniforme de ce vallon, qu'on ne remonte qu'avec ennui à travers un labyrinthe de rochers. L'oreille n'entend que le bruit rauque du ruisseau qui rafraîchit vainement ses bords stériles. On entre enfin dans un cirque ovale de 15 à 1,600 m. de diamètre, rempli de débris granitiques : à droite est un joli bois; vis-à-vis sont des rochers couverts de neige; dans le fond un glacier à pic, dont les ramifications forment les plis de l'immense écharpe jetée sur le gigantesque Pelvoux. Au bas de ce glacier escarpé, le Gy s'échappe d'une voûte profonde dont l'entrée est un brillant portique sous lequel on voit confusément entassés des blocs énormes qu'on prendrait, selon les divers aspects sous lesquels s'offre ce portique, tantôt pour les matériaux, tantôt pour les ruines d'un palais de cristal bâti par les géants.

VILLE-VIEILLE. Village situé sur le Guil, à 7 l. 1/2 de Briançon. Pop. 500 h.

En face de Ville-Vieille s'élève le château de Queyraz, assis au milieu de la vallée sur un rocher aigu et escarpé, fendu par une profonde et sinueuse crevasse où serpente le Guil, sur lequel deux ponts hardis ont été jetés. La crête étroite du roc ne laisse d'espace que pour quelques bâtiments destinés aux casernes, aux magasins et au logement du commandant; ces bâtiments enclosent une petite cour où se trouve un puits très-profond et toujours abondant. D'un côté du château s'ouvre une hideuse gorge où mugit un torrent; de l'autre se dressent d'âpres falaises; l'ensemble du site a un aspect sauvage et grandiose.—La vallée de Queyraz n'a de débouché au-dessous du château que les horribles gorges de la Chapelue, fissure immense, gouffre redoutable que parcourent dans les déchirements des falaises la route et la rivière : au-dessus du château, la vallée s'enfonce entre des monts hauts et glacés; elle se courbe vers le sud, monte rapidement à travers mille anfractuosités du terrain, et se termine, sur les flancs du Viso, au milieu de glaciers et de pics inaccessibles.

La communication entre la vallée de Queyraz et Briançon est établie par deux cols très-élevés, couverts pendant huit mois de l'année d'une épaisse couche de neige, et dont l'hiver le passage est périlleux; ce sont le col des Huyes et le col d'Isoard; ils terminent la vallée d'Arvieux, qui débouche dans celle du Guil, à un quart de lieue au-dessous de Queyraz.

ARRONDISSEMENT D'EMBRUN.

BOSCODON. Village situé dans la belle vallée de son nom, à 2 l. d'Embrun. C'était autrefois une petite place forte entourée de remparts, qui fut prise d'assaut par Lesdiguières.

CHATEAUROUX. Bourg situé dans la vallée de Rabioux, à 2 l. d'Embrun. Pop. 1,726 hab.

Ce bourg est bâti dans une situation très-pittoresque, et la nature semble l'avoir entouré de tout ce qu'elle a de plus gracieux; l'œil s'y repose sur de riantes prairies, sur des vergers dont l'ombrage conserve l'émail des fleurs, sur de frais bocages, sur des rochers entourés d'arbustes, sur des eaux qui bouillonnent, bondissent, murmurent, se rapprochent, se fuient, s'éloignent encore et vont confondre au loin leur pur cristal avec la sombre Durance. Plus loin, de noirs sapins, des tapis de neige, des rocs fracassés, des cimes arides font ressortir ce site délicieux par la sévérité du contraste. — A côté de cette riante harmonie, la nature a placé la douloureuse image du chaos : le torrent de la Grave, après s'être précipité de hautes montagnes, tombe avec encore plus de fracas par une ouverture creusée profondément au milieu de rochers à pic, et se divise en plusieurs branches divergentes. Changeant sans cesse de direc-

Ranch del. Skelton fils sc.

FORT DE QUEYRAZ.

Hautes Alpes.

tion, il bouleverse de fond en comble un large espace compris entre les prairies de Châteauroux et les hauteurs opposées. Des blocs énormes rapprochés, inclinés, confusément entassés; des cubes de granit, des roches calcaires, des tables irrégulières de schiste, des troncs d'arbres épars, remplissent le lit inégal du torrent, ou plutôt le sol dévasté qu'il envahit. Trois moulins construits témérairement sur ses bords annoncent que rien n'est capable d'arrêter l'audace de l'homme, et que tout cède à son active industrie.

On prétend que Châteauroux se nommait autrefois *Castrum Rodolphi*, et qu'il devait ce nom à un ancien château fort détruit par Lesdiguières. Le territoire renferme des vignobles très-étendus, des montagnes pastorales qu'on afferme aux bergers de la Provence, et de fort belles ardoisières qui fournissent tout le département et qu'on expédie au dehors. — Mine de plomb argentifère dont l'exploitation est suspendue.

CHORGES. Bourg situé au milieu d'un bas-fond que dominent deux torrents dévastateurs, à 5 l. 1/2 d'Embrun. ⊠ Pop. 2,009 hab.

Chorges est bâti près de l'emplacement occupé jadis par une ancienne cité des Caturiges, que les Romains avaient décorée de plusieurs beaux édifices, et dont il ne reste plus que le temple de Diane, qui sert maintenant d'église paroissiale; mais l'aspect des lieux et les vestiges que l'on rencontre offrent la preuve incontestable qu'à côté du temple s'élevait autrefois une citadelle qui dominait la ville, dont elle était séparée par une enceinte de murs et par un fossé. La cité, inférieure au bourg actuel, s'étendait à l'est et au midi. Quelques débris de colonnes gisent devant les habitations et y servent de bancs: des fûts et des chapiteaux d'une belle architecture ont été trouvés dans les décombres qui avoisinent le bourg. Sur l'esplanade, devant l'église, on voit un bloc de marbre blanc qui paraît avoir servi de piédestal à un buste ou à une colonne érigée en l'honneur de Néron. — *Fabriques* de draps, toiles de chanvre, vinaigre. Huilerie. Éducation des abeilles. Exploitation de carrières de belles pierres de taille.

CLÉMENT (SAINT-). Village situé à 2 l. 1/2 d'Embrun. — Scierie de marbre et de porphyre du pays.

DORMILHOUZE. Village situé dans la vallée de Biaisse, à 7 l. d'Embrun. Pop. 200 hab. Un seul sentier conduit à ce village, à travers d'affreux précipices que l'œil du voyageur mesure avec autant d'admiration que de surprise. Vers le milieu de la montagne, la rivière de Biaisse se précipite avec fracas sur la tête des voyageurs; l'arc qu'elle décrit en tombant d'un rocher taillé verticalement, et dont la hauteur est de plus de 1,200 pieds, les préserve du danger d'être écrasés par la chute de cette masse d'eau. La rivière qui tombe entre eux et le soleil, faisant le même effet qu'un nuage chargé de pluie, offre perpétuellement à leurs yeux les brillantes couleurs de l'arc-en-ciel. A travers la nappe d'eau qui couvre la montagne, l'œil surpris cherche en vain le chemin qu'on a tenu; il voit la rivière s'abîmer dans un gouffre qu'elle a creusé elle-même par sa chute, sortir en bouillonnant, couverte d'une blanche écume, et fuir rapidement entre des rochers.

EMBRUN. Ancienne et forte ville. Chef-lieu de sous-préfecture. Tribunal de première instance. Collège communal. ⊠ Pop. 3,000 habitants.

Embrun fut une des principales villes de Caturiges; ils la nommèrent *Ebrodunum*. Elle devint, sous les Romains, un poste militaire que sa situation rendit très-important. Néron accorda à la ville les privilèges des colonies latines, et Galba, ceux des cités alliées des Romains. Adrien, ayant formé une nouvelle division des Gaules en quatorze provinces, donna à Embrun le titre de métropole des Alpes-Maritimes. L'empereur Conrad II accorda à ses archevêques des droits régaliens et celui de battre monnaie.

La forte position d'Embrun a souvent exposé cette ville à de grands désastres. Elle fut saccagée tour à tour par les Vandales, les Huns et les Saxons. En 966, les Maures s'en emparèrent, la pillèrent, l'incendièrent et en exterminèrent la population. Elle fut encore pillée et incendiée, en 1573, par les grandes bandes, puis rançonnée par Lesdiguières. Le duc de Savoie la dévasta de nouveau en 1692. Cette ville est située sur un plateau qui s'élève au milieu d'une vaste prairie traversée par la Durance. Elle est entourée de remparts, de bastions et d'un fossé assez profond, et défendue du côté de la Durance par un rocher que son escarpement rend inaccessible. Le roc sur lequel elle est située présente de beaux bâtiments et des terrains bien plantés; il est couronné de plusieurs édifices, au-dessus desquels s'étend la grosse tour de la cathédrale, dont la flèche domine toute la ville. L'intérieur ne répond point à cette apparence grandiose;

les maisons sont assez bien bâties, mais les rues sont irrégulièrement percées, malpropres, sombres, tortueuses; la seule qui ait une largeur convenable est celle que suit la grande route, encore n'est-elle pas mieux percée que les autres. La place Saint-Pierre est carrée et assez jolie. — Le rocher, du côté de la Durance, est bordé d'une esplanade plantée d'arbres et muni de parapets; c'est une promenade agréable d'où l'on jouit de perspectives variées.

La cathédrale est un grand et superbe édifice de style gothique, dont la façade est surmontée d'un clocher à flèche très-élevée; on y remarque un autel en marbre de Carrare, un orgue élégant, et de beaux vitraux ornés de rosaces et des portraits des douze apôtres. En face de cette église on voit une maison en pierre de taille, où figure un lion dévorant une chèvre, dont la construction paraît remonter à la même époque. Près de là est l'ancien palais archiépiscopal qui répondait à la splendeur de l'église. A peu de distance s'élève la Tour-Brune, qui servit long-temps de prison.

En 1804, et par les soins de M. Ladoucette, dont l'administration comme préfet a laissé dans le pays les plus honorables souvenirs, l'ancien collège et séminaire des jésuites a été transformé en une maison centrale de détention, la première qui ait été établie en France.

Patrie de Fantin-Désodoards.

Fabriques de draps, rubans de laine, ratines, couvertures, chapeaux. Filatures de coton. Tanneries. — *Commerce* de fruits excellents, vins, cuirs et bestiaux.

A 11 l. de Gap. 182 l. de Paris.

GUILLESTRE. Bourg situé dans la vallée du Guil, à 4 l. 1/2 d'Embrun. Popul. 1,672 hab. C'était autrefois une ville forte, qui fut assiégée par les religionnaires. Le duc de Savoie la prit en 1692, après six jours de siége. — *Patrie* du lieutenant-général Albert.

MONT-DAUPHIN. Petite ville forte, située au confluent du Guil et de la Durance, à 4 l. 1/2 d'Embrun. ✉ Pop. 350 hab.

Cette ville, bâtie sur un roc élevé d'où elle commande quatre vallées, a été fortifiée par Vauban en 1694, et est regardée comme une des clefs de la France du côté de l'Italie. Elle est entourée de vieilles murailles sur la crête des falaises des deux rivières du Guil et de la Durance, de bastions du côté de la montagne, et se compose de deux rues principales qui se coupent à angles droits. C'est une ville fort peu peuplée pour son étendue, et fort triste. L'enceinte renferme de grandes places, des jardins, des esplanades plantées de beaux ormes, et des terrains vagues. Les casernes et les casemates sont spacieuses. On y voit de beaux greniers couverts en charpente, où les troupes peuvent manœuvrer et faire l'exercice pendant le mauvais temps.

A une demi-lieue de la ville et près de la grande route, on remarque quatre sources d'eaux minérales acidules et ferrugineuses, qui coulent du midi au nord dans des canaux anciennement creusés, et alimentent l'établissement du PLAN-DE-PHAZI; la dernière de ces sources tombait naguère dans deux bassins elliptiques et découverts, où l'on prenait les bains, et où le thermomètre de Réaumur marquait 23°; depuis lors on a construit un bâtiment, à l'extérieur duquel est un dauphin: les eaux de la source du milieu se boivent dans une maison voisine. — Les eaux du Plan-de-Phazi sont purgatives et apéritives; on les emploie avec succès dans les obstructions, la chlorose, etc.

ORCIÈRE. Village situé sur le Drac, à 13 l. d'Embrun. Pop. 1,459 hab. Cette commune se compose de vingt-sept hameaux disséminés sur le flanc des montagnes, et dont quelques-uns communiquent très-difficilement avec les autres pendant l'hiver. — *Commerce* de laine, beurre et fromages d'excellente qualité.

SAVINES. Bourg situé à 2 l. 1/2 d'Embrun. Pop. 1,052 hab. Il occupe l'emplacement d'une ville antique, qui passe pour avoir été le chef-lieu des *Savincates*.

VARS. Village situé sur une montagne, dans l'agréable vallée de son nom, à 6 l. 1/4 d'Embrun. Pop. 1,850 hab.

La vallée de Vars, dont la longueur est de près de deux lieues et demie, aboutit par une pente fort douce au col de ce nom, très-fréquenté pour aller dans l'arrondissement de Barcelonnette. Elle est fortement encaissée par de hautes montagnes, qui sont peut-être, avec celles du Lautaret, les plus belles des Hautes-Alpes; leur base offre de charmants tapis de fleurs et de verdure, les coteaux et leurs sommités sont couverts de mélèzes. — Par un grand chemin que fit réparer dans le temps le maréchal Kellermann, on se rend de Vars au camp de Tournoux, renommé dans les Hautes-Alpes.

IMPRIMERIE DE FIRMIN DIDOT FRÈRES,
RUE JACOB, N° 24.

Guide Pittoresque

DU

VOYAGEUR EN FRANCE.

ROUTE DE PARIS A NICE,

TRAVERSANT LES DÉPARTEMENTS

DE L'ISÈRE, DES HAUTES-ALPES, DES BASSES-ALPES ET DU VAR.

DÉPARTEMENT DES BASSES-ALPES.

Itinéraire de Lyon à Nice,

PAR GRENOBLE, SISTERON, AIX, BRIGNOLES ET ANTIBES, 258 LIEUES.

	lieues.			lieues.
De Paris à Lyon........	119		Sisteron...............	3 1/2
Bron...................	2 1/2		Peyruis................	5 1/2
St-Laurent-des-Mures...	2		La Brillanne...........	3
La Verpillière.........	3		Manosque...............	3 1/2
Bourgoin...............	3		Mirabeau...............	5
Éclose.................	3		Peyrolles..............	3
La Frette..............	4		Aix....................	5
Rives..................	3		Châteauneuf-le-Rouge...	3
Moirans................	1 1/2		La Grande-Pugère.......	3 1/2
Voreppe................	1 1/2		Tourves................	5
Grenoble...............	4		Brignolles.............	3
Vizille................	4		Flassans...............	3 1/2
Lafrey.................	2		Le Luc.................	2
La Mure................	3		Vidauban...............	3 1/2
Les Souchons...........	3 1/2		Le Muy.................	3 1/2
Corps..................	3 1/2		Fréjus.................	4
La Guinguette de Boyer.	4		L'Esterelle............	4
Brutinet...............	2 1/2		Cannes.................	6
Gap....................	3 1/2		Antibes................	2
La Saulce..............	4		Nice (poste étrangère).	6
Rourebeau..............	4			

ASPECT DU PAYS QUE PARCOURT LE VOYAGEUR,

DE SISTERON A LA GRANDE-PUGÈRE.

On passe la rivière du Buech sur un pont très-hardi en arrivant à Sisteron, ville forte dominée par un rocher dont le sommet est couronné par une citadelle. La route continue à côtoyer la Durance, bordée à droite par des collines d'une moyenne élévation. On passe à Peyruis, à Brillane, à Manosque, ville aux environs de laquelle commence la culture de l'olivier. Un peu avant d'arriver à Mirabeau, village situé vis-à-vis de Saint-Paul, dont il n'est séparé que par la Durance, on passe du département des Basses-Alpes dans celui de Vaucluse, et presque immédiatement après dans celui des Bouches-du-

Rhône. La route, au-dessous de Saint-Paul, suit la rive gauche de la Durance, en côtoyant le pied des montagnes qui la bordent. Au relais de Peyrolles, on quitte les bords de la Durance pour franchir la triste chaîne calcaire qui sépare le bassin de cette rivière de celui d'Aix, ville où l'on descend à travers d'assez agréables coteaux de vignes et d'oliviers. Au sortir de cette ville, on suit pendant quelque temps l'aride et étroit vallon que traverse la rivière d'Arc. Sur la gauche, on remarque la montagne Sainte-Victoire, qu'on longe en arrivant au relais de la Grande-Pugère, d'où l'on passe du département des Bouches-du-Rhône dans celui du Var.

DÉPARTEMENT DES BASSES-ALPES.

APERÇU STATISTIQUE.

Le département des Basses-Alpes est formé d'une partie de la Haute-Provence et de la vallée de Barcelonnette. Il tire son nom de la position physique des montagnes des Alpes, qui, à l'est, le séparent du Piémont, et dont les derniers contre-forts méridionaux viennent en partie s'abaisser et expirer sur son territoire.

Les bornes sont : au nord, le département des Hautes-Alpes; à l'est, le Piémont; au sud, le département du Var; à l'ouest, les départements de Vaucluse, de la Drôme et des Hautes-Alpes.

Le territoire de ce département est divisé par une ramification des montagnes des Alpes en deux parties, l'une méridionale et l'autre septentrionale. Dans la première sont compris les arrondissements de Barcelonnette et de Castellane; dans la seconde ceux de Sisteron et de Forcalquier. Le sol, naturellement ingrat, stérile, hérissé de cimes âpres et de rochers, doit en grande partie sa fertilité à l'industrie des habitants. La partie septentrionale produit du seigle, de l'orge, de l'avoine, des pommes de terre dont on fait un pain d'excellente qualité en les mélangeant avec le seigle; des fruits, des bois propres à la charpente, etc.; à mesure que l'on s'approche de la partie méridionale, on rencontre les productions que la terre ne donne que sous les climats tempérés. Les amandiers, les oliviers, les figuiers, les orangers et les citronniers s'y cultivent avec succès, ainsi que les mûriers. Dans quelques contrées, la campagne abonde en arbres fruitiers, tels que poiriers, pommiers, pêchers, abricotiers, amandiers, et surtout en pruniers dont le fruit séché forme une branche de commerce assez importante; une partie se vend sous le nom de prunes de Brignolle. La manne, l'agaric et la térébenthine se récoltent dans plusieurs cantons; le myrte, la lavande, le thym et d'autres plantes aromatiques sont communs dans le sud sur le revers méridional des montagnes. Les vignes, cultivées avec soin dans le territoire de plusieurs cantons, donnent des vins de bonne qualité; les montagnes fournissent d'excellents pâturages et nourrissent de nombreux troupeaux.

Les montagnes sont séparées entre elles par des vallées agrestes et profondes, sillonnées par des torrents fougueux ou arrosées par des eaux limpides; à des sites d'une nature agreste succèdent les plus riants paysages. Là, s'étendent des plaines ornées de toute la richesse des cultures méridionales; plus haut, verdoient des pelouses pastorales émaillées de fleurs parfumées, au-dessus desquelles sont de vastes forêts de mélèzes et de sapins. Des grottes spacieuses et profondes, soutenues par des colonnades étincelantes de stalactites, s'ouvrent dans le flanc des montagnes que dominent des pics sourcilleux couronnés de neiges éternelles. La vallée de Barcelonnette offre tout à la fois les aspects les plus gracieux, les plus magnifiques et les plus majestueux. Dans toute sa longueur, elle forme le bassin de la petite rivière d'Ubaye, bordée de chaque côté par des montagnes superbes dont les plus hautes sommités ne se dépouillent jamais entièrement de la neige qui les

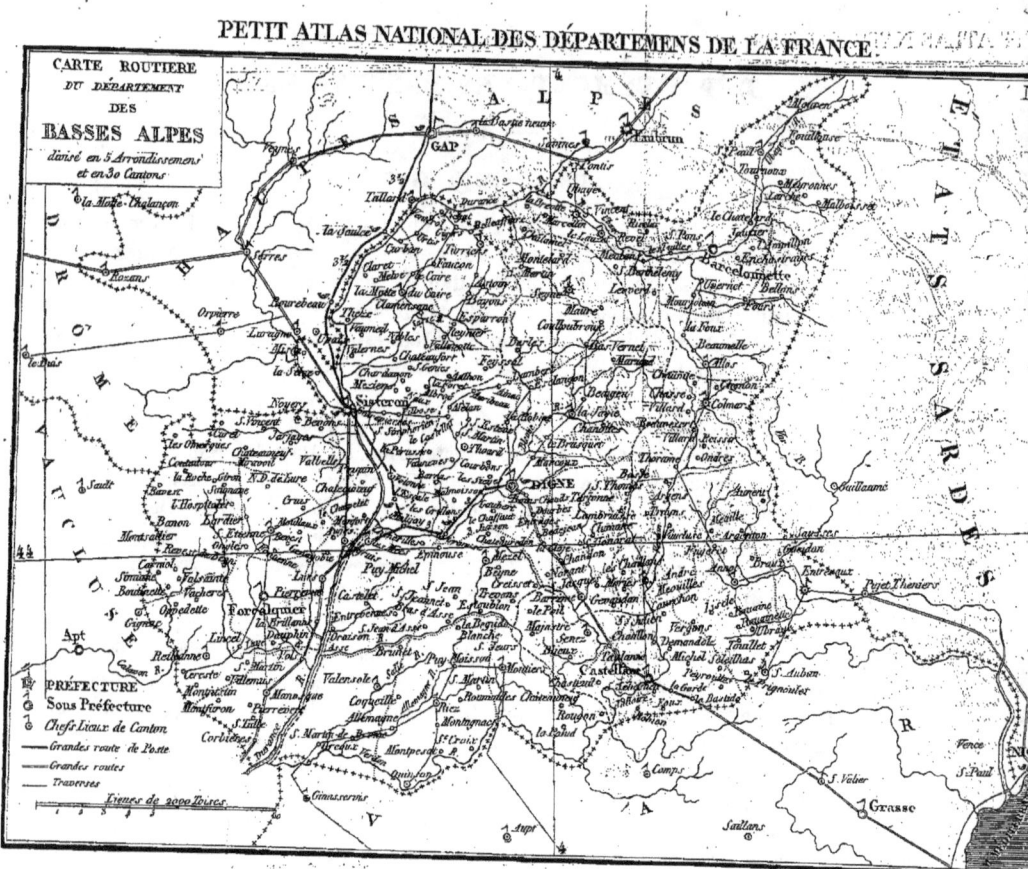

couvrent : leur élévation est de deux à trois mille mètres ; elle augmente à mesure que les deux chaînes se rapprochent du mont Viso, où elles se réunissent. Cette vallée se divise en deux parties, désignées sous les noms de Châteaux-Bas et de Châteaux-Hauts, ou de Val-des-Monts ; la première s'étend d'Ubaye au-dessus de Barcelonnette ; la seconde, où se trouvent les sites les plus pittoresques, renferme les jolis villages de Faucon, de Josiers, du Châtelard, bâtis au milieu, agréables et bien cultivés. Au haut du bassin est le village de Tournoux, emplacement d'un ancien camp, position militaire successivement occupée par les soldats romains et par les volontaires de la république française. Un peu avant cet endroit, la vallée se bifurque et se transforme en deux défilés, dont l'un est arrosé par l'Ubaye et l'autre par l'Ubayette. A mesure que l'on s'élève, les villages font place à de riches pâturages, à des plateaux peuplés de troupeaux pendant l'été ; bientôt l'élévation du sol en bannit la végétation, les sapins et les mélèzes disparaissent, et la vallée se termine par un affreux défilé bouleversé par les torrents, battu par les tempêtes, séjour d'un hiver éternel, qui n'offre plus en perspective que les pics inaccessibles du Mont-Viso.

« Les montagnes pastorales, dit M. Henri [1], sont une des principales richesses de la partie septentrionale des Basses-Alpes. Des pelouses fleuries s'y étendent jusqu'à quinze ou seize cents toises d'élévation au-dessus du niveau de la mer. La bonté de l'herbe qui les compose est si grande que les brebis, qui chaque printemps y arrivent d'Arles, exténuées par la fatigue et la rigueur de l'hiver, y reprennent en peu de jours un embonpoint remarquable. Il n'est rien de beau comme l'aspect de ces montagnes au commencement de l'été. Du milieu d'un fourrage épais, et qui arrive jusqu'au poitrail des chevaux, on voit s'élever des fleurs de toutes les espèces imaginables, dont les couleurs variées ressortent de la manière la plus brillante sur cette riche pelouse, et dont les divers parfums réunis embaument l'air, et se font sentir à une distance considérable. Des sources d'une eau fraîche, limpide et pure, jaillissent des pointes de rochers qui sortent de loin en loin du centre de ces prairies, et vont former les torrents qui sillonnent la vallée. D'un côté de ces immenses prairies où tout respire le bonheur et en présente l'image, on voit des milliers de brebis savourer ces gras pâturages, tandis qu'à l'autre extrémité, on aperçoit des troupes de chamois qui viennent en bondissant y prendre aussi leur pâture, et qui, prompts comme l'éclair, disparaissent à la vue aussitôt qu'on fait mine de les approcher.—Parmi les plus considérables des montagnes pastorales, on distingue, à Allos, celle de Loux, qui a, à son sommet, un lac très-poissonneux d'une lieue de tour, et dans laquelle vivent, avec trois mille brebis étrangères, des chamois nombreux, des marmottes, des perdrix bartavelles, des perdrix blanches, des lièvres blancs, etc. ; à Colmars, celle de Monier, remarquable surtout par ses beaux mélèzes ; à Barcelonnette, celle de l'Arche, et principalement celle du Lauzanier, riche en toutes sortes de beautés naturelles, et où se voient trois lacs se déversant l'un dans l'autre ; à Seyne, la Grande-Montagne, etc. »

Les montagnes pastorales nourrissent annuellement 400,000 moutons transhumants, qui pendant l'été abandonnent les immenses plaines de la Crau ou de la Camargue. Ces moutons, divisés par troupeaux d'environ deux mille têtes, ne font que trois ou quatre lieues par jour, encore leur marche se trouve-t-elle partagée par une station. Leur marche, toujours uniforme, s'annonce par le bruit d'énormes sonnettes suspendues au cou des boucs qui précèdent et conduisent les troupeaux ; ces animaux portent la tête haute, étalent des cornes contournées et dans les plus grandes proportions, font parade d'une barbe qui leur descend jusqu'aux genoux, et semblent fiers des fonctions qui leur sont déléguées. Arrivent-ils devant un torrent, sont-ils barrés par un obstacle quelconque, on les voit s'arrêter et ne reprendre leur marche que lorsque l'ordre d'un berger ou les cris des chiens les ont rassurés sur le danger, ou leur ont démontré la nécessité de le braver :

---

[1]. Recherches sur les antiquités du département des Basses-Alpes, pag. 214.

alors, ils s'élancent avec courage et ébranlent toute la masse, qui suit scrupuleusement tous leurs pas. Les bergers, vêtus d'une large casaque, couverts d'un chapeau rabattu et armés d'un long bâton ferré, stimulent les traîneurs. A leurs côtés sont leurs fils, qui font la route à pied dès qu'ils ont atteint l'âge de cinq ou six ans. Sur les flancs sont de très-gros chiens qui courent sans cesse de la queue à la tête et font rentrer dans la ligne les moutons qui s'en écartent. La marche se termine par les mères, les jeunes filles et les enfants en bas âge; ces femmes conduisent un troupeau d'ânes, qui portent les enfants trop petits pour marcher, les agneaux qui naissent dans la marche, les bagages, les vases pour traire le lait, et enfin tous les ustensiles nécessaires pour la confection du fromage et du beurre. — Arrivés sur les montagnes, les bergers et leurs troupeaux se distribuent par quartiers les pâturages immenses qui existent sur les sommets; ils suivent les troupeaux nuit et jour, et veillent sans cesse avec leurs chiens pour les garantir des loups, très-communs dans cette contrée. Le bayle, ou chef du troupeau, habite une cabane centrale d'où il peut tout diriger. Les femmes, les enfants, les vieillards, ont pour demeure une espèce de chaumière, renfermant les bagages, les ustensiles, les provisions et la paille; lit commun de toute la famille. Leur principale nourriture se compose de pain et de lait; si parfois ils y joignent quelque peu de viande ou de lard, un peu de soupe ou une portion de légumes, c'est pour eux un régal extraordinaire; les femmes leur préparent ces aliments, pour lesquels elles vont s'approvisionner tous les huit jours dans les villages voisins. A ces voyages près, cette espèce d'hommes n'a aucune communication avec le reste de la société; et cependant cette vie pastorale a pour eux tant de charmes, qu'il est infiniment rare de la leur voir abandonner. Ils passent l'hiver dans de vastes plaines, loin de toute habitation, et y mènent la vie la plus pénible et la plus monotone. L'été s'écoule d'une manière plus étonnante encore, car ils le passent sur de hautes montagnes; sous le ciel le plus pur, ils voient quelquefois les orages se former sous leurs pieds et ravager les contrées inférieures, tandis que, tranquilles et sans inquiétudes, ils règnent sur de vastes et riants coteaux de pelouse. C'est dans ces solitudes qu'ils vivent, sans jamais regretter les fertiles contrées qu'ils traversent périodiquement deux fois l'année, et sans porter envie aux agréments que trouvent les hommes dans leurs réunions; leur famille absorbe toutes leurs sensations; leur existence civile et politique est tout entière liée à celle de leurs troupeaux, et leur unique fortune s'y trouve également attachée, car elle consiste ordinairement en un certain nombre de brebis qu'ils ont en propriété, et qui se proportionne à la force du troupeau. Communément ils possèdent une brebis sur trente, et de plus les chèvres qui accompagnent les bestiaux. Ces bergers jouissent, en général, d'une bonne santé; les inflammations de poitrine sont les seules maladies auxquelles ils soient sujets. En gardant leurs troupeaux, ils s'occupent à faire des jarretières ou des cordons de laine dont les couleurs sont mélangées et les tissus faits avec assez de goût : leurs distractions consistent à fredonner quelques airs rustiques sur de petites flûtes à six trous. Quoique rustres, ils ne manquent pas d'une certaine intelligence; ils se font une espèce d'astronomie, à l'aide de laquelle ils connaissent les heures et prédisent le temps; ils tiennent fortement à leurs intérêts, mais cela ne les empêche pas d'être d'une probité sévère. Dès que les jeunes gens ont atteint l'adolescence, on les marie, et jamais on ne leur cherche une compagne qui appartienne à une classe différente de la leur. L'autorité paternelle y est dans toute sa vigueur; et comme, par la longévité des vieillards et la précocité des mariages, les familles deviennent extrêmement nombreuses, les grands-pères et les pères forment une sorte de magistrature, dont les volontés sont toujours respectées. (*Voyage dans la vallée de Barcelonnette*, pag. 66 et suiv.)

Le climat est généralement sain, l'air vif et pur, mais la température est extrêmement variable. Par sa position méridionale et très-montueuse, le département présente en même temps, au levant, les fleurs du printemps; au midi, les fruits de l'automne, et au nord, les glaces de l'hiver. Il arrive quelquefois que, la saison étant un peu précoce, on coupe les avoines dans les cantons les plus méridionaux du département, tandis qu'à la même époque on sème à la Sestrière le grain qui sera récolté quelques mois plus tard : le froid qui règne sur les montagnes et la neige qui les couvre jusqu'à ce moment, forcent les cultivateurs à ce retard. Le climat est très-rigoureux dans la vallée de Barcelonnette ; on n'y connaît guère que deux saisons, l'hiver et l'été : la première s'annonce par des neiges qu'il n'est pas très-rare de voir tomber dès les premiers jours de novembre, et rarement voit-on la fonte s'en opérer avant le mois de mai. Pendant ce long intervalle, le thermomètre de Réaumur descend souvent jusqu'à 18°. Il est impossible de se faire une idée du spectacle que présente ce pays, lorsque la neige le couvre en entier à une épaisseur d'un mètre et demi ; lorsque les aspérités des rochers se sont arrondies ; lorsque tous les ruisseaux, pris par la glace, ont disparu pour l'oreille et les yeux ; lorsque les arbres ont remplacé leurs feuilles par des glaçons, et que les sapins, auxquels la nature les a seuls conservées, laissent à peine percer une triste verdure ; lorsqu'on n'aperçoit aucune espèce de végétation ; lorsque le soleil, faible et décoloré, ne paraît presque pas ou s'élève à une si petite hauteur pendant le jour, que la vallée en est obscurcie par l'ombre des montagnes, tandis que les nuits sont brillantes et claires par l'effet que produit la lune sur les neiges amoncelées ; lorsqu'enfin le silence général de toute la nature et l'absence de tous les êtres animés ne sont interrompus que par les cris des loups ou des oiseaux de proie pressés par la faim. — L'été est au contraire une saison délicieuse dans cette contrée : presque aussitôt après la fonte des neiges, les arbres reprennent leur feuillage, et la terre se couvre d'une brillante et forte végétation ; les rochers se dessinent ; des sources limpides offrent des cascades dans la plupart des intervalles ; des sites pittoresques succèdent enfin à la monotonie. Jamais les chaleurs ne sont fortes ; et dans la plus ardente canicule, on ne pourrait se passer de couverture dans son lit ; il n'est même pas rare qu'on se chauffe au mois d'août. Le thermomètre ne monte guère au-delà de 15 à 16° ; encore la température est-elle modérée, pendant cette saison, par un vent frais qui règne dans toute la vallée, depuis onze heures jusqu'à midi.

Le département des Basses-Alpes a pour chef-lieu Digne ; il est divisé en 5 arrondissements et en 30 cantons, renfermant 257 communes.— Superficie, 372 lieues carrées.— Population, 155,896 hab.

MINÉRALOGIE. Indices de mines d'argent à Barles, à Ubaye, à Mariaud, à Thorame-Haute, à Ongles. Indices de fer dans la vallée de Barcelonnette. Plomb, cuivre, bismuth, baryte assez abondant. Succin à Salignac. Cristal de roche à Lure, Champourcin. Jaspe à Saint-Paul. Soufre à Aubenas. Vitriol à Dromond. Houille et jayet dans un grand nombre de localités. Marbre, gypse, argile. Nombreux fossiles. Porphyre, grès, ardoise, etc.

SOURCES MINÉRALES à Digne, Gréoux, Colmars. Sources salées à Tartonne, Agnac, Lambert, Gevaudan, Clumans, Moriez, etc.

PRODUCTIONS. Seigle, orge, avoine, épeautre, châtaignes, pommes de terre ; tous les fruits du centre de la France, prunes, olives, citrons, oranges, amandes de toutes qualités ; chiendent estimé, plantes aromatiques en abondance, manne, térébenthine, agaric, truffes ; pâturages abondants et riches prairies.— 59,794 hectares de forêts (pin, mélèze, chêne blanc et vert, hêtre).—5,631 hectares de vignes, produisant annuellement 150,000 hectolitres de vin de bonne qualité, qui se consomme sur les lieux : les meilleurs se récoltent dans le canton des Méez.—Moutons mérinos donnant une laine superfine. Bêtes à cornes, chevaux, mulets et ânes de petite espèce, mais forts et vigoureux. Le jumart est commun et on l'apprécie beaucoup ; il naît de l'accouplement du taureau et de l'ânesse qu'on enferme la nuit dans la même étable.—Très-bon gibier (lapins, marmottes, force bécasses, perdrix blanches, canards sauvages, aigles, milans, faucons. Nombreux troupeaux de chamois qui habitent les lieux escarpés, et dont rien n'égale l'agilité). — Poisson de rivières et d'étangs (truites). — Éducation des abeilles et des vers à soie.

INDUSTRIE. Manufactures d'étoffes de soie, filoselle, toiles ; de bonnets gasquets, de cadis et de petites draperies, de faïence renommée. Fabriques de corderie, coutellerie commune. Filatures de soie et de coton. Poteries, tanneries, corroieries. Moulins à huile. Distilleries d'eau-de-vie. Papeteries, taillanderies. Fabriques d'huile essentielle de plantes aromatiques, principalement de mélisse et de lavande, au moyen de laboratoires ambulants établis dans les montagnes. — Émigration annuelle de plusieurs milliers d'hommes et d'enfants, appartenant principalement à la vallée de Barcelonnette, dont la population mâle s'expatrie presque en entier. La plus grande partie des émigrants va dans la Basse-Provence et se cantonne sur toute la côte depuis Nice jusqu'à Arles. Les hommes se placent comme valets ou journaliers, pour les divers travaux de l'agriculture; les femmes, et les enfants assez grands pour être employés utilement, cueillent des olives, filent le chanvre et la laine. Plusieurs s'établissent en qualité de commissionnaires dans nos grandes cités; quelques-uns montrent la lanterne magique dans toutes les parties de la France; les enfants montrent la marmotte; d'autres se forment une petite pacotille d'almanachs, d'aiguilles, de lacets et autres menus objets de mercerie, qu'ils vont colporter au loin. Dans le cours de ces longs voyages, tous se montrent intelligents, patients, laborieux, vivant avec frugalité, économes, et surtout d'une fidélité à toute épreuve.

COMMERCE de vins, eaux-de-vie, esprit-de-vin, huile de noix et d'olives; cire jaune, miel blanc excellent, beurre, fromages, lait de brebis et de chèvres, moutons gras, bons fruits, pruneaux, sirop de raisin; gros draps, bonnets gasquets pour le Levant, soie, laine et filoselle, etc.

VILLES, BOURGS, VILLAGES, CHATEAUX ET MONUMENTS REMARQUABLES; CURIOSITÉS NATURELLES ET SITES PITTORESQUES.

ARRONDISSEMENT DE DIGNE.

ALLEMAGNE. Village situé à 14 l. de Digne. Pop. 750 hab.
Allemagne était autrefois un bourg considérable, que les guerres civiles ont réduit à n'être plus qu'un simple village : le seigneur du lieu, chef d'un parti de religionnaires, y fut assiégé dans son château par le baron de Vins, qui perdit la vie sous ses murs. Ce village est bâti à l'extrémité d'une longue plaine, sur la rivière de Colostre, au pied d'une colline couronnée par un château semi gothique, du haut de laquelle roulent, en temps d'orage, des torrents d'eau qui traversent la principale rue et l'encombrent de cailloux. Le territoire est fertile en vins excellents, blé, fruits, truffes, etc.

BARLES. Village situé dans un vallon très-froid en hiver, à cause des neiges qui y séjournent pendant six à huit mois de l'année, sur la rive droite du Bès, à 8 l. de Digne. Pop. 650 hab. On trouve aux environs une source d'eau minérale que l'on emploie, dit-on, avec quelques succès dans les maladies scrofuleuses.

BARRÊME. Bourg situé au confluent du Blioux et de la Clumane, à 7 l. de Digne. Pop. 997 hab.
Ce village était autrefois bâti sur une élévation nommée le Col-Saint-Jean. Ayant été consumé par la foudre, en 1040, les habitants transportèrent leur demeure au pied de la colline, à une exposition abritée des vents froids et à la naissance d'une plaine agréable et fertile, qui offre de jolies promenades.

CHAMPTERCIER. Village situé dans une contrée fertile, sous un climat doux et tempéré, à 2 l. de Digne. Pop. 500 h. C'était autrefois un faubourg de Digne, où il se tenait des foires et des marchés. — *Patrie* du célèbre Gassendi; du général Desmichels.

DIGNE. Petite et très-ancienne ville. Chef-lieu du département. Tribunal de première instance et de commerce. Société d'agriculture. Collège communal. Évêché. Séminaire diocésain. ✉ ☞ Pop. 3,932 hab.
L'origine de Digne remonte à une haute antiquité; son premier nom était DINIA.

DIGNE.

Elle était la capitale des *Bodiontici*, peuplade celto-lygienne, alliée, et même faisant partie des *Albici*, nation qui avait pour capitale la ville de Riez; mais il ne reste aucun monument qui puisse attester son ancienne existence. Les invasions désastreuses et successives de tant de peuples barbares qui exerçaient tour à tour leurs ravages dans la Provence, pendant la durée de cinq siècles; la présence calamiteuse des Vandales, des Goths, des Lombards, des Sarrasins, etc., qui s'adonnaient aux plus furieux excès, forcèrent les habitants de se réfugier sur une hauteur voisine, où ils formèrent une ville qu'ils entourèrent de murs, dont il reste encore quelques traces. Digne embrassa de bonne heure le christianisme et fut érigée en évêché en 340. Cette ville s'accrut rapidement et forma deux villes ou parties distinctes; la cité, bâtie autour du mont Saint-Charles, qui est la Digne moderne, et le bourg, situé près de la première, où l'on bâtit plus tard une vaste église dont on voit encore les ruines imposantes. Les guerres de religion amenèrent la ruine du bourg; quatre fois les religionnaires le saccagèrent, notamment en 1562 et 1591; la peste de 1629 le dépeupla entièrement, et depuis cette époque il fut totalement abandonné. Ce fléau destructeur affaiblit tellement la population de la ville de Digne, que du nombre de 10,000 habitants auquel s'élevait alors sa population, elle descendit à celui de 1,500, et que depuis elle ne s'est jamais élevée à 4,000.

La ville de Digne est située au pied des Alpes, sur le torrent de la Bléone, qui y reçoit le Mardaric et le ruisseau des Eaux-Chaudes. Elle s'élève d'une manière pittoresque sur un mamelon que surmonte un roc sur lequel est bâtie l'église, dont le clocher, surmonté d'un dôme en fer, domine toute la ville. Ce roc porte aussi la prison, environnée de fortes murailles. La partie la plus ancienne de cette cité est généralement mal bâtie, les rues en sont étroites, tortueuses et malpropres. La préfecture, le palais de justice, le collège, le séminaire, les casernes et plusieurs autres bâtiments publics sont de construction moderne. Au bas du mamelon qui porte la ville, le boulevard Gassendi, large, bien entretenu, ombragé de beaux platanes, forme une promenade agréable; il est orné d'un château d'eau, et à son extrémité, vers l'ancien bourg, d'une belle fontaine décorée de colonnes. Le cours des Arêts, formé par une terrasse et voisin du boulevard, est aussi orné d'une belle fontaine jaillissante. On remarque encore à Digne la bibliothèque publique, renfermant 3,000 volumes; la pépinière départementale, etc. La ville possède aussi un beau magasin de librairie fondé par M. repos, qui a joint à cet intéressant établissement un cabinet de lecture bien fourni en toutes sortes de publications.

Les environs de Digne sont agréables et pittoresques; la vallée de la Bléone est spacieuse, verdoyante, bordée de jardins, de vergers et de maisons de campagne. A quelques minutes au nord de la ville, sur la route de Barcelonnette, sont les restes de l'ancienne cathédrale, que la tradition fait remonter au règne de Charlemagne: malgré l'état de dévastation où se trouve cet édifice, on aperçoit encore sur certaine partie des murs extérieurs, des traces de peinture à fresque. Celles placées au-dessus de l'autel des âmes du purgatoire sont remarquables par la bizarrerie de la composition. Le peintre a imaginé de placer sur une ligne les sept péchés capitaux, représentés par des personnages allégoriques. Au-dessus de chacun d'eux, on voit la vertu opposée, exprimée par un buste de saint ou de sainte; et au-dessous, se trouve la peine réservée dans l'enfer à celui qui se livre au péché. Parmi ces peintures, il s'en trouve d'assez singulières. Chaque cadre est surmonté d'un écriteau en patois du pays.

EAUX THERMALES DE DIGNE.

A une demi-lieue de Digne, on trouve, au pied d'une montagne, dans une position agreste, un établissement d'eaux thermales assez fréquenté. Il consiste en un seul corps-de-logis, construit le long d'un rocher auquel il est tout à fait adossé. Cinquante à soixante baigneurs peuvent s'y loger. Les bains sont au nombre de quatre, désignés sous les noms de Saint-Jean, Saint-Gilles, Notre-Dame, et des Vertus. Ce dernier, qui est le plus grand, ne peut contenir à la fois que dix ou douze baigneurs. Tous ces bains sont alimentés par quatre sources. Une cinquième source, qui jaillit dans une cour, sert à la boisson. Les eaux thermales de Digne sont connues depuis très-longtemps; Ptolomée et Pline en ont fait mention.

SAISON DES EAUX. Les eaux de Digne se prennent depuis le 1er mai jusqu'au 1er septembre. La nourriture y est bonne et à un prix modéré. Les montagnes environnantes offrent des promenades agréables et pittoresques.

PROPRIÉTÉS PHYSIQUES. Ces eaux ont un goût douceâtre et un peu salé ; elles répandent au loin une odeur d'hydrogène sulfuré. Leur température s'élève dans les temps chauds jusqu'à 40 degrés du thermomètre de Réaumur. La chaleur de la source destinée à la boisson est de 32°. Le bain des Vertus n'a que 28 à 29°.

PROPRIÉTÉS CHIMIQUES. Toutes les sources contiennent des carbonates de chaux et de magnésie, de l'hydrochlorate de soude et du gaz hydrogène sulfuré.

PROPRIÉTÉS MÉDICINALES. Les eaux de Digne s'emploient avec le plus grand succès pour la guérison des blessures, des vieilles plaies d'armes à feu, les paralysies anciennes, les rhumatismes chroniques, les affections cutanées. En boisson, elles produisent de bons effets dans les obstructions, les tumeurs scrofuleuses, les vertiges.

MODE D'ADMINISTRATION. On boit ces eaux le matin, à la dose de 4 ou 5 verres. Les bains renferment des étuves taillées dans le roc, et des douches ascendantes et descendantes [1].

Fabriques de cuirs.—*Commerce* de fruits secs et confits, particulièrement de pruneaux et pistaches ; de graines de trèfle et de chanvre ; miel, cire jaune ; laines, toiles, chanvre ; peaux de chevreaux ; coutellerie.

A 20 l. de Gap, 20 l. de Draguignan, 26 l. de Nice, 192 l. de Paris.—*Hôtels* du Petit-Paris, du Bras d'or.

ESTOUBLON. Village situé dans un territoire fertile en blé, vin, prunes de Brignolles et autres fruits, à 6 l. de Digne. Pop. 600 hab.

Le village d'Estoublon est célèbre dans l'histoire de Provence par la défaite des Saxons. Ces barbares, venus par le Mont-Genèvre, Embrun, Seyne et Digne, établirent leur camp dans la plaine, entre Estoublon et Mézel. Mommulus, chef des troupes du roi Gontran, les combattit en 576 et les détruisit presque tous.

GAUBERT. Village situé dans un fertile territoire, sur la rive gauche de la Bléone, à 2 l. de Digne. Pop. 410 hab. Dans le XIIe siècle, ce village portait le nom de *Castrum Galberto* : on voit encore sur un plateau des environs, des restes de bâtisse et de fortifications. Non loin de là se trouve un rocher de grès qui s'avance isolément au-dessus de la rivière, sur lequel on remarque les restes d'un petit temple en partie taillé dans le roc, qui paraît avoir appartenu à une *villa* romaine. Ce temple se composait de deux pièces, dont l'une était plus élevée que l'autre de quatre pieds : la plus haute, dont la longueur est de 25 pieds, paraît avoir été la *cella*, et l'autre, que l'on suppose avoir été le vestibule, a une étendue de 30 pieds. Ces deux pièces communiquaient entre elles par un escalier dont il subsiste encore deux marches taillées dans le roc.

GRÉOUX. Joli village, situé près de la rive droite du Verdon, à 17 l. de Digne. ✉ ⚘ Pop. 1,500 hab.

EAUX THERMALES DE GRÉOUX.

Ce village est très-ancien. On y trouve des eaux minérales qui paraissent avoir été connues et fréquentées par les Romains. L'inscription *Nymphis Griselicis*, qu'on voit gravée sur les thermes, fait présumer que dans le temps où elle fut faite, ces eaux formaient quelques sources dont chacune avait sa nymphe particulière.

La réputation des eaux de Gréoux ne survécut pas à la puissance des Romains ; l'invasion des barbares du Nord et celle des Sarrasins firent oublier entièrement leurs vertus. Dans le XIIe et le XIIIe siècle, ces eaux devinrent célèbres sous les templiers, qui, accoutumés à se baigner plus souvent qu'on ne le faisait en Europe, y firent construire plusieurs bains qui furent encore détruits pendant les guerres civiles et féodales ; la source fut comblée et ne reparut qu'au commencement du XVIIe siècle. La princesse Pauline, sœur de Napoléon, fit un séjour aux eaux de Gréoux en 1805, ainsi que le constatait un petit obélisque élevé en son honneur sur une hauteur voisine. Aujourd'hui Gréoux offre un établissement commode de bains et d'étuves d'un aspect agréable, renfermant des chambres propres et bien aérées. Cet établissement, qu'on peut offrir comme un modèle à tous les propriétaires d'eaux minérales, a été restauré récemment par M. Gravier, homme de bien et philantrope éclairé, qui accorde gratuitement aux indigents l'usage de la source, et s'occupe beaucoup plus du bien-être de ses malades que de l'augmentation de ses revenus. La source est volumineuse

---

1. On peut consulter l'ouvrage publié en 1619 par Sébastien Richard, intitulé : *Les bains de Digne et Provence*, In-8°; et le Journal de médecine militaire, t. II, p. 13.

Rauch del. Skelton fils sc.

INTÉRIEUR DU CHÂTEAU DE GRÉOUX.

Basses-Alpes.

CHÂTEAU DE GRÉOUX.

et remplit un puits de 18 pieds de profondeur, d'où l'eau est conduite aux bains.

L'établissement thermal se trouve à environ cinq cents pas à l'est du village, et à cent pas de la rivière du Verdon. Des promenades bien ombragées, et plusieurs petits jardins paysagers, ornés de divers arbustes à fleurs odoriférantes, font de ce site un séjour gracieux. Le bâtiment des bains, entièrement construit à neuf, est très-vaste, fort commode, propre et bien distribué. Toutes les baignoires sont de marbre ; il y en a quelques-unes de forme carrée, dans lesquelles on descend par plusieurs marches également en marbre.

SAISON DES EAUX. On fait usage des eaux de Gréoux depuis le commencement de mai jusqu'à la fin de septembre. La durée de chaque saison est de trois ou quatre semaines. L'établissement est situé à 200 pas du village, au milieu d'une belle campagne, près de la rivière du Verdon. Il est fréquenté par près de 300 étrangers. Le climat est doux, l'air salubre, et les productions sont variées et abondantes.

PROPRIÉTÉS PHYSIQUES. L'eau de Gréoux est claire, limpide ; son odeur est sulfureuse et très-pénétrante ; sa saveur est salée et légèrement styptique. Elle est douce, onctueuse au toucher, et dépose beaucoup de glaires. Sa température est de 31° du thermomètre de Réaumur.

PROPRIÉTÉS CHIMIQUES. Ces eaux contiennent en dissolution du gaz acide carbonique en assez grande quantité, quelque peu de gaz hydrogène sulfuré, du carbonate et du sulfate de chaux, de l'hydrochlorate de soude et de magnésie, une petite quantité de matière floconneuse et un peu de soufre.

PROPRIÉTÉS MÉDICINALES. On administre les eaux de Gréoux à l'intérieur, dans la phthisie catarrhale, les maladies cutanées chroniques, la faiblesse de l'appareil digestif, l'hypocondrie dépendante des engorgements abdominaux, la leucorrhée constitutionnelle. Elles sont préconisées à l'extérieur contre la paralysie et les tumeurs articulaires.

MODE D'ADMINISTRATION. Ces eaux se prennent en boisson, à jeun, à la dose d'un litre jusqu'à trois. On les emploie le plus souvent en bains tempérés.

JAVIE (la). Village situé à 3 l. 3/4 de Digne. Pop. 428 hab.

MARTIN-LEZ-SEYNE (SAINT-). Village situé à 16 l. de Digne. Pop. 136 hab.
—Scierie hydraulique de planches.

MÉEZ (les). Petite ville fort ancienne, située sur la rive gauche de la Durance, à 7 l. de Digne. Pop. 2,129 hab.

Cette ville est bâtie au pied d'une montagne, sur le versant de laquelle s'élève une longue suite de rochers de forme conique et aigus, connus sous le nom de rochers de Méez, lesquels ressemblent de loin aux *mœta* des cirques. Les vestiges d'antiques sépultures, les fragments de lampes sépulcrales, les briques tumulaires trouvées en divers quartiers, les débris de mosaïques découverts dans d'autres, des médailles nombreuses qui ne sont recouvertes que par une légère couche de terre ; enfin, une inscription découverte au commencement de la révolution, sur les bords de la Durance, et que l'on croit avoir appartenu à un temple de Jupiter, ne laissent aucun doute sur l'antiquité de cette ville.

La ville des Méez était autrefois bâtie en amphithéâtre sur le penchant et au midi de l'immense rocher qui la domine aujourd'hui ; elle était alors ceinte de remparts flanqués de tours, et percée de deux portes. Vers la fin du XVe siècle, ou au commencement du XVIe, les habitants abandonnèrent cette forte position, et construisirent la ville actuelle au-delà des remparts et près de la Durance. Toutes les maisons, tant de l'ancienne que de la nouvelle ville, se ressentent des siècles de barbarie où elles furent construites ; elles sont en général peu spacieuses, mal aérées, bâties sans goût, et n'offrent aucune des commodités qu'on donna à celles édifiées dans des temps plus modernes.

Le territoire des Méez produit des vins très-estimés.

MÉLAN. Joli village, situé à 4 l. de Digne. Pop. 150 hab.

La grotte de Saint-Vincent est à un quart de lieue de distance du village de Mélan. Il est de tradition que saint Vincent, évêque de Digne, avait fréquenté cette grotte, et que ce fut pour en consacrer le souvenir que les habitants de Mélan lui érigèrent une chapelle contre l'entrée de la grotte, en des temps très-reculés. Ils continuent encore aujourd'hui d'y aller en procession une fois par an. Cette solitude était bien choisie, et c'était bien certainement l'endroit le plus désert de tout le département. La chapelle de Saint-Vincent est à la distance de deux mètres de la grotte, située au nord et au milieu de la haute montagne de Mélan, du sommet escarpé de laquelle on jouit d'un point de vue magnifique. De là, on découvre au midi et très-distinctement la montagne de Sainte-Victoire d'Aix, éloignée de vingt lieues, les montagnes de Moustiers, de Digne, de Sisteron, de Forcalquier, celles des Méez, dont la forme est pyramidale, celles du Dévoluy, toujours couronnées de neige, et enfin presque tout le département des Hautes-Alpes. Non loin de la grotte, et à son levant, se trouve un bois de hêtres, fréquenté journellement par un grand nombre d'aigles, de corbeaux, de corneilles et de pigeons ramiers. Dans ce bois croissent des alisiers, quelques cytises des Alpes, des groseilles armées d'épines, des framboisiers, des fraisiers, la gentiane, plusieurs espèces de lis et de menthe, l'angélique, la bétoine, et une infinité d'autres plantes curieuses.

Les personnes qui viennent de Digne pour visiter la grotte, font une halte au joli village de Mélan, qui, dit-on, est bâti sur le marbre, et qui se présente en amphithéâtre au midi et sur le penchant de cette montagne, dans un site vraiment pittoresque. Là, elles voient de belles prairies traversées en cent endroits par de nombreuses sources qui y répandent la fécondité et la fraîcheur. Vers le bas de ces prairies, sur les confins des terroirs de Mélan et du Castellard, se trouve une belle carrière de marbre, découverte en octobre 1834, par M. Bastiani, célèbre statuaire de Rome, actuellement fixé à Aix. Cette carrière, qui occupe une demi-lieue de circuit, renferme du beau marbre noir, du marbre noir à veines blanches, du marbre noir à veines jaunes, et du marbre enfin à couleurs les plus variées, les plus brillantes et les plus solides. On vient d'en découvrir des masses considérables, et on se propose de les faire exploiter. Le local est des plus favorables, et les eaux nécessaires sont plus que suffisantes pour exécuter ce projet. D'après l'opinion de M. Bastiani, ce marbre est beaucoup plus beau, plus dur et préférable enfin à celui de la carrière de Saint-Géniez-de-Dromond, située à une demi-lieue de distance de celle-ci.

La grotte de Saint-Vincent est une des belles horreurs de la nature. L'entrée en est fort étroite; mais quand on l'a franchie, on voit s'incliner et s'agrandir devant soi, dans une profondeur et une largeur étonnantes, des abîmes rocailleux qui présentent des pétrifications de toutes les formes, des rochers multipliés et d'une dimension prodigieuse. Là, paraissent d'abord deux creux en dessus et en dessous dans le roc, que la tradition populaire attribue aux efforts que fit saint Vincent pour résister des pieds et des mains à la chute du roc supérieur que le démon ébranlait pour l'écraser ou lui empêcher toute sortie. Ils durent être bien grands, ou les pierres devaient être moins dures alors, puisqu'elles purent s'y enfoncer jusqu'à une telle profondeur. Plus bas, et à une certaine hauteur, à gauche, se trouve une grotte qu'on appelle le Four. Plus bas encore est la forme tortueuse de deux énormes serpents; à droite sont quatre cloches sans hune, et en dessous, l'entrée d'une cave où l'on croit voir des tonneaux, mais qu'on ne peut visiter en entier, les lumières s'y éteignant immédiatement. Non loin de la cave est la forme d'une cheminée couverte de belles pétrifications, dont quelques-unes sont blanches comme l'albâtre, et d'autres d'un noir d'ébène. Ces stalactites représentent une foule de figures bizarres. A la gauche de celle-ci et à la hauteur de deux mètres au fond de cette grotte immense, est une ouverture en forme de fenêtre, d'où l'on aperçoit avec frayeur un puits qui, dans sa rondeur, paraît avoir douze mètres de diamètre, et dont la hauteur et la profondeur ne peuvent être aperçues à l'aide d'un glui enflammé qu'on y jette. Les proportions de ce puits semblent en avoir été admirablement prises; aucune difformité n'en dégrade le pourtour; les pierres que les curieux y précipitent parviennent à une profondeur immense, s'entre-choquent, roulent de rocher en rocher avec un fracas effroyable, et paraissent enfin tomber dans une grande masse d'eau, cinq minutes après qu'elles y ont été lancées. C'est surtout dans ses abîmes que niche une quantité innombrable de corneilles: ni la clarté des torches, ni les cris aigus des bergers qui, à l'approche d'un orage, vont chercher un abri protecteur dans ces lieux ténébreux, ni l'épaisse fumée presque sans issue des torches qu'ils y enflamment, ne sauraient les en faire sortir. Leurs cris d'alarme, que parfois elles font entendre, répétés par un millier d'échos souterrains, offrent un spectacle effrayant.

MEZEL. Petite ville, située sur la rive droite de l'Asse, à 5 l. de Digne. Popul. 875 hab.

MOUSTIERS. Petite ville, située à 11 l. de Digne. Pop. 1,725 hab.

Cette ville a été habitée dès les temps les plus reculés, ainsi que le constatent les tombeaux qu'on y rencontre, et une inscription romaine citée par Bouche, dans sa Chorographie. Elle est bâtie dans

MOUSTIERS.

une situation extrêmement pittoresque (*voy. la gravure*), au pied d'une chaîne de rochers très-élevés. Un vallon profond la sépare en deux parties inégales, qui sont la ville et le faubourg. Ces deux parties communiquent entre elles par des ponts dont l'effet est des plus pittoresques quand on se place à quelque distance, dans le ravin. Assis sur la pelouse, à l'ombre des saules, des peupliers et des arbres divers qu'entretient la fraîcheur de ces lieux ; ayant en face les ponts qui se dessinent les uns au-dessus des autres, et divers arcs d'aqueducs sous lesquels se balancent les rameaux des broussailles qu'y fait croître l'humidité ; entouré des prairies qui tapissent l'intérieur de la vallée, on voit, d'un côté, les eaux qui viennent de vivifier diverses manufactures, s'élancer avec impétuosité hors des canaux qui les rejettent dans leur lit naturel ; et de l'autre, des masses d'eau limpides et bouillonnantes qui, se précipitant de rochers en rochers avec le plus grand fracas, forment alternativement des nappes écumantes et des cascades multipliées. De ce même point de vue, unique peut-être, on aperçoit au-dessus de la ville, et à travers des ponts et des aqueducs, un petit chemin serpentant au milieu des rochers, et conduisant à l'ancienne église Notre-Dame de Beauvoir, fondée, dit-on par Charlemagne, dans son voyage de Provence, ainsi que le porte la tradition du XIIe siècle, suivant d'anciennes chartes de l'abbaye de Lerins. Cet antique monument, glissé, pour ainsi dire, entre les rochers, sur un plateau très-étroit, ombragé par quelques arbres, respectables par leur vieillesse et leur grosseur, et dont la verdure se détache de la manière la plus riante sur des teintes grises et rougeâtres, sert à l'œil de point de repos, au milieu de ces masses anguleuses et aiguës.

A l'extrémité de ces rochers, on voit deux rocs qui, formant comme les portes de cette gorge étroite, sont réunis par une chaîne de fer, longue d'environ 700 pieds, formée de tringles d'à peu près un pouce d'épaisseur et de deux pieds de long, se tenant par leur extrémité sans anneaux ni chaînons, et à laquelle est suspendue une étoile dorée à cinq pointes. D'après une opinion accréditée, cette chaîne est un monument singulier de la dévotion guerrière des anciens preux. L'abbé Papon pense que c'est un de ces vœux ordinaires dans les siècles de chevalerie. « Nos preux, dit-il, qui faisaient des entreprises d'armes, se préparaient presque toujours à les exécuter par des actes de piété. Souvent ils promettaient des choses aussi bizarres que le caprice qui les dictait. La promesse d'enchaîner deux montagnes peut elle-même servir de preuve de la dévotion étrange de nos bons aïeux ; car il n'y a pas de doute que ce soit ici un vœu dicté par la valeur, et fait par quelque ancien chevalier, à Notre-Dame de Beauvezer, au sujet de quelque entreprise d'armes, soit courtoise, soit à outrance. L'étoile suspendue à la chaîne n'est autre chose que les armes du chevalier qui fit le vœu. Plusieurs ont cru qu'elle avait été mise par un chevalier de la maison de Blaceas, qui possédait une partie de la seigneurie de Moustiers, et qui portait une étoile à seize pointes. Un manuscrit assez ancien l'attribue à Anne de Riquety, qui vivait, suivant toute apparence, vers l'an 1390. »

Au milieu des rochers qui entourent l'église de Notre-Dame de Beauvoir, il existe plusieurs grottes peu profondes ; au-devant de quelques-unes d'elles on aperçoit des restes de murailles qu'on avait élevées pour les fermer. On assure que dans l'une de ces grottes, on trouva, lors de la démolition du mur qui en bouchait l'entrée, plusieurs squelettes attachés à des pieux fixés dans la pierre. L'opinion vulgaire attribue à l'époque de l'invasion des Sarrasins ces exécutions barbares.

ORAISON. Bourg situé sur la rive gauche de la Durance, à 11 l. de Digne. Pop. 1,550 hab. — *Patrie* du docteur Itard. — *Fab.* de draps et de bonnets façon Tunis.

RIEZ. Petite ville très-ancienne, située à 12 l. de Digne. ✉ ☞ Pop. 3,115 hab. Riez est l'ancienne *Abèce*, érigée en colonie romaine sous le patronage d'Auguste, dont elle porte le nom dans quelques monuments : elle perdit par la suite le nom d'Abèce pour prendre celui de *Reia*. Cette colonie de Reiens dut être considérable. Située au confluent de deux ruisseaux torrentiels qui, en se réunissant, forment la petite rivière de Colostre, elle occupait, outre l'emplacement de la ville moderne, les champs qui conservent encore des restes de ses anciennes constructions. De larges pierres, dont on aperçoit encore quelques traces le long du Colostique, formaient sans doute une digue en forme de quai, pour défendre la ville contre les inondations. — Les ravages des barbares, le vandalisme, plus grand encore, qui suivit ces temps désastreux, ont détruit peu à peu tous les édifices, qui devaient s'y trouver en grand nombre, et le manque de pierres a fait disparaître jusqu'à leurs derniers restes, pour appliquer les matériaux aux constructions nouvelles. Les pierres dont sont bâtis les murs d'enceinte de la ville, les larges blocs qu'on voit aux tours, aux fontaines, aux églises, sont les débris des temples, du cirque, du théâtre, et autres grands édifices qui ornaient cette antique cité. De tous les monuments encore subsistants, les plus remarquables par leur importance sont quatre superbes colonnes d'ordre corinthien, de granit gris, avec chapiteaux, bases et entablements de marbre, placées à une petite distance de la rive droite du Colostique, et huit jolies colonnes du même granit, disposées circulairement dans un champ, de l'autre côté du ruisseau, et presque vis-à-vis des quatre colonnes.

L'énorme quantité de tronçons de colonnes de granit gris que l'on trouve à Riez, où la plupart des bornes, des banquettes, des pieds-droits des portes en sont des fragments, prouve combien cette ville a dû être considérable, et combien était grand le nombre d'édifices qu'elle possédait. Les seules colonnes qui aient été employées à des constructions modernes, sont les huit que l'on voit à l'église Saint-Mayme ; deux sont accolées sans goût à la façade, et les six autres forment au fond de l'église un péristyle demi circulaire, élevé de quelques pouces au-dessus du niveau du reste de l'édifice : de ces six colonnes, deux seulement sont d'un seul bloc ; les quatre autres sont formées de plusieurs tronçons dont le module n'est pas toujours le même.

Riez est très-agréablement situé, au pied des montagnes, dans une belle et riche plaine, où l'on récolte en abondance de très-bons fruits et des vins d'excellente qualité. On y remarque une jolie promenade qui formait autrefois une des avenues de la maison épiscopale, car Riez était jadis le siége d'un évêché, supprimé au commencement de la révolution. Il s'y est tenu deux conciles, en 439 et en 1285.

Patrie de Bérenger, auteur des Soirées provençales.

Fabriques de cordes, dites ouages, et autres, huile, vinaigre. Tanneries et mégisseries. — *Commerce* de fruits confits du Midi. — *Hôtel* des Colonnes.

SEYNE. Petite ville forte, située sur la rivière de Blanche, à 3 l. 1/4 de Digne. ✉ Pop. 2,795 hab.

Cette ville est bâtie sur le penchant d'un coteau, dans une vaste et fertile plaine entourée de montagnes, dont le sommet est presque en tout temps couvert de neige. Elle est ceinte de remparts et défendue par une citadelle dominée par les montagnes environnantes. Le duc d'Épernon la prit sur les protestants qui s'y étaient fortifiés, et les guerres du fanatisme y ont causé de grands dommages à diverses époques. — Les environs abondent en plantes vulnéraires de toute espèce. — *Fabriques* de toiles. — *Commerce* de chevaux, mulets, ânes, et bestiaux de toute espèce.

THOARD. Petite ville située à 4 l. de Digne. Pop. 962 hab.

Thoard est une ville ancienne, où plusieurs familles romaines avaient établi leur résidence. Elle était autrefois défendue par une forteresse, dont on voit encore de beaux restes, et ceinte de murailles flanquées de tours antiques qui existent encore en partie. On y entrait par six portes, aujourd'hui réduites à quatre : la tour du clocher, la forteresse, et quelques tours des remparts, sont particulièrement remarquables.

VALENSOLLE. Bourg situé à 12 l. de Digne. Pop. 3,521 hab. Il est bâti à peu de distance d'Arlane, où l'on trouve les ruines d'anciennes constructions romaines, et où l'on découvre journellement des médailles, des lampes sépulcrales, etc. De tous les objets d'antiquités, le plus digne de fixer l'attention, est un vase de terre des plus grandes dimensions, destiné à renfermer des liquides ; sa contenance est d'environ cinq cent trente litres. Ce vaisseau, le seul qu'on ait trouvé entier parmi une grande quantité de fragments de vases semblables, fut découvert, il y a déjà plusieurs années, en déracinant un amandier dont une portion des racines avait pénétré dans son intérieur ; il a été transporté à Riez. — *Commerce* considérable d'amandes que l'on récolte sur le territoire.

ARRONDISSEMENT DE BARCELONNETTE.

ALLOS. Petite ville située dans la vallée de Barcelonnette, à 6 l. de la ville de ce nom. Pop. 1,513 hab.

Allos est une ville ancienne, autrefois capitale des *Gallitæ*, peuple celto-lygien; il en est fait mention dans les trophées d'Auguste. Quelques restes d'épaisses murailles sont les seuls et stériles monuments qui attestent son ancienne importance, et encore ne remontent-ils pas jusqu'aux Romains. On assure que l'église, assez bien conservée, qui se trouve à quelque distance des habitations, a été bâtie par ordre de Charlemagne.

Cette ville est dans une position agréable; les montagnes auxquelles elle est adossée sont couvertes de mélèzes, de sapins, et produisent beaucoup de plantes médicinales, ainsi que des framboises excellentes; les collines sont couvertes de pâturages, où les habitants entretiennent de nombreux troupeaux; la partie basse offre des prairies très-étendues et d'une verdure éclatante.

Dans le territoire d'Allos, et au sommet de la haute montagne de Laus, où l'on arrive par le col d'Entreulmo, se trouve une espèce de bassin où s'est formé le lac d'Allos. Il est enfermé et entouré, à une certaine distance et dans quelques points, de rochers qui ont 50 ou 60 pieds de hauteur, et peut avoir une demi-lieue carrée de superficie; il faut une heure et demie pour en faire le tour. Sa profondeur est presque partout de 33 à 36 pieds; on y pêche d'excellentes truites, dont quelques-unes pèsent jusqu'à dix-huit livres.

ARCHE (l') ou LARCHE. Village situé à 5 l. 1/4 de Barcelonnette. Popul. 850 hab.

Ce village est bâti sur une hauteur qui domine une plaine assez vaste. La montagne de l'Arche, si renommée pour ses pâturages et dont le sommet est à 2,520 mètres au-dessus de la mer, présente une longue plaine couverte de prairies. Rien n'égale, dans le mois de juillet, qui est son printemps, la beauté des fleurs de cette prairie, la vivacité de leurs couleurs, et la suavité de leur parfum; on y recueille toutes sortes de plantes médicinales, infiniment préférables à celles de tous les autres lieux de la Provence.

On doit visiter, à une petite demi-lieue à l'est de l'Arche, le lac de la Madeleine, peu distant du col de ce nom, qui sert de communication avec le Piémont. Ce lac est entouré de hauteurs, et n'est alimenté que par quelques petites sources; ses eaux n'occupent guère qu'une surface circulaire d'environ cent toises de diamètre. Non loin du lac de la Madeleine est le lac de Lausanier, plus élevé de deux cents toises, et dont la circonférence est d'environ un quart de lieue; ses eaux sont vives, et on y pêche d'excellentes truites tachées de noir. Tout autour du lac sont les plus belles prairies qui existent dans les montagnes; aussi sont-elles recherchées de préférence par les propriétaires de troupeaux. De ce point, on découvre une des vues les plus magnifiques des Alpes: au nord, toutes les montagnes des Hautes-Alpes et de la Savoie se dessinent en amphithéâtre, et laissent apercevoir leurs sommets en tout temps couverts de neiges ou de glaces; à l'est apparaît le Piémont, dont les plaines riches et fertiles sont pressenties, parce que les montagnes vont en s'abaissant, et laissent apercevoir le Mont-Viso, qui domine sur toute la contrée; on croit même voir l'horizon couronné par le sommet du grand Saint-Bernard, qui rappelle tant de souvenirs. A l'ouest, on domine toute la haute Provence et les vallées qui la composent; enfin, au sud, toutes les basses Alpes, les Alpes maritimes et leurs ramifications inférieures jusqu'à la mer, qu'on aperçoit très-distinctement à l'horizon, quand le ciel est pur, quoique l'œil ait à parcourir une distance de quinze à vingt lieues moyennes.

BARCELONNETTE. Jolie petite ville, située sur la rive droite de l'Ubaye, chef-lieu de sous-préfecture, tribunal de première instance, société d'agriculture, sciences et arts, collége communal. ✉ Pop. 2,144.

Cette ville est située dans la partie centrale de la belle vallée de son nom. Les Romains y eurent, dit-on, un établissement, et cette conjecture acquiert un certain poids par les traces de quelques murailles très-épaisses, assez semblables à toutes les constructions romaines qu'on rencontre dans la haute Provence. La restauration de cette ville date du règne de Raymond Béranger IV, comte de Provence, qui la fit rebâtir et lui donna le nom de Barcelonnette, en mémoire de ce que ses ancêtres étaient venus de Barcelone s'établir dans cette province. Peu de villes ont éprouvé autant de vicissitudes; dans l'espace de deux siècles, elle a été incendiée sept fois par suite des événements de la guerre, par des accidents ou par les effets de la foudre : le marquis d'Uxel la brûla en 1528, les Français en 1542, le baron de Vins en 1582, les religionnaires en 1601; le feu y fut mis par accident en 1714; la foudre consuma 80 maisons en 1740; enfin une imprudence y causa l'incendie de cent maisons en 1761.

La ville occupe à peu près le centre de la vallée, qui a dans cette partie environ une demi-lieue d'étendue. C'est peut-être la plus jolie ville des Alpes françaises; elle est formée principalement de deux rues qui se coupent à angle droit, et qui sont bordées d'arcades basses et lourdes, mais fort utiles dans un lieu où la neige tombe en abondance pendant l'hiver et dont les rues sont souvent couvertes d'une épaisse couche de glace : les autres rues sont pour la plupart symétriques, les maisons en sont propres et d'une apparence agréable; quelques-unes sont couvertes en ardoises, les autres le sont en plaques de bois de mélèze. Les toitures sont de forme haute et aiguë, afin de ne pas y laisser séjourner les neiges, ce qui donne aux édifices un aspect tout particulier. Les maisons sont, en général, bien bâties; la plupart ont leurs principales façades tournées au midi, et n'offrent que très-peu d'ouvertures du côté opposé; l'intérieur est distribué avec assez d'intelligence, mais il n'est pas difficile de juger que toutes les précautions ont été dirigées contre le froid.—La grande rue aboutit, du côté de l'Italie, à une place carrée plantée d'arbres, que bordent en partie le Palais-de-Justice, beau bâtiment moderne, de construction régulière, à deux étages; la caserne de gendarmerie et la prison. A l'un des angles de la place, s'élève la tour de l'Horloge, surmontée d'une haute et élégante flèche; le centre est décoré par le monument élevé à la mémoire de Manuel : c'est une fontaine carrée, entourée d'un bassin arrondi, que surmonte une urne funéraire. Une des faces est décorée du buste de Manuel, bas-relief en bronze, au-dessous duquel est cette inscription, empruntée à Béranger : Bras, tête et coeur, tout était peuple en lui. — Les promenades sont très-agréables, surtout celle qui borde l'Ubaye, dont les eaux arrosent toutes les rues et les jardins.

Il est difficile de trouver des situations plus riantes que les environs de Barcelonnette pendant la belle saison : des jardins entourés de haies vives, des prairies, des vergers, des groupes d'arbres fruitiers, occupent une grande partie de l'espace compris entre les montagnes, dont la partie inférieure se termine par des terres cultivées. Le mois de novembre se passe rarement sans que la neige vienne couvrir tout le pays, et elle y séjourne quelquefois pendant plus de six mois. Les monts d'une blancheur monotone et fatigante pour les yeux, les arbres dont les branches semblent ne produire que des frimas, le sommeil silencieux de la nature entière, indiquent alors la nécessité de se retirer dans les maisons. Aux parties de campagne, aux courses sur les montagnes, que rendent si agréables l'influence d'un air vif et le contraste que présentent à chaque pas la fertilité et la verdure de la plaine avec l'âpreté des montagnes, succèdent les réunions de la ville, des bals, des jeux de toute espèce, souvent même le spectacle, enfin tous les plaisirs de la société la plus enjouée. L'été, ce sont des repas champêtres, que la bonne qualité des viandes, du laitage, des légumes, des fruits, du pain, de l'eau, et surtout l'appétit dévorant que procure un air vif, feraient envier des gourmands les plus prononcés. L'hiver signale son règne par l'abondance et l'excellence de toute espèce de gibier, par la recherche qu'on met à tout ce qui tient à la cuisine, en un mot, par une excellente chère et la cordialité qui préside à tous les repas.

Patrie de Manuel.

Fabriques de soieries, cadis et petite draperie. Tanneries. — *Commerce*. Barcelonnette est le point central de la vallée où l'on vient vendre toutes les denrées et s'approvisionner de tous les objets de consommation qui peuvent être nécessaires, il s'y tient tous les samedis des marchés qu'on pourrait presque comparer à des foires.

A 18 l. de Digne, 16 l. de Gap, 134 l. de Paris. — *Hôtels* Lions, Maurin, Thomé.

BRÉOULLE (la). Village situé à 8 l. de Barcelonnette. Pop. 1,000 hab. Il est bâti près du confluent de l'Ubaye et de la Durance, et divisé en plusieurs parties presque toutes sur le même alignement. On remarque aux environs la montagne du Col-la-Cime, qui devient extrêmement brillante lorsque le soleil frappe de ses rayons les nombreuses pyrites qui la composent du côté du nord. Le chemin qui du village conduit en Dauphiné, tracé à travers des rochers dans une longueur d'environ deux cents mètres, offrait un passage très-dangereux avant l'année 1755, époque où l'on y fit construire un parapet; il mérite de fixer l'attention sous le double rapport de la singularité du site et de la hardiesse des travaux.

CHATELAR. Bourg situé sur la rive droite de l'Ubaye, à 3 l. de Barcelonnette. Pop. 650 hab. Il se compose d'une cinquantaine de maisons, bâties sur un rocher, au centre desquelles sont les ruines d'un vieux château. C'était autrefois une forteresse importante, aujourd'hui démolie. — Moulins à foulon.

FAUCON. Village situé à une demi-lieue de Barcelonnette. Pop. 450 hab. Il est bâti dans une plaine agréable, traversé par l'Ubaye, et passe pour avoir été la capitale des anciens Esubiens. Près de l'église est une tour carrée qui sert de clocher, dont la construction paraît remonter à une époque éloignée.

FOURS. Village situé dans une haute vallée, à 3 l. de Barcelonnette. Pop. 700 h.

La commune de Fours se compose de trente-six hameaux répandus dans la vallée. Chaque hameau, composé d'un petit nombre de maisons, n'est habité que par des membres plus ou moins éloignés d'une même famille, et tous ont pour capital une province à exploiter. Les hommes et les enfants en état de marcher s'expatrient tous les ans à l'approche de l'hiver, pour aller faire valoir, dans divers pays, leur active et probe industrie; il ne reste dans les hameaux que les vieillards, les femmes et les enfants en bas âge : les uns vont en Bourgogne, les autres en Normandie, en Flandre, en Hollande, jusqu'en Suède et en Danemark; au retour de la belle saison, ils rapportent dans leur famille le gain qu'ils ont fait de leur course hivernale, ainsi que quelques petits meubles à l'usage de la famille. Cette circonstance fait qu'on trouve dans cette petite vallée des ustensiles des contrées les plus opposées.

Les Fournaisiens sont d'une haute taille, d'une forte constitution et d'une physionomie agréable. Les femmes, qui seules sont chargées des travaux de l'agriculture, sont d'une force physique extraordinaire. On est surpris de voir avec quelle légèreté ces femmes, chargées d'énormes fardeaux, parcourent les chemins étroits et suspendus sur d'affreux précipices qui donnent accès à leur vallée, et surtout en hiver, quand les neiges et les glaces recouvrent ces issues, et qu'on ne peut y faire passer ni chevaux ni mulets.

JAUSIERS. Joli village, situé dans une partie de la vallée de Barcelonnette, qui offre une plaine couverte de jardins, de vergers et de prairies arrosées par l'Ubaye. Il se compose de maisons bien bâties, couvertes pour la plupart en ardoises, et communiquant entre elles par des arcades qui bordent les rues. L'église paroissiale est moderne et assez jolie; elle a pour clocher la tour de l'ancienne église, élevée à une certaine distance sur un roc escarpé. A 2 l. de Barcelonnette. Pop. 1,700 hab.—*Fabriques* d'étoffes de soie.

LARCHE. *Voy.* ARCHE.

LAUZET (le). Joli bourg situé près de la rive gauche de l'Ubaye, à 4 l. de Barcelonnette. Pop. 1,020 h. Ce bourg est grand, assez bien bâti, et formé de maisons qui entourent une vaste place carrée. A peu de distance, sur une hauteur qui commande le pays, on aperçoit les vestiges d'un vieux château fort, détruit vers 1680. Au-dessous de cette côte existe un lac de forme ovale d'environ 500 mètres de circonférence, dont les eaux sont très-abondantes et peuplées de superbes carpes.

MEOLANS. Village situé sur la rive gauche de l'Ubaye, à 3 l. de Barcelonnette. Pop. 1,400 hab.

Ce village est adossé à une montagne si haute et si perpendiculaire dans cette partie, que pendant quatre mois de l'année le soleil n'éclaire presque pas les maisons; mais lorsqu'il est parvenu à sa plus grande hauteur, il brille sur les sommités d'un rocher situé au nord, et alors tous les habitants de Méolans s'empressent de gravir le tertre, afin de le revoir pendant quelques moments et de goûter sa bienfaisante chaleur.

On voit dans ce village, ainsi que dans tous ceux qui par leur situation jouissent peu de la vue du soleil, plusieurs cadrans solaires, dessinés avec tout le luxe possible et surmontés d'une devise en vers français ou latins, contenant des maximes religieuses ou morales, et le plus souvent des louanges poétiquement exprimées. De tels hommages rendus à cet astre par des hommes qui apprécient d'autant plus ses bienfaits qu'ils en jouissent moins, ont réellement quelque chose d'intéressant.

PAUL (SAINT-). Petite ville assez bien

bâtie, située à l'extrémité de la vallée de Barcelonnette, sur la rive droite de l'Ubaye, à 5 l. de Barcelonnette. Pop. 1,802 hab.

PONS (SAINT-). Village situé à une demi-lieue de Barcelonnette. Pop. 700 hab. C'est un village très-ancien, et l'on pense qu'il fut le premier séjour des bénédictins qui défrichèrent le pays; conjecture qui est appuyée par l'existence de quelques inscriptions gothiques qu'on voit encore sur le portail d'une église, dont l'architecture, le clocher et les ornements attestent l'antiquité. — A peu de distance de Saint-Pons, on voit les ruines d'un vieux château que sa situation sur une éminence doit avoir rendu autrefois très-important.

REVEL. Village situé sur une montagne autour de laquelle croissent quelques vignes, à 3 l. de Barcelonnette. Pop. 900 h. Une église d'architecture gothique et un presbytère bâtis sur un rocher et environnés de sapins, des habitations groupées autour de ces édifices, composent ce village; dont l'aspect est assez pittoresque. Plus loin est le torrent de Rioclar, qui coule au fond d'une gorge renfermant une mine de cuivre.

UBAYE. Village situé sur la rive droite de la rivière de son nom, au pied des rochers énormes qui menacent de le détruire par leur chute, à 7 l. de Barcelonnette. Pop. 250 hab.—Sur la rive gauche de la rivière, on distingue, sur une hauteur couronnée de rochers, quelques maisons rangées autour d'un vieux château, et entourées elles-mêmes de murs crénelés d'où sortent quelques vieilles pièces de canon; c'est le fort presque ruiné de Saint-Vincent, qui, avant le traité d'Utrecht, se trouvait sur les limites de la France et du Piémont.

UVERNET. Village situé à 1 l. de Barcelonnette. Pop. 850 hab. On y trouve une mine de plomb non exploitée.

ARRONDISSEMENT DE CASTELLANE.

ANDRÉ (SAINT-). Bourg situé sur la rive droite du Verdon, dans un pays abondant en fruits, à 4 l. de Castellane. Pop. 785 hab. — *Fabriques* de draps communs. Filature de laine.

ANNOT. Petite ville située à 10 l. de Castellane. Pop. 1,292 hab. On remarque aux environs, sur la route d'Entrevaux, la grotte de Saint-Benoît, curieuse par sa vaste étendue, par les stalactites qu'elle renferme et par les ossements humains qu'on découvre dans les enfoncements les moins accessibles. On présume que ces ossements sont ceux des Celto-Lygiens qui, pour avoir résisté aux Romains, furent poursuivis par ordre de Fulvius, jusque dans les bois et dans les cavernes, où on les fit périr par les flammes.

CASTELLANE. Petite et ancienne ville. Chef-lieu de sous-préfecture. Tribunal de première instance. Société d'agriculture. Collège communal. ✉ Pop. 2,106 hab.

Castellane était autrefois la capitale de la nation *Suetri*, qui occupait le territoire des environs; elle était bâtie sur un rocher et portait alors le nom de *Salinæ*. Cette cité ayant été détruite par les Sarrasins, vers l'an 812, les habitants transportèrent leurs habitations tout à fait au haut du rocher, où ils se fortifièrent. La population ayant ensuite augmenté, on bâtit une ville bien fortifiée au-dessous de l'ancienne, à laquelle on donna le nom de Castellana. Peu à peu les habitants descendirent dans la plaine et y établirent une nouvelle ville qu'ils entourèrent de murailles, et qui devint la capitale d'une petite souveraineté.

Cette ville est bâtie au pied des Alpes, dans une vallée agréable et fertile, sur la rive droite du Verdon, que l'on traverse sur un pont d'une seule arche très-hardie, qui occupe le fond d'un défilé, et s'appuie au roc de Castellane, promontoire de rochers de trois cents pieds de haut, dont le Verdon baigne la base. On communique au sommet de ce roc, couronné par la chapelle de Notre-Dame, par un sentier difficile : de ce point, on jouit d'une vue remarquable sur un amphithéâtre de monts sauvages, dont le plus élevé, le Taillon, a plus de 800 toises de hauteur au-dessus de la mer. La ville est assez bien bâtie et possède plusieurs grands bâtiments d'un aspect assez triste; elle est formée de rues étroites, malpropres et mal percées, et en partie entourée de murailles délabrées, flanquées de tours en ruine, restes de ses anciennes fortifications. D'autres ruines de ce genre existent sur le coteau et couronnent le roc voisin. Entre la ville et le Verdon est une place spacieuse, propre et ornée d'un château d'eau. On remarque la fontaine de Pasquier à la Palud, qui est fort abondante, celle des Moulins, qui est salée, et celle de la place de la Foire, qui est intermittente.

Les montagnes des environs de Castellane offrent une grande quantité de fossiles et de pétrifications; on y trouve une infinité de poissons, de crustacées, de coquilles et autres objets d'histoire naturelle. Le territoire, arrosé par des rivières et des ruisseaux rapides, produit des fruits de toute espèce, principalement des prunes qu'on fait sécher et dont il se fait un assez grand commerce.

Fabriques de draps communs. Blanchisseries de cire.— *Commerce* de fruits secs et confits, et surtout de pruneaux dits de Castellane.

A 9 l. 1/2 de Digne, 201 l. de Paris.

COLMARS. Petite ville forte, située au pied des Alpes, au confluent du Verdon et de la Sence, à 6 l. 1/2 de Castellane. Pop. 927 hab.

Colmars tire son nom d'une colline que les Romains avaient consacrée au dieu de la guerre, et sur laquelle les premiers chrétiens firent bâtir une église en l'honneur de saint Pierre. Cette ville était autrefois divisée en plusieurs parties, dont la principale était sur un coteau où on remarque encore quelques ruines. Peu à peu les habitants se réunirent au bord du Verdon. Raymond de Turenne la réduisit en cendres en 1390; le capitaine Cartier la prit en 1583; enfin, la France s'en empara dans le XVIIe siècle et en fit une place de guerre. Deux forteresses et des remparts flanqués de tours la mettent en état de résister à une armée qui voudrait passer son artillerie par le défilé qu'elle occupe.

La situation très-élevée de cette ville, jointe au voisinage des hautes montagnes, y rend les hivers longs et rudes; mais c'est un séjour très-agréable dans l'été, par la variété et le grandiose des sites environnants. Le territoire est fertile en grains et en fruits; les montagnes, couvertes de gazon, nourrissent en été de nombreux troupeaux qui viennent de la Basse-Provence. A une petite distance de la ville, et près de la route d'Allos, on remarque une fontaine intermittente : quand l'eau est près de couler, un léger murmure annonce son arrivée; elle croit ensuite pendant une demi-minute, et jette alors de l'eau de la grosseur du bras, puis elle décroît pendant cinq ou six minutes, et s'arrête un moment pour reprendre ensuite son cours. La durée de son écoulement et de son intermittence est de sept à huit minutes; en sorte qu'elle coule et qu'elle s'arrête environ huit fois par heure. Cette fontaine tarit à l'époque du tremblement de terre de Lisbonne, et ne reparut plus qu'en 1770.

Fabriques de draps communs. Tanneries. — *Commerce* de fromages estimés.

ENTREVAUX. Petite ville forte, située sur la rive gauche du Var, près des frontières du Piémont, à 14 l. de Castellane. Tribunal de commerce. ✉ Pop. 1,485 hab.

Cette ville est bâtie en amphithéâtre sur le penchant d'une colline, et défendue par une bonne citadelle; ses rues sont très-escarpées et presque toutes en escalier. Lorsque Charles-Quint se disposait à envahir la Provence, un détachement de son armée s'empara d'Entrevaux, qui appartenait au Piémont, incendia la ville, et passa la garnison au fil de l'épée. Plusieurs années après l'évacuation de la Provence par Charles-Quint, une jeune fille d'un courage héroïque réunit secrètement les jeunes paysans des environs, se mit à leur tête, surprit la garnison et la chassa de la ville. Après ce brillant exploit, la jeune héroïne réunit les principaux habitants et leur propose de se mettre sous la protection de la France, ce qui fut adopté par acclamation. Le roi accueillit l'offre de cette ville, qui depuis ce temps fut réunie à la France.

GLANDÈVES, nom d'une ancienne ville au bas d'une montagne, sur la rive droite du Var, à peu de distance d'Entrevaux. Cette ville, connue dès le IVe siècle, fut dévastée par les Lombards, saccagée par les Sarrasins, et enfin ruinée et détruite par les guerres civiles et par les débordements du Var. Il n'en reste plus qu'un ancien château, bâti sur le sommet de la montagne, qui a conservé le nom de Glandèves. C'était jadis le siège d'un évêché qui fut transféré à Entrevaux, et ensuite supprimé.

SENEZ. Petite ville située au milieu des montagnes, dans une contrée peu fertile, à 15 l. de Castellane. Pop. 913 hab. — *Commerce* de bestiaux.

ARRONDISSEMENT DE FORCALQUIER.

BANON. Bourg situé sur une hauteur, à 5 l. 1/4 de Forcalquier. Pop. 1,337 hab. —Verrerie.

CRUYS. Village situé au pied de la montagne de Lure, à 5 l. de Forcalquier. Pop. 540 hab.

A une petite distance de ce village, et au pied de la montagne, on voit un abîme dans lequel les historiens du pays assurent qu'on jetait autrefois les femmes convaincues d'adultère. Quelques personnes prétendent que le fond de cet abîme est traversé par une rivière, tandis que d'autres affirment qu'il n'y passe aucune eau courante. On raconte qu'un ecclésiastique qui s'y était fait descendre pour s'assurer de la vérité, fut tellement épouvanté d'y trouver une grande quantité d'oiseaux nocturnes, qu'il prit pour des spectres, qu'il faillit y perdre la vie.

ÉTIENNE-DES-ORGUES (SAINT-). Village situé au pied de la montagne de Lure, à 3 l. 1/2 de Forcalquier. Population, 1,200 hab.

FORCALQUIER. Petite ville très-ancienne. Chef-lieu de sous-préfecture. Tribunal de première instance. Société d'agriculture. Collége communal. Petit séminaire. Pop. 3,036 hab.

L'origine de cette ville remonte à une haute antiquité. C'était la capitale des *Memini*, qui l'avaient bâtie sur une hauteur en pain de sucre qui domine la ville actuelle. Les Romains s'en emparèrent et en firent une position importante, à laquelle ils donnèrent le nom de *Forum Neronis*. Les différentes invasions des peuples barbares ruinèrent complétement cette ville; les Bourguignons s'en emparèrent en 474 ; les Normands, les Lombards, les Saxons, les Hongrois, et surtout les Sarrasins, la ravagèrent.

La ville de Forcalquier n'offre aujourd'hui rien de bien remarquable ; elle est bâtie en amphithéâtre et fait face au nord ; ses rues sont étroites, tortueuses et la plupart fort sales. On voit encore des restes considérables, en grande partie couverts de lierre, de l'ancienne ville, qui se trouvait à l'est et au midi du fort Neronis.

Fabriques de cadis et de chapellerie. Filatures de soie. — *Commerce* de graine de trèfle, luzerne, sainfoin, miel, cire jaune, amandes, poterie, laines, chevaux et bestiaux.

A 12 l. 1/2 de Digne, 195 l. de Paris.

MANE. Bourg situé à 3/4 de l. de Forcalquier. Pop. 1,500 hab. On trouve sur son territoire des vestiges de sépultures anciennes, qui ont fait supposer à quelques auteurs que ce bourg occupait l'emplacement de l'antique *Forum Neronis*, que plusieurs auteurs placent à Forcalquier.

MANOSQUE. Petite ville située à 3 l. 3/4 de Forcalquier. Tribunal de commerce. Pop. 5,543 hab.

Manosque doit son origine aux comtes de Forcalquier, qui y avaient fait bâtir un palais, où ils résidaient pendant l'hiver ; ils le donnèrent ensuite, ainsi que la ville, à l'ordre de Saint-Jean de Jérusalem, et on y conserva long-temps le corps de Gérard Jung, instituteur de cet ordre. Cette ville est dans une heureuse situation, au milieu d'un fertile territoire planté de noyers, d'oliviers et de vignes. Ses promenades sont très-agréables. En 1708, elle faillit être anéantie par un tremblement de terre.

Fabriques de sirop de raisin, toiles, cadis, filoselle. Filatures de soie. Distilleries d'eau-de-vie. Nombreux moulins à huile. Tanneries.—Aux environs, exploitation de houille. — *Commerce* de vins, eau-de-vie, esprits, huile d'olives, amandes, graines potagères, truffes noires, miel, soie, laines, etc.

PEYRUIS. Bourg situé près de la rive gauche de la Durance, à 5 l. 1/2 de Forcalquier. Pop. 868 hab.

REILLANE. Petite ville située à 4 l. de Forcalquier. Pop. 420 hab.

Cette ville existait du temps des Romains, ainsi que l'atteste une inscription portant les noms de *Pompeia Rufina*. Les Sarrasins, les Lombards, et presque tous les barbares qui fondirent sur la Provence, y portèrent la désolation ; les protestants et les catholiques la saccagèrent alternativement. On y voit encore les ruines d'un ancien château fort, ainsi que des restes de fortes murailles flanquées de tours.

SIMIANE. Village situé sur la rive droite du Calavon, à 6 l. de Forcalquier. Pop. 1,300 hab.

Simiane est un village très-ancien, où l'on

a trouvé plusieurs débris d'antiquités romaines. On y remarque un édifice dont la forme, éloignée de celle des édifices connus, jette la plus grande obscurité sur sa destination. Ce monument, fort délabré en dehors, mais assez bien conservé à l'intérieur, porte le nom de rotonde, bien qu'il soit de forme elliptique; il est composé de deux plans, dont le supérieur est formé par douze niches. Les massifs qui séparent ces niches sont terminés par un groupe de trois piliers ronds et engagés dans la maçonnerie des pieds-droits. La voûte s'élève en ogive au-dessus d'un cordon placé à la hauteur d'environ cinq pieds au-dessus de l'entablement des piliers. Les arcs doubleaux qui séparent les pans des arcs de cloître, au nombre de douze, sont terminés, au bas de la console, par des mascarons en têtes d'hommes ou d'animaux grotesques : les chapiteaux des piliers sont très-variés. Le haut de la voûte est percé d'un trou ou œil d'environ deux pieds de diamètre, renfermé dans un massif qui s'élève en forme hexagone au-dessus de l'épaisseur de la voûte. La porte d'entrée, percée dans l'une des niches, est décorée, de chaque côté, de deux colonnes accouplées.—Millin, qui a visité cet édifice, place sa construction au XIe siècle, et cite les ornements de la porte comme appartenant à l'architecture saxonne en vigueur à cette époque; M. Henri lui assigne une origine plus reculée, et pense qu'il a été bâti par quelqu'un des peuples barbares qui occupèrent cette contrée.

ARRONDISSEMENT DE SISTERON.

BAUDIMENT. Village situé au pied de la montagne Saint-Joseph de la Pérusse, à 4 l. de Sisteron. Pop. 150 hab. On voit sur un rocher fort élevé les ruines d'un château qui a appartenu à la reine Jeanne. La montagne de Pérusse renferme une fontaine d'eau minérale connue sous le nom de Fontaine des Faces.

DROMOND. *Voy.* SAINT-GENIEZ.

ESCALE. Village situé près de la rive droite de la Durance, que l'on y passe sur un joli pont suspendu, à 4 l. de Sisteron. Pop. 650 hab.

GENIEZ-DE-DROMOND (SAINT-). Village situé à 3 l. 1/2 de Sisteron. Pop. 482 hab.

On remarque près de ce village un chemin coupé dans un rocher qui porte le nom de Pierre-Écrite, et sur lequel est gravée une inscription intéressante, dont voici la traduction :

« Claudius Postumus Dardanus, homme
« illustre, revêtu de la dignité de patrice, ex-
« consulaire de la province viennoise, ex-maî-
« tre des requêtes, ex-questeur, ex-préteur
« des Gaules, et Nevia Galla, noble et illustre
« dame, son épouse, ayant fait couper les
« flancs de la montagne, de chaque côté, ont
« procuré un chemin viable au lieu dont le
« nom est Théopolis, lieu qu'ils ont fortifié
« par des murs et des portes; le travail fait
« dans leur propriété particulière et destiné
« néanmoins par eux à servir à la sûreté de
« tous, a été exécuté encore avec l'aide de
« Claudius Lépidus, homme illustre, compa-
« gnon et frère du sus-mentionné, ex-consu-
« laire de la province germaine, ex-secrétaire
« de l'empire, ex-intendant des affaires privées.

« Afin que leur sollicitude pour le salut de
« tous et un témoignage de la reconnaissance
« publique pussent être montrés par cette in-
« scription. »

Ce chemin fut ouvert par Dardanus, préfet du prétoire d'Arles, afin de pouvoir arriver plus facilement dans une de ses terres, où il voulait se fortifier, de manière à se faire respecter des peuples barbares qui menaçaient d'envahir la Gaule narbonnaise. Il paraît qu'il effectua son projet sur une hauteur connue alors sous le nom de Théus; et, dans la ferme conviction que les dieux préserveraient de tous accidents l'homme qui mettait sa confiance en eux, il leur consacra sa maison de campagne fortifiée, qui aurait pu devenir une ville, si les habitants de la contrée fussent venus s'y réfugier. C'est ainsi que, du nom de Théus, il fit celui de Théopolis, ville des dieux. Les habitants de la contrée ont donné le nom de Théous au village que l'on voit en cet endroit, et dans lequel on trouve une chapelle souterraine construite dans le XVe siècle, avec des débris de monuments beaucoup plus anciens.

Le territoire Saint-Geniez-de-Dromond renferme une mine de plomb non exploitée, et une source d'eau saline sulfureuse.

MOTTE-DU-CAIRE (la). Village situé à 6 l. 3/4 de Sisteron. Pop. 692 hab.

NOYERS. Bourg situé à 3 l. de Sisteron. Pop. 1,366 hab.

SISTERON. Ancienne et forte ville. Chef-lieu de sous-préfecture. Tribunal de première instance. Société d'agriculture. Collége communal. ✉ ⚭ Pop. 3,920 hab.

L'origine de Sisteron remonte à une haute antiquité; sous les Romains, elle portait le nom de *Cistero, Segestero, Segustero,* etc. Pillée et brûlée par les Huns, les Vandales, les Sarrasins, elle fut plusieurs fois reconstruite. Dans le VIe siècle, elle devint le siége d'un évêché suffragant de l'église d'Aix. Les catholiques et les religionnaires la prirent et la pillèrent plusieurs fois dans le courant du XVIe siècle. Le château, après avoir été le théâtre de bien des combats entre les protestants et les catholiques, servit ensuite de prison à Casimir, frère de Ladislas VII, roi de Pologne : les différentes tentatives que firent ses amis pour lui procurer la liberté, déterminèrent le gouvernement à transférer ce prisonnier de Sisteron à Vincennes.

Cette ville est dans une situation pittoresque, au pied d'un rocher que surmonte la citadelle. Elle est bâtie entre deux montagnes, au confluent du Buech, qui s'y jette dans la Durance, que l'on passe sur un beau pont d'une seule arche. Anciennement, il y avait un autre pont à vingt pas plus haut, jeté sur un val profond qu'on nomme encore aujourd'hui le Puits-d'Enfer. A l'entrée du pont actuel sont les voûtes d'une forte tour que les comtes de Provence avaient fait bâtir pour la garde de la ville.

Située à plus de deux cents toises au-dessus du niveau de la mer, la ville de Sisteron commande, par sa position, les deux vallées du Buech et de la Durance, et ferme ainsi le passage qui conduit de la Provence dans le Dauphiné. Elle est entourée de murailles flanquées de tours entièrement démantelées, mais d'un aspect très-pittoresque (*voy. la gravure*). Le bassin de la Durance, spacieux au-dessus de la ville, se rétrécit en l'approchant, et forme une gorge étroite bordée de rochers escarpés d'un bel effet, dont l'un porte la citadelle et l'autre le faubourg de la Beaume. Une jolie promenade embellit l'avenue de la porte d'Aix.

Patrie du naturaliste Deleuze.

Commerce de vins. — A 10 l. de Digne, 10 l. 1/2 de Gap.

TURRIERS. Village situé à 9 l. de Sisteron. Pop. 620 hab.

VOLLONNE. Bourg situé près de la rive gauche de la Durance, à 5 l. de Sisteron. Pop. 1,278 hab.

FIN DU DÉPARTEMENT DES BASSES-ALPES.

2ᵉ VUE DE SISTERON.

SISTERON.

Guide Pittoresque
DU
VOYAGEUR EN FRANCE.

ROUTE DE PARIS A NICE,

TRAVERSANT LES DÉPARTEMENTS

DE L'ISÈRE, DES HAUTES-ALPES, DES BASSES-ALPES ET DU VAR.

DÉPARTEMENT DU VAR.

Itinéraire de Lyon à Nice,

PAR GRENOBLE, SISTERON, AIX, BRIGNOLLES ET ANTIBES, 258 LIEUES.

	lieues.		lieues.
De Paris à Lyon	119	Sisteron	3 1/2
Bron	2 1/2	Peyruis	5 1/2
St-Laurent-des-Mures	2	La Brillanne	3
La Verpillière	3	Manosque	3 1/2
Bourgoin	3	Mirabeau	5
Éclose	3	Peyrolles	3
La Frette	4	Aix	5
Rives	3	Chateauneuf-le-Rouge	3
Moirans	1 1/2	La Grande-Pugère	3 1/2
Voreppe	1 1/2	Tourves	5
Grenoble	4	Brignolles	3
Vizille	4	Flassans	3 1/2
Lafrey	2	Le Luc	2
La Mure	3	Vidauban	3 1/2
Les Souchons	3 1/2	Le Muy	3 1/2
Corps	3 1/2	Fréjus	4
La Guinguette de Boyer	4	L'Estérel	4
Brutinet	2 1/2	Cannes	6
Gap	3 1/2	Antibes	2
La Saulce	4	Nice (poste étrangère)	6
Rourebeau	4		

ASPECT DU PAYS QUE PARCOURT LE VOYAGEUR
DE LA GRANDE-PUGÈRE A NICE.

Un peu au-delà de la Grande-Pugère on traverse l'Arc, et l'on voit sur le bord de la route des restes de fondations que l'on s'accorde à regarder comme ceux d'un arc de triomphe érigé en l'honneur de Marius. Plus loin, à droite, est la montagne Saint-André, qui domine un pays pittoresque. Après le village de Pourcieux, on longe une côte de rochers, puis les bois des Blachères et de Roquefeuille, le château des Cabanes, la source de l'Arc et les belles promenades plantées à l'angle du chemin de Digne à Saint-Maximin. En sortant de cette dernière ville, on voit, à droite, le chemin qui mène à la Sainte-Baume, et l'on passe ensuite le pont de l'Argens. Tourves est un gros bourg, situé dans une belle plaine et dominé par les ruines d'un magnifique château situé sur un monticule isolé. Un chemin plat, circulant au milieu des montagnes, conduit de ce bourg à Brignolles. La route, au sortir de cette ville, s'engage dans les montagnes et parcourt un pays délicieux jusqu'au relais de Flassans, dont les environs sont plantés d'orangers, d'arbres fruitiers et de vignes. Après la ferme de Rompical, une belle plaine conduit au bourg de Luc ; on laisse ensuite à droite la route de Saint-Tropez, et l'on se dirige sur Vidauban, au-delà duquel on parcourt la belle vallée de l'Argens, rivière que l'on traverse sur un pont de pierre. La vallée continue à être aussi fertile que plaisante jusqu'au-delà du Muy, village où l'on passe l'Artuby, près de son confluent avec l'Argens, que l'on côtoie presque toujours sans la voir jusqu'à Fréjus. La route passe, en sortant de cette ville, près des restes d'un aqueduc antique et gravit ensuite la montagne de l'Estérel, dont les rampes longues de plus de deux lieues sont souvent bordées de précipices ; on jouit d'une belle vue, en se retournant, sur la plaine de Fréjus et sur la mer, ainsi que sur les montagnes de Saint-Tropez. Une descente plus courte que la montée conduit à l'ancien château de l'Estérel, habitation située au milieu des bois, qui sert de caserne de gendarmerie, de relais de poste et d'auberge. Au-delà de ce relais, la route devient de plus en plus montueuse ; on longe, à droite, un étang qui se jette dans le golfe de Napoule, et l'on jouit d'une belle vue sur une campagne magnifique entrecoupée de champs fertiles et de plantations de cèdres, d'orangers et de citronniers dont l'odeur suave embaume l'air à une grande distance quand ils sont en fleur. Après avoir passé la Siagne sur un assez beau pont, on remarque un bouquet d'arbres très-pittoresque, au milieu duquel s'élève, sur un monticule isolé, l'ermitage de Saint-Cassien, situé à une demi-lieue de Cannes. De cette ville à Antibes, on longe les côtes du golfe de Gênes, sans cependant apercevoir la mer, quoiqu'on l'approche d'assez près. En quittant Antibes, on côtoie la Méditerranée et plusieurs redoutes élevées sur la côte. A une demi-lieue de distance, on traverse la rivière de Brague, et, un peu plus loin, celle du Loup. La contrée devient de plus en plus riante ; la beauté croissante des oliviers annonce une progression de vigueur dans la végétation. A Saint-Laurent-du-Var, on passe le torrent de ce nom sur un long pont de bois, qui sépare la France des états sardes. Quand on a traversé le Var, on croit s'apercevoir qu'on entre sur le sol de l'Italie, en voyant une végétation plus fraîche, un pays plus riche et un plus beau ciel. On parcourt les deux petites lieues de poste qui forment la distance, ou plutôt la promenade du pont du Var à Nice, par une route magnifique bordée à droite par la mer, et à gauche par un côteau couvert de plantations d'oliviers, entrecoupées de vignes, de maisons de campagne, de jardins et de bosquets d'orangers. On arrive à Nice par le beau faubourg de la Croix-de-Marbre, composé de maisons peintes avec élégance, et embelli de jardins plantés d'orangers et de citronniers, cultivés en pleine terre, qui offrent un aspect ravissant.

DÉPARTEMENT DU VAR.

APERÇU STATISTIQUE.

Le département du Var a été formé d'une partie de la ci-devant Basse-Provence ; il doit son nom à la rivière du Var, qui y coule au nord-est et le sépare du Piémont.—Ses bornes sont : au nord, le département des Basses-Alpes ; au nord-est, le Piémont ; au sud et au sud-est, la Méditerranée ; à l'ouest, le département des Bouches-du-Rhône.

PETIT ATLAS NATIONAL DES DÉPARTEMENTS DE LA FRANCE.

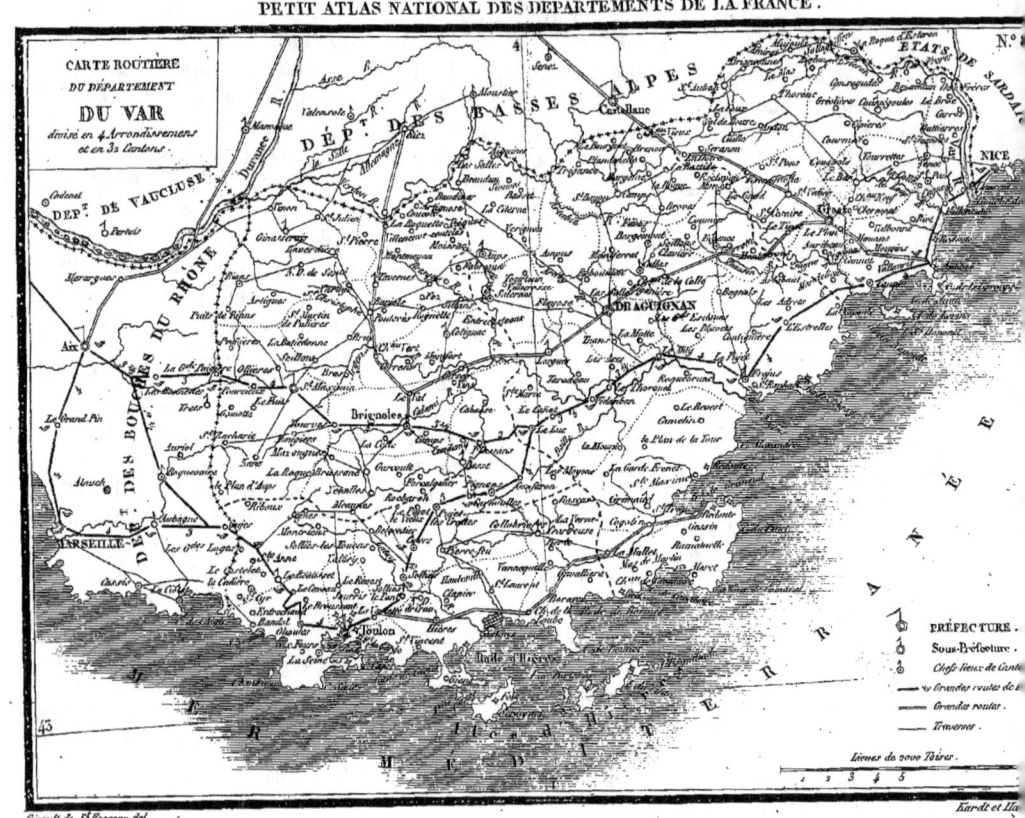

Ce département est généralement montagneux, surtout dans la partie septentrionale. Ses principales chaînes font partie d'autres chaînes sous-alpines, et présentent deux bandes ou zones, distinguées par les substances qui les composent : la première est la bande graniteuse ou schisteuse; la seconde est la zone calcaire ou calcaire marneuse. Dans chacune de ces zones, plusieurs collines ont une organisation particulière ; on en voit de sablonneuses ou graveleuses, de falunaires, de houilleuses et de volcaniques. — Les montagnes graniteuses et schisteuses occupent la côte depuis l'entrée du département à l'ouest d'Antibes ; leur séparation superficielle du pays calcaire est parfaitement nette et tranchée, mais le terrain calcaire est superposé au terrain siliceux, et ce dernier se prolonge toujours plus ou moins au-dessous. — Les montagnes calcaires occupent les parties moyennes et supérieures du département ; on y observe par intervalle des roches marneuses, mais plus abondamment à mesure qu'on s'élève vers le nord en s'approchant du département des Basses-Alpes. — Les montagnes sablonneuses remplissent l'espace compris entre les montagnes calcaires et graniteuses, et se montrent par intervalle, soit dans le pays calcaire, soit dans le pays granitique. — On voit des montagnes graveleuses sur les bords du Verdon, et depuis le Var jusqu'à Antibes. — Les montagnes falunaires accompagnent les graveleuses et en décèlent l'origine. — Les cavernes, les grottes sont très-multipliées dans la bande calcaire; toutes renferment des stalactites, des congélations brillantes et diversifiées.

Les plus hautes montagnes du département du Var ont jusqu'à 3,500 mètres d'élévation au-dessus du niveau de la Méditerranée, et forment un grand nombre de petites vallées agréables, où l'on recueille peu de blé, mais du vin, des fruits, des olives, des amandes, des châtaignes, etc. La plus haute de toutes ces montagnes est celle de la Sainte-Baume, située à peu de distance au nord-est de Toulon. Quoique assez communément les montagnes soient couvertes de bois, on voit cependant le contraire dans le Var : la plupart de celles de ce département, ainsi que la presque totalité des collines, surtout dans la partie méridionale, ne présentent que des rochers nus et arides, sans arbres, sans plantes ni simples.

Le département du Var ne produit guère que les deux tiers du grain nécessaire à la consommation de ses habitants ; mais, en retour, il est couvert de vignes, qui donnent abondamment des vins blancs et rouges, et du vin muscat d'excellente qualité. On y récolte en outre quantité de fruits qui lui sont particuliers, et qui y viennent en bien plus grande abondance et meilleurs que dans tout autre département. Les champs y sont presque entièrement plantés ou bordés de mûriers pour la nourriture des vers à soie, dont la récolte est considérable et d'une grande ressource pour les habitants. L'oranger, l'olivier, le jasmin, la tubéreuse, l'héliotrope et quantité d'autres arbres et fleurs odoriférantes y croissent en pleine terre, embaument l'air de leurs parfums, et ajoutent un charme particulier aux beautés naturelles de cette belle contrée, où la douceur du climat n'est égalée que par la beauté du ciel.

Les îles d'Hyères et de Lérins dépendent de ce département : elles sont peu importantes et en partie incultes, à l'exception de celle de Porquerolles.

La température du département est très-variée. En général, elle est d'autant plus chaude que le terrain est mieux abrité des vents compris entre le nord-ouest et le nord-est, que l'atmosphère est moins humide, que le terrain est plus nu, plus sablonneux et moins élevé au-dessus du niveau de la mer : la contrée où l'on éprouve les chaleurs les plus fortes et les plus durables est celle qui s'étend de Toulon jusqu'au Var. Dans les hivers les plus rigoureux, le thermomètre descend rarement à 3° R. au-dessous de 0°, et lorsque les froids extraordinaires l'ont fait baisser jusqu'à 8 ou 10° dans l'intérieur du département, on ne l'a jamais vu au-dessous de 5° à Toulon et à Hyères; souvent même il n'y gèle point du tout. — Dans la partie moyenne du département, et jusqu'à la ligne où l'olivier cesse d'être cultivé, le thermomètre, dans le courant de l'hiver, descend plusieurs fois depuis 3 jusqu'à 5 degrés au-dessous de 0°. Sa plus grande élévation ne dépasse guère sur la côte 26 à 27°. Au-dessus de la ligne des oliviers, qui correspond à une hauteur moyenne de 600 mètres au-dessus du niveau de la mer, le thermomètre descend tous les hivers jusqu'à 10 et quelquefois jusqu'à 12°; dans le plus fort de l'été, il atteint rarement + 20°.

L'horizon du département est soumis à un vent réglé qui suit le mouvement du soleil et qui se fait sentir d'une manière marquée sur la côte. Avant le point du jour, ce vent souffle de l'est; il passe successivement, suivant la hauteur du soleil, au sud-est, au sud, au sud-ouest, à l'ouest et au nord, pour revenir à l'est le matin. Le vent le plus impétueux de tous est le nord-ouest ou Mistral; il ne souffle presque jamais qu'après que des vents de sud-est ou de sud-ouest ont poussé des nuages dans l'intérieur des terres, ou qu'une forte évaporation succède à des temps humides : ce vent baisse le niveau de la mer; aussi, pour les habitants de ses bords, il n'est pas de pronostic plus certain de la durée des temps secs que l'abaissement des eaux. Le nord et le nord-est commencent à souffler dès que les neiges ont blanchi les Alpes. Le sud est plus fréquent au printemps et en automne. Le sud-ouest élève les tempêtes et succède ordinairement au sud-est après les pluies locales.

Le département du Var a pour chef-lieu Draguignan. Il est divisé en 3 arrondissements et en 35 cantons, renfermant 211 communes.—Population, 321,686 habitants.—Superficie, 380 lieues carrées.

M. Fouchet, ancien préfet du Var, évalue la superficie de ce département à 792,744 hectares, répartis ainsi qu'il suit :

Cultivés par des chevaux ou des bœufs.	161,581
En terres labourées cultivées à bras.	15,000
Vignes et oliviers......*Id.*	25,148
Jardins.	1,360
Annuellement en jachères.	83,160
En prairies naturelles.	1,215
En prairies artificielles.	1,500
En communaux.	71,930
En bois de haute futaie.	46,862
En bois taillis.	25,000
En blé.	101,200
En seigle.	3,120
En orge.	2,000
En avoine.	5,000
En autres grains.	250
En légumes de toute espèce.	10,120
En jardins d'agrément.	1,360
En plaines et montagnes incultes.	224,850
En routes et chemins.	3,600
En bâtiments de toute espèce.	750
En eaux courantes.	650
En étangs toujours en eau.	2,000
En marais.	5,108

APERÇU GÉOLOGIQUE. Le département du Var renferme les terrains suivants : 1° terrain post-diluvien; 2° terrain diluvien; 3° terrain tertiaire; 4° terrain secondaire; 5° terrain de transition, et 6° terrain primitif. — 1° La vallée de Caille contient des tourbières d'une puissance très-considérable, submergée qu'elle est pendant six mois de l'année jusqu'à une hauteur de 0 m. 70 cent. : la tourbe présente une masse compacte et homogène où les matières végétales sont peu reconnaissables. Ces tourbières ne sont point exploitées; la végétation qui les couvre pendant l'été est convertie par les habitants en fourrages pour la pâture du gros bétail. La vallée de Saint-Vallier présente aussi une couche de tourbe, mais bien moins considérable; on n'en tire aucun parti. Aux environs de Grasse existe, en grandes masses, le terrain tufacé; les coquilles terrestres d'espèces vivantes, les feuilles des végétaux du voisinage qui y sont incrustées, le feraient rapporter à notre âge; mais sa formation interrompue, malgré l'abondance permanente des eaux, indique que l'action chimique à laquelle il doit sa naissance, a depuis long-temps cessé d'exister et semble se rattacher à la période nymphéenne. — 2° Le terrain diluvien se montre au bord de la mer entre l'embouchure du Var et Cagnes. Il répond à la formation répandue tout le long du cours de la Durance et qui couvre la grande plaine de la Crau (Bouches-du-Rhône). Ce sont des poudingues en masses puissantes, composés de cailloux roulés dont la grosseur varie depuis celle d'un œuf de pigeon jusqu'à celle de la tête. Ces cailloux appartiennent en grande partie à des roches primitives du centre des Alpes. On y remarque du quartz lamellifère, des granites, des roches pétrosiliceuses, des schistes et quelques variolites (très-rares). Ce même poudingue se retrouve à la superficie de la plaine qui s'étend auprès de Toulon; il est dans cette dernière localité déposé sur les tranches du grès rougeâtre. On n'y cite point de restes organiques. On doit rapporter à cette même époque géognostique la brèche osseuse que l'on observe à Antibes; elle forme dans le calcaire jurassique trois filons consistant en ciment rougeâtre, composé de calcaire, de sable de fer hydraté, renfermant des fragments anguleux de la roche même qui contient ces filons et des ossements de ruminants, appartenant, selon M. Cuvier, au genre cerf. Cette brèche, par sa hauteur au-dessus du niveau de la mer et par sa composition, répond aux brèches osseuses de Gibraltar, de Cette, de Nice, de Pise, de Corse, de Sardaigne, de Sicile, de Cérigo, etc. — 3° Le terrain tertiaire se montre dans plusieurs points du département : les deux localités les plus intéressantes sont le quartier de Valescure, près de Fréjus, et une partie du territoire de Pégomas, près de Grasse. Ces deux lambeaux de terrain tertiaire reposent immédiatement sur le grès rouge : la plupart des coquilles qu'ils contiennent vivent encore dans la Méditerranée : ces terrains ont des assises correspondantes dans les environs d'Antibes, vers Biot et Vence; mais là, les marnes bleues à *pectens pleuronectes* sont couvertes par des sables à coquilles abondantes ou par un calcaire moellon solide qui emporte des peignes et des clypéastres auprès de Vence et de Saint-Jeannet. A Vaugrenier, près d'Antibes, des assises d'une espèce de conglomérat volcanique paraissent se rattacher à la formation tertiaire de cette localité. Dans les cantons de Saint-Auban et de Coursegoules, on trouve fréquemment l'argile plastique reposant sur la craie. — 4° Le terrain secondaire forme toutes les grandes montagnes du nord du département. La craie constitue essentiellement la lisière nord; le terrain jurassique et salifère domine dans les montagnes de la lisière intermédiaire, où se présentent le calcaire oolithique, l'oolithe ferrugineux et le muschelkalk près de Grasse. A Saint-Vallier se voit le calcaire à gryphées et le grès quartzeux. C'est dans ces formations que se trouvent les masses énormes et non stratifiées de gypse, qu'accompagnent toujours des sources abondantes, dont quelques-unes sont légèrement salines après les grandes pluies. — 5° et 6°, c'est dans la lisière maritime du département que se rencontrent exclusivement le terrain de transition et le terrain primitif; les porphyres, le grès rouge avec ses roches d'apparence volcanique, le schiste micacé, forment les montagnes des environs de Toulon, Fréjus et Cannes, et enfin les hautes montagnes de l'Estérel fournissent les granites non stratifiés.

Minéralogie. Mine de fer et de plomb, dont l'exploitation est suspendue, manganèse, antimoine, baryte sulfatée, malachite, serpentine, pierre ollaire, houille, marbres très-variés, albâtre, porphyre, jaspe, granit, pouzzolane, chrome, pierres de taille, etc. — En 1829, on a transporté au cabinet d'histoire naturelle de Paris une aérolithe tombée depuis long-temps dans la commune de Caille, du poids de six quintaux métriques.

Productions. Céréales de diverses espèces, en quantité insuffisante pour les besoins des habitants. Quantité d'excellents fruits, brugnons, avelines, amandes, oranges, limons, grenades, figues grasses et brunes, prunes de Brignolles renommées, câpres, truffes, safran; plantes aromatiques, belles plantations de mûriers et d'oliviers. Culture très en grand des fleurs de toute espèce pour la parfumerie. Jardin de botanique à Toulon. — 50,726 hect. de vignes, produisant annuellement 800,000 hectol. de vin, dont environ 300,000 sont consommés sur les lieux, et le surplus livré à l'exportation ou converti en eau-de-vie : les crûs les plus renommés sont ceux de la Gaude, la Malgue, Saint-Laurent, Cagnes, Saint-Paul et Villeneuve. Quelques propriétaires font des vins muscats rouges et blancs d'assez bonne qualité pour leur consommation.—116,332 hectares de forêts (arbres verts, liège, sumac). — Peu de bêtes à cornes (le département tirait autrefois beaucoup de bœufs du Piémont, mais le droit élevé de douane équivalant à une prohibition, cette viande est devenue très-rare), moutons, chèvres, porcs, peu de chevaux, beaucoup de mules et de mulets. Menu gibier. — Éducation en grand des abeilles et des vers à soie.

INDUSTRIE. Fabriques de grosses draperies, de parfumeries, essences, liqueurs, huile d'olives, savons recherchés, sel de Saturne, bouchons de liège, cuirs. Nombreuses distilleries. Papeteries. Verreries. Poteries. Tanneries renommées.

COMMERCE considérable d'huile d'olives, vins de liqueurs, eaux-de-vie, liqueurs, essences, parfums, fruits confits, raisins de caisse, figues, marrons, oranges, citrons, grains, miel, poissons salés, anchois, sardines, bois, corail.—Grand et petit cabotage.

VILLES, BOURGS, VILLAGES, CHATEAUX ET MONUMENTS REMARQUABLES, CURIOSITÉS NATURELLES ET SITES PITTORESQUES.

ARRONDISSEMENT DE DRAGUIGNAN.

AMPUS. Village situé sur une élévation terminée par un précipice, à 3 l. de Draguignan. Pop. 1,268 hab. On remarque aux environs des restes de constructions romaines et les ruines d'un château fort. — Carrière de marbre blanc veiné de rouge. — *Fabriques* de poterie de terre.

ARCS (les). Village situé à 2 l. 1/2 de Draguignan. Pop. 2,500 hab. Il est bâti en amphithéâtre à l'exposition du midi, près de la rive gauche de l'Argens, rivière sur laquelle on voit les ruines d'un pont romain : les rues sont étroites et sales, quoique rafraîchies par des fontaines abondantes. Distilleries d'eau-de-vie. Filatures de soie. Huileries.

AUPS. Petite et ancienne ville, située sur la petite rivière de Braque, à 5 l. 1/2 de Draguignan. ✉ Pop. 3,083 hab. Cette ville est bâtie dans une plaine, au pied d'une montagne où l'on voit les ruines de l'ancienne ville, dont l'origine remonte au-delà de la domination romaine. Elle est formée de rues étroites et fort sales, où croupissent les eaux des fontaines et de plusieurs ruisseaux; les façades des maisons sont noires et presque toutes d'un goût fort ancien; on y trouve cependant une belle rue et une assez jolie place publique sur laquelle s'élève l'église paroissiale. — Les habitants d'Aups furent massacrés par les religionnaires en 1574. *Fabriques* de poteries communes. Tanneries. Mines de fer en grains.

BAGNOLS. Village situé à 5 l. de Draguignan. Pop. 800 hab. Il est bâti en amphithéâtre, à l'extrémité d'une vaste forêt, où l'on trouve en abondance, dans la saison, des fraises renommées par leur bonne qualité.

BARGEMONT. Village situé sur la rive droite de la Douce, à 3 l. 1/2 de Draguignan. Pop. 1,920 hab. Ce village est bâti dans une belle situation, sur une colline couverte d'oliviers et de vignes et abritée par une haute montagne dépendant de la chaîne qui forme la ligne de démarcation entre la haute et la basse Provence. C'était jadis une ville romaine, où l'on découvre plusieurs restes d'antiquités. Bargemont fut détruit par les Sarrasins; dans le Xe siècle, il fut reconstruit et fortifié par les rois d'Arles, et en partie ruiné pendant les guerres civiles. On voit encore une partie de ses remparts et de plusieurs tours. — *Commerce* de figues, noisettes, cerises noires, et toutes sortes de fruits exquis. — Exploitation des carrières de plâtre.

BAUDUEN. Village situé à 10 l. 1/2 de Draguignan. Pop. 1,000 hab. Il est bâti sur la rive gauche du Verdon, rivière qui coule à travers une montagne calcaire par une scissure étroite, coupée à pic sur les deux bords, et sur laquelle on voit les restes d'un pont romain. A peu de distance de ces ruines, on voit la fontaine l'Évêque, dont les eaux abondantes font mouvoir plusieurs moulins.

BAUME (SAINTE-). *Voy.* Fréjus.

CALLAS. Petite ville située à 2 l. 1/2 de Draguignan. Pop. 2,268 hab. Elle est bâtie en amphithéâtre sur une colline calcaire, et dominée par la montagne de Piol dont le sommet offre une roche entièrement nue. Les rues en sont étroites, mal percées, et malpropres à cause du fumier qu'on est dans la mauvaise habitude d'y faire pour la culture des oliviers. Le territoire, en général sec et peu fertile, produit cependant du blé, du vin, et surtout beaucoup d'huile d'olive dont il se fait un commerce considérable. — Exploitation de houille.

CALLIAN. Petite ville située sur le ruisseau de Camiole, à 7 l. 1/4 de Draguignan. Pop. 2,200 hab.

Callian est une ville ancienne, où l'on trouve plusieurs inscriptions romaines que l'on conserve dans l'église paroissiale. Elle fut réduite en cendres en 1391 par Raymond de Turenne, et rebâtie sur une éminence où se trouvait un hameau fortifié qui, conjointement avec d'autres forts, avait servi de boulevards à l'ancienne ville. On voit encore, dans le quartier du Thanéron et près de la chapelle Saint-Cassien, une tour romaine et des restes de fortifications. — *Verreries* à bouteilles. Scieries hydrauliques de planches. Papeterie. Exploitation de houille et des carrières de marbre blanc.

CAUNET (le). Village situé sur une colline élevée, à 6 l. 1/4 de Draguignan. Pop. 1,004 hab.

A peu de distance de ce village, la rivière de l'Argens forme une fort belle chute et disparaît sous une voûte naturelle pour ne se remontrer qu'à une distance assez éloignée. On remarque près des cataractes de cette rivière, la curieuse chapelle Saint-Michel, entièrement taillée dans le roc : l'avenue de cette chapelle, presque toute la voûte, les parois, les banquettes qui se trouvent au bas, la marche qui sépare le sanctuaire du corps de la chapelle, tout n'est qu'une seule et même pièce taillée au ciseau; il n'y a de bâtisse que la clef de la voûte, aujourd'hui fort dégradée. Cette solitude mérite, sous plusieurs rapports, la visite des curieux et des artistes. — *Fabriques* de cristaux. Verrerie à vitres et à bouteilles (au pont de l'Aye). Mine de plomb dont l'exploitation est suspendue.

CHATEAU-DOUBLE. Village situé sur une hauteur, à 2 l. 1/2 de Draguignan. Pop. 1,000 hab. On remarque sur un roc qui le domine, les restes d'un temple antique, près desquels est une citerne qui fournissait jadis l'eau pour les besoins des habitants.

CLAVIERS. Village situé à 3 l. 1/2 de Draguignan. Pop. 1,250 hab. Il est bâti sur un coteau, près des ruines d'un vaste château très-fort, construit sur une élévation inabordable sur plusieurs points. Aux environs, au lieu dit la Lioûre, on trouve une grotte remarquable par les masses d'albâtre et par les belles stalactites qu'elle renferme. — *Fabriques* de grosses draperies.

COGOLIN. Bourg situé à 11 l. 1/2 de Draguignan. Pop. 1,250 hab. Il est bâti sur le penchant méridional d'un vaste plateau dont le sommet est couronné par une petite élévation pyramidale que surmonte un moulin à vent. Sur cette sommité était autrefois une station des Sarrasins, sur l'emplacement de laquelle on bâtit ensuite un château entouré d'une vaste enceinte de hautes murailles, où se retiraient, en cas de danger, les habitants des environs avec leurs troupeaux. En 1579, la garnison de cette forteresse, qui se livrait à toute sorte d'excès, fut surprise par les habitants de Cogolin, exterminée, et le château rasé jusqu'aux fondements; toutefois on épargna une porte surmontée d'une tour dans laquelle est placée l'horloge publique.

COMPS. Petite ville située à 6 l. 1/2 de Draguignan. Pop. 858 hab.

Comps était jadis une place assez considérable, entourée de remparts et bien fortifiée. Elle soutint un long siége et fut détruite de fond en comble lors de la guerre acharnée que se firent Charles d'Anjou et

Charles de Duras pour la succession de la reine Jeanne. Après la paix, cette ville sortit de ses ruines et fut rebâtie en amphithéâtre sur le penchant d'un rocher et dans un quartier dégarni d'arbres, ce qui en fait un séjour fort triste.—*Fabriques* de poterie.

DRAGUIGNAN. Jolie ville, chef-lieu du département. Tribunaux de première instance et de commerce. Chambre consultative des manufactures. Société d'agriculture et de commerce. Collége communal. ✉ ☞
Pop. 8,616 hab.

Draguignan passe pour avoir été fondée vers le milieu du Ve siècle, par les habitants de Griminum, qui abandonnèrent la hauteur voisine pour venir s'établir au pied de la montagne, où ils bâtirent une ville qu'ils nommèrent d'abord Dragomam, et ensuite Draguignan, qu'ils entourèrent de fortes murailles, et que plus tard ils fortifièrent par une haute et vaste tour, par trois citadelles et par plusieurs bastions. Cette ville s'agrandit, s'embellit de plusieurs édifices, et devint une des plus considérables de la Provence. Les guerres civiles détruisirent les premiers remparts, qui furent reconstruits en 1615, flanqués de tours, et bordés d'un large fossé. Les guerres de religion la désolèrent à plusieurs époques.

La ville de Draguignan est située sous un climat sain et tempéré, au pied de la montagne du Malmont, dans un fertile bassin formé par un amphithéâtre de coteaux entièrement couverts de vignes, d'oliviers, et arrosé par la rivière de Pis ou de Nartubie, dont un canal de dérivation traverse la ville où il fait mouvoir plusieurs manufactures. Sans être bien bâtie, elle offre d'assez jolies rues et quelques édifices remarquables, entre autres le palais de justice; une prison-modèle; la tour de l'horloge, justement admirée des étrangers : elle est carrée et s'élève avec majesté à une hauteur prodigieuse, au-dessus d'un grand rocher taillé à pic, supporté lui-même par un autre rocher plus étendu; l'hôpital, bâti dans une des plus heureuses situations qu'on puisse trouver.

Cette ville est ornée de plusieurs fontaines publiques qui y entretiennent la propreté. Elle possède une bibliothèque publique, fondée par M. Fauchet, premier préfet du Var, composée de 15,000 volumes, d'un médaillier et d'un cabinet d'histoire naturelle : on y trouve aussi quelques beaux tableaux originaux de plusieurs artistes célèbres. L'église paroissiale en renferme également plusieurs, notamment un de Vanloo,

qui décorait à Paris le grand autel de Saint-Germain-des-Prés.

Le jardin de botanique s'élève en amphithéâtre, et forme une promenade variée, agréable, et ombragée par un grand nombre d'arbres exotiques d'une belle venue. Dans la partie la plus élevée sont placées plusieurs caisses d'orangers et des vases contenant des plantes et des arbustes rares : au centre se trouve une place bien ombragée, ornée de statues de marbre et embellie par un jet d'eau. A la suite de cette belle promenade, édifiée par le bon goût du premier préfet du Var, on entre dans un jardin paysager, touchant à l'esplanade, au bas de laquelle on voit un lavoir immense.

Le bassin de Draguignan, que le comte Chaptal nommait un *grand jardin anglais*, fait l'admiration des étrangers, surtout pendant l'hiver, parce que la verdure et la végétation continuelles des oliviers qui couvrent les amphithéâtres, celles des cyprès, des lauriers et autres arbres qui conservent leurs feuilles, et servent d'ornement à une multitude de bastides disséminées dans la campagne, charment agréablement la vue. La plaine offre de jolies promenades sur presque tous les points. Enfin, la beauté des alentours et la douceur du climat font de Draguignan un séjour délicieux : aussi la plupart des personnes qui y sont venues pour rétablir leur santé, y ont fixé leur demeure. — Au quartier de Foux existe une source très-abondante d'eau minérale salino-sulfureuse, qui fait mouvoir plusieurs usines.

Fabriques de savon, grosse draperie, bas, acétate de plomb, poterie commune. Filatures et beau moulinage pour la soie. Distilleries d'eau-de-vie. Tanneries. Teintureries. Nombreux moulins à huile. — *Commerce* considérable d'huile d'olives.

A 20 l. de Toulon, 21 l. de Nice, 198 l. 1/2 de Paris. — *Hôtels* Roquemaure, Ferdinand, Boivin.

ESTÉREL. *Voy.* **FRÉJUS.**

FAYENCE. Bourg assez mal bâti, situé dans un climat agréable, à 6 l. de Draguignan. Pop. 2,554 hab. On y remarque une chapelle dédiée à Notre-Dame, dont la construction paraît être du XIIe siècle, près de laquelle est un puits creusé dans le roc. — *Fabriques* d'huile d'olives. Tanneries. Faïenceries. Verreries.

FLAYOSC. Bourg situé dans un territoire arrosé par plusieurs sources d'eau vive, à 2 l. de Draguignan. Pop. 2,600 hab. C'était autrefois une place forte entourée de

VUE DE FRÉJUS,
prise de la rade

RUINES DE L'AMPHITHÉÂTRE ROMAIN
à Fréjus.

murs flanqués de tours, où l'on entrait par trois portes. On y remarque une petite chapelle souterraine qui date, dit-on, du temps de la persécution des premiers chrétiens. — *Fabriques* de faïence, briqueteries.

FRÉJUS. Très-ancienne ville, située à un quart de lieue de la mer, et à 7 l. 1/2 de Draguignan. Tribunal de commerce. ✉ ⚓ Pop. 2,665 hab.

L'origine de Fréjus remonte aux Celto-Lygiens, qui bâtirent sur la côte quelques habitations pour se livrer à la pêche et à des courses sur mer. Lors du passage de Bellovèse en Italie, des Phocéens s'établirent sur le littoral depuis Marseille jusqu'au Var, et de cette époque date la fondation de Fréjus, qui vit changer ses cabanes en une multitude de maisons construites dans le genre de celles qui formaient la ville de Marseille. Sous les Romains, Jules-César, trouvant en ce lieu une ville déja considérable, y fit bâtir de nouveaux quartiers qu'il embellit de beaux édifices; établit un marché, fit creuser le port, et donna à la ville le nom de *Forum Julii*. Le port de Fréjus ne fut achevé que sous Auguste, qui y envoya les deux cents galères prises sur Antoine à la bataille d'Actium, et y plaça une colonie de soldats de la 8e légion ; il fit construire un phare pour la marine, un amphithéâtre, et un superbe aqueduc qui conduisait dans la ville les eaux pures et limpides de la Siagne. Fréjus dut encore à cet empereur une maison de bains, un panthéon dont on voit des vestiges à la ferme de Villeneuve, un beau théâtre et plusieurs autres édifices publics. La ville, qui avait alors environ une lieue de circonférence et 40,000 ames de population, fut entourée de fortes murailles flanquées de tours, percées de quatre portes magnifiques, dont les principales étaient la porte Dorée et la porte Romaine. Agrippa contribua aussi à l'embellissement et à la prospérité de Fréjus ; quelques auteurs pensent que ce fut lui qui y amena les eaux de la Siagne. Cette ville, célèbre par sa vaste étendue, par les hommes illustres qui y reçurent le jour, par le second triumvirat qui y fut signé entre Antoine et Lépide, subsista pendant plusieurs siècles dans l'état florissant où elle avait été mise par les Romains. Elle fut prise et saccagée plusieurs fois par les Barbares et par les pirates. En 940, les Sarrasins abattirent une grande partie de ses remparts, détruisirent les tours les plus fortes, pillèrent les maisons et les incendièrent. Vers 1475, des corsaires la surprirent, l'incendièrent et firent entièrement disparaître les restes de son ancienne splendeur. Au commencement du XVIe siècle, la ville n'était peuplée que de chanoines, de moines et de religieuses, répartis dans un grand nombre de monastères, dont Charles-Quint pilla les églises en 1536. Quelque temps après, ce monarque entreprit de la rebâtir et lui donna même son nom ; mais sa retraite précipitée ne lui permit pas d'effectuer ce projet.

Le PORT de Fréjus, creusé dans l'intérieur des terres, sous les murs de la ville, communiquait à la mer par un chenal sinueux de 2,000 mètres de longueur ; une dérivation de l'Argens formait une espèce d'écluse de chasse, qui entretenait l'entrée constamment libre ; cette dérivation ayant cessé d'être entretenue, le chenal se combla, et le port ne communiquait plus avec la mer, devint un marais pestilentiel qui a été depuis peu desséché et livré à l'agriculture. On voit encore de beaux restes de quais ; deux bornes d'amarres en granit, où le frottement des cordages est encore visible ; un phare circulaire terminé par une tour, et, entre le port et la ville, un arc triomphal de grande dimension, désigné aujourd'hui sous le nom de porte Dorée.

L'AQUEDUC qui portait à Fréjus une dérivation de la Siagne avait un développement de 30,000 mètres ; selon les inégalités du terrain, il en traverse l'intérieur ou s'élève au-dessus, sur un et quelquefois sur deux rangs d'arcades, dont les plus éloignées des lieux fréquentés sont les mieux conservées. Arrivé à la porte de Fréjus, du côté de l'Italie, l'aqueduc se divisait en deux branches : on reconnaît encore l'endroit où se faisait le partage ; une division entrait dans la ville du côté du nord, l'autre se dirigeait vers le port pour le service public.

L'AMPHITHÉÂTRE, dont le pourtour extérieur est de 200 mètres, était de forme elliptique. Le massif de la maçonnerie est en grès et en pierres volcaniques, et ses parements extérieurs en petites pierres équarries; il ne reste plus rien du podium extérieur ni des gradins ; l'arène, enfouie sous dix pieds de décombres, est peut-être restée intacte; le pourtour des galeries inférieures existe encore, mais encombré ; les autres galeries sont écroulées. Une route traverse le monument par ses deux grandes portes ; à côté est une des portes antiques qui s'ouvrait au centre d'un demi-cercle concave, formé de gros murs, et dont une tour défendait chaque extrémité.

L'ANCIEN PALAIS ÉPISCOPAL et les tours qui environnent l'église, renferment dans leurs parements des portions de pilastres cannelés qui appartenaient à de grands édifices antiques. Dans un des bas côtés de l'église, à peu de distance de quelques tombeaux d'évêques, on lit sur un fragment de marbre blanc servant de pavé, les lettres AVG. : la chapelle du baptistère est octogone et ornée de huit colonnes d'ordre corinthien, d'une seule pièce de granit noir; la corniche en saillie porte la naissance des arcs à plein cintre qui forment le dôme; des chapelles sont pratiquées dans les entre-colonnements.

On remarque encore à Fréjus le séminaire, l'hôpital récemment construit, et plusieurs autres beaux édifices.

Aucune ville de Provence ne se présente sous un aussi bel aspect que celui de Fréjus. Elle n'est point resserrée par des montagnes qui la privent de la circulation de l'air et des vents alizés; elle n'est point environnée d'un terrain sec, maigre et infertile, qui rend la campagne triste et fatigante. La ville se montre de plusieurs lieues au loin sur une petite éminence qui domine d'un côté une vaste étendue de mer, et de l'autre une grande plaine couverte de moissons, de prairies, d'une multitude de jardins, de lacs et de ruisseaux. De la ville, on découvre la vallée de l'Argens et de la Nartubie; à droite et à gauche sont des montagnes schisteuses en partie nues et en partie couvertes de pins maritimes, dont la verdure se marie agréablement avec celle des oliviers qui forment le fond du tableau.

Sur le territoire de Fréjus se trouve la montagne de l'Estérel, sur laquelle on voyait jadis un temple dédié à la déesse des forêts : toutes les dépendances de cette montagne lui étaient consacrées, et comme il y avait peine de mort contre ceux qui toucheraient aux arbres de cette forêt, ce lieu fut longtemps redouté par le peuple, à tel point que, même après le culte de cette déesse et la destruction de son temple, on croyait que la divinité continuait à résider dans un lieu qui lui avait appartenu. Il existe sur le sommet de cette montagne plusieurs cavités souterraines où les bergers renferment de nombreux troupeaux de chèvres qui paissent habituellement sur les rochers. C'est sur le côté de la montagne qui regarde la mer, au bord d'un précipice affreux, que se trouve la Sainte-Baume, où saint Honorat, évêque d'Arles, vint passer plusieurs années avant d'aller fonder dans l'île de Lérins la célèbre abbaye de son nom. L'intérieur de cette grotte est très-obscur, et la lumière n'y pénètre que par une ouverture venant de la voûte, par où les eaux pluviales tombent dans une citerne : on y voit un autel où, tous les ans, le premier mai, on célèbre la messe, où assistent un grand nombre d'habitants de Fréjus et de Saint-Raphaël, qui y viennent en pèlerinage. Au devant de la grotte on a formé sur un plateau un jardin garni d'un grand nombre d'orangers qui y croissent en pleine terre.

C'est à Saint-Raphaël, petit port de pêcheurs situé à une demi-lieue S. E. de cette ville, que Napoléon débarqua à son retour d'Égypte, le 8 octobre 1799. C'est aussi en cet endroit qu'il vint s'embarquer en 1814 pour l'île d'Elbe. Il avait le projet d'y débarquer à son retour, mais les vents contraires le forcèrent de prendre terre le 1er mars 1815 au golfe Juan, dans le territoire de Vallauris.

Patrie de Tacite; de Sièyes, ex-membre de la Convention et du Directoire; du chansonnier Désaugiers.

Fabriques de bouchons de liége. Scieries hydrauliques de planches.

GARDE-FREINET (la). Village situé à 8 l. 1/2 de Draguignan. Pop. 2,000 hab.

Ce village est situé auprès d'une montagne de difficile accès, où existait jadis le fort Freinet ou Fraxinet, si célèbre au IXe et au Xe siècle par le séjour des Sarrasins. On voit encore l'emplacement de ce fort, sur un rocher isolé dominant toute la chaîne de monts qui court du nord au sud; la partie vers le midi est tout à fait escarpée, et l'on ne peut y monter qu'à l'aide des degrés mal taillés dans une roche schisteuse, qui conduisent aux restes de la porte de l'ancien château. Au delà est une plate-forme d'une petite étendue, entourée de deux côtés par un fossé d'environ douze pieds de largeur sur huit ou neuf de profondeur, et des autres côtés par de grands précipices : au milieu existe une citerne carrée, dans laquelle on descend par des degrés taillés dans la pierre et bien conservés; autour sont à peine quelques vestiges de remparts et de logements. — Les Sarrasins établirent leur quartier général dans la forteresse du Fraxinet vers l'an 890, et profitèrent habilement de cette position avantageuse pour s'y maintenir pendant un siècle contre les attaques de leurs ennemis, et fondre de là sur les lieux qui leur offraient un riche butin. Placés sur les hautes montagnes de la Garde-Freinet, ils avaient derrière eux le golfe de Grimaud, qui leur offrait un abri assuré pour leurs navires, et une communication facile par mer avec leurs compatriotes d'Espagne et d'Afrique. De là ils se répandirent comme un torrent dévastateur dans toute la Provence, dans le Languedoc et le Dauphiné, pillant les villes, massacrant tous les hommes en état de porter les armes, emmenant les femmes et les enfants esclaves en Afrique, détruisant par le fer et par la flamme les édifices publics et particuliers. Les chrétiens firent de grands efforts pour purger le sol de la Provence de cette poignée d'Africains qui le désolaient. Hugues, roi d'Arles, les vainquit sans les détruire ; l'empereur d'Occident, Othon Ier, les fit combattre sans succès; Conrad le Pacifique détruisit un de leurs corps d'armée, et les affaiblit au point qu'ils ne purent continuer leurs courses de quelque temps. Cependant, malgré leurs combats journaliers et leurs pertes fréquentes, les Sarrasins n'avaient pu être entamés dans leurs montagnes où ils s'étaient retranchés; mais en 973 Gibelin de Grimaldi, Boniface de Castellane, Buvon et plusieurs autres seigneurs joignirent leurs troupes à celles de Guillaume Ier, comte de Provence, et sous ses auspices attaquèrent la redoutable forteresse du Fraxinet, qui fut enfin prise d'assaut et rasée, après qu'on eut massacré ou fait prisonniers les soldats qui la défendaient.

Le village de la Garde était autrefois resserré dans une espèce de creux entouré de rochers escarpés, et couvert par un ravin profond qui en rendait l'accès difficile; ses maisons étaient basses, étroites, ses rues sombres et tortueuses, ses habitants pauvres et misérables. Depuis une cinquantaine d'années, le commerce des bouchons a répandu l'aisance dans ce pays peu favorisé de la nature; le village s'est rapidement étendu vers la route de Saint-Tropez; des places plantées d'arbres, des rues larges et droites, bordées de maisons de belle apparence, quatre fontaines, donnant une eau toujours abondante et limpide, en ont fait un séjour des plus agréables.

Fabriques de bouchons justement renommés dans le nord de la France et à l'étranger. Outre les hommes occupés à écorcer les liéges dans les forêts, et ceux employés à transporter les liéges en planches à la Garde-Freinet, et les bouchons à Saint-Tropez, Marseille et autres villes, cette industrie occupe un grand nombre de bras : l'on y compte vingt-huit fabriques qui emploient suivant les saisons de 3 à 400 ouvriers. On évalue à 5,000 balles de trente mille bouchons chacune le produit annuel de toutes ces fabriques. — *Commerce* de marrons renommés sous le nom de marrons de Luc et de Lyon.

GASSIN. Village situé à 13 l. de Draguignan. Pop. 500 hab. C'était autrefois un petit fort, bâti sur la pointe d'une colline fort élevée d'où l'on découvre tout le golfe de Grimaud. Lorsque de ce fort on apercevait les navires des Sarrasins, et plus tard les barbaresques qui ont infecté ces côtes jusqu'au commencement du XVIIIe siècle, on faisait un signe d'alarme qui était à l'instant répété par le château de Grimaud. L'ancienne enceinte du village subsiste encore, ainsi que la porte, qui était fort étroite et à un seul battant.

Le hameau de CAVALAIRE fait partie de la commune de Gassin. On y trouve un petit port, défendu par un château et par des redoutes où il se fait des chargements de bois de chauffage pour Marseille.

GRIMAUD. Village situé à 10 l. 3/4 de Draguignan. Pop. 1264 hab.

Ce village, dont il est rarement fait mention par les historiens de la Provence, paraît avoir peu souffert des guerres étrangères et des guerres intestines qui ont si souvent désolé cette province ; il était devenu le refuge de toute l'industrie et de tout le commerce de la contrée. On y voit encore plusieurs vieilles maisons d'architecture mauresque, italienne et du moyen âge. Des galeries à arcades, construites dans le XVe et le XVIe siècle, soutenaient les maisons de la Grande rue et de la rue des Juifs, et facilitaient la circulation des acheteurs au-devant des boutiques dont elles étaient garnies. Entre ces deux rues se trouve sur la place du Cros un puits remarquable par son antiquité, creusé au ciseau dans le roc vif, long-temps avant l'invention de la poudre. A l'autre extrémité de la rue des Juifs, se voit l'église paroissiale, en forme de croix latine, bâtie en granit grossier : ses murs sont fort épais, en gros blocs de pierres carrées, posées par assises régulières, ainsi que la voûte; les bras de la croix forment deux chapelles. Tous les arcs de cette église sont à pleins cintres, ce qui annonce qu'elle a été construite avant l'introduction de l'architecture gothique. Le chœur est formé par une niche immense creusée dans un massif carré, au-dessus duquel on a bâti postérieurement un clocher assez élevé, sans que le poids énorme suspendu sur l'arceau d'ouverture ait nui à sa solidité : la poussée des voûtes n'est soutenue ni par des arcs-boutants ni par des contreforts, et cependant cet édifice déjà si ancien paraît devoir résister encore à une longue suite de siècles.

Au sommet de la colline sur le penchant de laquelle est bâti le village, on voit les ruines pittoresques du château de Grimaldi. Grimaud possède une maison commune nouvellement restaurée, un beau presbytère et un hôpital richement doté. — *Fabriques* d'huile d'olives estimée, de bouchons de liége. Briqueteries.

Le golfe de Grimaud, situé à 1/2 l. du village, a environ une lieue de large sur trois lieues de long. Plus d'une fois les flottes romaines et les flottes marseillaises y trouvèrent un abri contre les tempêtes, et un port de salut lorsqu'elles étaient poursuivies par des flottes ennemies. Pendant le blocus continental, les vaisseaux de l'État et les navires marchands poursuivis par les Anglais venaient y chercher un refuge assuré. Ce golfe est très-exposé au vent d'est, et il serait dangereux de le traverser lorsque ce vent est déchaîné.

LORGUES. Jolie petite ville, située à 2 l. 3/4 de Draguignan. Pop. 3,444 hab. Elle est assez bien bâtie, près de la rive gauche de l'Argens, et traversée par la grande route d'Aix à Draguignan. On y remarque une jolie église paroissiale, de construction moderne.—*Fabriques* de draps et d'huile d'olives. Moulins à blé. Tanneries. Tuileries. Distilleries d'eau-de-vie. Carrières de marbre.

LUC (le). Gros bourg, situé sur la grande route de Marseille à Nice, dans un territoire fertile en excellents marrons, à 6 l. 3/4 de Draguignan. ✉ ⚒ Pop. 3,580 hab.—*Fabriques* de draps, bouchons de liége, sel de Saturne, huile d'olives. Filatures de laine. Distilleries d'eau-de-vie. Tanneries. — Aux environs, belle verrerie où l'on fabrique des verres blancs dits de Bohème et des cristaux.—*Commerce* de marrons renommés.

MAXIME (SAINTE-). Village maritime, situé au bord de la mer, à 10 l. 1/4 de Draguignan. Pop. 980 hab. Il est bâti dans une position riante, sur le penchant d'une colline, et possède un petit port dont le mouillage est très-sûr, et qui offre un débouché commode aux vins, aux huiles et autres denrées que produit l'arrondissement. On y remarque une tour carrée qui sert de maison commune, et aux environs, les ruines du château des Dômes.—*Fabriques* de bouchons de liége et de roseaux pour époulets et peignes à tisser.—*Commerce* de vins.

MOLLE (la). Village situé dans une agreste et profonde vallée, entourée de hautes montagnes, à 13 l. 3/4 de Draguignan. Pop. 250 hab. Dans une des gorges arides et sauvages qu'offrent les montagnes environnantes, on voit les restes de la chartreuse d'Averne, fondée dans le XIIe siècle, par un religieux de l'ordre de Saint-Bruno. Cette chartreuse, bâtie sur le penchant d'une colline, offrait de vastes bâtiments dont il ne reste plus que la maison abbatiale et celui qui était destiné aux voyageurs.

MONS. Village situé sur une éminence exposée aux effets désastreux du Mistral, à 18 l. 1/2 de Draguignan. Pop. 1,100 hab. On remarque sur son territoire une grotte magnifique, qui a été comparée pour sa beauté, par plusieurs voyageurs, à la célèbre grotte d'Antiparos.

Cette grotte est située sur le penchant d'un coteau fort élevé, qui a sa direction du couchant au nord, dont les couches d'une pierre calcaire sont parallèles à l'horizon. L'entrée, haute de vingt-cinq pieds et large de douze, extérieurement décorée d'un fronton naturel, présente, sous un cintre bien formé, l'aspect d'un vestibule qui annoncerait un grand édifice ; elle inspire même le pressentiment des émotions que l'on va éprouver dans ces voies ténébreuses, où l'on ne peut pénétrer qu'avec un guide et à la lueur des flambeaux. Pour arriver dans l'intérieur, il faut traverser en rampant une petite galerie qui mène à une salle dont la voûte a un aspect effrayant à cause des blocs de rochers en saillie qui y paraissent suspendus. La grotte se partage ensuite en différentes branches qui s'enfoncent bien avant dans la colline et qui offrent plusieurs salles curieuses : dans l'une, on admire des culs-de-lampe, des buissons et des ostéocolles ; une autre présente quantité de stalagmites qui s'élèvent de bas en haut, et auxquelles l'imagination prête une ressemblance à des figures humaines. On voit dans une troisième salle des masses de stalactites suspendues à la voûte, qui, par leur disposition à plus de cent pieds de hauteur, se présentent sous la forme de nuages amoncelés ; ailleurs, des lambris, de belles draperies, des franges, des festons, des glands, des torsades, s'offrent encore aux regards, toujours plus étonnés d'admirer de semblables merveilles dans ces antres mystérieux.

On est agréablement surpris de trouver

4. CHÂTEAU DE GRIMALDI,
Ancienne habitation de la famille de Castellanne.

presque au fond de la grotte, un emplacement sous la forme d'une chapelle avec un bénitier rempli d'eau, de grands chandeliers, etc., etc., et à côté une rangée de colonnes ressemblant à un jeu d'orgues, vis-à-vis duquel une petite éminence donne l'idée d'une chaire à prêcher.

La grotte est enfin terminée par deux rochers d'une matière spathique, blanche, cristallisée et transparente, ainsi qu'on le voit, au rapport de Darlac, dans celle d'Antiparos, qui, selon le même auteur, n'est pas, à beaucoup près, aussi étendue ni aussi variée que celle-ci. Le sol offre également bien des particularités. On y remarque surtout un plat de fraises sous la forme d'un cercle parfait, bordé d'un chapelet en grains d'albâtre, dont la blancheur contraste agréablement avec la couleur jaune des fruits.

La grotte de Mons, d'un aspect généralement imposant, a, en quelques endroits, quarante mètres de hauteur, et offre des salles qui en ont près de cent de profondeur. Sa longueur totale est d'environ 400 mètres, on met plus d'une heure à la parcourir.

A environ une lieue au-dessus de la grotte, se trouve un pont naturel, connu sous le nom de Pont-à-Dieu, dont l'arche est formée par un énorme bloc de rocher qui réunit deux hautes montagnes entre lesquelles un torrent coule dans un lit très-profond. Ce pont n'est guère foulé que par des troupeaux de menu bétail. Aussi n'est-il connu que par les bergers et les cultivateurs qui fréquentent cette contrée. — A une demi-lieue au-dessous du village de Mons, se trouve la belle source de la Siagne, dont les Romains avaient conduit les eaux à Fréjus au moyen du bel aqueduc dont nous avons parlé à l'article de cette ville. Le canal existe encore en partie; à un quart d'heure de son origine, il passe, au bord d'un précipice affreux, sous un énorme rocher connu sous le nom de Roque-Taillade.

MONTAUROUX. Village situé à 7 l. 1/2 de Draguignan. Pop. 1,400 hab. Il est bâti dans une position très-agréable, et domine des amphithéâtres fertiles, plantés d'oliviers, de vignes, et de toutes sortes d'arbres fruitiers. On y voit les ruines du fort Saint-Barthélemy, détruit en 1592 par le duc d'Épernon, qui fit pendre aux créneaux cinq ou six officiers, et étrangler une soixantaine de soldats de la garnison qui avaient mis le plus d'opiniâtreté à se défendre.

Au quartier de Tournon, non loin de la rivière de la Siagne, sur un rocher posé sur plusieurs autres rochers taillés à pic, dans une profondeur de plus de cent cinquante mètres, on remarque une tour crénelée fort ancienne, où l'on ne peut aborder que par un sentier étroit et fort roide, construit en maçonnerie. Au-dessous de la tour se trouve un souterrain naturel, qui faisait autrefois partie d'une forteresse inabordable.

MUY. Joli village, situé près du confluent de l'Argens et de la Nartubie, à 3 l. 1/4 de Draguignan. Pop. 1,800 hab. On y remarque une tour fameuse où s'enfermèrent sept gentilshommes provençaux qui avaient projeté de faire périr l'empereur Charles-Quint, lorsqu'il venait pour s'emparer de la Provence. La machine qu'ils employèrent écrasa effectivement la voiture du prince ; mais comme en ce moment il se trouvait à cheval, il fut assez heureux d'échapper à ce danger. Les sept gentilshommes se défendirent contre toute l'armée; cinq furent blessés mortellement ; les deux autres capitulèrent et furent pendus à l'instant à un mûrier qui se trouvait près de la tour.

A trois quarts de lieue du Muy, sur la rive gauche de l'Argens, on trouve, au pied d'une montagne, des rochers granitiques dont les déchirements forment une infinité de petits sites fort agréables que l'on parcourt pour arriver à la chapelle Notre-Dame de la Roque, où l'on parvient par un chemin étroit et tortueux, sous un berceau de verdure. Près de la chapelle est un ancien monastère, au-devant duquel sont des places gazonnées, ombragées de beaux arbres. Non loin de là, on voit un antre appelé le Saint-Trou, crevasse formée dans le rocher, où l'on grimpe au hasard, privé de lumière, et en se traînant entre trois rochers qui ne laissent qu'un étroit passage qui conduit à une grotte assez éclairée, dont la voûte s'élève fort haut, et d'où l'on sort pour entrer dans un long et large déchirement de la montagne, nommé le Jeu-de-Ballon, entièrement ouvert aux deux extrémités.

Fabriques de cuirs. Nombreuses scieries hydrauliques.

NAPOULE (la). Village situé à 10 l. E. de Draguignan. Pop. 950 hab. Il est bâti sur le golfe de Napoule, où il a un port assez bien conservé, construit par les Romains, et défendu par un fort.

SALERNES. Petite ville, située dans un territoire fertile, sur la rive gauche de la Bresque, à 6 l. de Draguignan. Popul. 2,510 hab.

Sur une hauteur entourée de précipices, on remarque les ruines d'une ancienne forteresse bâtie par les Sarrasins. Non loin de là, se trouve la vallée de Saint-Barthélemy, l'une des plus pittoresques du département du Var; les deux montagnes qui la resserrent forment d'abord des amphithéâtres où la roche calcaire se montre nue, avec la forme de tubercules en nombre considérable, séparés par la cime de quelques pins chétifs. Peu après, les deux montagnes ne présentent plus que de hauts rochers coupés à pic, couronnés de pins, et offrant dans leurs scissures plusieurs arbustes dont le feuillage toujours vert relève les différentes nuances des deux vastes parois. Ces rochers escarpés ont des cavités à une grande hauteur, où l'abeille dépose journellement le miel qu'elle enlève aux plantes aromatiques qui parfument les coteaux voisins, et vers leurs bases des antres plus ou moins profonds: celui qui se trouve au fond de la vallée a une ouverture de trois mètres de hauteur, et ressemble de loin à la gueule béante du plus effroyable monstre que l'on puisse imaginer. La vallée de Saint-Barthélemy n'a, dans sa plus grande largeur qu'un jet de pierre, et elle se rétrécit quelquefois de plus des deux tiers. Sa direction n'offre que des sinuosités pareilles à celles d'un serpent qui s'enfuit. A chaque circuit, on croit voir le fond de cette gorge, mais en avançant, on découvre un nouveau circuit qui surprend et intéresse. Le fond de la vallée est tapissé du plus joli gazon; de temps en temps, on traverse le ruisseau, qui s'enfuit paisiblement sous des voûtes de verdure, et offre un grand nombre de tableaux aussi pittoresques que gracieux. A peu près au centre du vallon, la petite chapelle de Saint-Barthélemy se présente agréablement; placée sur une sorte de petit calvaire de rocher, elle ressemble à un autel élevé au fond d'un vaste sanctuaire.

Fabriques de grosses draperies. Nombreuses huileries. — *Commerce* de vins, figues, huile d'olives, soie, bestiaux, etc.

SEILLANS. Village situé à 6 l. 1/4 de Draguignan. Pop. 2,165 hab. *Fabriques* de tissus de coton. Filature hydraulique de coton. Teinturerie en rouge d'Andrinople. Verreries.

TRANS. Joli village, situé à 1 l. 1/4 de Draguignan. Pop. 1,400 hab. Il est généralement bien bâti, sur la Nartubie, que l'on y passe sur plusieurs ponts, au-dessous desquels elle se précipite dans un gouffre profond, sur d'énormes rochers, qui forment de magnifiques cascades.—Filatures de soie. Moulins à farine. Pépinières d'arbres fruitiers et d'agrément.—Aux environs, mines de fer et carrières d'albâtre.

TROPEZ (SAINT-). Petite ville maritime, située sur le bord occidental du golfe de Grimaud, à 12 l. 1/2 de Draguignan. Tribunal de commerce. École d'hydrographie de quatrième classe. Conseil de prud'hommes pêcheurs. ✉ Pop. 3,756 hab.

Cette ville occupe l'emplacement de l'ancienne cité romaine d'Heraclea Caccabaria; des tronçons de colonnes en granit, qui servent de bornes dans plusieurs rues, des marbres sculptés, des débris de sarcophages de marbre, d'inscriptions, de mosaïque, des médailles, des figurines en bronze, trouvés à diverses époques dans la ville et aux environs, ne laissent aucun doute qu'elle ne fût une station maritime importante. La ville antique fut détruite en 739, lors de l'invasion des Sarrasins qui saccagèrent Nice, Antibes et toute la côte. Les habitants qui avaient échappé au massacre rebâtirent leur ville à quelque distance du rivage, mais elle fut détruite de nouveau par les Sarrasins, dans le IXe siècle; c'est vraisemblablement à l'époque de cette seconde construction qu'elle prit le nom de Saint-Tropez. Cette nouvelle ville fut encore détruite dans la lutte acharnée de Charles de Duras et du duc d'Anjou, vers la fin du XIVe siècle. Personne n'osant plus habiter un lieu trop exposé aux ravages de la guerre et des pirates, il resta désert jusqu'en 1470, époque où le sénéchal du roi René y attira soixante familles génoises qui repeuplèrent la ville, relevèrent les fortifications, et se défendirent avec courage contre les nombreux ennemis qui les attaquèrent tour à tour pendant près de deux siècles. Saint-Tropez, dans cet intervalle, parvint à un haut degré de prospérité; la ville s'agrandit, et occupait, dès la fin du XVIe siècle, tout l'espace qu'elle couvre aujourd'hui. Après avoir bravé les invasions du connétable de Bourbon et de Charles-Quint, les Tropéziens résistèrent aux attaques des Maures qui saccagèrent Fréjus en 1475, brûlèrent la Napoule en 1530, dévastèrent Hyères et Toulon en 1556. En 1637, vingt galères d'Espagne étant venues pour surprendre la ville et quatre vaisseaux de l'État réfugiés dans son port, les habitants, sans autre secours que leur courage, forcèrent les Espagnols à prendre honteusement la fuite.

En 1813, une petite escadre anglaise ayant attaqué la ville, et les gardes-côtes ne se trouvant pas à leur poste, les mariniers du pays repoussèrent l'ennemi, qui fut obligé de s'éloigner.

La ville de Saint-Tropez est bâtie dans une situation riante, sur le bord du golfe de Grimaud. D'anciennes tours la défendent du côté de la mer; mais depuis la fin du XVIIe siècle, elle n'est protégée par aucun ouvrage extérieur du côté de la terre. Son port est à l'abri des vents les plus dangereux, et son magnifique golfe offre presque partout un mouillage sûr. Aux environs du port, les côtes sont hérissées de rochers à fleur d'eau: la mer y est très-poissonneuse et abonde en coraux qui passent pour les plus beaux de la Méditerranée. Les jardins des environs sont plantés de beaux orangers et de palmiers dont les fruits nouent et atteignent leur grosseur naturelle, sans cependant parvenir à une parfaite maturité.

Fabriques de bouchons de liège, de roseaux pour peignes à tisser. Distilleries d'eau-de-vie. Vaste chantier de construction de navires renommés par leur durée et leur bonne qualité à la mer. Pêche du thon, des sardines et des anchois. Grand et petit cabotage.—*Commerce* considérable de vins, huile, bois à brûler, liège brut et en bouchons, thon mariné, sardines et anchois salés. Exportation des marrons renommés du Luc et de la Garde-Freinet qui occupe plusieurs navires.—*Hôtel* de la Tête-Noire.

VIDAUBAN. Joli village, situé sur la rive gauche de l'Argens, à 4 l. de Draguignan. ✉ Pop. 1,500 hab.

Ce village, qui est bâti sur l'emplacement d'une *villa* romaine, fut détruit de fond en comble par les habitants du Cannet et de Taradeau; mais il ne tarda pas à se relever de ses ruines. Pendant les guerres de religion, les calvinistes pénétrèrent dans l'église où tous les habitants s'étaient renfermés, et les égorgèrent sans pitié. En 1707, Vidauban fut brûlé par les Savoyards, lors de leur retraite de devant Toulon.

Le village actuel est bâti dans une jolie plaine, fertilisée par plusieurs sources et par un canal de dérivation des eaux de l'Argens. Entre Vidauban et le Thoronet, près de la chapelle Saint-Michel, cette rivière se précipite du haut d'un rocher très-élevé dans des gouffres profonds, et forme de magnifiques cataractes; l'eau disparaît entièrement pour aller reparaître à un quart de lieue de là.

VILLECROSE. Bourg situé à 5 l. 1/2 de Draguignan. Pop. 1,250 hab. On remarque sur son territoire une jolie grotte à quatre étages, décorée de plusieurs belles colonnes et d'une infinité de stalactites admirables. Pendant les guerres de la féodalité, le seigneur du lieu fit de cette grotte un lieu de refuge, défendu par une porte et par une herse, où l'on ne parvenait que par un escalier taillé dans le tuf: cette construction est encore en bon état. On arrive à cette charmante grotte à travers des prairies arrosées par un joli ruisseau ombragé de plusieurs arbres, des vergers, des jardins, de petits amphithéâtres bien cultivés, qui forment des tableaux riants et pittoresques.

ARRONDISSEMENT DE BRIGNOLLES.

BARJOLS. Jolie petite ville, située à 3 l. 1/4 de Brignolles. ✉ Pop. 3,512 hab.

Elle est bâtie dans une jolie exposition, en amphithéâtre, sur le penchant d'une colline arrosée par de belles eaux: on y voit une fort jolie place, ombragée de beaux ormes, et ornée d'une belle fontaine. Les environs sont on ne peut plus pittoresques, et visités chaque année par un grand nombre de dessinateurs, qui ont surnommé Barjols le Tivoli de la Provence: on y voit de magnifiques cascades qui entretiennent par leurs irrigations une fraîcheur de verdure continuelle.

Barjols était autrefois une place forte où vint se réfugier, en 1562, le baron de Flassans, avec 1,500 de ses partisans, qui y furent bientôt bloqués par le baron des Adrets. La place, n'ayant que quatre petits canons, dirigés par des hommes peu exercés, fut prise d'assaut le quatrième jour; six cents hommes furent passés au fil de l'épée, les prêtres jetés dans les puits, et les églises pillées. Cette ville fut encore attaquée en 1590 par un corps de protestants, et se rendit à composition moyennant 90,000 fr.; mais les soldats égorgèrent, contre la foi des traités, plus de cinq cents habitants.— *Fabriques* de colle forte et de poterie de terre. Papeteries. Moulins à foulon. Tanneries. Distilleries d'eau-de-vie. Blanchisserie de cire. *Commerce* d'huile estimée, figues, raisins, olives, eau-de-vie, etc. — *Hôtel* de Notre-Dame.

BEAUME (SAINTE-). *Voy.* NANS.

BESSE. Petite ville, située près d'un lac très-poissonneux, d'où sort la rivière de l'Issole, à 3 l. 1/2 de Brignolles. Pop. 1,750 hab. Elle est assez bien bâtie, formée de rues larges et bien percées, aboutissant à deux places ornées de fontaines abondantes. C'était jadis une place forte, qui fut prise d'assaut en 1578.

BRIGNOLLES. Jolie ville, chef-lieu de sous-préfecture. Tribunal de première instance et de commerce. Société d'agriculture. ✉ ☞ Pop. 5,940 hab.

Dès le VIe siècle, Brignolles était une ville importante, entourée de faubourgs et de nombreux hameaux que les habitants furent obligés d'abandonner dans les guerres civiles, pour se réfugier sur une éminence où est bâtie la ville actuelle, qu'ils entourèrent de murs et de bastions flanqués de tours. L'heureuse situation de la ville, la bonté de son climat, la beauté de ses promenades et la fertilité de son territoire engagèrent les comtes de Provence à venir l'habiter pendant la belle saison; les comtesses venaient y faire leurs couches et y passer leur convalescence; nombre de familles opulentes y fixèrent leur domicile, et Brignolles devint la seconde capitale de la Provence. Le connétable de Bourbon s'en empara à la tête d'une armée autrichienne; mais, onze ans après, elle résista avec vigueur à Charles-Quint, qui finit cependant par s'en rendre maître, et la livra au pillage. Le duc d'Épernon la prit en 1595.

Cette ville est dans une belle situation, au milieu d'un bassin agréable et fertile, lequel est dominé par des montagnes boisées, et arrosé par la petite rivière du Calami. Elle est assez bien percée et possède plusieurs places publiques, plantées de beaux arbres et décorées de belles fontaines qui y entretiennent la propreté, et contribuent à la salubrité de l'air qu'on y respire.

Patrie de M. Raynouard, auteur tragique, à qui nous devons la belle pièce des Templiers, et des travaux d'érudition sur la langue et les poésies des troubadours.

Fabriques de draps communs, savon, colle forte, bougies. Filatures de soie; moulins à foulon; faïenceries; tanneries nombreuses et renommées; distilleries d'eaux-de-vie. — *Commerce* de vins, eaux-de-vie, liqueurs, huile d'olives, oranges, et surtout de prunes excellentes, connues dans le commerce sous le nom de *prunes de Brignolles*.

A 11 l. de Draguignan, 211 l. de Paris. —*Hôtel* de la Cloche d'argent.

CABASSE. Village situé sur l'Issole, à 3 l. de Brignolles. Pop. 1,500 hab. Le territoire de ce village renferme plusieurs restes d'antiquités, et l'on y a trouvé, à différentes époques, un grand nombre de médailles romaines. Sur la route du Thoronet, et près de la chapelle Saint-Loup, sont les ruines d'un château bâti par les Sarrasins, près desquelles se trouve la romantique vallée de l'Issole, que l'on ne peut parcourir sans admiration.

CAMPS. Village situé à 1 l. de Brignolles. Pop. 1,000 hab. — *Fabriques* de chapeaux de feutre et de vin cuit renommé.

CARCES. Joli bourg, agréablement situé, au confluent de l'Issole et de l'Argens, à 4 l. de Brignolles. Pop. 2,000 hab.

CORRENS. Bourg situé sur l'Argens, à 3 l. de Brignolles. Pop. 1,550 hab. On y voit un ancien quartier, ceint de murailles épaisses, et formé de rues étroites qui aboutissent à une place bien ombragée, dans lequel est une vieille citadelle, appelée Fort Gibron.—Distilleries d'eau-de-vie.

COTIGNAC. Petite ville, située à 4 l. de Brignolles. Pop. 3,602 hab. Elle est bâtie au pied d'un banc de tuf de 250 pieds d'élévation verticale, dont les masses saillantes en encorbellement menacent les habitations. Aux environs, on remarque sur une élévation l'église Notre-Dame-de-Grace, fondée en 1519, et fameuse par la dévotion des fidèles, qui y venaient jadis en procession de toutes les parties de la Provence. Louis XIV et Anne d'Autriche, sa mère, visitèrent cette chapelle, en 1663.—*Fabriques* de soie. Tanneries. — *Commerce* de vins, soie, figues, etc.

ENTRECASTEAUX. Village situé entre trois collines, à 5 l. de Brignolles. Popul. 2,200 hab. On y voit un petit parc bien ombragé et fort agréable. — *Commerce* d'huile d'olives de qualité supérieure, très-recherchée dans le commerce.

GINASSERVIS. Bourg situé à 9 l. de Brignolles. Pop. 850 hab.

GONFARON. Village situé dans une gorge, à 5 l. de Brignolles. Pop. 1,400 h. On remarque aux environs, sur la route de Toulon à Antibes, une jolie source qui donne naissance à la rivière d'Aye.

MAXIMIN (SAINT-). Petite ville, si-

LA SAINTE BAUME.

tuée dans une belle plaine, non loin de la source de l'Argens, à 4 l. de Brignolles. ✉ Pop. 3,637 hab.

Cette ville est entourée de murailles construites par ordre du roi René, pour la sûreté des reliques de sainte Madelaine qui y étaient renfermées, dit-on, dans un caveau au centre de l'église. Les troupes du duc de Savoie l'assiégèrent sans succès en 1590.

Saint-Maximin possède une des plus belles églises du département, construite par Charles II, roi de Naples et comte de Provence, qui régnait en 1283. C'est un des plus beaux monuments d'architecture gothique de ce temps, admirable par ses proportions et par la hardiesse des piliers qui soutiennent la voûte. Les orgues passent pour être les plus belles du royaume; la boiserie et les stalles du chœur sont d'un fort bon goût, mais rien n'approche de la beauté de la chaire à prêcher, sculptée en bois par un frère de l'ancien couvent, et regardée comme un véritable chef-d'œuvre.

NANS. Village situé près de la montagne la Sainte-Baume, à 6 l. de Brignolles. Pop. 1,100 hab.

La montagne de la Sainte-Baume doit son nom à une grotte célèbre dans l'histoire de l'église et dans les annales de la Provence, où l'on prétend que la Madelaine de l'Évangile avait établi sa retraite pendant les trente dernières années de sa vie. Cette grotte a été pratiquée dans un énorme rocher de nature calcaire, escarpé sur ses deux faces, qui domine une vaste forêt : elle a environ 60 pieds de long sur 18 de hauteur, et une largeur moyenne de 75 pieds; une source d'eau jaillit à peu de distance. Ceux qui admettent le séjour de la Madelaine dans la grotte de la Sainte-Baume, assurent que saint Maximin fut le seul mortel instruit du lieu où vivait la sainte, que ce fut lui qui l'assista dans ses derniers moments, et qui lui fit ériger une chapelle à l'endroit même où elle avait rendu le dernier soupir. Les largesses des comtes de Provence et de François Ier contribuèrent aux embellissements de cette chapelle, près de laquelle on construisit un couvent pour les religieux des différents ordres qui s'y sont succédé jusqu'aujourd'hui. Parmi les personnages qui ont visité la Sainte-Baume, on cite saint Louis, Jean Ier, Charles VI, Louis XI, Henri II, Charles IX, Henri IV, Louis XIII et Louis XIV.

A 80 mètres au-dessus du niveau de la grotte, et à 1,000^m au-dessus du niveau de la mer, on voit les ruines d'une petite chapelle, qui a reçu le nom de Saint-Pilon; ce n'est qu'avec beaucoup de peine qu'on parvient à la cime de ce rocher, d'où la vue s'étend jusqu'à la mer. Le Saint-Pilon semble être le centre d'un superbe panorama, dans lequel se dessinent, sous le ciel le plus brillant, dans l'atmosphère la plus pure, aux regards du voyageur tournant sur soi-même, la Provence avec ses côtes et ses montagnes, ses rivières et ses torrents, ses monuments et ses souvenirs, ses rochers arides où croissaient jadis de belles forêts, ses coteaux et ses vallées où la main des hommes laborieux qui les habitent, fait fleurir une agriculture digne d'attention et d'encouragement. Rien de plus magnifique que le spectacle qu'on découvre autour de soi, c'est-à-dire à une hauteur de plus de mille mètres au-dessus du niveau de la mer, le territoire de Marseille, l'étang de Berre, la Crau, le cours du Rhône et les montagnes du Languedoc, à l'ouest; au sud, un immense horizon de mer, sur lequel se dessinent l'île Verte et le Bec de l'aigle, l'emplacement de l'antique Taurventum, près de la Ciotat, le cap qui couvre Toulon de ce côté, la rade d'Hyères, et au loin les montagnes de la Corse; tandis qu'à ses pieds on voit se déployer la route de Toulon à Marseille, à travers les territoires de Cuges, du Bausset, de la Cadière, etc. : sur cette ligne, à la montagne de Coudon, près de Toulon, viennent se rattacher les chaînes des Maures, sur lesquelles on distingue si bien la chapelle de Notre-Dame-de-Grâce, près de Pignans; et plus haut, les montagnes sous-alpines qui commencent à Bargemont, et qui, par un amphithéâtre dans lequel on remarque Lachen, Cheyron et le col de Tende, vont se terminer au mont Viso et aux Hautes-Alpes, en dessinant la vallée où coule le Var; au nord enfin, une autre chaîne des Basses-Alpes, liée à la Sainte-Victoire et au Leberon, au pied duquel un brouillard indique le cours de la Durance, conduit jusqu'à la montagne de Lure et au mont Ventoux, toujours couronné de neige; et une vue bonne et exercée distingue les lieux où Pétrarque soupirait pour la belle Laure et ses vers dont le charme est venu jusqu'à nous.

PIGNANS. Petite ville située dans une plaine très-agréable, à 4 l. de Brignolles. Pop. 2,380 hab.

Cette ville est assez bien bâtie, sur un plan un peu incliné qui permet le facile écoulement des eaux pluviales; mais ses rues sont mal percées, mal pavées et malpropres : elle est entourée de jardins qui produisent des fruits excellents et beaucoup de plantes potagères. — Nombreuses distilleries d'eau-de-vie. Martinets à cuivre.

POURCIEUX. Village situé à 6 l. de Brignolles. Pop. 600 hab. On remarque aux environs, sur une montagne en forme de pain de sucre, les ruines pittoresques d'un ancien château fort.

POURRIÈRES. Bourg situé à 7 l. de Brignolles. Pop. 1,900 hab.

Aux environs de ce bourg, à environ 50 mètres de la rivière d'Arc, et vers le commencement de l'angle formé par l'ancien chemin situé à gauche et à l'extrémité du pont de la Grande Pugère, on remarque les ruines d'un monument élevé par Marius lorsqu'il eut détruit ou fait prisonniers, dans les plaines de Trets et de Pourrières, environ trois cent mille barbares sortis de la Germanie pour entreprendre la conquête de l'Espagne. Une tapisserie du moyen âge, que possédait le seigneur de Pourrières, nous a transmis la forme du monument élevé par Marius sur le champ de bataille; il consistait en une base carrée entourée d'un pourtour, sur laquelle s'élevait une pyramide : on y voyait plusieurs bas-reliefs, dont un entre autres représentait le général romain debout sur un bouclier et porté triomphalement par trois guerriers. Il ne reste maintenant qu'une partie du massif et du pourtour qui l'environnait; ce massif, tel qu'on le voit aujourd'hui, a six mètres d'épaisseur en carré, et s'élève irrégulièrement à environ deux pieds et demi du sol : la partie du pourtour encore existante n'est séparée du massif que par une distance de neuf pieds.

RIANS. Bourg situé à 9 l. de Brignolles. Pop. 2,973 hab. — *Fabriques* de bonneterie. Tuileries. *Commerce* de grains recherchés.

ROQUE-BRUSSANNE (la). Bourg situé à 3 l. 1/4 de Brignolles. Pop. 1,505 hab.

Ce bourg est dominé par un rocher, dont le sommet est couronné par des restes de remparts et de fortifications. Il est bâti dans un vallon, et était autrefois défendu par un château, qui fut brûlé, ainsi que quatre-vingt-seize maisons du bourg, par les Piémontais en 1707. — Aux environs, on voit un lac ou plutôt un abîme sans fond, dont les eaux s'élevèrent à une hauteur prodigieuse lors du mémorable tremblement de terre qui détruisit la ville de Lisbonne. — Distilleries d'eau-de-vie.

SILLANS. Village situé à 6 l. de Brignolles. Pop. 450 hab. La rivière de Bresque, qui prend sa source dans les environs, forme en cet endroit une chute magnifique de cent cinquante pieds de hauteur. — Filature hydraulique de coton.

TAVERNES. Bourg situé à 6 l. 3/4 de Brignolles. Pop. 1,517 hab.

TOURVES. Joli village, situé à 3 l. de Brignolles. Pop. 2,800 hab. Il est généralement bien bâti dans une riche et belle plaine, au milieu de laquelle se trouvent plusieurs lacs, et possède une jolie place publique, ainsi que d'agréables promenades qui faisaient partie du parc de l'ancien château seigneurial, dont on remarque les ruines pittoresques sur un mamelon qui domine le bourg et la plaine. Au milieu de ces ruines, s'élève une pyramide grossièrement taillée, imitant celle de Sextius à Rome. — *Fabriques* de savon. Distilleries d'eau-de-vie. Tanneries. Papeterie.

VARAGES. Bourg situé à 7 l. de Brignolles. Pop. 1,478 hab. On y remarque une grotte remplie de congélations fort curieuses. — *Fabriques* de faïence. — *Commerce* d'huile très-estimée.

ZACHARIE (SAINT-). Bourg fort ancien, situé à 7 l. de Brignolles. Pop. 1,800 h. On remarque aux environs, près du chemin qui conduit à la Sainte-Baume, les ruines d'un ancien village nommé Orgnion, où l'on a découvert dans une vieille chapelle un petit autel dédié au dieu Mars, sur lequel on lit l'inscription suivante :

MARTIGIA
RINO.
V. S.
SEXT. IVL.
FIRMINVS.

Fabriques de poterie de terre. Filature de coton. Papeterie. Verrerie.

ANTIBES.

ARRONDISSEMENT DE GRASSE.

AIGLUN. Village situé à 9 l. de Grasse. Pop. 300 hab. On y remarque une grotte curieuse qui renferme beaucoup de cristal de roche, et une jolie cascade formée par la petite rivière de la Gironde.

ANTIBES, ancienne et forte ville maritime. Place de guerre de 3e classe. École d'hydrographie de 4e classe. Tribunal de commerce. Conseil de prud'hommes pêcheurs. ✉ ☞ Pop. 5,565 hab.

Antibes doit sa fondation aux premiers Marseillais. Les Romains l'agrandirent et l'embellirent de plusieurs édifices remarquables, ainsi que d'un bel aqueduc encore en bon état, qui conduisait au cirque les eaux de la source de Fonvieille. Cette ville devint opulente par son commerce et rivalisait avantageusement avec plusieurs autres villes plus importantes; mais l'invasion des Sarrasins et les pirates, les incursions des peuples du Nord et les différents sièges qu'elle essuya anéantirent son commerce et firent disparaître ses habitants. François Ier et Henri IV la firent fortifier, et les ouvrages qu'on y a construits depuis en ont fait une place importante : le côté de la mer est très-bien défendu et même inabordable. En 1746, elle fut assiégée sans succès pendant un mois par les Impériaux. La belle résistance que ses habitants opposèrent à l'armée autrichienne en 1815 lui valut le titre de bonne ville et l'érection d'une colonne élevée au milieu de la grande place qui rappelle cette belle défense.

Antibes est dans une belle situation sur le bord de la Méditerranée, près des confins du Piémont, à l'opposite de Nice. Son port, couvert par une longue jetée qui se courbe en demi-cercle, est ceint d'un quai et d'une rangée circulaire d'arcades; il est peu vaste, mais profond, sûr et d'un abord très-commode; à son entrée est un îlot de roc, qui porte le fort carré formé de quatre bastions; un petit fort a été construit en 1834 à l'extrémité du môle pour indiquer et faciliter l'entrée du port. Des hauteurs qui dominent Antibes, on jouit d'une vue magnifique; l'œil se promène sur le port, sur la ville, sur ses fortifications, sur le golfe entier, et sur toute la côte qui se prolonge en demi-cercle et trace un amphithéâtre : on aperçoit des collines couvertes de maisons, au milieu desquelles est la ville de Nice; derrière s'élèvent les hautes montagnes des Alpes maritimes que la neige couronne pendant une grande partie de l'année.

L'église paroissiale, bâtie sur un rocher élevé qui domine le port, occupe l'emplacement d'un temple dédié à Diane; à côté on remarque deux hautes tours qu'on croit avoir été bâties deux cents ans avant l'ère chrétienne. L'hôtel de ville est un fort joli édifice.

Le territoire d'Antibes est presque entièrement composé de jardins, de vignes et de vergers; les oliviers y sont très-beaux, et l'huile qu'ils produisent est excellente; les figues sont délicieuses et préférables même à celles de Grasse; le tabac qu'on y cultive est d'une très-bonne qualité; les orangers, les jasmins d'Espagne, les tubéreuses, les roses et une multitude d'autres fleurs odoriférantes alimentent un grand nombre de fabriques de parfumeries et d'eaux de senteur.

Antibes est le lieu de naissance du lieutenant-général Reille, et la patrie adoptive de l'enfant chéri de la victoire, du maréchal Masséna, né à quelque distance de là sur le territoire de Nice.

Commerce de poissons salés, vins, huile d'olives, oranges, cédrats, figues et fruits secs renommés. A 6 l. de Grasse. — *Hôtel de l'Aigle d'or.*

ARNOUX (SAINT-). *Voyez* GOURDON.

AUBAN (SAINT-). Village situé sur l'Esteron, à 11 l. de Grasse. Pop. 641 h.

On remarque aux environs de Saint-Auban le passage de la Clue de Montauban, passage tracé dans le roc entre deux montagnes resserrées et taillées à pic, au dessous duquel la rivière de l'Esteron roule ses eaux de rochers en rochers dans un précipice, dont il est presque impossible d'apercevoir le fond. Le chemin se trouve à mi-côte sur la rive gauche du torrent : il est taillé dans le roc qui le recouvre sur une assez longue étendue; la vue du précipice et la hauteur des montagnes dont les cimes semblent presque se toucher, rendent le passage ténébreux et effrayant. C'est sans contredit une des curiosités les plus remarquables de la France, et dont on chercherait vainement l'analogue en Suisse et en Italie. En hiver, les neiges qui s'amoncèlent dans cet espace resserré empêchent d'y pénétrer, et il serait dangereux d'en tenter le passage dans la saison rigoureuse.

AURIBEAU. Village situé à 2 l. de Grasse. Pop. 520 hab. Il est bâti dans une exposition magnifique, sur le penchant d'un coteau d'où l'on découvre d'un côté le ruisseau de Vaucluse bordé de vignes ; de l'autre le vallon de la Siagne, ombragé sur différents points de beaux peupliers ; dans le lointain, la montagne nue du Thaneron contraste singulièrement avec la partie du territoire d'Auribeau couverte d'une forêt de beaux oliviers ; au midi apparaît la mer, où l'on distingue parfaitement les navires qui arrivent ou partent du port de Marseille.

BAR (le). Village situé sur la rive droite du Loup, à 2 l. 1/4 de Grasse. Pop. 1,554 hab. On remarque aux environs l'ermitage de Saint-Arnoux (*voy.* GOURDON).—Papeterie.

BIOT. Village situé à 4 l. 1/2 de Grasse. Pop. 1,300 hab.—*Fabriques* de jarres, marmites, poteries de terre, et de creusets estimés, dont il se fait un commerce considérable.

BRIANCONNET. Village fort ancien, situé au milieu de belles prairies, à 12 l. de Grasse. Pop. 530 hab. On y a trouvé plusieurs inscriptions antiques et un grand nombre de médailles romaines.

CABRIS. Village situé à 2 l. de Grasse. Pop. 1,800 hab. Il est bâti sur le sommet d'une montagne d'où l'on jouit d'un point de vue magnifique sur la belle campagne de Grasse et sur une grande étendue de mer.

CAGNES. Bourg situé sur une colline, à peu de distance de la mer, et à 5 l. 3/4 de Grasse. Pop. 2,349 hab. Il est dominé par les ruines imposantes et très-pittoresques du château seigneurial, ancienne demeure de la famille Grimaldi, des princes de Monaco, où l'on admire un plafond représentant la chute de Phaéton, attribué au peintre italien Carlone.

Non loin de l'embouchure du Loup, on voit les ruines du monastère de SAINT-VÉRAN. — Le CROS-DE-CAGNES est un hameau bâti sur le rivage de la mer, où il a un port de débarquement et d'embarquement pour le commerce local et celui du canton de Vence.

CAILLE. Village situé à 9 l. de Grasse. Pop. 200 hab. On voit sur une montagne environnante une grotte souterraine fort belle, renfermant un grand nombre de stalactites de formes les plus bizarres.

CANNES. Jolie petite ville maritime, située au bord de la Méditerranée, dans une campagne agréable et fertile, à 4 l. de Grasse. ✉ ⚓ Pop. 3,994 hab.

Cannes fut fondée par les Marseillais sur les ruines de l'ancienne Oxibia, détruite par les Sarrasins, qui emmenèrent les habitants en esclavage, rebâtie et repeuplée par quelques familles génoises. Cette ville est dans une situation pittoresque, sur le penchant d'une colline qui s'avance en cap dans la mer. Elle est assez bien bâtie, sans rade ni bassin, mais elle a seulement une anse peu profonde où les vaisseaux jettent l'ancre à peu de distance du rivage. Le quai est large, propre, bien ombragé et bordé de jolies maisons ; il offre une promenade charmante et toujours fréquentée. La plage est commandée par une tour et par un château gothique bâti sur un rocher surmonté d'une ancienne église.

Les environs de Cannes, comme tous ceux qui se trouvent dans cette partie délicieuse de la Provence, offrent des sites enchanteurs et de superbes jardins couverts d'orangers et de citronniers. C'est sur la plage, et non loin de cette ville, que Napoléon débarqua à son retour de l'île d'Elbe, le 1er mars 1815.

Fabriques de parfumerie.—*Commerce* de sardines salées, anchois, vins, huile d'olives, oranges, citrons, fruits délicieux et autres productions du pays. — Haras. — *Hôtels* Pinchinat, Grimbert.

CANNET (le). Village situé à 4 l. de Grasse. Pop. 1,350 hab. Il est bâti sous le plus beau climat de la Provence, dans une exposition magnifique, abritée de tous les vents par des coteaux garnis d'oliviers et d'une grande quantité de beaux orangers dont les fleurs répandent les plus doux parfums : les roses, les tubéreuses, la cassie et une multitude d'autres fleurs odorantes embellissent les jardins et alimentent de nombreuses distilleries ; la campagne est arrosée d'une infinité de sources, qui font de ce pays un séjour réellement délicieux. Des hauteurs du village, on jouit d'une vue magnifique sur une vaste étendue de mer et sur les îles de Lérins ; lorsque le ciel est sans nuages, on aperçoit à l'horizon l'île de Corse, située à une distance de plus de 40 lieues.

CÉSAIRE (SAINT-). Village situé à 4 l. de Grasse. Pop. 1,200 hab. Ce village, formé de plusieurs rues bien percées qui aboutissent à une belle place, est bâti au bord

VUE DE GRASSE,
prise de l'avenue de Cannes.

CANNES.

d'un précipice, au fond duquel la rivière de la Siagne roule avec impétuosité. On y voit de vastes citernes de construction romaine, et dans la campagne les ruines d'une villa élevée sur un rocher taillé à pic, à peu de distance de la chapelle Saint-Ferréol.

A environ une lieue de Saint-Césaire, au quartier de la Foux, on remarque une belle source d'eau pure qui sort d'un vaste réservoir souterrain, où l'on entre par une ouverture étroite dans une grotte formée d'énormes rochers, dont les uns servent de parois et les autres forment la voûte, qui s'élève dans certains endroits à une hauteur prodigieuse.

COURSEGOULES. Bourg situé à 5 l. 1/2 de Grasse. Pop. 580 hab. On remarque aux environs la source de la Cagne, que l'on entend rouler avec fracas dans l'intérieur de la montagne long-temps avant qu'elle arrive à l'issue d'où sortent ses eaux.

GREOLIÈRES. Bourg situé sur la rive gauche du Loup, à 10 l. de Grasse. Pop. 850 hab.

GOURDON. Village situé sur une montagne taillée à pic du côté de l'est, à 6 l. de Grasse. Pop. 250 hab. Aux environs, sur un pic très-élevé, au bord du Loup, on remarque une grotte spacieuse où coule une fontaine dont l'eau est excellente : le chemin pour arriver à cette grotte est extrêmement dangereux ; dans certains endroits il n'a pas plus d'un pied et demi de largeur, et le moindre faux pas précipiterait à 900 pieds de profondeur ; près de l'entrée du souterrain, ce chemin est coupé par une grande crevasse de rocher qu'on est obligé de franchir, sans le secours d'aucun pont, au-dessus d'un abîme effrayant ; cependant, malgré tous ces dangers, cette grotte est très-fréquentée par les bergers des environs, qui viennent journellement à la fontaine puiser de l'eau pour leurs besoins domestiques. — Aux environs, on doit visiter l'ERMITAGE SAINT-ARNOUX, bâti sur des rochers près de la rivière du Loup, dans la situation la plus sauvage qu'on puisse imaginer.

GRASSE. Jolie ville. Chef-lieu de sous-préfecture. Tribunaux de première instance et de commerce. Société d'agriculture. Collège communal. ✉ ⚘ Pop. 12,716 hab.

Grasse fut fondée, selon l'opinion vulgaire, par Crassus, et servait d'entrepôt aux armées romaines qui pénétraient dans les Gaules par la Ligurie et les Alpes maritimes. La ville actuelle passe pour avoir été bâtie dans le VIe siècle, par une colonie de juifs venus de la Sardaigne, qui embrassèrent le christianisme en 585 et obtinrent l'autorisation de construire une ville auprès d'une belle source où les Romains avaient jadis, pour la garde des eaux, une tour et un corps-de-garde, dont on voit encore quelques vestiges. Cette ville, devenue très-commerçante, soutint plusieurs sièges pour préserver ses richesses ; elle fut surprise par les Sarrasins, qui emmenèrent une partie des habitants en esclavage ; détruite par les citoyens lors du passage de Charles-Quint, afin que les chefs ennemis n'y trouvassent aucune ressource ; rebâtie peu de temps après ; assiégée plus tard par le baron de Vins, qui fut tué sous ses murs par ses propres soldats. En 1815, Grasse fut le premier bivouac de Napoléon, à son retour de l'île d'Elbe ; on montre sur le rocher des Ribes un petit tertre en gazon, d'où l'empereur salua, en partant pour Paris, les rives de la Méditerranée et les montagnes de l'île de Corse qu'il ne devait plus jamais revoir.

Grasse est dans une situation charmante, sur le revers méridional d'une colline très-élevée, qui présente un superbe amphithéâtre. Cette ville couvre un terrain fort incliné et onduleux : elle est bien bâtie, mais généralement mal percée ; ses rues sont rapides, tortueuses, étroites et malpropres. Sur la partie la plus élevée jaillit une source abondante qui alimente plusieurs jolies fontaines, renouvelle incessamment l'eau de deux lavoirs publics, met en mouvement plusieurs moulins et manufactures, et sert ensuite à l'irrigation des prairies et des charmants jardins environnants, où l'oranger, le jasmin, l'héliotrope, la tubéreuse et mille autres fleurs confondent leurs délicieux parfums. Vainement on chercherait à se faire une idée de ces lieux enchantés : quand on voit ces merveilles de la nature et de l'industrie, on n'ose plus accuser les poètes de mensonge ; les images qu'ils nous présentent et que nous croyons n'être que le fruit d'ingénieuses fictions, se trouvent là heureusement réalisées.

Vue de la plaine, la ville de Grasse offre l'aspect le plus pittoresque ; différents étages de maisons hautes et propres, à façades peintes en blanc ou en jaune, s'élèvent les uns au-dessus des autres, et sont surmontés par le clocher de la principale église et par une grosse tour gothique, seul reste des fortifications du moyen âge qui entouraient la ville. Cette église est un édifice gothique assez vaste, mais bas et lourd, qui n'a de curieux que son maître-autel en marbre, une crypte taillée dans le roc, une belle Assomption de Subleiras, peintre espagnol, et un autre bon tableau de Fragonard père, originaire de Grasse. — Au milieu de ses édifices et de ses maisons entassés sans ordre, Grasse offre une singularité remarquable et qui pourrait résoudre un problème d'architecture : c'est une maison à quatre étages située dans la rue de la Délivrance, et dont chaque étage offre une porte d'entrée donnant sur la rue. La place du Marché est grande, propre, bien ombragée et bordée de beaux magasins. L'hôpital est un bel édifice renfermant de vastes salles bien aérées, où les malades reçoivent les secours les plus empressés : on y voit une chapelle d'une élégante simplicité, décorée de trois tableaux de Rubens, légués depuis peu à cet établissement, à la condition de ne jamais les aliéner.

Les seules antiquités que l'on remarque à Grasse sont les anciens fondements du palais de la reine Jeanne, comtesse de Provence, ainsi qu'une tour romaine attenant à l'hôtel-de-ville, et l'ancienne chapelle de Saint-Sauveur, vulgairement appelée Saint-Hilaire. C'est un bâtiment en forme de coupole, de 30 pieds de diamètre, auquel on arrive par un chemin parallèle à la belle promenade du Cours ; l'intérieur est de forme octogone. L'inscription *Fanum Jovis* que l'on voyait encore sur la pierre formant la clef de cette rotonde, avant que le propriétaire actuel y eût fait faire des réparations, annonçait que ce temple avait été consacré à Jupiter.

La vue qu'on découvre des promenades de Grasse offre le tableau le plus magnifique : au sud-est, les Alpes s'élèvent graduellement et se terminent au loin en cachant dans les nues leur sommet couvert de neige ; au midi et au levant, on embrasse une campagne délicieuse entremêlée de jardins, de vergers et de prairies, dont les sites variés et pittoresques sont animés par un grand nombre de villes, de bourgs et de villages, qui bordent les côtes de la belle Provence ; au-delà, la mer se déploie avec majesté et laisse apercevoir, dans les jours sereins, les montagnes de l'île de Corse, qui en est à plus de 40 lieues ; du côté de l'est, se découpent les coteaux de Mougins, ainsi qu'une partie des îles de Lérins ; vers le sud apparaît, dans le lointain, l'embouchure de la Siagne, ainsi que la rade de la Napoule et le cap Théoulé. C'est surtout de la belle promenade du Cours, dont la principale allée est ornée d'une très-jolie fontaine surmontée d'un obélisque en marbre du pays, qu'on jouit de ce magnifique panorama.

La ville de Grasse possède une bibliothèque publique contenant 5,700 volumes, et une galerie de tableaux où l'on voit plusieurs copies de tableaux du Poussin, de Claude Lorrain, des baigneuses de Lucatelli, deux gouaches très-estimées, représentant le passage du Rhin, etc., etc. La salle de spectacle, fraîchement restaurée, est d'une coupe élégante et légère ; sa distribution intérieure est imitée des théâtres d'Italie.

Grasse est une ville renommée pour son commerce de parfumerie, qui date du milieu du siècle dernier ; elle achète une grande partie des eaux de senteur de l'Italie et des différentes contrées de l'Orient ; les fleurs de la principauté de Monaco et du comté de Nice, les huiles de l'arrondissement. Ces parfumeries s'expédient dans toutes les parties du globe, et ses huiles dans l'intérieur de tout le royaume.

Patrie d'Isnard, un des membres les plus véhéments de l'Assemblée constituante et de la Convention nationale ; du chef d'escadre Bompas ; du général Guidal, un des chefs de la conspiration Mallet ; du lieutenant-général Gazan ; du compositeur de musique Fontmichel, et de M. Godeau, membre de l'Académie française.

Fabriques de grosses draperies, d'organsins pour le tissage et le moulinage de la soie, de liqueurs, savon, huile d'olives. Distilleries en grand d'essences et de parfums recherchés dans toutes les parties du monde. Tanneries. Éducation des abeilles. Culture du mûrier. Exploitation des carrières de marbre et d'albâtre qui se trouvent aux environs. — *Commerce* d'oranges, citrons, bergamotes, figues, cire, miel, maroquin renommé, kermès, liège, thon mariné, câpres, anchois, essences, parfums, eau de fleur d'oranger, etc.; etc.

A 13 l. de Draguignan, 9 l. de Nice, 233 l. de Paris. — *Hôtels* du Dauphin, des Ministres.

HONORAT. *Voy.* LÉRINS.

LAURENT-DU-VAR (SAINT-). Bourg situé dans un territoire fertile en excellents vins, à 6 l. de Grasse. Pop. 600 hab. Il est bâti sur la rive droite et près de l'embouchure du Var, que l'on y passe sur un pont de 800 mètres de long sur 24 de large. — *Commerce* de vins muscats renommés.

LÉRINS (ILES DE). Ces îles, connues sous les noms de Sainte-Marguerite et de Saint-Honorat, sont situées vis-à-vis de Cau-

2.ᵉ VUE DE GRASSE.

ANCIEN TEMPLE DE JUPITER,
à Grasse.

nes, entre le cap Roux et celui de la Guaroupe.

L'Ile Sainte-Marguerite, la plus grande et la plus voisine de la côte, dont elle n'est éloignée que d'une demi-lieue, avait été défrichée par les religieux de Saint-Honorat, mais, en 1637, le cardinal de Richelieu en fit prendre possession au nom du roi. Le gouvernement y fit élever un château fort, qui subsiste encore, et dut à sa position insulaire l'honneur de renfermer des prisonniers de haut rang, notamment le célèbre masque de fer, dont toute l'Europe a connu les infortunes et dont jamais personne n'a connu le nom. Cette île a une lieue et demie de long; elle n'a d'autres habitants que la garnison et quelques familles de pêcheurs. Presque toute son étendue est couverte par une forêt de pins que M. Talou, prisonnier d'état, fit percer de plusieurs allées.

L'Ile Saint-Honorat, séparée de la précédente par un canal d'un quart de lieue, n'a pas plus de 1000 pas de long sur 400 de large; elle est aussi agréable que l'autre est triste et stérile. Cette île est célèbre dans l'histoire ecclésiastique par un des plus anciens monastères des Gaules, fondé par saint Honorat vers l'an 410.

Ce monastère devint bientôt la plus célèbre des communautés de la Gaule, tant par la foule des solitaires de toutes les nations qui s'y retiraient, que par le nombre des prélats et des savants qui en sortirent. Ce fut dans cette retraite que les Hilaire, les Fauste, les Eucher, les Vincent puisèrent les connaissances nécessaires pour répandre plus au loin les lumières de la foi et pour combattre les ennemis que le sémipélagianisme lui suscita. Cette époque fut la plus brillante du monastère, car la ferveur des premiers temps s'affaiblit peu à peu, des symptômes de décadence commencèrent à se montrer, et bientôt la dissolution amena l'anarchie; des dissensions éclatèrent, des cellules furent renversées, et la plupart des moines s'éloignèrent de ce théâtre de désordres. Ceux des religieux que la contagion n'avait pu gagner, tendirent alors vers le roi Clovis II des mains suppliantes, et le conjurèrent de leur accorder un abbé capable d'extirper les vices qui s'étaient répandus parmi eux. Ayguife, moine de Fleury, fut chargé d'opérer cette réforme; sa douceur et sa courageuse fermeté parvinrent à ramener les esprits; mais deux ans après, deux moines, Arcadius et Columbus, soulèvent une partie de leurs frères, obtiennent des secours d'un Mummulus, comte d'Utica; qu'ils avaient séduit en flattant son avarice, saisissent l'abbé et les religieux restés fidèles, leur coupent la langue, leur crèvent les yeux, et les déportent ensuite dans l'île de Capraria, où, après deux ans de détention, ils vont leur donner la mort. Cependant, la réforme eut lieu et le monastère devint si florissant et si peuplé, que l'on trouve dans des Mémoires fort anciens, que vers 700, l'abbé saint Amand y gouvernait plus de 3,700 moines. Ce que l'on dit de la ferveur des religieux est plus probable que ce que l'on dit de leur nombre. La communauté de Lérins ne se releva de cette première chute que pour retomber dans un état plus déplorable encore. Mais alors ce ne furent plus des dissensions intérieures qui causèrent ces nouvelles calamités. Les Sarrasins, maîtres d'Arles, se répandirent dans la Provence et surprirent l'île de Lérins. Saint Porcaire, qui en était alors abbé, avait eu révélation des malheurs qui le menaçaient; il avait engagé les religieux à souffrir un glorieux martyre, plutôt que d'imprimer sur leur front la tache de l'apostasie. Des enfants, au nombre de seize, et trente-six moines, dont la jeunesse inspirait des craintes sur leur fermeté, sont envoyés en Italie; les reliques sacrées sont cachées, et saint Porcaire attend la mort au milieu de 505 religieux, résignés comme lui; les Barbares, maîtres de Lérins, leur offrirent la vie s'ils voulaient renoncer à leur culte; ils ne purent les pervertir, et le sang de ces pieux cénobites fut versé. Deux seulement, Colomb et Eleuthère, avaient cherché à se soustraire au supplice; ils se cachèrent dans une grotte du rivage : mais Colomb rougit bientôt de sa lâcheté et alla partager le sort de ses frères. Les infidèles rasèrent les églises et les bâtiments; s'embarquèrent, emmenant avec eux quatre religieux des plus jeunes et des mieux faits, qu'ils avaient épargnés, et allèrent relâcher à Agay. Là, les quatre prisonniers parvinrent à se sauver et retournèrent le jour suivant à Lérins, où, aidés d'Eleuthère, ils rendirent à leurs frères les derniers devoirs. Ceux qui avaient été envoyés en Italie furent rappelés; le monastère fut relevé, et la conduite en fut confiée à Eleuthère. Huit ans après, les Sarrasins firent une seconde incursion, mais ils n'eurent pas le temps d'exercer leurs cruautés.

Ce fut pour se mettre à l'abri des Barbares, que, vers 1088, Aldebert II, abbé de Lérins, y fit jeter les fondements de la tour qui existe encore à la pointe sud de l'île : quelques années après, vers 1107, l'ancien monastère fut pillé et brûlé par les infidèles, le jour de la Pentecôte, pendant que les Pères assistaient aux offices. Cette nouvelle invasion détermina les moines à hâter, autant qu'ils le pourraient, la construction de la tour, mais elle ne fut achevée que vers 1400. Le 10 mai de cette année, des pirates génois s'en emparèrent pendant la nuit et par escalade. Ils ne furent pas long-temps maîtres de l'île : des gentilshommes de la Provence, aidés de la milice de Grasse et des autres villes voisines, vinrent les attaquer, et, malgré leur vigoureuse résistance, les firent prisonniers.

Le 21 juin 1525, François Ier, conduit en Espagne après la bataille de Pavie, voulut s'arrêter dans cette île, et y passa la nuit. Vingt-neuf ans après, la flotte espagnole, destinée à favoriser l'incursion du connétable de Bourbon, se rendit maître de Lérins et la pilla. En 1566, elle fut encore prise par André Doria. En 1635, les Espagnols, sous les ordres du marquis de Santa-Cruz, s'en emparèrent, et n'en furent chassés que deux ans après par l'archevêque de Bordeaux, Sourdis, et Henri de Lorraine-Elbeuf, comte d'Harcourt. Le 31 décembre 1746, elle tomba au pouvoir des Anglais et des Autrichiens, qui détruisirent les forêts qui l'ombrageaient, et la dévastèrent. Le chevalier de Belle-Ile la reprit le 25 mai de l'année suivante.

L'un des manuscrits les plus précieux qui fussent à Lérins est une Bible qui date du VIIIe ou IXe siècle. Elle fut portée à divers conciles, et entre autres à celui de Trente et à celui de Constance. On nous assure qu'elle se trouve aujourd'hui dans la bibliothèque du grand séminaire de Fréjus.

Pendant la révolution, l'île de Lérins fut vendue par le domaine : elle appartient à M. Sicard de Vallauris, que nous voudrions engager à conserver précieusement les ruines et les débris qui seuls attestent encore l'existence du plus célèbre monastère des Gaules.

Le cloître avait été bâti d'abord dans l'intérieur de l'île, non loin d'un puits que saint Honorat avait fait creuser, et qui fournit une eau très-abondante et très-fraîche, quoique au-dessous du niveau de la mer. On y remarquait sur un grand carré de marbre blanc cette inscription latine, composée en 1600 par Vincent Barral de Salerne :

Isacidum ductor lymphas medicavit amaras,
Et virgâ fontes exudit è silice.
Aspice, ut hic rigido surgant e marmore rivi
Et salso dulcis gurgite vena fluat.
Pulsat Honoratus rupem, laticesque redundant
Et sudis ac virgæ Mosis adæquat opus.
Mara exod. 15. † sin. num. 20.

Ce puits est transformé aujourd'hui en pompe à vent. L'inscription a été conservée sur le mur extérieur. Près de là sont les ruines de plusieurs chapelles agglomérées. La plus grande, sous l'invocation de saint Honorat, est d'une architecture simple et élancée. La voûte en ogive s'étant écroulée dans le milieu, se présente sous un des aspects les plus pittoresques. L'entrée était décorée de deux colonnes d'ordre corinthien en granit rouge. Une seule est encore debout. L'autre fut transportée à Marseille, et de là à Antibes, où elle est actuellement. Inscriptions très-anciennes, débris d'autels, armoiries, caveaux, lavabo en marbre blanc d'une construction très-élégante, tels sont les objets qui s'offrent aux recherches des curieux.

La tour, qui fut construite sur une pointe de rochers s'avançant dans la mer au sud de l'île, existe encore, mais dans un état de dégradation qui en fait craindre le prochain anéantissement. Ce vaste édifice, dont un seul côté porte créneaux, n'offre rien de remarquable au dehors. Seulement quelques boulets fixés aux murs, et les traces d'autres qui ont marqué leur passage par de profonds sillons dans les assises des pierres, témoignent encore que cette pieuse retraite ne fut pas à l'abri du fléau de la guerre. Dans l'intérieur, on voit un vaste carré à jour, où se trouve une belle citerne, et autour une galerie formée de colonnes gothiques qui se distinguent par leur légèreté et par l'irrégularité de leurs chapiteaux. A l'étage supérieur existe un second péristyle, dont les colonnes, plus petites et plus nombreuses, sont en marbre blanc statuaire. Deux escaliers conduisent aux innombrables appartements que renferme cette tour massive. On reconnaît encore une chapelle, plusieurs oratoires, deux énormes cuisines, un réfectoire, et une infinité de cellules disposées avec ordre. Dans quelques-unes plus grandes, en remarquant les peintures qui en décorent les plafonds, on est surpris d'y trouver des sujets mythologiques alliés à des sujets sacrés. L'on ne gravit pas sans danger jusqu'aux étages supérieurs : mais si l'on parvient à franchir ces escaliers presque verticaux et souvent interrompus ; si l'on ne craint pas de se confier à ces planchers mouvants, on est amplement dédommagé par la magnificence du spectacle qui se déroule à la vue; l'immensité de la mer dont les flots viennent battre avec fracas et miner sourdement le pied de la tour, les sombres crêtes du cap Roux, le vaste amphithéâtre la Napoule et son château ruiné, Cannes et ses jardins embaumés d'orangers, Mougins que l'on prendrait pour une forteresse, Grasse se détachant sur des montagnes arides, et les Alpes couronnant le tableau de leurs cimes majestueuses, offrent un coup d'œil des plus majestueux.

MARGUERITE. *Voy.* Lérins.

MOUANS. Joli village situé dans une plaine, à 1 l. 1/2 de Grasse. Pop. 660 hab. Il est formé de rues tirées au cordeau, et remarquable par les ruines pittoresques d'un ancien château, où la baronne Suzanne de Villeneuve soutint pnedant plusieurs jours un siége meurtrier contre l'armée du duc de Savoie.

THORENCES (vallée des). *Voy.* Valderoure.

VALBONNE. Joli bourg, situé au centre d'une vallée extrêmement fertile, à 2 l. de Grasse. Pop. 1,122 hab. Il est remarquable par la régularité de ses quatre rues tirées au cordeau, qui aboutissent à une place décorée de maisons d'une jolie architecture, dont les façades sont ornées d'arcades d'une grande élégance.

VALDEROURE. Village situé à 9 l. de Grasse. Pop. 320 hab.

Entre Valderoure et Andon se trouve la ravissante vallée des Thorences, sillonnée dans toute sa longueur par un ruisseau très-poissonneux. Les restes d'un vieux château détruit depuis plusieurs siècles, qu'on voit sur un pic très-escarpé, les vestiges d'un village considérable dont la tradition est peu ancienne, la diversité des sites et du paysage, offrent des tableaux d'une composition vraiment fantastique.

VALLAURIS. Joli village situé dans une fertile vallée, à 4 l. 1/2 de Grasse. Pop. 2,060 hab. Il est remarquable par ses beaux jardins plantés de citronniers et d'orangers, et offre un séjour des plus agréables. — Mine de manganèse.

VALLIER (SAINT-). Bourg situé dans une plaine, à 2 l. 1/2 de Grasse. Population, 609 hab.

Ce bourg a été fondé par les Romains; ce fut dans le principe un fort dont les murailles existent encore en partie, qui, par son étendue, devait contenir plusieurs cohortes. — Sur les hauteurs environnant Saint-Vallier du côté du nord, se trouvent deux cassines entourées de retranchements en pierres sèches, d'où l'on jouit d'une vue magnifique sur le littoral depuis Toulon jusqu'au Var. Les collines du territoire de ce village sont couvertes de lavande que l'on distille sur les lieux pour en retirer l'huile essentielle qui est vendue aux parfumeurs de Grasse. — On doit visiter, aux environs, le Pont-à-Dieu, formé de rochers et couvert de gros arbres, sous lequel passe la Siagne.

VENCE. Ville ancienne, très-agréablement située dans un territoire bien cultivé, sous un des plus beaux climats de la Provence, à 5 l. 1/2 de Grasse. ✉ Population, 2,612 hab.

Vence occupe l'emplacement de l'antique capitale des *Nerusli*, détruite par les Barbares. Son ancienneté est attestée par l'histoire, par les monuments qu'on y remarque et par un grand nombre d'inscriptions. Le monument qu'on suppose le plus ancien, consiste en deux colonnes de granit, considérées comme un présent de la ville de Marseille à celle de Vence : au coin de la rue de la Rouette on voit une inscription dédiée à Valérien, prince de la Jeunesse, et petit-fils de l'empereur Gallien.

La ville de Vence est resserrée dans une enceinte de murailles et généralement mal construite; mais toutes les rues en sont arrosées par un large ruisseau d'eau courante; les faubourgs sont bien bâtis et très-salubres. — *Fabriques* de cuirs. Moulins à huile. — *Commerce* d'huile d'olives et de fruits secs.

ARRONDISSEMENT DE TOULON.

BANDOLS. Village très-agréablement situé, à 4 l. de Toulon. Pop. 1,575 hab.

Il est bâti au bord de la Méditerranée où il a un petit port, dans un site riant et sain, sous un climat où la gelée est inconnue; les orangers y viennent en plein vent, et l'on y recueille, au cœur de l'hiver, des artichauts, des pois verts et autres primeurs. — *Commerce* de vins.

BEAUSSET (le). Bourg situé dans un

territoire fertile en très-bons vins, à 4 l. 1/4 de Toulon. ✉ ☞ Pop. 3,326 hab. C'est la patrie de M. Portalis. — *Fabriques* de savon, huile d'olives, toiles, tonnellerie, goudron. Moulins à huile et à blé. — *Commerce* de vins, eaux-de-vie, huile d'olives, etc.

BELGENCIER. Joli bourg situé à 4 l. 3/4 de Toulon. Pop. 1,322 hab. C'est la patrie du savant Peyresc. — *Fabriques* d'étoffes de laine. Papeteries. Tanneries. — *Commerce* d'olives.

BORMES. Bourg situé sur le penchant d'une colline, à 9 l. de Toulon. Pop. 1,500 hab. Le climat y est très-doux, et les jardins offrent les mêmes productions que ceux d'Hyères. Au bas de la plaine est le hameau de Lavandou, où l'on a établi une pêcherie.

CADIÈRE (la). Bourg situé à 5 l. 1/4 de Toulon. Pop. 4,600 hab. C'était jadis une place forte entourée de trois enceintes de murailles, et défendue par un grand château flanqué de tours, qui a été détruit au commencement du XVIIIe siècle. — *Commerce* d'huile d'olives, de figues estimées, de noisettes et de câpres de première qualité.

COLLOBRIÈRES. Bourg situé dans un bassin entouré de montagnes et arrosé par un petit ruisseau, à 11 l. 1/2 de Toulon. Pop. 1,680 hab.

CUERS. Petite ville située à 5 l. 1/2 de Toulon. ✉ ☞ Pop. 5,106 hab. Elle est bâtie au pied d'une colline plantée de vignes, d'oliviers et d'arbres fruitiers : la pureté de son ciel, la douceur de son climat, la fertilité de son sol et la beauté de ses différents sites, en font un séjour délicieux.

EVENOS. Village situé à 2 l. 1/4 de Toulon. Pop. 750 hab. Il est bâti sur une hauteur dont le sommet est couronné par une tour bâtie en pierres volcaniques plus d'un siècle avant l'ère chrétienne, et parfaitement conservée. — Aux environs, on voit un souterrain en forme d'église, nommé le Saint-Trou ; d'environ 100 mètres de longueur sur 13 de hauteur et 25 de largeur : l'intérieur renferme de belles concrétions ; au milieu est une source intarissable d'eau excellente, sortant de terre dans une conque admirable ; le dôme est très-curieux et fort élevé. — *Fabriques* de poix et de charbon.

HIÈRES ou **HYÈRES.** Ville ancienne, bâtie dans une délicieuse situation, à 4 l. de Toulon. ✉ Pop. 10,142 hab.

Hyères est une ville d'origine grecque, qui porta primitivement le nom d'*Arcæ* ; les Romains la nommèrent *Hieros* et l'embellirent de plusieurs monuments qui ont entièrement disparu par l'effet désastreux des différentes incursions des Barbares africains. La ville fut reconstruite après l'expulsion des Sarrasins du Fraxinet ; elle était défendue par un château bâti sur une grande partie de la montagne qui domine Hyères. Ce château fut assiégé sans succès par les comtes de Provence, par Raymond de Turenne, par les Carcistes, par les troupes de Henri IV, et par le baron de Vins ; le duc de Guise s'en empara de vive force et le fit détruire de fond en comble, à l'exception de la porte antique dont nous donnons la gravure.

La ville d'Hyères est bâtie en amphithéâtre, sur le penchant méridional qui regarde la Méditerranée, et jouit d'une perspective délicieuse sur une plaine magnifique, sur la mer et sur les riantes îles auxquelles elle donne son nom. Le printemps y est continuel, et l'hiver, qui, dans les autres contrées de la France, attriste et engourdit la nature, respecte ce canton favorisé et y laisse presque toujours régner une température douce qui y entretient la verdure et la végétation.

L'intérieur de la ville n'a rien de séduisant. La plupart des rues sont étroites, escarpées, tortueuses et fort mal pavées. La partie la plus élevée est couronnée de rochers et de vastes débris de l'ancienne forteresse ; de là descend une chaîne de murs énormes qui jadis entouraient la ville. Dans cette partie s'élève un roc escarpé qui porte une des églises paroissiales, grand édifice assez curieux. Au-dessous, on voit un château isolé occupé par l'hôtel-de-ville, dont la façade donne sur la place du Marché. Plus bas est la place Royale, vaste et symétrique, mais triste et mal entretenue, décorée d'une colonne qui supporte le buste en marbre blanc de Massillon ; monument d'un beau travail, entouré d'une grille dorée. Le faubourg est le quartier le plus propre et celui que préfèrent les étrangers ; on y voit des hôtels et des maisons de toute beauté, d'où l'on jouit d'une perspective admirable sur une plaine couverte d'orangers, de citronniers, de vignes et d'oliviers, au milieu desquels se balancent les hautes cimes de quelques palmiers, dont le brillant feuillage, nuancé par l'éclat des fleurs et des fruits, ressemble à un jardin continuel que termine l'azur des eaux confondu avec celui du ciel.

Le territoire d'Hyères est principalement consacré à la culture de l'oranger, qui n'est pas ici un faible arbuste ; mais un arbre de

RESTES DE L'ANCIEN CHÂTEAU D'HYÈRES.

haute futaie, cultivé en pleine terre dans deux jardins principaux, ceux de MM. Fille et Beauregard. Voici la description du jardin de M. Fille, qui, avant l'hiver de 1820, rapportait annuellement plus de 40,000 fr. Les arbres y sont si serrés les uns contre les autres, qu'il serait impossible de passer à travers les massifs. Divers sentiers y permettent la circulation. On y compte dix-huit mille orangers qui, chargés de fleurs et de fruits, offrent l'abri de leur feuillage à un nombre infini d'oiseaux, parmi lesquels se trouvent une multitude de rossignols. — Les orangers attirent aussi un grand nombre d'abeilles, dont le bourdonnement se mêle au chant des oiseaux et donne de la vie à cette solitude. — Il faut aux orangers de la chaleur et de l'humidité. La chaleur, c'est le soleil de Provence qui la leur donne. L'humidité est entretenue par d'abondantes irrigations. L'eau qui tombe de la montagne est recueillie dans des réservoirs et distribuée journellement dans chaque bosquet, à l'aide de rigoles ou de tuyaux de bois. — Il suffit en outre, pour que les arbres prospèrent, de bêcher la terre au pied trois fois l'année : on a soin aussi de ne pas laisser prendre aux branches trop d'accroissement ; ils donneraient moins de fruits. — Le même arbre présente à la fois des fleurs, des fruits naissants et des fruits parvenus à leur maturité. Le vert gai et luisant des feuilles, qui paraissent couvertes d'un vernis, le blanc éclatant des fleurs, les nuances diverses des fruits dorés, forment un agréable mélange. On voit aussi dans ce jardin plusieurs variétés de citronniers, de bigaradiers, de cédrats, de bergamotiers et de grenadiers ; un nombre considérable d'arbres fruitiers, pêchers, poiriers, etc., de toute espèce. — L'orange n'acquiert sa parfaite maturité que plusieurs mois après la chute de sa fleur : si elle reste sur l'arbre à l'époque de la floraison, elle perd son suc ; mais elle le reprend quand les nouveaux fruits sont noués. — Les fruits cueillis sur l'arbre ont toujours un goût âpre, quelque mûrs qu'ils soient ; ils sont meilleurs quelques jours après avoir été cueillis. A Hyères, on récolte les oranges destinées aux pays lointains dès qu'un petit point jaune a marqué leur écorce ; on les expédie dans cet état, et elles achèvent de mûrir en moins de quarante jours.

La plaine qui se trouve au midi de la ville est d'une vaste étendue ; mais plus elle approche de la mer, plus elle devient infertile, à cause des sables et de l'aridité du sol. Au fond de cette plaine se trouve la presqu'île de Giens, qui contient l'étang de Pesquier et forme deux belles rades : celle d'Hyères où débarqua saint Louis à son retour d'Égypte, et celle de Giens. C'est dans ces deux rades que se réunit, en 1830, la flotte de cinq à six cents voiles destinée à l'expédition d'Alger.

Au quartier Saint-Laurent, sur le bord de la mer, est le vaste établissement des salines, où l'on arrive par un chemin agréable et bien entretenu, à travers une plaine embellie par une verte prairie qu'arrose la rivière de Gapeau. — On ne doit pas manquer de visiter la jolie chapelle de Notre-Dame, décorée d'un tableau du Pujet représentant les douze apôtres allant visiter le saint sépulcre ; et, près de là, la grotte des Fées, qui renferme une multitude de belles stalactites.

Hyères est la patrie du célèbre prédicateur Massillon.

Fabriques d'huile d'olives. Distilleries d'eau-de-vie, de rafle d'eau et de fleur d'oranger. Filatures de soie. Culture du mûrier. — *Commerce* de vins, huile d'olives, sel, grenades, oranges, citrons et autres fruits.

Hôtels des Ambassadeurs, de l'Europe. Ces hôtels rivalisent avec ceux de la plupart des grandes villes de France, sous le rapport de l'élégance, de la commodité, des soins assidus et de la bonne chère. Le premier est, sans contredit, le plus agréable qui soit au monde : en y entrant, on se croit transporté dans un séjour enchanté, dans le délicieux jardin des Hespérides.

HYÈRES (ILES D'). Ces îles sont au nombre de quatre : l'île du Levant ou de Titan, Port-Cros, Porquerolles et Bagneau : cette dernière est inhabitée.

L'ILE DU LEVANT est située la plus à l'est, à 7 l. d'Hyères. Elle est la plus grande des trois ; mais elle a peu d'habitants, à cause de la grande quantité d'écueils et de rochers à fleur d'eau qui l'entourent.

L'ILE DE PORT-CROS, située à 6 l. 1/4 d'Hyères, doit son nom à un port très-profond, nommé PORT-MAYE, où les vaisseaux peuvent mouiller par trois ou quatre brasses d'eau. Elle est couverte de fraisiers et de lavande, et défendue par une batterie élevée lors de la dernière guerre continentale.

L'ILE DE PORQUEROLLES est située la plus à l'ouest, à 4 l. d'Hyères. C'est la plus considérable par ses fortifications et par le nombre de ses habitants.

NAZAIRE (SAINT-). Bourg maritime, situé à 3 l. 1/4 de Toulon. Conseil de prud'hommes pêcheurs. Pop. 2,695 hab.

Ce bourg est situé sur la Méditerranée, qui forme un petit port au milieu duquel est une tour carrée de 120 pieds de hauteur, encore en fort bon état. En 1707, cette tour, armée de six pièces d'artillerie, força la flotte anglo-sarde à se retirer après avoir essuyé des pertes considérables. L'approche du port est défendue par la batterie du cap Nègre et par celles de Portissol et de la Cride.

OLLIOULES. Jolie petite ville, située à 2 l. de Toulon. Pop. 3,132 hab.

Cette ville est bâtie dans une situation charmante, à la sortie des gorges dites Vaux-d'Ollioules, au milieu d'une belle campagne, abritée par des hauteurs qui rendent sa température si douce que les orangers y viennent en plein vent et donnent des récoltes assurées. On y voit les ruines d'un ancien château dont la construction paraît être du XIIIe siècle. — *Fabriques* de colle forte. — *Commerce* d'huile d'olives, raisins, figues, amandes et autres fruits.

Le défilé qui porte le nom de Vaux-d'Ollioules est traversé par la route du Beausset à Toulon. C'est une gorge affreuse resserrée entre deux montagnes, ou plutôt entre deux rochers calcaires coupés à pic, de la plus bizarre conformation et de la plus complète aridité, dont les sommets semblent se réunir en certains endroits par des masses saillantes, qui menacent d'écraser par leur chute les voyageurs. La route étroite, sinueuse et privée de verdure, qui circule entre ces deux escarpements, a été dérobée partie au torrent qui coule au fond de ces tristes gorges, et partie à la montagne dont il ronge la base. Au sortir de cet affreux défilé, la vue se repose avec plaisir sur la jolie ville d'Ollioules et sur le charmant paysage qui l'environne.

SOLLIÈS-PONT. Joli bourg, situé dans une plaine fertile, sur le Gapeau, à 3 l. 1/4 de Toulon. Pop. 3,495 hab. On y remarque une belle église de construction moderne. — Filatures de soie. Tanneries.

SOLLIÈS-VILLE. Petite ville, bâtie en amphithéâtre sur le penchant d'une montagne, à 4 l. de Toulon. Pop. 990 habit. Elle était jadis beaucoup plus importante, et possédait un château que les habitants détruisirent pendant les guerres de religion. Lesdiguières vint les soumettre, et les força à rebâtir un nouveau château dont ils abandonnèrent bientôt la construction pour édifier celui de Solliès-Pont. Cet événement fut cause que la généralité des habitants abandonnèrent la ville pour aller s'établir dans la campagne, où ils formèrent un grand nombre de hameaux.

TOULON. Ancienne, grande, belle et forte ville maritime. Chef-lieu de sous-préfecture. Préfecture maritime. Tribunaux de première instance et de commerce. Direction des douanes. École d'hydrographie de deuxième classe. Académie. École de médecine navale. Collége communal. ✉ ⚓ Pop. 28,419 hab.

Toulon passe pour avoir été fondé par Telo-Martius. Les géographes Pomponius Mela et Strabon n'en font pas mention. Suivant Papon, le nom de Toulon est inscrit pour la première fois dans l'Itinéraire d'Antonin. Cependant, quand on fait attention à la beauté de la plage, où les vaisseaux trouvent un abri sûr dans un bassin immense, et que l'on connaît le site et la beauté du territoire, on est porté à croire que la contrée a été habitée dès les temps les plus reculés. Aucun monument ne prouve qu'il y ait eu une ville en ce lieu avant le IVe siècle; mais tout porte à croire que la plage où existe Toulon fut habitée par des peuplades sans industrie, avant l'arrivée des Phocéens, et que ceux-ci fondèrent quelques établissements qui formèrent la ville citée dans l'Itinéraire d'Antonin. En 481, saint Gratien, second évêque de Toulon, subit le martyre pour la défense de l'église catholique contre les Ariens. Dans le moyen âge, cette ville fut dévastée par les Saxons, par les Goths et par les Vandales. Saint Louis, prêt à s'embarquer à Marseille pour la première croisade, ayant reconnu l'importance militaire de la rade de Toulon, ordonna l'érection de quelques forteresses dont il assigna lui-même la position. En 1329, le roi Robert et Philippe de Tarente ajoutèrent quelques fortifications à celles déjà établies, et firent entourer la ville d'épaisses murailles. La peste y exerça de grands ravages en 1422: le peuple croyant reconnaître dans ce fléau les sortiléges des juifs fixés à Toulon, se souleva contre eux et égorgea tous ceux qui tombèrent sous sa main. Vers cette époque, Louis XII fit jeter les fondements de la Grosse Tour, qui fut achevée sous le règne de François Ier et devint le boulevard de la ville du côté de la mer. Henri IV fit agrandir l'enceinte de Toulon, fit bâtir les bastions destinés à le défendre, les forts Sainte-Catherine et Saint-Antonin, et jeta les fondements des deux grands môles qui flanquent le port. Sous Louis XIV, l'art

TOULON.

des fortifications épuisa ses prodiges en faveur de Toulon : en peu de temps, l'entrée de la rade fut défendue par les forts de l'Aiguillette et de Saint-Louis, et tous les points accessibles à une descente, fortifiés par de nombreuses batteries. Ainsi fortifié, Toulon résista en 1707 aux forces réunies de l'Angleterre, de la Hollande, du duc de Savoie et du prince Eugène. La peste désola de nouveau cette ville en 1720.

A la suite des événements qui eurent lieu à Paris le 31 mai 1793, Marseille s'insurgea, leva plusieurs bataillons, et les fit partir pour aller au secours de Lyon. Le général Carteaux, qui avait été détaché de l'armée des Alpes avec 2,000 hommes, battit les Marseillais à Orange, les chassa d'Avignon et entra dans Marseille le 24 août 1793. La ville de Toulon avait pris part à l'insurrection de Marseille ; elle reçut dans ses murs les principaux sectionnaires marseillais, et, de concert avec eux, les Toulonnais accédèrent aux propositions que fit l'amiral anglais Hood, auquel s'était jointe une escadre espagnole, de prendre possession de la ville et du port, au nom du roi de France, pour être rendus à la paix. Cette place, où l'on comptait vingt vaisseaux de ligne, un matériel immense et des établissements superbes, fut livrée aux Anglais par la plus infâme trahison, le 16 août 1793. Huit mille hommes y furent transportés par l'escadre espagnole, et s'emparèrent des postes et des forts environnants.

A cette nouvelle, le général Lapoype partit de Nice avec 4,000 hommes, accompagné des représentants du peuple Fréron et Barras, et se porta sur Saulnier, observant les redoutes du cap Brun, et la ligne comprise entre ce cap et le fort Pharon. D'un autre côté, le général Carteaux, avec les représentants du peuple Albitte, Gasparin et Salicetti, se porta sur le Beausset et observa les gorges d'Ollioules, dont il s'empara le 10 septembre. Un plan d'attaque avait été tracé à Paris et envoyé par le comité de salut public, qui nomma Bonaparte, alors âgé de 23 ans, pour commander l'artillerie de siége. A son arrivée, ce commandant trouva le quartier général au Beausset; le lendemain, il alla avec le général en chef Dugommier visiter les batteries. Quel fut son étonnement de trouver une batterie de six pièces de vingt-quatre, placée à un quart de lieue des gorges d'Ollioules, à trois portées de distance des bâtiments anglais, à deux portées du rivage, et tous les soldats occupés à faire rougir les boulets dans toutes les bastides ! Le premier soin du commandant de l'artillerie fut d'appeler près de lui un grand nombre d'officiers de cette arme, que les circonstances de la révolution avaient éloignés. Au bout de six semaines, il était parvenu à réunir, à former et à approvisionner un parc de deux cents bouches à feu. Les représentants, témoins de la hardiesse de sa disposition, de sa valeur et de son activité, le nomment général de brigade. Les batteries furent avancées et placées sur les points les plus avantageux du rivage : leur effet fut tel, que les gros bâtiments ennemis furent démâtés, des bâtiments légers coulés, et les Anglais contraints de s'éloigner de cette partie de la rade. Le 18 décembre, à 4 heures du soir, les troupes s'ébranlent de leurs camps et se dirigent sur le village de Seyne ; le projet était d'attaquer à minuit. Deux colonnes sont formées, et l'on marche à l'ennemi ; la fusillade s'engage au pied du fort du Petit-Gibraltar; les boulets, la mitraille et les balles pleuvent de toute part. Dugommier qui, selon sa coutume, marchait à la tête de la première colonne, se voyait dans la nécessité de rétrograder, lorsque le capitaine d'artillerie Muiron, adjoint au commandant d'artillerie, détaché avec un bataillon de chasseurs, débouche au pied du fort, s'élance dans l'embrasure : son bataillon le suit et le fort est pris. Tous les canonniers anglais et espagnols sont tués sur leurs pièces, et Muiron est blessé grièvement d'un coup de pique. A la pointe du jour, on marcha sur les forts de Balaguier et de l'Aiguillette, qui avaient été évacués par l'ennemi. L'amiral anglais n'eut pas plutôt vu les Français maîtres de ces positions, qu'il fit le signal de lever l'ancre et de quitter les rades. Tout en préparant leur fuite, les troupes ne pouvant conserver le port de Toulon, le parcourent la torche à la main, incendient tous les établissements de la marine, et portent le feu jusque sur les vaisseaux restés en rade ; neuf vaisseaux de 74, quatre frégates, plusieurs petits bâtiments, l'arsenal, une immense quantité de munitions navales et de bois de construction, devinrent la proie des flammes. Les Anglais agirent à Toulon comme ils agirent en Flandre, en Corse, à Quiberon, dans la Vendée, à Saint-Domingue ; partout et dans tous les temps ils montrèrent la même déloyauté, la même rapacité, les mêmes perfidies. Ils pénétrèrent à Toulon en s'annonçant comme libérateurs, en promettant d'être fidèles dépositaires des propriétés ; ils s'y conduisirent en infâmes flibustiers. A la lueur de l'incendie qui livrera leur nom à l'exécration de la postérité la plus reculée, ils lèvent l'ancre, ils partent en repoussant impitoyablement de leurs bords les Toulonnais, qui, leur ayant livré la ville, craignent le juste ressentiment des républicains français. Les Espagnols, plus humains qu'eux, reçurent sur leurs bords ces habitants désolés. Dix à douze mille évitèrent ainsi la vengeance nationale; néanmoins le tribunal révolutionnaire fit fusiller dans la première quinzaine plus de cent individus.

A la vue des flammes dont la ville est enveloppée, un cri de rage s'élève dans l'armée; tous demandent l'assaut. Aussitôt une colonne est conduite par le général Dugommier sous les murs de la place. Quelques républicains, habitants de Toulon, s'emparent d'une porte et l'ouvrent, et les soldats français se précipitèrent dans la ville. L'arrière-garde ennemie, taillée en pièces et poursuivie avant d'atteindre ses vaisseaux vers lesquels elle fuyait, tombe et périt dans la mer. Les troupes républicaines entrèrent victorieuses dans Toulon le 21 décembre 1793. Aussitôt que cette nouvelle fut parvenue à Paris, le comité de salut public donna des ordres pour faire démolir les maisons de Toulon. L'absurdité de cette mesure n'en arrêta pas l'exécution : on en démolit plusieurs qu'on fut obligé de rebâtir après. Tous les désastres de cette époque ont été réparés sous le règne de Napoléon; les fortifications, rétablies ou complétées, ont fait de Toulon une place imprenable.

Cette ville est dans une admirable situation, sur un terrain légèrement incliné vers la mer, au pied de hautes collines qui la dominent du côté du nord, et au fond d'une petite baie dont une presqu'île ferme presque l'entrée. La rade, vaste, sûre et à l'abri de tous les vents, peut recevoir en tout temps les vaisseaux de toutes grandeurs. Elle est entourée de fortifications élevées d'après le système de Vauban, et généralement bien bâtie, mais mal percée : l'espace y manque; les rues sont étroites, et les places, excepté une seule, sont petites et irrégulières. Toutefois le quartier Neuf, où se trouvent les établissements de la marine, est de toute beauté. La plus grande rue, la rue Lafayette, traverse toute la ville et débouche, vers le port, sur une belle place carrée entourée d'un double rang de beaux arbres et décorée de plusieurs édifices majestueux. Le vieux quartier présente l'aspect d'une colonie formée par des peuples étrangers, dont le langage est un mélange de plusieurs idiomes.

Toulon est une ville très-populeuse en raison de son étendue. Elle offre des marchés abondamment approvisionnés, des magasins bien fournis, des rues encombrées de piétons, qui donnent une idée avantageuse de sa prospérité. Toutefois cette splendeur est liée au plus ou moins d'activité dans les travaux de l'arsenal : l'état de paix, en condamnant nos vaisseaux de ligne à l'inaction, paralyse cette florissante industrie. Tous les établissements maritimes y portent l'empreinte d'un grandiose inconnu à nos pères, que l'on accourt visiter de tous les points de l'Europe.

Le Port de Toulon est l'un des plus vastes et des plus sûrs que l'on connaisse; il se divise en deux parties, le port marchand et le port militaire, qui communiquent ensemble par un chenal. Le premier est bordé d'un superbe quai et décoré de plusieurs édifices. Le port militaire contient les chantiers de construction, les forges, la mâture, la corderie, la voilerie, les magasins et l'arsenal maritime, un des plus considérables de l'Europe. On y admire surtout les chantiers de construction, où se trouvent deux cales couvertes, dont les immenses toitures sont destinées à abriter du soleil brûlant de l'été et des frimas de l'hiver, les vaisseaux du premier rang qu'on met sur le chantier. Ces cales ont 250 pieds de long sur 60 pieds de large.

Magasin général. Cet édifice monumental a 300 pieds de long sur 51 de large; il est composé d'un rez-de-chaussée et de trois étages, ayant chacun 24 pieds de hauteur. Deux rangs de piliers en pierre de taille soutiennent les planchers et les combles, formés par des voûtes en briques creuses. La grandeur et la beauté du vestibule, la hardiesse du double escalier, l'immensité des salles, l'ensemble de l'édifice, frappent l'imagination. Deux rangs de piliers en divisent l'intérieur en trois nefs : les nefs latérales sont subdivisées par des cloisons partant du mur et aboutissant aux piliers; elles forment dix-sept compartiments fermés par des grilles terminées en lances, de l'aspect le plus gracieux.

Arsenal maritime. Cet arsenal, le premier en ce genre que possède la France, est fermé à tout étranger. La porte d'entrée est ornée de quatre colonnes doriques détachées, de bas-reliefs et de trophées de marine, et de deux figures, l'une de Mars et l'autre de Minerve; au milieu est un écusson avec des trophées et des cornes d'abondance. A

FORT SAINT LOUIS, à Toulon.

l'une des extrémités de l'attique on voit un génie qui tient un faisceau de palmes ; aux extrémités sont des instruments relatifs aux sciences. 3ooo ouvriers et autant de forçats sont employés dans ce vaste établissement.

Le Parc d'artillerie, placé au-delà du pont de la Boulangerie, est remarquable par le nombre des bouches à feu, par l'immense quantité de projectiles qui s'y trouvent réunis.

La Salle d'armes a peu d'apparence à l'extérieur, mais elle contient une grande quantité d'armes de toutes les espèces, disposées de manière à présenter l'histoire des progrès de l'artillerie.

La Corderie est un vaste bâtiment composé d'un long corps de logis avec pavillon à chaque extrémité. La façade extérieure est régulière et symétrique dans la distribution des arches et des fenêtres. Celles-ci sont au nombre de soixante-six, placées de champ et correspondant aux portes voûtées en plein cintre. L'intérieur offre une succession de voûtes d'arête, soutenues par un double rang de piliers en pierre dure supportant le massif de 198 nefs disposées trois par trois. La longueur du local destiné à la confection des cordages est de 350 mètres.

La corderie de Toulon est divisée en rez-de-chaussée et premier étage, avec un espace ménagé au-dessus. Le rez-de-chaussée sert à l'alongement du filin ; le premier étage contient les ateliers pour les peigneurs de chanvre et les fileurs ; une portion des mansardes renferme les ouvriers batteurs ; le reste sert de garde-meuble.

L'École d'artillerie de marine, créée en 1822, occupe une partie de la caserne dite des Minimes : elle renferme une bibliothèque ; des cabinets de physique et de chimie ; un conservatoire des modèles de bouches à feu, affûts, voitures, armes de toute espèce en usage aux départements de la guerre et de la marine. Cette école est pourvue de bouches à feu, éprouvettes, attirails, munitions, instruments de vérification, machines et objets de tous genres nécessaires à l'instruction.

On voit sur le littoral l'établissement du polygone, où les artilleurs de la marine s'exercent à toutes les manœuvres de l'artillerie navale. Un pavillon rouge, arboré au sommet du polygone, annonce le danger à tous ceux qui veillent autour de l'enceinte. Le but des projectiles est creusé dans le roc, et il est rare que les boulets s'écartent de cette route pour aller frapper au loin.

Fort la Malgue. Cette importante citadelle est un des forts construits avec le plus de soin que nous ayons dans aucune de nos places fortes ; la hauteur du rempart du corps de la place est de 30 pieds environ. Le fort est construit en pierres de taille, et peut contenir 15 ou 1800 hommes de garnison : on y compte plus de cinquante chambres spacieuses, élevées, toutes voûtées et à l'abri de la bombe ; il existe aussi des casemates pouvant loger cinq à six cents hommes. On évalue à 200 le nombre de pièces de tout calibre à mettre en batterie pour la défense de cette forteresse. C'est là où ont reposé long-temps les restes inanimés du général Jaubert.

Fort Faron. Il est bâti sur l'un des sommets les plus élevés des montagnes qui environnent Toulon. De ce point, on découvre la ville et ses nombreuses forteresses, le terrain de la Garde, celui de Solliès, le vaste horizon de la mer, les îles d'Hyères, et quelquefois même les montagnes de l'île de Corse. Outre les murs épais qui flanquent cette forteresse de toutes parts, on y voit une caserne où peuvent loger 1500 hommes, dans laquelle se trouve une citerne de toute beauté.

La Grosse Tour est une forteresse gothique, construite sous le règne de Louis XII ; elle n'a de remarquable que sa belle position à l'entrée de la petite rade, et ses immenses cachots souterrains.

L'Hôtel-de-Ville est un bel édifice dont le balcon est soutenu par deux cariatides à gaine sculptées par le Puget : le caractère de la force est heureusement exprimé dans ces deux figures, et le célèbre Milon de Crotone, auquel le Puget avait préludé par ces deux morceaux, prouve que ce genre de composition était conforme à son génie.

Le grand Hôpital de la marine renferme plusieurs établissements : l'hôpital proprement dit, où sont traités avec les plus grands soins les marins malades. — L'école de médecine navale, renfermant une collection précieuse de pièces pathologiques. — La pharmacie centrale, où respirent un luxe et une harmonie d'arrangement qui rivalisent avec les plus beaux établissements en ce genre. — L'observatoire de la marine, d'où l'œil embrasse le magnifique panorama qu'offrent la ville et ses gracieux environs. — Le musée d'histoire naturelle, renfermant des collections choisies d'objets des différents règnes, classés avec ordre et méthode, ainsi que des armes et des objets d'industrie des sauvages visités par les corvettes des dernières expéditions autour du monde.

BAGNE. Ce lieu est spécialement consacré à la détention des condamnés aux travaux forcés à temps ; il est établi sur de vieux vaisseaux auxquels on a donné le nom de bagnes flottants. — L'hôpital du Bagne fut construit en 1784. Le massif de ce monument repose sur pilotis : il se compose de deux pavillons et d'un grand corps de logis ; le rez-de-chaussée sert de caserne aux gardes chiourmes ; le premier étage est l'hôpital proprement dit ; les pavillons renferment la pharmacie, les cuisines, divers bureaux, etc.

MONUMENTS RELIGIEUX. La cathédrale, qui porte le nom d'Église Majeure, est petite, sombre et mal située ; elle n'est remarquable que par quelques ouvrages du Puget qui en décorent l'intérieur. — La façade de l'église Notre-Dame est d'un style noble et remarquable. — L'église Saint-Jean est petite et peu digne d'attention. — Le portail de l'église Saint-Louis offre une colonnade d'un effet très-agréable.

PLACE DU CHAMP DE BATAILLE. Peu de places en France peuvent rivaliser avec celle du Champ de bataille ; quoique peu vaste, plusieurs bataillons peuvent y manœuvrer avec facilité. De nombreux cafés, les allées d'ormes et de platanes d'une hauteur prodigieuse dont elle est entourée, concourent à son embellissement. Les jeunes gens donnent à ces allées différents noms : vers la porte de France et en face de l'hôtel de l'amiral est l'allée des Amants ; la plus fréquentée porte le nom d'allée des Politiques ; la troisième se nomme l'allée des Veuves, et la quatrième l'allée des Soupirs.

LE COURS est une promenade longue et symétrique, occupée dès le point du jour par une foule de jardiniers, de bouquetières et de marchands de fruits et de volailles. Elle est loin d'offrir les agréments des belles allées du Champ de bataille, et est peu fréquentée des promeneurs.

MUSÉE DE LA MARINE. Ce bel établissement, où tous les arts de la marine ont déposé leur tribut, peut être considéré comme le dépôt des types ou modèles, soit de leur matière première, soit de leurs instruments, de leurs outils et de leurs machines, soit de leurs produits. Il offre l'image complète de tout ce qui se fait aujourd'hui, et reproduit une idée de ce qui se faisait autrefois. Les objets y sont classés en trois séries générales : 1° les modèles des bâtiments, 2° ceux des machines, 3° les objets divers. On y voit en outre des figures en ronde-bosse et des bas-reliefs qui concourent en grand à la décoration de la salle.

On remarque encore à Toulon : la bibliothèque publique, renfermant 8,600 volumes ; le collège ; l'arsenal de terre ; les casernes ; l'entrepôt général des voiles et cordages, ainsi que plusieurs autres beaux établissements de la marine ; la tour de l'horloge ; la préfecture maritime ; la salle de spectacle ; la maison du Puget ; le jardin botanique de naturalisation, etc., etc.

Industrie. Fabriques de draps, bonneterie, savon, chandelles, chocolat. Teintureries, tanneries. Construction de navires. Fonderies de canons. — *Commerce* de grains, farines, salaisons, vins, eau-de-vie, huile, câpres, figues, raisins secs, amandes, oranges et autres fruits excellents.

A 20 l. de Draguignan, 15 l. de Marseille, 215 l. de Paris. — *Hôtels* de la Croix de Malte, de la Croix d'or, du Lion d'or, de la Croix blanche, du Petit Saint-Jean.

FIN DU DÉPARTEMENT DU VAR.

IMPRIMERIE DE FIRMIN DIDOT FRÈRES,
RUE JACOB, N° 24.

Guide Pittoresque
DU
VOYAGEUR EN FRANCE.

DÉPARTEMENT DE LA CORSE.

RÉSUMÉ HISTORIQUE.

L'Île de Corse est une des îles les plus considérables de la Méditerranée et l'une des plus importantes par sa situation. Elle s'étend depuis le 41° 21' 4" de latitude jusqu'au 43°, 41', 7"; et en longitude occidentale depuis 6° 11' 47", 4 jusqu'au 7° 13' 3", 5. Sa distance du continent français est de 45 lieues (18 myriamètres); 2 lieues et demie seulement la séparent de la Sardaigne. Ses bornes sont : au nord, la mer de Ligurie et le golfe de Gênes; à l'est, la mer de Toscane; au sud, le détroit qui la sépare de la Sardaigne; à l'ouest, la Méditerranée. Sa plus grande longueur, à prendre de la partie la plus méridionale, près de Bonifacio, jusqu'à l'extrémité septentrionale, qui est le cap Corse, est de 182,885 mètres; sa plus grande largeur est de 84,333 mètres : sa superficie de 874,741 hectares.

La belle situation de l'île de Corse, son étendue, sa fertilité, l'ont de tout temps fait regarder comme un des points les plus importants de la Méditerranée; aussi plusieurs peuples s'en sont disputés la possession. On croit que le premier nom de cette île fut *Therapné*; les Phéniciens la nommèrent *Cyrnos*, les Grecs *Cyrnus*, et les Romains *Corsica*. On prétend que les Phéniciens furent les premiers peuples qui l'occupèrent; après eux les Lacédémoniens s'y établirent. Conquise par les Carthaginois, elle passa de la domination de ces derniers sous celle des Romains (vers l'an 494 de Rome), qui ne parvinrent à s'en rendre entièrement les maîtres qu'après huit expéditions successives, vers l'an de Rome 589. A cette époque, C. Marius fonda en Corse, à l'embouchure du Golo, la ville de Mariana, où il envoya une colonie romaine. Après la défaite de Marius par Sylla, ce dictateur fonda sur la rive droite du Tavignano la colonie d'Aleria. Cette époque fut une des plus brillantes de l'histoire de la Corse; tous les témoignages s'accordent à représenter l'état de ce pays comme florissant et prospère : trente-cinq villes, disséminées sur toute la circonférence de l'île, renfermaient une immense population dont les bras vigoureux rendaient fécond et riche un territoire devenu plus tard inhabité et inculte. Sous Constantin, la Corse fit partie de l'empire d'Occident. Lors de la décadence de l'empire romain, Genseric, après avoir pillé Rome, se porta contre la Sicile et la Corse, réussit à s'en rendre maître et y commit toute sorte de brigandages. Forcés plusieurs fois par les Romains d'abandonner leur conquête, les Vandales parvinrent toutefois à reprendre ces deux îles; mais enfin, après une domination de soixante-dix-sept ans, ils en furent définitivement chassés. Aux Vandales succédèrent les Grecs, les Goths, et les sectateurs de Mahomet, qui saccagèrent plusieurs villes de la Corse et ruinèrent les populations. Sous le pontificat de Grégoire VI la Corse fut annexée au domaine pontifical, et placée par le pape Adrien Ier, vers l'année 800, sous le protectorat de Charlemagne. Les Maures envahirent la Corse en 806 et en furent chassés par la flotte de Pépin; ils rentrèrent dans cette île en 809, ravagèrent la ville d'Aleria, ainsi que le pays environnant, et emmenèrent en esclavage toute la population, à l'exception des vieillards et des infirmes. Les Corses, réduits à la dernière extrémité, demandèrent assistance à Charlemagne. L'empereur envoya aussitôt à leur secours, son fils Charles qui défit les mahométans devant Mariana et dans les plaines d'Aleria. Sous le règne de Louis le Débonnaire, la

104e *Livraison.* (1re Corse.)

défense de l'île de Corse fut confiée au comte de Boniface, marquis de Toscane, qui remporta plusieurs avantages sur les Sarrasins, et fonda la ville de Bonifacio. Ses descendants lui succédèrent dans le marquisat de Toscane et de Corse jusqu'en 931, époque où la domination de la Corse fut donnée à Boson, auquel succéda Ubert, bâtard du roi Hugues. Othon II réunit la Corse au royaume d'Italie en 975. En 1001, les divers comtes insulaires, profitant de la mort du marquis Hugues, fils d'Ubert, et des troubles occasionnés par le décès de l'empereur Othon III, suivirent l'exemple de plusieurs villes italiennes et se déclarèrent indépendants; dès lors, chaque baron ou seigneur fut considéré comme souverain dans ses domaines. Ces seigneurs, dans l'espoir de joindre à leurs possessions celles de leurs voisins, ne tardèrent pas à s'attaquer, et le pays fut bientôt désolé par l'anarchie. Cet état de choses parut favorable au comte de Cinarca, le plus puissant des seigneurs insulaires, pour se rendre unique souverain du pays; dans cette intention, il entra en campagne à la tête d'une armée considérable; mais le peuple, fatigué de souffrir de toutes les dissensions des seigneurs, se souleva en masse, et, prenant les armes pour son propre compte, se réunit en diète nationale dans la vallée de Morosaglia; on investit d'une espèce de dictature l'insulaire Sambucuccio. Celui-ci recruta des forces imposantes, obligea le comte Cinarca à abandonner ses projets, rétablit promptement l'ordre entre tous les enfants de la Corse, et força les comtes montains à reconnaître l'autorité de leurs communes respectives. La féodalité fut ainsi presque anéantie d'un seul coup dans toute la partie cis-montaine, moins le cap Corse. Le pays affranchi, qui comprenait près des deux tiers de l'île, s'appela dès lors Terre des Communes. La partie ultra-montaine resta sous l'autorité du comte de Cinarca.

À la mort de Sambucuccio, le peuple, toujours indolent, ne désigna personne pour le remplacer. Le comte de Cinarca profita de cette circonstance pour recommencer ses armements contre les États voisins, et les pirates africains pour exercer leurs brigandages. Les Corses cis-montains résolurent alors de se mettre sous la protection d'un seigneur étranger capable de les défendre; ils offrirent, en 1012, la souveraineté de la Corse au marquis de Malaspina, qui parvint à expulser de l'île le comte de Cinarca, et à y rétablir la tranquillité. La famille des Malaspina conserva la souveraineté de la Corse jusqu'en 1077, époque où les habitants, cédant aux suggestions d'un évêque de Pise, nommé Landolphe, se déclarèrent sujets de l'Église romaine. L'évêque Landolphe et Gérard, son successeur, exercèrent leur autorité d'une manière toute paternelle. Sous l'évêque Daïbert, Urbain II céda, en 1091, la souveraineté de la Corse à l'église métropolitaine de Pise, moyennant une simple redevance annuelle. Les Pisans envoyèrent alors prendre solennellement possession de l'île au nom de la république : la hiérarchie des autorités fut partiellement changée, mais les institutions ne subirent aucune modification. Une grande tranquillité régna alors sur toute la Corse, dont la population se trouva heureuse sous une administration libérale et populaire; la liberté, l'ordre et la paix, rendirent à l'industrie nationale son activité; on perça des routes, on érigea des temples et autres édifices publics; on répara en partie les désastres causés par les invasions des barbares et par les guerres civiles. Presque tous les édifices un peu anciens qui existent dans l'île, sont d'architecture pisane.

La domination des Pisans, comme toute domination étrangère, étant devenue oppressive, l'attachement des insulaires se changea en aversion; les Génois s'offrirent alors pour se mettre à la place des Pisans. A l'occasion d'une piraterie dont on accusait les armateurs de Bonifacio, les Génois s'emparèrent de cette place par un coup hardi, et acquirent ainsi un premier établissement dans l'île. Cette occupation augmenta l'animosité déjà existante entre les républiques toscane et ligurienne, qui se firent la guerre avec fureur. Il s'ensuivit un grand relâchement dans l'autorité, et par suite l'anarchie recommença à désoler le pays. Les habitants de Calvi secouèrent le joug des Pisans, et se rangèrent sous celui de la république de Gênes; peu à peu les Pisans virent détruire leur autorité, à laquelle ils furent contraints de renoncer tout à fait vers le milieu du XIVe siècle. Les guerres continuelles que se faisaient alors les barons, et la nullité de l'autorité de Pise, décidèrent les magistrats de la Terre des Communes, les caporali cis-montains et les seigneurs d'outre-monts, à se réunir en diète dans la vallée de Morosoglia. Le résultat des délibérations fut de déférer l'autorité suprême à la république de Gênes; l'acte de cession, rédigé le 12 août 1347, fut porté à Gênes par une députation de quatre membres.

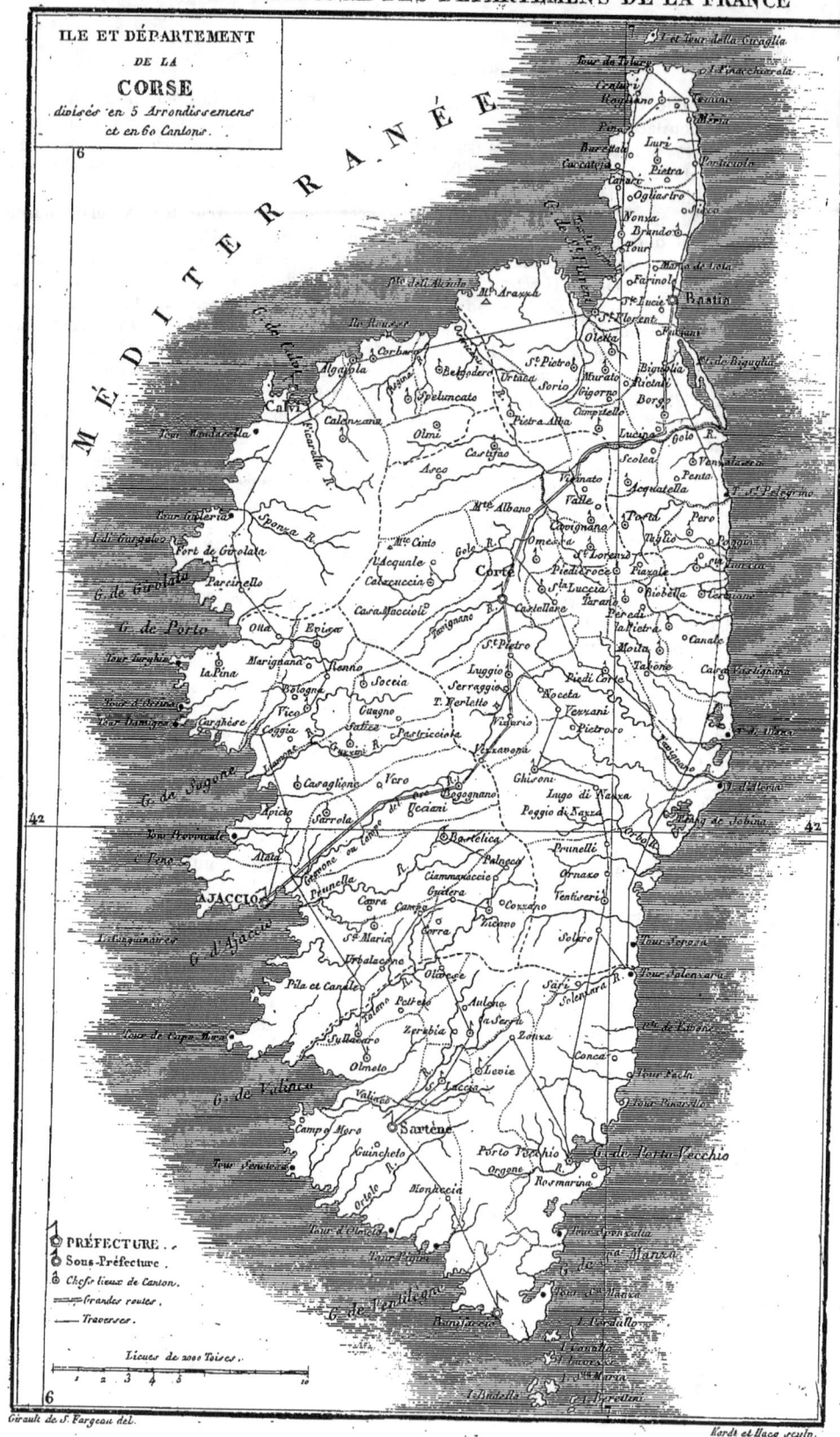

RÉSUMÉ HISTORIQUE.

En 1348, la république de Gênes prit, avec solennité, possession de l'île de Corse, où elle envoya comme gouverneur Jean Boccanegra. Peu à peu l'harmonie se rétablit, et la plus grande partie de la population reconnut l'autorité de Gênes. A Boccanegra succéda Tridano della Torre, qui gouverna l'île en paix et avec équité pendant sept ans. Sous son gouvernement, un différend s'étant élevé dans la piève de Rogno, entre deux hommes de basse extraction nommés Caggionacci et Ristagnacci, pour lesquels prirent parti les familles puissantes della Costa et d'Altiani, on courut aux armes. Le gouverneur Tridano se fit médiateur entre les deux partis, invita les chefs à se rendre dans le comté Casinca, s'y rendit lui-même, et y fut tué d'une manière barbare par les Caggionacci qui l'accusaient de favoriser leurs ennemis. — En 1372, Henri de la Roca ayant obtenu des secours du roi d'Aragon, auquel le pape Boniface VIII avait donné la Corse en 1296, sans que depuis cette époque il lui ait été possible d'en prendre possession, fit une descente dans l'île, dont il parvint à se rendre maître avec une promptitude surprenante; les gouverneurs génois ayant été obligés de se retirer, la révolution fut complète. Rocca gouverna pendant quatre ans avec justice et sagesse; mais bientôt il devint tyran et affecta un souverain mépris pour les lois: une insurrection organisée contre son autorité fut promptement réprimée, et Rocca gouverna l'île avec une extrême rigueur. Dans l'impossibilité où se trouvaient alors les Génois d'accorder une attention sérieuse aux affaires de la Corse, ils accueillirent favorablement la proposition faite par cinq sociétaires génois d'entreprendre de replacer la Corse sous la domination de la république. Le sénat approuva leur démarche, et rendit un décret par lequel la Corse leur était cédée à titre de fief de la république de Gênes. Les chefs de cette société, dite de la Maona, débarquèrent dans la partie de l'île dite la Terre des Communes; après quelques succès contestés, ils traitèrent avec le gouverneur, qui fut admis au nombre des sociétaires de la Maona. Mais bientôt des dissensions éclatèrent entre Rocca et les gouverneurs qui, voyant que la conquête de la Corse présentait plus de difficultés qu'ils n'avaient imaginé d'abord, abandonnèrent la partie en 1380, et s'en retournèrent à Gênes, humiliés et ruinés.

A cette époque, la souveraineté de l'île était divisée ainsi : Henri de la Rocca gouvernait, pour le roi d'Aragon, la partie d'au delà des monts, où plusieurs seigneurs se maintenaient encore tout-puissants; au nord, les seigneurs du cap Corse suivaient le parti des Génois, ainsi que les descendants des seigneurs de Corse, qui dominaient dans le Nebbio et dans quelques parties d'en deçà des monts; à l'est, était la Terre des Communes, espèce de république tributaire de celle de Gênes, divisée en deux parties, dont l'une se joignait ordinairement aux Génois, et l'autre aux Aragonais; Gênes possédait en outre Calvi, Bastia et Bonifacio.

La lutte entre les partisans des Génois et des Aragonais se continua, avec des chances diverses de succès, jusque vers le milieu du XVe siècle. Fatigué de ces longues agitations et de ces guerres interminables, le peuple se réunit en diète ou consulte à Morosaglia, en 1450, et déféra la seigneurie de la Corte à la compagnie de Saint-Georges, fondée en 1346 par le patriotisme de vingt-neuf citoyens de Gênes, à peu près sur les mêmes bases de la fameuse compagnie anglaise des Indes orientales. Aussitôt que cette compagnie fut reconnue, ses agents prirent l'offensive contre les Aragonais, qui furent contraints d'abandonner l'île : l'autorité suprême fut alors remise aux mains d'un gouverneur qui fixa sa résidence à Bastia; un lieutenant général sous ses ordres s'établit en même temps à Ajaccio pour présider au gouvernement de la partie ultra-montaine. Les directeurs de l'association, jaloux d'assurer leur domination absolue, procédèrent avec rigueur contre tous les seigneurs qui pouvaient leur faire obstacle. Rocca, le plus puissant d'entre eux, se défendit avec courage: les premiers faits d'armes tournèrent même à son avantage; mais les Génois, par des moyens honteux, lui aliénèrent ses plus dévoués partisans; Rocca, obligé de se renfermer dans un fort avec vingt-trois membres de sa famille, fut assiégé dans cette retraite par des forces supérieures, pris et égorgé ainsi que toute la garnison qu'il commandait. La compagnie ayant obtenu une domination sans rivale, régna par la terreur dans la partie ultra-montaine, et par la ruse dans la Terre des Communes; le calme toutefois n'était qu'apparent, et la tranquillité ne fut pas de longue durée. Un homme de cœur, Bradolaccio, outré des cruautés commises en Corse par les lieutenants de la compagnie, courut aux armes,

DÉPARTEMENT DE LA CORSE.

fit une levée considérable, battit les troupes des Génois, et s'empara, en 1462, de tout l'intérieur de l'île. Deux ans après, le duc de Milan fit passer des troupes en Corse, anéantit la puissance des Génois, remit les lois en vigueur, et rétablit la tranquillité; l'île reconnut l'autorité souveraine des ducs de Milan jusqu'en 1484, où elle passa sous la domination du prince de Piombino. L'année suivante, les directeurs de la compagnie de Saint-Georges, oubliant qu'ils n'avaient pas su conserver la Corse à une époque où ses habitants leur en avaient déféré la domination, achetèrent de Campo Fregoso la souveraineté de l'île, dont ils s'emparèrent sans coup férir, par la lâcheté du comte Gherardo. Les agents de la compagnie de Saint-Georges eurent une lutte terrible à soutenir contre plusieurs chefs ultra-montains, et ne parvinrent surtout qu'avec peine à triompher de Jean Paul de Leca, et de Rinuccio de Leca. Après la défaite de ces deux puissantes familles, l'autorité des Génois se trouva fortement rétablie, et dès lors le gouvernement insulaire suivit la marche ordinaire de tous les gouvernements usurpateurs qui croient n'avoir plus rien à redouter; il se fit arbitraire et tyrannique, et ne sembla s'occuper de la Corse que pour en tirer des profits; l'administration de l'île était considérée comme une affaire de commerce, et traitée toujours sous le point de vue de la recette et de la dépense. Quant à l'économie gouvernementale, on peut dire qu'elle se réduisait à encourager l'expatriation dans le but d'affaiblir les résistances intérieures, et à exciter les inimitiés particulières, afin que chaque famille étant occupée de sa propre conservation, n'eût pas le temps de s'occuper des affaires publiques. Pendant longtemps les Corses se contentèrent de se plaindre au lieu de se révolter comme ils le faisaient auparavant. Ils tentèrent bien quelquefois de prendre les armes; mais n'ayant point de chefs capables de les conduire, ils étaient bientôt accablés.

La rupture entre Henri II et Charles-Quint fut l'occasion de nouveaux troubles en Corse. Le roi de France ayant contracté une alliance avec le sultan Soliman, les flottes turque et française débarquèrent en 1553 des troupes commandées par Sampiero, qui parvint à s'emparer de la ville et de la citadelle de Bastia. A la voix de Sampiero, investi du commandement par ses compatriotes, la population de l'intérieur reconnut partout l'autorité du roi de France; Corte, Ajaccio, Bonifacio se rendirent successivement à ce brave patriote. En 1557, les Génois ne possédaient plus dans l'île que Bastia, Calvi et une partie du cap Corse; toutefois ils n'abandonnaient pas leurs prétentions sur le reste du pays, et négociaient pour en obtenir la restitution, qui leur fut accordée enfin en vertu du traité du Cateau Cambresis, par lequel le faible Henri II, malgré les déclarations les plus formelles, et surtout malgré le dévouement dont la masse des insulaires avait fait preuve en sa faveur, sacrifia la Corse à l'orgueilleuse république de Gênes.

Les commissaires de la compagnie de Saint-Georges reprirent possession de l'île en 1559, et établirent sur toutes les propriétés un impôt extraordinaire qui exaspéra les habitants. La compagnie sentit alors la nécessité de modifier ses prétentions; mais le sénat ligurien combattit ses dispositions pacifiques, s'empara de la puissance exercée depuis si longtemps par les directeurs, et la Corse retourna une seconde fois (en 1561) sous l'autorité immédiate de la république. Sampiero, après avoir vainement sollicité des secours à la cour de France et à Constantinople, débarqua en Corse en 1564, où sa présence inspirant aux insulaires une nouvelle vigueur, les disposa à une entière et générale révolte. Ce brave patriote était sur le point de réussir dans sa glorieuse entreprise, lorsqu'il fut soudainement arrêté dans sa carrière par les artifices des Génois, qui le firent lâchement assassiner par un scélérat du nom de Vitolli, en l'année 1567. Le fils de ce grand général, Alphonse d'Ornano, continua pendant quelque temps la guerre avec plus ou moins de succès; mais les Génois ayant fait succéder à la rigueur employée par eux jusqu'alors des moyens de douceur, la paix fut enfin conclue en 1569; une amnistie générale fut publiée, en vertu de laquelle Alphonse d'Ornano s'embarqua pour la France avec 300 de ses compatriotes.

Après une guerre longue et désastreuse, le peuple corse, ayant une foi entière aux promesses de ses gouvernants, était rentré dans le repos et ne pensait qu'à jouir des bienfaits de la paix qu'il venait d'obtenir; mais le pouvoir, toujours perfide et parjure, se détournant peu à peu de la route qu'il avait semblé vouloir suivre, devint oppressif, atroce et tyrannique. Alors ce peuple qu'on croyait entièrement dégénéré et réduit au plus avilissant ilotisme, sortant tout à coup de sa léthargie, s'élança sur les oppresseurs, les frappa de ses chaînes et les terrassa. Un moment il put croire que sa victoire était complète; mais la république ligurienne, qui avait des alliés, les appela à son secours, et la lutte fut ainsi prolongée pendant quarante ans : lutte mémorable pendant laquelle la nation corse enfanta des prodiges de valeur, de constance et de patriotisme, mais que signalèrent aussi des trahisons, des apostasies, des lâchetés, des crimes de toute espèce. L'insurrection générale éclata en 1729, et débuta par des succès. Les Génois, désespérant de pouvoir rétablir seuls leur autorité, implorèrent les secours de l'empereur d'Allemagne, qui consentit à fournir un corps de huit mille hommes, dont une division fut écrasée à Panugolo par l'intrépide Giafferri. De nouvelles troupes, commandées par le prince de Wurtemberg, vinrent renforcer les premières et portèrent en peu de temps l'armée austro-ligurienne à 20,000 combattants. Les chefs insulaires ne se découragèrent pas, combattirent avec le plus grand courage et firent éprouver à l'ennemi des pertes énormes. La guerre se poursuivait avec des chances diverses, lorsqu'on reçut des dépêches de Vienne qui favorisèrent des négociations, à la suite desquelles furent signées le 11 mai 1732, les bases d'une paix favorable aux Corses. Les Allemands évacuèrent entièrement le pays, où plus de trois mille des leurs avaient trouvé leur tombeau.

La conduite déloyale et perfide du gouvernement génois fut le signal d'une nouvelle insurrection, qui éclata en janvier 1734. Giafferri fut élu général et on lui adjoignit pour collègues Hyacinthe Paoli et Sébastien Costa, qui organisèrent un gouvernement national. La lutte recommença, et les forces liguriennes furent battues sur divers points; mais les Génois avaient établi un blocus si rigoureux qu'il était impossible de recevoir des munitions. Déjà divers bâtiments envoyés aux insulaires avaient été capturés, lorsque deux navires parvinrent à jeter l'ancre à l'île Rousse, où ils débarquèrent des munitions de guerre envoyées par des patriotes anglais. Sur ces entrefaites, un événement inattendu vint tout à coup donner un nouvel aspect aux affaires de l'île ; ce fut l'apparition d'un personnage étranger, Théodore de Newkoff. Se trouvant à Gênes en 1732, il s'y lia avec quelques partisans secrets des Corses et promit de s'intéresser à la délivrance de leur pays : le 12 mars 1736, il débarqua à Aleria, avec dix pièces de canon, quatre mille fusils, vingt-cinq mille sequins, trois mille paires de souliers, sept cents sacs de blé et une assez forte quantité de munitions; il annonça en outre l'arrivée prochaine de secours encore plus considérables. Les principaux chefs des insulaires vinrent lui rendre hommage, le conduisirent à Cervione, et le 15 avril 1736, il fut élu roi dans une consulte générale assemblée à Alésani, après avoir juré d'observer une charte, dont les principales dispositions portaient que le roi ne pourrait prendre aucune résolution, soit en matière d'impôt, soit au sujet de la paix ou de la guerre, sans le consentement du conseil permanent ou diète de la nation.

Théodore déploya la plus grande activité, fit régner l'ordre et la régularité dans l'administration, fit battre monnaie, parvint à faire entrer dans l'île une grande quantité de munitions de guerre et de bouche, poussa avec vigueur les hostilités, et parvint à s'emparer de la place de l'Algajola, dont la possession assurait un bon port à la nation. Cependant les Génois n'épargnaient pas la calomnie contre la personne du roi; d'un autre côté, les secours qu'il avait annoncés n'arrivant pas à temps, les Corses commencèrent à témoigner de la froideur pour le chef qu'ils s'étaient donnés. Théodore convoqua le 2 septembre une consulte à Casacconi, renouvela la promesse de prochains secours, ajoutant que s'il n'en était pas arrivé avant la fin d'octobre, il irait accélérer en personne leur expédition, ou se démettrait même, si on le désirait, de la royauté. Les secours n'arrivant point, le roi, après avoir formé une régence composée des généraux Giafferri, Hyacinthe Paoli et Luc d'Ornano, se rendit à Aleria où il s'embarqua pour la Toscane. Ses démarches en France, en Allemagne, dans le Danemark, en Hollande, furent couronnées de succès, et il ne se passait guère de semaine qu'il n'arrivât sur le rivage de l'île quelques navires chargés de munitions, d'armes, de cuirs, de toiles, etc., pour les échanger contre de l'huile, des vins, de la cire et autres productions indigènes Pendant ce temps la guerre se poursuivait avec vigueur; les Génois, voyant l'impossibilité de soutenir seuls une lutte aussi acharnée, réclamèrent les secours de la France. Un traité fut conclu entre cette puissance et la république ligurienne pour régler l'envoi d'un corps de troupes composé de cinq régiments sous les ordres du comte de Boissieux, qui prit terre en Corse au mois de février 1738. La nouvelle de cet événement inattendu produisit sur tous les points de l'île une impression douloureuse; toute la population en fut ébranlée; un cri d'indignation se fit entendre et retentit sur tous les points du pays. Les régents ordonnèrent sur-le-champ la levée en masse d'un tiers de la population capable de porter les armes. Le général français entama avec les chefs insulaires des négociations qui eurent pour résultat de fomenter la division parmi les insulaires. Sur ces entrefaites le roi Théodore arriva sur les rivages d'Aleria avec des forces navales considérables; mais les forces du pays se trouvant entièrement désorganisées, par suite des manœuvres artificieuses du comte de Boissieux, et surtout par suite de la division des chefs, Théodore fut forcé de se rembarquer et d'abandonner une seconde fois le royaume insulaire. Après son départ, le général français publia un édit de pacification, et se disposa à marcher sur l'intérieur de l'île pour y opérer le désarmement des habitants; les hostilités commencèrent et les Français furent défaits sur plusieurs points. Le comte de Boissieux, vivement affecté du peu de succès de ses attaques, tomba grièvement malade et mourut le 2 février 1738. Il fut remplacé par le marquis de Maillebois, dont les premières opérations militaires furent aussi infructueuses que celles de son prédécesseur. Le général s'apercevant alors des difficultés qu'il avait à surmonter, demanda de nouveaux renforts en France; lorsqu'il les eut reçus, il pénétra avec lenteur dans l'intérieur de l'île, fit fortifier les positions dont il s'emparait, et parvint ainsi à se rendre maître d'une grande partie du pays. La lutte se continua cependant encore avec acharnement dans le pays d'outre-monts; enfin, tant par la prudence avec laquelle il dirigeait les opérations militaires que par la modération dont il usait envers les peuples soumis, le général français surmonta tous les obstacles, et la guerre se termina avec l'année 1739. Le marquis de Maillebois gouverna l'île avec douceur et modération jusqu'en 1741, époque où, par suite des événements survenus en Europe à la mort de l'empereur Charles VI, la Corse fut entièrement évacuée par les Français.

Les insulaires se trouvèrent de nouveau en face des Génois, qui se comportèrent d'abord avec assez de modération; bientôt les exigences du fisc et l'insolence des collecteurs liguriens excitèrent l'indignation de tous les habitants, qui rentrèrent de nouveau en campagne. Théodore, soutenu par les Anglais, essaya de profiter de ces nouveaux troubles et débarqua à l'île Rousse en 1743, avec des armes et des munitions; mais ses anciens partisans ayant succombé ou ayant embrassé d'autres intérêts, il n'osa rien entreprendre, se retira et ne reparut plus. Le nom de Théodore doit être cher aux Corses; il les secourut à une époque où ils manquaient de tout pour soutenir la guerre, travailla à leur créer une marine, ouvrit leurs ports au commerce étranger, et leur chercha des débouchés avantageux chez plusieurs nations. Ce prince mourut à Londres en 1756, et fut enterré dans le cimetière Sainte-Anne, à Westminster.

La paix fut momentanément rétablie en 1744, entre le gouvernement de Gênes et la nation. Toutefois le pays n'en continua pas moins à être désolé par des inimitiés particulières. Plusieurs chefs s'étant assemblés dans la Casinca, mirent à la tête des affaires l'abbé Venturini, le docteur Gafforri et Alexis Matra : le premier fut nommé président, les deux autres protecteurs de la patrie. On les chargea de rétablir l'union entre les familles ennemies, de pourvoir aux besoins de l'État, et de punir les crimes, en s'abstenant néanmoins de commettre aucune hostilité contre la république. A cette époque, Gênes ayant été entraînée par la France et l'Espagne à prendre parti pour le duc de Bavière dans la lutte pour la succession impériale, Marie-Thérèse et ses alliés se déclarèrent en faveur des insurgés corses. Le comte Rivarola, envoyé dans l'île par la cour de Turin et secondé par une flotte anglaise, entra triomphant dans Bastia où il fut proclamé généralissime de la Corse. Tout à coup dix-neuf cents hommes de troupes françaises et espagnoles commandées par le marquis de Cursay débarquèrent en Corse et changèrent complètement la face des choses. Rivarola se retira à Saint-Florent, et passa ensuite à Turin, où il mourut quelque temps après. Le marquis de Cursay ayant reçu des renforts de troupes, essaya sans succès à diverses reprises de pénétrer dans l'intérieur de l'île. Doué d'un caractère généreux, il ne tarda pas à éprouver une vive sympathie pour les nationaux : pour diminuer les maux dont il les voyait accablés, il proposa un armistice pour un temps indéterminé, que les Corses s'empressèrent d'accepter. Les Génois, alarmés de l'empire que le marquis de Cursay prenait sur les Corses, se plaignirent à la cour de France, qui fit passer dans l'île le marquis de Chauvelin; M. de Cursay, dont le beau caractère faisait l'admiration des insulaires, fut révoqué brutalement de ses fonctions, arrêté et envoyé sous escorte à Antibes. Après son départ, les insurgés élurent pour leur général Gafforri, qui s'empara de Corte et resserra les Génois dans les places maritimes.

D'après ses conseils, il fut décidé, dans une diète tenue à Alésani en 1753, que l'on entamerait des négociations avec le gouverneur Grimaldi, qui accueillit les députés de la diète et promit une réponse favorable. Gaffori attendait cette réponse à Corte, lorsque le 2 octobre au soir il fut attaqué par six assassins et percé de cinq coups de fusil : son frère, accusé d'avoir commis ce crime, fut roué vif en expiation de son abominable forfait. A la nouvelle de l'assassinat du chef qu'elle idolâtrait, la nation se réunit en consulte générale à Corte, défendit sous peine de mort de proposer aucun accommodement avec les Génois, et nomma pour généralissime Pascal Paoli, fils aîné du vieux Hyacinthe Paoli.

Le nouveau général, impatient de se rendre à l'appel de la patrie, partit sur-le-champ de Naples et débarqua à l'embouchure du Golo, le 29 avril 1755. Avant de prendre aucune mesure de quelque importance, il parcourut l'île, étudia à fond la situation du pays, assembla à Corte les députés de la nation, et donna lui-même des limites à son pouvoir, en établissant les droits du peuple, et en réglant la manière dont ces droits seraient exercés. A peine la consulte était terminée, que Paoli dut avoir recours aux armes pour s'opposer aux entreprises de Marius Matra, qui fut tué à l'attaque du couvent de Bozio. — La guerre qui s'alluma entre la France et l'Angleterre ramena les Français en Corse, qu'ils évacuèrent au mois d'avril 1759. Les Génois firent passer dans l'île six mille hommes avec de l'artillerie, et tentèrent sans succès de s'emparer de Furiani, dont ils furent obligés de lever le siége. A cette époque, Paoli étant parvenu à se procurer quelques bâtiments armés de canons, inquiéta le commerce et le territoire des Génois, et leur fit même souvent des prises au pied de leurs remparts. Gênes eut recours alors aux négociations; mais une consulte assemblée dans la Casinca, au mois de mai 1761, refusa formellement de traiter avec la république avant l'entière évacuation du territoire et sur la base de l'indépendance du pays. Les Génois essayèrent alors de rallumer la guerre civile, et se servirent pour troubler le repos du pays d'Antoine Matra, qui débarqua à Aleria, dont il se rendit maître, et qu'il fut obligé d'abandonner après quatre mois d'une défense vigoureuse. Après cet échec, les Génois n'osèrent plus rien entreprendre contre les patriotes. Paoli profita de leur inaction pour s'occuper des améliorations qui pouvaient contribuer à la prospérité du pays; les impôts furent répartis d'une manière équitable et leur perception affranchie des charges qui les rendent accablants; il établit un moulin à poudre à Cervione; commença l'exploitation des mines de plomb de Barbaggio, forma des manufactures d'armes de toute espèce sur divers points, et fit battre une monnaie nationale; il chercha à éclairer ses compatriotes, et décida qu'une université serait établie à Corte; il favorisa l'accroissement du village de l'île Rousse, qui devint, par son heureuse situation, le centre du commerce maritime de cette province, la plus fertile et la plus riche de la Corse. Enfin, sous sa patriotique administration, la situation intérieure du pays s'améliorait notablement de jour en jour, et déjà le peuple commençait à jouir d'un bien-être tel qu'il n'en avait pas connu depuis des siècles. L'ennemi terrassé n'osait plus se montrer, et la guerre civile, son unique ressource, perdait, à mesure que les mœurs se régularisaient, toutes chances de succès.

La république de Gênes, ne pouvant plus résister aux attaques des insulaires dirigées par un homme de génie, conclut avec les ministres de Louis XV un traité signé à Compiègne, le 7 août 1764, par lequel le roi de France s'engageait à tenir garnison pendant quatre ans dans les places d'Ajaccio, de Calvi, d'Algajola et de Saint-Florent. Le comte de Marbœuf, chargé du commandement de l'expédition, débarqua dans le golfe de Saint-Florent. La meilleure harmonie régna d'abord entre les Français et les insulaires. Les Français n'ayant pas voulu se charger de garder le Maccinagio, la possession de ce petit port facilita aux nationaux la conquête de l'île de Capraja, que la république de Gênes tenta vainement de reprendre. Le gouvernement national ne cessait de consacrer ses soins à l'amélioration du pays, et les effets du système qu'on suivait avec une noble persévérance devenaient de jour en jour plus sensibles. Cependant le cabinet de Versailles n'avait pas l'intention de borner son intervention à la garde des forteresses de l'île. Le 15 mai 1768, il signa avec les plénipotentiaires génois un traité par lequel la souveraineté de la Corse devait appartenir à la France, avec la faculté réservée à la république de rentrer dans cette souveraineté en remboursant au roi les frais immenses qu'il avait faits en faveur des Génois. De son côté le roi de France s'engageait à livrer l'île de Capraja aux autorités de la république, et se chargeait de défendre le commerce ligurien contre les atteintes des corsaires insulaires. Ce traité honteux, par lequel un gouvernement tyrannique vendait à réméré ses prétendus droits sur un pays où son autorité était méconnue depuis longues années, ne tarda pas à être connu du général Paoli. Sans perdre de temps, il convoqua la consulte pour aviser aux mesures à prendre pour la défense de la liberté et de l'indépendance nationales. L'assemblée se réunit le 22 mai, et le même jour arriva à Corte la nouvelle d'un débarquement de troupes françaises à Ajaccio; événement qui excita sa surprise et fit éclater l'indignation de tous les insulaires amis de leur patrie. La consulte vota à l'unanimité une augmentation considérable de l'armée permanente, affecta à son entretien un sixième des revenus du clergé, frappa un impôt d'un demi pour cent sur toutes les propriétés productives du royaume, pour subvenir aux besoins de l'État, et donna plein pouvoir au général de faire ce qu'il jugerait convenable pour le triomphe de l'indépendance du pays. Les quatre années pendant lesquelles les Français devaient garder les villes génoises expiraient le 4 août. Vers la fin de juillet, M. de Marbœuf fit sommer Paoli de retirer ses troupes de la communication de Bastia à Saint-Florent, et, sans attendre sa réponse, il attaqua brusquement les postes de Barbaggio et de Patrimonio. On ne saurait redire l'impression que fit sur toute la nation la nouvelle si inattendue du commencement des hostilités; l'indignation se communiqua à tous les insulaires, sans distinction d'âge ni de sexe, et un long cri de malédiction s'éleva contre l'intervention étrangère. Le comte Marbœuf s'empara de la petite province du cap Corse, après des efforts inouïs de la part des habitants pour s'y maintenir; la lutte se poursuivait en même temps dans le Nebbio, où l'ennemi parvint à garder les positions qu'il avait occupées en force le premier jour. Vers la fin d'août, le marquis de Chauvelin arriva à Bastia avec le reste des troupes de l'expédition, qui, jointes à celles déjà dans l'île, formaient un effectif de quinze mille hommes. Chauvelin ouvrit la campagne à la tête de dix mille hommes; une de ses divisions s'empara, dans le Nebbio, de Poggio d'Oletta, d'Olmeta et des tours de Fornali et de la Morletta; l'autre, s'avançant vers la Casinca, força les Corses d'abandonner Furiani, Biguglia, Borgo, et occupa Penta et Loreto. Au nom de la patrie, les Corses attaquent et se défendent avec leur audace accoutumée; ils reprennent Penta, Vescovato, s'emparent, après une lutte sanglante et des prodiges de valeur, de Borgo de Mariana, où ils firent six cents prisonniers sous les yeux de toute l'armée française. La lutte se prolongeant beaucoup plus qu'il ne l'avait pensé, le marquis de Chauvelin demanda de nouveaux renforts au gouvernement français, qui lui envoya dix nouveaux bataillons d'infanterie et deux escadrons de hussards; aussitôt, Chauvelin attaque Murato, que les patriotes laissent en son pouvoir après une vigoureuse résistance. Le général français prit alors la résolution de pénétrer dans l'intérieur par la gorge de Migliaja; mais les capitaines Colle et Pelone l'obligent à une retraite précipitée, le poursuivent à outrance, reprennent Murato, Barbaggio, la bouche du Teghine, et menacent Bastia. Chauvelin, reconnaissant la difficulté de s'emparer de vive force d'un pays où ses troupes, après quelques succès chèrement achetés, éprouvaient le plus souvent des échecs désastreux, eut recours aux moyens de séduction pour introduire le désordre et la méfiance parmi les insulaires, et malheureusement ces moyens ne furent pas sans succès. De magnifiques promesses, des épaulettes et des décorations tentèrent la cupidité de quelques chefs qui désertèrent la cause nationale; mais leur exemple, loin d'être imité par le peuple, l'excita au contraire à redoubler d'héroïsme. La lutte se poursuivit avec des chances diverses sur plusieurs points de l'île, où les positions étaient tour à tour conquises, perdues et reprises par les deux partis; c'était un combat de tous les instants, sans résultats définitifs.

Cependant, les pertes considérables en hommes et en officiers que les Français éprouvaient chaque jour en Corse, décidèrent le cabinet de Versailles à tenter un coup décisif. Il y avait alors dans l'île trente bataillons d'infanterie : il y envoya quinze nouveaux bataillons, un quatrième régiment de cavalerie, une artillerie formidable, plusieurs compagnies de sapeurs, d'ouvriers du génie, des miquelets basques, et confia le commandement de toutes ces troupes au général de Vaux, qui connaissait bien la Corse, où il avait fait la guerre avec le marquis de Maillebois. Le courage de Paoli et le dévouement des mandataires de la nation ne se démentirent pas dans une circonstance aussi critique. La résolution de défendre jusqu'à la dernière extrémité le sol de la patrie et les institutions nationales fut adoptée d'une voix unanime dans une consulte extraordinaire réunie en Casinca, le 15 avril 1769, où l'on mit à la disposition du chef du gouvernement une levée en masse depuis l'âge de seize ans jusqu'à celui de soixante ; des deux côtés on se prépara au combat.

Dans les premiers jours de mai, le général de Vaux rassembla ses principales forces à Oletta. Les Corses occupaient les villages situés au pied des monts Tenda et sur le contre-fort qui sépare la vallée de l'Aliso de celle de Bevinco : au-delà du Bevinco, ils s'étendaient jusqu'à Borgo ; Paoli avait son quartier général à Murato. Le 4 mai, l'armée française se mit en mouvement, et le 5 tous les postes des Corses furent emportés. Paoli prit alors la résolution de transporter son quartier général au delà du Golo, dans l'intention d'en disputer le passage, d'affaiblir l'ennemi et de se créer des chances de le battre au delà de la rivière. En même temps il chargea Gafforri d'occuper les hauteurs de Lento, et confia à Giocante Grimaldi la défense de Canevaggia; mais Gafforri ne s'acquitta pas de sa mission, et Grimaldi livra la position de Canevaggia aux troupes françaises, se mêla dans leurs rangs, et couvrit ainsi son nom d'une honte éternelle. Paoli ayant concentré ses forces au delà du Golo, laissa douze ou quinze cents hommes à Pontenovo, qu'il renforça de mille insulaires sous les ordres de Saliceti, lorsqu'il vit que les Français se portaient en masse dans cette direction. Le 9 mai 1769, les défenseurs du pont, impatients d'en venir aux mains avec les Français, et las d'attendre que l'ennemi vînt attaquer la position qu'ils protégeaient, commirent l'imprudence de se porter en avant ; aussitôt les troupes françaises qui occupaient les hauteurs se précipitent en masse sur les insulaires, les repoussent et les poursuivent avec vigueur. Les Corses se hâtent de se retirer vers Pontenovo et y arrivent en désordre ; bientôt la confusion s'accroît par les pertes qu'on essuie ; on crie à la trahison, on se précipite sur le pont, que le maréchal de camp Gentili fait barrer par une compagnie de Suisses et de Prussiens, qui font feu sur leurs alliés et augmentent la confusion. Les Français, dont les forces augmentent à chaque instant, étant parvenus à s'emparer d'une colline dominante, tirent à bout portant sur les patriotes, qui éprouvent des pertes considérables et essayent de traverser le fleuve à la nage ; ceux qui échappent à la mort se sauvent à la faveur de la nuit dans les bois voisins et répandent partout l'alarme et la désolation.

Ce mouvement du principal corps d'armée des Français ayant été appuyé par M. de Marbœuf, à Borgo, par MM. de Narbonne, de Luker et de Geoffre, en Balagne, empêcha les milices de cette partie de l'île de se porter au secours de Paoli ; alors le découragement s'empara des insulaires et rendit toute résistance inutile. Paoli, jugeant la cause de l'indépendance perdue, prit des mesures pour sauver les défenseurs de la liberté, qui n'avaient rien à attendre de la clémence du gouvernement français, ou qui étaient trop bons patriotes pour l'aider de leur assistance ; il se rendit, avec trois cent cinquante insulaires qui s'étaient le plus distingués pendant la guerre, à Porto-Vecchio, où il s'embarqua le 12 juin sur deux navires anglais, mis à sa disposition par l'amiral Smittoy. Après le départ de ce chef illustre, le général de Vaux ne rencontra plus aucun obstacle ; il ordonna et fit exécuter un désarmement général, réorganisa l'administration de la justice, quitta la Corse avec la majeure partie des troupes françaises, et laissa le commandement de l'île à M. de Marbœuf.

La Corse jouit de la paix et de la prospérité, qui en est la conséquence, jusqu'à l'époque de la révolution française, où les premiers événements de cette révolution n'occasionnèrent toutefois aucun trouble. Sur la demande des députés de l'île, l'assemblée nationale décréta que la Corse faisait partie intégrante de la France, et que ses habitants seraient régis par la même constitution et par les mêmes lois que les autres Français. Les Corses qui s'étaient expatriés après avoir combattu pour la liberté, furent rappelés; Paoli quitta la terre d'exil et rentra dans sa patrie, où il fut accueilli avec un enthousiasme difficile à décrire. En 1793, la conduite politique de ce général ayant excité les soupçons de la Convention nationale, cette assemblée décréta le 2 avril 1793, qu'il serait appelé à sa barre pour se justifier. Paoli, loin d'obtempérer à ce décret, fit convoquer à Corte, par l'administration départementale, une consulte qui défendit aux autorités constituées, aux citoyens et aux troupes, d'obéir aux décrets de la Convention. Déclaré traître à la patrie et mis hors la loi par cette assemblée, Paoli rallia ses partisans, investit Bastia, Saint-

Florent, Calvi, et demanda des secours à l'amiral Hood, qui bloquait Toulon. Les Anglais firent immédiatement passer en Corse cinq régiments commandés par le général Dundas, qui parvint, après une assez vive résistance, à s'emparer des principales places de l'île. Après leur reddition et l'émigration des familles les plus attachées à la France, Paoli convoqua une assemblée de la nation à Corte; on y rédigea une constitution à peu près semblable à celle que l'Assemblée constituante avait donnée à la France, par laquelle la Corse était sous la domination de l'Angleterre.—Sir Gilbert Elliot fut nommé vice-roi de l'île, où la bonne intelligence entre les Anglais et les nationaux ne fut pas de longue durée. Les amis et les admirateurs de Paoli furent bientôt eux-mêmes au nombre des mécontents. La grande influence que cet homme célèbre conservait sur ses compatriotes ayant inspiré des inquiétudes au gouvernement anglais, ce gouvernement invita l'illustre général à passer à Londres. Paoli, cédant à cette invitation, qui pouvait être considérée comme un ordre, quitta la Corse pour ne plus la revoir. Les habitants subirent la domination des Anglais jusqu'au mois d'octobre 1793, époque où les généraux républicains Lacombe et Casalta les chassèrent de l'île en moins de six semaines. Les Anglais y rentrèrent de nouveau en 1814 et l'évacuèrent après quelques mois de séjour. Durant les cent jours, la Corse arbora le drapeau national, qui fut remplacé peu de temps après par celui de la restauration. En 1830, les glorieuses couleurs de ce drapeau reparurent plus brillantes, et furent accueillies en Corse avec un enthousiasme difficile à décrire, par les descendants des Sampiero, des Sambucuccio, des Giudice, des Giafferri, des Gafforri, etc., etc., qui, pendant tant de siècles, combattirent pour la liberté de leur pays.

APERÇU STATISTIQUE.

TOPOGRAPHIE. La superficie absolue de la Corse est d'environ 874,741 hectares, répartis à peu près ainsi qu'il suit :

Terrains cultivés.

	hect.
En oliviers	3,445,49
vignes [1]	9,885,18
châtaigniers	27,647,90
bois	77,096,62
grains	143,996,82
prés	441,07
	262,513,08

Terrains incultes cultivables.

En oliviers	7,544,56
vignes	12,365,62
châtaigniers	7,795,76
bois	1,974,13
grains	213,411,88
prés	7,59
	243,099,54

Terrains non susceptibles de culture.

Pâturages	208,650,82
Eaux	5,888,45
Rochers	154,619,30
	369,158,57

L'aspect général de l'île de Corse est on ne peut plus pittoresque : l'intérieur présente un amas de montagnes très-rapprochées, formant une multiplicité de gorges et de belles vallées traversées par des ruisseaux ou des torrents : des roches sourcilleuses, des forêts séculaires, de profonds précipices où mugissent des eaux turbulentes, de vieilles tours disséminées sur les plages de distance en distance, comme des vestiges de civilisation au milieu de cette nature robuste et capricieuse, offrent tour à tour une multitude de sites charmants ou agrestes qu'on ne se lasse pas d'admirer. Ces tours, au nombre d'à peu près cinquante, furent élevées au XVIe siècle par les Génois, sur la demande et les plaintes des habitants exposés comme sujets de la république aux spoliations et aux représailles des Barbaresques, avec lesquels celle-ci était en guerre. La garnison de chaque tour se composait ordinairement de trois soldats, d'un caporal, et d'un gardien, petit gouverneur. A l'approche des barques ennemies, on allumait des feux qui, aperçus et répétés par les gardiens des tours voisines, fai-

---

[1] D'après des renseignements qui nous avaient été transmis en 1829, nous avons évalué, dans l'Aperçu statistique de la France, page 49, la superficie du terrain cultivé en vignes dans l'île de Corse à 16,113 hectares. M. Robiquet, dans sa Statistique de la Corse, ne porte cette superficie qu'à 9,885; ce chiffre nous paraît plus approcher de la vérité que le premier.

LAC NINO,
Source du Tavignano.

saient voler la nouvelle et hâter la défense. La construction de ces tours protectrices et l'envoi de quelques colonies, sont le beau côté de la domination génoise, mais ne compensent pas le mal de ce joug étranger.

L'île est traversée par une chaîne de montagnes qui part de l'extrémité septentrionale, se dirige au sud l'espace de dix lieues, tourne à l'ouest jusqu'au mont Grosso, à dix lieues plus loin, et reprend sa première direction pendant six lieues, sous le nom de montagnes de Frontogna; parvenue ainsi à la moitié de son développement, elle incline au sud-est en passant par les monts Rotondo, d'Oro et de la Cagnone, puis, à partir de Foce di Verde, se dirige constamment au sud vers les bouches de Bonifacio, où elle se termine par la pointe lo Sprono. Cette chaîne forme deux versants principaux, à l'est et à l'ouest, d'où descendent de nombreux cours d'eau. Là hauteur des principales montagnes est évaluée ainsi :

m.

Mont Rotondo	2,763,55
Mont Paglia-Orba	2,649,97
Mont Cinto	2,519,51
Mont Cardo	2,499,73
Mont Padro	2,457,73
Mont Artica	2,439,70
Mont Tafonato	2,314,67
Mont Renoso	2,300,28
Mont Traunato	2,196,56
Mont Ladroucelle	2,135,45
Mont Sacadine	2,055,99
Mont Conia	1,983,59
Mont Grosso	1,860,78
Mont Asinao	1,823,32
Mont San-Pietre	1,659,47
Mont Stello	1,382,92
Mont Mantellucio	1,535,97
Mont l'Allicione	1,288,54
Mont Cerio	1,071,93

La Corse est sillonnée par de nombreux torrents, dont quelques-uns sont décorés du nom de fleuves, bien que leurs fonctions se bornent à tomber du centre à la circonférence de l'île en roulant des cailloux sur un lit de rochers : jamais on ne s'avisa de leur faire porter une barque. En été, ces torrents sont presque tous guéables. On distingue, sur la côte de l'est, le Bevinco, le Golo, le Fiumalto, l'Alezani, la Bravona, le Tavignano, le Fiumorbo, l'Abatesco, le Travo, la Solenzara, la Sainte-Lucie, l'Oso, le Stabiaccio; sur la côte du sud-ouest, l'Ortelo; sur la côte de l'ouest, le Valinco, le Taravo, le Pruneli, la Gravona, le Liamone, la Sagone, le Porto, le Fango; sur la côte du nord-ouest, la Ficarella, le Secco, le Regino, l'Osticroni, et l'Aliso.

L'intérieur de l'île, où les montagnes se croisent et forment les grandes divisions territoriales, est entrecoupé de nombreuses collines peu élevées et généralement verdoyantes, qui se prolongent souvent sur un espace de plusieurs milles. On y voit aussi un nombre prodigieux de monticules couverts d'arbres et d'arbustes, ainsi que des rochers détachés ou amoncelés en pente les uns sur les autres. De distance en en distance, on rencontre des vallées amphithéâtrales, circulaires ou carrées, plus ou moins régulières dans leur forme, mais toutes agréablement situées et ayant chacune son cachet particulier et caractéristique.

La situation de la piève de Niolo, aujourd'hui canton de Calacuccia, est sans contredit une des plus remarquables de l'île. Cette contrée forme une espèce de conque au milieu des plus hautes montagnes : quatre ouvertures y donnent accès vers Vico, Calvi, Corte et Venaco; mais chacune de ces issues est susceptible d'être défendue par une poignée d'hommes contre toute une armée. Cette région, couronnée de neiges éternelles, possède plusieurs lacs, dont les plus célèbres sont ceux de Creno et d'Ino : de ce dernier, se déroule aux yeux de l'observateur un panorama des plus magnifiques. Au pied des hautes montagnes entre lesquelles est enclavé le Niolo, et qui, s'élevant à pic, aboutissent au mont Rotondo, point culminant de l'île, se trouvent deux contrées également pittoresques, quoique moins agrestes, et propres à donner une idée de l'ensemble du pays. Aux environs de Corte, les gorges par où descendent les rivières du Tavignano et de la Restonica, offrent d'horribles beautés ; au nord, la ville domine une vallée délicieuse, couverte de jardins, de vignes, d'oliviers et de maisonnettes ; de tous côtés se dessinent, à peu de distance, des habitations et des bourgs qui embellissent la perspective. Le territoire de Venaco, coupé par de nombreuses collines dont quatre portent chacune un village, arrosé en tous sens par de nombreuses sources d'eau vive, et renommé par les laitages délicieux qu'on en retire, est surtout remarquable par la multiplicité de ses produits : là, en effet, règnent, comme dans un charmant paysage, des vignes, des arbres fruitiers de toute espèce, des champs de blé, des châtaigniers séculaires, des oliviers, et des pâturages où paissent de nombreux troupeaux.

Les forêts qui couvrent les montagnes jusqu'à une certaine élévation sont d'une beauté remarquable, et formées principalement de pins, de chênes blancs et verts, de châtaigniers, de térébinthes, etc.; des bois d'oliviers y sont disséminés sur plusieurs points. Les rochers dont l'île est couverte forment dans les forêts des grottes où se retirent la nuit les bergers avec leurs troupeaux de moutons, de chèvres et de cochons. Les cimes des montagnes, sur lesquelles se trouvent assez souvent un petit lac peuplé de truites, sont couvertes de plantes aromatiques, et rouges de fraises dans la saison : les bestiaux y pâturent pendant l'été; l'hiver, ils sont conduits sur les plages. Au sud de l'île, l'oranger, le citronnier, le grenadier, produisent des fruits délicieux; et partout, dès que l'on donne quelques soins à la terre, on recueille les meilleurs légumes et toutes les espèces de céréales.

Les alluvions formées par les torrents, à leur embouchure, ont donné naissance à de nombreux amas d'eaux stagnantes, principalement sur la côte de l'est, dont les vapeurs délétères exercent la plus funeste influence sur la santé des habitants. On évalue l'étendue des marais de la Corse à 6,787 hectares, dont 967 baignés toute l'année, 2,116 baignés l'hiver seulement, et 3,704 d'eaux stagnantes. Sur cette étendue, 3,640 hectares sont réputés impossibles à dessécher, 1,137 hectares d'un dessèchement difficile, et 2,010 hectares d'un dessèchement facile.

Les côtes de l'île de Corse forment une multitude de golfes, d'anses, de caps, où l'on trouve beaucoup d'ancrages pour les vaisseaux qui tirent peu d'eau, et, en plusieurs endroits, des ports et des rades pour les grands vaisseaux : les plus remarquables de ces enfoncements sont les golfes de Saint-Florent, de Calvi, de Porto, della Liscia, d'Ajaccio, de Valinco, de Manza et de Porto-Vecchio. La côte orientale suit à peu près la direction du méridien; elle est basse, sablonneuse, en quelques endroits bordée d'étangs et de marais, et peu découpée, si ce n'est dans la partie méridionale, qui est escarpée, bordée d'îlots et d'écueils. La côte occidentale est bordée de quelques îlots, abrupte et très-découpée; on y voit de nombreux enfoncements séparés par des pointes ou des caps, dont le plus considérable est le cap Corse, promontoire escarpé qui se prolonge au loin vers le nord. Sur les bords de la mer, on remarque un grand nombre de tours élevées par les Génois lorsqu'ils tenaient l'île dans leur dépendance : plusieurs de ces tours ont un aspect pittoresque.—Les principaux ports sont ceux de Bastia, d'Ajaccio, de l'île Rousse, de Bonifacio, de Calvi, de Maccinagio et de Saint-Florent. Parmi les autres ports ou mouillages que l'on rencontre sur les côtes, les plus sûrs et les plus fréquentés sont ceux de Girolata, de Sagone, de Propriano, de Figari, de Ventiligne, de Santa-Manza, et de Porto-Vecchio.

MÉTÉOROLOGIE. Le climat de l'île de Corse est un des meilleurs de l'Europe, et, quoiqu'on y ressente quelquefois des chaleurs excessives, l'air, à l'exception de quelques cantons marécageux, y est pur et sain, principalement dans les montagnes; le ciel y est presque toujours serein; pendant trois années d'observations faites par M. Dupeirat à Ajaccio, on ne compte que neuf orages, dont cinq seulement accompagnés de pluie. Quoique la température soit très-variable, surtout dans le mois de mars, cette variation est peu sensible d'un jour à l'autre; le passage des saisons se fait doucement, et chacune d'elles porte ordinairement le caractère qui lui est propre. — La hauteur du mercure dans le baromètre varie entre 27 et 29 pouces. Le temps est beau pendant 237 jours, nébuleux pendant 110 et pluvieux pendant 18. —La température de l'air varie, pendant le premier trimestre de l'année, entre 0° et + 15° R.; pendant le second, entre + 5° et + 30°; pendant le troisième, entre + 15° et + 30°; pendant le quatrième, entre 0° et + 20°. Les températures moyennes sont, pour le premier trimestre, + 9°,67; pour le second, + 17°,09; pour le troisième, + 21°,87; pour le quatrième, + 12°,83; pour l'année, + 15°,39. — Le vent du sud-est est celui qui souffle le plus habituellement; il se soutient quelquefois pendant quinze jours de suite, et souffle dans toutes les saisons. Le sud-ouest vient ensuite; il souffle souvent en tourmente, et est plus fréquent de la fin de novembre à la fin de mai. Le nord-est vient après le sud-ouest : le nombre de jours pendant lesquels les vents soufflent dans l'une de ces trois directions forme à peu près les deux tiers de ceux où le calme ne règne pas. L'ouest vient après le nord-est, puis le sud, le nord, l'est et le nord-ouest. Les vents les plus violents soufflent pendant

7 jours de l'année; ceux d'une force moyenne, pendant 52 jours; les plus faibles, pendant 208 jours; le calme règne pendant 97 jours.

Géologie. Monsieur Gueymard, ingénieur en chef des mines, qui a exploré l'île de Corse en 1820, y a reconnu quatre classes de terrains: les terrains primitifs, les intermédiaires, les secondaires et les tertiaires. — Les terrains primitifs, qui occupent la partie du sud et de l'ouest de l'île, sont presque entièrement granitiques. Près de leurs limites, ils renferment quelques couches de gneiss et de schistes, mais un peu plus loin on n'y rencontre plus de couches subordonnées. Des masses de roches euritiques et des porphyres entrecoupent les granits. — Les terrains intermédiaires occupent tout le cap Corse et l'est de l'île. La ligne qui les sépare des terrains primitifs, partant de la côte nord-ouest, entre l'Ostriconi et l'île Rousse, va passer un peu à l'ouest de Costifao et de Corte, à l'est de Ghisoni, à l'ouest de Prunelli et des bains de Pietra-Pola, et vient se terminer au rivage entre Favone et Porto-Vecchio. Dans cette dernière partie, qui comprend tout le Fiumorbo, le terrain intermédiaire est recouvert par la formation arénacée. — Les terrains tertiaires ne se montrent que sur quelques points, par lambeaux isolés: M. Reynaud a étudié particulièrement leurs formations et les a décrites dans le premier volume des Mémoires de la Société géologique de France: la première occupe le fond du golfe de Saint-Florent et une portion de la côte orientale de ce golfe; ses couches, dans cette dernière partie, sont fortement redressées au pied des versants de la chaîne du cap Corse, et s'élèvent à une hauteur de 2 à 300 mètres au-dessus du niveau de la mer. Entre Saint-Florent et la tour de Farinole, plusieurs fentes transversales taillées à pic, et qui donnent passage aux eaux des torrents, permettent de distinguer les différentes couches. — On peut rapporter aux terrains d'atterrissement ceux des plaines de la côte de l'est.

Productions minérales. On n'a reconnu jusqu'à présent que deux mines de fer susceptibles d'être exploitées avec avantage; ce sont celles d'Olmeta et de Farinole, au cap Corse. Une mine de plomb argentifère se trouve dans le petit vallon de Barbaggio, qui sépare la chaîne principale du chaînon calcaire, à une heure et demie de Saint-Florent. Une mine d'antimoine existe à Ersa, et une mine de manganèse oxydé noir compacte très-pur, à Valle. Mais c'est principalement dans l'existence des roches précieuses susceptibles d'être employées dans les arts que réside la richesse minérale de la Corse; sous ce rapport, elle peut être considérée comme l'Elysée de la belle géologie. « On trouve, dit M. Gueymard, sur les bords de la mer, à l'Agajola, le granit oriental contenant du sphène ou titane oxydé, qui a été exploité récemment pour le soubassement de la colonne de la place Vendôme à Paris. Un des plus beaux granits de la meilleure espèce existe près de Vico, sur la grande route de la forêt d'Aitone à Lagone. On trouve un porphyre roide assez joli, et des granits où le feldspath imite la couleur du corail, dans le pays de Tallano. Il existe, sur un grand nombre de points de l'île, des gisements de serpentine, souvent avec diallage, susceptibles d'exploitation. Les environs de Corte renferment des marbres calcaires en grande quantité. Les pays d'Ortiporio et de Rostino possèdent deux carrières de beaux marbres blancs qui peuvent être employés par le marbrier et le statuaire. Les pays de Tallano et d'Olmeto possèdent de belles siénites. Le granit orbiculaire de Sainte-Lucie et les porphyres globuleux de Galeria, de Girolate et de Curzo sont connus du monde entier, et il est étonnant que les beaux-arts ne se soient pas emparés de ces roches uniques. Le jade et le diallage de Stazzona (vert antique), roche unique en son genre, se trouve dans tous les pays d'Orezza et d'Alessani en blocs considérables et en plans de la montagne; mais c'est principalement sur les blocs qu'on devrait porter ses vues: la nature semble avoir fait la moitié du travail en les roulant sur toute la longueur d'un ruisseau où l'on compte les chutes ou cascades par milliers. La belle formation du porphyre de la vallée de Stagno ne connaît pas de rivale; mais elle se trouve à une grande élévation dans le pays de Niolo, etc. » L'amiante est très-commun; il se trouve à Scolca, à Noceta, à Brando, à Crocciechia, au mont Cinto, etc., etc.

La Corse possède plusieurs sources d'eaux minérales; les plus connues sont les eaux thermales de Guagno, de Pietra Pola, de Guitera, de Tallano, d'Olmeto, de Caldaniecia, et les eaux acidules froides d'Orezza et de Puzzichello.

Productions végétales. Le sol de la Corse est des plus fertiles et se prête à toute espèce de culture; les meilleures terres cultivées en céréales rendent sans engrais plus de trente pour un; il n'y a pas de plante qui ne s'y acclimate, pas de légume qui n'y réussisse, pas de céréale qui n'y prospère. Qui pourrait dire les avantages que la France retirerait de la Corse si l'on cherchait à naturaliser les productions que nous faisons venir à grands frais des colonies; le sol se couvre sans aucune espèce de soins d'orangers, de citronniers, d'oliviers; quelques essais ont prouvé que le mûrier, l'indigo, la canne à sucre, le coton, le tabac, la garance y réussissent à merveille. Sur les coteaux les mieux exposés croissent le grenadier, la vigne, et une multitude d'arbres dont les fruits sont exquis; les vallons sont ombragés par de superbes châtaigniers et par de magnifiques noyers dont on trouverait difficilement ailleurs les pareils.

Céréales. Le sol de l'île est, en général, pierreux, parce que le roc est presque partout voisin de la surface; à mesure que l'on s'avance sur les hauteurs, la terre devient rare, et finit même par disparaître en approchant des sommités. Néanmoins, dans le fond des vallons, et dans la plupart des terrains d'alluvion, la terre est forte et pleine de vie. On trouverait difficilement un endroit plus favorisé de la nature, sous le rapport des produits, que le territoire de l'ancienne ville d'Aléria; c'est une plaine d'environ cinquante mille carrés, d'une fertilité réellement prodigieuse; le blé y rapporte de dix-huit à cinquante pour un de semence; l'orge y dépasse beaucoup ce taux, et le maïs y centuple. Sur les autres parties de l'île le produit du froment est évalué, année moyenne, à neuf fois la semence, celui du seigle et de l'orge à douze ou treize fois, celui du maïs à trente-neuf, et celui des pommes de terre à vingt-trois.

Une partie des 243,299 hectares de terrains incultes cultivables produit spontanément un mélange de végétaux auquel on donne le nom de *maquis*. Ce mélange a de trois à douze pieds de haut, et se compose d'arbousier, de laurier, de ciste, de myrte, de bruyère, etc., qui croissent sur de vieilles racines; et deviennent si épais que le cerf et le mouflon, pour s'y réfugier, sont réduits à chercher une clairière. Quand on se détermine à mettre un maquis en valeur, on y met le feu, et après que l'incendie a fait disparaître les végétaux qui le couvraient, et que la pluie a donné de la compacité à la cendre, on remue un peu le terrain et on l'ensemence. La récolte levée, on abandonne le fond, où bientôt les arbustes repoussent de toutes parts. Les pâtres, sûrs de trouver l'année suivante en cet endroit des rejets pour leurs troupeaux, ne manquent pas de les y amener; mais après leur retraite le maquis reprend peu à peu son ancienne vigueur, et devient aussi touffu, aussi serré qu'il était avant la dernière incinération.

Vignes. La vigne vient dans presque tous les cantons, principalement dans les environs de Bastia, de Corte et d'Ajaccio; il y a même très-peu de terrains où on ne puisse obtenir de fort bons vins, si on les fabriquait avec plus de soin, et si l'on ne mettait dans la cuve que les raisins qui ont acquis leur maturité. Les vignobles dont les produits se distinguent par leur qualité sont ceux d'Ajaccio, de Sari, de Péré, de Vico, de Bastia, de Pietra-Negra, du cap Corse, de Bassanese, de Maccaticcia, de Calvi, de l'Algajola, de Callenzane, de Monte-Maggiore, de Tallano, de Bonifacio, et de Porto-Vecchio. En général, tous les vins de Corse faits avec soin sont excellents; et comme presque tout le littoral de cette île est propre à la culture de la vigne, cette branche de son agriculture peut devenir pour elle un jour la source d'une haute prospérité.

Les 9,885 hectares de terrains cultivés en vignes, produisent annuellement environ 300,000 hectolitres de vin, et une assez grande quantité de raisins que l'on fait sécher. La consommation des habitants est évaluée à 160,000 hectolitres; une petite portion du surplus est convertie en eau-de-vie, et le reste livré à l'exportation, principalement pour Hambourg et les autres villes anséatiques. On fait dans quelques cantons un vin de liqueur estimé, qui se consomme dans le pays.

Fruits. L'olivier croît naturellement sur presque toute la surface de l'île. Les parties où cette culture est aujourd'hui la plus étendue, sont la Balagne, le Nebbio et les environs de Bonifacio. — Le mûrier réussit très-bien; des pépinières ont été établies à Ajaccio, à Calvi et à Sartène; mais cette culture, pour être productive, aurait besoin d'être encouragée par l'établissement de magnaneries pour l'éducation des vers à soie. — Les revers des coteaux et la plupart des montagnes élevées à pentes rapides, sont occupés par de magnifiques châtaigniers, qui fournissent pendant l'hiver la nourriture à une partie de la population : on évalue année moyenne la récolte des châtaignes à 135,827 hectolitres. La plupart des châtaigniers sont d'une grandeur et d'une beauté merveilleuse; il est des troncs de ces arbres assez

FORÊT CORSE.

entr'ouverts par l'âge pour donner asile à dix personnes, et dont cependant les branches produisent avec toute la vigueur de la jeunesse.— L'oranger et le citronnier réussissent très-bien dans les petites vallées qui avoisinent la côte; leur culture paraît faire des progrès dans l'arrondissement de Bastia, qui exporte une assez grande quantité de citrons.

Forêts. Les montagnes de la Corse sont couronnées de forêts jusque sur leurs sommets les plus élevés. Les plus belles sont peuplées de pins larix, de chênes et de hêtres d'une grande beauté. Les forêts d'Aitone, de Vizzavona, de Rospa, etc., ont fourni de beaux bois de construction pour le service de la marine; on a tiré de la première en 1812 et années suivantes des bois de mâture de 29 mètres 232 de longueur, 0^m 761 de diamètre au gros bout, et 0^m 430 au petit bout. La forêt de Valdoniello à Sagone n'a jamais été exploitée; elle contient des arbres d'une grande beauté, parmi lesquels on en voit un de 8 mètres de circonférence à un mètre au-dessus du sol, de 6 mètres 60 à 14 mètres d'élévation, et de 45 mètres de hauteur; ses branches, qui n'existent qu'à la cime la plus élevée et qui se déploient en éventail, ont 37 mètres de largeur.

PRODUCTIONS ANIMALES. Le climat de la Corse étant extrêmement varié, on trouve dans cette île la plupart des quadrupèdes utiles de l'Europe. La race des chevaux est petite, mais vigoureuse; il en est de même de celle des ânes. Les mulets sont beaux, ont les extrémités fines et le pied très-sûr; ils sont employés à tous les transports. La race bovine est assez forte, mais les pâturages ne lui sont pas avantageux; les vaches donnent peu de lait, le bœuf y est maigre et dur, ce qui vient du peu de soin et de l'état d'abandon où on les laisse constamment. Les chèvres sont grandes, d'une belle espèce et très-multipliées. Les moutons sont renommés pour la délicatesse de leur chair; mais leur laine est commune et généralement de couleur noire; les brebis ont ordinairement quatre cornes et quelquefois six. Le mouflon, que Buffon considérait comme le type original des diverses variétés de moutons domestiques, est un animal particulier à l'île de Corse; sa taille, ses cornes, l'espèce de laine dont il est revêtu, le rapprochent en effet de beaucoup du mouflon. Il fréquente les plus hautes montagnes, celles dont l'accès est le plus difficile, occupe les seules parties que la neige recouvre, choisit ses pâturages en été presque toujours du côté du midi, mais la nuit il retourne aux endroits où il y a de la neige. Le mouflon va par troupes de quatre, six, douze et quelquefois vingt-cinq; son agilité est surprenante; il franchit facilement un espace de dix-huit à vingt pieds. Les femelles mettent bas au mois de mai : il est facile de se saisir de leurs petits et de les apprivoiser; mais en avançant en âge ils deviennent méchants, et ne montrent aucune disposition à vivre dans la domesticité.

La Corse possède une belle race de chiens de bergerie, et d'autres chiens propres à la chasse du cerf et du sanglier. Il n'y a pas de loup dans l'île, mais les renards y sont nombreux, ainsi que les sangliers; les porcs y sont très-multipliés et à demi sauvages. Le cerf est assez commun dans les grandes forêts, qui recèlent aussi des lièvres d'une grande beauté. La perdrix, la bécasse, la bécassine, la pintade, le faisan sont fort communs et d'une grande délicatesse; rien n'égale la bonté des grives, des merles, des cailles et des ramiers de montagnes. Les aigles, les vautours et une grande quantité d'oiseaux de proie habitent les hauteurs.— Les reptiles sont assez communs, mais peu dangereux, si ce n'est une espèce d'araignée venimeuse connue sous le nom de Malmignate, dont la morsure est, dit-on, mortelle : elle a le corps noir, avec treize petites taches d'un rouge de sang sur l'abdomen. — L'éducation des abeilles est assez multipliée, mais les ruches sont grossièrement confectionnées; elles sont abandonnées au coin d'un bois, où on les visite deux ou trois fois dans l'été pour recueillir le miel par le moyen de la fumée.

Les rivières et même les plus petits ruisseaux de la Corse produisent des truites et des anguilles délicieuses. Les étangs abondent en poisson de toute espèce. La mer qui entoure l'île passe pour être la plus poissonneuse de toute la Méditerranée; c'est de ses rives que sont approvisionnées les villes de la Toscane, de la Ligurie, et la capitale des Deux-Siciles.

POPULATION. Depuis que la Corse fait partie intégrante de la France, la population de cette île a augmenté d'une manière remarquable:

		Habitants.
En 1770 on y comptait.		119,200
En 1779		122,000
En 1785.		136,844
En 1787		148,172
En 1794		150,658
En 1811		174,572

DÉPARTEMENT DE LA CORSE.

En 1821. 180,348
En 1826 184,979
En 1831 195,407
En 1836 207,889

POPULATION PAR ARRONDISSEMENTS ET CANTONS.

Arrondissement d'Ajaccio.

Ajaccio. 9,003
Bastelica. 4,437
Bocognano. 4,592
Evisa. 1,765
Sainte-Marie. 5,104
Piana. 2,569
Salice. 1,697
Sari. 3,545
Sarrola. 2,155
Soccia. 2,034
Vico. 4,908
Zicavo. 4,574
                              46,383

Arrondissement de Bastia.

Bastia (Terra Nova). . . 6,500
Bastia (Terra Vecchia). 6,561
Borgo. 2,188
Brando. 3,102
Campile. 3,656
Campitello. 1,918
Cervione. 3,037
Saint-Florent. 1,684
Lama. 1,466
Luri. 4,024
San Martino. 1,809
Murato. 1,818
San Nicolo. 2,377
Nonza. 2,140
Oletta. 2,309
Pero-e-Casevecchie. . . 2,754
Santo Pietro. 1,768
Porta. 4,802
Rogliano. 4,361
Vescovato. 5,490
                              63,764

Arrondissement de Calvi.

Algajola. 5,149
Belgodere. 3,139
Calenzana. 5,192
Calvi. 1,457
Ile Rousse. 4,890
Olmi-e-Lapella. 1,642
                              21,469

Arrondissement de Corte.

Calacuccia. 3,595
Castifao. 2,714
Corte. 3,587
Saint-Laurent. 2,244
Morta. 2,933
Morosoglia. 3,708
Omessa. 2,571
Piedicorte. 2,898
Piedicroce. 4,355
Pietra. 2,752
Prunelli. 3,527
Sennavo. 2,928
Serraglio. 3,870
Valle. 3,197
Vezzani. 3,655
                              50,534

Arrondissement de Sartène.

Bonifacio. 3,031
Levie. 2,948
Sainte-Lucie. 2,465
Olmeto. 3,320
Petreto-e-Bicchisano. . 3,141
Porto-Vecchio. 2,900
Sartène. 4,545
Serra. 3,289
                              25,739

Mœurs et coutumes des Corses. Les Corses sont, en général, de taille moyenne, bien faits, alertes et vigoureux; ils ont peu d'embonpoint, le teint pâle et brun, les traits réguliers, la physionomie expressive. Les femmes aussi sont généralement bien faites; elles ont presque toutes de beaux yeux et de belles dents.

Dans les villes maritimes et les plaines du littoral, le costume se rapproche assez de celui du continent français ou italien. Dans l'intérieur de l'île, le costume est à peu près le même pour toutes les classes : le noble et le berger, le riche et le pauvre se vêtent également d'un drap grossier, fabriqué par des tisserands; il faut parler aux individus pour connaître leur profession; il faut aller chez eux pour connaître leur fortune. Le bonnet pointu, qui était encore en usage il y a vingt ans dans toute l'île, commence à passer de mode. Le reste de l'habillement des paysans n'a rien de particulier; ils portent ordinairement une veste de chasse en drap brun du pays, un gilet et un pantalon de même étoffe; quelquefois des culottes courtes et des guêtres de drap ou de cuir qui montent jusqu'aux genoux; par-dessus ces vêtements, les bergers s'affublent d'un manteau à capuchon d'un drap grossier et épais tissu de poil de chèvre, nommé *pelone*. Un Corse sort rarement sans son fusil, et sans une ceinture de cuir à laquelle est attachée par-devant une giberne où il met, outre ses munitions de guerre, tout ce qui est nécessaire pour raccommoder au besoin sa chaussure et ses vêtements. Lorsque son armure est complète, il a un long pistolet au côté gauche, et un stylet à la ceinture ou dans la poche. En voyage, il porte en bandoulière une gourde plus souvent remplie d'eau que de vin, et un sac de cuir formé d'une peau entière de chèvre ou de mouton, où sont placés ses provisions et son bagage..— L'habillement des paysannes n'a rien non plus de particulier; seulement les femmes mariées portent une jupe de dessus, nommée *foldetta*, en étoffe légère, ordinairement de couleur bleu foncé, dont elles relèvent la partie postérieure jusque sur la tête; c'est le grand costume, celui qu'elles portent lorsqu'elles vont à l'église. Leur coiffure ordinaire consiste en un mouchoir noué sous le menton, sans apprêt, recouvert quelquefois d'un second qui n'est pas attaché.

Le Corse est essentiellement fier, spirituel et brave : chacun de ses actes porte l'empreinte de l'une au moins de ces qualités. Doué d'une grande pénétration, du talent de l'analyse et d'une ténacité originelle, il conçoit rapidement, combine avec adresse et marche à son but avec une constance imperturbable. Prodigieusement ardent dans toutes ses affections, n'oubliant ni l'injure ni le bienfait, il sert l'amitié au péril de ses jours, et ne suspend la vengeance que pour mieux en assurer l'effet. Nul peuple n'est plus avide de gloire et moins avide de richesses; l'honneur, bien ou mal entendu, est chez lui ce que l'intérêt est ailleurs : la cause du mouvement ou de l'inaction.—Les Corses dédaignent les travaux sans noblesse, et rangent dans cette classe presque tous les travaux pénibles. Les conditions serviles répugnent surtout à leur orgueil; la mendicité, si rare en Corse parce que les familles font les plus grands efforts pour la prévenir, la mendicité elle-même a son point d'honneur; car les infortunés qui s'y livrent s'abstiennent toujours de demander publiquement et dans le lieu qu'ils habitent.

Les Corses ont généralement d'eux-mêmes la meilleure opinion; la confiance en leur mérite ne les abandonne jamais : le rang, l'appareil de la puissance ne leur en imposent nullement; si l'on éveillait un Corse pour lui annoncer qu'il vient d'être appelé à régir un empire, il ne s'étonnerait certainement pas plus de sa fortune qu'il ne se méfierait de ses moyens. Le moindre berger est curieux et interrogateur; qu'un étranger l'aborde, il lui demandera d'où il vient, où il va, quelles sont ses fonctions, quel est son traitement, etc. Dans les affaires, même assurance : le Corse va droit à l'autorité; et comme il est verbeux, il plaide sa cause avec une facilité et une finesse remarquable : il aime surtout à être écouté, et préférerait presque autant être condamné après avoir été entendu, que de gagner son procès sans être ouï. Si, après l'avoir attentivement écouté, on lui prouve qu'il a tort, il se soumet, car il respecte la loi dès qu'elle se montre clairement à ses yeux.

La passion de la vengeance est un des traits les plus prononcés des mœurs des paysans corses. Toutefois cet esprit de vengeance ne dérive pas d'une âme féroce, mais bien de la haute idée qu'ils ont d'eux-mêmes et de leur indépendance. Ce farouche préjugé qui fait au Corse un devoir de la vengeance, qui transforme en vertu le meurtre commis sur un ennemi, a pris sa source dans un long déni de justice qui, sous le gouvernement des Génois, en détournant le glaive de la loi, rendit illusoire la vindicte publique et nécessaires les vengeances privées. Quand un meurtre avait lieu, les parents de la victime portaient plainte; ceux de l'assassin accouraient pour empêcher l'action de la justice : les plus offrants triomphaient; et quand ceux-ci étaient les parents du mort, l'assassin était condamné à quelques légères peines, pour offrir à la justice un simulacre d'hommage. Lorsque les parents du coupable l'emportaient en générosité, il était exempt de peines afflictives, à moins que l'on ne pût, à cause de la vigilance de la partie adverse, altérer les faits ou interpréter la loi. Dans ce cas, on faisait intervenir la despotique autorité des gouverneurs, dont la clémence intéressée absolvait de tous crimes, par un décret de *non procedatur*. Enfin, quand les meurtriers étaient pauvres, on se hâtait de faire preuve d'incorruptibilité : on les condamnait; mais bientôt, pour quelques écus, on accordait à ceux mêmes qui avaient encouru la peine capitale, un sauf-conduit de six mois, et la permission de porter des armes. D'un autre côté, l'impunité était favorisée par des causes puissantes, dont quelques-unes existent encore; presque toutes les campagnes sont encore désertes, incultes, ou cultivées seulement après de longs intervalles de repos; couvertes en partie de fourrés impénétrables; le voyageur et le laboureur isolés y sont à la merci de leur ennemi. Le crime commis, le meurtrier peut gagner en quelques heures les hauteurs les plus inaccessibles, et s'y maintenir longtemps avec avantage contre les agents de la force publique. Rarement cependant la vengeance s'exerce par surprise: un Corse est-il en vendetta, il prévient son ennemi qu'à compter de tel jour il cherchera l'occasion de le tuer. De ce moment, les deux champions, armés jusqu'aux dents, ne marchent plus qu'avec précaution, car ils doivent s'attendre à tout; les embuscades sont de bonne guerre; le choix des armes reste à chacun; sa force dépend de ses calculs ou de son influence; il est libre de tenir seul la campagne ou de se faire suivre d'amis qui le secondent activement. Autrefois, le Corse en vendetta laissait croître sa barbe jusqu'à ce qu'il eût immolé son ennemi; cet usage a disparu. Il est juste toutefois de faire observer que les exemples de cette terrible passion de la vengeance deviennent heureusement chaque jour plus rares, et tout porte à croire qu'ils finiront par disparaître tout à fait.

Une partie plus ou moins considérable de la population des communes rurales se compose de bergers, dont plusieurs sont en même temps agriculteurs. Les uns sont propriétaires de leurs troupeaux, les autres n'en sont que dépositaires, à la charge de tenir compte au maître de la moitié du profit; condition qui n'a d'autre garantie que la conscience du pâtre. Ils errent l'été sur les montagnes, l'hiver dans les plaines et les vallons; tantôt seuls, tantôt plusieurs ensemble, mais toujours suivis de leur famille. Quelquefois ils se construisent des cabanes, les abandonnent pour en construire d'autres, sèment un peu de blé ou d'orge à l'endroit où ils se trouvent, mangent des châtaignes et du gibier, boivent du lait et fabriquent des fromages qu'ils envoient vendre à la ville quand l'occasion s'en présente: assez souvent ils passent la nuit en plein air, enveloppés dans leur pelone.

Presque tous les montagnards sont propriétaires. Les paysans agriculteurs aisés sont logés chez eux; ils ont ordinairement un cheval, une chèvre ou deux, autant de cochons, un petit enclos à quelque distance du village, et près de la maison un petit jardin potager; ils ont de plus leur part de biens communaux, dont les terres labourables se divisent chaque année entre toutes les familles. Dans les villages, le paysan corse est généralement mieux logé que ceux du continent français: toutes les maisons sont en pierre; la plupart ont un étage au-dessus du rez-de-chaussée; souvent, une des chambres, au milieu de laquelle est placé le foyer, présente à une certaine hauteur un plancher à claire-voie où l'on place les châtaignes pour les faire sécher. Dans les établissements temporaires de la plaine, les agriculteurs habitent le plus souvent des cabanes de trois ou quatre pieds de haut, ayant pour toute ouverture une seule porte qui sert en même temps de fenêtre et de cheminée, et semblables à celles des bergers.

En Corse, l'hospitalité est une sorte de culte, et l'exercice de cette touchante vertu se retrouve dans toutes les classes; il existe à cet égard une émulation générale, poussée quelquefois si loin, qu'un Corse regarde comme une insulte le refus que l'on fait d'entrer chez lui. Quelles que soient les apparences qui accompagnent dans cette île un étranger, il est toujours bien reçu; et, lorsqu'il veut quitter le toit hospitalier, il est difficile qu'il échappe aux politesses, qui souvent le suivent à plusieurs milles. — « Il serait difficile de rendre tout ce qu'il y a d'obligeant, de cordial, et même quelquefois de magnifique dans l'hospitalité qu'exercent les Corses qui jouissent d'une certaine aisance. Les personnes chez lesquelles on doit descendre aiment assez à être averties d'avance; le maître de la maison vient alors à cheval à environ une lieue au-devant de vous, et semble flatté de la préférence, car il y a souvent entre plusieurs habitants des prétentions à recevoir l'étranger. En arrivant on trouve un repas copieux, composé de broccio (fromage de lait caillé), de gâteaux, de consommé fait en forme de gelée, et surtout d'excellents merles parfumés de lentisque et de myrte, et presque aussi gros que des poulets. La meilleure chambre, le meilleur lit sont réservés à l'étranger; l'hôte l'y accompagne pour voir s'il ne manque rien, et se croit obligé de se confondre en excuses de ne pouvoir faire mieux. Le lendemain matin, autre repas avant le départ; on vous remet ensuite des lettres pour des amis, qui vous procureront d'aussi bons gîtes; le maître de la maison, le fils ou le gendre vous escorte à cheval, souvent jusqu'à votre prochaine destination. Si le voyage de la journée doit se faire par mer, la barque sera garnie d'un matelas, de coussins, de couvertures, et surtout des inévitables provisions, dont toute la maison s'est occupée de grand matin. Qu'il y a loin des dîners priés et des soirées du grand monde à cette active et cordiale hospitalité ! [1]

Les Corses sont généralement plus instruits que la plupart des habitants des campagnes du continent français; il en est peu qui ne sachent lire et écrire. M. Limperiani, député de Bastia, dont les persévérantes réclamations ont puissamment contribué à doter la Corse de l'établissement du jury, de l'institution de la garde nationale et de la création d'un système de douanes en harmonie avec les besoins du pays, a prouvé à la tribune nationale [2] que la Corse est un des départements français les mieux partagés sous le rapport de l'instruction primaire; et que, bien qu'il n'y ait en France que quatre départements d'une population inférieure à la Corse, il y en a cependant vingt-huit où le nombre des élèves fréquentant les écoles primaires est moins considérable. — Trois colléges communaux sont établis à Ajaccio, à Bastia et à Calvi : on y enseigne la langue française et le latin, la rhétorique, la philosophie, les mathématiques, la physique, la chimie et la théologie.

COMMUNICATIONS. Il n'existe en Corse que trois routes royales : celle d'Ajaccio à Bastia, celle de Bastia à Saint-Florent, et la route forestière d'Aitone; mais ces routes, après avoir été construites avec le plus grand soin, ont disparu sur plusieurs points par le défaut d'entretien bien entendu, et sont en partie impraticables pour les voitures. Plusieurs routes départementales sont, il est vrai, en construction, mais il se passera encore beaucoup de temps avant qu'elles puissent être livrées à la circulation. Les chemins vicinaux ne sont, en général, que des sentiers rocailleux, qui, loin de se dessiner à l'œil, diffèrent à peine du terrain qui les environne; aussi rien n'est-il plus facile que de s'égarer en plein jour.

INDUSTRIE. Quoique encore bien arriérée dans les arts industriels, la Corse n'en est pas tout à fait dépourvue, et tout porte à croire que le système plus large et mieux entendu à son égard, adopté récemment par le gouvernement, donnera avant peu à ces arts un grand développement. On y compte plusieurs forges à la catalane qui tirent le minerai de l'île d'Elbe, et dont le nombre ne tardera pas à s'accroître, à présent que l'on peut compter sur le débouché du continent français. Plusieurs tanneries; des fabriques de pâtes; deux savonneries; une verrerie; des briqueteries; des moulins à huile; 1226 moulins à blé; des fabriques de boissellerie, de goudron, de fromages du pays, etc., existent dans plusieurs localités.

COMMERCE. L'industrie commerciale de la Corse est loin d'être en rapport avec l'importance de cette île et la diversité de ses produits; mais le commerce ne tardera pas à y prendre un grand développement, aujourd'hui que, d'après le système de douanes adopté récemment, elle est admise aux mêmes avantages que le continent français. Les principaux objets de commerce consistent en vins, eau-de-vie, huile d'olive, châtaignes, oranges, citrons, fruits secs, cire jaune, poisson salé, corail brut, feuilles de myrte, fleurs d'oranger, graine de lupins, lichen, peaux tannées et corroyées, etc.

Le commerce intérieur est encore peu de chose. Les paysans corses ont à peu près l'indispensable nécessaire, mais ils n'ont guère que cela; cependant l'aisance générale et les besoins qu'elle amène commencent à s'accroître.

DIVISION DU TERRITOIRE. Avant la révolution de 1789, l'île de Corse était divisée en 11 provinces et 4 fiefs. De ces 11 provinces il y en avait sept en deçà des monts, savoir : le cap Corse, Bastia, Nebbio, la Balagne, Corté, Aleria, Calvi, et les trois fiefs de Nonza, Brando et Canary. Au delà des monts étaient les provinces de Vico, Ajaccio, Sartène, Bonifacio et le fief d'Istria. Ces provinces contenaient chacune plusieurs piéves plus ou moins étendues, dénomination qui comprenait divers lieux, villages et hameaux sous la même régie, quoiqu'ils dépendissent de différentes paroisses. On comptait en Corse soixante et une piéves.

Aujourd'hui l'île de Corse forme un département français, qui a pour chef-lieu Ajaccio. Il est divisé en 5 arrondissements et en 61 cantons, renfermant 355 communes. Il envoie deux membres à la chambre des députés.

---

1. Valery, Voyage en Corse, in-8°, 1837.
2. Séances des 22 février 1833, et 25 avril 1835.

DÉPARTEMENT DE LA CORSE.

Tableau alphabétique des villes et villages qui donnent leurs noms aux communes.

COMMUNES.	CHEFS-LIEUX DE CANTON.	COMMUNES.	CHEFS-LIEUX DE CANTON.
A.		Canavaggia	Castifao.
		Canari	Nonza.
Ajaccio	Ajaccio.	Cannelle	Sari.
Aiti	Saint-Laurent.	Carbuccia	Boccognano.
Alando	Sermano.	Carcheto	Piedicroce.
Alata	Sari.	Cardo	San Martino.
Albertacce	Calacuccia.	Cargese	Piana.
Albitreccia	Sainte-Marie et Siechè.	Cargiaca	Sainte-Lucie.
Aleria	Moita.	Carpineto	Piedicroce.
Algajola	Algajola.	Carticasi	Saint-Laurent.
Altagène	Ste-Lucie de Tallano.	Casabianca	La Porta.
Altiani	Piedicorte.	Casaglione	Sari.
Alzi	Sermano.	Casalabriva	Petreto.
Ambiegna	Sari.	Casalata	La Porta.
Ampriani	Moita.	Casamacciole	Calacuccia.
Antisanti	Vezzani.	Casanova	Serragio.
Appietto	Sari.	Cassano	Calenzana.
Appricciani	Vico.	Castellare de Mercurio	Sermano.
Arbellara	Olmeto.	Castellare de Casinca	Vescovato.
Arbitro	Sermano.	Castifao	Castifao.
Arbori	Vico.	Castiglione	Omessa.
Arenio	Algajola.	Castineta	Morosoglia.
Argiusta et Moriccio	Petreto.	Castirla	Omessa.
Arrò	Sari.	Catteri	Algajola.
Asco	Castifao.	Cauro	Bastelica.
Aullene	Serra.	Centuri	Rogliano.
Avapessa	Algajola.	Cervione	Cervione.
Azilone et Ampaza	Sainte-Marie.	Chiatra	Pietra.
Azzana	Salice.	Ciammanaccie	Zicavo.
		Coggia	Vico.
B.		Cognocoli et Montichi	Sainte-Marie.
		Conca	Porto-Vecchio.
Balogna	Vico.	Corbara	Ile Rousse.
Barbaggio	Saint-Florent.	Corrè	Zicavo.
Barrettali	Luri.	Corscia	Calacuccia.
Bastelica	Bastelica.	Corte	Corte.
Bastia	Bastia.	Costa	Belgodère.
Belgodere	Belgodere.	Cozzano	Zicavo.
Belvedere	Sartène.	Cristinaccie	Evisa.
Bigorno	Campitello.	Croce	La Porta.
Biguglia	Borgo.	Croccicchia	Campile.
Bilia	Sartène.	Cuttoli et Corticchiato	Sarrola.
Bisinchi	Morosoglia.		
Bocognano	Bocognano.	**E.**	
Bonifacio	Bonifacio.		
Borgo	Borgo.	Eccica et Suarella	Bastelica.
Brando	Brando.	Erbajolo	Piedicorte.
Brustico	Piedicroce.	Erone	Saint-Laurent.
Bustanico	Sermano.	Ersa	Rogliano.
		Evisa	Evisa.
C.			
		F.	
Cagnano	Luri.		
Calacuccia	Calacuccia.	Farinole	Saint-Florent.
Calcatoggio	Sari.	Favalello	Sermano.
Calenzana	Calenzana.	Felce	Valle d'Alesani.
Calvese	Petreto.	Felicoto	Algajola.
Calvi	Calvi.	Ficaja	La Porta.
Cambia	Saint-Laurent.	Figari	Levie.
Campana	Piedicroce.	Foce	Sartène.
Campile	Campile.	Focicchia	Piedicorte.
Campitello	Campitello.	Forciolo	Sainte-Marie.
Campi	Pietra.	Fozzano	Olmeto.
Campo	Sainte-Marie.	Frasseto	Sainte-Marie.
Campo-Vecchio	Serragio.	Frasso	Morosoglia.
Canale	Pietra.	Furiani	Borgo.

APERÇU STATISTIQUE.

COMMUNES.	CHEFS-LIEUX DE CANTON.	COMMUNES.	CHEFS-LIEUX DE CANTON.
G.		**O.**	
Gatti et Vivario	Serragio.	Occagnano	Vescovato.
Gavignano	Morosoglia.	Occana	Bastelica.
Ghisoni	Vezzani.	Ocobiatana	Belgodere.
Giocatojo	La Porta.	Occi	Calenzana.
Giuncheto	Sartène.	Ogliastro	Nonza.
Giuncaggio	Piedicorte.	Olcani	Nonza.
Granace	Sartène.	Oletta	Oletta.
Grosseto et Prugna	Sainte-Marie.	Olivese	Petreto.
Grossa	Sartène.	Olmeta di Capo Corso	Nonza.
Guagno	Soccia.	Olmeta de Tuda	Oletta.
Guargalè	Sainte-Marie.	Olmeto	Olmeto.
Guitera et Giovicaccie	Zicavo.	Olmi et Capella	Olmi.
I.		Olmiccia	Sainte-Lucie.
Ile Rousse	Ile Rousse.	Olmo	Campile.
Isolaccio	Prunelli.	Omessa	Omessa.
L.		Ortale	Valle d'Alezani.
Lama	Lama.	Ortiporio	Campile.
Lano	Saint-Laurent.	Orto	Soccia.
Lavatoggio	Algajola.	Olta	Piana.
Lecci	Porto-Vecchio.	**P.**	
Lento	Campitello.	Palasca	Belgodere.
Levie	Levie.	Palneca	Zicavo.
Letia	Vico.	Pancheraccia	Piedicorte.
Linguizetta	Pietra.	Parata	Piedicroce.
Lopigna	Sari.	Pastoreccia	Morosoglia.
Loretto de Tallano	Sainte-Lucie.	Pastoreccia	Piedicroce.
Loretto de Casinca	Vescovato.	Pastricciola	Salice.
Lozzi	Calacuccia.	Patrimonio	Saint-Laurent.
Luciana	Borgo.	Penta de Casinca	Vescovato.
Lugo de Nazza	Vezzani.	Penta Aquatella	Campile.
Lugo de Venaco	Serragio.	Perelli	Valle d'Alesani.
Lumio	Calenzana.	Peri	Sarrola.
Lunghignano	Calenzana.	Pero et Casevecchie	Pero.
Luri	Luri.	Petreto et Bicchisano	Petreto.
M.		Piana (la)	La Piana.
Marignagna	Evisa.	Pianello	Moita.
Matra	Moita.	Piano	La Porta.
Mausoleo	Olmi.	Piazzali	Valle d'Alesani.
Mazzola	Sermano.	Piazzole	Piedicroce.
Mela	Sainte-Lucie.	Pie d'Orezza	Piedicroce.
Meria	Luri.	Piedicorte de Gaggio	Piedicorte.
Moita	Moita.	Piedicorte	Sermano.
Moka et Croce	Petreto.	Piedicroce	Piedicroce.
Moltifao	Castifao.	Piedigriggio	Omessa.
Monaccia	Piedicroce.	Piedipartino	Piedicroce.
Moncale	Calenzana.	Pietra	Pietra.
Monte	Campile.	Pietralba	Lama.
Monte Maggiore	Calenzana.	Pietra Corbara	Brando.
Monticello	Ile Rousse.	Pietra Serena	Piedicorte.
Morosoglia	Morosoglia.	Pietricaggio	Valle d'Alesani.
Morsiglia	Rogliano.	Pietroso	Vezzani.
Muracciole	Serragio.	Pieve	Murato.
Murato	Murato.	Pigna	Ile Rousse.
Muro	Algajola.	Pila et Canale	Sainte-Marie.
Murzo	Vico.	Pino	Luri.
N.		Piobetta	Valle d'Alesani.
Nessa	Algajola.	Pioggiola	Olmi.
Nocario	Piedicroce.	Poggio de Tellano	Sainte-Lucie.
Noceto	Vezzani.	Poggio de Venaco	Serragio.
Nonza	Nonza.	Poggio de Nazza	Vezzani.
Novale	Le Valle.	Poggio d'Oletta	Oletta.
Novella	Belgodere.	Poggio de Mezzana	Pero.
		Poggio de Marinaccio	La Porta.
		Poggiolo	Soccia.

DÉPARTEMENT DE LA CORSE.

COMMUNES.	CHEFS-LIEUX DE CANTON.	COMMUNES.	CHEFS-LIEUX DE CANTON.
Polveroso	La Porta.	Serragio	Serragio.
Popolasca	Omessa.	Silvareccio	La Porta.
Porri	Vescovato.	Sisco	Brando.
Porta (La)	La Porta.	Soccia	Soccia.
Porto Vecchio	Porto Vecchio.	Solaro	Prunelli.
Prato	Omessa.	Sollacaro	Petreto.
Prunelli	Prunelli.	Sorbo et Ocognano	Vescovato.
Prunelli de Casaccioni.	Campile.	Sorbollano	Serra.
Pruno	La Porta.	Sorio	San Pietro.
Q.		Soveria	Omessa.
Quascara	Sainte-Marie.	Speloncato	Algajola.
Quenza	Serra.	Stazzona	Piedicroce.
Quercitello	La Porta.	**T.**	
R.		Taglio et Isolaccio	Pero.
Rapale	Murato.	Talasani	Pero.
Rapaggio	Piedicroce.	Tallone	Moita.
Rebbia	Sermano.	Tarano	Valle d'Alesani.
Renno	Vico.	Tasso	Zicavo.
Riventosa	Serragio.	Tavaco	Sarrola.
Rogliano	Rogliano.	Tavera	Bocognano.
Rosazia	Salice.	Tivolaggio	Sartène.
Rospigliani	Vezzani.	Tolla	Bastelica.
Rusio	Saint-Laurent.	Tomino	Rogliano.
Rutali	Murato.	Torgio et Cardo	Sainte-Marie.
S.		Tox	Pietra.
Salice	Salice.	Tralonca	Sermano.
Saliceto	Morosoglia.	**U.**	
Sampolo	Zicavo.	Ucciani	Bocognano.
Ste.-Lucie de Tallano	Sainte-Lucie.	Urbalacone	Sainte-Marie.
Ste.-Lucie de Moriani	San Nicolao.	Urtaca	Lama.
Ste.-Lucie de Mercurio.	Sermano.	**V.**	
Ste.-Marie et Ficaniella.	Olmeto.	Valle d'Alesani	Valle d'Alesani.
Ste.-Marie de Lota	San Martino.	Valle	Morosoglia.
Ste.-Marie de Poggio	San Nicolao.	Valle	Piedicroce.
Ste.-Marie et Sicchè	Sainte-Marie.	Valle de Mezzana	Sarrola.
S.-Reparata di Balagna	Ile Rousse.	Valle Calle	Oletta.
S.-Reparata di Moriani	San Nicolao.	Valle de Campoloro	Cervione.
St-André de Cotone	Cervione.	Vallica	Olmi.
St-André de Tallano	Sainte-Lucie.	Velone et Orneto	Pero.
St-André d'Orcino	Sari.	Ventiseri	Prunelli.
Saint-Florent	Saint-Florent.	Venzolasca	Vescovato.
St-Laurent	Saint-Laurent.	Verdese	Piedicroce.
San Antonio	Ile Rousse.	Vero	Bocognano.
San Damiano	La Porta.	Vescovato	Vescovato.
San Gavino de Carbini.	Levie.	Vezzani	Vezzani.
San Gavino de Tenda	San Pietro.	Vico	Vico.
San Gavino	La Porta.	Viggianello	Olmeto.
San Giovani	San Nicolao.	Vignale	Borgo.
San Giulano	Cervione.	Ville de Paroso	Belgodere.
San Martino	San Martino.	Ville de Pietrabugno	San Martino.
San Nicolao	San Nicolao.	Volpajola	Campitello.
San Pietro di Venaco	Serragio.	**Z.**	
San Pietro di Tenda	San Pietro.	Zalana	Moita.
Sari d'Orcino	Sari.	Zerubia	Serra.
Sari de Porto Vecchio.	Porto Vecchio.	Zevaco	Zicavo.
Sarrola et Carcopino	Sarrola.	Zicavo	Zicavo.
Sartène	Sartène.	Zigliara	Sainte-Marie.
Scanafaghiaccia	Salice.	Zilia	Calenzana.
Scala	La Porta.	Zouza	Levie.
Scolca	Campitello.	Zoza	Sainte-Lucie.
Sermano	Sermano.	Zuani	Moita.
Serra	Serra.		
Serra	Prunelli.		

VUE GÉNÉRALE D'AJACCIO.

el. d'après Despois   Skelton sc.

VUE D'AJACCIO
prise du jardin de l'Hôpital.

VILLES, BOURGS, VILLAGES, CHATEAUX ET MONUMENTS REMARQUABLES, CURIOSITÉS NATURELLES ET SITES PITTORESQUES.

ARRONDISSEMENT D'AJACCIO.

AJACCIO. Ancienne, jolie et forte ville maritime. Chef-lieu du département. Tribunal de première instance et de commerce. Place de guerre que troisième classe. Évêché. Collége communal. École royale de navigation. Société d'agriculture. ✉ Pop. 8,920 habitants.

Quelques auteurs prétendent que cette ville fut fondée par les Lesbiens, qui lui donnèrent le nom d'Ajasso, d'après une petite ville de l'île de Lesbos, qui existe encore près de Mytilène : les Romains l'appelaient *Urcinium*, à cause de la bonne qualité des vases de terre que l'on y fabriquait pour conserver le vin. Cette ville était autrefois située plus au fond du golfe d'Ajaccio, à un mille de la ville actuelle, dont la fondation date de 1495. A cette époque, les directeurs de la compagnie de Saint-Georges, qui gouvernaient l'île pour les Génois, ne se croyant pas rassurés au sujet de leurs possessions dans la partie ultramontaine de l'île, résolurent de fortifier une bonne position, propre à servir de centre aux opérations militaires qu'une insurrection pourrait rendre indispensables. Ils cherchèrent un endroit convenable sur les bords de la mer afin de s'assurer les communications avec la Ligurie, et les fondements d'Ajaccio furent jetés sur l'emplacement où la ville existe aujourd'hui : les priviléges et les immunités accordés à la nouvelle ville y attirèrent bientôt une grande partie des habitants de l'ancienne, qui finit par être entièrement abandonnée. Cette ville avait déjà dû beaucoup souffrir pendant les excursions des Sarrasins, qui paraissent même y avoir fait quelque résidence, car on découvre encore des tombeaux qui rappellent le culte mahométan.

La ville d'Ajaccio est bâtie sur une langue de terre, vers le fond et au nord du golfe de son nom, à l'entrée d'une baie qui offre d'excellents mouillages : la citadelle occupe l'extrémité de ce cap. Cette ville, destinée à prendre de jour en jour un nouvel accroissement, est une des plus jolies et des plus agréables de l'île; son site surtout est admirable. Ses principales rues sont larges, droites, bordées de belles maisons, et leurs pentes sont très-douces. On y remarque deux places publiques, et un cours de vingt mètres de largeur, ouvert en partie dans le granit sur le prolongement de la route de Bastia, qui longe la côte jusqu'au fond de l'anse; le chemin qui conduit a la chapelle des Grecs et suit aussi le bord de la mer, sert encore de promenade aux habitants. Le soir la route de Bastia offre l'aspect le plus animé; les propriétaires, les marins, les vignerons, les femmes du peuple, reviennent tous par cette seule route des campagnes environnantes; les premiers à cheval, armés et graves, les autres contents d'avoir fini leur journée pénible et d'approcher du gîte. Le paysage a de la grandeur : à droite, on a le fond du golfe et les bâtiments à l'ancre; à gauche, des vignobles et des bouquets d'oliviers; au fond, plusieurs plans de montagnes sévères et le ciel de l'Italie. Du côté de la chapelle des Grecs, le tableau est entièrement différent : on découvre une assez grande étendue de mer, les montagnes qui se prolongent au sud-ouest jusqu'au cap di Muro, les îles Sanguinaires, les barques des pêcheurs qui rentrent au port ou qui en sortent, et quelquefois, à l'horizon, les bâtiments qui passent lentement devant le golfe. Vues le soir, de la chapelle des Grecs, la ville et les montagnes sur lesquelles cette charmante cité se dessine, forment un tableau charmant. Sur la grande place est une fontaine en marbre qui doit être surmontée d'une colonne en granit couronnée par la statue de Napoléon : le fût de cette colonne, dont la première pierre a été posée le 25 juin 1837, aura 40 pieds; l'élévation du monument, statue et piédestal compris, sera de 80 pieds.

Le port d'Ajaccio n'est point fermé et n'est pas susceptible de l'être; mais le fond de la baie spacieuse sur laquelle est située la ville est un des meilleurs mouillages de l'île. La baie elle-même offre plusieurs autres bons mouillages, où les bâtiments trouvent un abri sûr contre la plupart des vents, mais qui ne sont pas tenables lorsque celui du sud-ouest se fait sentir. Le mouillage du Quai est de ce nombre; les vagues amenées par le vent du sud-ouest et réfléchies par la côte opposée viennent battre le quai avec violence, et donnent une idée des difficultés qu'a dû présenter la construction de ce bel ouvrage. Tous les bâtiments se réfugient alors au mouillage des Cannes, qui occupe le fond de la baie. Excepté dans cette circonstance, les plus forts navires de commerce peuvent aborder le quai et y effectuer leur chargement.

La CATHÉDRALE D'AJACCIO, en forme de croix grecque et surmontée d'une majestueuse coupole, fut terminée en 1585, et rappelle la belle architecture italienne de la même époque. On y montre la cuve de marbre blanc où Napoléon (né le 15 août 1769) fut baptisé le 21 juillet 1771; ainsi qu'un riche maître-autel en marbre provenant d'une église de Lucques, et donné par la princesse Élisa Bacciochi.

LA CHAPELLE DES GRECS, située sur une éminence qui domine un horizon fort étendu, est une jolie église fondée vers le commencement du siècle dernier, par P. E. Pozzo di Borgo. On y jouit d'une magnifique vue du golfe, des îles Sanguinaires et des montagnes qui s'étendent jusqu'au cap di Muro.

LA MAISON OÙ NAQUIT NAPOLÉON occupe un des côtés d'une petite place carrée plantée aux quatre angles de quatre acacias. Cette habitation de peu d'apparence est visitée avec empressement par tous les étrangers qui abordent dans l'île. Dans le salon, où madame Laetitia, prise subitement des douleurs de l'enfantement, accoucha de Napoléon sur un canapé, on remarque un beau portrait de l'empereur en costume impérial, par Gérard. La chambre à coucher est obscure et n'a qu'une seule fenêtre. — La maison européenne de Napoléon appartient à un membre de la famille maternelle de l'empereur ; il n'y existe plus aucun meuble du temps, on ne lit à la porte aucune inscription; mais la mémoire du grand homme qui y reçut le jour lui a acquis une célébrité que la tradition perpétuera jusque dans les siècles les plus reculés.

On remarque encore à Ajaccio le nouvel hôtel de ville, bel édifice commencé en 1827 et non encore achevé; la salle de spectacle; la bibliothèque publique, renfermant 14,000 volumes; le nouveau bâtiment des enfants trouvés; les maisons de M. Pozzo di Borgo et du cardinal Fesch; les casernes; la citadelle, jolie forteresse régulière élevée par le maréchal de Thermes; la pépinière et le jardin de botanique, qui occupent l'emplacement d'une ancienne propriété de la famille Bonaparte; etc., etc. — Sur la route de la pépinière, à gauche, est le terrain dit la Villetta, planté uniquement d'orangers et de citronniers. Les Melelli, jardin d'oliviers, autrefois propriété de la famille Bonaparte, était le lieu de prédilection de Napoléon pendant sa jeunesse; c'est là qu'il écrivit sa lettre au comte Mathieu Buttafuoco, député de la noblesse corse à l'assemblée nationale, qui avait refusé de se réunir au tiers état et s'opposait au grand et légitime mouvement de 1789. On y remarque un antique chêne vert, à l'ombre duquel Napoléon aimait à se livrer à de profondes méditations. — Vis-à-vis Ajaccio et de l'autre côté du golfe, la tour blanche de Capitello rappelle un des premiers et des plus graves périls de la vie de Napoléon, lors de l'expédition contre les paysans corses insurgés, soutenus par les Anglais.

Patrie de Napoléon et de tous les membres de la ci-devant famille impériale.

Fabriques de cuirs. Briqueteries — *Commerce* de vins, huile d'olive renommée, oranges, citrons, corail que l'on pêche sur les côtes et qui se prépare à Ajaccio, etc.

A 28 l. S.-S.-O. de Bastia, 65 l. S.-E. de Toulon, dont la traversée se fait avec un seul vent en 24 heures, 279 l. de Paris. Une diligence parcourt une fois par semaine la route d'Ajaccio à Bastia.

ALATA. Bourg agréablement situé sur le penchant d'une montagne, d'où l'on découvre la plaine riante et fertile de Campo del Oro et l'admirable golfe d'Ajaccio. A 1 l. 3/4 d'Ajaccio, canton de Sari. P. 366 h.

Alata est le lieu de naissance de M. Pozzo di Borgo, un des premiers diplomates des temps modernes : une route percée à ses frais entre Alata et Ajaccio, et quelques dotations dues à la libéralité de ce diplomate, prouvent que, quoiqu'au service d'une puissance étrangère depuis longtemps, il n'a pas oublié entièrement son pays natal. Chaque année, une jeune fille est dotée de trois mille francs, fondation qui doit être perpétuelle à la mort du donateur.

A une lieue sud-ouest d'Alata se trouve dans la montagne, l'ancien Pozzo di Borgo, au nord duquel on voit les restes des trois tours de Monticchi.

APPIETTO. Village situé à 2 l. d'Ajaccio, canton de Sari. Pop. 513 hab. On remarque à peu de distance les ruines du château de Gozzi ou Cozzi, où résidait vers le milieu du XIe siècle Henri de Cinarca.

Ces ruines ne donnent pas une haute idée de la richesse et de la puissance des premiers

MAISON OU EST NÉ NAPOLÉON
à Ajaccio.

Cinarca; à en juger par les fondations qui subsistent, l'édifice principal n'offrait à chaque étage, s'il en avait plusieurs, qu'une salle longue et étroite, et une petite pièce carrée de même largeur, qui en était séparée par un double mur. Ce bâtiment occupait le sommet d'un rocher élevé d'environ 12 pieds au-dessus du plateau formé par le sommet de la montagne. On voit sur ce plateau les restes d'une chapelle, ceux d'une citerne et un puits; il paraît que la chapelle était entièrement ouverte à l'ouest; l'autel était circulaire. Une muraille et un fossé séparaient Gozzi d'une autre montagne qui le domine au nord; des rochers à pic en défendaient l'accès du côté de la plaine.

BASTELICA. Bourg environné de bois, situé au pied du Monte d'Oro, à 5 l. 1/2 d'Ajaccio, chef-lieu du canton. Pop. 2,314 hab.

DOMINICACCE, hameau qui touche presque à Bastelica, est une dépendance de cette commune. C'est la patrie de San Piero d'Ornano, l'homme peut-être le plus brave de son siècle, et assurément le défenseur le plus intrépide de la liberté nationale; un de ces hommes, enfin, dont le génie et la valeur font époque dans l'histoire des peuples.

A Dominicacce est la maison dite la tour de Sampiero, où l'on voit la date de 1546. C'est un bâtiment en pierre, à murs épais, occupé en partie par le propriétaire et par de pauvres gens. Sur les murs extérieurs d'une petite maison voisine, sont sculptés une sirène et un griffon avec deux inscriptions inintelligibles; cette maison passe pour avoir été l'écurie de San Piero, et doit se rattacher à quelques traits de sa vie.

Le canton de Bastelica renferme six communes. Son territoire, dont la superficie est partie en bois, partie en coteaux, landes et plaines, est très-fertile en châtaignes; on y récolte aussi du froment, du maïs, de l'orge, du seigle, de l'huile, du vin et des légumes. C'est un des cantons les plus riches de l'île en gros et en menu bétail.

BOCOGNANO ET AFFA. Bourg situé à 6 l. 1/2 d'Ajaccio. Chef-lieu de canton. Pop. 1,992 hab. Le séjour de ce bourg est si délicieux en été que beaucoup de gens aisés y vont chercher un abri contre les grandes chaleurs. Il est éloigné de 6 l. d'Affa, où ses habitants ont leurs meilleures terres, et où il existe une centaine de maisons habitées par vingt-sept familles qui retournent presque toutes à la montagne l'été, à cause du mauvais air et de la mauvaise qualité des eaux.

Le canton de Bocognano renferme cinq communes; il est extrêmement fertile en maïs, en pommes de terre, en châtaignes, et abonde en bêtes à cornes et en bêtes à laine. On y voit beaucoup de bergers employés à la garde de nombreux troupeaux.

CARGÈSE. Beau village, situé sur le bord septentrional du golfe de Sagone, dans une contrée fertile et bien cultivée, à 4 l. d'Ajaccio, canton de Piana. Pop. 697 hab.

Cargèse doit son origine à une colonie grecque, réfugiée en Corse en 1676. Cette colonie se divisa d'abord en cinq hameaux, et les terres incultes qui en formaient l'apanage ne tardèrent point à changer d'aspect; mais les communes voisines, qui se croyaient des droits sur ces terres, renversaient chaque jour ce que les Grecs édifiaient; la jalousie arrosait de sang ce que l'insouciance avait négligé; de telle sorte que cet établissement, malgré la protection de la république de Gênes et les efforts plus récents du comte de Marbeuf, n'a jamais pu atteindre le but pour lequel il avait été formé, celui d'augmenter la population et d'importer le goût de l'agriculture. Après 161 ans d'existence, la colonie ne forme qu'un village de moins de 700 individus; et son territoire, le mieux cultivé de la Corse, est toujours revendiqué par des naturels qui possèdent et ne défrichent pas les champs limitrophes.

Ce village, élevé régulièrement en amphithéâtre au-dessus de la mer, planté de beaux mûriers, est on ne peut plus agréable. Il a été bâti par M. de Marbeuf, pour lequel il fut même érigé en marquisat. Les Grecs qui en forment la population, ont conservé leur langue, leurs rits, leurs habitudes; mais le costume national, qu'ils avaient autrefois conservé, a disparu; les yeux et les physionomies ont seuls retenu quelque trace grecque.

EVISA. Bourg situé à 10 l. d'Ajaccio. Chef-lieu de canton. Pop. 994 hab. Ce village offre un charmant horizon de montagnes et de forêts. A peu de distance on remarque les ruines de la chapelle de Saint-Cyprien, construite de blocs de granit entassés les uns sur les autres. — *Fabriques* de toiles de lin.

Le canton d'Evisa renferme trois communes. Son territoire est en grande partie montueux et couvert de bois. La partie la plus fertile, produit du froment, du seigle, des châtaignes, des légumes, du lin, et un peu de vin. On s'y livre aussi à l'éducation des bestiaux et des abeilles.

GUAGNO. Village situé dans un fond de montagnes, à 3 l. 1/2 de Vico et à 9 l. 1/4 d'Ajaccio, canton de Soccia. Pop. 721 hab.[1]

Guagno possède des sources thermales renommées, dont la découverte remonte à une époque très-ancienne. Philippini, dans son histoire de la Corse, publiée en 1594, fait mention des eaux de Guagno, qui jouissaient dès lors d'une grande célébrité. Les trois grands bassins ronds, dont nous parlerons ci-après, ont été construits de 1709 à 1711, avec le produit des quêtes faites par un cordelier, nommé le père Jean. Malgré ces améliorations, les eaux furent peu fréquentées pendant le cours du XVIIIe siècle; les baigneurs n'écoutaient que leurs préjugés, et rarement ils avaient recours aux conseils des médecins. En 1808, un médecin inspecteur fut nommé aux frais du département à la sollicitation de l'autorité locale. De 1808 à 1810 on construisit le bassin de la petite source, et enfin de 1821 à 1823, l'établissement thermal.

Cet établissement est alimenté par deux sources; une, dite le Caldane, donne par minute 52 litres d'eau à la température de 40 degrés de Réaumur; l'autre, appelée tantôt degli Occhi, tantôt de Saint-Antoine, ne donne dans le même temps que 7 litres à la température de 28°. Autrefois le terrain sur lequel jaillissent les eaux était une dépendance de la petite chapelle de Saint-Antoine, qui existe encore sur la colline du même nom entre les deux sources. Il est maintenant occupé par la commune de Guagno, qu'on regarde comme propriétaire du terrain et des eaux.

L'établissement thermal, de forme parallélipipède, est situé au nord-est, sur le penchant de la colline de Saint-Antoine; il est divisé en sept pièces: la première contient un corridor ayant de chaque côté six baignoires séparées les unes des autres; la seconde pièce renferme un vestibule et deux bassins: dans l'un peuvent se baigner à la fois trois individus, dans l'autre huit; la troisième contient un grand bassin rond, où peuvent se baigner seize personnes; les quatrième et cinquième pièces en sont une répétition; la sixième est semblable à la seconde. La septième pièce est carrée; elle renferme le grand réservoir, qui peut contenir 40 mètres cubes d'eau. Tout l'édifice est construit en granit et argile; la charpente est en bois de châtaignier et couverte en tuiles. Les bassins sont aussi en granit. Au sud et à cinq mètres de l'établissement, la source jaillit dans une niche en granit, qui communique par un conduit en maçonnerie avec le grand réservoir; de ce réservoir partent deux conduits ou tuyaux en terre, qui aboutissent à tous les bassins et baignoires: l'un, adapté au fond du réservoir, sert à évacuer l'eau qui s'y rassemble; l'autre, placé plus haut, sert à conduire l'eau de la source elle-même; ces conduits s'ouvrent et se ferment à volonté dans chaque bassin au moyen de robinets. Au nord-est de l'établissement est un bassin découvert qui sert aux animaux malades; ce bassin est alimenté par l'eau qui a servi aux bains; de là, elle se rend par un conduit dans une des branches du Liamone.

L'établissement de la petite source est divisé en deux pièces: l'une contient un bassin cylindrique où dix personnes peuvent se baigner à la fois: l'eau s'écoule immédiatement dans cette pièce, mais elle peut à volonté se détourner dans l'autre où sont établies des douches pour les yeux, les oreilles et autres organes délicats.

Il y a à Guagno un hôpital militaire, appartenant à un particulier qui en a l'entreprise. L'établissement des bains a été construit aux frais du département.

SAISON DES EAUX. Dans les cas pressants, on fait usage toute l'année des eaux de Guagno. La saison ordinaire commence vers le 1er juin, et se prolonge jusqu'au mois de septembre.

Le nombre des baigneurs, y compris les militaires, s'élève de 450 à 700, en comptant ceux qui se rendent aux eaux à diverses époques de l'année. Le terme moyen est annuellement de 650.

A Guagno, les objets de distraction se réduisent à la danse, au son du violon, de la flûte et de la lyre, et à quelques soirées musicales: on y trouve un billard et des salles de jeu. Trois promenades agréables embellissent l'établissement des bains. L'une, en partant de la grande source, se dirige vers le sud-ouest, passe par la petite source, et de là sur la colline de Saint-Antoine où elle forme deux promenades distinctes, dont une aboutit à la jolie colline de Pineto, sur le penchant de laquelle jaillit la fontaine du même nom; l'autre aboutit à la route départementale qui conduit à Urio et à Ajaccio;

---

[1]. Nous sommes redevable de cet article à l'obligeance de M. le docteur Defranchi, médecin inspecteur des eaux minérales de Guagno, résidant à Soccia.

cette promenade se prolonge jusqu'à la fontaine de Venturini. La troisième se dirige au nord vers un pont de bois, construit près des bains sur la branche du Liamone; elle se prolonge jusqu'au confluent de l'autre branche dite la Mosa. A un kilomètre de distance de la source, on se trouve à la fontaine de Canelle, qui jaillit d'un rocher de granit, et fournit une eau claire et limpide, regardée comme la meilleure du globe pour la boisson.

PRIX DE LA DÉPENSE JOURNALIÈRE. Le prix du logement et de la dépense journalière, pour les gens aisés et qui aiment à être bien traités, est de quatre francs; pour les autres, il varie d'un franc cinquante centimes à deux francs.

TARIF DU PRIX DES EAUX, BAINS ET DOUCHES. On paye 30 c. pour se baigner ou prendre les douches dans les petites cellules, et 10 c. dans les autres pièces.

Les bains sont administrés gratuitement dans trois bassins: un est affecté aux femmes, un autre aux hommes indigents, et le troisième aux militaires.

PROPRIÉTÉS PHYSIQUES. Ces eaux sont claires, transparentes, onctueuses au toucher, chaudes. Leur odeur est celle des œufs cuits durs, leur saveur tendant au douceâtre, nauséabonde. Elles réfractent la lumière avec force, déposent dans les conduits par lesquels elles s'écoulent lentement une matière blanche pendant qu'elle est humide, d'une couleur brune lorsqu'elle est desséchée. Leur pesanteur spécifique est à celle de l'eau distillée comme 42,092 est à 42,048.

PROPRIÉTÉS CHIMIQUES. Les eaux ont été analysées il y a deux ans, par M. Thiriaux, docteur en médecine et pharmacien, aide-major de l'hôpital militaire d'Ajaccio.

De cette analyse il résulte que ces eaux contiennent dans un litre d'eau:

	gr. m.
Acide hydrosulfurique	0000,032
Acide carbonique	0000,187
Hydrochlorate de soude	0,099
Sous-carbonate de soude	0,025
Sulfate de soude	0,044
Id. de magnésie	0,017
Id. de chaux	0,041
Silice	0,028
Extractif animal	0,032
Eaux de dissolution	999,475

Une plaque d'argent exposée aux exhalaisons de ces eaux devient souvent jaune; agitées dans un flacon bouché à l'émeri et contenant du mercure, ce métal noircit, et les eaux perdent leur odeur. L'acide oxalique, l'eau de chaux, la solution de sous-acétate de plomb, de nitrate d'argent, et l'hydrochlorate de baryte, surtout après les avoir fait évaporer, les font blanchir, et donnent des précipités blancs.

PROPRIÉTÉS MÉDICINALES. Ces eaux en bains, en boisson et en douches, dégagent et raniment le principe vital, régularisent toutes les excrétions, facilitent et aident la circulation du sang dans les plus petits vaisseaux, ainsi que la plus lente de la lymphe; elles adoucissent et purifient les humeurs, détergent les plaies, auxquelles on peut les appliquer par douches, lavements et injections.

MODE D'ADMINISTRATION. On prend les bains le matin, de cinq à huit heures; ceux auxquels la douche est nécessaire, s'y exposent dans le même temps. Les malades qui joignent aux bains l'usage de la boisson, prennent les eaux le matin à jeun de 6 à 7 heures; ils commencent par en boire deux verres, ensuite on augmente la dose d'un verre par jour, jusqu'à sept ou huit verres. On continue cette dose pendant cinq à six jours; après on rétrograde de la manière qu'on est avancé. Le bain tempéré dure ordinairement une heure, le chaud un quart d'heure, et autant la douche. On prend ordinairement le demi-bain l'après-midi, une heure au moins avant le souper. Les habitants peu aisés, qui ne peuvent y rester longtemps, en prennent deux par jour, le matin et le soir. Le nombre des bains n'est pas déterminé, il est compris entre seize et quarante: aucune préparation ne précède l'usage des eaux, si ce n'est la saignée dans les pléthoriques; quelques purgations salines pour soulager le bas-ventre des embarras gastriques, s'il y en a. Les baigneurs qui prennent le bain chaud, gardent en sortant le lit pendant une heure; cette règle n'est pas constante pour les autres. Lorsque le temps est favorable, tous les baigneurs aisés font de longues promenades après le souper. Cet exercice est très-salutaire, au physique comme au moral.

GUITERA. Village situé à 11 l. d'Ajaccio, canton Zicavo. Pop. 300 hab. [1].

Dans un vallon distant d'environ deux

---

[1]. Les renseignements sur les eaux thermales de cette partie de la Corse nous ont été adressés par M. Dominique Peraldi, médecin inspecteur des eaux de Guitera, résidant à Corra.

milles du village de Guitera, on trouve une source d'eau sulfureuse thermale qui jouit d'une grande célébrité. Depuis 1776, les habitants des communes de Guitera et de Corra étaient dans l'usage d'y faire rouir du lin et du chanvre. Quelques femmes, qui étaient atteintes par le système dermoïde, ayant été parfaitement guéries par l'immersion de leurs jambes dans cette eau, commencèrent sa réputation. Plus tard, Antoine François Peraldi, aujourd'hui curé à Bayon, département de la Gironde, forma le projet d'y envoyer un de ses neveux, qu'il aimait tendrement, et qui était affecté d'une maladie cutanée réputée incurable. Il le fit transporter aux bains de Guitera, et au bout de dix jours il en revint guéri. Cette cure importante fit regarder ces eaux comme miraculeuses, et depuis cette époque elles n'ont cessé d'être très-fréquentées.

Il n'y a pas d'établissement proprement dit à Guitera. On y trouve seulement deux maisonnettes, bâties en 1823 par un particulier, où les baigneurs trouvent un abri pour se garantir des influences de l'air. La source, renfermée dans un seul bassin, construit par les soins du gouvernement, porte le nom de Saint-Esprit; elle fournit constamment un volume d'eau égal à un pouce cubique. Il n'y a ni baignoires, ni douches.

Les baigneurs payent 20 c. par jour pour le logement. L'usage des eaux est gratuit.

ANALYSE DES DIVERSES SOURCES. Les sources thermales de Buderango, de Canneto et de Boraci, n'ont reçu aucune analyse. Il y a encore diverses sources d'eaux gazeuses froides, comme celles de Tasso, Fajeto, Saint-Georges.

SAISON DES EAUX. On prend les bains de Guitera pendant deux saisons: la première commence au mois de juin, et se prolonge jusqu'au dix de juillet; la seconde commence en septembre, et se termine à la mi-octobre.

Le nombre des malades qui fréquentent les bains, est annuellement d'environ trois mille, y compris les femmes et les enfants.

Le seul objet de distraction est la promenade à l'ombre des chênes et des châtaigniers, et sur les bords d'une fleuve limpide qui coule à peu de distance des bains.

PROPRIÉTÉS PHYSIQUES. Les eaux sont limpides et ont une odeur de gaz hydrogène sulfuré, analogue à celle des œufs couvés; leur saveur est fade. Leur température varie de 35 à 40 degrés de Réaumur. Ces variations tiennent aux changements des saisons.

PROPRIÉTÉS CHIMIQUES. La chimie découvre dans ces eaux du gaz hydrogène sulfuré, du sulfate de chaux, du soufre, un peu d'oxyde de fer et de la silice. Les observations chimiques que l'on pourrait recueillir dans les cas importants, échappent à l'observateur, car le défaut d'établissement ne permet pas de faire des observations exactes.

Depuis 1819, le savant docteur Peraldi a été nommé inspecteur des eaux de Guitera; il a observé que des individus atteints par les scrofules, par l'hémiplégie, par l'atrophie, ont été guéris parfaitement dans la seconde saison. Dans des rétentions de menstrues, le flux menstruel est rétabli promptement.

PROPRIÉTÉS MÉDICINALES. Les eaux sont employées dans les douleurs rhumatismales chroniques, dans les scrofules, dans l'hémiplégie, les entéro-coliques, les aménorrhées, pour la rétention des menstrues; elles exercent particulièrement leur efficacité dans le système dermoïde.

MODE D'ADMINISTRATION. Ordinairement on prend deux ou trois bains par jour; chaque bain dure de 10 à 15 minutes. Le traitement étant simplement dans l'emploi des eaux, on ne peut en prescrire la durée, car les malades se baignent à leur gré; mais il ne se prolonge pas au delà de huit jours.

MARIE (SAINTE-). Village entouré de montagnes, situé à 3 l. d'Ajaccio. Chef-lieu de canton. Pop. 520 hab. On y remarque la tour de Vannina, haute maison en forme de bastion, dont le nom rappelle la fin cruelle de l'épouse de Sampiero. — Aux environs sont les ruines vénérées du château que Sampiero fit bâtir en 1554, après que sa maison eut été brûlée par les Génois. Bien qu'habité par des paysans, ce château, formé de gros blocs de granit, conserve encore son air de manoir; on y remarque les traces de l'ancien fossé et du pont-levis.

Le canton de Sainte-Marie renferme 19 communes. Il est formé de deux parties distinctes; l'une montueuse et boisée, et l'autre maritime: la partie montagneuse produit du seigle, un peu d'orge, des châtaignes et presque pas de vin; la partie basse est très-fertile en grains, légumes, vins, huile, etc.; les pâturages y sont excellents et nourrissent de nombreux troupeaux, ainsi que des chevaux estimés.

PIANA. Joli village agréablement situé, à 3 l. 1/4 d'Ajaccio. Chef-lieu de canton. Pop. 960 hab. On voit près de la tour de Porto les ruines du château de Giunepro, et à Foce d'Orto quelques restes du fort où Lecca et ses adhérents enfermèrent leurs femmes et leurs richesses: le fort fut pris

ARRONDISSEMENT D'AJACCIO.

après une héroïque défense; de ses trente-huit défenseurs, deux seuls échappèrent à la mort; les captives respectées furent rendues à leur famille.

Le canton de la Piana renferme quatre communes. Il est divisé en deux parties à à peu près égales, dont l'une est montagneuse et boisée; l'autre offre un territoire uni d'une fertilité surprenante, où l'on récolte en abondance du froment, de l'orge et du lin.

SAGONE. Ville ruinée du canton de Vico, située dans une plaine à environ une lieue de l'embouchure du Liamone. C'était autrefois une ville splendide, siège d'un évêché suffragant de Pise. On y voit quelques restes de palais, et les ruines de l'ancienne cathédrale: le toit et la façade n'existent plus, mais il reste la sacristie, bâtie dans le prolongement de l'église et de même largeur qu'elle. Le golfe de Sagone est magnifique et offre un excellent mouillage; le fort très-dégradé conserve encore quelques batteries; le port, que signale au loin une tour remarquable par sa blancheur, est fort bon; c'est un des ports de la Corse où il s'embarque le plus de bois et de planches, que l'on tire de la forêt d'Aitone.

A moitié chemin de Sagone à Vico est la source thermale peu abondante de Mossi, dont les eaux ont les mêmes propriétés que celles de Guagno.

SALICE. Village situé à 3 l. 1/2 d'Ajaccio. Chef-lieu de canton. Pop. 263 hab.

Le canton de Salice renferme quatre communes. Il offre un territoire entrecoupé de montagnes escarpées et couvert de landes, où l'on récolte des châtaignes et quelques autres denrées de première nécessité; la partie basse fournit de l'huile et du vin en assez grande quantité.

SARI D'ORCINO. Village d'un aspect fort agréable, situé à 5 l. d'Ajaccio. Chef-lieu de canton. Pop. 739 hab. On y remarque deux châteaux ruinés qui ont appartenu au puissant Rinuccio, et aux environs les restes pittoresques du château de Rocca-Tagliata.

Le canton de Sari renferme 10 communes. Son territoire est partie en montagnes et en bois, partie en landes et en collines, et partie en plaine. Il produit en assez grande quantité du froment, de l'orge, des châtaignes; et on y récolte en abondance du vin rouge qui passe pour un des meilleurs que produit le territoire de l'île. On fait aussi dans ce canton du raisin sec aussi estimé que ceux si vantés de Sicile et de Lipari.

SARROLA. Bourg situé à 2 l. 1/2 d'Ajaccio. Chef-lieu de canton. Pop. 225 hab. Le canton renferme six communes, dont le territoire bien cultivé produit de bon vin, du froment, de l'huile, du maïs, du lin et d'excellents pâturages.

SOCCIA. Bourg situé à 2 l. 1/2 d'Ajaccio. Chef-lieu de canton. Pop. 593 hab.

Le canton de Soccia est situé dans un bassin dont le diamètre est de deux myriamètres (environ 5 lieues). Les rebords de ce bassin sont formés, au nord, par la montagne dite Crusto et Fravolaggio; à l'est, par la montagne de Campatile; au sud, par la montagne du Tritore: la première le sépare du territoire de Letra, canton de Vico; la deuxième des cantons de Calacuccia et de Corte, la troisième de celui de Salice; à l'ouest, il y a une ouverture par laquelle passe la route départementale qui des bains de Guagno arrive à Vico, et de là à Ajaccio; à l'ouest du canton, au fond du bassin, s'élève sur une petite plaine la colline de Saint-Antoine de Guagno, au nord-est de laquelle jaillit la grande source des eaux thermales; la petite source sourd au sud-ouest. Ces deux sources sont distantes l'une de l'autre d'à peu près 200 mètres. Sur la colline et entre les sources sont bâties la maison qui sert d'hôpital militaire, une maisonnette appartenant au médecin inspecteur, et la chapelle de Saint-Antoine. De cette colline on voit au sud la forêt de Tritore et le grand rocher du même nom qui s'élève sur le sommet de la montagne; à l'est, et à la distance d'une demi-lieue, est la commune de Poggiolo; au nord-est, la jolie commune de Soccia; au nord-ouest on aperçoit, dans une gorge que forment les petites montagnes de Sorro et de Crusto, la commune de Letia: c'est par cette gorge que descendent les deux branches du Liamone qui se réunissent près des bains, et reçoivent un peu plus bas une autre branche, dite Castagna, qui s'écoule au nord de Crusto et de Fravolaggio. De cette même colline on voit au nord la vallée dite Aggia, cultivée en vignes; à l'ouest, celle de Sorro, aussi cultivée en vignes dont plusieurs habitants de Soccia sont les propriétaires, et enfin toute l'étendue du canton et la majestueuse montagne de Campatile, où presque tous les torrents de la Corse prennent leur origine. Sur cette même colline se réunissent les routes des communes du canton pour aller à Vico. Une multitude d'habitants se croisent journellement sur ces routes; tantôt ils expriment en chantant leur contentement, quelquefois leur chagrin, et souvent ils cherchent dans cette distraction un soulagement à leurs peines et à leurs fatigues.

Le canton de Soccia se compose de quatre communes, savoir : Guagno, Orto, Poggiolo, et Soccia, chef-lieu. La population s'élève à 1,800 âmes. Les habitants ont une taille moyenne, sont robustes, jouissent d'une bonne santé, sont laborieux, religieux, aiment le mariage et l'état ecclésiastique, et tiennent aux devoirs de l'un et de l'autre état; ils sont extrêmement sensibles aux torts qu'ils croient avoir reçus de qui que ce soit, et s'en souviennent pendant longtemps. L'hospitalité est une vertu indigène. Les cultures dominantes sont les châtaigniers, la vigne, le jardinage, les pommes de terre, les haricots, médiocrement le blé de toute espèce, l'olivier. Il y a du bétail gros et menu et des abeilles. Le commerce de ce canton est presque nul; les femmes fabriquent du drap de laine et de lin du pays, qui sert à vêtir les moins aisés.

Il y a dans le canton, et presque dans tout le département, un très-ancien usage; à la mort d'un individu, surtout s'il possédait de belles qualités, les parents et amis, quelquefois tout le canton, se réunissent et environnent le cercueil; les femmes improvisent des chants lugubres, exposent les vertus du mort, ses bienfaits, le dommage que produit sa perte, consolent la famille et engagent l'auditoire à la reconnaissance et à suivre sa conduite; elles parlent avec tant d'esprit et d'une manière aussi politique qu'elles frappent le cœur et arrachent des larmes. Cet usage est susceptible de favoriser l'accroissement de la civilisation, parce que tout le monde s'habille bien, se rencontre, se parle, se fréquente; souvent dans ces réunions s'éteignent les haines de familles ou les haines particulières.

UCCIANI. Village agréablement situé, au pied du Monte-d'Oro, à 4 l. d'Ajaccio. Pop. 932 hab. Il est traversé par un torrent que l'on y passe sur un pont d'une seule arche, remarquable par la hardiesse et l'élégance de sa construction.

URBALACONE. Village situé à 3 l. 1/4 d'Ajaccio. Pop. 201 hab.

Urbalacone passe pour avoir été une des trente-trois cités de la Corse dont Pline fait mention. Son territoire est traversé par la rivière du Taravo, dont les eaux roulent entre des rochers au fond d'une gorge dominée par plusieurs rangs de collines et de montagnes. On trouve aux environs une source d'eau thermale sulfureuse très-abondante, dont la température est de 17 à + 18° R.; elle est connue sous le nom de bains de Buderango, et se trouve près du torrent de ce nom.

VICO. Petite ville très-ancienne, située à 7 l. d'Ajaccio. Chef-lieu de canton. ✉ Pop. 1,364 hab.

Cette ville est bâtie dans un bassin environné de hautes montagnes, dont une d'elles porte le nom gracieux de la *Sposata*, parce que l'imagination italienne trouve qu'elle représente la tête d'une jeune mariée; c'est une des villes les plus anciennes de la Corse, où fut transféré le siége épiscopal de Sagone, après la destruction de cette ville. Vico est le lieu de naissance du comte Jean Paul de Leca, qui y a fondé un couvent de l'ordre de Saint-François, dont il reste encore de belles ruines.

Aux environs sont les eaux minérales de Bologna, estimées pour la guérison des maladies cutanées et les maladies des yeux. Sur la route de Vico à Guagno, entre Musso et Boccasorro, on aperçoit les ruines du château de la Zurlina, qui s'élèvent pittoresquement sur un mamelon de rochers et d'où s'élancent de grands arbres qui les couronnent majestueusement. A une lieue et demie de Vico, entre Arbori et la rivière du Liamone, on voit sur un rocher les ruines du château de l'illustre Jean Paul de Leca, ce château historique conserve encore la citerne et le pont-levis. — *Commerce* de vins, huile et autres objets de consommation locale.

Le canton de Vico renferme huit communes. Son territoire, dont une partie est boisée et montueuse, et l'autre entrecoupée de champs cultivés et de landes, produit du froment, du seigle, de l'orge, du maïs, des légumes, du lin, de l'huile et beaucoup de vin rouge d'excellente qualité.

ZICAVO. Bourg situé à 5 l. 1/2 d'Ajaccio. Chef-lieu de canton. Pop. 1,249 hab.

Le canton de Zicavo renferme neuf communes. La plus grande partie de son territoire est inculte, stérile et couverte de bois; on y récolte fort peu de grains, mais on y élève une grande quantité de bestiaux.— *Commerce* de fromages renommés de Coscione.

Le canton de Zicavo est composé de dix communes, dont celle de Guitera fait partie; ces diverses communes fournissent du vin excellent, des châtaigniers, des chênes, de la volaille. Le terrain est propre à la culture du blé, et serait susceptible de produire quantité d'autres céréales. On y récolte d'excellent fourrage, et on y élève des

BASTIA.

ENTRÉE DU PORT DE BASTIA.

bestiaux de toute espèce, tels que des vaches, des juments, des cochons, des brebis, des chèvres, qui fournissent du laitage en abondance. Ce canton est traversé par le fleuve du Taravo, où l'on pêche d'excellentes truites.

ARRONDISSEMENT DE BASTIA.

BASTIA. Ville forte et maritime. Chef-lieu de sous-préfecture. Cour royale pour la Corse seulement. Trib. de première instant et de commerce. Chef-lieu de la dix-septième division militaire. Consulats étrangers. Place de guerre de première classe. École d'hydrographie de quatrième classe. Conseil de prud'hommes pêcheurs. Collége communal. ✉ Pop. 9,531 hab.

L'existence de Bastia ne date que du XIVe siècle. Cette ville eut pour origine quelques magasins bâtis par les habitants de Cardo, ce qui lui fit donner le nom de *Porto Cardo*; la destruction des villes d'Aleria et de Mariana, et postérieurement les guerres civiles qui affaiblirent le pièvè d'Orto, contribuèrent puissamment à l'agrandissement de cette cité. En 1380, le gouverneur génois Leonello Lomellino fit construire un château sur la colline qui domine le port au sud; de nouveaux établissements s'y formèrent bientôt, et reçurent le nom de Terra-Nova (nouvelle ville); les habitations et les magasins de Porto Cardo furent nommés Terra-Vecchia (vieille ville). Le château fut fortifié dans la suite par Tomasino Campo Fregoso, seigneur de l'île; mais ce ne fut que du temps de la guerre des Français, sous Henri II, que la compagnie de Saint-Georges fit construire les bastions qu'on y voit actuellement. Terra-Nova ou la citadelle est bâtie sur un monticule ou masse de rochers qui s'avance dans la mer; c'était, du temps des Génois, la résidence des gouverneurs commissaires généraux; Terra-Vecchia forme un demi-cercle autour du port; un faubourg s'élève au-dessus de la citadelle à l'ouest, et se prolonge au midi sur des collines jusqu'aux bâtiments de l'ancien couvent de Saint-Joseph, bâti hors des barrières.

Sous le gouvernement des Génois, Bastia était la capitale de la Corse. Cette ville a soutenu plusieurs siéges : en 1745 elle fut bombardée et prise par les Anglais, qui la rendirent aux Génois la même année; les Piémontais l'assiégèrent sans succès en 1748; les Anglais s'en emparèrent le 20 juillet 1794. Lorsque la Corse formait deux départements, Bastia était le chef-lieu de celui du Golo, Ajaccio celui du Liamone; ces deux départements ayant été réunis en 1811, Ajaccio devint alors et est resté depuis le chef-lieu de l'île.

La ville de Bastia est dans une belle situation, au bord de la mer, dans un territoire fertile, sur la côte orientale de l'île. Elle est bâtie en amphithéâtre au milieu de jardins d'oliviers, d'orangers, de citronniers, et présente un fort bel aspect, soit qu'on y arrive par mer, soit qu'on s'en approche par le côté du nord. Ainsi que nous l'avons déjà fait remarquer, la ville se divise en trois parties : la basse ville ou Terra-Vecchia; le faubourg, qui n'est qu'un prolongement de la ville du côté du midi, et la citadelle ou Terra-Nova. La partie haute offre de belles rues tirées au cordeau, mais les autres parties de la ville n'ont que des rues étroites, sinueuses et d'une pente rapide, quoique mieux pavées qu'elles ne le sont dans aucune ville du continent; le pavé est une espèce de marbre jaspé, supérieur même au pavé de Milan, de Florence et de Naples. Quelques-unes des maisons nouvellement bâties sont fort belles; les anciennes sont bien bâties, mais sans aucun luxe. Plusieurs fontaines fournissent en abondance des eaux excellentes, qui viennent des montagnes par des canaux souterrains. La citadelle, défendue par un simple rempart sans fossé élevé du côté de la mer sur des rochers à pic qui le rendent inaccessible dans cette partie, domine au sud l'entrée du port, et est dominée elle-même par des collines escarpées sur lesquelles on a construit plusieurs forts; le donjon, qui peut recevoir 800 hommes, remonte au XVe siècle; il fut commencé par le comte Vincentello d'Istria.

Le port est formé par une petite anse d'environ 250 mètres de profondeur et de 110 à 140 de largeur; il est défendu par un ancien môle de 150 mètres de long, qui part de l'extrémité nord de l'anse, se dirige vers le sud, et laisse seulement un passage de soixante-dix mètres entre sa pointe et un noir rocher couvert de lichens blancs et de mousse, nommé le Lion. L'entrée du port est extrêmement difficile par les vents d'est, d'est-nord-est et d'est-sud-est.

Avant la révolution on ne comptait pas moins de dix couvents à Bastia. Celui des missionnaires ou Lazaristes, situé au nord de la ville, près de la mer, est un vaste bâtiment carré à deux étages, occupé aujourd'hui par la cour royale et par les administrations. Le couvent de Saint-François, situé hors de la ville, au nord-ouest, a été transformé en hôpital militaire. Le couvent des Jésuites, situé à l'ouest, dans une position charmante, est occupé par le tribunal de première instance, par l'administration municipale et le collège. Le couvent de Saint-Angelo a été transformé en caserne. Le couvent des femmes, dit des Turquines, et celui de Sainte-Claire, sont renfermés dans l'intérieur de la citadelle : on a fait du premier une caserne et du second une prison. Les autres sont occupés par quelques moines, par des frères de la doctrine chrétienne, par la gendarmerie, etc.

Les églises de Bastia sont riches, dorées, ornées de marbre, et rappellent les églises d'Italie; celle de Saint-Jean-Baptiste est la plus grande et la plus ornée. On remarque dans le chœur le tombeau du comte de Boissieux, celui de M. de Marbeuf et celui de M. de Montélégier. La cathédrale est ancienne et fort belle, mais inférieure à Saint-Jean-Baptiste. La petite église de Saint-Roch est une espèce de salon très-orné; et la Conception une autre petite église dorée, élevée vers la fin du XVIe siècle par une confrérie rivale de celle qui avait fondé Saint-Roch.

La bibliothèque publique, renfermant 6,000 volumes, occupe un assez beau local dans l'ancienne et vaste maison des jésuites. Cet établissement acquerra une haute importance lorsqu'il aura reçu les 25,000 volumes choisis que lui a légués M. Prela, ancien médecin du pape Pie VII, né à Bastia, et les manuscrits recueillis par M. Charles Gregori, qui doivent lui servir à donner une histoire de la Corse.

La ville de Bastia, quoique privée, de l'avantage dont elle jouit longtemps, d'être le siège du gouvernement de la Corse, conserve sa supériorité sur les autres villes de l'île; elle est toujours la plus peuplée, la plus riche, celle dont le commerce est le plus considérable et le plus étendu. Le séjour de cette ville est d'ailleurs des plus agréables; on y trouve réunis les charmes de la société française et les épanchements de la société italienne. Elle a plusieurs sociétés littéraires, et compte parmi ses concitoyens des hommes distingués dans la littérature et dans les sciences.

Toutes les parties des environs de Bastia qui sont susceptibles de culture sont bien cultivées. Du côté du nord, les collines sont arides et pierreuses; mais on découvre dans les petits vallons qui les séparent des potagers bien soignés et bien arrosés. Le long de la côte, un bois d'oliviers borde le chemin et sert de promenade aux habitants. Au sud, la route d'Ajaccio descend de la citadelle dans la riche plaine de Biguglia, qui borde l'étang de ce nom, s'étend jusqu'aux ruines de Mariana et jusqu'au bord du Golo. A l'ouest le territoire s'élève rapidement jusqu'à la Serra de Pigno, qui domine le golfe de Saint-Florent. A l'est on aperçoit les îles de la mer de Toscane, la côte de Gênes, et, lorsque le temps est favorable, les montagnes de la Romagne. Enfin Bastia, son phare, sa citadelle, ses forts, ses anciens couvents presque tous situés sur des éminences, offrent de la mer un aspect très-pittoresque, surtout en venant du cap Corse.

Le canton de Bastia ne comprend que le territoire de la ville. Ce territoire est incliné de l'ouest à l'est-nord-est; il s'élève, à partir de la plage jusqu'à la montagne, de collines en collines, coupées par des vallées dont quelques-unes s'ouvrent vers la mer et d'autres s'étendent dans une direction du nord au sud. Le sol, de nature calcaire, est peu propre au blé et au fourrage, mais il est bien cultivé en jardins, en vignes, planté d'oliviers et d'arbres fruitiers. Les terres étant en pente, on voit sur toute la campagne des murs de soutènement et des ruines de clôtures, indices évidents qu'elles étaient anciennement encore mieux cultivées qu'elles ne le sont aujourd'hui.

Industrie. Nombreuses tanneries qui préparent annuellement cinq à six mille peaux de bœufs, mille peaux de veaux, et plus de six mille peaux de moutons. Fabriques de pâtes, savon, bougies, liqueurs. Pêche du corail. — *Commerce* de vins, huile, cuirs, poil de chèvre, corail, etc.

A 28 l. d'Ajaccio, 15 l. de Calvi, 65 l. de Toulon. — *Hôtel* de l'Écu de France, du Lion d'or.

BIGUGLIA. Village situé près de l'étang de son nom, à 1 l. 3/4 de Bastia. Pop. 264 hab.

Biguglia, aujourd'hui petit village, occupe l'emplacement de la célèbre ville de Mariana, qui fut la capitale de l'île sous le

CITADELLE DE BASTIA.

gouvernement protecteur des Pisans. Biguglia conserva son rang de capitale jusqu'en 1380, époque où fut construit le premier bastion qui depuis devint Bastia. Le château, où une consulte générale élut Vincentello comte de Corse, n'offre plus qu'un amas de ruines d'où l'on découvre la mer, l'étang, et la magnifique plaine de Biguglia. Non loin du château est la vieille tour de la Mortala, dont il ne reste que le mur d'enceinte.

L'ancienne cathédrale de Mariana, dont on voit les ruines sur la rive gauche du Golo, passe pour avoir été un temple antique dont les Maures avaient fait une mosquée, et que les chrétiens transformèrent ensuite en église. M. Walckenaer, d'après une vue de ce monument, connu dans le pays sous le nom de la Canonica, a pensé qu'il pouvait être du Ve ou du VIe siècle : on n'y remarque d'autre ornement que les pilastres qui supportent les arcs à plein cintre du portail.

L'étang de Biguglia a trois lieues de long, souvent une demi-lieue de large, et offre une surface de 3,000 hectares; la hauteur des eaux varie selon que les saisons sont sèches ou pluvieuses; durant l'hiver, leur niveau est au-dessus de celui de la mer; en été il est inférieur. Cet étang est, par son insalubrité, le fléau de la contrée, et les vapeurs méphitiques qu'il exhale, vont jusqu'à compromettre la santé publique à Bastia. Vers l'ouest et au sud, les bords sont d'une terre toujours humide et marécageuse; le fond n'est point un gravier, mais un amas d'herbes et de détritus de végétaux en décomposition. Du côté de l'est, les eaux de l'étang sont séparées de celles de la mer par une barre ou chaussée de sable ou de gravier, longue de 1,300 mètres, large de 2 à 400, à laquelle on a donné le nom de Pineto; vers le milieu de cette dune est intérieurement une langue de terre qui forme dans l'étang une presqu'île, appelée Saint-Damiano. Au nord, on remarque deux petites îles connues sous les noms d'Ischia nova et d'Ischia vecchia. — On voit sur l'étang de Biguglia un grand nombre d'oies sauvages, beaucoup de canards, de poules d'eau, etc., et l'on y pêche une immense quantité de poissons de diverses espèces, qui sont, en été, d'une chaire grasse et peu savoureuse, d'une écaille terne et décolorée.

BORGO. Bourg situé à 5 l. de Bastia. Chef-lieu de canton. Pop. 589 hab.

Ce bourg, chef-lieu de l'ancien canton de Mariana, est bâti sur une éminence à l'extrémité du contre-fort qui sépare la vallée du Golo de celle du Bevinco, et domine sur la plaine fertile située entre les bouches de ces deux torrents. Sa position, au sommet d'une montagne conique, est on ne peut plus pittoresque.

Borgo est célèbre dans l'histoire militaire de la Corse. Paoli y remporta, en 1768, son dernier avantage sur les Français. La valeur des Corses brilla dans ce combat du plus vif éclat pour la défense de leur liberté mourante, et le courage de l'armée fut vaillamment secondé par les patriotiques efforts des femmes, des prêtres et des moines. La perte des Français put être évaluée à environ cinq cents morts et six cents prisonniers; les Corses ne perdirent pas un seul homme; le lendemain, le colonel comte du Lude se rendit avec les drapeaux de la légion royale et quatre pièces de canon.

Le canton de Borgo renferme cinq communes; c'est un des plus fertiles du département. Quoique ses plaines soient marécageuses, et que la partie montueuse soit couverte de maquis, on y trouve d'excellents pâturages où l'on élève une grande quantité de bestiaux, et l'on y récolte en abondance du blé, du vin, de l'huile et des légumes de toute espèce. L'étang de Biguglia occupe la partie nord du canton. *Voy.* Biguglia.

BRANDO. Bourg situé sur le penchant d'une colline, à 2 l. 1/2 de Bastia. Chef-lieu du canton. Pop. 1,189 hab.

Brando était autrefois un fief appartenant, ainsi que ceux de Nonza et de Canari, à la famille de Gentilli; ces seigneurs y avaient un château dont on voit encore les ruines au pied de la montagne, où un petit village porte le nom de Castello. — A une demi-lieue du village maritime d'Erbalunga, on remarque une jolie cascade, qui tombe d'une hauteur d'environ 30 pieds, et qui mérite de fixer l'attention. Non loin du bourg est la madone de la Vasina, célèbre pèlerinage où se rendent de loin, au mois de septembre, à travers d'affreux chemins et pieds nus, les marins et les paysans des environs.

Le canton de Brando renferme trois communes. Son territoire est très-montueux, et produit fort peu de blé; mais il abonde en oliviers et en vignes, qui sont souvent ravagés par l'influence du vent du sud-ouest. Les principaux moyens d'existence des habitants sont la pêche, le cabotage et le voisinage de Bastia, où ils vendent avantageusement leurs fruits. C'est de Brando que viennent les belles pierres dont est pavée la ville de Bastia.

CAMPILE. Bourg situé à 5 l. 3/4 de Bastia. Chef-lieu de canton. Pop. 712 hab.

Le canton de Campile renferme 7 communes. Un torrent, nommé la Casacconinca, traverse le centre du territoire de ce canton, dans la direction du sud au nord, et forme dans toute la longueur de son cours un vallon profond; c'est sur cette partie, et surtout vers le nord que se trouvent les terres les plus basses: dans les autres parties elles vont s'exhaussant en amphithéâtre jusqu'aux crêtes de la chaîne comprise entre les monts Piano de Morosoglia, de Saint-Angelo, et les collines qui de ces monts descendent en s'abaissant jusqu'à la rive droite du Golo.

CAMPITELLO. Village situé à 5 l. 1/2 de Bastia. Chef-lieu de canton. Pop. 233 hab. Il y existait autrefois des bains dont on voit encore quelques restes; mais les sources qui les alimentent paraissent être perdues ou très-altérées.

Le canton de Campitello renferme cinq communes. Il est entrecoupé de coteaux qui tiennent au plateau et aux prolongements orientaux du Tenda; à l'exception des plateaux de ces coteaux, où l'on récolte du blé de qualité supérieure, le reste du territoire est sec et aride; on rencontre dans les vallées des vignes, des oliviers et quelques châtaigniers d'un rapport très-médiocre.

CAMPOLORO. Ancien nom du canton qui porte actuellement celui de Cervione.

CANARI. Village situé à 4 l. 3/4 de Bastia. Pop. 994 hab. On y aperçoit les ruines de Canelata, dont l'église, qui paraît être un ancien temple, renferme des bas-reliefs et des pierres sépulcrales d'un grand intérêt.

CARDO. Village situé à une demi-lieue de Bastia. Pop. 201 hab. On y remarque une source pittoresque et très-abondante, qui sort de rochers entremêlés d'oliviers, de noyers et de châtaigniers, et dont les eaux sont regardées comme les meilleures des eaux si exquises de la Corse. Les habitants trafiquent l'été de l'eau de Cardo, qui est très-recherchée par les habitants de Bastia.

CENTURI. Village maritime, situé au bord de la mer où il a un petit port, à 8 l. 1/2 de Bastia. Pop. 615 hab.

CERVIONE. Petite ville, située à 10 l. de Bastia. Chef-lieu de canton. Pop. 1,467 hab.

Cette ville est bâtie dans une situation pittoresque, sur le penchant d'un coteau, au milieu de belles plantations d'oliviers et de châtaigniers. On remarque aux environs l'église de Sainte-Christine, très-ancien édifice, bâti en belles pierres blanches carrées, dont on attribue la construction aux Sarrasins: cette église a la forme d'un *tau*; au lieu d'un autel situé sur l'axe de la nef, il y en a deux placés de part et d'autre de cet axe dans les demi-rotondes en saillie du tau. Tout l'intérieur est orné de peintures grossières. Les deux autels de demi-rotondes sont surmontés de deux figures colossales du Sauveur, portant la date de 1273; la même date est sculptée en pierre au-dessus du portail.

Le canton de Cervione renferme cinq communes. La surface du territoire est généralement montueuse, et le sol peu propre à la culture du blé; dans la partie qui longe la côte, la couche de terre végétale est assez profonde, et les récoltes y sont assez abondantes. On cultive avec avantage dans ce canton l'olivier et le châtaignier; mais le sol est plus particulièrement propre à la vigne, qui donne des vins rouges assez estimés.

ERSA. Village situé à 8 l. 3/4 de Bastia. Pop. 846 hab. On remarque sur son territoire la tour de Tolari, par où l'on fit passer la méridienne qui servit de base à l'établissement du terrier de la Corse.

FLORENT (SAINT-). Petite ville, ou plutôt bourg maritime et fortifié, situé à 7 l. de Bastia. Chef-lieu de canton. ✉ Pop. 391 hab.

Cette ville est dans une belle situation, au fond du golfe auquel elle a donné son nom, sur le penchant d'une colline qui domine une belle vallée et une grande étendue de mer. Elle est entourée de murs, et a, pour principale défense, un donjon, reste d'une forteresse qu'avait fait construire le maréchal de Thermes en 1553. Les Génois s'en emparèrent en 1554, après un siège très-meurtrier.

Saint-Florent eut pour origine une tour aux environs de laquelle se groupèrent quel-

SAINT FLORENT.

ARRONDISSEMENT DE BASTIA.

ques cabanes. Vers la fin du XVe siècle, elle s'agrandit aux dépens de l'ancienne ville de Nebbio, située à mille pas plus en avant dans les terres, et dont l'emplacement est encore remarquable par quelques décombres, ainsi que par une église élégante dont la construction est attribuée aux Pisans.

La position de Saint-Florent est une des plus belles et des plus avantageuses qu'il soit possible d'imaginer. Située au fond d'un vaste golfe, à l'entrée d'une riche vallée; sur un des points de l'île le plus rapproché de la France, cette place, destinée à devenir une ville florissante [1], n'est aujourd'hui qu'une misérable bourgade décorée du nom de ville, dont les rares habitants sont décimés annuellement par les vapeurs méphitiques qui s'élèvent en été des marais environnants. Son port ne peut recevoir que des barques de pêcheurs; il est abrité par le cap sur lequel la ville et le fort sont bâtis; et possède un petit môle de débarquement, qui fut réparé et prolongé en l'an XIII. Le mouillage pour les vaisseaux est situé entre la ville et l'anse de Fornali.

Le canton de Saint-Florent renferme 4 communes, dont le territoire, assez aride, produit cependant du blé, des légumes, de l'huile et du vin.

FURIANI. Village bâti dans une situation pittoresque, au bord de la mer, à 1 l. 1/4 de Bastia. Pop. 408 hab. C'est une position militaire importante, qui fut le théatre d'une victoire de Giafferi, premier fait d'armes de la guerre de l'indépendance.

LAMA. Village situé à 6 l. 1/4 de Bastia. Chef-lieu de canton. Pop. 387 hab. Le territoire de ce canton renferme trois communes; il produit du froment, de l'orge, et abonde en oliviers qui sont très-productifs; les huiles de Lama sont comparables aux huiles d'Aix, et sont fort recherchées dans le pays.

LUCCIANA. Village situé à 4 l. de Bastia. Pop. 589 hab. Il est bâti au fond d'une vallée, théatre de l'action du poëme de Dionomachia; et se glorifie des ruines peu près imperceptibles d'un aqueduc antique.

LURI. Village situé dans une belle pittoresque vallée, à 6 l. de Bastia. Chef lieu de canton. Pop. 1,335 hab. La Suisse n'a point pour la vue de plus belle vallée que celle de Luri, et celle-ci a de plus vue de la mer; cultivée avec intelligence rafraîchie par un torrent, elle est partagée par une large et solide avenue d'une lieue qui va jusqu'au rivage. Le chemin est à fermé contre le torrent par un mur, table ouvrage cyclopéen fait de la main des habitants sans la savante intervention de ponts et chaussées. Le conducteur des travaux était tout simplement le juge de paix M. Estella, propriétaire, un de ces Corses capables, aventureux, qui a pendant vingt ans habité le Pérou, parcouru l'Amérique du Sud, visité l'Angleterre, et dirigé le brillant café des Mille colonnes à Paris, où trônait une belle limonadière corse, déesse déchue et depuis obscurément reléguée à l'Île-Rousse. — L'église de Luri est jolie cinq autels et le maître-autel sont en marbre blanc. Au-dessus de ce dernier, on remarque une bonne copie d'une des plus admirables têtes du Père Éternel de Raphaël.

Le canton de Luri renferme cinq communes. On cultive avec avantage sur son territoire la vigne, les oliviers, la pomme de terre, les mûriers, les orangers et les citronniers; les vins et les huiles de ce canton sont en général d'une excellente qualité.

MARIA DEL POGGIO. Village situé à 5 l. de Bastia. Pop. 373 hab. On y trouve une source d'eau minérale, connue dans le pays sous le nom d'*Acque acetose*.

MARIANA. *Voy.* BIGUGLIA.

MARTINO-DI-LOTA (SAN-). Bourg situé à 1 l. 1/4 de Bastia. Chef-lieu de canton. Pop. 680 hab.

Le canton de San-Martino renferme quatre communes. Le territoire, généralement montueux, est couvert d'oliviers et de vignes, mais peu propre à la culture des grains; quelques petits torrents y sont utilement employés à l'irrigation des jardins, dont les produits se débitent avantageusement à Bastia.

---

1. Saint-Florent, disait Napoléon à Sainte-Hélène au docteur Antomarchi, est une des situations les plus heureuses que je connaisse. C'est là la plus favorable au commerce. Elle touche à la France, elle confine à l'Italie; ses atterrages sont sûrs, commodes, peuvent recevoir des flottes considérables. J'eusse fait une ville grande, belle, qui eût servi de capitale; je l'eusse déclarée place forte; elle eût eu constamment des vaisseaux en station, etc. »

MURATO. Bourg situé dans une contrée boisée, arrosée par de belles eaux, à 4 l. de Bastia. Chef-lieu de canton. Pop. 673 hab. L'église Saint-Michel, située à un quart de lieue de ce bourg, mérite d'être citée comme l'une des plus remarquables de la Corse: on ignore son origine; mais il est probable qu'elle est due aux Pisans; elle est bâtie tant intérieurement qu'extérieurement en pierres blanches et bleuâtres à l'instar des dômes de Pise et de Sienne, et se distingue des autres églises par une espèce de porche soutenu par deux colonnes également de pierres blanches et bleues. On voit sur le portail, comme sur celui de l'église de Mariana, des sculptures représentant des animaux et quelques signes inconnus.

Le canton de Murato renferme quatre communes. Il est enclavé entre deux embranchements du plateau de Tenda, et forme un vallon étroit et profond où coule la rivière de Bevinco. Le territoire, quoique montagneux, produit du froment et abonde en oliviers et en châtaigniers.

NICOLAO (SAN-). Bourg situé à 8 l. 3/4 de Bastia. Chef-lieu de canton. Pop. 618 hab. Ce canton renferme cinq communes, divisées en plusieurs villages; le territoire est presque entièrement formé de montagnes et de collines, au pied desquelles s'étend une plaine étroite qui borde la mer; on y récolte beaucoup de châtaignes, de l'huile et du vin très-spiritueux.

NONZA. Bourg situé à 3 l. de Bastia. Chef-lieu de canton. Pop. 335 hab.

Ce bourg, élevé sur le sommet d'un roc escarpé, offre un aspect très-pittoresque. Il fut bâti par les Avoghari, appelés de Gênes par le libre vœu des habitants du cap Corse pour leur administrer la justice. Leur ambition fit de Nonza une forteresse redoutable, dont il reste encore une tour qui fut défendue avec opiniâtreté par trois habitants dans la guerre de 1768. On y voit un ancien couvent de franciscains fondé vers le milieu du XIIIe siècle; le maître-autel de l'église est construit en marbre, et décoré de trois statues de même matière.

Le canton de Nonza renferme cinq communes. Le territoire est escarpé, montueux et peu favorable à la culture des grains; quelques parties offrent des gorges profondes, où à force de travail on est parvenu à faire prospérer la vigne et l'olivier; les parties les plus élevées des coteaux sont couvertes de chênes verts et de maquis où l'on élève beaucoup de chèvres.

OLETTA. Bourg situé à 2 l. 1/2 de Bastia. Chef-lieu de canton. Pop. 1,004 h. Le territoire de ce canton est entièrement sillonné par des collines couvertes de vignes, d'oliviers, et toutes propres à la culture des grains.

OLMETA-DI-CAPOCORSO. Village bâti dans une forte position qui l'a rendu célèbre dans l'histoire de la Corse, à 2 l. 1/2 de Bastia. Pop. 454 hab.

PERO et CASEVECCHIE. Village situé à 8 l. de Bastia. Chef-lieu de canton. Pop. 500 hab.

Le canton de Pero, entrecoupé de plaines et de montagnes, renferme cinq communes. La partie montueuse est couverte de châtaigniers, dont on compte quatorze différentes espèces, et que l'on cultive avec beaucoup de soin. Les collines sont plantées de vignes, d'oliviers, d'arbres fruitiers, et principalement de pommiers qui portent des fruits d'une grosseur et d'une saveur peu communes; dans la plaine, on recueille abondamment du blé, de l'orge, du millet, du maïs, des légumes et du lin.

PIETRO-DI-TENDA (SAN-). Bourg situé à 6 l. 1/4 de Bastia. Chef-lieu du canton. Pop. 900 hab.

Le canton de San-Pietro renferme trois communes. Il est limité au midi par le plateau de Tenda, dont un prolongement borne son territoire au sud-ouest. Sa superficie est presque entièrement montueuse; mais toutes les montagnes sont propres à la culture des grains, de la vigne et surtout des oliviers. Quinze petits ruisseaux circulent sur son étendue, et sont mis à profit pour l'irrigation des jardins que chaque propriétaire cultive près de sa maison. Les gorges et les défilés de Tenda sont fameux par de grands faits militaires; on croit que ce fut là que les Romains furent victorieusement repoussés par les naturels du pays, l'an de Rome 522; que les Maures y furent taillés en pièces dans le IXe siècle; enfin, que les Génois y furent battus et dispersés à diverses époques.

PORTA (la). Bourg situé au pied du mont San-Pietro, dans un vallon boisé, à 8 l. de Bastia. Chef-lieu de canton. Pop. 285 hab. C'est la patrie des généraux Horace et Tiburce Sébastiani.

Le canton de la Porta renferme quinze communes. Toute sa surface est hérissée de collines et de montagnes élevées, qui donnent naissance à un grand nombre de vallées; tout son territoire semble n'être qu'une vaste forêt de châtaigniers entrecoupée de vignes et d'arbres fruitiers.

ROGLIANO. Bourg situé à 7 l. 1/2 de Bastia. Chef-lieu de canton. Pop. 1,397 h.

Le bourg de Rogliano est bâti presque à l'extrémité du cap Corse, long promontoire qui s'avance près de cinq lieues vers le golfe de Gênes. Cette partie septentrionale de l'île mérite d'être visitée pour ses magnifiques aspects de mer; pour ses rivages plantés de vignes, d'oliviers, de figuiers, de palmiers; pour ses montagnes hérissées de pics éclatants; pour les souvenirs historiques qu'elle rappelle, et les restes d'antiquités qu'elle renferme. L'un de ces derniers porte le nom de tour de Sénèque, et le point de l'île où est situé ce monument, est rempli de vagues et bizarres traditions sur ce philosophe. On sait que Messaline, jalouse de Sénèque, le fit exiler sur la pointe du cap Corse, où il paraît avoir habité pendant six années la tour qui porte son nom. Ce pays montagneux, généralement cultivé de nos jours en vignobles, était alors la plus misérable contrée de l'île; c'est probablement son aridité et son agreste situation qui ont fourni au triste philosophe romain le sujet de ses plaintes et de quelques déclamations sur la Corse, qui, quoique sous la forme d'épigrammes, ne contiennent pas moins des idées justes. — La tour de Sénèque, point le plus élevé du cap Corse, est flanquée à sa base de chênes verts; un torrent gronde au pied de ses murs parmi les précipices. De son sommet on jouit d'une admirable vue qui embrasse les deux mers.

Le canton de Rogliano renferme cinq communes. Son territoire, généralement pierreux, n'est pas propre à la culture des grains; mais il est assez bien planté de vignes et d'oliviers. Le principal commerce consiste en vins cuits, que l'on exporte à Livourne, d'où on les expédie dans le Nord sous le nom de vins d'Espagne.

SISCO. Village situé à 3 l. 1/2 de Bastia. Pop. 923 hab.

L'ancien couvent de Sainte-Catherine de Sisco, fondé au XIVe siècle, mérite d'être indiqué pour sa chapelle souterraine. Une tradition vulgaire rapporte que, vers l'an 1355, un vaisseau revenant de Jérusalem et portant une caisse pleine de reliques, fu assailli par une tempête affreuse devant le promontoire de Sagro. Le capitaine fit vœu de déposer cette caisse dans la première église qui se rencontrerait sur sa route s'il pouvait échapper au naufrage. Il aborda près de Sainte-Catherine, qui n'était alors qu'un très-petit oratoire dans une espèce de souterrain qu'on appelle Tombolo, et y déposa la caisse, qui y resta exposée à la vénération des fidèles. On appelle tombolo de Saint-Catherine, des souterrains creusés par la main des hommes, où l'on entre par la porte qui se trouve dans l'église de cette sainte. Après une marche assez longue, on arrive à la petite chapelle où étaient déposés les corps saints, et où les pèlerins faisaient leurs dévotions. On ressortait par un autre souterrain de même longueur que le premier, aboutissant également dans l'église, mais dans la partie opposée au premier. Les souterrains doivent remonter aux premiers temps du christianisme.

TAGLIO. Village situé à 7 l. de Bastia. Pop. 583 hab. On y trouve une source d'eau minérale acidule, dont les habitants font beaucoup d'usage en été dans diverses maladies.

TOMINO. Village situé à 5 l. de Bastia. Pop. 662 hab. On y jouit d'une vue riante, qui embrasse d'un côté des montagnes et des vallées bien cultivées, et qui de l'autre s'étend sur la mer, sur les îles de la Pinosa, de Montecristo, d'Elbe, de Capraja, et jusqu'aux côtes de Gênes et de la Toscane. — Le petit mouillage de Macinajo est voisin de Tomino, et dépend de cette commune.

VENZOLASCA. Village situé à 9 l. 1/2 de Bastia. Pop. 1,172 hab. On y voit un ancien couvent bâti en pierre de taille; 18 colonnes supportent les arcs du cloître, qui entoure sa cour intérieure. L'église n'a qu'une nef; elle contient 8 chapelles d'une architecture simple et assez moderne. — Venzolasca est renommé par les assemblées populaires que les Corses y tinrent dans différentes circonstances orageuses et difficiles.

VESCOVATO. Bourg situé à 5 l. 1/2 de Bastia. Chef-lieu de canton. Pop. 1,005 h.

Ce bourg est bâti sur une colline isolée, dans un site riant, au milieu d'un territoire remarquable par la richesse de sa végétation et par l'abondance de ses eaux. C'était autrefois la capitale de la Casinca, ainsi appelée de ses beaux bois de châtaigniers, dont quelques-unes entr'ouverts et décrépits peuvent recevoir dans leurs flancs jusqu'à dix personnes, et n'en poussent pas moins de profondes racines et de vigoureux rameaux. — L'église est ancienne. On y voit un beau tabernacle en marbre provenant des ruines de Mariana.

Le canton de Vescovato renferme huit communes. Son territoire, formé de parties montagneuses et de plaines, est l'un des plus beaux et des plus fertiles du département. Les grains de toute espèce, la vigne, les oliviers, les châtaigniers, les orangers, les citronniers et toutes les espèces d'arbres fruitiers y prospèrent également.

ARRONDISSEMENT DE CALVI.

ALGAJOLA. Petite ville maritime, située au fond d'un petit golfe, à 2 l. 1/4 de Calvi. Chef-lieu de canton. Pop. 209 hab.

Sous le gouvernement des Génois Algajola était une place importante où résidait le lieutenant général de la province de la Balagne; elle fut souvent prise, reprise et dévastée pendant la grande révolution insulaire. Le voisinage de l'Ile-Rousse aussi a été fatal à cette place qui, n'offrant au commerce qu'une plage peu commode, où même les plus petits bâtiments ne peuvent être tirés à terre, a fini par décliner et est enfin entièrement déchue. On y voit encore quelques belles maisons, mais délabrées et tombant en ruine. L'église renferme une descente de croix très-endommagée, attribuée au Guerchin.

Le canton d'Algajola renferme neuf communes. Le territoire est entrecoupé de montagnes et de collines, dont quelques-unes offrent d'excellents pâturages; les autres sont propres à la culture du seigle ou plantés de vignes, d'oliviers, d'orangers et de citronniers. La côte est parsemée de blocs d'un magnifique granit rose-rouge, dont l'exploitation, commencée il y a quelques années, promet de devenir par la suite très-lucrative.

Commerce d'huile d'olive, cire jaune, amandes, oranges, citrons. — Exploitation de granit.

BELGODÈRE. Bourg situé à 4 l. 1/4 de Calvi. Chef-lieu du canton. Pop. 752 hab.

Ce bourg, bâti dans une position riante d'où l'on jouit de la vue de la mer et de la verdoyante vallée de Fiumeregino, fut bâti vers le XIe siècle par un de ces marquis de Malaspina, appelés par les Corses pour les gouverner.

Le canton de Belgodère renferme six communes. Son territoire forme une vallée ouverte vers la mer, et sillonnée en divers sens par des collines et des vallées d'un ordre inférieur. Les parties montagneuses sont plantées de vignes, d'oliviers et d'arbres fruitiers : dans celles voisines des embouchures des rivières, le sol est propre à la culture du blé et aux pâturages, mais on y trouve aussi quelques endroits marécageux qui rendent l'air malsain.

CALENZANA. Village situé à 2 l. de Calvi. Chef-lieu de canton. Pop. 1,974 hab.

Il est bâti dans un joli et frais vallon d'où l'on jouit d'une belle vue sur la mer, et possède une vaste et belle église où l'on voit le tombeau du pieux missionnaire dom Luigi.

Le canton de Calenzana renferme neuf communes : son territoire, très-étendu, peut être comparé à une large et profonde vallée, s'ouvrant à l'ouest vers la mer, et encaissée à l'est, au nord et au sud par des chaînes de montagnes dont les principaux points sont Monte Lacontello, Monte Grosso, Capo di Vergio, et Capo Caviglia.

CALVI. Ville forte et maritime. Chef-lieu de sous-préfecture. Tribunal de première instance. Place de guerre de seconde classe. ✉ Pop. 3,282 habit.

La fondation de Calvi est due aux guerres civiles. Vers l'an 1268, Giovanninello, de Pietra-Allerata, faisant la guerre à Giudice della Rocca, seigneur de toute l'île, vint se fortifier sur la hauteur où est aujourd'hui Calvi; il se retira ensuite; mais ce lieu continua d'être habité. Postérieurement les Avoghari, seigneurs de Nonza, y furent appelés, et continuèrent à y dominer jusqu'au moment où les habitants se soumirent aux Génois, avec les mêmes privilèges et immunités accordés aux habitants de Bonifacio. — Les troupes d'Alphonse, roi d'Aragon, occupèrent momentanément Calvi. Du temps de Henri II, l'armée combinée des Turcs et des Français, en leva le siège, événement regardé alors comme un

Rauch del. d'après Despois.   Bishop sc.
L'ILE ROUSSE.

CALVI.

VUE DE CALVI
prise en mer.

prodige opéré par un crucifix qu'on avait la veille planté sur les remparts, et qu'on a depuis appelé le crucifix des miracles. — La ville de Calvi ne prit jamais part aux mouvements insurrectionnels de l'intérieur. Pour reconnaître et encourager cette inaction, le gouvernement génois fit placer sur la porte de la citadelle cette inscription :

CIVITAS CALVI SEMPER FIDELIS.

Les Anglais assiégèrent Calvi au commencement de juin 1794. La garnison fut puissamment secondée par les citoyens pour sa défense; les femmes même, oubliant la délicatesse de leur sexe, se firent remarquer par leur courage en portant des munitions sur les remparts, et en travaillant aux fortifications dans le moment le plus terrible du bombardement. Après une longue et opiniâtre résistance, qui réduisit la garnison à 260 hommes, et après avoir vu les Anglais occuper le fort Mozzello, Calvi se rendit faute de vivres. Les habitants abandonnèrent aux Anglais les restes méconnaissables de leur cité, et s'embarquèrent pour Toulouse. En 1795, les conquêtes du général Bonaparte en Italie encouragèrent les Corses à secouer le joug des Anglais; Calvi fut repris, et ses honorables habitants rentrèrent dans leur patrie. Mais depuis cette époque Calvi dépérit de jour en jour; son commerce jadis considérable est aujourd'hui presque nul : l'Ile-Rousse, plus heureusement située, est devenue le lieu d'entrepôt des objets d'importation et d'exportation.

La ville de Calvi est située au fond et sur la côte occidentale du golfe de son nom, sur un roc qui s'avance en forme de péninsule dans la mer, en sorte qu'elle est environnée d'eau de trois côtés; l'aspect en est imposant, et le port, dominé par un château presque imprenable, peut abriter une flotte nombreuse. Elle se divise naturellement en deux parties : la ville haute ou citadelle, fortifiée du côté de la mer et de la terre par des murs construits avec des blocs de granit; et la marine ou ville basse, située au bord de la mer. Les eaux qui baignent à l'est le pied de la colline, y forment l'anse appelée Porto-Vecchio. Le port proprement dit est au fond des eaux qui baignent le côté oriental du golfe, et viennent s'y enfoncer en suivant une direction à peu près semi-circulaire. La citadelle est dominée par une hauteur située à portée du canon, appelée Mozzello, sur laquelle est un petit fort; mais celui-ci étant lui-même dominé par une colline voisine et plus élevée, il en résulte que la prise assez facile du Mozzello entraîne celle de la ville. — Le golfe de Calvi est de tous ceux de l'île le plus voisin du continent français : son ouverture, formée par la pointe de Rivelata, à l'ouest, et le cap Spano à l'est, regarde le nord-ouest : le golfe offre un mouillage commode aux frégates et aux vaisseaux de ligne.

La caserne de Calvi est l'ancien palais des gouverneurs génois. L'église n'a de remarquable que le tombeau de l'ancienne famille Baglioni.

Le canton de Calvi ne comprend que le territoire de la ville. Il est sec et aride; ou y est cultivé principalement en arbres fruitiers et en vignes, qui produisent des vins estimés.

Comm. de vins, huile d'olive, amandes, citrons, cire vierge, peaux de chèvres, bois de chauffage, etc.

A 24 l. d'Ajaccio, 16 l. de Bastia.

GIROLATA. Petit port de mer situé au fond du golfe de son nom, à 7 l. de Calvi. Il est défendu par une tour et a souvent servi de refuge pendant la guerre aux bâtiments de commerce poursuivis par l'ennemi, et même aux bâtiments de l'État. En 1524 Jean Doria y défit la flotte du corsaire Dragut, à qui il enleva neuf vaisseaux, sur l'un desquels ce terrible corsaire fut fait prisonnier.

ILE-ROUSSE. Jolie petite ville maritime, située à 4 l. de Calvi. Tribunal de commerce. ✉ Pop. 1,046 hab.

L'Ile-Rousse doit son nom à deux petits îlots situés près de la côte, et dont les roches sont d'une couleur rougeâtre. Vers la fin du XVIe siècle, le gouvernement génois avait fait réunir par une jetée la première île à la terre, et construire sur ce point de la côte une tour, qui devint, dit Filippini, le boulevard de toute la Balagne contre les Maures qui infestaient ces rivages. Vers l'an 1760, Pascal Paoli conçut et exécuta le projet de substituer une ville à cette tour. Les Génois étaient resserrés dans les places maritimes; les Corses, maîtres des campagnes, ne communiquant plus avec eux, ne pouvaient que difficilement avoir avec les étrangers quelques relations commerciales. Le territoire fertile de la Balagne offrait des denrées à exporter, et l'Ile-Rousse, située presque au centre de cette province, était propre aux embarquements. En peu de temps on y éleva quelques maisons et magasins. Les droits qu'on y percevait au nom du gouvernement corse rendaient des sommes considérables, et étaient la branche la plus productive du gouvernement national : tels furent les commencements de l'Ile-Rousse. Le maréchal de Vaux voulut donner son nom à cette ville encore naissante; mais il reste à peine quelques traces de cette dénomination, qui ne fut que momentanément adoptée. En l'an V, on construisit les murs qui lui servent d'enceinte. Peu à peu l'Ile-Rousse s'agrandit; des familles de l'intérieur vinrent y bâtir des magasins et l'habiter. Le gouvernement, en donnant des ordres pour le prolongement de son môle, a rendu son port plus sûr et capable de recevoir de plus gros bâtiments.

Commerce d'huile d'olive, cire jaune, amandes, oranges, citrons, etc.

MONTICELLO. Village situé à 3 l. 1/2 de Calvi. 753 hab.

Le hameau d'OCCIGLIONI, dépendant de cette commune, passe pour être l'emplacement de la cité phénicienne d'Agilla, la plus ancienne dont il soit parlé dans l'histoire de l'île, et dont Hérodote cite les jeux magnifiques célébrés en l'honneur d'Apollon.

OLMI. Bourg situé à 4 l. 1/2 de Calvi. Chef-lieu de canton. Pop. 708 hab.

Le canton d'Olmi renferme quatre communes. Son territoire peut être considéré comme une profonde vallée, servant d'enceinte à plusieurs autres de moindre grandeur; il produit beaucoup de seigle, peu de blé, et offre de beaux vignobles dont le vin a un goût qui approche de celui des vins du Rhin.

ARRONDISSEMENT DE CORTE.

ALANDO. Village situé à 2 l. 1/2 de Corte. Pop. 126 hab.

Ce petit village, après avoir été illustré par les faits d'armes de deux Sambucuccio, fut le théâtre du beau trait de Thomas Cervoni, père du général de ce nom. Menacé de la malédiction de sa mère, ardente patriote, qui lui commande de sacrifier à la liberté son ressentiment contre Paoli, il vole le secourir à la tête de ses amis et de ses parents. Paoli, renfermé dans l'église du couvent de Bozio, près d'Alendo, avec une cinquantaine d'hommes seulement, et réfugié derrière l'autel, allait périr; déjà le furieux Marius Matra ébranlait et incendiait la porte, lorsque le bruit des cornets de la troupe de Cervoni ranima le courage du nouveau défenseur de l'indépendance corse. Matra, blessé au genou, recule; son détachement, croyant qu'il fuyait, se disperse, et l'on montre encore, près d'un châtaignier, au delà du couvent, la place où, renversé par la balle de Cervoni, il fut tué et mutilé d'une manière barbare.

ALERIA. Ancienne ville ruinée, située sur le penchant d'une colline très-élevée qui se prolonge sur les bords de la mer, à 12 l. de Corte. A en juger par sa position, par la fertilité prodigieuse de son territoire, par les ruines et les débris d'ornements qu'on y rencontre, par les monnaies et les cornalines gravées qu'on y trouve, Aleria dut être une ville opulente, où il se faisait un grand commerce. Les débris de cette antique cité consistent en une maison prétoriale, que les habitants nomment *casa reale*, où l'on voit des caves profondes assez bien conservées. Un cirque de forme elliptique, dans lequel on aperçoit à peine quelques gradins en mauvais état, paraît avoir pu convenir par ses dimensions à une ville d'environ douze ou quinze mille âmes. Les murs de la partie septentrionale de la ville, du côté de Tavignano, étaient bâtis sur les bords d'un escarpement haut et presque vertical, et étaient flanqués par des tours très-rapprochées; ceux de la partie méridionale en étaient séparés par un fossé qui existe encore. Un mur intermédiaire, dont il est facile de suivre les traces, coupait en deux cette ville, dont le plateau supérieur contenait la maison prétoriale, le cirque et le præsidium. On indique encore, comme restes de constructions romaines, dans le voisinage d'Aleria, les piles d'un pont qui traversait le Tagnone, près de l'embouchure de ce torrent dans le Tavignano, et un pavé en briques sur le bord de l'étang d'Orbino. L'étang de Diana paraît avoir servi de port à Aleria, ainsi que l'indiquent encore de gros anneaux de fer fixés sur ses bords.

CALACUCCIA. Bourg situé à 6 l. 3/4 de Corte. Chef-lieu de canton. Pop. 629 hab.

Le canton de Calacuccia renferme cinq communes. Son territoire, extrêmement

élevé, est traversé par une chaîne de montagnes qui, après s'être partagée dans sa plus grande élévation, s'abaisse insensiblement et forme une agréable vallée dont la pente est si douce qu'on la prendrait au premier abord pour une véritable plaine. Cette grande et populeuse vallée, connue sous le nom de Niolo, est, par son site et ses bergers, une des parties les plus curieuses et les plus intéressantes de l'île; ses quatre issues qui donnent accès vers Vico, Calvi, Corte et Venaco, et sont bordées de hautes montagnes, pourraient être défendues par quelques hommes contre des forces nombreuses. De petits champs séparés par des murs peu élevés, formés de pierres entassées les unes sur les autres, servent de pâturages. La beauté, la stature des hommes, presque tous bergers, sont remarquables: quoique couchant sur la dure et à la belle étoile, enveloppés dans leur épais pélone [1], ils parviennent sans décrépitude, malgré cette âpre vie, à une vieillesse avancée. Cette population nomade s'élève à environ 3,300 habitants, sur lesquels il n'y a pas trente artisans ou marchands.—Le chant et la poésie sont familiers à ces rudes Arcadiens de la Corse. L'hospitalité leur est sacrée: le berger qui vous donne le lait de ses brebis et la chair de son chevreau, serait offensé si vous lui offriez de l'argent, et mépriserait le berger qu'il verrait en recevoir. Chaque famille forme une espèce de petit État qui fabrique tout ce qui est à son usage: les femmes tissent la toile et le drap pendant l'hiver, et c'est à leur rustique foyer que se sont réfugiées les mœurs et les vertus primitives de la Corse.—L'époque de la belle foire aux bestiaux qui se tient le huit septembre, est le bon moment pour visiter le Niolo, et pour jouir de l'aspect pittoresque de la population. Les femmes sont les seules de l'île qui aient conservé leur ancien costume: une toque de velours noir, bordée par les cheveux en deux tresses, forme la coiffure; la chemise boutonnée jusqu'au menton tient lieu de fichu; la robe est de drap bleu, chamarrée de velours, ouverte à la gorge, et forme une espèce d'amazone.

CASTIFAO. Village situé au pied des montagnes qui dominent une spacieuse vallée, à 7 l. 1/2 de Corte. Chef-lieu de canton. Pop. 600 habit. Ce village portait anciennement le nom de la Petrera de Caccia; il est fort par sa position, et célèbre dans l'histoire des guerres du pays, notamment dans celles de Saint-Piero contre les Génois.

Le canton de Castifao renferme quatre communes. Une chaîne de montagnes partage son territoire du nord au sud, et le divise en deux parties bien distinctes. Le territoire de la commune d'Asco forme un bassin fermé au sud et à l'ouest par Monte Cinto et ses prolongements; quoique situé au pied de hautes montagnes couvertes de neige pendant sept mois de l'année, on n'y éprouve pas un froid rigoureux, parce que ces mêmes montagnes lui servent d'enceinte et l'abritent de la violence des vents.

CASTIGLIONE. Village situé à 7 l. de Corte. Pop. 327 habit. Un peu au-dessous de ce village, un mamelon du mont Tretonato présente, dans sa partie supérieure, une grande ouverture dans laquelle se précipite une portion des eaux du torrent Tarivola. La partie inférieure offre trois autres ouvertures, par une desquelles ces eaux trouvent leur issue et vont se réunir au torrent; les deux autres conduisent à une grotte large et spacieuse creusée dans le roc vif, laquelle sert, dans différentes saisons, d'abri aux bestiaux contre les ardeurs du soleil ou contre la pluie. De cette grotte on passe dans plusieurs enfoncements, et les habitants du pays prétendent que la caverne a une issue dans la partie opposée de la montagne.

CORTE. Jolie et forte ville, chef-lieu de sous-préfecture. Place de guerre de quatrième classe. Tribunal de première instance. ✉ Pop. 3,282 hab.

Cette ville, située au centre de l'île, était le lieu où dans le XIe siècle les principaux comtes de Corse tenaient leur cour. Cette prérogative, que Corte perdit sous les Pisans, les papes et les Génois, qui préférèrent Biguglia et Bastia, lui fut rendue au temps du gouvernement national, lorsque les Génois furent resserrés dans les places maritimes; c'était à Corte que résidait le général, les représentants de la nation et le tribunal suprême. Après la réunion de la Corse à la France, les principaux établissements furent placés à Bastia et à Ajaccio. Le gouvernement fit fortifier la partie haute de la ville, au sud de laquelle s'élève l'ancien château, et y fit construire de belles casernes.

La ville de Corte est située sur la rive

---

[1]. Manteau de poil de chèvre.

gauche du Tavignano, au point où ce torrent sort des montagnes et reçoit la Restonica. Elle est bâtie sur la pente orientale d'un monticule très-escarpé du côté de l'ouest, et domine une vallée délicieuse couverte de jardins, de vignes, d'oliviers et de maisons de campagne. A peu de distance se dessinent de tous côtés des habitations et des bourgs qui embellissent la perspective. On arrive dans la ville par une avenue de châtaigniers aboutissant à une place assez grande, mais irrégulière; l'intérieur est aussi fort irrégulier; comme on ne s'est assujetti à aucun ordre, à aucun alignement dans la construction des anciennes maisons, on pourrait presque dire que cette ville n'a pas de rues. Un aqueduc de 4,000 mètres de longueur y amène des eaux limpides, fraîches et abondantes.

On remarque à Corte, dans l'ancien palais où le tribunal tient ses séances, l'appartement de Paoli; la maison de l'héroïque Gaffori; la citadelle, ancien château élevé au commencement du XVe siècle par Vincentello d'Istria; les casernes bâties en belles pierres de taille, et qui peuvent contenir douze cents hommes.

Le canton de Corte ne comprend que le territoire de la ville. Entouré au sud et à l'ouest des ramifications de la grande chaîne, il est très-montueux dans toutes ses parties; à l'est il est plus ouvert, et la vue peut s'y étendre à une grande distance; les alentours de la ville sont en partie cultivés en jardinage, dont l'irrigation est très-facile à cause de l'abondance des eaux.

Commerce de grains et de vins de son territoire.

A 13 l. de Bastia, 15 l. d'Ajaccio.

LAURENT. Village situé à 3 l. de Corte. Chef-lieu de canton. Pop. 523 hab. Ce canton renferme sept communes; le territoire est un des moins fertiles de l'arrondissement.

MOITA. Village situé à 5 l. 1/4 de Corte. Chef-lieu de canton. Pop. 620 hab.

Le canton de Moita renferme huit communes. Une partie de son territoire comprend la plaine d'Aleria, la plus belle et la plus fertile contrée de toute la Corse.

MOROSOGLIA. Bourg situé à 3 l. 3/4 de Corte. Chef-lieu de canton. Pop. 820 h.

Ce bourg est le lieu de naissance de l'illustre Paoli; on y voit encore la maison où il reçut le jour, située sur un coteau environné de montagnes boisées. L'ancien et vaste couvent des Franciscains, résidence d'été de Paoli pendant la guerre de l'indépendance, est aujourd'hui une propriété communale, où est établie l'école élémentaire, fondée par le testament de cet homme célèbre. La vue du couvent est belle; d'un côté s'étend un rideau de châtaigniers, et de l'autre une chaîne de montagnes qui domine le Monterotondo.

La vallée de Morosoglia est célèbre dans les annales de la Corse. C'est dans cette vallée que se tenaient les consultes ou assemblées générales de la nation; c'est là que retentissaient les cris de: *Vive la liberté! Vive le peuple!* cris alors synonymes d'insurrection et qui faisaient trembler les oppresseurs de l'île. Ce fut à Morosoglia que les populations cismontaines de la Corse entendirent les inspirations de Sambucuccio, ce fameux législateur insulaire qui jeta les fondements des institutions toutes démocratiques *de la terre de commune*, institutions qui ont coûté tant de sacrifices à la nation, mais qu'elle a su défendre, sinon dans leur ensemble, au moins dans un grand nombre de leurs dispositions, pendant plusieurs siècles. Cette vallée, fameuse à tant de titres, forme une espèce d'amphithéâtre, pouvant contenir plus de cent mille personnes. Des collines verdoyantes, couvertes d'arbres de toute dimension, entourent le champ de Mars des anciens Corses, où les populations religieuses du moyen âge avaient érigé un vaste couvent. Cet endroit, si commode pour la tenue des assemblées nationales, offrent l'immense avantage d'être un point central environné des cantons les plus populeux de l'île.

Le canton de Morosoglia renferme huit communes. Le territoire, divisé en deux bandes par une chaîne de montagnes, est assez productif en grains, en châtaignes, en pâturages et en vignes.

OMESSA. Bourg situé à 1 l. 3/4 de Corte. Chef-lieu de canton. Pop. 889 hab. On remarque aux environs les restes du magnifique château de Supietro.

Le canton d'Omessa renferme sept communes. Le territoire, sans être très-productif, est propre à la culture de la vigne, des oliviers et des arbres fruitiers.

OREZZA. Village célèbre par ses eaux minérales acidules, situé à 5 l. de Corte.

Les eaux minérales d'Orezza coulent sur le revers d'une colline qui se détache de la chaîne comprise entre les monts Caldare et

Ozari. Les sources sont au nombre de deux : l'une, appelée *Alta* (haute), sort et coule sur le coteau; l'autre, appelée *Bassa* (basse), est beaucoup plus considérable que la première; elle sourd à 400 mètres de celle-là, et au pied même de la colline, au lieu nommé *Acqua Bossa*, par allusion sans doute aux sédiments de couleur ocreuse que ces eaux déposent le long de leur source. La fontaine haute fut découverte par le docteur Frediani; la fontaine inférieure, inconnue ou négligée jusqu'en 1777, fut accréditée par les officiers de santé français, Vachez et Castagnoux.

Les eaux d'Orezza sont éminemment gazeuses, limpides et transparentes en sortant de la source; leur saveur est acide et pique légèrement le palais. M. Laprévotte, pharmacien à Bastia, a donné en 1833 une analyse de ces eaux, dont voici le résultat : chaque litre d'eau contient deux litres ou 3,25 grammes de gaz acide carbonique libre. 20 livres (9,79012 kilog.) de la même eau ont donné par l'évaporation un résidu fixe pesant 7,7 grammes, qui contenait les substances suivantes :

	Gr.
Chlorure de sodium	0,30
Carbonate de fer	0,60
Carbonate de chaux	1,85
Silice	2,55
Alumine	1,15
Magnésie	des traces
Perte	1,25
	7,70

Les eaux d'Orezza, malgré leurs vertus bien constatées, manquent d'un établissement et se prennent rustiquement sous des tentes de feuillages. Elles passent pour être efficaces contre les affections chroniques de l'estomac, les obstructions, l'hystérie, etc., etc.

PIEDICORTE. Village situé à 4 l. 1/2 de Corte. Chef-lieu de canton. Pop. 702 h. Il est bâti au pied du mont Caggio, sur le sommet duquel on voit encore les restes d'un château des comtes de ce nom.

Le canton de Piedicorte renferme sept communes. Le territoire, qui n'est qu'un amas de collines groupées les unes sur les autres, paraît ne former qu'une vallée longue et étroite s'ouvrant vers le sud et sur les eaux du Tavignano, mais renfermant plusieurs vallées latérales qui s'ouvrent toutes au sud sur la rive gauche de cette rivière; il produit abondamment du froment, de l'orge, des légumes, du vin et de l'huile.

PIEDICROCE. Bourg situé à 4 l. 3/4 de Corte. Chef-lieu de canton. Pop. 418 hab.

Le canton de Piedicroce renferme seize communes. On peut considérer son territoire comme une vallée profonde, formée par le massif de San-Pietro Maggiore et par ses prolongements, et s'ouvrant au nord-est. L'intérieur, traversé par le Fiumalto, est parsemé de collines de moindre hauteur, sillonnées par des vallées latérales. Ce canton est fort commerçant; Filippini vantait l'industrie des habitants livrés au trafic des draps, des tissus et des chaussures. On y fabrique aujourd'hui des chaises, des selles, des faucilles, des cuillers et des fourchettes de bois, des stylets, etc., etc.

PIEDIGRIGGIO. Village situé à 7 l. de Corte. Pop. 147 hab.

Ce village est dominé par une montagne dont le sommet est couronné par l'ancien et pittoresque château de Serravalle, construit vers la fin du IXe siècle. Les murs de ce château sont encore debout, et de tous les vieux manoirs de l'île il est peut-être le plus vaste et le moins délabré; on lui donne pour fondateur un descendant d'Amondo Nasica.

PIETRA. Bourg situé à 6 l. de Corte. Chef-lieu de canton. Pop. 827 hab.

Le canton de Pietra renferme six communes. Le territoire, incliné à l'est, a environ six lieues de côtes, auxquelles succèdent des collines qui s'élèvent les unes au-dessus des autres jusqu'à la montagne de Saint-Appiano, autrefois couverte de chênes verts, et maintenant cultivée en blé jusque sur son sommet; les terres sont cultivées en blé, en oliviers et en vignes.

PIETRAPOLA. Village situé à 3 l. de Corte, canton de Fiumorbo, commune d'Isolaccio.

On trouve dans ce village plusieurs sources d'eaux thermales et des bains qui appartiennent à la commune d'Isolaccio[1]. La découverte de ces sources remonte à la plus haute antiquité. Les bains sont très-anciens et paraissent avoir été bâtis par les Romains, du moins à en juger par l'épaisseur des fondements, et la solidité de la construction. Ce qui rend cette hypothèse encore plus vraisemblable, est leur voisinage de l'ancienne ville d'Aleria. Le lieu où ils sont situés est bordé d'un côté par le torrent dit Albatesco,

---

1. Cette notice nous a été adressée par M. le docteur Grimaldi, médecin-inspecteur des eaux de Pietrapola.

et se termine de l'autre par un vallon et des coteaux couronnés de hautes montagnes. Le terrain est presque partout inculte aux environs des bains. On y voit par-ci et par-là des parcelles de terres mises en culture qui récompensent généreusement de ses fatigues le diligent laboureur. Le sol, aride en apparence, est composé de coteaux et de collines abondants en terres végétales, où croissent beaucoup d'arbres fruitiers, d'arbustes, d'arbrisseaux et de plantes de différentes espèces.

On connaît sept principales sources, qui sont : 1° le Grand Bain dont la température est de $+$ 45° Réaumur; 2° Pozzo-spiritato, $+$ 45° 1/2; 3° la Leccia, 35°; 4° Occhiara, $+$ 5°; 5° autre filet de la même source, $+$ 28°; 6° sans nom, $+$ 35°; 7° autre filet de la même source, $+$ 45°.

Dans la source dite le Grand Bain, il y a deux grands bassins en maçonnerie, de 16 pieds de longueur, sur 14 de largeur, et 2 1/2 de hauteur. Il existe encore un autre bassin dans la source dite de Leccia, de 8 pieds de long, sur 6 de large, et de 2 de haut. Ces bains sont les seuls jusqu'à présent qui aient attiré l'attention du gouvernement : on espère cependant en voir établir d'autres incessamment.

SAISON DES EAUX. La saison des eaux dure depuis le mois de mai jusqu'à la fin de juillet; les gens du pays y vont même au commencement de l'automne. Sept à huit cents malades s'y rendent annuellement.

Malgré le désagrément que présente l'état actuel des bains, dans la saison des eaux, le séjour n'en est cependant pas sans agrément, et cela à cause de l'aspect varié des sites, des montagnes, et des collines couvertes de verdure sur lesquelles les regards se reposent de toutes parts.

PRIX DU LOGEMENT ET DE LA DÉPENSE JOURNALIÈRE. Un propriétaire d'Isolaccio vient de faire bâtir une très-belle maison, où l'on trouve des chambres garnies à raison de 50 fr. pour toute la saison; on paye 3 fr. par jour au restaurateur. L'usage des eaux est gratuit.

PROPRIÉTÉS PHYSIQUES. Ces eaux sont claires, limpides, un peu grasses et onctueuses au toucher; leur saveur est légèrement amère; elles exhalent une odeur bien sensible d'œufs pourris. Leur pesanteur spécifique diffère peu de celle de l'eau distillée; leur pesanteur ordinaire est égale à celle de l'eau de rivière.

PROPRIÉTÉS CHIMIQUES. Il n'a pas encore été fait d'analyse exacte des eaux de Pietra-pola. En 1825, M. Grimaldi en a donné dans un mémoire un essai analytique; mais se trouvant dépourvu de réactifs et de tous les instruments nécessaires à cet effet, il n'a pu faire une analyse complète. Le résultat de ses expériences a constaté qu'elles contiennent du gaz hydrogène sulfuré, du soufre en quantité, des hydrochlorates et des sulfates de fer, etc.

PROPRIÉTÉS MÉDICINALES. Ces eaux, douées d'un haut degré de chaleur, possèdent des vertus excitantes, détersives, vulnéraires, révulsives, sudorifiques, etc.; elles sont salutaires dans plusieurs maladies chroniques de la peau, les rhumatismes chroniques, les sciatiques chroniques, les tumeurs blanches, les paralysies, les tremblements des membres, les affections scrofuleuses, les engorgements lymphatiques, dans la suppression des règles chez les femmes, la chorose, les fleurs blanches, etc., etc.

MODE D'ADMINISTRATION. Les malades peuvent se servir de ces eaux à leur température ordinaire, sans addition d'aucune autre substance, en boisson, bains, douches et injections.

PONTENOVO. Caserne crénelée, située sur la rive droite du Golo, que l'on passe en cet endroit sur un long pont qui fut le théâtre des derniers efforts de l'indépendance corse.

PUZZICHELLO. Sources minérales situées dans un vallon, à 1 l. 1/2 d'Antisanti. Elles sont au nombre de deux, et jaillissent du pied d'une colline située du côté de la mer. L'eau de l'une de ces sources est claire, limpide, mais d'une fétidité insupportable; celle de l'autre source est trouble, d'une couleur blanchâtre, opaline et bien moins odorante. Ces eaux sont en général minéralisées par le sulfate de chaux, par les hydrochlorates de chaux et de magnésie, l'alumine, la magnésie et la silice. Elles contiennent en assez grande proportion du gaz hydrogène sulfuré et du gaz acide carbonique.

SERMANO. Village situé à 1 l. 1/4 de Corte. Chef-lieu de canton. Pop. 224 hab.

Le canton de Sermano renferme douze communes. Son territoire présente l'aspect d'une vallée qui s'ouvre sur la rive gauche du Tavignano, et dans laquelle se trouvent des collines de moyenne hauteur. Le territoire, quoique sec et aride, produit néanmoins du froment, de l'orge, du vin, des olives et des châtaignes.

CASERNE RETRANCHÉE DE PONTE NORO
sur le Golo.

SERRAGGIO. Village situé à 1 l. 1/2 de Corte. Chef-lieu de canton. Pop. 915 hab.

Ce canton renferme neuf communes. Son territoire, traversé par une chaine de collines, est propre à la culture du blé, de la vigne, des oliviers et des arbres fruitiers de toute espèce. Entre San-Pietro et Corte, on trouve des carrières de marbre de diverses couleurs.

VALLE D'ALEZANI. Village situé à 6 l. 1/2 de Corte. Chef-lieu de canton. Popul. 616 hab.

Le canton de Valle d'Alezani renferme neuf communes. Son territoire est formé d'un grand nombre de collines, presque entièrement couvertes de châtaigniers très-productifs ; à peine y sème-t-on quelque peu d'orge et quelques légumes ; on y élève beaucoup de porcs.

VEZZANI. Bourg situé à 4 l. 1/2 de Corte. Chef-lieu de canton. Pop. 819 hab.

Le canton de Vezzani, un des plus étendus du département, renferme huit communes. Son territoire participe dans sa totalité de toutes les expositions et de différentes qualités de terrains propres à faire prospérer à la fois toutes les branches de l'économie rurale.

ARRONDISSEMENT DE SARTÈNE.

BONIFACIO. Ville forte et maritime, située à 9 l. de Sartène. Chef-lieu de canton. Place de guerre de 2ᵉ classe. ✉ Populat. 2,944 hab.

Cette ville, regardée comme une des plus anciennes de la Corse, doit sa fondation à l'illustre Boniface, seigneur pisan, qui, après avoir battu les Sarrasins sur les côtes d'Afrique, débarqua en Corse et bâtit en 830 un fort auquel il donna son nom. En 1195 les Génois s'emparèrent de cette forteresse par un hardi et vigoureux coup de main, et de cette époque date le commencement de l'établissement des Génois en Corse, événement mémorable pour cette île, et qui fut si fécond en combats et en désastres.

La ville de Bonifacio est située sur un rocher calcaire formant du côté de la mer une haute falaise, qui couvre la porte au sud ; elle occupe l'extrémité d'une presqu'île, qui semble attachée à la terre comme une pomme à la branche de l'arbre qui la produit. La ville, renfermée dans la même enceinte que le château, est formée de maisons bien bâties qui annoncent l'aisance ; son élévation au-dessus du niveau de la mer est d'environ 60 mètres, et l'on y arrive du faubourg situé au fond du port par une rampe très-rapide. Cette position extraordinaire sur une roche horizontale, presque verticale sur les côtes et percée de vastes magasins ; la beauté du port, les merveilleuses grottes marines qui se trouvent aux environs, l'ensemble des fortifications, font certainement de Bonifacio la ville la plus curieuse de la Corse. Cette ville n'a que des eaux de citernes, mais une source abondante, située à peu de distance des murs, fournit aux besoins des habitants.

Le port de Bonifacio présente un long canal creusé par la nature dans un banc de rocher calcaire ; la presqu'île sur laquelle la ville est bâtie lui sert de môle. Sa première partie, de 500 mètres de longueur, est ouverte au sud-ouest ; sur le reste de sa longueur, environ 1,400 mètres, son axe est dirigé de l'ouest à l'est. Sa largeur moyenne est de 150 mètres ; sur la rive septentrionale, il présente deux enfoncements qui peuvent recevoir de petits bâtiments.

Les églises de Bonifacio attestent diversement l'ancienne importance de cette ville, ses mœurs, sa richesse et sa civilisation. Sainte-Marie-Majeure, élégante église de construction pisane, brillante de marbre, de porphyre, a une majestueuse loggia où se délibéraient autrefois les affaires publiques. Saint-Dominique, ancienne église des templiers, construite en 1343, d'un gothique léger, avec un clocher à jour octogone fort remarquable, est la plus grande église de la Corse ; le chœur est vaste, la sacristie magnifique, l'autel de la chapelle du saint est éclatant de marbre et de sculptures. L'église Saint-François, édifice de la fin du XIVᵉ siècle, renferme deux tombeaux remarquables en marbre.

La caserne, commencée en 1775, et dont une partie du petit quartier date des Génois, est un des plus magnifiques édifices que la Corse doive à l'ancienne monarchie. La citerne, dont la capacité est immense, a un escalier en pierre de taille qui descend jusqu'au fond, et permet d'en reconnaître la bonne construction. — Les fortifications sont jolies et bien entretenues. L'arsenal est regardé comme le premier de la Corse.

On doit visiter, aux environs de Bonifacio, l'oratoire de la Trinité, dont l'église, élevée sur une légère esplanade, à la moitié de la hauteur du mont Capo di Fino, et couronnée par de majestueuses cimes, offre des points de vue admirables; les îles San-Bainzo, Cavallo et Lavezzi, amas de rochers au milieu de la mer, où l'on voit des carrières de granit exploitées par les Romains, qui y ont laissé des colonnes à demi sculptées d'une énorme dimension. — Les grottes marines offrent aussi une des plus agréables promenades qui se puissent imaginer. Ces riantes cavernes, ornées de festons verdoyants, où serpente et murmure une mer limpide, deviennent souvent un rendez-vous de plaisir pour les habitants de Bonifacio, qui vont y dîner et y danser au frais : le Dragonale surpasse en magnificence toutes les autres grottes; un haut portique battu des flots, qui s'élancent quelquefois avec fracas jusqu'au fronton, y introduit quand le vent le permet; le centre offre une coupole à jour non moins admirable que la célèbre grotte d'azur récemment découverte aux environs de Naples.

Le canton de Bonifacio ne comprend que le territoire de la ville. Le territoire abonde principalement en oliviers; et les jardins potagers y sont très-bien cultivés; mais il ne produit pas suffisamment de grains pour la consommation des habitants, qui sont obligés de se procurer le surplus des cantons voisins et de la Sardaigne.

Commerce de grains et d'huile d'olive. Pêche du corail. — A 36 l. de Bastia, 18 l. d'Ajaccio.

CAMPOMORO. Nom d'un petit port situé dans le golfe de Valinco, où peuvent mouiller en sûreté 15 vaisseaux de guerre. Pop. 160 hab. On croit que c'est dans son voisinage qu'existait Mora, une des villes de la Corse citée par Ptolomée.

LEVIE. Village pittoresquement situé sur six petites collines; à 3 l. 1/2 de Sartène. Chef-lieu de canton. Pop. 1,416 hab.

Le canton de Levie renferme quatre communes. Il produit des grains, du vin, des châtaignes, beaucoup de noix, et offre de bons pâturages où l'on élève beaucoup de bestiaux et des chevaux estimés.

LUCIE DE TALLANO (SAINTE-). Village situé à 2 l. de Sartène. Chef-lieu de canton. Pop. 664 hab. On y remarque les bâtiments d'un ancien couvent de franciscains, dont l'église renferme le tombeau de Serena, fille de Rurricio : sa figure couchée, bas-relief de marbre, la représente tenant un chapelet auquel pend une bourse, emblème de sa libéralité envers les franciscains.

Au pied de la montagne de Tallano, sur la rive gauche du Fiumiciccoli, sont des bains sulfureux estimés pour les rhumatismes et les maladies cutanées, mais sans établissement : l'unique bassin reçoit séparément et tour à tour les hommes et les femmes.

Le canton de Sainte-Lucie renferme neuf communes. Le territoire est bien cultivé et produit beaucoup de blé, du vin, de l'huile, des châtaignes et des fruits exquis.

OLMETO. Bourg situé à 5 l. de Sartène. Chef-lieu de canton. ✉ Pop. 1,379 hab. C'est un bourg riche et industrieux, dont la belle position et l'heureux climat ont quelque chose d'analogue à ceux de Nice; on y voit une belle église de construction moderne et une jolie chapelle.

Non loin d'Olmeto, sont les bains thermaux sulfureux de Boraci, dont la température est de +24° R. Sur une hauteur voisine du bourg, au-dessus d'un énorme rocher, on aperçoit, au milieu des chênes verts, les ruines pittoresques du château du comte Henri della Rocca.

Le canton d'Olmeto renferme cinq communes. Le territoire, qui s'étend des deux côtés du golfe de Valinco, se compose de coteaux boisés et de fertiles plaines où l'on récolte en abondance du froment, de l'orge, du millet, des légumes; de l'huile et du vin; aussi Olmeto, où abondent toutes ces denrées, est-il regardé comme le grenier de la Corse.

PETRETO. Village situé à 4 l. de Sartène. Chef-lieu de canton. Pop. 741 hab. Ce canton renferme quatre communes, dont le territoire est fertile en vins, en huile, en grains et en pâturages où l'on élève de nombreux troupeaux.

PORTO-VECCHIO. Petite ville maritime, située à 2 l. de Sartène. Chef-lieu de canton. Pop. 1,738 hab.

Cette ville est sur la côte orientale de l'île, au fond d'une baie vaste et profonde, qui forme un port magnifique et l'un des plus fameux de l'Europe. Le port de Porto-Vecchio est partout d'une grande profondeur et peut contenir les plus fortes esca-

GROTTE DE SENOSTOS
dans le Golfe de Valinco.

CAMPO MORO,
Mouillage dans le Golfe de Valinco.

ARRONDISSEMENT DE SARTÈNE.

dres; c'est le plus sûr et le meilleur de l'île. La ville, entourée de légères fortifications, est en général assez bien bâtie, dans une contrée marécageuse, qui en rend l'air malsain et force les habitants à l'abandonner pendant quatre mois les plus chauds de l'année. On trouve à peu de distance une saline considérable, la seule qui existe en Corse.

Le canton de Porto-Vecchio renferme quatre communes. Son territoire, un des plus fertiles de l'île, produit en abondance des grains de toute espèce, du millet, du maïs, du lin, du chanvre, du vin, et est aussi susceptible de produire du coton, de l'indigo, de la garance, qui y ont été cultivés sur quelques points avec succès.

QUENZA. Village pittoresquement situé à 3 l. de Sartène. Pop. 200 hab.

Le village de Quenza, bâti sur un plateau d'où sortent de toute part des eaux fraîches et abondantes, est le plus élevé de la Corse. Il se compose principalement de maisons de campagne occupées seulement en été. Près de l'église, on remarque un magnifique chêne vert qui ombrage toute sa petite place.

Près de Quenza, est le célèbre Coscione, immense pâturage arrosé de limpides fontaines et coupé de jolis ruisseaux, où l'on élève une multitude de chevaux, et une grande quantité de bêtes à cornes qui donnent un fromage très-estimé.

SARTÈNE. Jolie ville. Chef-lieu de sous-préfecture. Tribunal de 1re instance. ✉ Pop. 2,715 hab.

Cette ville est bâtie en amphithéâtre, dans une situation pittoresque, sur le chaînon qui sépare la vallée de Valinco de celle de l'Ortolo. Elle est entourée de murs ruinés, et renferme un grand nombre de maisons bien bâties.

Le canton de Sartène renferme neuf communes. Son territoire, fertile et bien cultivé, produit principalement des grains, des châtaignes, de l'huile et du vin. Éducation des bestiaux et des abeilles.

Commerce de grains, huile, cire, cuirs de bœufs, peaux de chèvres, moutons, planches de sapin, etc. — A 12 l. 1/2 d'Ajaccio.

SERRA DI SCOPAMÈNE. Bourg situé à 3 l. 1/2 de Sartène. Chef-lieu de canton. Pop. 724 hab.

Le canton de Serra est formé de 5 communes. Son territoire s'étend sur de hautes montagnes, et se compose de parties montagneuses et boisées, de landes et de plaines cultivées; il renferme le célèbre plateau de Coscione, et produit assez abondamment de l'orge, du seigle et du vin de bonne qualité: on y élève une grande quantité de bestiaux.

SOLLACARO. Village situé à 3 l. 1/2 de Sartène. Pop. 607 hab. Il est dominé par une haute montagne où l'on voit les ruines pittoresques du château de Vincentello d'Istria, jeune héros du commencement du XVe siècle.

FIN DU DÉPARTEMENT DE LA CORSE.

IMPRIMERIE DE FIRMIN DIDOT FRÈRES,
RUE JACOB, N° 56.

www.ingramcontent.com/pod-product-compliance
Lightning Source LLC
Chambersburg PA
CBHW060406230426
43663CB00008B/1402